民族文字出版专项资金资助项目

ཕོ་བྲང་པོ་ཏ་ལར་བཞུགས་པའི་དགེ་ལུགས་པའི་དཔེ་དཀོན་ཕྱོགས་བསྒྲིགས་འདོན་ཐེངས་དང་པོ།

(༣)

བློ་སྦྱོང་ལམ་རིམ་གྱི་སྐོར།

༄། །ལམ་རིམ་འཇམ་དཔལ་ཞལ་ལུང་དང་ ལམ་སྒྲོན་རྣམ་བཤད།

རྩོམ་པ་པོ། རྒྱལ་བ་ལྔ་པ་ཆེན་པོ། པཎ་ཆེན་བློ་བཟང་ཆོས་རྒྱན།

སློན་བཟང་དཔེ་སྙིང་འཚོལ་བསྡུ་ཁང་།
སེར་གཙུག་ནང་བསྟན་དཔེ་སྙིང་འཚོལ་བསྡུ་ཕྱོགས་སྒྲིག་ཁང་།
བོད་ལྗོངས་བོད་ཡིག་དཔེ་སྙིང་དཔེ་སྐྲུན་ཁང་།

图书在版编目（C I P）数据

布达拉宫馆藏格鲁派典籍汇编. 第一辑. 第三卷 : 藏文 / (明) 阿旺洛桑嘉措著. -- 拉萨 : 西藏藏文古籍出版社, 2024.3

ISBN 978-7-5700-0938-1

Ⅰ. ①布… Ⅱ. ①阿… Ⅲ. ①格鲁派—古籍—汇编—藏语 Ⅳ. ①B946.6

中国国家版本馆CIP数据核字(2024)第073647号号

布达拉宫馆藏格鲁派典籍汇编·第一辑·第三卷

作　　者	阿旺洛桑嘉措
责任编辑	拉巴扎西
终　　审	边巴
封面设计	格次
排　　版	美桑古籍整理室 色昭古籍办公室
出版发行	西藏藏文古籍出版社
印　　刷	成都新凯江印务有限公司
开　　本	787×1092　1/16
印　　张	21.25
字　　数	231千
印　　数	01－2,000
版　　次	2024年10月第1版
印　　次	2024年10月第1次印刷
书　　号	ISBN　978-7-5700-0938-1
定　　价	48.00元

དཀར་ཆག །

བྱང་ཆུབ་ལམ་གྱི་རིམ་པའི་འཁྲིད་ཡིག་འཇམ་པའི་དབྱངས་ཀྱི་
ཞལ་ལུང་ཞེས་བྱ་བ་བཞུགས་སོ། །……1

མཆོད་པར་བརྗོད་པ་དང་བརྩམ་པར་དམ་བཅའ་བ།……1

སྔོན་འགྲོའི་སྤྱི་བཤད།……3

དང་པོ། སྔོན་འགྲོའི་རིམ་པ།……9

ཀ༡ ལམ་གྱི་རྩ་བ་བཤེས་གཉེན་བསྟེན་པའི་ཚུལ།……11

ཁ༡ སྔོན་འགྲོ་སྐྱབས་སེམས།……11

ཁ༢ དངོས་གཞི་བཤེས་གཉེན་བསྟེན་པའི་ལམ་
ཉམས་སུ་ལེན་ཚུལ།……15

ག༡ བཤེས་གཉེན་བསམ་པས་བསྟེན་པའི་ཚུལ།……16

ག༢ བཤེས་གཉེན་སྦྱོར་བས་བསྟེན་པའི་ཚུལ།……21

གཉིས་པ། དངོས་གཞི་བསྟེན་ནས་བློ་ཇི་ལྟར་སྦྱོང་བའི་རིམ་པ།……29

ཀ༡ དལ་བའི་རྟེན་ལ་སྙིང་པོ་བླང་བའི་ཕྱིར་དུ་བསྐུལ་བ།……29

ཁ༡ དལ་འབྱོར་ངོས་གཟུང་བ།……29

ཁ༢ དོན་ཆེ་བར་བསམ་པ།……31

ཁ༣ རྙེད་དཀའ་བར་བསམ་པ།……32

ག༡ དཔེའི་སྒོ་ནས་རྙེད་དཀའ་ཚུལ།……32

ག༢ རྒྱུའི་སྒོ་ནས་རྙེད་དཀའ་ཚུལ།……32

ག༣ ངོ་བོའི་སྒོ་ནས་རྙེད་དཀའ་ཚུལ།……33

ཀ༢ སྙིང་པོ་ཇི་ལྟར་ལེན་པའི་ཚུལ།……35

ཁ༡ སྐྱེས་བུ་ཆུང་ངུ་དང་ཐུན་མོང་བའི་ལམ་གྱི་
རིམ་པ་ལ་བློ་སྦྱོང་བ། 35
ག༡ འཇིག་རྟེན་ཕྱི་མ་དོན་གཉེར་གྱི་བློ་བསྐྱེད་པ། 35
ང༡ འཆི་བ་མི་རྟག་པ་བསམ་པ། 35
ཅ༡ ངེས་པར་འཆི་བ་བསམ་པ། 36
ཅ༢ ནམ་འཆི་ངེས་མེད་བསམ་པ། 38
ཅ༣ འཆི་བའི་ཚེ་ཆོས་མ་གཏོགས་པ་གཞན་གང་གིས་ཀྱང་
མི་ཕན་པར་བསམ་པ། 39
ང༢ ངན་འགྲོའི་སྡུག་བསྔལ་བསམ་པ། 40
ཅ༡ དམྱལ་བའི་སྡུག་བསྔལ་བསམ་པ། 40
ཆ༡ ཚ་དམྱལ་གྱི་སྡུག་བསྔལ་བསམ་པ། 40
ཆ༢ གྲང་དམྱལ་གྱི་སྡུག་བསྔལ་བསམ་པ། 44
ཅ༢ དུད་འགྲོའི་སྡུག་བསྔལ་བསམ་པ། 45
ཅ༣ ཡི་དྭགས་ཀྱི་སྡུག་བསྔལ་བསམ་པ། 46
ག༢ འཇིག་རྟེན་ཕྱི་མར་བདེ་བའི་ཐབས་བསྟན་པ། 48
ང༡ བསྟན་པ་ལ་འཇུག་པའི་སྒོ་སྐྱབས་སུ་འགྲོ་བ། 48
ཅ༡ སྐྱབས་སུ་འགྲོ་བ་དངོས། 48
ཅ༢ སྐྱབས་འགྲོའི་བསླབ་བྱ། 55
ང༢ བདེ་ཤེགས་ཐམས་ཅད་ཀྱི་རྩ་བ་ལས་འབྲས་སྒོམ་པ། 56
ཁ༢ སྐྱེས་བུ་འབྲིང་དང་ཐུན་མོང་བའི་ལམ་གྱི་རིམ་པ་ལ་
བློ་སྦྱོང་བ། 67
ག༡ འཁོར་བའི་སྡུག་བསྔལ་བསམ་པ། 68

ང༡ སྡུག་བསྔལ་དང་ཀུན་འབྱུང་གི་སྒོ་ནས་བསམ་པ།……68
ཅ༡ སྡུག་བསྔལ་འཁོར་བའི་ཉེས་དམིགས།……68
ཅ༢ ཀུན་འབྱུང་འཁོར་བའི་འཇུག་རིམ།……79
ང༢ རྟེན་འབྲེལ་བཅུ་གཉིས་ཀྱི་སྒོ་ནས་བསམ་པ།……87
ག༢ དེ་ལས་ཐར་བར་བྱེད་པའི་ལམ་ཉམས་ལེན་གྱི་
རིམ་པ་བཤད་པ།……90
ཁ༣ སྐྱེས་བུ་ཆེན་པོའི་ལམ་གྱི་རིམ་པ་ལ་བློ་སྦྱོང་བ།……93
ག༡ བྱང་ཆུབ་ཀྱི་སེམས་ཇི་ལྟར་བསྐྱེད་པའི་ཚུལ།……95
ང༡ བྱང་ཆུབ་ཀྱི་སེམས་སྦྱོང་བའི་རིམ་པ།……95
ང༢ སེམས་བསྐྱེད་ཆོ་གས་འཛིན་པའི་ཚུལ།……107
ག༢ སེམས་བསྐྱེད་ནས་སྤྱོད་པ་ལ་སློབ་པའི་ཚུལ།……111
ང༡ རང་རྒྱུད་སྨིན་པར་བྱེད་པ་ཕར་ཕྱིན་དྲུག་ལ་བསླབ་པ།……112
ཅ༡ སྦྱིན་པ་ལ་བསླབ་པ།……112
ཅ༢ ཚུལ་ཁྲིམས་ལ་བསླབ་པ།……119
ཅ༣ བཟོད་པ་ལ་བསླབ་པ།……123
ཅ༤ བརྩོན་འགྲུས་ལ་བསླབ་པ།……128
ཅ༥ བསམ་གཏན་ལ་བསླབ་པ།……133
ཅ༦ ཤེས་རབ་ལ་བསླབ་པ།……149
ང༢ གཞན་རྒྱུད་སྨིན་པར་བྱེད་པ་བསྡུ་བའི་དངོས་པོ་
བཞི་ལ་བསླབ་པ།……170
གསུམ་པ། རྗེས་ཀྱི་རིམ་པ།……171

ཐེག་པ་ཆེན་པོའི་ལམ་གྱི་རིམ་པའི་གཞུང་བྱང་ཆུབ་ལམ་གྱི་
སྒྲོན་མ་ཞེས་བྱ་བ་བཞུགས་སོ། །……178
བྱང་ཆུབ་ལམ་གྱི་སྒྲོན་མའི་རྣམ་བཤད་ཕུལ་བྱུང་བཞད་པའི་དགའ་སྟོན་
ཞེས་བྱ་བ་བཞུགས་སོ། །……185
མཆོད་བརྗོད་དང་རྩོམ་པར་དམ་བཅའ་བ།……185
དང་པོ། ཆོས་རྩོམ་པ་པོའི་ཆེ་བ།……186
ཀ༡ རིགས་ལྡན་སྐུམ་ཚོགས་པར་སྐྱེ་བ་བཞེས་པ།……186
ཀ༢ རྟེན་དེ་ལ་ཡོན་ཏན་བརྙེས་པ།……187
ཀ༣ བརྙེས་ནས་བསྟན་པ་ལ་བྱ་བ་མཛད་པ།……188
གཉིས་པ། ཆོས་ཀྱི་ཆེ་བ།……189
གསུམ་པ། ཆོས་ལ་ཉན་བཤད་བྱ་ཚུལ།……191
བཞི་པ། གདམས་པ་དངོས་ཀྱི་དོན།……191
ཀ༡ མཚན་གྱི་དོན།……191
ཀ༢ འགྱུར་ཕྱག །……192
ཀ༣ གཞུང་གི་དོན།……193
ཁ༡ མཆོད་པར་བརྗོད་ཅིང་བཤད་པར་དམ་བཅའ་བ།……193
ཁ༢ གཞུང་དངོས་བཤད་པ།……198
ག༡ སྐྱེས་བུ་གསུམ་གྱི་རྣམ་གཞག་མདོར་བསྟན་པ།……199
ག༢ སྐྱེས་བུ་གསུམ་གྱི་ལམ་གྱི་མཚན་ཉིད་སོ་སོར་བཤད་པ།……200
ང༡ སྐྱེས་བུ་ཆུང་ངུའི་མཚན་ཉིད་བསྟན་པ།……200
ང༢ སྐྱེས་བུ་འབྲིང་གི་མཚན་ཉིད་བསྟན་པ།……202
ང༣ སྐྱེས་བུ་ཆེན་པོའི་མཚན་ཉིད་བསྟན་པ།……206

ཅ༡ མདོར་བསྟན་པ། 206

ཆ༡ ཐེག་ཆེན་གྱི་ལམ་ཐམས་ཅད་ཐེག་ཆེན་གྱི་
མཇུག་སྒོ་སེམས་བསྐྱེད་དུ་བསྟན་པ། 209

ཆ༢ སེམས་དེ་ཇི་ལྟར་བསྐྱེད་ཚུལ། 209

ཆ༣ སེམས་བསྐྱེད་ནས་སྤྱོད་པ་ལ་སློབ་ཚུལ། 209

ཆ༤ བསླབ་པའི་འབྲས་བུ་ངོས་བཟུང་བ། 210

ཅ༢ སྐྱེས་བུ་ཆེན་པོའི་ལམ་རྒྱས་པར་བཤད་པ། 210

ཆ༡ ཕ་རོལ་ཏུ་ཕྱིན་པའི་ལམ་རྒྱས་པར་བཤད་པ། 210

ཇ༡ ལམ་གྱི་རྣམ་གཞག་བཤད་པ། 210

ཉ༡ བཤད་པར་དམ་བཅའ་བ། 210

ཉ༢ ཐབས་ཡང་དག་པ་བཤད་པ། 214

ཏ༡ སྔོན་པ་བསླབ་བྱ་དང་བཅས་པ། 214

ཐ༡ སྦྱོར་བ། 214

ད༡ ཚོགས་གསོག་པ། 214

ད༢ སྐྱབས་འགྲོ་ཁྱད་པར་ཅན་བྱ་བ། 216

ད༣ སེམས་གསུམ་ལ་བློ་སྦྱོང་བ། 219

ཐ༢ དངོས་གཞི། 221

ཐ༣ མཇུག་བསླབ་བྱ་དང་བཅས་པ། 224

ད༡ ཕན་ཡོན་དྲན་པ། 224

ད༢ བྱང་ཆུབ་ཀྱི་སེམས་སྦྱོང་བ་ལ་སློབ་པ། 225

ད༣ ཚོགས་གཉིས་བསག་པ་ལ་བསླབ་པ། 228

ད༤ སེམས་ཅན་བློས་མི་སྤང་བ་ལ་བསླབ་པ། 229

ད༥ ནག་ཆོས་བཞི་སྤང་ཞིང་། དཀར་ཆོས་བཞི་བསྟེན་པ་ལ་སློབ་ཚུལ། ······ 229

ཏ༢ འཇུག་པ་བསླབ་བྱ་དང་བཅས་པ་བཤད་པ། ······ 230

ཐ༡ མཚམས་སྦྱར་ཏེ་འཇུག་སྡོམ་བླང་བར་བསྟན་པ། ······ 230

ཐ༢ འཇུག་སྡོམ་ཇི་ལྟར་ལེན་པའི་ཚུལ། ······ 231

ད༡ ལེན་པའི་རྟེན། ······ 231

ད༢ གང་ལས་སླང་བའི་ཡུལ། ······ 234

ད༣ ཇི་ལྟར་ལེན་པའི་ཆོ་ག ། ······ 235

ན༡ བླ་མ་ཡོད་པའི་ཆོ་ག ། ······ 235

ན༢ བླ་མ་མེད་པའི་ཆོ་ག ། ······ 237

ཐ༣ སྡོམ་པ་བླངས་ནས་བསླབ་བྱ་ལ་སློབ་པར་བསྟན་པ། ······ 241

ད༡ ཚུལ་ཁྲིམས་ཀྱི་བསླབ་པ་ལ་སློབ་ཚུལ། ······ 242

ད༢ སེམས་ཀྱི་བསླབ་པ་ལ་སློབ་ཚུལ། ······ 244

ན༡ མངོན་ཤེས་འབྱུང་བའི་རྒྱུའི་ཕྱིར་ཞི་གནས་ལ་བསླབ་པ། ······ 244

ན༢ ཞི་གནས་ལ་བསླབ་ཚུལ་དངོས། ······ 247

པ༡ ཞི་གནས་ཀྱི་ཚོགས་བསྟེན་པ། ······ 248

པ༢ ཞི་གནས་ཇི་ལྟར་སྒོམ་པའི་ཚུལ། ······ 249

ན༣ བསྒོམས་པའི་ཕན་ཡོན། ······ 250

ད༣ ཤེས་རབ་ཀྱི་བསླབ་པ་ལ་སློབ་པའི་ཚུལ། ······ 251

ན༡ ཐབས་ཤེས་ཟུང་འབྲེལ་གྱི་འཐད་པ་བསྟན་པའི་སྒོ་ནས་ལྷག་མཐོང་ལ་བསླབ་པར་བསྟན་པ། ······ 251

པ༡ ལྷག་མཐོང་ཤེས་རབ་ལ་སློབ་དགོས་པའི་རྒྱུ་མཚན། ······ 251

པ༢ ཐབས་ཤེས་ཟུང་འབྲེལ་ལ་སློབ་དགོས་པའི་རྒྱུ་མཚན།……252
པ༣ ཟུང་དུ་འབྲེལ་བའི་ལམ་ཉིད་བཤད་པ།……253
ཕ༡ མདོར་བསྟན་པ།……253
ཕ༢ རྒྱས་པར་བཤད་པ།……254
ན༢ ལྷག་མཐོང་ལ་ཇི་ལྟར་སློབ་པའི་ཚུལ།……257
པ༡ རྒྱས་པར་བཤད་པ།……257
ཕ༡ ལྷག་མཐོང་གི་ཚོགས་བསྟེན་པ།……258
བ༡ རིགས་པ་ལ་བརྟེན་པ་བསམ་བྱུང་གི་ཤེས་རབ།……258
བ༢ ལུང་ལ་བརྟེན་པ་ཐོས་བྱུང་གི་ཤེས་རབ།……263
ཕ༢ ལྷག་མཐོང་བསྒོམ་པའི་ཚུལ།……265
ཕ༣ ལྷག་མཐོང་བསྒོམས་པའི་འབྲས་བུ།……266
པ༢ མཇུག་བསྡུ་བ།……270
ཇ༢ འབྲས་བུའི་ཆོས་བཤད་པ།……270
ཆ༢ སྔགས་ལ་འཇུག་པའི་ཚུལ་ཕྱོགས་ཙམ་བསྟན་པ།……271
ཇ༡ རྡོ་རྗེ་ཐེག་པ་ལ་འཇུག་པས་དབང་ཐོབ་དགོས་པར་བསྟན་པ།……271
ཉ༡ རྟེན་གྱི་གང་ཟག །……272
ཉ༢ དེ་ལ་སྨིན་བྱེད་ཀྱི་དབང་།……273
ཉ༣ དབང་བསྐུར་བའི་ཆེ་བ།……274
ཇ༢ རྟེན་གྱི་ཁྱད་པར་གྱིས་དབང་གོང་མ་གཉིས་
བྱར་རུང་བ་དང་མི་རུང་བའི་ཚུལ།……275
ཇ༣ དབང་གོང་མ་གཉིས་མ་ཐོབ་ན་རྒྱུད་ཉན་བཤད་
སོགས་བྱར་རུང་མི་རུང་གི་དཔྱད་པ།……277

ཁ༣ རྒྱུ་གང་ལ་བརྟེན་ནས་བསྟམས་པ། 277
ག༤ མཇུག་གི་དོན། 279
ལམ་སྒྲོན་གྱི་འགྲེལ་པ་ཡིད་ཀྱི་སྟེགས་བུ་ཞེས་བྱ་བ་བཞུགས་སོ། ། 282
མཆོད་བརྗོད་དང་རྩོམ་པར་དམ་བཅའ་བ། 282
དང་པོ། ཐོག་མར་དགེ་བ་སྨད་ཀྱི་དོན། 283
ག༡ མཚན་གྱི་དོན། 283
ག༢ འགྱུར་གྱི་ཕྱག ། 283
གཉིས་པ། བར་དུ་དགེ་བ་གཞུང་གི་དོན། 284
ག༡ མཆོད་པར་བརྗོད་པ། 841
ག༢ རྩོམ་པར་དམ་བཅའ་བ། 284
ག༣ གཞུང་དོན་དངོས་བཤད་པ། 285
ཁ༡ སྐྱེས་བུ་གསུམ་དུ་དབྱེ་བའི་རྒྱུ་མཚན། 285
ཁ༢ སྐྱེས་བུ་གསུམ་སོ་སོའི་མཚན་ཉིད། 286
ག༡ བཤད་པར་དམ་བཅའ་བ། 286
ག༢ སྐྱེས་བུ་གསུམ་སོ་སོའི་མཚན་ཉིད་དངོས་བཤད་པ། 286
ང༡ སྐྱེས་བུ་ཆུང་ངུའི་མཚན་ཉིད། 286
ང༢ སྐྱེས་བུ་འབྲིང་གི་མཚན་ཉིད། 287
ང༣ སྐྱེས་བུ་ཆེན་པོའི་མཚན་ཉིད། 287
ཁ༣ སྐྱེས་བུ་ཆེན་པོའི་ལམ་བྱེ་བྲག་ཏུ་བཤད་པ། 288
ག༡ བཤད་པར་དམ་བཅའ་བ། 288
ག༢ སྐྱེས་བུ་ཆེན་པོའི་ལམ་དངོས་བཤད་པ། 289
ང༡ བསམ་པ་བྱང་ཆུབ་ཏུ་སེམས་བསྐྱེད་པ། 289

ཅ༡ སྨོན་པ་སེམས་བསྐྱེད་ཡན་ལག་དང་བཅས་པ།······289
ཆ༡ སྦྱོར་བ།······289
ཆ༢ དངོས་གཞི།······290
ཇ༡ སྐྱབས་སུ་འགྲོ་བ།······290
ཇ༢ སེམས་བསྐྱེད་པ།······291
ཆ༣ མཇུག་གི་རིམ་པ།······292
ཇ༡ རྒྱུན་མི་ཉམས་པར་སྐྱོང་ཚུལ།······292
ཉ༡ སྡོང་བུ་བཀོད་པ་ནས་བཤད་པ།······292
ཉ༢ དཔའ་བྱིན་གྱི་མདོ་ནས་བཤད་པ།······293
ཇ༢ གོང་ནས་གོང་དུ་སྤེལ་བ།······295
ཇ༣ ནམ་ཡང་མི་བརྗེད་པའི་ཐབས།······295
ཅ༢ འཇུག་པ་སེམས་བསྐྱེད་འཕྲོས་དང་བཅས་པ།······296
ཆ༡ འཇུག་སྡོམ་བླང་དགོས་པའི་རྒྱུ་མཚན།······296
ཆ༢ གང་གིས་ལེན་པའི་རྟེན།······297
ཆ༣ ཇི་ལྟར་ལེན་པའི་ཆོ་ག །······298
ཇ༡ བླ་མ་ཡོད་པའི་ཆོ་ག །······298
ཇ༢ བླ་མ་མེད་པའི་ཆོ་ག །······299
ཉ༡ གང་ནས་བཤད་པའི་ཁུངས།······299
ཉ༢ དེ་ནས་བཤད་པའི་ཆོ་ག །······300
ཏ༡ བླ་མ་མེད་པར་བྱང་ཆུབ་ཏུ་སེམས་བསྐྱེད་པ།······300
ཏ༢ བསྐྱེད་ནས་བསླབ་བྱ་ལ་སློབ་པར་དམ་བཅའ་བ།······301
ཐ༡ སྡོམ་པའི་ཚུལ་ཁྲིམས་ལ་བསླབ་པ།······301

ཐ༢ སེམས་ཅན་དོན་བྱེད་ལ་བསླབ་པ། ······ 302
ཐ༣ དགེ་བ་ཆོས་སྡུད་ལ་བསླབ་པ། ······ 302
ཐ༤ དེ་དག་གི་མཇུག་བསྡུ་བ། ······ 303
ང༢ སེམས་བསྐྱེད་ནས་སྤྱོད་པ་ལ་སློབ་པའི་ཚུལ། ······ 304
ཅ༡ ཐུན་མོང་བ་ཕར་ཕྱིན་ཐེག་པ་ལ་སློབ་ཚུལ། ······ 304
ཆ༡ ལྷག་པའི་ཚུལ་ཁྲིམས་ཀྱི་བསླབ་པ་ལ་སློབ་ཚུལ། ······ 304
ཆ༢ ལྷག་པའི་ཏིང་ངེ་འཛིན་གྱི་བསླབ་པ་ལ་སློབ་ཚུལ། ······ 305
ཇ༡ མངོན་ཤེས་དགོས་པའི་རྒྱུ་མཚན། ······ 305
ཇ༢ དེ་ཞི་གནས་ལ་རག་ལས་པ། ······ 307
ཇ༣ ཞི་གནས་ཇི་ལྟར་སྒྲུབ་པའི་ཚུལ། ······ 308
ཉ༡ ཚོགས་བསྟེན་པ། ······ 308
ཉ༢ དངོས་བསྒོམ་པ། ······ 308
ཆ༣ ལྷག་པའི་ཤེས་རབ་ཀྱི་བསླབ་པ་ལ་སློབ་ཚུལ། ······ 310
ཇ༡ ཤེས་རབ་དགོས་པའི་རྒྱུ་མཚན། ······ 310
ཇ༢ དེ་ཐབས་དང་འབྲེལ་བར་བྱ་དགོས་པ། ······ 311
ཇ༣ ཐབས་ཤེས་ཀྱི་དབྱེ་བ་བཤད་པར་དམ་བཅའ་བ། ······ 311
ཇ༤ ཐབས་ངོས་བཟུང་བ། ······ 312
ཇ༥ དེ་དགོས་པའི་རྒྱུ་མཚན། ······ 312
ཇ༦ ཤེས་རབ་ངོས་བཟུང་བ། ······ 313
ཇ༧ དེ་དཔྱད་འཛོག་གི་སྒོ་ནས་སྐྱོང་ཚུལ། ······ 313
ཉ༡ ཐོས་བསམ་གྱིས་དཔྱད་ནས་བསྒོམ་པ། ······ 313
ཏ༡ འབྲས་བུ་ལ་དགོད་པ་ཡོད་མེད་སྐྱེ་འགོག་གི་རིགས་པ། ······ 313

ཏ༢ རྒྱ་ལ་དཔྱོད་པ་རྫོ་རྗེ་གཟེགས་མའི་རིགས་པ། ······ 314

ཏ༣ ངོ་བོ་ལ་དཔྱོད་པ་གཅིག་དུ་བྲལ་གྱི་རིགས་པ། ······ 315

ཏ༤ དེ་ཙམ་ལས་མ་སྤྲོས་པའི་འཐད་པ། ······ 315

ཉ༢ མི་རྟོག་པའི་ལྷག་མཐོང་སྐྱོང་ཚུལ། ······ 316

ཏ༡ ལྷག་མཐོང་དུ་གྱུར་པའི་ཤེས་རབ་བསྒོམ་པའི་ཚད། ······ 316

ཏ༢ ཤེས་རབ་དེ་ཉིད་བདེན་མེད་དུ་བསྒོམ་པ། ······ 317

ཏ༣ རྣམ་པར་མི་རྟོག་པའི་བསྟགས་པ། ······ 317

ཏ༤ དེ་ཉིད་མདོ་རྒྱུད་ཀྱི་ལུང་དང་སྦྱར་བ། ······ 318

ཏ༥ དཔྱད་མཐར་མི་རྟོག་པར་སྒོམ་ཚུལ། ······ 319

ཏ༦ དེ་ལ་བརྟེན་ནས་ས་ལམ་བགྲོད་ཚུལ། ······ 319

ཙ༢ ཐུན་མོང་མིན་པ་སྔགས་ཀྱི་ཐེག་པར་སློབ་ཚུལ། ······ 320

ཚ༡ སྔགས་ཀྱི་འཇུག་སྒོ་དབང་ཡིན་པར་བསྟན་པ། ······ 320

ཚ༢ གང་ལ་དབང་གང་ཞིག་བསྐུར་ཙུང་མི་ཙུང་གི་ཁྱད་པར། ······ 322

ཚ༣ རྒྱུད་འཆད་ཉན་སོགས་བྱ་བ་ལ་དབང་བཞི་ཐོབ་དགོས་
མི་དགོས་ཀྱི་རྟོགས་གཅོད། ······ 323

ང༣ དེ་དག་གི་ཞར་ལ་བྱུང་བ། ······ 324

གསུམ་པ། ཐ་མར་དགེ་བ་མཇུག་གི་དོན། ······ 324

ཀ༡ མཛད་པ་པོ་གང་གིས་མཛད་པ། ······ 324

ཀ༢ ལོ་པཎ་གང་གིས་བསྒྱུར་བ། ······ 325

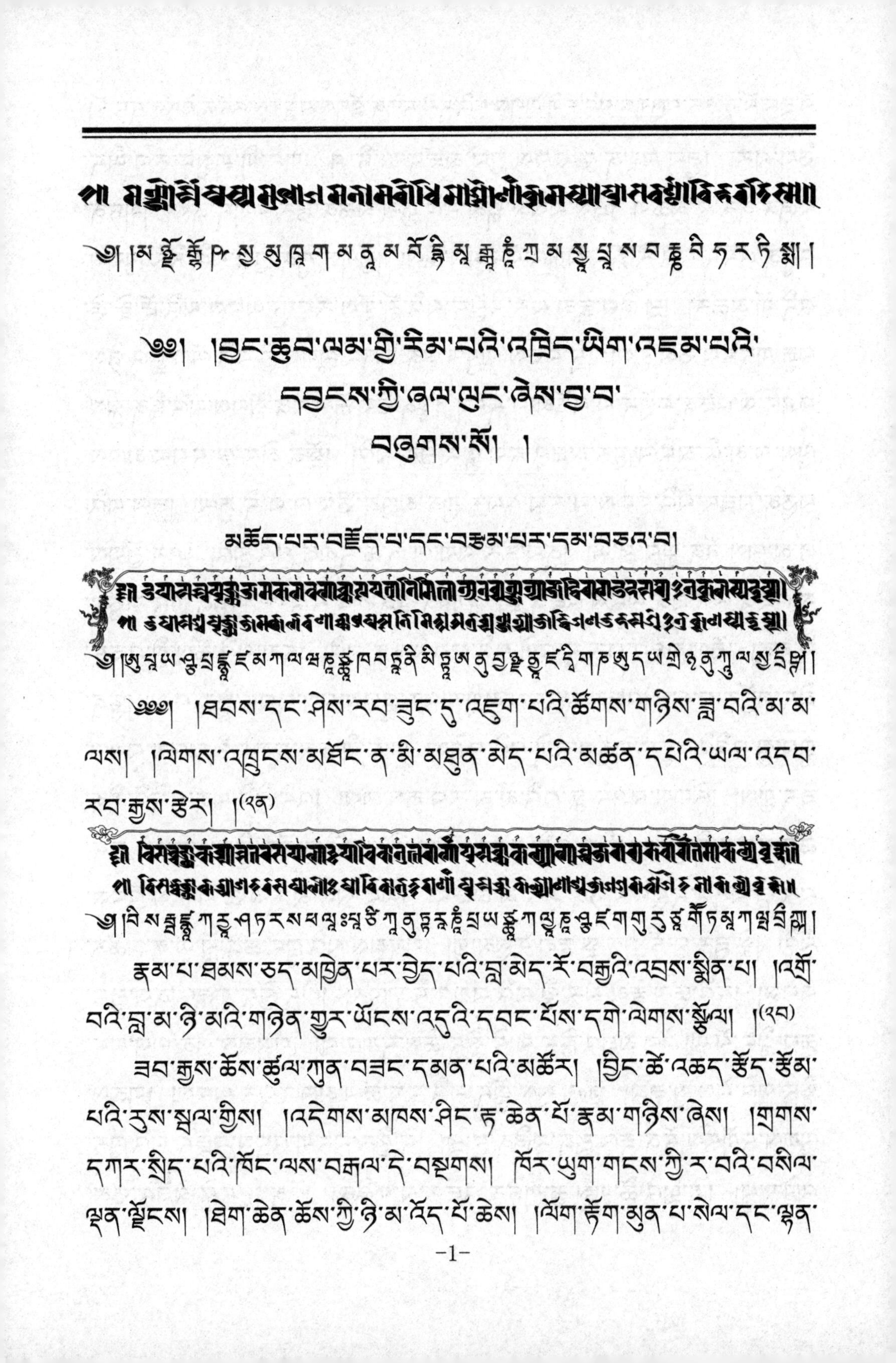

༄། །མ་ཉྫུ་ཤྲཱི༔ སྭ སུ ཀླ ག མ ནུ མ བོ ཛྷེ སྣ ཀྵྞ ཧྃ ཀྲ མ སྦུ སྣ ས བ རྦྷ བི ཧ ར ཧེ སྨ།

༄༅། །བྱང་ཆུབ་ལམ་གྱི་རིམ་པའི་འཁྲིད་ཡིག་འཇམ་པའི་དབྱངས་ཀྱི་ཞལ་ལུང་ཞེས་བྱ་བ་བཞུགས་སོ། །

མཆོད་པར་བརྗོད་པ་དང་བརྩམ་པར་དམ་བཅའ་བ།

༄། །ཨུ སྣ ཡ ཤྭ བྲ རྫྷ ཛ མ ཀ ལ ཨ ཏྟཾ ཀྵཾ ཁ བ ཏྟ ནེ མི ཏྤ ཨ ཏྲ བྲ ཛྷུ ཏྣ ཛ དྭི ག ཊ ཨུ ད ཡ གྲེ ཏྲ ཏྲ ཀུ ལ སྦུ དྲི སྨ།

༄༅། །ཐབས་དང་ཤེས་རབ་ཟུང་དུ་འཇུག་པའི་ཚོགས་གཉིས་ཟླ་བའི་མ་མ་ལས། །ལེགས་འཁྲུངས་མཐོང་ན་མི་མཐུན་མེད་པའི་མཚན་དཔེའི་ཡལ་འདབ་རབ་རྒྱས་ཅེར། །(༢ན)

༄། །བི ས བྲ ཀྐ ཀ ཏྣ ཤ ཏ ར ས ཞ སྤ༔ སྣ ཙ ཀཱ ཏྲ ཧྨ ཀྵ ཧྃ བྲ ཡ ཀྐ ཀ ཨྤ ཏྟ ཤྭ ཛ ག ཀྲ ཏྲ ཏྠ གོཾ ཏ སྣ ཀ ཐ བྲི སྨ།

རྣམ་པ་ཐམས་ཅད་མཁྱེན་པར་བྱེད་པའི་བླ་མེད་རོ་བརྒྱའི་འབྲས་སྨིན་པ། །འགྲོ་བའི་བླ་མ་ཉི་མའི་གཉེན་གྱུར་ཡོངས་འདུའི་དབང་པོས་དགེ་ལེགས་སྐྱོལ། །(༢བ)

ཟབ་རྒྱས་ཆོས་ཚུལ་ཀུན་བཟང་དམན་པའི་མཆོར། །གླིང་ཆེ་འཆད་རྩོད་རྩོམ་པའི་ནུས་སྟོབས་ཀྱིས། །འདེགས་མཁས་ཤིང་རྟ་ཆེན་པོ་རྣམ་གཉིས་ཞེས། །གྲགས་དཀར་སྲིད་པའི་ཁོང་ལས་བརྒལ་དེ་བསྟུགས། །ཁོར་ཡུག་གངས་ཀྱི་ར་བའི་བསིལ་ལྡན་ལྗོངས། །ཐེག་ཆེན་ཆོས་ཀྱི་ཉི་མ་འོད་པོ་ཆེས། །ཡོག་རྟོག་མུན་པ་སེལ་དང་ལྡན་

ཅིག་པར། །ཐུབ་བསྟན་སྣང་བས་ཁྱབ་མཛད་ཨ་ཏི་ཤ །གང་གི་གསུང་རབ་ཡིད་
བཞིན་ནོར་བུ་མཆོག །ཐོས་བསམ་སྒོམ་པའི་རྒྱལ་མཚན་རྩེར་བཀོད་ནས། །གདན་
འདུན་འདོད་པའི་རེ་སྐོང་བཀའ་གདམས་ཞེས། །ཕྱོགས་ཀུན་ཁྱབ་པའི་རིང་ལུགས་
འདི་ཀོ་མཚར། །ཕྲ་ཞིབ་རྣམ་པར་དཔྱོད་པའི་བློ་གྲོས་རབ་ཏུ་ཡངས་པའི་རྡོ་རྗེ་རྩེ་
བརྒྱ་གདེངས་ཙམ་གྱིས། །དྲི་བཅས་འཁྲུལ་ལྡན་གཞུང་ལུགས་བྱེ་བའི་ལོག་སྨྲའི་ཉེས་
བཤད་ས་འཛིན་བགྲོད་པ་བཅོམ་པ་དང་། །ལྷན་ཅིག་རྩོལ་ངན་སྤོབས་པའི་སྤྲིན་སྤྲིས་
ལུས་ཕྲ་མ་ཡི་མངལ་ཁུར་མཐའ་དག་ལྷུང་བྱེད་པའི། །སྟོན་མེད་ལྷ་དབང་མཁས་
བཙུན་བཟང་པོའི་གྲགས་པ་རབ་འབར་ཀུན་མཁྱེན་ཙོང་ཁ་པ་དེ་རྒྱལ། །རྒྱལ་བའི་
ཉི་མ་ལས་ཉོན་སྒྲིབ་པ་ཡི། །ཚུབ་རིར་བག་ལ་ཞ་ཆེ་དམན་པའི་བློའི། །ཤར་ཕྱོགས་
ས་འཛིན་ལས་ཐོན་ཡོངས་འཛིན་རྗེ། །ལྦོན་སྟོན་ཀུན་དའི་(ཤན)གཉེན་ཁྱོད་གཙུག
གི་རྒྱན། །ཐོག་མཐའ་བར་དུ་དགེ་བའི་དཔལ་ལྡན་པའི། །དམ་པའི་ཆོས་ཀྱི་འཛད་
མེད་འཁོར་བ་ལ། །འཇམ་དབྱངས་མགྲིན་པར་ཞུགས་པས་དབང་སྒྱུར་བར། །ལྷུན་
གྲུབ་སྐུ་བཞིའི་འབྱུང་གནས་དགེ་བའི་བཤེས། །གང་གི་རྣམ་དཀར་ཕྲིན་ལས་བསིལ་
ཟེར་གྱིས། །ལེགས་བཤད་ཟླ་བའི་མ་མ་རབ་རྒྱས་ལས། །འདི་ཕྱིའི་ཕན་བདེའི་རིན་
ཆེན་དབང་གི་རྒྱལ། །སྲིད་ཞིའི་དཔལ་ཕོངས་སེལ་བའི་མཆོད་སྦྱིན་མཁན། །ཁྱད་
པར་ལྷ་བརྒྱའི་དཔུང་གཉེན་མར་མེ་མཛད། །ཡབ་སྲས་མ་དྲོས་ཆུ་བོ་ལས་འོངས་
པའི། །སྙེ་ཟུར་བུ་ཏོ་སྤྱན་སྔ་རྣམ་གསུམ་གྱི། །གདམས་པའི་ཀླུང་ཆེན་བློ་ཡི་རྒྱ་མཚོར་
བབས། །དེའི་ཚུལ་རྣམ་པར་ལྡེ་བའི་བཀའ་དྲིན་ཁུར། །ཡིད་བྱེད་གཞལ་ནུས་བྱང་
ཆུབ་སྙིང་པོ་ཡི། །ཕ་མཐའ་རྙེད་པ་དེ་སྲིད་ཆེས་དཀའ་བ། །བསམས་ཀྱིན་ལག་པད་
སྙིང་གའི་ངོས་སུ་ཟུམ། །རྒྱལ་སྲས་སྤྱོད་པའི་ངང་ཚུལ་མཁའ་ལྟར་ཡངས། །གནས་
ལུགས་དགོངས་དོན་རྟུལ་ཕྲན་བཞིན་དུ་ཕྲ། །དེ་ཕྱིར་བདག་འདྲས་བརྗོད་པའི་ཁུར་
འཁྱེར་བ། །ཨ་སྨྲའི་ཚེ་གུས་ཆུ་གཏེར་འཇལ་བ་བཞིན། །འོན་ཏེ་དཔེ་མཐོང་ཙམ་

དང་སྨྲག་ལུང་ལ། །འཁྲིད་དུ་བཏགས་མིན་བརྒྱུད་ལྡན་དམ་པའི་གསུང་། །རང་གི་(༢བ)ཉམས་མྱོང་ཚད་མའི་བདུད་རྩིའི་བཅུད། །གླེགས་བམ་རིན་ཆེན་ཟ་མ་ཏོག་ཏུ་འཁྱིལ། །

སྟོན་འགྲོའི་སྤྱི་བཤད།

དེ་ལ་འདིར་བདེ་བར་གཤེགས་པའི་གསུང་རབ་མཐའ་དག་གི་གནད་མ་ལུས་པ་གཅིག་ཏུ་བསྡུས་ཏེ་སྐལ་བ་དང་ལྡན་པའི་གང་ཟག་རྣམས་སངས་རྒྱས་ཀྱི་སར་འཁྲིད་པར་བྱེད་པའི་སྐྱེས་བུ་གསུམ་གྱི་ལམ་གྱི་རིམ་པའི་འཁྲིད་འདི་ཉིད་ཉམས་སུ་ལེན་པར་བྱེད་པ་ལ་ཉམས་སུ་ལེན་པ་པོའི་གང་ཟག་དེས་ཀྱང་བརྒྱུད་པ་བར་མ་ཆད་པའི་དགེ་བའི་བཤེས་གཉེན་ཞིག་ལས་ཐོས་དགོས་པའི་རྒྱུ་མཚན་གྱིས་ཇི་སྐད་དུ། ཤིང་རྟ་ཆེན་པོ་གཉིས་ལས་ལེགས་བརྒྱུད་པའི། །ཟབ་མོ་ལྟ་བ་རྒྱ་ཆེན་སྤྱོད་པའི་ལམ། །ཞེས་དང་། ཆོས་ཁུངས་བཙུན་པར་བསྟན་པའི་ཕྱིར་མཛད་པ་པོའི་ཆེ་བ་བསྟན་པ་ཞེས་དང་། ཡང་དག་པར་རྫོགས་པའི་སངས་རྒྱས་ནས་བཟུང་སྟེ་དམ་པ་བར་མ་ཆད་པ་ལས་བརྒྱུད་པའི་མན་ངག་དང་ལྡན་པ་ཞེས་གསུངས་པའི་ཚིག་འདི་དཔྱད་ན་ནུས་པ་ཤིན་ཏུ་ཆེ་བ་ཡིན་ནོ། །

དེ་ཡང་བདག་ཅག་གི་སྟོན་པ་ཟས་གཙང་གི་སྲས་པོ་ནས་བཟུང་སྟེ་ཆོས་ཀྱི་རྒྱལ་པོ་ཙོང་ཁ་པ་ཆེན་པོའི་བར་དུ་བརྒྱུད་པའི་རིམ་པ་རྣམས་ལམ་རིམ་གསོལ་འདེབས་སུ་གསལ་བ་ལྟར་འཁྲུལ་མེད་ཀྱི་གོ་རིམ་དུ་བཞུགས་པ་དེ་ལྟར་ཡིན་ལ། དེ་ཕྱིན་ཆད་ནས་རྗེ་བླ་མའི་ལུང་རྟོགས་ཀྱི་བསྟན་པ་ཕྱོགས་ཀུན་ཏུ་སྤེལ་བའི་མཁས་གྲུབ་ཀྱི་སློབ་མ་གནམ་གྱི་སྐར་མ་དང་སའི་དྲེག་པ་ལྟ་བུར་ཁྱབ་པར་གྱུར་པས་བརྒྱུད་ཚུལ་ཡང་དེ་སྙེད་དུ་འོང་བའི་ཚོད་ཙམ་དུ་གདའ་ནའང་། དེང་སང་ནི་རང་རང་གི་དགོན་པའི་བླ་རབས་འདྲེན་པ་ཙམ་དང་། བར་སྐབས་ཀྱི་བརྒྱུད་པའི་ཁུངས་མེད་པར་གཞན་ལ་སྟོན་པ་སོགས་སྣང་ཚུལ་མཐའ་ཡས་སོ། །

འོན་ཏེ་(༨ན)ཆོས་འདིའི་ཚིག་དོན་གྱི་ཆ་ལ་སྒྲོ་འདོགས་གཅོད་པའི་བཤད་བཀའ་དང་། དམར་འཁྲིད་དུ་ཉམས་སུ་བླང་བའི་ཚུལ་སོགས་ལ་ཁོ་བོས་འབད་པ་ཆེན་པོས་ཐོས་བསམ་བྱས་པའི་བརྒྱུད་ཚུལ་སོ་སོར་ཡོད་པའི་འཁྲིད་ཀྱི་སྐོར་རྗེ་བཙུན་ཤེས་རབ་སེང་གེ་ནས་རྩ་བའི་བླ་མའི་བར་དུ་ཕྱིན་པའི་ཕྱག་བཞེས་སུ་གཙང་ཞིང་ཡིད་དུ་འོང་བའི་ས་ཕྱོགས་ཞེས་བཤད་པ་ལྟར་ཡུལ་དུས་དང་བསྟུན་པའི་གནས་ཁང་སོགས་བྱི་དོར་ལེགས་པར་བྱས། རྒྱལ་བའི་ཡུམ་ལས་སྟོན་པ་དང་ཆོས་ལ་རིམ་གྲོ་བསྐྱེད་པར་གསུངས་པ་ལྟར་ཆོས་སྟོན་པ་པོ་ལ་སེང་གེའི་ཁྲི་ལ་སོགས་པའི་སྟན་མཐོན་པོ་བཤམ་པ་སོགས་སངས་རྒྱས་དང་འདྲ་བར་བསླེབ་བཀུར་བའི་འདུ་ཤེས་བསྐྱེད་དགོས་ཏེ། སའི་སྙིང་པོའི་མདོ་ལས། གཅིག་ཏུ་དད་ཅིང་གུས་པས་ཆོས་མཉན་གྱི། །དེ་ལ་འཕྱ་ཞིང་སྐུར་བར་མི་བྱའོ། །ཆོས་སྨྲ་བ་ལ་མཆོད་པ་བྱ་བ་ནི། །སངས་རྒྱས་འདྲ་བར་དེ་ལ་འདུ་ཤེས་བསྐྱེད། །ཅེས་པའི་དོན་ཡིན་པས་རྟེན་འབྲེལ་གྱི་སྒོ་དང་པོ་འདི་ནས་མ་འཁྲུགས་ཤིང་བརྟས་སྐབས་སུ་མ་སོང་བ་ཞིག་དགོས་གསུང་། ཐོག་མར་བདུད་ཚར་གཅོད་པའི་སྔགས་བརྗོན་ན་དཔག་ཚད་བརྒྱ་རྩེན་ཆད་དུ་བདུད་རིགས་ཀྱིས་གླགས་ལྟ་བར་མི་ནུས་པར་བློ་གྲོས་རྒྱ་མཚོས་ཞུས་པའི་མདོ་ལས་བཤད་ལ། སྔགས་དེ་གདོན་པ་འགྲུབ་མི་འགྲུབ་འབྱུང་བས་དེའི་ཚབ་ཏུ་མདོ་ཚར་གསུམ་ངེས་པར་གསུང་། དེ་རྗེས་སངས་རྒྱས་ནས་བཟུང་རྩ་བའི་བླ་མའི་བར་ཡོངས་སུ་ཚང་བའི་ལམ་རིམ་བརྒྱུད་པའི་གསོལ་འདེབས་དང་མཎྜལ་འབུལ་བའི་བར་རྣམས་གོ་རིམ་འཁྲུགས་མེད་དུ་བྱ། བློ་གསར་པ་རྣམས་ལ་སྦྱོར་གཞུང་གི་མཇུག་འཁྲིད་དགེ་རྒན་གྱིས་གཏོང་བ་ལྟ་བུའི་(༨བ)བཅས་བདེ་དང་སླ་ཆོས་ཀྱིས་མི་འོང་གསུང་བས་ཐོག་མཐའ་བར་གྱི་ཕྱག་ལེན་ཆེ་ཕྲ་མཐའ་དག་ལ་རང་བཟོའི་དྲི་མས་མ་སྦགས་པའི་བློ་གྲོས་ཀྱིས་ཞིབ་མོར་དཔྱོད་པ་གནད་དུ་ཆེའོ། །

ནམ་མཁའི་མཐའ་དང་མཉམ་པའི་སེམས་ཅན་ཐམས་ཅད་ཀྱི་དོན་དུ་བླ་ན་

མེད་པ་ཡང་དག་པར་རྫོགས་པའི་སངས་རྒྱས་ཀྱི་གོ་འཕང་ཐོབ་པར་བྱ་བའི་ཆེད་དུ། སྟོན་པ་བདེ་བར་གཤེགས་པས་གསུངས་པའི་ཟབ་པ་དང་རྒྱ་ཆེ་བའི་དམ་པའི་ཆོས་ཀྱི་ཕུང་པོ་ཀུན་རྒྱལ་ཚབ་རྣམ་པ་གཉིས་ཀྱི་བཀའ་དྲིན་ལ་བརྟེན་ནས། སློབ་དཔོན་གཞན་ལ་ལྟོས་པ་མེད་པར་རང་སྟོབས་ཀྱིས་ཤིང་རྟའི་སྲོལ་ལེགས་པར་ཕྱེ་བའི་མགོན་པོ་ཀླུ་སྒྲུབ་དང་འཕགས་པ་ཐོགས་མེད་གཉིས་ཀྱི་གདམས་པའི་ཆུ་བོ་གཅིག་ཏུ་འདྲེས་པ་དཔལ་མར་མེ་མཛད་ཀྱི་གསུང་རབ་ཐེག་པ་ཆེན་པོའི་ཆོས་ཀྱི་ཚུལ་ཐོས་བསམ་སྒོམ་གསུམ་གྱི་སྒོ་ནས་གཏན་ལ་འབེབས་པ་ནི་སྲིད་ཞིའི་རྒུད་པ་ཐམས་ཅད་སེལ་བར་བྱེད་པའི་ཕན་པ་དང་བདེ་བའི་འབྱུང་གནས་ཡིན་ལ། དེ་ཡང་ཐོས་པའི་ཚོམས་ལས། ཐོས་པས་ཆོས་རྣམས་ཤེས་པར་འགྱུར། །ཐོས་པས་སྡིག་ལས་ལྡོག་པར་བྱེད། །ཐོས་པས་དོན་མ་ཡིན་པ་སྤོང་། །ཐོས་པས་མྱ་ངན་འདས་པ་འཐོབ། །ཅེས་པ་ལྟར་ཐོག་མར་ཐོས་པས་གཏན་ལ་འབེབས་པར་བྱེད་པ་ལ་མདོ་ལས། ལེགས་པར་རབ་ཏུ་ཉོན་ལ་ཡིད་ལ་ཟུང་ཞིག །ཅེས་ཁ་ཐུབ་པ་དྲི་མ་ཅན་ཞབས་རྗོལ་བ་ལྟ་བུའི་སྣོད་ཀྱི་སྐྱོན་གསུམ་སྤངས་ཏེ། རང་ལ་ནད་པ། ཆོས་སྨྲ་བ་པོ་ལ་སྨན་པ། རྗེས་སུ་བསྟན་པ་ལ་སྨན། ནན་ཏན་ཉམས་སུ་ལེན་པ་ལ་ནད་གསོ་བ། དེ་བཞིན་གཤེགས་པ་ལ་སྐྱེས་བུ་དམ་པ། ཆོས་ཀྱི་ཚུལ་ལ་རིང་དུ་གནས་པའི་འདུ་ཤེས་དྲུག་སོགས་མདོར་ན་ཆོས་ཉན་པའི་ཀུན་སློང་ཀུན་སྤྱོད་སོགས་ཕྱི་བྱེ་བྲག་མཐའ་དག་གསལ་བཏབ་ནས་གསན་པར་འཚལ།

གསན་བྱ་དམ་པའི་ཆོས་ནི་ཉམས་མགུར་ལས། འཛམ་གླིང་མཁས་པ་ཡོངས་ཀྱི་གཙུག་གི་རྒྱན། །སྙན་པའི་བ་དན་འགྲོ་ན་ལྷང་ངེ་བ། །ཀླུ་སྒྲུབ་ཐོགས་མེད་གཉིས་ལས་(པན)རིམ་བཞིན་དུ། །ལེགས་བརྒྱུད་བྱང་ཆུབ་ལམ་གྱི་རིམ་པ་འདི། །སྐྱེ་རྒུའི་འདོད་དོན་མ་ལུས་སྐོང་བས་ན། །གདམས་པ་རིན་ཆེན་དབང་གི་རྒྱལ་པོ་སྟེ། །གཞུང་བཟང་སྟོང་གི་ཆུ་བོ་འདུ་བའི་ཕྱིར། །དཔལ་ལྡན་ལེགས་པར་བཤད་

པའི་རྒྱ་མཚོའང་ཡིན། །བསྟན་པ་ཐམས་ཅད་འགལ་མེད་རྟོགས་པ་དང་། །གསུང་རབ་མ་ལུས་གདམས་པར་འཆར་བ་དང་། །རྒྱལ་བའི་དགོངས་པ་བདེ་བླག་རྙེད་པ་དང་། །ཉེས་སྤྱོད་ཆེན་པོའི་གཡང་ས་ལས་ཀྱང་སྲུང་། །དེ་ཕྱིར་རྒྱ་བོད་མཁས་པའི་སྐྱེ་བོ་ནི། །སྐལ་ལྡན་དུ་མས་བསྟེན་པའི་གདམས་པ་མཆོག །སྐྱེས་བུ་གསུམ་གྱི་ལམ་གྱི་རིམ་པ་ཡིས། །ཡིད་རབ་མི་འཕྲོག་དཔྱོད་ལྡན་སུ་ཞིག་ཡོད། །ཅེས་དུས་གསུམ་གྱི་བདེ་བར་གཤེགས་པ་ཐམས་ཅད་ཀྱི་བགྲོད་པ་གཅིག་པའི་ལམ་པོ་ཆེ། འདྲེན་པ་མཉམ་མེད་ཟས་གཙང་གི་སྲས་པོས་ལེགས་པར་བཀའ་སྩལ་པའི་ཆོས་ཀྱི་ཕུང་པོ་བརྒྱད་ཁྲི་བཞི་སྟོང་གི་གནད་འགག་མ་ལུས་པ་ཤིང་རྟ་ཆེན་པོ་རྣམ་གཉིས་ཀྱིས་དགོངས་པའི་དོན་རང་དབང་དུ་བཀྲལ་བ་དེ་དག་གི་རྗེས་སུ་འབྲང་བའི་པཎྜི་ཏ་རྣམས་ཀྱིས་བཤད་པས་གཏན་ལ་ཕབ། གྲུབ་པའི་དབང་ཕྱུག་རྣམས་ཀྱིས་ཐུགས་ཉམས་སུ་བསྟར་བ་ཐམས་ཅད་འཕྲུལ་པ་མེད་པར་དཔལ་ལྷ་གཅིག་དཱི་པཾ་ཀ་རས་སྐྱེས་བུ་གསུམ་གྱི་ལམ་གྱི་རིམ་པ་ཞེས་མན་ངག་ཉམས་ལེན་གྱི་ཚུལ་དུ་དྲིལ་ནས་བྱང་ཆུབ་ལམ་གྱི་སྒྲོན་མ་ལ་སོགས་པ་མཛད་དེ་སྤེལ་བས་ཚུལ་དེའི་རྗེས་སུ་འཇུག་པའི་ཇོ་བོ་བཀའ་གདམས་པར་གྲགས་པ་མཁས་བཙུན་བཟང་གསུམ་གྱི་བརྟུལ་ཞུགས་མ་ཉམས་པར་འཛིན་པ་གནམ་གྱིས་ས་བཀབ་པ་ལྟ་བུས་གངས་ཅན་གྱི་ལྗོངས་འདི་ཡོངས་སུ་ཁྱབ་པར་གྱུར་པ་ལས། སྔར་ཡང་དུས་ཀྱི་བསྐལ་པས་མ་རྟོགས་པ་དང་ལོག་པར་རྟོག་པའི་དྲི་མས་སྦགས་པ་རྣམས་སེལ་བའི་སླད་དུ་ཤིང་རྟ་ཆེན་པོ་གཉིས་པ་ལྟར་འཛམ་དབྱངས་མིའི་སྲིད་པའི་གར་མཁན་ཆོས་ཀྱི་རྒྱལ་(༥བ)པོ་ཙོང་ཁ་པ་ཆེན་པོས་བྱང་ཆུབ་ལམ་གྱི་རིམ་པ་ཆེ་ཆུང་དུ་གྲགས་པའི་སྟོན་མེད་ལེགས་པར་བཤད་པའི་བསྟན་བཅོས་ཆེན་པོ་འདི་དག་ཉིད་ཐེག་པ་གོང་འོག་གི་ལུང་རྟོགས་ཀྱི་བསྟན་པ་ཕྱོགས་རེ་ཙམ་ལ་ཞེན་ནས་ཉེ་ཚེ་བའི་བླང་དོར་ལ་འཇུག་པ་མ་ཡིན་པར། བཤེས་གཉེན་སྟོན་པས། བསྟན་པ་ཐམས་ཅད་གྲུ་བཞི་ལམ་གྱིས་འཁྱེར་ཤེས་པ་ངའི་

བླ་མ་ཞེས་པའི་དོན་དང་མཐུན་པས། སྐྱེས་བུ་ཆུང་ངུའི་སྐབས་ནས་བཤད་པའི་ངན་སོང་གསུམ་གྱི་སྡུག་བསྔལ་ལ་སྙིང་ཐག་པ་ནས་འཇིགས་ཏེ་དེ་ལས་ཐར་འདོད་ཀྱི་བློ་ཉེས་ཙན་བཙོན་ར་ལ་སྐྱུགས་ལོག་པ་ལྟ་བུའི་བསམ་པ་རྒྱུད་ལ་མ་སྐྱེས་པའི་གང་ཟག་ལ་སྐྱེས་བུ་འབྲིང་གི་སྐབས་ནས་བསྟན་པའི་མཐོ་རིས་ལྷ་མིའི་ཕུན་ཚོགས་ཀྱི་བདེ་བ་ཀུན་ལ་མངོན་འདོད་ཀྱི་སྲེད་པ་མེད་པའི་སྲིད་པ་འཁོར་བའི་ངང་ཚུལ་མཐའ་དག་མེ་འབར་བའི་གློང་ལྟར་མཐོང་ནས་འཁོར་བ་ལས་ངེས་པར་འབྱུང་འདོད་ཀྱི་བསམ་པ་བཅོས་མ་མ་ཡིན་པ་སྐྱེ་བའི་གོ་སྐབས་མེད་ཅིང་། འཁོར་བ་ལས་ཡིད་འབྱུང་བའི་སྦྱོང་བ་ཙུང་ཟད་ཀྱང་མེད་པར་སེམས་ཅན་གཞན་ལ་དམིགས་པའི་བཅོས་མིན་གྱི་སྙིང་རྗེ་ཆེན་པོ་མཚན་ཉིད་པ་ནི་སྐྱེ་བ་ག་ལ་སྲིད། སྙིང་རྗེ་ཆེན་པོ་རྒྱུད་ལ་མ་སྐྱེས་པར་བསམ་པ་བྱང་ཆུབ་ཏུ་སེམས་བསྐྱེད་སྤྱོད་པ་ཕྱིན་དྲུག་ལ་སློབ་པའི་བྱང་ཆུབ་སེམས་དཔའ་དེ་ནམ་མཁའི་པདྨོ་དང་ཆོས་མཚུངས་པས་ན། དངོས་བསྟན་རང་ཉིད་ངན་འགྲོ་ལས་ཐར་པའི་ཐབས་ཀྱི་ཆོས་སྐོར་ལྟ་བུ་དང་། རང་དོན་དོར་ནས་གཞན་ཕན་ལྷུར་ལེན་པའི་སྐོར་རྣམས་ཚིག་ལ་འགལ་བ་ལྟར་སོམ་ཉིར་གྱུར་པ་རྣམས་ཀྱང་དོན་གྱི་ཆ་ལ་རྒྱུ་འབྲས་སམ་ལམ་གྱི་གཙོ་བོ་དང་ཡན་ལག་གི་ཚུལ་གྱིས་གང་ཟག་གཅིག་འཚང་རྒྱ་བའི་ཆ་རྐྱེན་དུ་གསུང་རབ་ཐམས་ཅད་གཅིག་གྲོགས་སུ་གཅིག་འགྲོ་བ་ཞིག་དགོས་པས་བསྟན་པ་ཐམས་ཅད་འགལ་མེད་དུ་རྟོགས་པའི་ཆེ་བ། དེ་ལྟར་གྱུར་པའི་དོན་རྣམས་ཉམས་སུ་ལེན་པའི་ཚེ་རིན་པོ་ཆེ་གསུམ་གྱི་གཏམ་གྱི་སྒྲོར་(༦ན)བ་ལས། མང་དུ་ཐོས་ཀྱང་ཆོས་ཀྱིས་ཕོངས་པ་ནི། །གསུང་རབ་གདམས་པར་ཤར་བ་མེད་པས་ཉོངས། །ཞེས་ལུང་གི་བསྟན་པ་གཏན་ལ་ཕབ་པའི་རྒྱུ་ལས་འབྲས་བུ་རྟོགས་པའི་བསྟན་པ་སྒྲུབ་པའི་གནད་མ་གོ་བ་དེ་འདྲ་མིན་པའི། རྣལ་འབྱོར་པ་ཆེན་པོས། གདམས་ངག་ལ་ནང་བྱན་ཆུད་པ་ནི་བེའུ་བུམ་ལག་མཐིལ་ཙམ་ཞིག་ལ་ངེས་པ་རྙེད་པ་ལ་མི་ཟེར་གྱི་གསུང་རབ་ཐམས་ཅད་གདམས་

ངག་ཏུ་གོ་བ་ལ་ཟེར། ཞེས་མངོན་པར་མཐོ་བ་དང་ངེས་པར་ལེགས་པའི་བདེ་བ་
སྣ་གཅིག་ཡན་ཆད་སྒྲུབ་པའི་ཐབས་སངས་རྒྱས་ཀྱི་བཀའ་དྲི་མ་མེད་པ་རྣམས་ལས་
དངོས་ཤུགས་གང་རུང་གི་སྒོ་ནས་མ་བསྟན་པ་མེད་ནའང་དེ་དག་ཟབ་ཅིང་བརླིང་
བས་བློར་ཚུད་དཀའ་བ་རྣམས་ལ་དགོངས་འགྲེལ་གྱི་བསྟན་བཅོས་ཆེན་མོ་རྣམས་
ལས་གསལ་བར་བསྟན་པས་གསུང་རབ་དང་དགོངས་འགྲེལ་ནས་མ་བཤད་པའི་
ཉམས་སུ་ལེན་ཚུལ་མན་ངག་ཟུར་པ་ཙུང་ཟད་ཙམ་ཡང་མེད་ལ། དེ་དག་ནས་རྒྱ་
ཆེར་བཤད་པའི་དོན་ཐམས་ཅད་ལམ་གྱི་རིམ་པ་འདི་ཉིད་ཀྱི་སྐབས་སུ་སྔོན་འགྲོ་
དང་དངོས་གཞི་མཇུག་གི་རིམ་པ་གསུམ་དུ་ཕྱིལ་གྱིས་འདུ་ཞིང་ཚང་བ་ལ་ངེས་པ་
རྙེད་པ་ནི་གསུང་རབ་ཐམས་ཅད་གདམས་ངག་ཏུ་འཆར་བའི་ཆེ་བ། དེ་ལྟ་བུའི་
གདམས་ངག་ཏུ་གསུང་རབ་ཐམས་ཅད་རྫོགས་པར་འཆར་ན། བཤད་མ་ཐག་
པའི་བཀའ་དང་དགོངས་འགྲེལ་ཐམས་ཅད་ཐོས་བསམ་གྱིས་གཏན་ལ་ཕབ་ཆོག
པ་ལ་ལམ་སྒྲོན་བསྟན་རིམ་ལམ་རིམ་སོགས་སུ་མིང་གིས་བཏགས་པའི་གླེགས་བམ་
ལོགས་སུ་བྱེད་པ་ཅི་ཞིག་སྙམ་ན། དུས་ཀྱི་དབང་གིས་གདུལ་བྱ་རྣམས་ཀུང་བློ་གྲོས་
ཀྱི་མཐུ་ཇེ་དམན་དུ་གྱུར་པའི་ཚེ་དོན་རྟོགས་དཀའ་བ་དང་ཚིག་གི་ཆ་ཏ་ཅང་མང་
བ་ལ་སྤྲོ་འདོགས་གཅོད་པར་མི་ནུས་པས། ཡང་དག་པར་རྫོགས་པའི་སངས་རྒྱས་
ནས་བཟུང་སྟེ་དམ་པ་བར་མ་ཆད་པའི་མན་ངག་ལ་བརྟེན་ནས་ལམ་གྱི་རིམ་པའི་
བསྟན་(༨བ)བཅོས་སོགས་སུ་བསྡུས་པ་ཡིན་ལ། དེ་ལྟར་ན་ཆོས་ཕུང་བརྒྱད་ཁྲི་བཞི་
སྟོང་ལ་སོགས་པའི་ཚིག་དོན་རྒྱ་ཆེན་པོ་དག་དེར་མ་འདུས་པས་ལྷག་ཆད་དུ་འགྱུར་
རམ་སྙམ་དུ་མི་སེམས་ཏེ། ཚིག་གི་ཆ་མཐའ་དག་ནི་ཡོངས་སུ་རྫོགས་པར་འདུ་མི་
དགོས་ཤིང་དོན་ཐམས་ཅད་འདུས་པས་དཔེར་ན་ག་བུར་ཉེར་ལྔ་པའི་སྨན་གྱི་ཕུང་
པོ་ཤིན་ཏུ་ཆེ་བ་དག་ལས་སྨན་སྣ་ཐམས་ཅད་ཚང་བའི་ཐུན་ཆུང་ངུ་ཞིག་གིས་གང་
ཟག་གཅིག་གི་ཚ་བའི་ནད་སེལ་བ་ཡིན་གྱི། དེས་སྨན་གྱི་ཕུང་པོ་ཡོངས་རྫོགས་ཟ་

མི་དགོས་པ་བཞིན་ནོ། །རྒྱུ་མཚན་དེའི་ཕྱིར་བླ་མའི་མན་ངག་ལ་བརྟེན་ནས་རྒྱལ་བའི་དགོངས་པ་བདེ་བླག་ཏུ་རྙེད་པའི་ཆེ་བ། དེས་ན་གསུང་རབ་དགོངས་འགྲེལ་དང་བཅས་པ་ནས་མ་བསྟན་པའི་གང་ཟག་གཅིག་སོ་སྐྱེ་ནས་སངས་རྒྱས་ཀྱི་སའི་བར་དུ་བགྲོད་པའི་སྤང་བྱ་སྒྲིབ་གཉིས་ཀྱི་གཉེན་པོ་ནི་ཙུང་ཟད་ཙམ་ཡང་མི་སྲིད་ལ། བསྟན་བཅོས་འདིར་གསུང་རབ་ཐམས་ཅད་ཀྱི་དོན་འདུས་པའི་ཕྱིར་ན་ཚུལ་འདི་ཉམས་སུ་བསྐྱར་བས་ཉེས་པའི་སྒོ་ཐམས་ཅད་ཁེགས་པར་འགྱུར་ཞིང་། ཁྱད་པར་རྣམ་པར་འཐག་པ་ཐམས་ཅད་བསྡུས་པའི་མདོ་ལས། འཇམ་དཔལ་དམ་པའི་ཆོས་སྤོང་བའི་ལས་ཀྱི་སྒྲིབ་པ་ནི་ཕྲའོ། །འཇམ་དཔལ་གང་དེ་བཞིན་གཤེགས་པས་གསུངས་པའི་བཀའ་ལ་ལ་ལ་ནི་བཟང་བར་འདུ་ཤེས་ལ། ལ་ལ་ནི་ངན་པར་འདུ་ཤེས་པ་ནི་ཆོས་སྤོང་བའོ་ཞེས་སོགས་གསུངས་པ་ལྟར་གྱི་ཆོས་སྤོང་བ་ལ་བརྟེན་པའི་ཉེས་པ་མཐའ་དག་ཁེགས་པར་འགྱུར་བས་ན་ཉེས་སྤྱོད་ཆེན་པོ་རང་འགགས་སུ་འགྲོ་བའི་ཆེ་བ་སྟེ་ཆེ་བ་བཞི་དང་ལྡན་པའི་གདམས་པ་འདི་ཉམས་སུ་ལེན་པར་བྱེད་པ་ལ་སྟོན་འགྲོ། དངོས་གཞི། རྗེས་ཀྱི་རིམ་པ་དང་གསུམ།

དང་པོ། སྔོན་འགྲོའི་རིམ་པ།

དང་པོ་སྔོན་འགྲོའི་རིམ་པ་ནི། སྐྱེས་བུ་གསུམ་གྱི་ལམ་གྱི་རིམ་པའི་གོང་མ་གོང་མ་རྣམས་འོག་མ་འོག་མའི་སྔོན་འགྲོ་ཡིན་པས་སྐྱེས་བུ་ཆེན་པོ་ཉིད་དངོས་གཞིར་བྱས་ནས་འཁྲིད་ཡན་སྔོན་འགྲོར་བསྡུས་(༧ན)ཀྱང་བློ་སྦྱོང་སོགས་ཀྱི་འཁྲིད་ཚུལ་གཞན་རྣམས་དང་ཆ་མཐུན་པས་མི་འཐད་པ་མེད་མོད། སྤྱོད་པ་སྤྱི་བསླབ་ཀྱིས་བཅད་དུ། ཐེག་ཆེན་སྤྱི་ལ་བསླབ་ཚུལ། ཁྱད་པར་དུ་རྡོ་རྗེ་ཐེག་པ་ལ་བསླབ་ཚུལ་ལོ་ཞེས་པ་ལྟར་ན་སྔགས་ཀྱི་སྐབས་སུ་སྤྱོད་པ་ཕྱོགས་ཀྱི་སྐོར་རྣམས་ཀྱང་སྔོན་འགྲོར་འགྲོ་བས་འཁྲིད་དམིགས་གཙོ་བོ་དེ་ངོས་ཟིན་པར་བྱས་ནས་སྔོན་འགྲོ་དངོས

གཞིའི་དབྱེ་བ་ཕྱེད་དགོས་ཀྱི། གཞན་དུ་ན་ཕ་རི་ལ་ལྟོས་ནས་ཚུ་རི་དང་ཚུ་རི་ལ་ལྟོས་ནས་ཕ་རིར་འཇོག་པ་བཞིན་དུ་སྐབས་དོན་གྱི་ངོ་བོ་ངོས་མ་ཟིན་པའི་འཁྲུལ་བའི་ལམ་དུ་འཕྱུན་པ་མང་བའི་ཕྱིར། བརྒྱུད་ལྡན་དམ་པའི་ཞལ་ལུང་ཉམས་སུ་མྱོང་བའི་ཕྱག་ལེན་མཐོང་བརྒྱུད་ལ་ལྟོས་པ་གལ་ཆེ་བས་དལ་འབྱོར་རྙེད་དཀའི་སྐར་ནས་བཟུང་ལྷག་མཐོང་གི་བར་ཐམས་ཅད་ལུགས་འདི་ལ་ལམ་གྱི་དངོས་གཞིར་བྱ་དགོས་པ་ཡིན་ནོ། །

སྨྲས་པ། མ་དག་སྣོད་ཀྱི་སྐྱོན་སྤངས་གཟུར་གནས་ཀྱི། །རྣ་བར་དམ་པའི་ཆོས་ཀྱི་དབྱངས་སྙན་པོ། །ཡོངས་འཛིན་ཞལ་གྱི་སྒོ་ལས་ཉེར་ཐོས་པ། །བསྐལ་པར་བསྒྲུབ་པའི་བསོད་ནམས་ཟོང་གིས་རྙེད། །ཁྱད་པར་རྒྱ་བོད་མཁས་གྲུབ་མ་ལུས་པའི། །ཐུགས་ཀྱི་ཉིང་ཁུ་ཆེ་བ་བཞི་ལྡན་ཆོས། །མཆོག་དམན་འགྲོ་ལ་རིས་མེད་ཕན་པའི་སྨན། །བདུད་རྩིའི་སྲུབ་ཐྲ་གཉིས་པ་རྙེད་དཀའི་ལམ། །ལམ་མཆོག་འདི་འདྲ་ཐོས་བསམ་སྒོམ་གསུམ་གྱིས། །ཉམས་སུ་བླང་བྱར་ཡོད་པའི་སྐལ་བཟང་རྣམས། །མནོག་ཆུང་ཚེ་འདིའི་འདུན་མ་རྒྱང་བསྲིངས་ཏེ། །ཞེན་ལོག་སྐྱོ་ཤས་དྲག་པོས་རྒྱུད་བསྒྲུལ་ནས། །འདུ་འཛིས་དབེན་པའི་ས་འཛིན་མཐོན་པོའི་ངོས། །སྤང་ལྗོངས་ནགས་ཚལ་མེ་ཏོག་ཁོར་ཡུག་ཅན། །ཇོ་བའི་སྤྲིལ་ཆུང་རང་ཤོང་ཁང་བུ་ཙ། །གྲིབ་མ་གཉིས་པའི་གྲོགས་དང་ལྷན་ཅིག་པར། །ལྷུང་ལྷུང་དལ་གྱིས་འབབ་པའི་ཉལ་འགྲོ་དང་། །བག་ཕེབས་རི་དྭགས་རྒྱུ་བའི་སྐད་གཉིས་ལས། །གཞན་དུ་དུག་གསུམ་བསྐྱེད་(༧བ)པའི་ཡོང་གཏམ་གྱིས། །བསམ་གཏན་ཚེར་མའི་བྱེད་པོ་དམིགས་སུ་མེད། །ཕྱུག་དར་ཁྲིད་པའི་གོས་དང་བསོད་སྙོམས་ཀྱིས། །ཉེར་འཚོ་དཀོར་ནག་དུག་ཆུས་མ་སྦགས་པས། །རྣམ་དཀར་དགེ་ལ་སྒྲུལ་ནུས་ལུས་ངག་ཡིད། །གཏན་གྱི་བདེ་སྒྲུབ་འདུན་མའི་ཡང་རྩེར་སོན། །ཞེས་བྱ་བ་ནི་བར་སྐབས་ཀྱི་ཚིགས་སུ་བཅད་པའོ།། །།

ཀ༧ ལམ་གྱི་རྩ་བ་བཤེས་གཉེན་བསྟེན་པའི་ཚུལ།

ཁ༧ སྔོན་འགྲོ་སྐྱབས་སེམས།

དེས་ན་དང་པོ་སྔོན་འགྲོ་ལམ་གྱི་རྩ་བ་བཤེས་གཉེན་བསྟེན་པའི་ཚུལ་ལ་སྔོན་འགྲོ་སྐྱབས་སེམས་དང་། དངོས་གཞི་བཤེས་གཉེན་བསྟེན་པའི་ལམ་ཉམས་སུ་ལེན་ཚུལ་དངོས་གཉིས། དང་པོ་ནི་མཁས་པ་ཁ་ཅིག །ཆོས་ཐམས་ཅད་ཀྱི་ཐོག་མ་བཤེས་གཉེན་བསྟེན་ཚུལ་ཁོ་ན་ཡིན་པས་དེའི་སྔོན་དུ་འགྲོ་བའི་ཆོས་གཞན་མེད་པར་འཆད་ཅིང་དེ་ལ་དགག་ཁུངས་སུ་བྱེད་པ་མང་དུ་སྣང་ཡང་། དེ་ལྟར་ན་བཤེས་གཉེན་བསྟེན་པའི་ཆོས་སྐོར་ལ་བློ་སྦྱོང་བའི་བྱང་ཆུབ་ལམ་གྱི་རིམ་པའི་ཆེད་དུ་བྱ་བའི་གདུལ་བྱ་ཡང་ཡིན་ལ། དཀོན་མཆོག་གསུམ་ལ་སྐྱབས་སུ་མ་སོང་བ་ཡང་ཡིན་པ་ཞིག་ཁས་ལེན་དགོས་པར་འགྱུར་ཞིང་། དེ་ལྟ་བུའི་གདུལ་བྱ་དེ་སྐྱབས་སུ་མ་སོང་བའི་རྒྱུ་མཚན་གྱིས་ནང་པ་སངས་རྒྱས་པའི་གྲལ་དུ་མི་ཚུད་དེ། ཕྱི་ནང་གི་ཁྱད་པར་སྐྱབས་འགྲོས་འབྱེད་པར་ཇོ་བོ་རྗེ་དང་ཤཱནྟི་པ་བཞེད་ཅིང་། བསྟན་པ་ལ་འཇུག་པའི་སྒོ་དམ་པ་སྐྱབས་འགྲོ་ཡིན་པ་བྱང་ཆུབ་ལམ་གྱི་རིམ་པའི་ས་བཅད་ལས་གསུངས་པས་སོ། །ལ་ལ་དག །སྐྱབས་སུ་འགྲོ་བ་ཙམ་ལ་འགལ་བ་མེད་ན་ཡང་། །སེམས་བསྐྱེད་པར་མི་རིགས་ཏེ། བཤེས་གཉེན་བསྟེན་པའི་འོག་ཏུ་སྐྱེས་བུ་ཆུང་ངུའི་ཆོས་སྐོར་རྣམས་འབྱུང་བས་སོ། །ཞེས་འཆད་པ་ནི་འཐད་པར་མི་སེམས་ཏེ། སྐྱེས་བུ་ཆུང་ངུའི་ཆོས་སྐོར་ལ་སྐྱེས་བུ་ཆུང་ངུ་དངོས་དང་དེ་དང་ཐུན་མོང་བའི་ཆོས་སྐོར་གཉིས་སུ་གསུངས་པ་ལས་སྐབས་འདིར་ཉམས་སུ་བླང་བྱ་ནི་སྐྱེ་བ་ཕྱི་མ་མངོན་མཐོའི་ལུས་རྟེན་ཙམ་དོན་དུ་གཉེར་བའི་སྐྱེས་བུ་ཆུང་ངུའི་སྐོར་མ་ཡིན་པར་སྐྱེས་བུ་ཆེ་འབྲིང་གི་ལམ་གྱི་རྟེན་གཞིར་གྱུར་པའི་ཆུང་ངུ་དང་ཐུན་མོང་(༤ན)བའི་ཆོས་སྐོར་ཡིན་པས། སེམས་ཅན་དང་པོའི་ལས་ཅན་རྣམས། །དམ་པའི་

དོན་ལ་འཇུག་པ་ལ། །ཐབས་འདི་ཇོགས་པའི་སངས་རྒྱས་ཀྱིས། །སྐྲས་ཀྱི་རིམ་པ་ལྟ་བུར་གསུངས། །ཞེས་དང་། གལ་ཏེ་སྐྱེས་བུ་ཆུང་འབྲིང་གི་ཆོས་སྐོར་རྣམས་སྐྱེས་བུ་ཆེན་པོའི་སྔོན་འགྲོ་ཡིན་ན་སྐྱེས་བུ་ཆེན་པོའི་ལམ་རིམ་དུ་བྱས་པས་ཆོག་མོད། ཆུང་འབྲིང་དང་ཐུན་མོང་བའི་ལམ་རིམ་ཞེས་ཐ་སྙད་བྱ་ཅི་དགོས་ཤེ་ན་ཞེས་གསུངས་པས་སྐབས་འདིར་འཆད་པའི་ཡུལ་ནི་སྐྱེས་བུ་ཆེན་པོའི་གདུལ་བྱ་ཡིན་ལ། དེ་ལ་སྔོན་འགྲོའི་ཚུལ་དུ་སྐྱེས་བུ་ཆུང་ངུ་བསྟན་པ་ཡིན་པས་ན་སེམས་བསྐྱེད་ཀྱི་རྩིས་ཟིན་པར་སྐྱོན་མེད་པར་མ་ཟད་ཤིན་ཏུ་ལེགས་པའོ། ཁྱད་པར་བདག་གི་བླ་མ་དམ་པའི་ཁྲིད་གཞུང་བདུད་རྩི་གསེར་ཞུན་ལ་གཞི་མཛད། ལམ་གྱི་རིམ་པ་གཉིས་ནས་ཁ་བསྐངས་ཏེ་གནང་བས་དེར་སྐྱབས་སེམས་ཀྱི་གསལ་ཁ་ཡོད་དོ། །

གཞུང་ཆེན་མོ་རྣམས་སུ་འདིའི་སྐབས་སྐྱབས་སེམས་བྱེད་པའི་གསལ་ཁ་མ་བྱུང་བས་རང་གིས་ཉམས་འཁྲིད་ཞུ་མ་མྱོང་བའི་དབང་གིས་གསུང་རྒྱུན་དང་ཕྱག་ལེན་མཐོང་ཐོས་མེད་པའི་རྩལ་བཤད་མཁན་པོ་རྣམས་ཡུས་པའང་ཐུགས་མད་དོ། །

དེས་ན་ཐོག་མར་སྐྱབས་སུ་འགྲོ་བ་ནི་བསྔགས་འོས་བསྔགས་བསྟོད་ལས། ཁྱོད་ཀྱིས་གང་ལས་འགྲོ་བ་དག །མ་དྲངས་རྒྱུད་པ་དེ་གང་མཆིས། །གང་དང་འཇིག་རྟེན་མ་སྤྲད་པའི། །ཕུན་ཚོགས་དེ་ཡང་གང་ཞིག་མཆིས། །ཞེས་སངས་རྒྱས་ཀྱི་མཐུ་ལས་མ་བྱུང་བའི་རྒྱུ་གཞན་གྱིས་འགྲོ་བ་རྣམས་སྲིད་ཞིའི་རྒུད་པ་ལས་ཐར་བ་དང་། གནས་སྐབས་དང་མཐར་ཐུག་གི་བདེ་བ་ལ་ལོངས་སྤྱོད་དུ་ཡོད་པ་ནི་ཙུང་ཟད་ཙམ་ཡང་མེད་ཅིང་། ཡོན་ཏན་ཁྱད་པར་ཅན་དང་ལྡན་པའི་སངས་རྒྱས་དེ་ཉིད་དམ་པའི་ཆོས་འགོག་པ་དང་ལམ་གྱི་བདེན་པ་ལས་བྱུང་ལ། དེ་ཚུལ་བཞིན་དུ་སྒྲུབ་པར་བྱེད་པ་ཡང་སློབ་པ་དང་མི་སློབ་པའི་དགེ་འདུན་རྣམས་ལ་རག་ལུས་པའི་ཕྱིར་ན་སྐྱབས་ཡུལ་དམ་པ་དེ་རྣམས་ལ་བདག་དུས་དེང་ནས་བཟུང་(༡༤)སྟེ་སངས་རྒྱས་མ་ཐོབ་ཀྱི་བར་དུ་མགོན་སྐྱབས་དཔུང་གཉེན་ཞུ་སྙམ་པའི་དད་པ་ལྷང་

ལྷང་བ་ཞིག་སྔོན་དུ་བཏང་ལ་སྐྱབས་མགོན་དེ་རྣམས་དགྱེས་པའི་ཚུལ་གྱིས་བདག་གི་མགོན་སྐྱབས་སུ་མངོན་སུམ་དུ་བྱོན་ཡོད་སྙམ་པའི་མོས་པ་དུང་དུང་བ་ཞིག་བྱས་པའི་མཐུས་སྐྱབས་གནས་དེ་དག་མཁྱེན་བརྩེ་ནུས་གསུམ་གྱི་ཡོན་ཏན་ཁྱད་པར་ཅན་མངའ་བས་བྱ་ནམ་མཁའ་ལ་འཕུར་བ་ལྟར་གདུལ་བྱ་རྗེས་སུ་འཛིན་པའི་དོན་དུ་འབྱོན་པ་རྟེན་འབྲེལ་གྱི་ཆོས་ཉིད་ཡིན་པས། གང་ཞིག་མོས་པ་གཙོར་བྱེད་པ། །དེ་ཡི་མདུན་དུ་ཐུབ་པ་བཞུགས། །ཞེས་མོས་ངོ་ཙམ་མ་ཡིན་པའི་དོན་དང་མཐུན་པ་ཞིག་ངེས་པར་འོང་གསུང་། གསང་སྔགས་ཀྱི་འཁྲིད་གཞུང་རྣམས་ལྟར་དམིགས་སྐོར་སྤྲོས་པ་ཅན་མི་མཛད་མོད། མདོ་ལུགས་དང་འབྲེལ་བའི་ཉམས་སུ་ལེན་ཚུལ་འདི་ཙམ་ཞིག་མེད་པར་སྐྱབས་འགྲོའི་ཚིག་མང་དུ་བརྗོད་པ་ངག་འཆལ་གྱི་སྒོ་ཁེགས་པ་ཙམ་དུ་ཟད་དོ། །

དེ་ལྟར་སྐྱབས་ཡུལ་ངོས་བཟུང་བ་དེ་ལ་སྐྱབས་སུ་འགྲོ་བའི་མཁན་པོ་རང་ཉིད་ཀྱིས་ཇི་ལྟར་སྐྱབས་སུ་འགྲོ་ན། ལས་དང་ཉོན་མོངས་པའི་དབང་གིས་མཐའ་མེད་ཅིང་གཏིང་ཟབ་པའི་འཁོར་བ་སྡུག་བསྔལ་གྱི་རྒྱ་མཚོ་ཆེན་པོ་འདིར་ཆུད་ནས་སྡུག་བསྔལ་གསུམ་གྱིས་མནར་བའི་ཚུལ་ལ་དགྲ་མི་ཤ་འོས་ད་ལྟ་རང་གསོད་དུ་ཆ་བ་ཙམ་གྱི་འཇིགས་སྐྲག་དང་། འཇིགས་པ་དེ་ལས་སྐྱོབ་པའི་ནུས་པ་དཀོན་མཆོག་གསུམ་ལ་ཡོད་པར་ཤེས་ནས་དད་པ་དང་ཡོན་ཏན་ཁྱད་པར་ཅན་དེ་རང་རྒྱུད་ལ་མངོན་དུ་བྱ་འདོད་པ་དང་། སྐྱིད་སྡུག་ལེགས་ཉེས་ཅི་བྱུང་ཡང་ཁྱེད་ཤེས་སྙམ་པའི་ཡིད་ཆེས་ཀྱི་བློ་ལིངས་བསྐྱུར་དང་། སེམས་ཅན་རྣམས་ལ་དམིགས་པའི་སྙིང་རྗེའི་དབང་གིས། འདི་རྣམས་སྡུག་བསྔལ་ལས་སྒྲོལ་བའི་ནུས་པ་རང་ལ་མེད་ཀྱང་དཀོན་མཆོག་ལ་གསོལ་བ་བཏབ་སྟེ་རྒྱབ་རྟེན་བཅོལ་ན་ཡོད་པར་ངེས་པ་རྣམས་ཀྱི་སྒོ་ནས་འདི་ལྟར་བརྗོད་དགོས་པས། བདག་དང་འགྲོ་བ་ནམ་མཁའི་མཐའ་དང་མཉམ་པའི་(༡ན)སེམས་ཅན་ཐམས་ཅད་དུས་འདི་ནས་བཟུང་སྟེ་བྱང་ཆུབ་སྙིང་པོ་ལ་

མཆིས་ཀྱི་བར་དུ་དཔལ་ལྡན་བླ་མ་དམ་པ་རྣམས་ལ་སྐྱབས་སུ་མཆིའོ། །སངས་རྒྱས་བཅོམ་ལྡན་འདས་རྣམས་ལ་སྐྱབས་སུ་མཆིའོ། །དམ་པའི་ཆོས་རྣམས་ལ་སྐྱབས་སུ་མཆིའོ། །འཕགས་པའི་དགེ་འདུན་རྣམས་ལ་སྐྱབས་སུ་མཆིའོ། །ཞེས་པ་འཕྲེང་བ་ལྟ་བུར་བཟླས་ཏེ་ཉུང་མཐའ་ཉེར་གཅིག་ནས་མང་མཐའ་སུམ་བརྒྱ་ཙམ་དུ་བརྗོད་པ་ནི་ཐུན་ཆེ་ཆུང་འཚམ་པ་ཡིན། ཐོག་མ་ནས་དགེ་སྦྱོར་ལ་འཇུག་མདོག་བྱེད་པ་དེ་ཉམས་ལེན་བྱེད་མི་ཤེས་པའི་རྟགས་ཡིན་པས། ཇི་སྐད་དུ། དེ་ཡང་དང་པོ་ཡུན་རིངས་ན་བྱིང་རྨོད་ཀྱི་དབང་དུ་འགྲོ་སླ་ཞིང་། དེ་ལ་གོམས་ན་བློ་འཚོས་དཀའ་བས་ཐུན་ཆུང་ལ་གྲངས་མང་བར་བྱ། སྒོམ་འདོད་པའི་འཕྲོ་ལ་བཅད་ཀྱིན་བྱས་ན་ཕྱི་མ་རེས་ཀྱང་འཇུག་སྙིང་འདོད། གཞན་དུ་ན་མལ་མཐོང་བའི་ཚེ་སྐྱུགས་ལོག་ལོག་འོང་ཞེས་ཐོག་མ་ནས་སྣ་བཟབས་པའི་ཆོས་དྲེད་དུ་མ་སོང་བ་གལ་ཆེའོ། །

སྐྱབས་འགྲོའི་ཉམས་ལེན་ཟིན་པའི་མཇུག་ཏུ། བླ་མ་དང་དཀོན་མཆོག་རིན་པོ་ཆེ་རྣམ་པ་གསུམ་ལ་སྐྱབས་སུ་མཆིའོ། །ཁྱེད་རྣམས་ཀྱིས་བདག་གི་རྒྱུད་བྱིན་གྱིས་རློབ་ཏུ་གསོལ། ཁྱད་པར་དུ་ཡང་སྐྱེས་བུ་གསུམ་གྱི་ལམ་གྱི་རིམ་པ་མྱུར་དུ་རྒྱུད་ལ་སྐྱེ་བར་བྱིན་གྱིས་རློབ་ཏུ་གསོལ། ཞེས་ལན་བདུན་ནམ་ཉེར་གཅིག་སོགས་སྐབས་དང་སྦྱར་བ་གདུང་ཤུགས་དྲག་པོའི་སྒོ་ནས་བརྗོད་དོ། །འདི་ནི་ཞིང་ཁྱད་པར་ཅན་དཀོན་མཆོག་གསུམ་ལ་གསོལ་བ་བཏབ་པའི་མཐུས་འོག་ནས་འབྱུང་བའི་དམིགས་སྐོར་རྣམས་རྒྱུད་ལ་སྐྱེ་བའི་དགོས་པ་ཁྱད་པར་ཅན་ཡོད་པས། ཇི་སྐད་དུ། བཟུང་ན་ཚིག་མི་ཟིན། བསམས་ན་དོན་མི་གོ། བསྒོམས་ན་རྒྱུད་ལ་མི་སྐྱེ་བའི་བློ་མཐུ་ཤིན་ཏུ་ཆུང་བའི་དུས་སུ་ཞིང་གི་མཐུ་ལ་བརྟེན་པ་ནི་མན་ངག་ཡིན་ནོ། །ཞེས་ཐོག་མར་སྐྱབས་འགྲོ་དགོས་པའི་ཤེས་བྱེད་ཤིན་ཏུ་ཆེ་ཞིང་། འདི་ནས་བཟུང་(༡བ)སྟེ་སྐྱབས་འགྲོའི་བསླབ་བྱ་མདོར་བསྡུས་ཙམ་ལ་བསླབ་དགོས་པའི་ཕྱིར་མཆོད་པའི་སྒོ་ནས་ཚོགས་གསོག་པ་ཡང་ཤུགས་ཀྱིས་ཐོན་ནོ། །འུར་རྫ་གཅིག་གིས་བྱ་བརྒྱ་དུས་གཅིག

ཏུ་འདེད་པ་ལྟར་ཐོག་མར་སྐྱབས་སུ་སོང་སྟེ་གསོལ་བ་བཏབ་པས་ཞིང་ཁྱད་པར་ཅན་གྱི་མཐུས་ལམ་རྣམས་རྒྱུད་ལ་སྐྱེ་བ་ཡིན་གྱི། དམིགས་སྐོར་ཚན་པ་རེ་རེ་བཞིན་གྱི་མཇུག་ཏུ་གསོལ་འདེབས་ཀྱི་ཚིག་བརྗོད་དགོས་པ་ནི་མིན་ནོ། །

སེམས་བསྐྱེད་པ་ནི། བདག་གིས་སེམས་ཅན་ཐམས་ཅད་ཀྱི་དོན་དུ་རྫོགས་པའི་སངས་རྒྱས་ཀྱི་གོ་འཕང་ཐོབ་པར་བྱ། དེའི་ཆེད་དུ་སྐྱེས་བུ་གསུམ་གྱི་ལམ་གྱི་རིམ་པ་རྣམས་ཉམས་སུ་བླང་བར་བགྱིའོ། །ཞེས་པའི་དོན་ཡིད་ལ་དྲན་བཞིན་པའི་ངང་ནས་ཚིག་ངག་ཏུ་ལན་གསུམ་མམ་བདུན་གང་ཡང་རུང་བ་བརྗོད་དེ་སེམས་བསྐྱེད་པས་འོག་ནས་འབྱུང་བའི་དགེ་བ་མཐའ་དག་སངས་རྒྱས་འཐོབ་པའི་རྒྱུར་འགྱུར་བའི་དགོས་པ་ཁྱད་པར་ཅན་ཡོད་པ་ཡིན་ནོ། །

ཁ༢ དངོས་གཞི་བཤེས་གཉེན་བསྟེན་པའི་ལམ་ཉམས་སུ་ལེན་ཚུལ།

གཉིས་པ་དངོས་གཞི་ལམ་གྱི་རྩ་བ་བཤེས་གཉེན་བསྟེན་པའི་ཚུལ་དངོས་ནི། མདོ་སྡེ་རྒྱན་ལས། བཤེས་གཉེན་དུལ་བ་ཞི་བ་ཉེར་ཞི་བ། །ཡོན་ཏན་ལྷག་པ་བརྩོན་བཅས་ལུང་གིས་ཕྱུག །དེ་ཉིད་རབ་ཏུ་རྟོགས་ལ་སྨྲ་མཁས་ལྡན། །བརྩེ་བའི་བདག་ཉིད་སྐྱོ་བ་སྤངས་ལ་བརྟེན། །ཞེས་བསྟེན་བྱ་དགེ་བའི་བཤེས་གཉེན་དེ་ཉིད་ཀྱང་ལྷག་པའི་བསླབ་པ་གསུམ་གྱི་སྒོ་ནས་རྒྱུད་ལེགས་པར་དུལ་ཞིང་། མང་དུ་ཐོས་པ་ལུང་གི་ཡོན་ཏན། དེ་ཁོ་ན་ཉིད་རྟོགས་པའི་ཤེས་རབ་ཀྱི་བསླབ་པ་ཁྱད་པར་བ། སློབ་མ་རྣམས་ལས་ཆེས་ལྷག་པའི་ཡོན་ཏན་ཁྱད་པར་འཕགས་པ། ལུང་དོན་རིགས་པས་འབྱེད་ནུས་པའི་རྣམ་དཔྱོད་ཀྱིས་གདུལ་བྱའི་རྣ་བར་སྙན་ཞིང་ཡང་དག་པའི་ལམ་ལ་བཀྲི་བར་མཁས་པ། རྙེད་བཀུར་སོགས་ལ་ལྟོས་པ་མེད་པར་འགྲོ་བ་ཉམ་ཐག་པ་ལ་བརྩེ་བའི་སྙིང་རྗེ་ཅན། གཞན་གྱི་དོན་སྒྲུབ་པ་ལ་རྩོལ་བ་དང་ལྡན་པའི་བརྩོན་འགྲུས། ཡང་ཡང་འཆད་པ་ལ་སྐྱོ་ངལ་མེད་(༧༠ན)པའི་དཀའ་སྤྱད་ཁུར་དུ

བཟོད་པའི་ཡོན་ཏན་རྣམས་མངའ་བའི་བླ་མ་དམ་པ་དེས་དམ་པའི་ཆོས་སྟོན་པའི་སྣོད་དུ་གྱུར་པའི་གདུལ་བྱ་ནི་བཞི་བརྒྱ་པར། གཟུར་གནས་བློ་ལྡན་དོན་གཉེར་བ། །ཉན་པོ་སྣོད་ཅེས་བྱ་བར་བཤད། །སྨྲ་པོ་ཡོན་ཏན་རྣམ་གཞན་དུ། །མི་འགྱུར་ཉན་པ་པོ་ལའང་མིན། །ཞེས་རང་ཕྱོགས་ལ་ཆགས་ཤིང་གཞན་ཕྱོགས་ལ་ཞེ་སྡང་བའི་ཕྱོགས་ལྷུང་དང་བྲལ་ཞིང་། ཉེས་བཤད་དང་ལེགས་བཤད་ཀྱི་བླང་དོར་འབྱེད་ནུས་པའི་བློ་གྲོས་ཅན། དམ་པའི་ཆོས་ལ་དོན་གཉེར་ཆེན་པོ་དང་ལྡན་པ། ཆོས་སྨྲ་བ་ལ་གུས་ཤིང་ཡིད་ལེགས་པར་གཏོད་པ་སྟེ་ཡོན་ཏན་ལྔ་དང་ལྡན་པའི་སློབ་མ་ཞིག་དགོས་ལ། དེ་ལྟ་བུའི་སློབ་དཔོན་དང་སློབ་མ་ཟུང་དུ་འབྲེལ་ན་གཤོག་པ་གཉིས་ལྡན་གྱི་བྱ་མཁའ་ལ་འཕུར་བ་ལ་ཚེགས་མེད་པ་བཞིན་རྣམ་གྲོལ་སྒྲུབ་པ་ལ་དེ་ཙམ་གྱི་དཀའ་བ་མིན་པས་མཚན་ཉིད་དེ་ལྡན་གྱི་སློབ་མ་དེས་ཀྱང་བཤེས་གཉེན་བསྟེན་པའི་ཚུལ་ལ་བསམ་པས་བསྟེན་པའི་ཚུལ་དང་། སྦྱོར་བས་བསྟེན་པའི་ཚུལ་གཉིས།

ཀ༡ བཤེས་གཉེན་བསམ་པས་བསྟེན་པའི་ཚུལ།

དང་པོ་ནི། དཀོན་མཆོག་ཏ་ལའི་གཟུངས་ལས། དད་པ་སྔོན་འགྲོ་མ་ལྟར་བསྐྱེད་པ་སྟེ། །ཡོན་ཏན་ཐམས་ཅད་བསྲུང་ཞིང་འཕེལ་བར་བྱེད། །དོགས་པ་སེལ་ཞིང་ཆུ་བོ་རྣམས་ལས་སྒྲོལ། །དད་པ་བདེ་ལེགས་གྲོང་ཁྱེར་མཚོན་བྱེད་ཡིན། །དད་པ་རྙོག་པ་མེད་ཅིང་སེམས་དང་བྱེད། །ང་རྒྱལ་སྤོང་ཞིང་གུས་པའི་རྩ་བ་ཡིན། །དད་པ་ནོར་དང་གཏེར་དང་རྐང་པའི་མཆོག །ལག་པ་བཞིན་དུ་དགེ་སྡུད་རྩ་བ་ཡིན། །ཞེས་གསུངས་པ་ལྟར་དགེ་བའི་བཤེས་གཉེན་ལ་མི་ཕྱེད་པའི་དད་པ་ཞིག་ངེས་པར་སྔོན་དུ་འགྲོ་བ་གལ་ཆེ། དེ་ལ་ཡང་བཤེས་གཉེན་དེ་སྐྱོན་ཀུན་ཟད་ཡོན་ཏན་ཀུན་ལྡན་ཞིག་ཏུ་མཐོང་དགོས་པ་ལ། རྩོད་ལྡན་དབང་གིས་བླ་མ་སྐྱོན་དང་ཡོན་ཏན་འདྲེས། ཞེས་འོ་སྐོལ་ལས་མ་དག་པའི་གདུལ་བྱ་རྣམས་ཀྱི་སྣང་བ་ལ་

སྐྱོན་ཡོན་འདྲེས་མར་འོང་བས་ཐོག་མར་སྐྱོན་རྟོག་གི་བློ་(༧༠བ)དེ་དགག་དགོས། དེ་ཁེགས་ན་ཡོན་ཏན་ཀུན་དང་ལྡན་པ་ཞིག་ཤུགས་ཀྱིས་འོང་བ་ལས་འོས་མེད། སྐྱོན་རྟོག་གི་བློ་སེལ་བ་ལ་ཡང་དཔེར་ན་སྨན་པ་མཁས་པས་སྨན་ནུས་པ་ཅན་བཏང་བས་ཚེ་ནད་བག་ལ་ཞ་བ་རྣམས་ཀྱང་བསླང་སྟེ་ནད་ཟུག་ཙུང་ཟད་བསྐྱེད་ནས་ཞི་འགྲོ་བ་ལྟར་ཐོག་མར་བླ་མ་དེའི་མཛད་པ་སྐྱོན་ལྟར་སྣང་བ་རྣམས་ཀྱང་ཆེད་དུ་གཉེར་ནས་གསལ་འདེབས་དགོས་པ་ནི། དགྲ་གཉེན་བར་མའི་འགྲོ་བ་སྔར་ནས་རང་ཉིད་ལ་རྒྱུས་ཡོད་པ་ཞིག་གི་སྤྱོད་ཚུལ་རྣམས་ཆེད་དུ་མ་བརྟགས་པའི་ཚེ་ལམ་མེ་ཞིག་ལས་མི་འབྱུང་ཞིང་། དེ་ལ་བརྟེན་པའི་དུག་གསུམ་གྱི་རྟོག་པ་རྣམས་ཀྱང་མངོན་གྱུར་དུ་མི་སྐྱེ་ལ། དེའི་སྣང་ཚུལ་ལ་རྟོག་པ་འོག་འགྱུའི་ཚུལ་གྱིས་དཔྱད་པ་ན་དེ་དག་གི་བྱ་བྱེད་བཟང་ངན་རྣམས་སྔར་འདས་ཟིན་པ་མ་ཡིན་པའི་ད་ལྟ་བྱེད་བཞིན་པ་ལྟ་བུའི་སྣང་བ་འཆར་ཞིང་། དེ་ལ་བརྟེན་པའི་དགའ་སྡུག་གི་རྟོག་པ་ལྷན་སྐྱེས་སུ་འཆར་བ་བཞིན། ག་རེ་བདག་གི་དཔལ་ལྡན་བླ་མ་དམ་པ་དེའི་སྐུའི་དབྱིབས་གསུང་གི་གདངས་ཐུགས་དགྱེས་ཆེ་ཆུང་། མདོར་ན་འབྱོན་བཞུད་ན་བཟའ་བཞེས་ཚུལ་སོགས་ཕྲ་མོ་རྣམས་ཀྱིས་མཐའ་བརྟེན་པའི་མཛད་པ་བཟང་ངན་འཕྲིན་གསུམ་ཅི་འདྲ་ཞིག་ཡོད་པ་ཐམས་ཅད་ཡང་ཡང་གསལ་གདབ་ཅིང་རང་བབས་སུ་འཆར་བཅུག་པ་ན་སྣང་ཚུལ་ལེགས་ཉེས་མངོན་སུམ་དུ་ད་ལྟ་མཛད་པ་ལྟར་ལྷང་ལྷང་གི་འཆར་བས་དེ་མ་བྱུང་གི་བར་དུ་བསམ། དེ་ནས་འདི་ལྟར་སྣང་བ་དེ་བླ་མ་ལ་སྐྱོན་ཡོད་ནས་སྣང་བ་ཡིན་ནམ་མེད་བཞིན་དུ་སྣང་བ་གང་ཡིན་སྙམ་པའི་ཐེ་ཚོམ་ཞིག་ཤར་བྱུང་བ་ན། བླ་མ་དམ་པ་འདི་ཉིད་ལ་ཉེས་པའི་སྐྱོན་དེ་འདྲ་ག་ལ་མངའ། རང་ཉིད་ཚེ་རབས་ཐོག་མ་མེད་པ་ནས་ལས་ཉོན་གྱི་སྒྲིབ་པས་ཧ་ཅང་སྨགས་ཆེས་པའི་མཐུས་མེད་བཞིན་དུ་སྣང་བར་འདུག །དབང་ཤེས་འཁྲུལ་པའི་ངོར་ཤིན་ཏུ་དཀར་བའི་གངས་རི་སྔོན་པོར་འཆར་བ་དང་། མཁྲིས་པའི་ནད་ཀྱིས་གཙེས་(༧༡ན)པའི་མིག་

ཤེས་ཀྱིས་དྭངས་སེར་པོར་མཐོང་བ་དང་ཁྱད་པར་ག་ལ་ཡོད། རང་རེ་དུག་གསུམ་གྱི་གཞན་དབང་ཁོ་ནར་གྱུར་པའི་འགྲོ་བ་རྣམས་དང་རིགས་མཐུན་པའི་ཚུལ་གྱིས་དོན་མཛད་པ་ལ་མ་དག་པའི་སྣང་ཚུལ་དེ་འདྲ་ཆེད་དུ་གཉེར་ནས་མ་བསྟན་པའི་ངེས་པ་ཅི་ཡོད་སྙམ་དུ་ཡང་ཡང་བསམ།

དེ་ཡང་བླུན་སྒོམ་མོས་པ་ཙམ་གྱི་སྒོམ་གྱིས་རྐྱེན་མི་ཐེག་པས་དཔེ་དང་གཏན་ཚིགས་ལས་ངེས་པ་རྙེད་དགོས་པའི་ཕྱིར་ཡང་དག་པར་རྫོགས་པའི་སངས་རྒྱས་སྐྱོན་ཀུན་ཟད་ཡོན་ཏན་ཐམས་ཅད་དང་ལྡན་པ་དེ་ལའང་ལེགས་སྐར་དང་ལྷས་བྱིན་དང་མུ་སྟེགས་བྱེད་ལ་སོགས་པ་རྣམས་ཀྱི་སྐྱོན་དང་ཉེས་པའི་གོང་བུར་མཐོང་ཞིང་། འཕགས་པ་ཐོགས་མེད་ཀྱིས་རྗེ་བཙུན་བྱམས་པ་ཁྱི་མོ་ཁོག་སྣད་འབུས་གཡེངས་པར་གཟིགས་པ་དང་། སློབ་དཔོན་སངས་རྒྱས་ཡེ་ཤེས་ཞབས་ཀྱིས་སློབ་དཔོན་འཇམ་དཔལ་བཤེས་གཉེན་ཁྱིམ་བཙུན་ཆང་པོ་ཆོས་གོས་ཀྱིས་ཐོད་བྱས་ནས་སྔོ་སྔོད་ཅིང་རོལ་ནང་གི་སེམས་ཅན་མང་པོ་ཆུ་ནང་དུ་འཚོད་པ། ནཱ་རོ་པས་ཏེ་ལོ་པ་ཉ་གསོན་སྲེག་བྱེད་པ། དགེ་ཚུལ་ཆོམ་བུ་བས་རྡོ་རྗེ་ཕག་མོ་མཛེ་མོར་མཐོང་བ་དང་། ཡབ་སྲས་མཇལ་བའི་མདོ་ལས་དེ་བཞིན་གཤེགས་པས་བདུད་དུ་སྤྲུལ་ནས་སེམས་ཅན་གྱི་དོན་མཛད་པར་ཡང་བཤད་པས་རྒྱུ་མཚན་དེ་དག་དང་རང་གི་མཐོང་ཚུལ་ལ་ཁྱད་པར་མེད་སྙམ་དུ་བསམས་པ་ན་དེའི་གོང་དུ་བླ་མའི་མཛད་པ་རྣམས་ལ་ཡིད་མི་བདེ་བའི་ནག་ཡོར་རེ་བའི་རྣམ་པ་འདྲ་བ་ཞིག་ཡོད་པ་དེ་དཔྱད་སྒོམ་གྱི་ཉམས་ལེན་འདི་དག་ལ་བརྟེན་ནས་མུན་པའི་ཁུང་བུར་ཉི་མའི་ཟེར་ཞུགས་པ་བཞིན་དུ་བླ་མ་དེ་སྐྱོན་དང་བྲལ་བའི་གསལ་སིང་ངེ་བའི་རྣམ་པར་འཆར་གསུངས་པ་ནི་བསྒོམས་ན་ངེས་པར་ལས་དང་པོ་པ་ལའང་ཉམས་སུ་མྱོང་ངེས་སུ་གདའ། དེ་ལྟར་ངེས་པའི་དོན་དུ་བླ་མ་དེ་སྐྱོན་དང་མི་ལྡན་པར་ཡིད་ཆེས་རྙེད་པས་ཡོན་ཏན་ཀུན་ཚང་དུ་ཤུགས་ལ་རྟོགས་(༡༡བ)ནའང་རང་གི་བློ་ཤུགས་གང་དྲག་པ་དེའི་ནུས་

པས་དེའི་འགལ་ཟླར་གྱུར་པའི་སྐྱོན་ཡོན་མཐའ་དག་ཟིལ་གྱིས་ནོན་འགྲོ་བ་ཆོས་ཉིད་ཡིན་ཏེ། བཤེས་གཉེན་དེ་ལ་མཁས་པ་བཙུན་པ་གྲུབ་པ་བཟང་བ་སོགས་ཐ་ན་དངོས་པོ་ལ་ཞེན་ཆགས་ཆུང་བ་གློག་བཟང་བ་ལྟ་བུའི་ཡོན་ཏན་སྣ་རེ་ཡོད་ནའང་ཡོན་ཏན་ཁྱད་པར་ཅན་འདི་དང་འདི་འདྲ་བ་མངའ་སྙམ་པའི་བློ་ཤུགས་དྲག་པོ་ཡང་ཡང་བསམས་ན་སེར་སྣའི་དངོས་འཛིན་ཆེ་བའམ་ཐོས་པ་ཉུང་བ་སོགས་སྐྱོན་གྱི་རིགས་ཡོད་ཚེ་མནན་ཏེ་མི་མངོན་པ་ལྟ་བུར་འགྲོ་བ་ནི་གནམ་སྟོང་གི་དུས་སུ་ཟླ་བ་མཁའ་ལ་ཤར་ཡང་ཉི་མའི་འོད་ཀྱིས་བལྟར་མི་མངོན་པ་དང་མཚུངས་པས་སྐྱོན་གྱི་ཆ་ཕྲ་མོ་ཡང་དགག་གང་ཐུབ་དང་ཡོན་ཏན་ཆུང་ངུ་ལ་ཡང་དད་པ་ཅི་འཕེལ་དུ་བྱ་བ་ནི་རང་ལ་ལེགས་ཚོགས་དངོས་གྲུབ་ཐམས་ཅད་ཀྱི་རྩ་བར་ཡོད་པས་གནད་ཤིན་ཏུ་ཆེ། །

དེ་ལྟར་མི་འཁྲུགས་པའི་དད་པ་ཁྱད་པར་ཅན་ནི་རང་ཉིད་ལ་དངོས་སུ་བཀའ་དྲིན་གྱིས་ཕན་པར་གྱུར་པ་མིན་ནའང་སྣན་པའི་གྲགས་པ་ཐོས་པ་ཙམ་ལ་ཡང་འབྱུང་སྲིད། གུས་པ་ཆེན་པོ་སྐྱེད་པར་བྱེད་པ་ལ་བཀའ་དྲིན་རྗེས་སུ་དྲན་པ་གལ་ཆེ་བས་སྐྱོན་དང་བྲལ་ཞིང་ཡོན་ཏན་མ་ལུས་པ་དང་ལྡན་པའི་བདག་ཉིད་ཅན་སངས་རྒྱས་གནྣའི་གླུང་གི་བྱེ་མ་སྙེད་ཀྱི་གྲངས་དང་མཉམ་པ་ཡོད་ནའང་རང་ཉིད་སྐལ་པ་དམན་པས་དེ་དག་ལས་བཀའ་དྲིན་ནོད་ས་མེད་ལ། བདག་གི་བླ་མ་དམ་པ་འདིས་དམུ་རྐོད་གདུལ་དཀའ་བའི་འགྲོ་བ་རྣམས་འདྲེན་པའི་སླད་དུ་དུས་གསུམ་བདེ་གཤེགས་ཀུན་གྱི་རང་གཟུགས་ཐ་མལ་པའི་རྣམ་པར་སྤྲུལ་ནས་བྱོན་པས་སྐྱོན་ཟད་ཅིང་ཡོན་ཏན་དང་ལྡན་པའི་ཆ་ནས་སངས་རྒྱས་རྣམས་དང་ཁྱད་པར་མ་མཆིས་ཀྱང་། རང་རྫོས་ནས་སངས་རྒྱས་ལས་ཀྱང་ལྷག་སྟེ། ཕྱིར་སངས་རྒྱས་རྣམས་ཆོས་སྐུ་བདེ་བ་ཆེན་པོའི་ངང་ལས་གཡོ་བ་མེད་བཞིན་དུ་བྱང་སེམས་འཕགས་པ་གདུལ་བྱ་ཐུན་མོང་མ་ཡིན་པ་རྣམས་ཀྱི་དོན་དུ་ལོངས་སྤྱོད་རྫོགས་(༧༢ན)པའི་སྐུའི་

རྣམ་པར་སྟོན། སྐུ་དེ་ཉིད་ཉན་རང་དང་སོ་སོ་སྐྱེ་བོ་རྣམས་ཀྱི་ཡུལ་དུ་མ་གྱུར་པས་འཛམ་བུའི་གླིང་དུ་མཆོག་གི་སྤྲུལ་སྐུའི་ཚུལ་གྱིས་འགྲོ་བ་རྣམས་སྨིན་གྲོལ་གྱི་ལམ་ལ་བཀོད། སངས་རྒྱས་དེ་རྣམས་ལ་ཉེ་རིང་ཡོད་པའི་དབང་གིས་རང་རེ་རྣམས་ཆེད་དུ་གཉེར་ནས་ཡལ་བར་དོར་བ་མ་ཡིན་ཡང་བྲག་ཕུག་ཁ་བྱང་བསྟན་ལ་ཉི་མ་མི་འཆར་བ་བཞིན་རང་ཉིད་ལས་དང་སྐལ་བ་མེད་པའི་དབང་གིས་སངས་རྒྱས་དེ་རྣམས་དངོས་སུ་མཇལ་བ་དང་གསུང་གི་བདུད་རྩི་མྱང་བའི་སྣོད་དུ་མ་གྱུར་པས་མཐའ་མེད་ཀྱི་འཁོར་བ་འདིར་འཁོར་ཏེ་སྡུག་བསྔལ་མྱོང་བཞིན་པ་འདིར་ཟད། ད་རེས་མི་ལུས་ཐོབ་པའི་དུས་འདིར་བཤེས་གཉེན་དམ་པ་འདི་རྣམས་དང་མ་མཇལ་ན་དཀོན་མཆོག་གསུམ་གྱི་སྒྲ་ཙམ་ཡང་མི་ཐོས་པའི་མི་ཁོམ་པའི་གནས་སུ་འཁྱམ་དགོས་པ་ལ། སངས་རྒྱས་དངོས་སུ་མཇལ་ཡང་དེ་ཕན་ཆད་ལས་འགྲོ་རྒྱུ་མེད་པའི་ཟབ་པ་དང་རྒྱ་ཆེ་བའི་ཆོས་ནི་དགེ་བའི་བཤེས་གཉེན་གྱིས་ལེགས་པར་བསྟན་ཅིང་ཐོས། རང་གིས་ཉམས་སུ་ལེན་པར་ནུས་ན་ཐར་པ་དང་ཐམས་ཅད་མཁྱེན་པ་འཐོབ་པར་ནི་ཐེ་མི་ཚོམ། ཚེ་འདིར་དགྲ་དང་ནད་སོགས་ཀྱི་འཇིགས་པ་ལས་སྐྱོབ་ཅིང་ཟས་གོས་འབྱོར་བ་སྟེར་བར་བྱེད་པ་ལ་ཡང་དྲིན་ཆེ་བར་བྱེད་ན་འཁོར་བ་སྤྱི་དང་བྱེ་བྲག་གི་སྡུག་བསྔལ་སེལ་བ་དང་གཏན་གྱི་བདེ་བ་བླ་ན་མེད་པ་སྟེར་བར་མཛད་པའི་བཀའ་དྲིན་འདི་ནི་སྟོང་གསུམ་གསེར་གྱིས་བཀང་ཡང་གཞལ་བར་ག་ལ་ནུས། རང་ངོས་ནས་དུས་གསུམ་གྱི་སངས་རྒྱས་ཐམས་ཅད་ལས་བླ་མ་དམ་པ་བཀའ་དྲིན་ཆེ་ཞིང་ལྷག་པར་གདོན་མི་ཟ་སྙམ་པའི་གུས་པ་དང་དད་པ་སྙིང་ཁོང་རུས་པའི་གཏིང་ནས་བསམ་ཞིང་། ལུས་ཀྱི་བ་སྤུ་གཡོ་བ་དང་མིག་ནས་མཆི་མ་མ་བྱུང་གི་བར་དུ་བསྒོམ། སྒྲོ་བར་འདོད་ན་སྟོང་པོ་བཀོད་པ་ལས་འབྱུང་བའི། འདི་ནི་བདག་གི་དགེ་བཤེས་ཆོས་སྒྲ་བ། །ཞེས་སོགས་ཀྱི་ཚིགས་སུ་བཅད་པ་གདངས་
(༧༢བ)སྙན་པོས་གསལ་འདེབས་ཀྱི་ཚུལ་དུ་བྱེད་པར་གསུངས་སོ། །

ག༢ བཤེས་གཉེན་སྦྱོར་བས་བསྟེན་པའི་ཚུལ།

གཉིས་པ་སྦྱོར་བས་བསྟེན་ཚུལ་ནི་བླ་མ་ལྔ་བཅུ་པ་ལས། འདིར་མང་སྨོས་པ་ཅི་ཞིག་དགོས། །བླ་མ་དགྱེས་བྱེད་གང་ཡིན་བྱ། །མི་མཉེས་བྱེད་ཀུན་སྤང་བ་ནི། །དེ་དང་དེ་ལ་འབད་དེ་བརྟག །ཅེས་བཤེས་གཉེན་དམ་པ་དེ་མཉེས་པ་རྣམས་བསྒྲུབ་ཅིང་མི་མཉེས་པ་རྣམས་སྤོང་བ་ཞིག་དགོས་པ་ཡིན་པས་སྔོན་བདག་ཅག་གི་སྟོན་པས་ཚིགས་བཅད་གཅིག་ཐོས་པའི་དོན་དུ་སྐུ་ལུས་ལ་མར་མེ་སྟོང་བཙུགས་པ། ལྕགས་གཟེར་སྟོང་བཏབ་པ། བུ་དང་བཙུན་མོ་མངའ་འབངས་ལོངས་སྤྱོད་ཐམས་ཅད་ཕུལ་བ། བྱང་ཆུབ་སེམས་དཔའ་རྟག་ཏུ་ངུས་འཕགས་པ་ཆོས་འཕགས། ནཱ་རོས་ཏཻ་ལོ། རྗེ་བོ་ཆེན་པོས་བླ་མ་གསེར་གླིང་པ་ལ་བྱང་ཆུབ་ཀྱི་སེམས་ཞུ་བའི་དོན་དུ་རྒྱ་མཚོ་ཆེན་པོར་དཀའ་བ་སྤྱད་པ། འབྲོམ་གྱིས་རྗེ་བོ། བསེས་འབྲོག་མི། མི་ལས་མར་པ་བསྟེན་པ་སོགས་དམ་པ་གོང་མ་རྣམས་ཀྱི་རྣམ་པར་ཐར་པ་ལ་ལུས་ལོངས་སྤྱོད་ཐམས་ཅད་ལ་ལྟོས་པ་མེད་པར་དཀའ་བ་སྤྱད་པ་བསམ་གྱིས་མི་ཁྱབ། བླ་མ་དེ་ཟང་ཟིང་གི་དངོས་པོ་སོགས་ལ་གཟིགས་པ་མིན་ནའང་། གནས་སྐབས་སུ་དེ་དག་ལ་ལྟོས་པ་ལྟར་མཛད་པ་ནི་གདུལ་བྱ་ཚོགས་རྫོགས་པ་ལ་དགོངས་པ་ཡིན་པས། དེ་བྱིན་སངས་རྒྱས་ཐམས་ཅད་ལ། །རྟག་ཏུ་ཕུལ་བ་ཉིད་དུ་འགྱུར། །དེ་ཕུལ་བསོད་ནམས་ཚོགས་ཡིན་ཏེ། །ཚོགས་ལས་དངོས་གྲུབ་མཆོག་ཏུ་འགྱུར། །ཞེས་བསོད་ནམས་ཀྱི་ཚོགས་རླབས་པོ་ཆེ་བསྒྲུབ་པའི་སླད་དུ་རང་ཉིད་ཀྱི་གཅེས་ནོར་ཡོད་རྒུ་མཐའ་དག་དབུལ་ཞིང་། བྱ་བར་དཀའ་བའམ་བྱེད་དུ་མི་རུང་བ་འདྲ་ཞིག་གིས་གསུང་ཡང་འདི་བདག་ལ་ཕན་པ་ཞིག་ཡོད་པར་གོར་མ་ཆག་སྙམ་དུ་ཚམ་ཚོམ་མེད་པར་འཇུག་པའམ། ཡེ་ནས་མི་འགྲུབ་ཅིང་མི་རུང་བ་ཞིག་འདུག་ན། རིགས་པ་ཡིས་ནི་མི་ནུས་ན། །མི་ནུས་དེ་ལ་ཞིག་གིས་སྤྱང་། །ཞེས་བཤད་སྤྱང་ལེགས་པར་བྱེད་

པ་ཞིག་དགོས་ཀྱི་ཇི་མི་སྙམ་པར་འཛོག་པ་ཡེ་མི་རུང་། གཙོ་བོ་ནི་(༧༣ན)སྒྲུབ་པའི་མཆོད་པས་མཉེས་པར་གསུངས་པས་ཇི་ལྟར་བསྟན་པའི་ཆོས་རྣམས་ཐོས་བསམ་སྒོམ་གསུམ་གྱིས་གཏན་ལ་འབེབས་དགོས་པར་གདའ། དེ་ལྟར་ཚུལ་བཞིན་མ་བསྟེན་ན་ཉེས་པ་ཐམས་ཅད་ཀྱི་རྩ་བ་དང་། བསྟེན་ན་ལེགས་ཚོགས་ཐམས་ཅད་ཀྱི་འབྱུང་གནས་སུ་འགྱུར་བར་སྡོང་པོ་བཀོད་པའི་མདོ་དང་ལག་ན་རྡོ་རྗེ་དབང་བསྐུར་བའི་རྒྱུད་ལ་སོགས་པ་གསུང་རབ་དགོངས་འགྲེལ་དང་བཅས་པ་ལས་གསུངས་པ་ལ་ངེས་ཤེས་རྙེད་ནས་ཚིག་ཙམ་དུ་མ་ལུས་པར་ལག་ཏུ་ལེན་པ་ཞིག་དགོས་ནའང་ཏག་ཏུ་ད་ལྟར་ལུས་སྲོག་ལ་ལྟོས་པ་མེད་པར་གཏོང་བ་སོགས་ནི་ལས་དང་པོ་བ་རྣམས་ཀྱིས་དངོས་སུ་སྒྲུབ་མི་ནུས་པས་སྨོན་ལམ་གྱི་ཡུལ་དུ་བྱ་ཞིང་། སྒྲུབ་པར་ནུས་པ་རྣམས་ཀྱང་ཡུལ་དུས་གནས་སྐབས་དང་བསྟུན་ཏེ་ལག་ཏུ་བླང་བ་ལས་འཁྲིད་དམིགས་ཀྱི་ལག་ལེན་ལ་ངེས་པར་སྦྱོར་མི་དགོས་པས་དེ་དག་གི་དོན་བསྡུས་ཏེ་ཉམས་སུ་བླང་བ་ནི་བྱང་ཆུབ་ལམ་གྱི་རིམ་པའི་ས་བཅད་དུ། སྐྱོང་ཚུལ་མདོར་བསྡུས་ཏེ་བསྟན་པ་ཞེས་པའི་སྐབས་ཀྱི་དོན་ཡིན་པས་སྦྱོར་བའི་ཉམས་ལེན་དངོས་གཞི་ལ་ངོས་འཛིན་དགོས་ཤིང་། འཁྲིད་གཞུང་ཆེན་པོ་ན་འདི་ལ་བཤེས་གཉེན་བསྟེན་པའི་སྔོན་འགྲོ་ཞེས་མིང་འདོགས་མཛད་དེ་ཐོག་མར་བྱུང་ནའང་། གོང་གི་དཔྱད་སྒོམ་དེ་རྣམས་རྒྱུད་ལ་སྐྱེ་བའི་སྔོན་འགྲོའི་ཚོགས་གསོག་ཏུ་དགོངས་པར་སྣང་ལ། དེང་སང་གོ་རིམ་དེ་ལྟར་ཕྱག་ལེན་དུ་མི་མཛད་དོ། །

དེ་ཡང་མགོན་པོ་གསེར་གླིང་པའི་རྣམ་པར་ཐར་པ་ཡིན་པས་གནས་ཁང་བྱི་དོར་བྱས་ལ་དཀོན་མཆོག་གསུམ་གྱི་སྐུ་གསུང་ཐུགས་ཀྱི་རྟེན་དགྲམ། ཅི་འབྱོར་བའི་མཆོད་པ་བཤམ། བདེ་བའི་སྟན་ལ་བག་མེད་པའི་འདུག་ཚུལ་མ་ཡིན་པའི་སྐྱིལ་མོ་ཀྲུང་ངམ་སྐྱིལ་ཀྲུང་ཕྱེད་པ་སོགས་ཀྱི་སྤྱོད་ལམ་གང་ཡང་རུང་བས་འཁོད་དེ་ཉམས་སུ་ལེན་པ་ལ་འཁྲིད་ཡིག་ཆེན་པ་ན། སུ་ཁ་ཝའི་སྔགས་ཀྱིས་སྦྱངས་ཏེ་

དམ་ཚིག་པ་བསྐྱེད་པར་གསུངས་པ་(༧༣བ)འཇམ་དཔལ་དབྱངས་སྨྲག་ལུང་བྲག་པ་བློ་གྲོས་རྒྱ་མཚོའི་གསུང་རྒྱུན་དུ་རྩ་བའི་བླ་མ་མགོན་པོ་འཇམ་དབྱངས་སུ་བསྐྱེད་དེ་གསོལ་འདེབས་ཀྱི་ཚུལ་དུ་ཧྲི་མང་དུ་བགྲང་བ། འཁྲིད་ཡིག་ལ་ལ་ན་བླ་མ་ཐུབ་དབང་དང་རྡོ་རྗེ་འཆང་དུ་བསྐྱེད་པ། པདྨའི་འདབ་མ་ཕྱི་ནང་མང་པོར་བྱས་ཏེ་དེའི་སྟེང་དུ་བླ་མ་རྣམས་དཀྱིལ་འཁོར་གྱི་ལྷ་ལྟར་དགོད་པ། གཡས་གཡོན་དུ་གྲལ་ཆིག་སྒྲིངས་བྱས་པའི་ཚོགས་འཚོགས་པའི་རྣམ་པ་ལྟ་བུ་སོགས་ཕྱག་ལེན་མང་དུ་འདུག་པ་རྣམས་གསང་སྔགས་ཀྱི་ཤན་ཤོར་བས་ལུགས་སྲོལ་འདི་གའི་ཕྱག་ལེན་དང་ཅུང་ཟད་མི་མཐུན་པར་གདའ།

འདིར་བླ་མའི་རྣལ་འབྱོར་ལ་བརྟེན་པའི་ཚོགས་ཞིང་རྣམས་སྨན་བླའི་མདོ་ཚིག་ལས་འབྱུང་བ་བཞིན་གནས་དང་ཡོ་བྱད་བྱིན་གྱིས་བརླབ་ཅིང་མགྲོན་ཐབས་སུ་སྤྱན་འདྲེན་པ་ཡིན་པས། དཀོན་མཆོག་གསུམ་གྱི་བདེན་པ་དང༌། སངས་རྒྱས་དང་བྱང་ཆུབ་སེམས་དཔའི་བྱིན་རླབས་དང༌། ཚོགས་གཉིས་རྫོགས་ཤིང་ཆོས་དབྱིངས་རྣམ་པར་དག་པ་དང༌། བདག་གི་དད་མོས་ཀྱི་མཐུ་ལས་ས་གཞི་དང་ཁྲི་སོགས་བྱིན་གྱིས་བརླབ་པའི་ཚུལ། ཐམས་ཅད་དུ་ནི་ས་གཞི་དག །ཅེས་སོགས་བརྗོད་ཅིང༌། གནས་དང་ཁམས་བྱིན་གྱིས་བརླབས་པ་ལྟ་བུའི་རིན་པོ་ཆེའི་ས་གཞི་ལག་མཐིལ་ལྟར་ཕོད་སྙོམས་པའི་སྟེང་དུ་སེང་གེས་བཏེག་པའི་རིན་པོ་ཆེའི་ཁྲི་ཡིད་དུ་འོང་བ་གཡས་གཡོན་རྣམས་སུ་རིན་པོ་ཆེའི་ཁྲི་རྩ་བརྒྱུད་ཀྱི་བླ་མའི་གྲངས་དང་མཉམ་པ་རྒྱབ་མདུན་དང་མཐོ་དམའི་རྣམ་པས་བང་རིམ་གྱི་དབྱིབས་ལྟ་བུ་བཀོད་པས་མཛེས་པ་ཞིག་གསལ་གདབ། གསེར་ཞུན་མ་ལས་འབྱུང་བ་ལྟར། རྣམ་དག་ཆོས་ཀྱི་དབྱིངས་ལས་མ་གཡོས་ཀྱང༌། །ཐུགས་རྗེས་ཚད་མེད་འགྲོ་ལ་སྒྲོགས་བཅུར་གཟིགས། །རྒྱལ་བ་ཀུན་གྱི་འཕྲིན་ལས་རྒྱས་མཛད་པའི། །དུས་གསུམ་བླ་མ་འཁོར་བཅས་གནས་འདིར་གཤེགས། །ཞེས་དང༌། མ་ལུས་སེམས་ཅན་ཀུན་གྱི་མགོན་

གྱུར་ཅིང་། །ཞེས་སོགས་ཤྲཱི་ཡོ་ག་གསུམ་གྱིས་སྤྱན་དྲངས་པས་ཆོས་འདི་སྟོན་(༧༨ན)པའི་དྲིན་ཅན་རྩ་བའི་བླ་མ་དང་གཉིས་སུ་མེད་པའི་སྟོན་པ་མཉམ་མེད་ཤཱཀྱའི་རྒྱལ་པོ་ལ་རྒྱ་ཆེན་སྤྱོད་བརྒྱུད་དང་ཟབ་མོ་ལྟ་བརྒྱུད་ཀྱི་བླ་མ་རྣམས་ཀྱིས་བསྐོར་བ། དེའི་མཐའ་ཐེག་པ་གསུམ་གྱི་སློབ་པ་དང་མི་སློབ་པའི་དགེ་འདུན་སྲིན་གྱི་ཕུང་པོ་འཁྲིགས་པ་ལྟ་བུས་བསྐོར་ཏེ་མ་ག་དྷ་བཟང་མོའི་གཏམ་རྒྱུད་ལས་ཇི་ལྟར་འབྱུང་བ་བཞིན་བྱོན་ནས་སྟན་བཤམས་པ་རྣམས་ལ་བཞུགས་པར་མོས། ཁྲུས་ཀྱི་ཁང་པ་ཤིན་ཏུ་དྲི་ཞིམ་པ། །སོགས་ཀྱིས་ཁྲུས་ཁང་བསྐྱེད། རང་གི་ལུས་བརྒྱ་སྟོང་ཁྲི་འབུམ་སོགས་སྤྲུལ་གང་ཚོགས་སུ་སྤྲུལ་ནས་དྲི་བཟང་པོའི་ཆུས་བཀང་བའི་རིན་པོ་ཆེའི་བུམ་པ་ཐོགས་ཏེ། ཇི་ལྟར་བལྟམས་པ་ཙམ་གྱིས་ནི། །ཞེས་སོགས་དང་། རྒྱལ་བའི་སྐུ་གསུང་ཐུགས་ལ་ཉོན་མོངས་མི་མངའ་ཡང་། །སོགས་དང་ཕར་ཕྱིན་དྲུག་ལ་སྦྱར་བའི་ཚིགས་བཅད་སོགས་རྒྱས་བསྡུས་སྐབས་སྦྱར་གྱིས་ཁྲུས་གསོལ།

དེ་ཡང་ཚོགས་ཞིང་རྣམས་ལ་མི་གཙང་བའི་དྲི་མས་སྦགས་པ་དོན་ལ་མེད་ཀྱང་འགྲོ་བ་མ་དག་པའི་སྣང་ངོར་ཡོད་པ་ལྟར་སྣང་བ་རྣམས་སེལ་བའི་ཆེད་དུ་ཡིན་ལ། ཁྲུས་བསྐུ་མཉེ་དྲིལ་ཕྱི་བསྣུང་གཡོག་སོགས་དང་དེའི་ཡོན་ཏན་བརྗོད་པ་སོགས་ཞེས་པ་བླ་མའི་དྲུང་དུ་ཡོད་ན་དེ་དག་དངོས་སུ་བྱ་དགོས་པས་འདིར་དེའི་དོད་ཐུབ་དང་འོག་ནས་འབྱུང་བ་ཕལ་ཆེར་ཡང་སྔར་བཤད་པའི་ཟང་ཟིང་གི་མཆོད་པའི་སྒོ་ནས་མཉེས་པར་བྱེད་པའི་ཐབས་ཡིན་ནོ། །སྟོང་གསུམ་ཀུན་ཏུ་དྲི་ངད་ལྡང་བ་ཡི། །ཞེས་སོགས་ཀྱིས་དྲི་བཟང་། སྲབ་འཇམ་ཡང་བ་ལྷ་ཡི་གོས། །ཞེས་སོགས་ཀྱིས་ན་བཟའ། བདག་དང་འགྲོ་ལ་ཐུགས་བརྩེའི་ཕྱིར། །སོགས་ཀྱིས་ཚོགས་ཀྱི་ཞིང་དུ་བརྟན་པར་བཞུགས་སུ་གསོལ། དེ་ནས་བསག་སྦྱང་གི་གནད་བསྡུས་པ་ཡན་ལག་བདུན་པའི་ཐོག་མར་ཕྱག་འཚལ་བ་ནི། སྐབས་ཡུལ་གྱི་དམིགས་པ་རྣམས་མ་དོར་བའི་ངང་ནས་ཕྱག་འཚལ་བ་དང་བཅས་ཏེ། འདྲེན་པ་མཉམ་མེད་

སྟོན་པ་བཅོམ་(༧༥བ)ལྡན་འདས། །ཞེས་སོགས་རྒྱ་ཆེན་སྤྱོད་བརྒྱུད་དང་ཟབ་མོ་ལྟ་བརྒྱུད་ཀྱི་བརྒྱུད་འདེབས་སོ་སོ་རྗེ་བླ་མའི་བར་ཡོངས་གྲགས་ལྟར་ལ། མཁས་གྲུབ་ཆེན་པོ་ཤེས་རབ་སེང་གེའི་ཞབས། །ཐམས་ཅད་མཁྱེན་དངོས་དགེ་འདུན་གྲུབ་པ་དང་། །སྐུ་གསུམ་གོ་འཕང་མངོན་གྱུར་ནོར་བུ་བཟང་། །དཔལ་ལྡན་བླ་མ་གསུམ་ལ་གསོལ་བ་འདེབས། །དབྱངས་ཅན་བཞད་པ་དགེ་འདུན་རྒྱ་མཚོའི་སྐྱེ། །སྨྲ་བའི་ཉི་མ་དགེ་ལེགས་དཔལ་བཟང་པོ། །མཁས་གྲུབ་ལྷ་བཙུན་བསོད་ནམས་དཔལ་བཟང་སྐྱེ། །བཤེས་གཉེན་དམ་པ་གསུམ་ལ་གསོལ་བ་འདེབས། །ཕྱག་ན་པདྨ་བསོད་ནམས་རྒྱ་མཚོའི་ཞབས། །ཟབ་དོན་གདམས་པའི་བཀའ་བབས་ཆོས་དཔལ་བཟང་། །རིགས་ཀུན་བདག་པོ་སྣང་མཛད་རྗེ་རྗེའི་ཞབས། །མཁས་གྲུབ་ཆེན་པོ་གསུམ་ལ་གསོལ་བ་འདེབས། །བཀའ་དྲིན་མཉམ་མེད་ཤྲཱི་ཧཱུྃ་ཧེའི་མཚན། །ངག་གི་དབང་ཕྱུག་བློ་བཟང་རྒྱ་མཚོའི་སྐྱེ། །ཟབ་དང་རྒྱ་ཆེའི་ཆོས་ཀྱི་བང་མཛོད་ཅན། །དངོས་བརྒྱུད་ཡོངས་འཛིན་ཚོགས་ལ་གསོལ་བ་འདེབས། །ཞེས་པ་གསོལ་འདེབས་ཕྱག་འཚལ་དུ་འདོན་པ་བསྒྱུར། ཇི་སྐྲིད་སུ་དག་ཅེས་སོགས་ཀྱིས་རྒྱལ་བ་སྲས་བཅས་སྤྱན་དྲངས་པ་རྣམས་ལ་ཕྱག་བྱ།

མཆོད་པའི་ཐོག་མར་མནྜལ་ནི། མནྜལ་གྱི་རྒྱུ་རིན་པོ་ཆེ་ནས་བཟུང་། མ་འབྱོར་ན་གཡམ་པ་སོགས་ལ་ཚོམ་བུ་དགོད་རྒྱུའི་འབྲུ་སོགས་སྔ་གོན་བྱས་ལ། ཐོག་མར་ཚོམ་བུ་སོ་བདུན་ལ་གྲངས་ཇི་ལྟར་འདོད་པ་དང་། མང་ཁྱད་ཚོམ་བུ་བདུན་མ་གཙོ་བོར་བྱས་ཏེ་གྲངས་ཉེར་གཅིག་ནས་བརྒྱའི་བར་སོགས་ཚིག་དང་དམིགས་པ་བསྟུན་ནས་དབུལ། བསོད་ནམས་ཀྱི་ཚོགས་གསོག་པའི་དུས་འདིར་དངོས་སུ་བཤམས་པའི་མཆོད་པ་ནས་འབྲུ་གཅིག་ཙམ་ཡང་མེད་ཅིང་ལུས་ངག་གི་ངལ་བ་ཅུང་ཟད་ཙམ་ཡང་མི་བསྟེན་པར་མོས་པ་དང་ཏིང་འཛིན་ཁོ་ནས་བྱེད་པ་སྐད་དུ་སྨྲ་བ་ནི། པོ་ཏོ་བའི་ཞལ་ནས། དུང་ཕོར་དྲི་མ་ཅན་ཞིག་ཏུ་སྤང་སྤོས་རེ་བཏབ

ནས། ཙན་དན་ག་(༧༥ན)བུར་སྤོས་ཀྱི་ཆུ། །ཞེས་དམུས་ལོང་གིས་མིག་ལྡན་ལ་མགོ་སྐོར་བྱེད་གསུངས་པ་དང་མཚུངས་ལ། འཁོར་བ་ཡོད་བཞིན་དུ་སེར་སྣ་དང་སྐོམ་ལས་ཀྱི་དབང་གིས་ངན་པ་དང་ཞུང་ངུ་དང་གཏན་མེད་དུ་བྱེད་པ་ནི་སྙིང་ཐག་པ་ནས་ཆོས་དང་གང་ཟག་ལ་དད་པ་མ་ཐོབ་པའི་ནང་རྟགས་ཕྱིར་ཤར་བར་ཟད་དོ། །དེང་སང་ནི་ཆོས་ལག་ཏུ་བླངས་ཏེ་ཉམས་ལེན་རྣལ་མ་བྱེད་པ་ཉིན་མོའི་སྐར་མ་ལྟ་བུ་དང་། གལ་ཏེ་བྱེད་པ་སྲིད་མཐའ་ཙམ་ལ་ཡང་རྟུ་ཏའི་ཡུལ་གྱི་རྐང་གཉིས་པ་ལྟར་མི་གསེབ་ཏུ་མི་འགྲོ་ཞིང་། ངེད་རྣམས་དེ་འདྲའི་ལག་ལེན་ཏེ་ཐུག་ཁྲིགས་ཀྱི་པར་བཀབ་བྱེད་ཀྱིན་མེད་ཟེར་བ་དང་། ཆོས་ཀྱི་བླ་མ་བརྒྱུད་པ་ཡང་གཅིག་ནས་གཉིས་སུ་བགྲང་རྒྱུ་མེད་པ་ལ་ཁ་པོ་དང་ངོ་སོར་ཁྱེར་ཏེ་གཙྟེའི་ཡུལ་གྱི་རྒྱལ་ཕྲན་འགའ་ཞིག་གིས་ཕ་བསད་པ་ལ་རྒྱལ་ཐ་རྟུང་བ་ལྟ་བུ་ཆེས་མང་བས་ཅི་བརྗོད་ཀྱི་སྙིང་ཁམས་བསྐྱེད་པ་དེ་འདྲ་ཡེ་མི་ཏུང་། མཆོད་པ་གཞན་རྣམས་ཀྱང་། མཆོད་ཡོན་ཕལ་ཆེར་མཆོད་ཡོན་བླ་བྲེ་དང་། །ཞེས་སོགས་ཀྱིས་ཆུ་གཉིས་ཉེར་སྤྱོད་རོལ་མོ་དང་། གཞན་ཡང་ཚོགས་བཅད་ཅི་རིགས་པའི་སྒོ་ནས་འདོད་ཡོན་ལྔ་དང་རྒྱལ་སྲིད་སྣ་བདུན་ལ་སོགས་པ་རྣམས་ཀྱང་དབུལ། ཐུན་ཇེ་མང་དུ་སོང་བ་དང་རྒྱུན་གྱི་ཉམས་ལེན་ལ་ཟུང་ཟད་འཁྱེར་བདེ་བར་བྱེད་ཚེ། མེ་ཏོག་དམ་པ་ཕྲེང་བ་དམ་པ་དང་། །ཞེས་སོགས་ཙམ་གྱིས་མཆོད་པའི་ཡན་ལག་སྟེ་དངོས་བཤམས་ཡིད་སྤྲུལ་གྱི་མཆོད་པ་གང་ཕུལ་བ་མཐའ་དག་མཆོད་པའི་ཡུལ་རྣམས་ལ་སྲིད་པ་མེད་ནའང་རང་གི་ཚོགས་རྫོགས་པའི་སླད་དུ་དགྱེས་པ་ཆེན་པོའི་སྒོ་ནས་ལོངས་སྤྱོད་པར་བསམ།

འདོད་ཆགས་ཞེ་སྡང་གཏི་མུག་དབང་གིས་ནི། །ཞེས་སོགས་ཀྱིས་སྒོ་གསུམ་གྱི་སྒོ་ནས་བསགས་པའི་སྡིག་སྒྲིབ་ཐམས་ཅད་གཉེན་པོ་སྟོབས་བཞི་ཚང་བའི་སྒོ་ནས་བཤགས། ཕྱོགས་བཅུའི་རྒྱལ་བ་ཀུན་དང་སངས་རྒྱས་སྲས། །ཞེས་སོགས་ཀྱིས་སྐྱེ་འཕགས་ཐམས་ཅད་ཀྱི་དགེ་བའི་རྩ་བ་(༧༥བ)རྣམས་ལ་རྗེས་སུ་ཡི་རང་བའི་དགའ་བ་

བསྔོམས་པས་དེ་དག་གིས་དགེ་བ་བྱས་པའི་བསོད་ནམས་ལ་མཉམ་པོར་ལོངས་སྤྱོད་དུ་ཡོད་དོ། །གང་དག་ཕྱོགས་བཅུའི་འཇིག་རྟེན་སྒྲོན་མ་རྣམས། །ཞེས་སོགས་ཀྱིས་ཆོས་འཁོར་བསྐོར་བ་དང་། མྱ་ངན་འདའ་སྟོན་གང་བཞེད་དེ་དག་ལ། །ཞེས་སོགས་ཀྱིས་མྱ་ངན་ལས་མི་འདའ་བར་གསོལ་བ་གདབ་པ་སྟེ། འདི་གཉིས་ཀ་ལ་ཚོགས་ཞིང་རྣམས་ལ་གསོལ་བ་བཏབ་པ་བཞིན་དུ་ཞལ་གྱིས་བཞེས་བྱུང་སྙམ་པའི་མོས་པ་བརྟན་པོ་དགོས་གསུང་། ཕྱག་འཚལ་བ་དང་མཆོད་ཅིང་བཤགས་པ་དང་། །ཞེས་སོགས་ནི་གོང་དུ་བཤད་པའི་ཡན་ལག་དྲུག་པོ་མཐའ་དག་གི་དགེ་བ་བྱང་ཆུབ་ཏུ་བསྔོ་བའི་ཡན་ལག་ཡིན་པས། ཇི་ལྟར་རྒྱ་མཚོ་ཆེ་ནང་ཆུ་ཐིགས་ལྷུང་། །རྒྱ་མཚོ་མ་ཟད་བར་དུ་དེ་མི་འཛད། །དེ་བཞིན་བྱང་ཆུབ་ཡོངས་བསྔོས་དགེ་བ་ཡང་། །བྱང་ཆུབ་མ་ཐོབ་བར་དུ་དེ་མི་འཛད། །ཅེས་དགེ་བ་ཆུད་མི་ཟ་ཞིང་རྒྱ་ཆེར་འཕེལ་བའི་གནད་ཟབ་པ་ཞིག་འདིར་གདའ་འོ། །

འཁྲིད་གཞུང་ཉིད་པ་ན་སྤྱི་བཤགས་སོགས་བྱ་བར་གསུངས་པ་ཕུན་སུམ་ཚོགས་པའི་ཡན་ལག་ཏུ་འགྱུར་ནའང་འོག་ཏུ་རྒྱས་པར་འབྱུང་བས་འཇུག་པ་བདེ་བའི་དབང་དུ་བྱས་ཏེ་དེང་སང་ཕྱག་ལེན་དུ་མི་མཛད་དོ། །བཤད་མ་ཐག་པའི་སྔོན་འགྲོ་དང་དངོས་གཞིའི་དམིགས་སྐོར་འདི་ནས་བཟུང་སྟེ་ལྷག་མཐོང་གི་བར་གྱི་དམིགས་རིམ་མཐའ་དག་གོ་རིམ་མ་འཚོལ་ཞིང་སྔ་ཕྱི་ལ་ལྟོས་པའི་རྒྱས་བསྡུས་ཀྱི་དབྱེ་བ་སོགས་ཕྱག་ལེན་དང་གསུང་རྒྱུན་ངེས་པར་མཐོང་བ་བརྒྱུད་པ་ལ་ལྟོས་དགོས་པས་དེང་སང་སྦྱོར་གཞུང་གི་ཊཱི་ཀ་ཐལ་འཛིན་པ་ལྟར་རང་གང་འདོད་ཀྱི་རྟོར་ཁོངས་སོགས་བྱས་ན་དགེ་སྦྱོར་མཐའ་དག་སྐྱོན་ཅན་དུ་འགྲོ་བ་ལམ་རིམ་ཆེ་ཆུང་ལས་གསུངས་པས་བློ་ལྡན་རྣམས་ཞིབ་མོར་སྤྱོད་པ་གནད་དུ་ཆེ་སོད། འོན་ཀྱང་དེང་དུས་དགེ་བའི་བཤེས་གཉེན་གྱིས་དམར་འཁྲིད་བསྟན་པ་ལ་མ་བལྟོས་པའི་དཔེ་ཆ་ལ་བླ་མ་བཙོལ་ནས་ཉམས་སུ་ལེན་པ་སྐད་བྱེད་པ་མཐའ་(78ན)དག་ནི་སྐྱོན་

ཅན་གྱི་དགེ་སྦྱོར་རང་ཉིད་ངལ་བའི་འབྲས་བུ་ཙམ་དུ་ཟད་དོ། །

དེ་ཡང་ཤེས་བཞིན་གྱི་བྱ་ར་བརྟན་པོས་སྤྱོད་ལམ་མཐའ་དག་དམན་ལྷག་ཏུ་མ་སོང་བའི་སྒོ་ནས་ཐུན་དངོས་གཞི་ལ་དམིགས་སྐོར་དངོས་དང་། ཐུན་མཚམས་སུ་དེ་དག་རྒྱས་བཤད་ལམ་གྱི་རིམ་པ་ཆེ་ཆུང་སོགས་བལྟ་དགོས་ཀྱི། སེམས་རྒྱ་ཡན་ལ་བཏང་ན་ཡོན་ཏན་གྱི་བོགས་ཤིན་ཏུ་ཆུང་གསུང་། དེ་ཡང་བཤེས་གཉེན་བསྟེན་པ་ནས་བྱང་ཆུབ་ཀྱི་སེམས་སྒོམ་པའི་བར་རྣམས་དཔྱད་སྒོམ་གཙོ་ཆེ་བ་དང་ཞི་གནས་སོགས་ལ་འཇོག་སྒོམ་གཙོ་ཆེ་ཡང་། དཔེར་ན་བཤེས་གཉེན་བསྟེན་པའི་ཆོས་སྐོར་ལྟ་བུའི་ཚེ་བླ་མའི་ཡོན་ཏན་བསམ་པ་སོགས་དཔྱད་སྒོམ་དང་། དེའི་མཐར་རྟོག་པ་གཞན་རྣམས་བག་ལ་ཞ་སྟེ་དད་པ་ལ་རྩེ་གཅིག་ཏུ་གནས་པ་ནི་འཇོག་སྒོམ་དང་། ཞི་གནས་སྒོམ་ཚུལ་གྱི་གནད་ལ་ཡང་ཡང་སེམས་པ་ནི་དཔྱད་སྒོམ་དང་རྩེ་གཅིག་ཏུ་གནས་པ་ནི་འཇོག་སྒོམ་ཡིན་པས་གནད་དེ་དག་མ་གོ་བར་ངེད་དཔྱད་པ་མི་བྱེད་པར་སྒོམ་པ་ཁོ་ན་བྱེད་ཟེར་བ་སོགས་ནི་རང་ལ་ཚད་ལྡན་གྱི་སྒོམ་མེད་པ་གསལ་བར་བྱེད་པ་སྟེ། མདོ་སྡེ་རྒྱན་ལས། འདི་ན་དང་པོར་ཐོས་ལ་བརྟེན་ནས་ཚུལ་བཞིན་ཡིད་ལ་བྱེད་པ་འབྱུང་། །ཚུལ་བཞིན་ཡིད་ལ་བྱེད་པ་ལས་ཀྱང་ཡང་དག་དོན་ཡུལ་ཡེ་ཤེས་འབྱུང་། །ཞེས་པས་མཚོན་ཏེ་གཞུང་ཆེན་པོ་རྣམས་ལས་རྒྱ་ཆེར་བཤད་དོ། །

སྐབས་པ། ཀྱེ་མ་བཀྲིས་སྐོམ་གདུང་བས་ཉམ་ཐག་པར། །ཟས་གོས་འབྱོར་བས་ཕན་པ་བསྒྲུབ་པ་དང་། །འགལ་རྐྱེན་དགྲ་ཡིས་གཙེས་ལས་སྐྱོབ་བྱེད་དཔོན། །དྲིན་ཅན་ཡིན་པར་སེམས་ཤིང་སྨྲ་བྱེད་ན། །མཐའ་མེད་འཁོར་བར་སྡུག་བསྔལ་རྣམ་གསུམ་གྱིས། །མནར་བའི་འཇིགས་པ་ཀུན་ལས་རབ་བསྒྲལ་ཏེ། །གཏན་བདེའི་ནོར་བུ་ལག་མཐིལ་ཇུས་བཞིན་དུ། །སྟོན་བྱེད་ཡོངས་འཛིན་བཀའ་དྲིན་གཞལ་ནུས་སུ། །ཞི་བདེའི་གོ་འཕང་ཙམ་ཡང་ཉེད་དཀའ་ན། །སྐྱོན་བྲལ་ཡོན་ཏན་(༧༨བ)ཀུན་རྫོགས་སངས་རྒྱས་ཞེས། །གྲངས་རིང་བསྐལ་པར་འཐོབ་དཀའི་སྒྲ་བོ་ཆེར། །འགོད་

མཛད་དུས་གསུམ་རྒྱལ་བའི་སྤྱི་གཟུགས་དངོས། །རང་སེམས་ལོག་པར་འཁྲུལ་བའི་ཤེས་ངོ་ལ། །རང་སྐྱོན་བླ་མའི་མཛད་པར་ཤར་བ་ཀུན། །རང་སྙིང་གཏིང་ནས་ཐུལ་བར་ངེས་པ་ཡིས། །རང་མཚང་ཡིན་པར་གོ་ནས་དུག་བཞིན་སྤོངས། །ཅི་མཛད་ལེགས་པར་མཐོང་བའི་དག་སྣང་དང་། །ཅི་གསུང་བཀའ་བཞིན་སྒྲུབ་པའི་མོས་གུས་ཀྱིས། །ཅི་བྱས་ཆོས་སུ་འགྲོ་བའི་ཟབ་གནད་དེ། །ཅི་བསམས་འགྲུབ་པའི་ཕན་བདེའི་རྩ་བར་གོ། །ཞེས་བྱ་བ་ནི་བར་སྐབས་ཀྱི་ཚིགས་སུ་བཅད་པའོ།། །།

གཉིས་པ། དངོས་གཞི་བསྟེན་ནས་བློ་ཇི་ལྟར་སྦྱོང་བའི་རིམ་པ།

ཀ༡ དལ་བའི་རྟེན་ལ་སྙིང་པོ་བླང་བའི་ཕྱིར་དུ་བསྐུལ་བ།

ཁ༡ དལ་འབྱོར་ངོས་གཟུང་བ།

གཉིས་པ་དངོས་གཞི་བསྟེན་ནས་བློ་ཇི་ལྟར་སྦྱོང་བའི་རིམ་པ་ལ་དལ་བའི་རྟེན་ལ་སྙིང་པོ་བླང་བའི་ཕྱིར་དུ་བསྐུལ་བ་དང་། སྙིང་པོ་ཇི་ལྟར་ལེན་པའི་ཚུལ་གཉིས། དང་པོ་ལ་དལ་འབྱོར་ངོས་གཟུང་བ། དོན་ཆེ་བར་བསམ་པ། རྙེད་དཀའ་བར་བསམ་པ་དང་གསུམ།

དང་པོ་ནི་བཤེས་སྤྲིངས་ལས། ལོག་པར་ལྟ་བ་འཛིན་དང་དུད་འགྲོ་དང་། །ཡི་དྭགས་ཉིད་དང་དམྱལ་བར་སྐྱེ་བ་དང་། །རྒྱལ་བའི་བཀའ་མེད་པ་དང་མཐའ་འཁོབ་ཏུ། །ཀླ་ཀློར་སྐྱེ་དང་གླེན་ཞིང་ལྐུགས་པ་ཉིད། །ཚེ་རིང་ལྷ་ཉིད་གང་ཡང་རུང་བར་ནི། །སྐྱེ་བ་ཞེས་བགྱི་མི་ཁོམ་སྐྱོན་བརྒྱད་པོ། །དེ་དག་དང་བྲལ་ཁོམ་པ་བརྙེས་ནས་ནི། །སྐྱེ་བ་བཟློག་པའི་སླད་དུ་འབད་པར་མཛོད། །ཅེས་ལོག་ལྟ་ཅན། ངན་འགྲོ་གསུམ། སངས་རྒྱས་མ་བྱུང་བ། ཡུལ་མཐའ་འཁོབ། གླེན་ལྐུགས། ལྷ་ཚེ་རིང་པོ་སྟེ་མི་ཁོམ་པའི་གནས་བརྒྱད་དང་བྲལ་བའི་དལ་བ་བརྒྱད་དང་ལྡན་ཞིང་། མི་ཉིད་དབུས་སྐྱེས་དབང་པོ་ཚང་། །ལས་མཐའ་མ་ལོག་གནས་ལ་དད། །ཅེས་མིར་སྐྱེས་

པ། ཡུལ་དབུས་སུ་སྐྱེས་པ། དབང་པོ་ཚང་བ། ལས་མཐའ་མ་ལོག་པ། གནས་ལ་དད་པ་སྟེ་རང་འབྱོར་ལྔ་དང་། སངས་རྒྱས་བྱོན་དང་དམ་ཆོས་སྟོན། །བསྟན་པ་གནས་དང་དེ་རྗེས་འཇུག །གཞན་ཕྱིར་སྙིང་ནི་བརྩེ་བའོ། །ཞེས་སངས་རྒྱས་བྱོན་ནས་མྱ་ངན་ལས་མ་འདས་པ། སངས་རྒྱས་དེའམ་དེའི་(༧༢ན)ཉན་ཐོས་ཀྱིས་ཆོས་སྟོན་བཞིན་པ། སངས་རྒྱས་བཞུགས་དུས་ཀྱི་སྒྲུབ་པའི་བསྟན་པ་མ་ཉམས་པར་གནས་པ། ཆོས་བསྟན་པ་དེས་གང་ཟག་དམན་པས་འབྲས་བུ་ཐོབ་པ་མཐོང་བས་རྐྱེན་བྱས་ཏེ་གཞན་རྗེས་སུ་འཇུག་པ། གཞན་གྱིས་སྙིང་བརྩེ་བར་བྱེད་པ་སྟེ་གཞན་འབྱོར་ལྔ་དང་བཅས་པའི་ཆོས་བཅོ་བརྒྱད་དང་ལྡན་པའི་མི་ལུས་འདི་བདག་གིས་ཐོབ་འདུག་སྙམ་པའི་གཡམ་ལ་རྒྱུག་ཙམ་མ་ཡིན་པར་ཁ་ནང་དུ་བལྟས་ཏེ་དཔྱད་པ་ན། རང་ཉིད་མིར་སྐྱེས་པས་ངན་སོང་གསུམ་དང་ལྷ་ཡིན་མིན་གྱི་རྟོག་དཔྱོད་མ་དགོས་ཀྱང་། ཚེ་སྔ་ཕྱི་ལས་འབྲས་དཀོན་མཆོག་རྣམས་ལ་ངེས་ཤེས་ཡོད་ན་ལོག་ལྟ་ཅན་མ་ཡིན་ཞིང་། བསྐལ་བཟང་གི་སངས་རྒྱས་བཞི་པ་ཤཱཀྱ་ཐུབ་པ་འཇིག་རྟེན་དུ་བྱོན་པའི་བསྟན་པ་གནས་ན་རྒྱལ་བའི་བཀའ་ཡང་ཡོད། བོད་གངས་ཅན་འདིར་འཁོར་རྣམ་བཞི་མ་ཚང་ཡང་དགེ་སློང་ཕ་ཡོད་ན་དོན་གྱིས་ཡུལ་དབུས་ཡིན། གསུང་རབ་ཀྱི་ཚིག་དོན་ཅུང་ཟད་གོ་ན་གླེན་ལྐུགས་མིན་པ་སྟེ་དལ་བ་བརྒྱད། སྤྱིར་མི་ལུས་ཐོབ་པ། ཁྱད་པར་ཆོས་ཚོགས་ཀྱིས་ཕྱེ་བའི་ཡུལ་དབུས་སུ་སྐྱེས་པ། དབང་པོ་སྒོ་ལྔ་ཚང་བ། མཚམས་མེད་ལྔ་མ་བྱས་པ། སྡེ་སྣོད་གསུམ་ལ་དད་པ་ཐོབ་པ། གཞན་འབྱོར་དང་པོ་བཞི་དངོས་བསྟན་དཀའ་ཡང་དོན་གྱིས་ཚང་བ་སངས་རྒྱས་འཇིག་རྟེན་དུ་བྱོན་པ། དེས་དམ་པའི་ཆོས་གསུངས་པ། གསུངས་པའི་བསྟན་པ་མ་ཉམས་པར་གནས་པ། བསྟན་པ་དེ་ལ་རང་ཉིད་ཞུགས་པ། སྦྱིན་བདག་སོགས་ཀྱིས་རང་ལ་ཟས་གོས་ཀྱིས་མཆོད་པའི་མཐུན་རྐྱེན་སྦྱོར་བ་སྟེ་འབྱོར་བ་བཅུ་དང་བཅས་པའི་དལ་འབྱོར་གྱི་ཆོས་བཅོ་བརྒྱད་པོ་ད་ལྟ་རང་གིས་ཐོབ་པའི་མི་ལུས་འདི་

ལ་ཚང་ངམ་མ་ཚང་སྙམ་དུ་བསམས་ནས་ཚང་འདུག་ན་དེ་ལ་ཡིད་དགའ་བ་ལྷུང་བ་ཞིག་མ་སྐྱེས་ཀྱི་བར་དུ་བསྒོམ་དགོས་ཏེ། ད་ལྟ་མ་བརྟགས་པའི་དུས་ན་དལ་འབྱོར་དང་ལྡན་པའི་མིར་རློམ་པ་མཐའ་དག་བརྟགས་ཤིང་(༧༢བ)དཔྱད་ན་མ་ཚང་བ་ནི་ཤིན་ཏུ་མང་གསུང་།

ཁ༢ དོན་ཆེ་བར་བསམ་པ།

གཉིས་པ་ནི། དལ་འབྱོར་གྱི་རྟེན་ཚང་བ་ལ་ཡིད་དགའ་བ་ཐོབ་ནའང་ཡིད་དགའ་བའི་རྒྱུ་མཚན་དེ་ཉིད་མ་བསམས་ན་རང་ལ་མི་ཕན་པའི་དངོས་པོ་ཞིག་རྙེད་ཀྱང་སེར་སྣ་ཅན་སྤྲོ་བ་འཕེལ་བ་དང་འདྲ་བའི་དགའ་བ་ཙམ་དུ་ཟད་ལ། འདི་དེ་ལྟ་བུ་དང་མི་འདྲ་བའི་དོན་ལྡན་དུ་ངེས་པར་བྱ་བ་ལ་སློབ་དཔོན་ཞི་བ་ལྷའི་སྤྱོད་འཇུག་ལས། བདེ་གཤེགས་ལམ་རྟེན་འགྲོ་བ་འདྲེན་པར་ཆས་གྱུར་ཅིང་། །སེམས་ཀྱི་སྟོབས་ཆེན་མི་ཡིས་རྙེད་པ་གང་ཡིན་པ། །ལམ་དེ་ལྷ་དང་ཀླུ་ཡིས་རྙེད་མིན་ལྷ་མིན་དང་། །མཁའ་ལྡིང་རིག་འཛིན་མིའམ་ཅི་དང་ལྟོ་འཕྱེས་མིན། །ཞེས་ངན་སོང་གསུམ་ནི་མི་དགེ་བའི་ལས་ཀྱི་རྣམ་སྨིན་ལ་གཙོ་བོར་སྤྱོད། རྟེན་དེ་ལ་ལས་གསོག་པའི་ནུས་པ་ཏ་ཅང་མི་ཆེ། ལྷ་རྣམས་ནི་དགེ་བའི་རྣམ་སྨིན་ལ་ལོངས་སྤྱོད་ཀྱང་ལས་གསོག་པའི་མཐུ་ཆུང་། མི་རྣམས་ནི་ལས་དགེ་སྡིག་གསོག་པའི་ནུས་པ་སྟོབས་ཆེ་ཞིང་ཁྱད་པར་རང་ཅག་འཛམ་བུ་གླིང་པ་རྣམས་ནི་ལས་ཀྱི་ས་པ་ཡིན་པས་བླང་དོར་མ་ནོར་བའི་འདུན་མ་ཞིག་བྱས་ཆོ་མངོན་མཐོ་ལྷ་མིའི་ལུས་རྟེན། ཉན་རང་གི་མྱང་འདས། འགྲོ་བ་རྣམས་བདེ་བར་གཤེགས་པའི་སར་འཁྲིད་པའི་སེམས་བསྐྱེད། སངས་རྒྱས་ཀྱི་གོ་འཕང་རྣམས་ཡུལ་དུ་བྱུང་བ་འགྲུབ་པས་བདག་གིས་ཐོབ་པ་འདི་ཡིད་བཞིན་གྱི་ནོར་བུ་ལས་ཀྱང་ཆེས་ལྷག་པ་ཞིག་རྙེད་འདུག་གོ་སྙམ་དུ་བསམས་པ་ན་ཐར་མ་གྲུབ་པའི་དོན་ཆེན་ཞིག་འགྲུབ་བོ་སྙམ་ནས་དབུལ་པོར་གཏེར་རྙེད་པ་ལྟ་བུའི་

དགའ་བ་ལྷང་གིས་མ་བྱུང་གི་བར་དུ་བསྒོམ་མོ། །

ཁ༣ རྙེད་དཀའ་བར་བསམ་པ།

ག༡ དཔེའི་སྒོ་ནས་རྙེད་དཀའ་ཚུལ།

གསུམ་པ་ལ་དཔེ། རྒྱུ། ངོ་བོའི་སྒོ་ནས་རྙེད་དཀའ་ཚུལ་གསུམ་ལས། དང་པོ་ནི། སྤྱོད་འཇུག་ལས། རྒྱ་མཚོ་ཆེར་གཡེངས་གཉའ་ཤིང་གི། །བུ་གར་རུས་སྦལ་མགྲིན་ཆུད་ལྟར། །ཞེས་རྒྱ་མཚོ་ཆེན་པོར་གསེར་གྱི་གཉའ་ཤིང་བུག་པ་གཅིག་པ་ཞིག་རླུང་གིས་བསྐྱལ་ཏེ་ཕྱོགས་ཀུན་ཏུ་གཡེང་བའི་ཚེ་ལོ་བརྒྱ་བརྒྱ་ཙམ་ན་རུས་སྦལ་ལོང་བ་ཞིག་མཚོའི་སྟེང་དུ་འོང་བ་ན་མགྲིན་(༡༤ན)པ་བུག་པ་དེར་ཆུད་པ་སྲིད་པ་ཙམ་དུ་གསུངས་ཤིང་དེ་ལས་གསལ་བའི་དཔེ་མདོན་སུམ་གྱིས་གྲུབ་པ་གྲུང་ལོགས་ཀྱི་ངོས་སུ་སྲན་མ་སྤར་གང་གཏོར་ན་དེར་ཆགས་པ་ཤིན་ཏུ་དཀོན། གལ་ཏེ་རེ་རེ་ཙམ་ཆགས་པ་བྱུང་ཚེ་བདག་གིས་ལུས་གྲངས་མེད་ཅིག་བླངས་པའི་མི་ཁོམ་པའི་གནས་སུ་སྐྱེས་པ་ནི་སྲན་མ་ས་ལ་ལྷུང་བ་རྣམས་དང་། དལ་འབྱོར་གྱི་མི་ལུས་ནི་གྲུང་ལོགས་ལ་ཆགས་པའི་སྲན་མ་དང་ཚུལ་མཚུངས་པར་འདུག་གོ་སྙམ་ནས་དཔེ་དོན་རྒྱུད་ཐོག་ཏུ་འཁྲིད་ངེས་ཤིག་སྦྱར་ཏེ་བསྒོམས་པ་ན། ད་རེས་སྐྱེས་ཚུང་ཟད་ཡེངས་པ་མ་གཏོགས་གཡང་ལ་དེའུ་ལྷུང་ཟེར་བ་ལྟ་བུའི་དུས་སུ་འཆར་བའི་དགའ་འཛིགས་ཀྱི་བློ་གཉིས་ཀ་བཙོས་མིན་དུ་སྐྱེ་བ་ཡིན་ནོ། །

ག༢ རྒྱུའི་སྒོ་ནས་རྙེད་དཀའ་ཚུལ།

གཉིས་པ་རྒྱུའི་སྒོ་ནས་རྙེད་དཀའ་ཚུལ་ནི། སྤྱིར་བདེ་འགྲོ་ཙམ་འཐོབ་པ་ལ་ཚུལ་ཁྲིམས་རྣམ་གཅིག་ཡན་ཆད་སྲུང་དགོས། ཁྱད་པར་དལ་འབྱོར་གྱི་མི་ལུས་འཐོབ་པ་ལ། །སྦྱིན་པས་ལོངས་སྤྱོད་ཁྲིམས་ཀྱིས་བདེ། །ཞེས་ཚུལ་ཁྲིམས་རྣམ་པར་དག

པས་གཞི་བཟུང་། སྤྲིན་སོགས་ཀྱིས་གྲོགས་བྱས། སྨིན་ལམ་དྲི་མ་མེད་པས་མཚམས་སྦྱོར་དགོས་པ་ལ། དེ་རྣམས་སྒྲུབ་པའི་རྟེན་ངན་སོང་གསུམ་ལ་དགེ་སེམས་མངོན་གྱུར་ཙམ་ཡང་སྐྱེ་དཀའ། ལྷ་རྣམས་ཀྱང་ཏིང་ངེ་འཛིན་དང་འདོད་པའི་བདེ་བས་གཡེལ། མི་ལ་ཡང་ཆོས་མ་དར་བའི་ཡུལ་དུ་དགེ་བའི་སྒྲ་ཙམ་ཡང་ཐོས་པ་མིན་ཞིང་། ཡུལ་དེ་ནས་ཀྱི་ཕུང་པོ་ཙམ་གྱི་ཚོད་དུ་བྱས་པའི་ཆོས་དར་བའི་ཡུལ་ནི་ནས་འབྲུ་གཅིག་ཙམ་དུ་སྣང་། ད་ལྟ་རང་རེ་བོད་ཀྱི་ཡུལ་ལ་མཚོན་ན་སྐྱེ་བོ་ཁྲི་ཕྲག་མང་པོ་ཚོགས་པའི་ཁྲོད་དུ་ཚུལ་ཁྲིམས་བསྲུང་བར་ཁས་འཆེ་འདི་ཤིན་ཏུ་ཉུང་། དེའི་ནང་ནས་ཀྱང་གོང་གི་ཕུན་སུམ་ཚོགས་པའི་རྒྱུ་གསུམ་ག་ཚང་བ་ནི་ཉིན་མོའི་སྐར་མ་ཙམ་དུ་འདུག །དེ་ལྟར་ཁ་ཕྱིར་བལྟས་ཀྱི་ཤེས་པ་དེ་ཁ་ནང་དུ་ལོག་སྟེ་རང་ལ་བལྟས་པ་ན་ཆོས་བྱེད་པའི་མོས་བློ་ཡམ་མེ་བ་ཞིག་ལས་བློ་བདེ་ངེས་པའི་དགེ་བའི་གྲངས་འདྲེན་རྒྱུ་ནི་(༧༢བ)ཤིན་ཏུ་ཉུང་། སྡིག་པ་མི་དགེ་བ་ནི་ཞར་བྱུང་དུ་འང་བསགས་པའི་རྒྱུ་འདིས་ད་རེས་ཀྱི་ཚེ་ཞབས་འདི་ལ་བཙན་ས་ཞིག་མ་ཟིན་ན་སླད་ནས་མི་ལུས་འཐོབ་པར་མི་འདུག །འཐོབ་ཏུ་རེ་བའི་བློ་འདི་དཔྱིད་ཀ་ཉུངས་ཀར་བཏབ་ནས་སྟོན་ནས་བསྡུ་རྩིས་བྱེད་པ་དང་འདྲ་བས་ཅོལ་རེ་ཆུང་སྙམ་དུ་སྦྱོང་བ་མ་ཐོན་བར་དུ་བསྒོམ།

ག༣ ངོ་བོའི་སྒོ་ནས་རྙེད་དཀའ་ཚུལ།

གསུམ་པ་ངོ་བོའི་སྒོ་ནས་རྙེད་དཀའ་བ་ནི། དབྱར་དུས་ཀྱི་སྲིན་བུ་ཤིན་ཏུ་མང་བའི་ས་ཕྱུར་བ་ཙམ་གྱི་སྟེང་དུ་རང་ཉིད་དངོས་སུ་ཡོད་པ་ལྟ་བུའི་འདུ་ཤེས་དང་བཅས་ཏེ། ག་རེ་དུད་འགྲོ་ལས་ཡི་དྭགས་ཀྱི་འགྲོ་བ་མང་། དེ་ལས་དམྱལ་བའི་འགྲོ་བ་མང་། དུད་འགྲོ་ལ་ཡང་བྱིངས་ན་གནས་པ། གླིང་བར་གྱི་མུན་པ་ན་ཡོད་པ་ལྟ་བུའི་ཚོད་ན་ཁ་འཐོར་བའི་དུད་འགྲོ་ནི་ཆེས་ཉུང་མོད། འོན་ཀྱང་ས་ཕྱུར་བ

ཙམ་གྱི་སྟེང་ན་དུད་འགྲོ་ཚུང་ངུ་བགྲང་གིས་མི་ལངས་པ་ལྦུ་བུ་ཡོད་ནའང་མི་བཙུ་སྐོར་ཙམ་ལས་མི་ཤོང་བ་དང་། ཡུལ་གྲོང་རེ་ལ་མི་ཌི་ལྟར་མང་ཡང་འབུམ་ཕྲག་བརྒལ་བ་ཆེར་མི་འོང་ལ་སྲོག་ཆགས་ཕྲ་མོ་ནི་བགྲང་བར་མི་ནུས་པ་སོགས་རྗེས་སུ་དཔག་པའི་ཚད་མས་གཞལ་མི་དགོས་པར་མཁས་བླུན་ཀུན་ལ་མངོན་སུམ་དུ་གྲུབ་པ་དང་། བདེ་འགྲོའི་ལུས་རྟེན་ལ་ལྟོས་ཏེ་ཡང་མི་ལུས། དེའི་ནང་ནས་ཀྱང་ཆོས་དང་མཇལ་བའི་མི་ལུས་དཀོན། མཇལ་དུ་ཟིན་ཀྱང་ཉན་ན་ཚིག་མི་ཟིན། བསམས་ན་དོན་མི་གོ། །བསྒོམས་ན་རྒྱུད་ལ་མི་སྐྱེ་བའི་གང་ཟག་མང་། ཐོས་བསམ་སྒོམ་གསུམ་གྱི་བློ་གྲོས་དང་ལྡན་ཡང་ཚེ་འདིའི་འདུན་མ་ཁོ་ན་སྒྲུབ་པ་ཆེས་མང་བ་སོགས་ནས་ཆོས་སྒྲུབ་པའི་མཐུན་རྐྱེན་མཐའ་དག་ཚང་བའི་ལུས་འདི་ལ་འདོད་པ་ཙན་ལ་འཇིག་རྟེན་ན་འབྱུང་བར་དཀོན་པའི་ཁྱད་ནོར་རྙེད་པའི་བློ་སྐྱེས་པ་ལྷ་བུའི་སྤྱོད་བ་ཐོན་ཐོན་དུ་བསྒོམ་མོ། །

སྐབས་པ། ཚེ་རབས་མང་པོར་སྲིད་པའི་ཕུན་ཚོགས་ལ། །སྤྱད་ཀྱང་ད་དུང་ཉམ་ཐག་སྡུག་བསྔལ་བར། །མཐོང་ཞིང་ཚེ་འདིའི་ཟས་ནོར་ལོངས་སྤྱོད་སོགས། །ཆེས་དཀོན་སྙིང་པོར་འཛིན་པའི་བླུན་པོ་ཁྱོད། །ཇོན་ཆད་ད་ལྟའི་སྤྱོད་ཚུལ་(༧)(ན)འདི་བཞིན་དུ། །ཆོས་བརྒྱད་དགར་ནག་ཁྲ་གསུམ་གདོན་ཆེན་པོ། །སྙིང་ལ་ཞུགས་པས་སྡུག་བསྔལ་བདེ་བ་ཏུ། །བཟུང་ནས་གཏན་གྱི་འདུན་མ་ཀླུང་ལ་བསྐུར། །ད་ནི་ཕན་བདེ་ལེགས་ཚོགས་སྒྲུབ་པའི་གཞི། །དལ་འབྱོར་གྲུ་གཟིངས་ལན་ཅིག་རྙེད་པ་འདིས། །ངེས་ལེགས་རིན་ཆེན་གླིང་དུ་མ་ཕྱིན་པར། །འཁོར་བར་སྟོང་ལོག་བྱས་ན་སྙིང་རྗེ་ཏུལ། །ཞེས་པ་ནི་བར་སྐབས་ཀྱི་ཚིགས་སུ་བཅད་པའོ། །

ཀ༢ སྙིང་པོ་ཇི་ལྟར་ལེན་པའི་ཚུལ།

ཁ༡ སྐྱེས་བུ་ཆུང་ངུ་དང་ཐུན་མོང་བའི་ལམ་གྱི་རིམ་པ་ལ་བློ་སྦྱོང་བ།

གཉིས་པ་སྙིང་པོ་ཇི་ལྟར་ལེན་པའི་ཚུལ་ལ་སྐྱེས་བུ་ཆུང་ངུ་དང་ཐུན་མོང་བའི་ལམ་གྱི་རིམ་པ་ལ་བློ་སྦྱོང་བ། སྐྱེས་བུ་འབྲིང་དང་ཐུན་མོང་བའི་ལམ་གྱི་རིམ་པ་ལ་བློ་སྦྱོང་བ། སྐྱེས་བུ་ཆེན་པོའི་ལམ་གྱི་རིམ་པ་ལ་བློ་སྦྱོང་བ་དང་གསུམ། དང་པོ་ནི་ལམ་སྒྲོན་ལས། གང་ཞིག་ཐབས་ནི་གང་དག་གིས། །འཁོར་བའི་བདེ་བ་ཙམ་དག་ལ། །རང་ཉིད་དོན་དུ་གཉེར་བྱེད་པ། །དེ་ནི་སྐྱེས་བུ་ཐ་མར་ཤེས། །ཞེས་སྐྱེས་བུ་ཆུང་ངུ་ཕལ་པ་ཚེ་འདིའི་བདེ་བ་དོན་དུ་གཉེར་ཞིང་སྡུག་བསྔལ་སྤོང་བ་ཙམ་ལྷུར་ལེན་པ་དུད་འགྲོ་དང་རིགས་མཐུན་པ་ལྟ་བུ་རྣམས་ནི་སྐབས་འདིར་ངོས་འཛིན་པའི་སྐྱེས་བུ་ཆུང་ངུ་མ་ཡིན་ལ། འདིར་བསྟན་སྐྱེས་བུ་ཆུང་ངུ་ཁྱད་པར་ཅན་ཚེ་འདི་དོན་དུ་མི་གཉེར་བར་ཕྱི་མའི་བདེ་བ་ཙམ་ལྷུར་ལེན་པ་ཞིག་དགོས་ནའང་། སྐབས་འདིར་ས་བཅད་དུ་ཐུན་མོང་བའི་ལམ་ཞེས་གསུངས་པའི་ཚིག་གི་ནུས་པས་འཁོར་བ་མཐའ་དག་ལ་ཡིད་འབྱུང་བའི་སྔོན་དུ་ངན་སོང་གསུམ་གྱི་སྡུག་བསྔལ་ལ་ཡིད་འབྱུང་བ་ཞིག་དགོས་པས།

ག༡ འཇིག་རྟེན་ཕྱི་མ་དོན་གཉེར་གྱི་བློ་བསྐྱེད་པ།

ང༡ འཆི་བ་མི་རྟག་པ་བསམ་པ།

འདི་ལ་འཇིག་རྟེན་ཕྱི་མ་དོན་གཉེར་གྱི་བློ་བསྐྱེད་པ། འཇིག་རྟེན་ཕྱི་མར་བདེ་བའི་ཐབས་བསྟན་པ་གཉིས། དང་པོ་ལ་འཆི་བ་མི་རྟག་པ་བསམ་པ་དང་། ངན་འགྲོའི་སྡུག་བསྔལ་བསམ་པ་གཉིས། དང་པོ་ནི་བློན་རྫོངས་ལ་ལ་འཆི་བ་འོང་མི་འོང་གི་རྟོག་དཔྱོད་ཙམ་ཡང་མི་བྱེད་ལ། ཕལ་ཆེར་ནི་ནམ་ཞིག་འཆི་བ་ཞིག་འོང་སྙམ་པ་

ཡོད་ཀྱང་མ་ཆུས་ཀྱི་བར་དང་ལོ་ཟླ་ཞག་གྲངས་རེ་རེ་བཞིན་ནས་མི་འཆི་སྙམ་(༧༩བ) པའི་དབང་གིས་འཆི་ནད་ཀྱིས་ཐེབས་པའམ་ལོ་བརྒྱ་ཕྲག་ལོན་ཀྱང་རེ་ཞིག་གསོན་དུ་རེ་བའི་བསམ་པ་མངོན་གྱུར་དེས་དཔེར་ན་ཕྱོགས་གཞན་དུ་མི་འགྲོ་བར་སྡོད་པའི་བློ་ཡོད་ན་འགྲོ་གྲབས་ཡེ་མི་བྱེད་པར་མཁར་རྩིག་པ་དང་སོ་ནམ་སོགས་ཀྱི་གཡོམ་ར་བྱེད་པ་བཞིན་ཚེ་འདིའི་འདུན་མ་འབའ་ཞིག་གི་དབང་དུ་འགྲོ་ལ། བསམ་པ་དེ་ལས་ལོག་སྟེ་སང་ཙམ་ཡང་མི་འཆི་བའི་ངེས་པ་མེད། ཟླ་བ་རྟིང་མའི་བརྒྱུགས་གྲབས་བྱས་ཀྱང་དེའི་དུས་སུ་རང་ཉིད་ལུས་རྟེན་འདི་དང་དབྱེབས་མི་འདྲ་བ་ར་ཙི་ཟྀང་ངེ་བ་ཞིག་ཏུ་མི་སྐྱེ་བའི་ངེས་པ་ཅི་ཡོད་སྙམ་པའི་བློ་ཞིག་དུར་རེ་བ་ཡོད་ཚོ། དཔེར་ན་ཡུལ་གཞན་དུ་མགྱོགས་པར་འགྲོ་བའི་འདུན་པ་ཅན་དེ་གཞིས་སུ་སྡོད་པའི་གྲབས་མི་བྱེད་པར་ཁལ་རྟ་སོགས་བྱེས་ཀྱི་སྟ་གོན་ལྷུར་ལེན་པ་ལྟར་མྱུར་དུ་འཆི་སྙམ་པའི་བློ་དེས་འདི་སྣང་གི་བྱ་བ་ལ་མི་བརྩོན་པར་ཚེ་ཕྱི་མར་ཕན་པའི་ཐབས་ངམ་ངམ་ཤུགས་ཀྱིས་བྱེད་པ་ཆོས་ཉིད་ཡིན་པའི་ཕྱིར། ཆོས་འདི་དོན་དུ་གཉེར་བ་རྣམས་ནི་འཆི་བ་མི་རྟག་པའི་ཆོས་སྐོར་ལ་བློ་སྦྱོང་བ་གལ་ཆེ་བས་འདི་ལ་གསུམ།

ཅ༧ ངེས་པར་འཆི་བ་བསམ་པ།

ངེས་པར་འཆི་བ་བསམ་པ། ནམ་འཆི་ངེས་མེད་བསམ་པ། འཆི་བའི་ཚེ་ཆོས་མ་གཏོགས་པ་གཞན་གང་གིས་ཀྱང་མི་ཕན་པར་བསམ་པའོ། །དང་པོ་ནི་མི་རྟག་པའི་ཚོམས་ལས། གང་ཡང་སངས་རྒྱས་རང་སངས་རྒྱས། །སངས་རྒྱས་རྣམས་ཀྱི་ཉན་ཐོས་ཀྱང་། །སྐུ་ལུས་འདི་ནི་སྤོང་མཛད་ན། །སྐྱེ་བོ་ཕལ་པ་སྨོས་ཅི་དགོས། །ཞེས་དང་། ཚོམས་ལས། གང་དུ་གནས་ནའང་འཆི་བས་མི་ཚུགས་པའི། །ས་ཕྱོགས་དེ་ནི་ཡོད་པ་མ་ཡིན་ཏེ། །བར་སྣང་ལ་མེད་རྒྱ་མཚོའི་ནང་ནའང་མེད། །རི་བོ་རྣམས་ཀྱི་གསེབ་ཏུ་ཞུགས་ནའང་མིན། །ཞེས་རང་ཅག་རྣམས་ངེས་

པར་འཆི་སྐྱེ་སྔོན་ཐོན་པའི་ཡང་དག་པར་རྫོགས་པའི་སངས་རྒྱས་སྐྱེ་འཆི་ལ་དབང་ཐོབ་པ་རྣམས་ཀྱང་གདུལ་བྱ་རྟག་འཛིན་ཅན་རྣམས་བསྐུལ་བའི་དོན་དུ་མྱ་ངན་ལས་འདས། དེ་བཞིན་དུ་རྒྱ་བོད་ཀྱི་པཎ་གྲུབ་རྒྱལ་བློན་བྱང་ཆུབ་སེམས་(༢༠ན)དཔའ་སོགས་གང་ཟག་མཆོག་དམན་གྲངས་མེད་པ་ཐོན་པ་ཆོས་འབྱུང་དེབ་གཏེར་གཏམ་རྒྱུད་སོགས་ལས་བཤད་པ་མཐའ་དག་མ་བརྟགས་པའི་གནས་སྐབས་སུ་ད་ལྟ་ཡོད་ཡོད་འདྲ་བ་ཞིག་འོང་ནའང་། ལེགས་པར་དཔྱད་ན་བྱུང་བའི་གཏམ་ཙམ་མ་གཏོགས་ཡུལ་དུས་གནས་སྐབས་གང་ན་བཞུགས་མེད་པར་མྱ་ངན་ལས་འདས་པའི་ཚུལ་བསྟན་ཟིན། རང་གི་མངོན་སུམ་གྱི་སྤྱོད་ཡུལ་ཅན་མཁན་སློབ་ཕ་མ་མཆེད་གྲོགས་མཛའ་བཤེས་སོགས་དགྲ་གཉེན་བར་མའི་འགྲོ་བ་མཐའ་ཡས་པ་ཞིག་འཇིག་རྟེན་ཕ་རོལ་ཏུ་སོང་། ད་ལྟ་ཁྲིམ་ཆེན་པོ་ཁྲི་ཕྲག་མང་པོ་ཚོགས་པའི་ཚེ་ནའང་དེར་འཁོད་པ་མཐའ་དག་དུས་ཚོད་འདི་ནས་བཟུང་སྐྱེ་ལོ་བརྒྱ་ཚུན་གྱི་ནང་དུ་འཆི་བར་ངེས། སྔར་བྱུང་བའི་མི་འདི་ཞེས་བྱ་བ་མ་ཤི་བར་ཚེ་ཐར་ཞེས་པ་མེད་ན་བདག་གཅིག་པུ་ལ་དམིགས་ཀྱིས་བསལ་ཏེ་འཆི་མི་དགོས་པ་ག་ལ་འོང་། ཚེ་ཚད་དྲུག་ཅུ་ཁ་རལ་དུ་བཤད་པ་བཞིན་ཐུབ་ནའང་དབུགས་འབྱུང་རྟབ་ཉི་ཁྲི་ཆིག་སྟོང་གིས་ཞག་རེ་འཛད། ཞག་སུམ་ཅུས་ཟླ་བ་འཛད། ཟླ་བ་བཅུ་གཉིས་ཀྱིས་ལོ་འཛད། ལོ་དེ་འདྲ་བཅུ་གཉིས་ལ་ལོ་སྐོར་དུ་མིང་བཏགས་པ་ལྔ་ཙམ་སོང་བ་ན་ཚེའི་ཚད་ལ་ཡང་གཏུགས་པས་རྒྱ་ཆེར་རོལ་པ་ལས། སྲིད་གསུམ་མི་རྟག་སྟོན་ཀའི་སྤྲིན་དང་འདྲ། །འགྲོ་བའི་སྐྱེ་འཆི་གར་ལ་བལྟ་དང་མཚུངས། །འགྲོ་བའི་ཚེ་འགྲོ་ནམ་མཁའི་གློག་འདྲ་སྟེ། །རི་གཟར་འབབ་ཆུ་བཞིན་དུ་མྱུར་མགྱོགས་འགྲོ། །ཞེས་ཚེ་སྐད་ཅིག་ཀྱང་མི་སྡོད་ལ། ཟས་ནོར་ལྷ་བུ་སྟོན་མ་རྣམས་རིམ་གྱིས་ཟད་ཀྱང་སླར་གསར་པ་བསྟན་དུ་ཡོད་པ་ལྟ་བུ་མ་ཡིན་པར་ཚེ་ཟད་པ་ལ་གསར་དུ་བསྣན་རྒྱུ་མེད་པས་སྤྱོད་འཇུག་ལས། ཉིན་མཚན་སྡོད་པ་ཡོད་མེད་པར། །ཚེ་འདི་རྟག

ཏུ་གོད་འགྱུར་ཞིང་། །སྔོན་པའང་གུད་ནས་འོང་མེད་ན། །བདག་ལྟ་འཆི་བར་ཅིས་མི་འགྱུར། །ཞེས་སོགས་དཔེ་དང་གཏན་ཚིགས་ཀྱི་སྒོ་ནས་ལེགས་པར་བསམས་ཏེ་ངེས་པར་(༢༠བ)འཆི་བ་འོང་བ་ཐག་མ་ཆོད་ཀྱི་བར་བསྒོམ་མོ། །

ཅ༢ ནམ་འཆི་ངེས་མེད་བསམ་པ།

གཉིས་པ་ནི། དེ་ལྟར་བསྒོམས་པས་མཐར་འཆི་བ་ལས་མ་འདས་མོད་རེ་ཞིག་དགྲ་འདུལ་གཉེན་སྐྱོང་གི་བྱ་བ་དང་ཆོས་སྒྲུབ་པའི་མཐུན་རྐྱེན་སོགས་རྩོལ་བ་བྱས་ཏེ་མཐར་ཆོས་ཤིག་བྱའོ་སྙམ་ན། ཁམས་གསུམ་གྱི་སེམས་ཅན་རྣམས་ལ་ཚེའི་ཚད་རེ་བཤད་ཀྱང་དེ་རིང་མཐའ་ལ་བཤད་པ་བཞིན་དུ་ཐུབ་པའི་ངེས་པ་ནི་སྒྲ་མི་སྙན་པ་མ་གཏོགས་པ་ལ་མེད་ལ། ཁྱད་པར་དུ་འཛམ་བུ་གླིང་པ་རྣམས་ནི་མཛོད་ལས། འདི་ན་མ་ངེས་ཐ་མར་ནི། །ལོ་བཅུ་དང་པོ་དཔག་ཏུ་མེད། །ཅེས་ངེས་པ་ཤིན་ཏུ་ཆུང་བར་བཤད་ཅིང་། བཤད་པ་ལྟར་རང་གིས་དངོས་སུ་མཐོང་བ་སྔོན་ཆད་རང་ལས་གཞོན་པ་ཤིན་ཏུ་མང་བ་ཞིག་ཤི་སོང་ཞིང་ད་ལྟ་རང་ལས་རྒན་པ་མང་པོ་ཞིག་འདུག་པས་དེ་དག་གི་སྔོན་དུ་བདག་མི་འཆི་བའི་ངེས་པ་ག་ལ་ཡོད་དེ། ཚོམས་ལས། སང་དང་འཇིག་རྟེན་ཕྱི་མ་གཉིས། །སྔོན་དུ་གང་འོང་གཏོལ་མེད་པས། །སང་གི་ཆེས་ལ་མི་འབད་པར། །ཕྱི་མའི་དོན་ལ་འབད་པར་རིགས། །ཞེས་སང་གི་ཆེས་གྲངས་དང་འཇིག་རྟེན་ཕྱི་མའི་བར་སྲིད་གཉིས་སྔོན་ལ་གང་འགྲུབ་ཁ་ཆོན་མི་ཆོད། ལ་ལ་དག་ཟས་བཅོས་སྨན་དཔྱད་སོགས་ཐབས་མང་པོའི་སྒོ་ནས་གསོན་པའི་རྐྱེན་མང་ངོ་སྙམ་ན། རིན་ཆེན་འཕྲེང་བ་ལས། འཆི་བའི་རྐྱེན་ནི་མང་བ་སྟེ། །གསོན་པ་ཡི་ནི་ཉུང་ཟད་ཅིག །དེ་དག་རྣམས་ཀྱང་འཆི་བའི་ཡང་། །དེ་བས་རྟག་ཏུ་ཆོས་མཛོད་ཅིག །ཅེས་ཟས་མ་འཕྲོད་པ། སྨན་ལོག་པ། གནས་ཁང་ཇེབ་པ། གྲུ་བཤམ་ཞིག་པ། མཛའ་བོས་བསླུས་པ་སོགས་གསོན་རྐྱེན་འཆི་རྐྱེན་དུ

འགྱུར་བ་ཤིན་ཏུ་མང་། མར་མེ་ལ་སྡོང་བུ་དང་མར་ཁུ་ལ་སོགས་པ་རིང་དུ་གནས་པའི་རྐྱེན་དུ་མ་ཡོད་ཀྱང་རླུང་ལྷ་བུས་བསྐྱོད་དེ་གློ་བུར་དུ་འཆི་བ་བཞིན། ཚེའི་འཕེན་པ་མ་ཟད་ཀྱང་འབྱུང་བའི་འཁྲུགས་པ། བར་དུ་གཅོད་པའི་བགེགས་ཕན་གནོད་རིས་འཇོག་ཏུ་བྱེད་པའི་གདོན་སོགས་ཉེར་འཚེ་(༢༧ན)ཤིན་ཏུ་མང་བས་བཤེས་སྤྲིངས་ལས། ཚེ་ནི་གནོད་མང་རླུང་གིས་བཏབ་པ་ཡི། །ཆུ་ཡི་ཆུ་བུར་བས་ཀྱང་མི་རྟག་ན། །དབུགས་རྔུབ་དབུགས་འབྱུང་གཉིད་ཀྱིས་ཡོག་པ་ལས། །སད་ཁོམ་གང་ལགས་དེ་ནི་ངོ་མཚར་ཆེ། །ཞེས་གང་ལ་བསམས་ཀྱང་ནམ་འཆི་ཆ་མེད་པར་སྟོང་བ་ཐོན་ངེས་ཀྱི་བར་བསྒོམས་པས་རང་ལ་དགྲ་མ་ཉུང་བ་ཞིག་འོང་བར་ངེས་ཤིང་དུས་གང་ལ་འོང་མ་ངེས་ན་ཉིན་རེ་ཞིང་ཟློན་བྱེད་པ་དང་འདྲ་བས་གནད་ཆེའོ། །

༥༢ འཆི་བའི་ཚེ་ཆོས་མ་གཏོགས་པ་གཞན་གང་གིས་ཀྱང་མི་ཕན་པར་བསམ་པ།

གསུམ་པ་ནི་སྤྱོད་འཇུག་ལས། གཤིན་རྗེའི་ཕོ་ཉས་ཟིན་པ་ལ། །གཉེན་གྱིས་ཅི་ཕན་བཤེས་ཅི་ཕན། །དེ་ཚེ་བསོད་ནམས་གཅིག་སྐྱབས་ན། །དེ་ཡང་བདག་གིས་མ་བསྟེན་ཏོ། །ཞེས་འཆི་བ་མི་རྟག་པར་གྲགས་པའི་ལམ་པོ་ཆེ་རི་གཟར་གྱི་ཐབ་འདྲ་བ་དེ་ངེས་པར་འོང་བའི་དུས་ལ་བབ་པའི་ཚེ་རྫས་སྟོབས་ཉིང་འཛིན་དང་དཔའ་བོའི་མཆོན་གྱིས་མི་བཟློགས། ཕྱུག་པོའི་ནོར་གྱིས་བསླུ་བ་དང་སྨྲ་མཁས་གཏམ་གྱིས་འདྲིད་དུ་མེད་ཅིང་། གཉེན་བཤེས་མང་པོས་མཐའ་ནས་བསྐོར། སྟོབས་དང་ལོངས་སྤྱོད་འཁོར་ལོས་སྒྱུར་རྒྱལ་ལ་འགྲན་དུ་བཟོད་པ་རྣམས་ཀྱང་འཁྲིད་པ་དང་འཁྱེར་བའི་དབང་ལྷ་ཅི་སྨོས། མའི་མངལ་ནས་ལྷན་ཅིག་ཏུ་འཁྲུགས་པའི་ལུས་འདི་ཡང་ཅམ་གྱི་བཞག་སྟེ་རྣམ་པར་ཤེས་པ་གཅིག་པུ་དབང་མེད་དུ་འགྲོ་བའི་ཚེ་རྗེས་སུ་འབྲང་ཞིང་ཕན་ཐོགས་པ་ནི་སྔོན་བསགས་ཀྱིས་དགེ་བ་སོགས་དམ་པའི་

ཆོས་ཁོ་ན་ལས་མི་འདུག་སྙམ་དུ་སྒྲུབ་པ་ཐོན་པར་བསྒོམ་མོ། །བླུན་པོ་ལ་ལ་འཆི་བའི་ཚེ་ཆོས་ཀྱིས་ཕན་པ་དེ་འཆི་མི་དགོས་པ་ཞིག་ལ་གོ་བར་སྣང་མོད། འདི་པའི་ལུགས་ལ་མི་འཆི་བ་མ་ཡིན་ཡང་འཆི་ལུགས་མི་གཅིག་སྟེ། ཆོས་པ་རབ་འཆི་བ་ལ་བྲོད། འབྲིང་མི་མཚེར། ཐ་མ་མི་འགྱོད་བྱ་བ་བཀའ་གདམས་གོང་མའི་གསུང་འཕྲོས་ལས་བྱུང་བ་ཡིན་ནོ། །

སྐབས་པ། ལས་ཉོན་དབང་གིས་འཕངས་པའི་སྐྱེ་སྲིད་འདི། །གྲུབ་ཙམ་ཉིད་ནས་མི་རྟག་འཆི་བའི་དྲུང་། །(༡༧བ)ཉུང་ཟད་ངལ་གསོ་མེད་པར་འགྲོ་བཞིན་དུ། །གཏན་དུ་སྡོད་གྲབས་བྱེད་ལས་གླེན་པ་སུ། །ལོ་ཟླ་ཚེས་ཀྱི་མ་ངེས་དུས་མིན་དུ། །རྐྱེན་གཞན་གོ་རིམ་མེད་པར་འཆི་བ་དག །མཐོང་བཞིན་ནམ་འཆིའི་ཆ་ལ་དུས་འདེབས་པའི། །ཆུ་བུར་མིག་ལྟན་ཁྱོད་ཉིད་ཅེར་རེ་ལོང་། །ནམ་ཡང་མི་འབྲལ་དཀར་པོ་དགེ་བའི་གྲོགས། །སྤྲངས་ནས་ཁྲིལ་ཆུང་མཛའ་བཤེས་འཁོར་གཡོག་ནོར། །རྟག་ཏུ་ཕན་པར་སེམས་ཁྱོད་བར་དོ་ཡི། །བགྲོད་དཀའི་འཕྲང་དེར་གཅིག་པུར་ཕྱིན་གྱིས་དོགས། །ཞེས་བྱ་བ་ནི་བར་སྐབས་ཀྱི་ཚིགས་སུ་བཅད་པའོ། །

ང༢ ངན་འགྲོའི་སྡུག་བསྔལ་བསམ་པ།

ཅ༡ དམྱལ་བའི་སྡུག་བསྔལ་བསམ་པ།

ཆ༡ ཚ་དམྱལ་གྱི་སྡུག་བསྔལ་བསམ་པ།

གཉིས་པ་ངན་འགྲོའི་སྡུག་བསྔལ་བསམ་པ་ལ་དམྱལ་བ། དུད་འགྲོ། ཡི་དྭགས་ཀྱི་སྡུག་བསྔལ་བསམ་པ་དང་གསུམ། དང་པོ་ལ་ཚ་དམྱལ་དང་། གྲང་དམྱལ་གཉིས། དང་པོ་ནི། དེ་ཡང་གོང་དུ་འཆི་བ་མི་རྟག་པའི་ཆོས་སྐོར་སྒོམ་པའི་རྒྱུ་མཚན། དེ་ལྟར་ཤི་བའི་འོག་ཏུ་མར་མེ་ཤི་བའམ་རྫ་ཕུང་མེས་བསྲེགས་པ་ལྟར་རིགས་འདྲ་ཕྱི་མ་རྒྱུན་ཆད་པ་ཞིག་ནི་མི་འོང་། ངེས་པར་སྐྱེ་བ་ཞིག་ལེན་པ་ལས་འོས་མེད། སྐྱེ་

བ་དེ་ཡང་བདེ་འགྲོ་དང་ངན་འགྲོ་གང་རུང་ཞིག་ཏུ་སྐྱེ་བ་ལས་མ་འདས་པས་བདེ་འགྲོར་སྐྱེ་བའི་རྒྱུ་དགེ་བ་ནི་སྟོན་ཆད་རང་ཉིད་ཀྱི་བློ་བདེ་སིང་ངེ་བ་བསགས་པ་ཞིག་ནི་མི་དྲན་ཞིང་ཚེ་རབས་སྟོན་མ་རྣམས་སུ་བསགས་མ་བསགས་ཀྱང་ཆ་མེད། མི་དགེ་བའི་ལས་ནི་རྒྱལ་པོའི་གན་མཛོད་བཞིན་དུ་གང་ལ་བལྟས་བལྟས་ནས་གསོག་འདུག །དེའི་འབྲས་བུ་ངན་སོང་གི་སྡུག་བསྔལ་ཞིག་མྱོང་དགོས་བྱུང་ན་ལུས་འདི་ག་ལ་བྱུང་བ་དང་ལུས་གཞན་དུ་འཕོས་ནས་བྱུང་བར་ཁྱད་མེད། ད་ལྟ་མ་བརྟགས་པའི་གནས་སྐབས་སུ་རྣམ་འབྲས་ཀྱི་ནད་བྱུང་བ་ལྟ་བུ་དེ་གཞི་ཐད་ཀྱི་ཤ་རུས་ཀྱི་ཐོག་ཏུ་མྱོང་བ་འདྲ་ཞིག་འདུག་ནའང་དོན་དུ་མྱོང་བྱེད་ནི་སེམས་ཡིན་ཏེ། མིན་ན་ཤི་བའི་འོག་ཏུ་རོ་ལ་མཚོན་བསྣུན་པ་ལ་ཡང་ན་ཚ་འབྱུང་དགོས་པ་ལ་མི་འབྱུང་བར་ངེས་པས་དེ་རིང་ལྷ་མིའི་དཔལ་འབྱོར་མྱོང་བཞིན་པའི་སེམས་འདིའི་ཐོག་ཏུ་སང་ནས་མཐར་མེད་ཀྱི་སྡུག་(༢༢ན)བསྔལ་མི་འབྱུང་བའི་ངེས་པ་ཅི་ཡོད། དེ་དག་གི་ཚུལ་ལ་ཡིད་འབྱུང་སྐྱེ་བ་ལ་མགོན་པོ་ཀླུ་སྒྲུབ་ཀྱིས། རབ་ཏུ་ཚ་ཞིང་གྲང་བ་ཡི། །དམྱལ་བ་ཉི་མ་གཅིག་བཞིན་དྲན། །ཞེས་གསུངས་པ་ལྟར་དམྱལ་བའི་སྡུག་བསྔལ་དེ་བསམ་དགོས་ཏེ། བསམ་ཚུལ་ད་ལྟ་ཕལ་ཆེར་ལུང་དང་དེའི་ཚིགས་བཅད་ཡམ་མེ་བ་ཞིག་ངག་ཏུ་བརྗོད་ནས་ཁ་ཕྱིར་བལྟས་ཀྱི་ཤེས་པས་གཞན་གྱི་སྡུག་བསྔལ་ལ་ལྟ་བ་ལྟ་བུ་བྱེད་པ་དེ་རྒྱུད་ཐོག་ཏུ་ཡེ་མི་ཁེལ་ཏེ། དཔེར་ན་རྒྱལ་པོའི་ཁྲིམས་རར་ནག་ཅན་ཞིག་ཆད་ལས་ཀྱིས་ནན་ཏུར་སྣ་ཚོགས་བྱེད་པ་མཐོང་བ་ན། སེམས་དགེ་བ་རྣམས་དེ་ལ་བརྟེན་པའི་ངེས་འབྱུང་དང་སྙིང་རྗེ་སྐྱེ་བ་འོང་ནའང་ཕལ་ཆེ་བ་ནི་ལྟད་མོ་དང་ཉམས་དགའ་བའི་སྣང་བ་སྐྱེ་སོད། སྣང་བ་དེ་ག་སྐྱེ་བཞིན་པའི་མི་དེ་ཁྲིམས་རར་ཁྲིད་ནས་ཡན་ལག་ལྕགས་ཀྱིས་བཅིང་བ་སོགས་བྱས་བྱུང་ཚེ་སྔར་གྱི་བདེ་སེམས་དེ་སྐད་ཅིག་ཀྱང་མི་བཟོད་པའི་སྡུག་བསྔལ་གྱི་སེམས་སུ་གྱུར་ནས་འདི་ལས་ཐར་ན་ཅི་མ་རུང་སྙམ་པ་མ་གཏོགས་བློ་གཞན་མངོན་གྱུར་མི་སྐྱེ་བ་དང་འདྲ་བས། སྐབས་

འདིས་མཚོན་པའི་འཁོར་བའི་སྡུག་བསྔལ་སྒོམ་པའི་སྐོར་ཕལ་ཆེར་ལ་རང་ཉིད་འགྲོ་བ་རིགས་དྲུག་གང་ཡིན་པ་དེར་སྐྱེས་ནས་སྡུག་བསྔལ་དེ་རང་ཐོག་ལ་བྱུང་བའི་ཚུལ་གྱིས་བློ་ནང་དུ་བཀུག་ནས་སྒོམ་དགོས་པའི་ཕྱིར་ན། ཞེ་སྡང་གི་མཐུས་བསགས་པའི་མི་དགེ་བའི་འབྲས་བུ་དམྱལ་བའི་བར་སྲིད་གྲུབ་པའི་ཚེ་ལུས་ལ་བསིལ་བའི་སྣང་བ་ཤར་ཏེ་ཚ་བ་དོན་དུ་གཉེར་བ་ན་བར་སྲིད་འགགས་ནས་ཚ་དམྱལ་དུ་སྐྱེས་པར་བཤད་པས། སྤྱི་ཁྱབ་ཏུ་འོག་ཐམས་ཅད་ལྕགས་བསྲེགས་ཀྱི་ས་གཞི། ཁོར་ཡུག་ལྕགས་བསྲེགས་ཀྱི་ར་བ། སྟེང་འོག་མེ་ལྕེ་ཀུན་ཏུ་འབར་ཞིང་འཁྲུག་པའི་ནང་དུ། ཡང་སོས་ནི། བཤད་མ་ཐག་པའི་གནས་དེ་འདྲ་བ་ཞིག་ཏུ་རང་ཉིད་མངོན་སུམ་དུ་སྐྱེས་འདུག་སྙམ་དུ་འབད་ནས་བསྒོམས་པས་ལུས་རྩེད་ཡམ་ཡམ་པ། སེམས་འཇིགས་ཞུམ་ཞུམ་(༢༢བ)པ་འོང་ངོ་། །དེ་ལྟ་བུ་བྱུང་བ་ན་དེར་སྐྱེས་པས་སེམས་ཅན་མང་པོ་འཚོགས་ཏེ་ཞེ་སྡང་གི་དབང་གིས་ཕན་ཚུན་གཅིག་གིས་གཅིག་ལ་མཚོན་ཆ་སྣ་ཚོགས་རྗེགས་པར་བསམ། དེ་ལ་བརྟེན་ནས་རང་གི་ལུས་ཚལ་པ་བརྒྱ་སྟོང་དུ་སོང་བ་དང་བརྒྱལ་ཐབས་སུ་འགྱེལ་བ་སོགས་ཀྱི་རྣམ་པ་དངོས་སུ་མྱོང་རྒྱུ་ཡོད་པ་ལྟ་བུ་མ་བྱུང་གི་བར་གསལ་གདབ། དེ་ནས་ནམ་མཁའ་ལས། ཁྱོད་རྣམས་ཡང་སོས་པར་གྱུར་ཅིག་པའི་སྒྲ་བྱུང་བ་དང་གསོས་ཏེ་སྔར་ལྟར་མཚོན་བསྣུན་པ་སོགས་ཀྱིས་སྡུག་བསྔལ་ཁོར་མོ་ཡུག་ཏུ་བསྒོམ། དེ་ལྟར་ཉམས་ལེན་རྗེ་ཙུས་ཐུག་པ་བྱས་པས་ཟས་སྐོམ་གྱི་དང་ཁ་འགགས་པ་སྣམ་བྱེད་པ་དང་། བྲེ་མོའི་གཏམ་དང་འདུ་འཛིའི་གཡེང་བ་ལ་མི་སྤྲོ་ཞིང་། སྤྱོད་ལམ་མཐའ་དག་ཏུ་འབད་པ་མེད་པར་སྡིག་སྤོང་དགེ་སྒྲུབ་ལ་ངང་གིས་འཇུག་པ་ཞིག་འོང་། སྔར་གྱི་སེམས་དང་སྤྱོད་ཚུལ་སོ་ན་འདུག་ཚེ་ཆོས་དང་གང་ཟག་ཐ་དད་དུ་སོང་བ་ཡིན་ནོ། །

ཐིག་ནག་ནི། དམྱལ་སྲུང་རྣམས་ཀྱིས་ལུས་ལ་ཐིག་བརྒྱད་བཏབ་སྟེ་མཚོན་ཆས་གཤེག་པར་བྱེད་དོ། །

བསྡུས་འཇོམས་ནི། དམྱལ་བ་བརྒྱད་ཀར་རིམ་པ་བཞིན་སྐྱེ་དགོས་པ་མིན་ཡང་འདིར་འཁྲིད་རིམ་ལྟར་སྒོམ་པའི་དབང་དུ་བྱས་ཏེ་སྔར་གྱི་སྡུག་བསྔལ་དེ་ལས་འཁྲོས་པའི་སྣང་བ་ཤར་ཏེ་ཕྱིན་པ་ན་རི་ར་ལུག་གླང་སེང་ལྟ་བུའི་གདོང་པ་ཅན་གྱི་བར་དུ་ཆུད་དེ་བཙིར་བ་ན་སྒོ་ཐམས་ཅད་ནས་ཁྲག་གི་རྒྱུན་འབབ་པོ། །

ངུ་འབོད་ནི། ཡང་བྲོས་པས་ལྕགས་ཀྱི་ཁང་པའི་ནང་དུ་སླེབ་པ་ན་སྒོ་དབྱེར་མེད་དུ་འཁྲིག་སྟེ་ཕྱོགས་ཀུན་ནས་མེ་འབར་ཏེ་བསྲེགས་པས་ད་འབྲོས་ས་ཡང་མི་འདུག་སྙམ་ནས་ངུ་འབོད་ལྷང་ལྷང་བ་བྱེད་དོ། །

ངུ་འབོད་ཆེན་པོ་ནི་ལྕགས་ཁང་དེ་ག་ལ་ལྕགས་ཁང་གཅིག་གིས་བསྐོར་ཏེ་བསྒོམ་པར་བཤད་ཀྱང་། བླ་མའི་བཞེད་པ་ལྕགས་ཁང་དེ་ནས་ཐོན་ཏེ་བྲོས་པ་ན་ལྕགས་ཁང་ཉིས་རིམ་དུ་ཆུད་དེ་སྡུག་བསྔལ་སྔོན་མ་ལས་ཉིས་འགྱུར་གྱིས་ཆེ་བ་ནི་བསམ་པའི་ཁྱད་པར་ལྕགས་ཁང་ནང་མ་ནས་ཐོན་སྲིད་ཀྱང་ཕྱི་མ་ལས་མི་ཐོན་སྙམ་(༢༣ན)པ་སྟེ། དཔེར་ན་བཙོན་ཁང་ལ་སྒྲུང་ཉིས་རིམ་དུ་ཡོད་ན་སྒྲུང་ནང་མ་བརྗོལ་ཐུབ་ཀྱང་ཕྱི་མ་བརྗོལ་མ་ཐུབ་དོགས་པས་སྡུག་བསྔལ་བ་བཞིན་ནོ། །

ཚ་བ་ནི་ལྕགས་ཀྱི་གསལ་ཤིང་མེ་འབར་བས་འཕོངས་དང་སྤྱི་བོའི་བར་ཏལ་མར་ཕུག་སྟེ་དབང་པོའི་སྒོ་ཐམས་ཅད་ནས་མེ་ལྕེ་འབར་བ་དང་། ལུས་རིལ་བུ་ཁྲོ་ཆུའི་ནང་དུ་འཚོད་པའོ། །

རབ་ཏུ་ཚ་བ་ནི་གསལ་ཤིང་རྩེ་གསུམ་གྱི་དབུས་མ་སྤྱི་བོ་དང་གཡས་གཡོན་ཕྲག་པ་ནས་ཐོན་པ་དང་། ལྕགས་བསྲེགས་ལེབ་མོ་ལུས་ལ་སྣམ་བུ་ལྟར་དཀྲི་བ་དང་། ཁྲོ་ཆུའི་ནང་དུ་འཚོད་པ་ན་ཤ་ཁྲག་རྣམས་ཞིག་སྟེ་ཀེང་རུས་ལྟར་འགྲོ་བའོ། །

མནར་མེད་ནི། ཕྱོགས་མཚམས་ཀུན་ནས་མེ་འབར་བས་ལུས་དང་མེ་དབྱེར་མེད་པ་ལྟ་བུའི་ཚུལ་གྱིས་ངུ་བའི་སྐད་ཐོས་པ་ཙམ་མོ། །སྡུག་བསྔལ་དེ་དག་ཀྱང་ཡུན་ཐུང་ངུ་ཙམ་ཞིག་གིས་མི་ཆོག་སྟེ། ཆོས་མངོན་པ་ལས། མིའི་ལོ་ལྔ་བཅུ་ལ་

འདོད་ལྷའི་ཉིན་ཞག་གཅིག་ཏུ་བྱེད་པ་སོགས་ཙུང་ཟད་གོ་དཀའ་ཞིང་མི་གསལ་བས། དམྱལ་བ་བརྒྱད་པོའི་ནང་གི་ཚེ་ཐུང་ཤོས་ཡང་སོས་པའི་ཚེ་ཚད་མི་ལོ་ཁྲག་ཁྲིག་གཅིག་ཐེར་འབུམ་ཆེན་པོ་དྲུག་ཐེར་འབུམ་གཉིས་ཡིན་པས། གཞན་རྣམས་རིམ་གྱིས་ལོག་པོར་འཕར་ཚུལ་བསམས་ན་སྙིང་འགས་པར་ཐུག་པ་ལས་འོས་ཅི་ཡོད། བཤེས་སྤྲིང་དུ། ཇི་སྲིད་མི་དགེ་དེ་ཟད་མ་གྱུར་པ། །དེ་སྲིད་སྲོག་དང་འབྲལ་བར་མི་འགྱུར་རོ། །ཞེས་པ་ལྟར་ན་ད་ལྟའི་རང་ཅག་རྣམས་ཀྱི་སྤྱོད་ཚུལ་དང་བཅས་ཏེ་དེ་ལས་ཡུན་རིང་བ་ཞིག་མི་འོང་བའི་ངེས་པ་ཅི་ཡོད་སྙམ་དུ་ཡིད་འཁྲུལ་ངེས་ཤེས་པའི་བར་དུ་བསྒོམ་མོ། །

ཆ༢ གྲང་དམྱལ་གྱི་སྡུག་བསྔལ་བསམ་པ།

གཉིས་པ་ནི། དམྱལ་བའི་བར་སྲིད་པ་དེའི་ལུས་ལ་ཚ་བའི་རྣམ་པ་ཤར་བས་གྲང་བ་ལ་དགའ་བའི་བསམ་པས་རྐྱེན་བྱས་ཏེ་བར་སྲིད་འགགས་ནས་མཐའ་ཐམས་ཅད་གངས་རིའི་ཁྲེང་བས་བསྐོར་བ་འོག་ཁ་བའི་ཐང་དང་འཁྱག་རོམ་གྱི་གཅོང་རོང་ཟབ་མོ། སྙིང་ཁ་བ་བུ་ཡུག་འཚུབས་པ། མུན་པས་གཏིབས་ཤིང་རླུང་དྲག་པོས་བཏབ་པའི་གནས་(༢༣བ)དང་དེར་སྐྱེ་ཚུལ་སོགས་ནི་ཚ་གྲང་གི་ཁྱད་པར་མ་གཏོགས་སྔར་ལྟར་ལ། བྱེ་བྲག་ཏུ་ཆུ་བུར་ཅན་ནི་ཁ་བའི་བུ་ཡུག་ཆེན་པོ་རླུང་གིས་ཕྱོགས་བཞི་ནས་བཏབ་སྟེ་ལུས་ལ་ཕོག་པས་ཆུ་བུར་བྱུང་ཞིང་འཁྱུམ་པའོ། །ཆུ་བུར་རྡོལ་བ་ནི་དེ་ལས་རྣག་ཁྲག་འཛག་པའོ། །ཨ་ཆུ་ཟེར་པ་ནི་སྡུག་བསྔལ་ཆེར་སོང་བས་སྐད་ཀྱི་གདངས་དྲག་པོར་འདོན་པའོ། །ཀྱི་ཧུད་ཟེར་བ་ནི་སྡུག་བསྔལ་དེ་བས་ཆེར་སོང་བས་སྐད་ཀྱི་གདངས་ཆག་སྟེ་ཁན་གྱི་ཕུག་ནས་འདོན་པའོ། །སོ་ཐམ་ཐམ་པ་ནི་སྡུག་བསྔལ་སྔར་ལས་ཀྱང་ཇེ་ཆེར་འཕེལ་བས་སྐད་འདོན་མ་ནུས་པར་སོ་ཐམ་ཐམ་བྱེད་པའོ། །ཨུཏྤལ་ལྟར་གས་པ་ནི་རླུང་ཆེན་པོས་བཏབ་པས་ཁ་དོག་སྔོ་ཞིང་སེར་ཆུང་གྲ

མོ་ཁ་དྲུག་ཏུ་གས་པའོ། །པདྨ་ལྟར་གས་པ་ནི་པགས་པ་སྔོན་པོ་རྣམས་ཞུས་ཏེ་ཤའུ་དམར་ཏུ་རེ་བ་ཚལ་པ་བཅུར་གས་པའོ། །པདྨ་ལྟར་ཆེར་གས་པ་ནི་མདོག་སྔོན་མ་ལྟར་ལ་སེར་ཁ་བརྒྱའམ་དེ་བས་ཀྱང་མང་བ་སྟེ། སྐྱེས་རབས་ལས། མེད་པར་ལྟ་བ་ཆོ་རབས་ཕྱི་མ་ལ། །གནས་པ་དེ་ན་མུན་ནག་རླུང་གྲང་ལྡང་། །དེ་ནི་ཐུས་པའང་འཇིག་པའི་ནད་སློང་ན། །བདག་ལ་ཕན་འདོད་སུ་ཞིག་དེ་ཉེ་འཇུག །ཅེས་སོ། །

སྡུག་བསྔལ་དེ་ཡང་མ་ག་དྷའི་བྲེ་བོ་ཆེའི་ཁལ་བརྒྱད་ཅུ་འགྲོ་བའི་ཏིལ་གྱི་བང་བ་ནས་ལོ་བརྒྱ་བརྒྱ་ན་ཏིལ་རེ་ཕྱུང་བས་དེ་ཟད་པའི་ཚེ་ཆུ་བུར་ཅན་གྱི་ཚེ་ཚད་དུ་བཤད་པ་སོགས་ལ་ལུས་འདར་བ་དང་ཡིད་སྐྱོ་ཤས་ཀྱི་སྣང་བ་དྲག་ཏུ་བསྐྱེད་དོ། །

དེ་ལྟར་དམྱལ་བ་ཚ་གྲང་གི་སྡུག་བསྔལ་བཅུ་དྲུག་པོ་འདི་རྒྱུད་ཐོག་ཏུ་ཁེལ་ངེས་ཤེས་པའི་སྡུག་བསྔལ་ལ་ཡིད་འབྱུང་སྐྱེས་ན་ཉེ་འཁོར་དང་ཉེ་ཚེ་བའི་དམྱལ་བ་སོགས་རྒྱས་བཤད་རྣམས་ལ་ཤུགས་ཀྱིས་ཡིད་འབྱུང་གི་སྐྱོང་བ་ཐོན་འོང་བས། ད་ཅང་རྒྱས་པར་མི་སྤྲོ་ན་འདི་ཙམ་གྱིས་ཆོག་གསུང་། བླ་བ་གཉིས་ཙམ་གྱི་ལོང་ཡོད་ན་ཉེ་འཁོར་ཉེ་ཚེའི་སྡུག་བསྔལ་གྱི་དམིགས་སྐོར་སྤྲོས་ཏེ་མཛོད་པ་ཡི་གེའི་ཚོགས་ཀྱིས་འཇིགས་ཏེ་མ་བཀོད་པས་གཞན་ལས་ཤེས་པར་བྱའོ། །

ཅ༢ དུད་འགྲོའི་སྡུག་བསྔལ་བསམ་པ།

གཉིས་(༢༥ན)པ་དུད་འགྲོའི་སྡུག་བསྔལ་བསམ་པ་ནི་བཤེས་སྤྲིངས་ལས། དུད་འགྲོའི་སྐྱེ་གནས་ན་ཡང་གསོད་པ་དང་། །བཅིང་དང་རྡེག་སོགས་སྡུག་བསྔལ་སྣ་ཚོགས་པ། །ཞི་གྱུར་དགེ་བ་སྤངས་པ་རྣམས་ལ་ནི། །གཅིག་ལ་གཅིག་ཟ་ཤིན་ཏུ་མི་བཟད་པ། །ཞེས་དུད་འགྲོ་ལ་བྱིངས་དང་ཁ་འཐོར་བ་གཉིས་སུ་ས་སྐྱེ་ལས་བཤད་པའི་བྱིངས་ན་གནས་པ་ནི་རི་རབ་ཀྱི་ཆུ་མཚམས་མན་ཆད་ཀྱི་ཁོངས་སུ་ཡོད་དེ་ལུས་ཀྱི་ཆེ་ཆུང་སོགས་མ་ངེས་པ་སྣ་ཚོགས་འབྲུའི་ཕུང་པོ་ལྟར་སྤུངས་པ་རྣམས་ནི་ཆེ་བས

ཆུང་བ་ཁྱུར་མིད་དང་ཆུང་བས་ཆེ་བའི་ལུས་འབུགས་པ་དང་། གཞན་དག་མུན་པ་ཤིན་ཏུ་གནག་པས་ལག་པ་བརྐྱངས་བསྐུམས་ཙམ་ཡང་མི་མཐོང་བ་དང་། རྒྱ་མཚོར་གནས་པའི་ཆུ་སྲིན་སོགས་ནི་གནས་དང་བཟའ་བཏུང་དང་གྲོགས་ལ་ངེས་པ་མེད་པའོ། ཁ་འཐོར་བའི་རི་དྭགས་རྣམས་ནི་ཡིངས་པ་དང་ཁྱི་དང་གཅན་གཟན་སོགས་ཀྱིས་དབང་མེད་དུ་འདེད་པ། བདག་ཏུ་བཟུང་བ་རྣམས་ནི་གསོད་རྡེག་བཀོལ་བ། གཞན་ཡང་ཀླུའི་རིགས་རྣམས་ནི་བྱེ་ཚན་དང་མཁའ་ལྡིང་གི་འཇིགས་པ། སྲོག་ཆགས་ཕྲ་མོ་རྣམས་ནི་རྐྱེན་ཅུང་ཟད་ཙམ་གྱིས་འཆི་བ་སོགས་དང་། མཐའ་དག་ཀྱང་བླང་དོར་མི་ཤེས་པའི་རང་བཞིན་ཅན་ཏེ། རང་ཉིད་བཤད་མ་ཐག་པའི་དུད་འགྲོ་དེ་དག་ཅི་རིགས་པར་སྐྱེས་པ་དང་སྡུག་བསྔལ་གྱི་སྤྱོད་ཚུལ་སོགས་ཀྱི་ཉམས་ལེན་སྤྱོང་བ་སྐྱེ་ངེས་སུ་བསྒོམ། ཚེའི་ཚད་ནི་རིང་བ་རྣམས་བསྐལ་པ་ཙམ་ནས། ཐུང་བ་ཉིན་ཞག་ཀྱང་ཡོད་པས་མཐའ་གཅིག་ཏུ་མ་ངེས་སོ། །

༤༣ ཡི་དྭགས་ཀྱི་སྡུག་བསྔལ་བསམ་པ།

གསུམ་པ་ཡི་དྭགས་ཀྱི་སྡུག་བསྔལ་ནི་བཤེས་སྤྲིངས་ལས། ཡི་དྭགས་ན་ཡང་འདོད་པས་ཕོངས་པ་ཡིས། །བསྐྱེད་པའི་སྡུག་བསྔལ་རྒྱུན་ཆགས་མི་འཚོས་པ། །བཀྲེས་སྐོམ་གྲང་ཙ་ངལ་དང་འཇིགས་པ་ཡིས། །བསྐྱེད་པ་ཤིན་ཏུ་མི་བཟད་བསྟེན་འཚལ་ལོ། །ཞེས་ཡི་དྭགས་ལ་རིགས་གསུམ་དུ་ཡོད་པར་བཤད་པའི་ཕྱིའི་སྒྲིབ་པ་ཅན་ནི་ལྟོན་(༢༥བ)པའི་འབྲས་བུ་དང་ཆུ་ཀླུང་སོགས་མཐོང་སྟེ་ལོངས་སྤྱོད་པར་ཕྱིན་པ་ན་མཚོན་ཆ་ཐོགས་པས་སྲུང་བའམ་རྣག་ཁྲག་སོགས་སུ་མཐོང་བའོ། །ནང་གི་སྒྲིབ་པ་ཅན་ནི་གྲོང་ཁྱེར་སེར་སྐྱ་ཞེས་བྱ་བ་ཆུ་དང་རྩྭ་ཤིང་སོགས་འདོད་པའི་དངོས་པོ་ཅི་ཡང་མེད་པ་དེར་ཟས་སྐོམ་མི་རྙེད་པ་དང་། ཅུང་ཟད་རྙེད་ཀྱང་ཁ་ཁབ་མིག་མགྲིན་པ་རྟ་རྔ་ལྟ་བ་རི་རབ་ཡན་ལག་འཇག་མ་ལྟ་བུར་གྱུར་པའི་དབང་

གིས་ཟས་ཁར་མི་ཤོང་། ཅུང་ཟད་སོང་བ་རྣམས་མགྲིན་པ་ནས་མི་ཐར། ཐར་ཀྱང་ལྟོ་བ་མི་ཁེངས་པས་སྡུག་བསྔལ་བའོ། །ཟས་སྐོམ་གྱི་སྒྲིབ་པ་ཅན་ནི་ཟས་སྐོམ་རྣམས་ཀྱང་མེ་འབར་ནས་ལུས་འཚིག་པ་དང་། བཤང་གཅི་དང་རང་ཤ་ཟ་བས་ཉམ་ཐག་པའོ། །གཞན་ཡང་སོ་ག་ཟླ་བའི་རིག་བྱ་ཚ་ཞིང་དགུན་ཉི་མ་གྲང་བ། བལྟས་པ་ཙམ་གྱིས་ཆུ་ཀླུང་བསྐམས་ཏེ་ངམ་གྲོག་ཏུ་འཆར་བ་སོགས་བཀྲེས་སྐོམ་གྱི་སྡུག་བསྔལ་སྣ་ཚོགས་མྱོང་བ་དེ་དག་ཏུ་བཤད་མ་ཐག་པའི་ཡི་དྭགས་དེ་འདྲའི་གཟུགས་སུ་རང་ཉིད་སྐྱེས་པར་བསམས་ཏེ་རྒྱུད་ཐོག་ཏུ་ཁེལ་ངེས་ཤེས་པ་ཞིག་བསྒོམ་མོ། །སྡུག་བསྔལ་དེ་ཡང་ཡུན་ཐུང་ངུ་ཙམ་མ་ཡིན་པར་མི་ལོ་ཆིག་ཁྲི་ལྔ་སྟོང་མྱོང་དགོས་པར་བཤད་པ་སོགས་ལ་རྗེས་སུ་དཔགས་ཏེ་བསམས་ན་ངེས་འབྱུང་བཅོས་མིན་སྐྱེ་བར་སྣང་། དོན་ཧྲིལ་གྱི་དྲིལ་ན་ད་ལྟ་རང་རེ་རྣམས་ཛ་ཡོར་པ་གང་འཕྲུང་ཡུན་ཙམ་ཞིག་ལག་པ་མེ་དོང་དུ་འཇུག་པ། དགུན་གྲང་སྐང་ལ་ཞག་གཅིག་ཙམ་གཅེར་བུ་བྱེད་པ། ཞག་གསུམ་བཞི་ཙམ་བཟའ་བཏུང་ཡེ་མེད་པ། ས་རྗེ་མང་པོ་སྤུངས་པའི་འོག་ཏུ་འགུལ་སྐྱོད་མི་ནུས་པར་གནས་དགོས་པ་ལྟ་བུ་བྱུང་ན་བཟོད་བསྲན་མི་ཐུབ་པ་མངོན་སུམ་གྱིས་གྲུབ་པ་དེ་ལྟར་ན་ངན་སོང་གསུམ་གྱི་སྡུག་བསྔལ་བཟོད་ག་ལ་ནུས་པས་མགོན་པོ་ཀླུ་སྒྲུབ་ཀྱིས། ཐོབ་དཀའ་འཛམ་གླིང་མི་ཡི་ལུས། །དེ་ཐོབ་དུས་སུ་ངན་སོང་རྒྱུ། །རབ་ཏུ་བསྒྲིམས་ཏེ་བཅད་པར་བྱ། །ཞེས་ད་རེས་མི་དང་དུད་འགྲོའི་ཁྱད་པར་འབྱེད་པའི་དུས་འདིར་སྙིང་རུས་བསྐྱེད་དགོས་སྐམ་པའི་རང་ལ་(༢༥ན)ཡང་ཡང་ལྷུག་གིས་བྲབ་པར་བྱའོ། །

སྐྱེས་པ། ཚ་སྲེག་རབ་འབར་ལྕགས་ཀྱི་ཁང་པའི་ནང་། །བཅད་གཏུབས་གཅོར་བའི་ཁྲག་གི་ཆུ་ཀླུང་འབབ། །དབང་པོའི་སྒོ་ནས་ལྷབ་ལྷབ་མེ་འབར་བའི། །ཚུལ་འདིར་མི་འཇིགས་སྙིང་ལ་གདོན་གྱིས་བརླམས། །མུན་ནག་གཏིང་རིའི་སྦུབས་ཀྱི་འཐོར་རླུང་ཁྲོད། །གྲང་རེག་རྣོན་པོའི་མཚོན་གྱིས་ཉམ་ཆུང་ལུས། །བརྒྱ་སྟོང་མང་

པོར་གས་ཀྱང་མི་འཆི་བའི། །ཁྱེད་པོ་མི་དགེའི་དགྲ་འདིས་རྟག་ཏུ་མནར། །རྨ་འབྲས་ནད་ཀྱི་ཟུག་གཟེར་ཆུང་ངུ་ཡང་། །མི་བཟོད་བཞིན་དུ་ཤ་རུས་པགས་པའི་ཆེད། །གསོད་ཅིང་ཟ་བའི་སྡུག་བསྔལ་མཐའ་མེད་ལ། །སྙིང་རྗེ་མི་འདར་སེམས་མེད་བེམ་པོའམ་ཅི། །ད་ལྟའི་ཚེ་ཐུང་འདི་ཡི་ཟས་སྐོམ་དོན། །ངལ་བར་ནུས་ན་མི་ལོ་ཁྲི་ལྔ་སྟོང་། །མི་བཟད་བཀྲེས་སྐོམ་གདུང་བ་སེལ་སླད་དུ། །ལུས་སྲོག་འདོར་ནུས་སྙིང་རུས་བསྐྱེད་ཀྱང་ཆུངས། །བཟོད་དཀའ་ངན་འགྲོའི་གཡང་ལ་བ་སྤུའི་རྩེ། །འགུལ་བ་ཙམ་གྱི་ཡ་ང་མ་མཆིས་ཀྱང་། །དགྲ་འདུལ་གཉེན་སྐྱོང་འདི་སྣང་ཆོས་བརྒྱད་ལ། །སྤྱང་གྲུང་ཁྱུར་འཛིན་ཁྱོད་ལས་བླུན་པ་སུ། །ཞེས་བྱ་བ་ནི་བར་སྐབས་ཀྱི་ཚིགས་སུ་བཅད་པའོ།། །།

ག༢ འཇིག་རྟེན་ཕྱི་མར་བདེ་བའི་ཐབས་བསྟན་པ།

ང༡ བསྟན་པ་ལ་འཇུག་པའི་སྒོ་སྐྱབས་སུ་འགྲོ་བ།

ཅ༡ སྐྱབས་སུ་འགྲོ་བ་དངོས།

གཉིས་པ་འཇིག་རྟེན་ཕྱི་མར་བདེ་བའི་ཐབས་བསྟེན་པ་ལ་བསྟན་པ་ལ་འཇུག་པའི་སྒོ་སྐྱབས་སུ་འགྲོ་བ། བདེ་ལེགས་ཐམས་ཅད་ཀྱི་རྩ་བ་ལས་འབྲས་སྙོམ་པ་གཉིས། དང་པོ་ལ་དངོས་དང་། བསླབ་བྱ་གཉིས། དང་པོ་ནི་སྤྱོད་འཇུག་ལས། ཇི་ལྟར་མཚན་མོ་མུན་ནག་སྤྲིན་རུམ་ན། །གློག་འགྱུ་སྐད་ཅིག་རབ་སྣང་སྟོན་པ་ལྟར། །དེ་བཞིན་སངས་རྒྱས་མཐུ་ཡིས་བརྒྱ་ལམ་ན། །འཇིག་རྟེན་བསོད་ནམས་བློ་གྲོས་ཐང་འགའ་འབྱུང་། །དེ་ལྟས་དགེ་བ་ཉམ་ཆུང་ཉིད་ལ་རྟག །སྡིག་པ་སྟོབས་ཆེན་ཤིན་ཏུ་མི་བཟད་པ། །ཞེས་ཉེས་དམིགས་ལ་འཇིགས་པ། ཡོན་ཏན་ལ་དད་པ། རང་འདྲའི་འགྲོ་བ་ལ་སྙིང་རྗེ་གསུམ་གྱི་སྒོ་ནས་བསམ་པ་ལ་དམ་པའི་ཆོས་ཀྱི་སྒྲ་ཙམ་(༢༥བ) མི་ཐོས་པའི་མུན་བསྐལ་ནི་མཚན་མོ་སྤྲིན་ནག་འཁྲིགས་པའི་སྨག་རུམ་ལྟ་བུ་ནས་

ཆོས་དང་མཇལ་རྒྱུ་ཡོད་པའི་སྒྲོན་བསྐལ་ནི་མུན་ཏུམ་དེ་ན་གློག་འཁྱུག་པ་བཞིན་དུ་དཀོན་པས་སྟོན་ཆད་སྡིག་པ་རྒྱ་མཚོ་ཆེན་པོ་ཙམ་ནས་དགེ་བ་ཀུ་ཤའི་རྩེས་ཆུ་ཐིགས་བླངས་པ་ལྟར་སྟོབས་ཤིན་ཏུ་ཆུང་བའི་སྟེང་དུ་ཚེ་འདིར་ཡང་ཆོས་པའི་མིང་གཟུགས་ཀྱི་བློ་འདྲིད་ཀྱིས་གཞན་མགོ་བསྐོར་བ་ལས་གསུང་རབ་དང་རང་སེམས་སྤྱོད་ཚུལ་རྣམས་ཞུས་དག་བཏང་ན་མི་དགེ་བའི་ཕྱོགས་ཆེས་མང་བར་གདའ། དེ་ཡང་རང་ལ་དགྲ་མ་ཐུང་བ་ཞིག་ཡོད་པ་ལས་མྱུར་དུ་འོང་བའི་གཏམ་དང་དགྲ་དེའི་དཔའ་ནུས་ཚུར་ལུས་སྲོག་ལོངས་སྤྱོད་ལ་ཇི་ལྟར་གནོད་སོགས་ཀྱི་རྒྱུ་མཚན་ཡང་མ་ངེས་ན་དེ་ལ་འཇིགས་པ་དང་ཟོན་བྱེད་པ་མི་འོང་ལ། དགྲ་དེ་ཐུབ་ན་རྐྱེག་མེད་དུ་འཇོམས་པ་དང་། དུས་ཀྱང་ལོ་གཅིག་ཙམ་ལ་འོང་ངེས་ཤིང་དེའི་བར་ལ་ནམ་འོང་ཆ་མེད་པར་ཤེས་ན་དལ་བར་སྡོད་པ་སྐད་ཅིག་མི་ནུས་པར། ཕ་རོལ་གྱི་དགྲ་ལས་སྟོབས་མངའ་ཐང་ཆེ་ངེས་ཀྱི་དཔོན་ཞིག་འཚོལ་ཞིང་གྲོགས་སུ་སྤྲིན་ནམ། མཁར་བཙན་པོ་བཟྲོའམ། དེས་མི་སློབ་པའི་ཐག་རིང་དུ་འགྲོ་བ་སོགས་སྔ་གོན་གང་ཐུབ་བྱེད་པ་ལྟར་དགྲ་ངན་སོང་གི་སྡུག་བསྔལ་ཟེར་བ་དེ་ལོ་བརྒྱ་ཙམ་ལ་འོང་བར་ངེས་ཤིང་། ཟླ་བ་རྙིང་མ་དང་མཐར་མེད་ཀྱི་དམྱལ་བ་གཉིས་གང་སྔ་མི་ཤེས་པས་འཆི་བ་མི་རྟག་པ་དང་ངན་འགྲོའི་ངང་ཚུལ་ལ་གོང་དུ་སྦྱོང་བས་ཐོན་པའི་དབང་གིས་སྐྱབས་གནས་ཤིག་འཚོལ་བ་ལས་འོས་མི་འདུག །སྐྱབས་ཡུལ་ཡང་སློབ་དཔོན་ཕྱོགས་སྣང་གིས། གཏིང་མཐའ་མེད་པའི་འཁོར་བ་ནི། །རྒྱ་མཚོའི་ནང་ན་རྣམ་པར་གནས། །འདོད་ཆགས་ལ་སོགས་མི་བཟད་པའི། །ཆུ་སྲིན་གྱིས་ནི་ལུས་ཟོས་པས། །དེ་རིང་གང་ལ་སྐྱབས་སུ་མཆི། །ཞེས་འཁོར་བ་འདི་རྒྱ་མཚོ་ལྟར་གཏིང་ཟབ་ཅིང་། འདོད་ཆགས་ལ་སོགས་པ་མི་དགེ་བའི་ཆུ་སྲིན་གདུག་པ་ཅན་གྱིས་གཙེས་པར་ཆུད་པའི་རང་རེ་སྐྱེ་རྒུ་རྣམས་གང་(༢༨ན)ལ་སྐྱབས་སུ་འགྲོ་ཞེས་དྲི་བའི་ཚུལ་དུ་གསུངས་པ་ལ་ལན་གྱི་ཚུལ་དུ་བསྟོད་པ་བརྒྱ་ལྔ་བཅུ་པ་ལས། གང་ཞིག་ལ་ནི་ཉེས་པ་ཀུན། །གཏན

ནས་ཡོང་ཡེ་མི་མངའ་ཞིང་། །གང་ལ་རྣམ་པ་ཐམས་ཅད་དུ། །ཡོན་ཏན་ཐམས་ཅད་གནས་གྱུར་པ། །གལ་ཏེ་སེམས་ཤིག་ཡོད་ན་ནི། །དེ་ཉིད་ལ་ནི་སྐྱབས་འགྲོ་ཞིང་། །དེ་བསྟོད་དེ་ནི་བཀུར་བ་དང་། །དེ་ཡི་བསྟན་ལ་གནས་པར་རིགས། །ཞེས་དགྲ་ཟླ་ལས་སྟོབས་དང་ཁ་དྲག་ཆུང་བ་ཞིག་གིས་རང་ཕ་རོལ་གྱི་དགྲ་དེའི་འཇིགས་པ་ལས་སྐྱོབ་མི་ནུས་པ་བཞིན་ཚངས་པ་དང་ཁྱབ་འཇུག་དང་དབང་ཕྱུག་སོགས་ལྷ་མི་མཐུ་བོ་ཆེ་ལ་བརྟེན་ཀྱང་ཁོང་རང་རྣམས་འཁོར་བ་ལས་མ་ཐར་བར་འཁོར་བའི་ཉེས་པས་མནར་བཞིན་པ་ཡིན་པས་གཏན་གྱི་སྐྱབས་སུ་མི་འོས། གང་འོས་ན། སྐྱབས་འགྲོ་བདུན་ཅུ་པར། སངས་རྒྱས་ཆོས་དང་དགེ་འདུན་ནི། །ཐར་པ་འདོད་པ་རྣམས་ཀྱི་སྐྱབས། །ཞེས་དཀོན་མཆོག་གསུམ་གཏན་གྱི་སྐྱབས་སུ་གསུངས་པ་ནི་བཤད་མ་ཐག་པའི་སྐྱོན་དང་བྲལ་ཞིང་ཡོན་ཏན་དང་ལྡན་པས་བསླུ་བ་མེད་པར་ངེས་པ་ཉིད་ནས་སྐྱབས་སུ་འགྲོ་བ་ལ། འགྲོ་ཚུལ་གྱི་དམིགས་སྐོར་མང་ཡང་འདྲ་བཅོས་རྒྱུས་བཀབ་ཀྱི་རང་བཟོ་མེད་པའི་ཆོས་འདི་གའི་ལུགས་སྲོལ་གྱི་བཞེད་པ། དཔེ་ལ་བསྟོད་པ་ལས། ཁྱོད་སྐུ་མཚན་གྱིས་སྤྲས་གྱུར་པ། །མཛེས་གྱུར་མིག་གི་བདུད་རྩི་ནི། །སྤྲིན་མེད་སྟོན་གྱི་ནམ་མཁའ་ལ། །སྐར་མའི་ཚོགས་ཀྱིས་སྤྲས་པ་འདྲ། །ཞེས་པ་ལྟར་བསམ་དགོས་པས་སངས་རྒྱས་ཀྱི་སྐུ་སྒོམ་ཚུལ་ཡང་གསང་སྔགས་ཀྱི་སྐབས་སུ་སྒོམ་པའི་མདུན་དུ་དམ་ཚིག་པ་བསྐྱེད་པ་ལྟ་བུའི་ཆེད་དུ་གསལ་བཏབ་པ་དེ་འདྲ་མ་ཡིན་པར། དཔེར་ན་ཁྲིམ་དང་ཚོང་འདུས་ཆེན་པོར་ཕྱིན་པ་ན་བྲོ་ཤོན་ལ་སོགས་པའི་ལྟད་མོ་སྣ་ཚོགས་དང་རྒྱན་ཆ་ལུགས་དང་འཁོར་གཡོག་གི་མཛེས་པ་སོགས་གང་ཟག་མཆོག་དམན་རང་བློ་འཇུག་པའི་རིགས་མཐོང་བ་ན། སྣར་གནས་དེ་མ་(༢༨བ)ཡིན་པའི་གཞན་དུ་སླེབ་པའི་དུས་དྲན་ཤེས་ཀྱིས་གསོས་བཏབ་པའི་ཚེ་དེ་རྣམས་ཀྱི་བྱད་དབྱིབས་རྒྱན་ཆ་ལུགས་སྤྱོད་ལམ་སོགས་མིག་གིས་མཐོང་རྒྱུ་ཡོད་པ་ལྟ་བུར་བཀྲ་ལམ་གྱི་འཆར་བ་ཡིན་ཀྱི། དེ་རྣམས་མདུན་གྱི་ཐད་ལྟ་བུར་ཆེད་གཉེར་

སྒོམ་པའི་སྣང་བ་མི་འཆར་བ་བཞིན་དུ་འདིར་ཡང་དེ་བཞིན་གཤེགས་པའི་བྲིས་འབུར་གྱི་སྐུ་གཟུགས་ལ་ཡང་ཡང་བལྟས་ཤིང་། སེམས་ཀྱིས་དེ་བཞིན་གཤེགས་པ་དེ་སྐུ་མདོག་གསེར་བཙོ་མ་ལྟ་བུ་ན་བཟའ་ཆོས་གོས་གསུམ་དང་ལྡན་པ་མཚན་དང་དཔེ་བྱད་ཀྱིས་སྤྲས་པ་ལྟ་བས་ཆོག་མི་ཤེས་པ་ཞིག་ཡོད་པ་འདུག་གོ་སྙམ་དུ་གསོས་བཏབ་པ་ན་སྔར་མིག་ཤེས་ཀྱི་ཡུལ་དུ་གྱུར་པ་དེས་རྐྱེན་བྱས་ནས་གསལ་ལམ་ལམ་པ་འཆར་བས་དེའི་ཚེ་མཐོང་ན་མི་མཐུན་པ་མེད་ཅིང་མཐོང་བ་ཙམ་གྱིས་དོན་དང་ལྡན་པར་བྱེད་ནུས་པ་དེ་ལྟ་བུ་བྱང་ཆུབ་སེམས་དཔའ་མན་ཆད་ལ་མེད་པའི་སངས་རྒྱས་ཀྱི་སྐུའི་ཡོན་ཏན་ཕུལ་དུ་བྱུང་བར་འདུག་སྙམ་པའི་དད་པ་ལྷང་ལྷང་བ་དང་། དངོས་སུ་མཇལ་རྒྱུ་བྱུང་ན་སྙམ་པའི་གདུང་བ་དང་། སངས་རྒྱས་རྗེས་སུ་དྲན་པ་འདི་ལྟ་བུ་བསོད་ནམས་ཆེ་སྙམ་པའི་སྤྲོ་བ་རྣམས་ཤུགས་དྲག་པོ་མ་བྱུང་གི་བར་དུ་བསྒོམ། དེ་བཞིན་དུ་གསུང་གི་ཡོན་ཏན་ནི་བདེན་པ་པོའི་ལེའུ་ལས། འདི་ལྟར་སེམས་ཅན་ཀུན་གྱིས་ངེས་པའི་ཚིག །མང་པོ་དག་གིས་དུས་གཅིག་ཞུ་ཞུས་ན། །སེམས་ཀྱི་སྐད་ཅིག་གཅིག་ལ་ཐུགས་ཆུད་ནས། །གསུང་དབྱངས་གཅིག་གིས་སོ་སོར་ལན་ཡང་འདེབས། །དེ་ལྟ་བས་ན་འདྲེན་པ་འཇིག་རྟེན་ན། །ཚངས་པའི་སྒྲ་དབྱངས་གསུང་སྒྲོག་མཁྱེན་པར་མཛོད། །དེ་ནི་ལྷ་མིའི་སྡུག་བསྔལ་མཐར་འབྱིན་པའི། །ཆོས་ཀྱི་འཁོར་ལོ་རབ་ཏུ་བསྐོར་བར་མཛད། །ཅེས་པ་ལྟར་བསམ་དགོས་ཀྱང་སངས་རྒྱས་ཀྱི་གསུང་དང་འདྲ་བའམ་དེའི་དཔེར་འོས་པ་ཞིག་དངོས་སུ་ཐོས་པའི་སྐལ་བ་ཕྲ་བས། ད་ལྟ་པི་ཝང་ལྟ་བུ་རང་གི་བློ་འགྲོ་བའི་སྒྲ་སྙན་པ་ཞིག་ལས་རྗེས་སུ་(༢༧ན)དཔགས་ཏེ། གོང་གི་སྐུ་ཤིན་ཏུ་མཛེས་པའི་སངས་རྒྱས་དེའི་མགུར་ལས་འོངས་པའི་གསུང་གི་སྒྲ་སྙན་པ་ཡན་ལག་དྲུག་ཅུ་རྩ་བཞིའི་དབྱངས་ཅན། ཁམས་གསུམ་གྱི་སེམས་ཅན་ཐམས་ཅད་ཀྱིས་དུས་གཅིག་ཏུ་དྲི་བ་ཞུས་ན། ལེགས་སྦྱར་གྱི་སྐད་ལྟ་བུ་གཅིག་གི་སྒོ་ནས་བསྟན་པའི་དྲི་ལན་དེ་འགྲོ་བ་སོ་སོའི་སྐད་དུ་ཤར་ཏེ་ཐེ་ཚོམ་ཅིག་ཅར་དུ

སེལ་བ་སོགས་སྔར་བཞིན་དང་གདུང་སྦྲོ་གསུམ་གྱི་སྒོ་ནས་ཉམས་སུ་སྦྱོང་བར་བྱ། ཐུགས་ཀྱི་ཡོན་ཏན་ནི་བསྔགས་འོས་བསྔགས་བསྟོད་ལས། ཁྱོད་འབའ་ཞིག་གི་ཡེ་ཤེས་ཀྱིས། །ཤེས་བྱ་མཐའ་དག་ཁྱབ་ལགས་ཀྱི། །ཁྱོད་ལས་གཞན་པ་ཐམས་ཅད་ཀྱི། །ཤེས་བྱ་ཕོ་ན་ལྷག་པ་ལགས། །ཞེས་མཁྱེན་པའི་ཡོན་ཏན་ཆོས་མཐའ་དག་ལ་ཐོག་ཏུ་མ་གྱུར་པས་རྣམ་པ་ཐམས་ཅད་མཁྱེན་པའི་ཡེ་ཤེས་ཀྱིས་གདུལ་བྱའི་དབང་པོ་དང་འཚམ་པར་རྗེས་སུ་འཛིན་པ་ལ་མཁས། བརྒྱ་ལྔ་བཅུ་པ་ལས། འགྲོ་བ་འདི་དག་ཐམས་ཅད་ནི། ཁྱད་མེད་ཉོན་མོངས་རྣམས་ཀྱིས་བཅིངས། ཁྱོད་ནི་འགྲོ་བའི་ཉོན་མོངས་དག །དགྲོལ་སླད་ཡུན་རིང་ཐུགས་རྗེས་བསྟམས། །དང་པོར་ཁྱོད་ལ་ཕྱག་བགྱིའམ། །འོན་ཏེ་གང་གིས་འཁོར་བར་ཁྱོད། །སྐྱོན་མཁྱེན་ཡུན་རིང་དེ་ལྟ་བུར། །བཞུགས་མཛད་ཐུགས་རྗེ་ཆེ་ལ་བགྱི། །ཞེས་སེམས་ཅན་ཐམས་ཅད་ལ་རྗེས་སུ་བརྩེ་བའི་ཐུགས་རྗེ་ཆེན་པོས་བསྟམས་པས་གཡས་ནས་ཙན་དན་གྱི་ལྡེ་གུ་བྱུགས་པ་དང་གཡོན་ནས་སྟ་གྲིས་བཞོགས་པ་ལ་ཡང་ཉེ་རིང་མི་མངའ་བའི་ཕྱིར་ན་སེམས་ཅན་ཀུན་ལ་མ་རང་གི་བུ་གཅིག་པུ་ལ་བརྩེ་བ་ལྟ་བུ་མངའ་ཚུལ་སོགས་ལ་ཡང་སྔར་ལྟར་བསམ། འཕྲིན་ལས་ནི་བརྒྱ་ལྔ་བཅུ་པ་ལས། ཁྱོད་ཀྱིས་ཉོན་མོངས་གཞོམ་པར་བཤད། བདུད་ཀྱི་གཡོ་དག་བསྟན་པར་མཛད། །འཁོར་བའི་རང་བཞིན་མི་བཟད་བརྗོད། །འཇིགས་པ་མེད་པའི་ཕྱོགས་ཀྱང་བསྟན། །ཕན་དགོངས་ཐུགས་(༢༧བ)རྗེ་ཅན་གྱིས་ནི། །སེམས་ཅན་རྣམས་ལ་བགྱི་འཚལ་བ། །གང་ཞིག་ཁྱོད་ཀྱིས་མ་མཛད་པ། །གཞན་ཀོ་ཅི་ཞིག་མཆིས་ལགས་ཀྱི། །ཞེས་སེམས་ཅན་ལ་བརྩེ་བ་ཙམ་ཉན་རང་སོགས་ལ་ཡང་ཡོད་མོད། ཡོད་པ་ཙམ་གྱིས་མི་ཕན་པ་དཔེར་ན་མ་ལག་ཞ་མའི་བུ་ཆུས་ཁྱེར་ན་གྲོགས་གཞན་ལ་ར་མདའ་སྦྲན་ནས་འདོན་དགོས་པ་ལྟར་ལ། སངས་རྒྱས་ནི་འགྲོ་བ་རྣམས་སྒྲོལ་བའི་ནུས་མཐུ་ཡོངས་སུ་རྫོགས་པས་གཞན་ཕན་དུ་འགྱུར་ན་དམྱལ་བའི་མེ་དོང་ཡང་འདོད་ལྡན་མཚོ་རིས་ཀྱི་དགའ་ཚལ་དུ་འཇུག་པ་ལྟར་སྒྲོ་

བ་དང་བཅས་ཏེ་ཐོགས་པ་མེད་པར་དོན་མཛད་ཚུལ་རྣམས་སྔར་ལྟར་བསམ། །

དེ་ལྟ་བུའི་སྐུ་གསུང་ཐུགས་ཀྱི་ཡོན་ཏན་དེ་ནི་རྒྱུ་མེད་པ་དང་མི་མཐུན་པའི་རྒྱུ་ལས་བྱུང་བ་མ་ཡིན་ཏེ། འགོག་པ་དང་ལམ་གྱི་བདེན་པ་བརྗོད་བྱའི་གཙོ་བོར་བྱས་ནས་སྟོན་པའི་ལུང་གི་ཆོས་དཀོན་མཆོག་ལ་ཐོས་བསམ་བྱས་པས་རྟོགས་པའི་ཆོས་དཀོན་མཆོག་སྤངས་རྟོགས་ཀྱི་ཡོན་ཏན་བདེན་པ་གཉིས་མངོན་དུ་མཛད་པ་ལ་ངེས་ཤེས་སྐྱེད་ནས་ཆོས་དཀོན་མཆོག་ལ་དམིགས་པའི་དད་པ་བཅོས་མིན་མ་བྱུང་བར་དུ་བསྒོམ། དགེ་འདུན་དཀོན་མཆོག་ནི་བྱམས་པ་འཇམ་དབྱངས་སྤྱན་རས་གཟིགས་ལ་སོགས་པ་བྱང་ཆུབ་སེམས་དཔའ་རྣམས་དང་། འོད་སྲུང་ཆེན་པོ་མཆོག་ཟུང་གཉིས་ལ་སོགས་པ་ཉན་ཐོས་ཀྱི་དགེ་འདུན་དཀོན་མཆོག་རྣམས་ལ་སྔར་ལྟར་སྐུ་གསུང་ཐུགས་ཀྱི་མཛད་པ་རྣམས་ལེགས་པར་དྲན་པར་བྱས་ཏེ། འདི་དག་རྣམས་ཀྱིས་སངས་རྒྱས་ཀྱི་ཡོན་ཏན་དངོས་མ་ཐོབ་ཀྱང་བདེན་པ་གཉིས་ཉམས་སུ་ལེན་ཅིང་སྐྱབས་སྒྲུབ་པའི་བློ་གྲོགས་མཛད་པར་འདུག་སྙམ་པའི་ཡོན་ཏན་རྣམས་བསམ་མོ། །

དེ་ལྟར་དང་བའི་དད་པ་ཁྱད་པར་ཅན་དང་ལྡན་པར་མ་ཟད་མངོན་འདོད་ཀྱི་བློ་གལ་ཆེ་བ་དཔེར་ན་འཇིག་རྟེན་གྱི་དཔོན་རིས་དགྲའི་གནོད་པ་ལས་སྐྱོབ་ཅིང་། སྨན་པ་མཁས་པས་འདུ་བ་འཁྲུགས་པའི་འཇིགས་པ་སེལ་ཡང་རང་དེ་དག་(༢༨ན)གི་གོ་འཕང་འཐོབ་རྒྱུ་མིན་ལ། ཁ་དྲག་དང་གསོ་དཔྱད་ཀྱིས་ཡིད་ཕྲོགས་ཏེ་བདག་ཀྱང་དེ་ལྟ་བུ་ཞིག་བྱུང་ན་སྙམ་པའི་བློ་སྐྱེ་བ་ཙམ་ནི་མི་སྲིད་པའི་ངེས་པ་ཅི་ཡོད། སྐྱེས་བུ་ཆུང་ངུ་པོ་ན་ལ་རང་དཀོན་མཆོག་གི་གོ་འཕང་ཐོབ་པ་མིན་ཡང་། དེའི་ཐུགས་རྗེས་གནས་སྐབས་ཀྱི་སྡུག་བསྔལ་ལས་སྐྱོབ། སྲིད་པའི་བདེ་བ་ལ་སྦྱོར་བ་ཉེ་ཚེ་བའི་སྐྱབས་ཀྱིས་སྐྱོབ་པ་ལྟར་ལ། འབྲིང་གི་སྐབས་སུ་ཡུལ་ཉན་རང་གང་ཟུང་གི་སློབ་པ་དང་མི་སློབ་པའི་རྟོགས་པའི་ཡོན་ཏན་མངོན་དུ་བྱེད་པའི་ཚུལ་གྱི་སྒོ་ནས་སྐྱོབ་དགོས་ཤིང་། སྐྱེས་བུ་ཆེན་པོ་ལ་གནས་སྐབས་ཀྱི་སྐྱབས་བྱང་ཆུབ་

སེམས་དཔའི་ལམ་དང་སྐྱབས་མཐར་ཐུག་རྣམ་པ་ཐམས་ཅད་མཁྱེན་པ་མངོན་དུ་བྱེད་པའི་ཚུལ་གྱིས་སྐྱབས་གནས་སུ་འཛིན་དགོས་པས་འདུལ་བ་རྒྱ་ཆེར་འགྲེལ་ལས། སངས་རྒྱས་ལ་སྐྱབས་སྟོན་པ་པོ། ཆོས་ལ་སྐྱབས་དངོས། དགེ་འདུན་ལ་སྐྱབས་སྒྲུབ་པའི་གྲོགས་སུ་བཟུང་བར་བཤད་པ་ལྟར། དེ་ལྟ་བུའི་གོ་འཕང་དེ་དག་གིས་ཀྱང་མངོན་དུ་བྱ་སྙམ་པའི་བསམ་པ་ཡང་ཡང་གསལ་གདབ། འོ་ན་སྐབས་འདིར་སྐྱེས་བུ་ཆེན་པོ་གཙོ་ཆེ་བས་མི་གནས་པའི་མྱང་འདས་ལ་སྐྱབས་དངོས་ཞུ་ན། ཉན་རང་གི་མྱང་འདས་དང་དགེ་འདུན་ལ་སྐྱབས་སུ་བཟུང་བར་དགོས་པ་ཅི་ཡོད་སྙམ་ན། དམིགས་བསལ། ས་གཉིས་པ་ཐོབ་པའི་བྱང་སེམས་དེས། ས་དང་པོའི་སྤངས་རྟོགས་ཀྱི་ཆོས་དང་དགེ་འདུན་ལ་སྐྱབས་སུ་འགྲོ་མི་དགོས་པ་དེ་ཉིད་རྒྱུ་སྐྱབས་སུ་གྱུར་པས་ཆུ་བོའི་འཇིགས་པ་ལས་སྒྲོལ་བའི་ཟམ་པ་ལྟར་བྱེད་ནའང་། རང་རེ་ལམ་དུ་མ་ཞུགས་པ་རྣམས་ཀྱིས་ཐེག་པ་གསུམ་གའི་སྐྱབས་གནས་ལ་སྐྱབས་སུ་འགྲོ་དགོས་པས་གསུང་རབ་ཀྱི་གནད་མ་གོ་བའི་ཅལ་ཅོལ་གྱི་རྗེས་སུ་མི་འབྲང་ངོ་། །

དཀོན་མཆོག་གསུམ་གྱི་ཡོན་ཏན་ལ་དད་ཅིང་ཐོབ་འདོད་ཡོད་པ་རྒྱུ་མཚན་དུ་བྱས་ཏེ། སྐྱིད་སྡུག་ཅི་བྱུང་ཡང་ཁྱེད་ཤེས་སྙམ་(༢༢བ)པའི་བློ་ཐིངས་བསྐྱུར་ཡིད་ཆེས་ཀྱི་མོས་གུས་ཤིག་མེད་ན་ཁུག་པའམ་ཨ་ཡོང་ལྟ་བུ་མེད་པ་ལ་ལྷུགས་ཀྱུས་འདྲེན་མི་ནུས་པ་བཞིན། དཀོན་མཆོག་ཐུགས་རྗེ་ཆེ་ཡང་ཐབས་ཤེས་ཡ་བྲལ་དུ་འགྲོ་བས་བཤད་མ་ཐག་པའི་ཡོན་ཏན་དྲན་ལ་ཡོན་ཏན་ཐོབ་འདོད་མོས་པ་རྣམས་ཕན་ཚུན་འཁྲུན་བཞིན་པའི་ངང་ནས་སེམས་ཅན་རྣམས་ལའང་སྙིང་རྗེ་ཆེན་པོའི་ཀུན་སློང་དང་བཅས་ཏེ། བདག་སོགས་སེམས་ཅན་རྣམས་ཀྱི་དོན་དུ་ཐུགས་རྗེ་ཆེན་པོའི་གཞན་དབང་གིས་བྱ་འཕུར་བ་ལྟར་ཐོན་པར་བསམས་ཏེ་འདི་ལྟར་བརྗོད་འཚལ།

ཀྱང་གཉིས་རྣམས་ཀྱི་མཆོག་སངས་རྒྱས་ལ་སྐྱབས་སུ་མཆིའོ། །བདག་འཁོར་བ་དང་ངན་སོང་གི་སྡུག་བསྔལ་ལས་སྒྲོལ་བའི་སྟོན་པ་མཛད་དུ་གསོལ། འདོད་

ཚོགས་དང་བྲལ་བ་རྣམས་ཀྱི་མཆོག་ཆོས་ལ་སྐྱབས་སུ་མཆིའོ། །བདག་འཁོར་བ་
དང་ངན་སོང་གི་འཇིགས་པ་ལས་སྐྱོལ་བའི་སྐྱབས་དངོས་མཛད་དུ་གསོལ། ཚོགས་
རྣམས་ཀྱི་མཆོག་དགེ་འདུན་ལ་སྐྱབས་སུ་མཆིའོ། །བདག་འཁོར་བ་དང་ངན་སོང་
གི་སྡུག་བསྔལ་ལས་སྐྱོལ་བའི་གྲོགས་མཛད་དུ་གསོལ། ཞེས་པའི་ཚིག་འཕྲེང་བ་
ལྔ་བུར་གྲངས་སུ་བཙུག་སྟེ་ཐུན་རེ་ལ་བརྒྱ་ཙ་སོགས་ཇི་ལྟར་ནུས་པ་བརྗོད། སྔར་
བཤད་པའི་སྐྱབས་འགྲོའི་ཚིག་བརྗོད་ཀྱང་ཉུང་མོད་འདིར་གསེར་ཞུན་ལས་བྱུང་བ་
ལྟར་ངེས་ཅན་དུ་བདག་གི་བླ་མ་མཛད་དོ། །

༣༢ སྐྱབས་འགྲོའི་བསླབ་བྱ།

གཉིས་པ་ནི། དེ་ལྟར་ཐུན་དངོས་གཞི་ལ་སྐྱབས་སུ་སོང་བས་མི་ཆོག་པར།
ཐུན་མཚམས་རྣམས་སུ་བསླབ་བྱ་ལ་ལེགས་པར་སློབ་དགོས་ཏེ། སངས་རྒྱས་ལ་
སྐྱབས་སུ་སོང་བས་འཇིག་རྟེན་གྱི་ལྷ་མཐུ་པོ་ཆེ་ལ་གཏན་གྱི་སྐྱབས་མི་འཚོལ། ཆོས་
ལ་སྐྱབས་སུ་སོང་བས་སེམས་ཅན་རྣམས་ལ་གནོད་འཚེ་སྤང་། དགེ་འདུན་ལ་
སྐྱབས་སུ་སོང་བས་དཀོན་མཆོག་གསུམ་ལ་ཡིད་མི་ཆེས་པའི་མི་ལ་གཏན་གྱི་གྲོགས་
མི་འཚོལ་བ་དེ་དགག་པའི་བསླབ་བྱ་གསུམ། སངས་རྒྱས་ཀྱི་སྐུ་གཟུགས་བཟོ་དང་
རྒྱུ་(༥་ན)ངན་པ་ལའང་སངས་རྒྱས་སུ་མོས། གསུང་རབ་ཀྱི་ཡི་གེ་ཚིག་བཞི་པ་ཡན་
ཆད་ལའང་ཆོས་དཀོན་མཆོག་ཏུ་མོས། རབ་ཏུ་བྱུང་བའི་རྟགས་ཙམ་འཛིན་པ་
ལའང་དགེ་འདུན་དཀོན་མཆོག་ཏུ་མོས་པའི་སྒོ་ནས་སྒོ་གསུམ་གྱི་མི་གུས་པ་སྤང་
ཞིང་། མཆོད་བསྟོད་བཀུར་བར་བྱེད་པ་ནི་སྒྲུབ་པའི་བསླབ་བྱ་གསུམ་སྟེ། ཚུལ་
བཞིན་ཉམས་སུ་བསྲུར་བ་ལ་བརྟེན་ནས་འདི་ཕྱི་ཀུན་གྱི་རྒུད་པ་མ་ལུས་པ་སེལ་
ཞིང་ཕན་བདེ་ལེགས་ཚོགས་ཀུན་གྱི་འབྱུང་གནས་དམ་པར་འགྱུར་བ་ལགས་སོ། །

སྐབས་པ། གློག་ལྟར་མི་བརྟན་ཚེ་འདིར་བདེ་ཐབས་སུ། ཁ་དྲག་དཔོན་འཚོལ་

གུས་པ་ལྷུར་ལེན་པ། །འདུན་མའི་ཡང་རྩེར་སོན་པའི་དགའ་བ་དང་། །དེ་ལ་ཡིད་སྨོན་བྱེད་རྣམས་མཐོང་བའི་ཚེ། །བཟོད་དཀའ་ངན་འགྲོའི་འཇིགས་ལས་སྐྱོབ་པའི་མགོན། །བསླུ་མེད་རིན་ཆེན་རྣམ་གསུམ་དགྱེས་པའི་འཛུམ། །ལྷུག་པར་སྟོན་པའི་གནད་འགག་འདི་འདྲ་དང་། །མཛལ་བ་ སྟེར་བསགས་བསོད་ནམས་བྱེ་བས་བསྒྲུན། །སྟོན་ཆད་མི་དགེའི་མཐུ་ཡིས་ངན་སོང་དུ། །མི་བཟད་སྡུག་བསྔལ་མྱོང་བ་དེས་ཆོག་མོད། །ད་ནི་སླེང་ལ་ཏུས་པ་ལེགས་བཙུག་སྟེ། །མངོན་མཐོའི་རྟེན་བཟང་སྐྱབས་ཤིག་ཤེས་ལྡན་ཀྱེ། །ཞེས་བྱ་བ་ནི་བར་སྐབས་ཀྱི་ཚིགས་སུ་བཅད་པའོ།། ༎

ང༢ བདེ་ལེགས་ཐམས་ཅད་ཀྱི་རྩ་བ་ལས་འབྲས་སྒོམ་པ།

གཉིས་པ་བདེ་ལེགས་ཐམས་ཅད་ཀྱི་རྩ་བ་ལས་འབྲས་བསྒོམ་པ་ནི། དལ་འབྱོར་རྙེད་དཀའ་དང་འཆི་བ་མི་རྟག་པ་ངན་སོང་གི་སྡུག་བསྔལ་གསུམ་དྲན་པས་ཆོས་བྱེད་སྙམ་པའི་བློ་ཙབ་ཙུབ་ཅིག་ཡོད་ཀྱང་། ཆོས་བྱེད་ལུགས་ཀྱི་གནད་ཅིག་མ་གོ་ན་ཆོས་ཀྱི་མཐུན་རྐྱེན་དུ་མིང་གིས་བཏགས་པའི་ཟས་གོས་ལོངས་སྤྱོད་ལ་ཚོག་མི་ཤེས། དེའི་ཆེད་དུ་སྡིག་པ་སྣ་ཚོགས་བསགས་ཏེ་ཆོས་བརྒྱད་ཁྲ་བོ་འབབ་ཞིག་གིས་དུས་འདའ། འགའ་ཞིག་སྡོ་གོས་གཏམ་གསུམ་ལ་གྱོང་བཀུར་པས་ལུས་ཀྱི་མི་དགེ་བ་གསུམ་ཙུང་ཟད་མགོ་ནོན་ནའང་། གཞན་བདུན་པོ་ཁོ་ནའི་དབང་དུ་སོང་སྟེ(༥་བ)ཆོས་བརྒྱད་དཀར་པོ་འབབ་ཞིག་གིས་དུས་འདས་ཏེ་སྒོ་གསུམ་སྡིག་ལྷུང་གིས་མ་སྦགས་པ་ཞིག་མི་འབྱུང་། དེ་ལ་བརྟེན་ནས་ཤི་བའི་འོག་ཏུ་ལས་དཀར་ནག་ལུས་ཀྱི་གྲིབ་མ་བཞིན་དུ་འབྲང་བས་རིན་ཆེན་འཕྲེང་བ་ལས། མི་དགེ་བ་ལས་སྡུག་བསྔལ་ཀུན། །དེ་བཞིན་ངན་འགྲོ་ཐམས་ཅད་དོ། །དགེ་ལས་བདེ་འགྲོ་ཐམས་ཅད་དང་། །སྐྱེ་བ་ཀུན་ཏུ་བདེ་བ་དག །ཅེས་དཀར་ནག་གི་ལས་འབྲས་མི་བསླུ་བར་གསུངས་ཤིང་། གསུང་བ་པོ་སྟར་སྐྱབས་འགྲོའི་སྐབས་སུ་རང་ཉིད་ལ་དད་པའི་

ཉམས་མྱོང་ཚད་མ་སྐྱེས་པའི་སངས་རྒྱས་བཅོམ་ལྡན་འདས་ཀྱིས་གསུངས་པས་ཏིང་ངེ་འཛིན་རྒྱལ་པོ་ལས། ཟླ་བ་སྐར་མར་བཅས་པ་གནས་ལྟུང་ཞིང་། །རི་དང་གྲོང་དུ་བཅས་པའི་ས་ཞིག་ལ། །ནམ་མཁའི་ཁམས་ནི་རྣམ་པ་གཞན་གྱུར་ཀྱང་། །ཁྱོད་ནི་མི་བདེན་པ་ཡི་ཚིག་མི་གསུང་། །ཞེས་སངས་རྒྱས་ཀྱིས་རྫུན་གསུང་བ་ནི་རྣམ་པ་ཐམས་ཅད་དུ་མེད་སྙམ་པའི་ལས་རྒྱུ་འབྲས་ལ་ཡིད་མི་ཕྱེད་པའི་དད་པ་ཞིག་མ་བྱུང་གི་བར་དུ་བསམ་དགོས་ལ། རང་ཉིད་ལ་དངོས་སུ་ལུས་ལ་ནད་དང་སེམས་ལ་སྡུག་བསྔལ་མེད་ཅིང་དགྲ་གདོན་གྱི་འཚེ་བ་དང་བྲལ་བ་མཐུན་རྐྱེན་འཛོམ་པ་སོགས་ཡོད་པའི་སྐབས་སམ། ཡང་ན་དེའི་བཟློག་ཕྱོགས་སམ། དེ་ཉིད་སྤེལ་བ་ལྔ་བུ་གསུམ་པོ་གང་རུང་ལས་འོས་མ་འདས་པས་རང་ལ་སྣང་ཚུལ་ཇི་ལྟར་ཡོད་པ་དེ་ཉིད་གསལ་བཏབ་ནས་བདེ་སྡུག་གི་སྣང་བ་ལྷང་ལྷང་བ་མ་ཤར་གྱི་བར་དུ་བསྒོམ།

དེ་ནས་མདོ་ལས། ལུས་ཅན་དག་གི་ལས་རྣམས་ནི། །བསྐལ་པ་བརྒྱར་ཡང་ཆུད་མི་ཟ། །ཚོགས་ཤིང་དུས་ལ་བབ་པ་ན། །འབྲས་བུ་ཉིད་དུ་སྨིན་པར་འགྱུར། །ཞེས་པ་ད་ལྟ་ཚ་བས་གདུངས་པ་ན་ཆུང་བསིལ་པོ་ལུས་ལ་ཕོག་པ་ཡན་ཆད་ཀྱི་བདེ་བ་དང་། ཚེར་མ་ཕྲ་མོས་ཟུག་ཕྱུང་བ་ཡན་ཆད་ཀྱི་སྡུག་བསྔལ་ནི་རང་གིས་སྔར་བྱས་པའི་དགེ་སྡིག་གི་འབྲས་བུ་ཁོ་ནར་འདུག །དེ་ཡང་ཚེ་སྔོན་མ་དགེ་བ་ཞིག་བསགས་པའི་མཐུས་འཕངས་པའི་(༢༠ན)མི་ལུས་འདི་ལྟ་བུ་ཐོབ་ནའང་། མི་དགེ་བ་བསགས་པས་རྫོགས་པའི་སྡུག་བསྔལ་འདི་དང་འདི་ཞེས་བྱ་བ་འདུག་གོ་སྙམ་དུ་རང་ཐོག་ཏུ་བསམ། དེ་བཞིན་དུ་དུད་འགྲོ་གནས་སྐབས་སུ་བདེ་བ་དང་ལྡན་པ་ཞིག་ལ་ཁ་ཕར་བལྟས་ཏེ་འཕེན་བྱེད་མི་དགེ་བས་འཕངས་པའི་ལུས་ཐོབ་ཀྱང་རྫོགས་བྱེད་དགེ་བས་རྫོགས་པའི་ལུས་འདི་ལྟ་བུ་ཐོབ་འདུག་གོ་སྙམ་པའི་མངོན་སུམ་དུ་ཉམས་སུ་མྱོང་བ་དང་། ལས་སྟོབས་ཅན་གཅིག་གིས་ལུས་མང་པོ་འཕེན་པ་དང་། ལས་སྟོབས་ཆུང་མང་པོས་ལུས་གཅིག་འཕེན་ཚུལ་དཔེར་ན་ཕྱུག

པོ་གཅིག་གིས་མཆོད་གནས་མང་པོར་ཞབས་ཏོག་བྱེད་པ་དང་དབུལ་པོ་མང་པོས་མཆོད་གནས་གཅིག་ལ་ཞབས་ཏོག་བྱེད་པའི་རྗེས་དཔག་གི་ཚུལ་ལ་ཡིད་ཆེས་ཀྱི་ངེས་པ་དྲངས་ཏེ། ད་ལྟ་འདེམ་ཁ་བྱུང་ན་ལྷའི་བདེ་བ་ཙམ་ལ་ལོངས་སྤྱོད་རྒྱུ་བྱུང་ཡང་ངོམས་མི་ཤེས་ཤིང་སྡུག་བསྔལ་ཕྲ་མོ་ཙམ་ཡང་མི་བཟོད་པ་འདི་ལྟ་ན། སྔར་ངན་སོང་གི་སྡུག་བསྔལ་བཟོད་གླགས་མེད་པ་མྱོང་པའི་རྒྱུ་ནི་མི་དགེ་བ་ཡིན་པར་འདུག །དེ་མ་སྤངས་ན་མི་འདོད་བཞིན་དུ་འབྲས་བུ་སྡུག་བསྔལ་མྱོང་བ་ལས་འོས་མ་མཆིས། སྡུག་བསྔལ་སྤྱོང་བ་ལ་དེའི་རྒྱུ་སྤང་བྱའི་སྡིག་པ་དེ་ཡང་ཀུན་མ་མི་ཡིན་ཞེས་པ་ལྟ་བུ་ཙམ་གྱིས་མི་ཆོག་པར་བཅར་ཏེ་ངོས་ཟིན་དགོས་པས་མཛོད་ལས། དེ་ལས་ཆེ་ལོང་བསྡུས་ནས་ནི། །དགེ་དང་མི་དགེ་ཅི་རིགས་པར། །ལས་ཀྱི་ལམ་ནི་བཅུར་གསུངས་སོ། །ཞེས་པ་ལྟར་སྡིག་པ་མི་དགེ་བ་བཅུར་འདུ་བ་ཡིན་པས་ལུས་ཀྱི་ལས་སྲོག་གཅོད་མ་བྱིན་ལེན་ལོག་གཡེམ། ངག་གི་ལས་རྫུན་ཕྲ་མ་ཚིག་རྩུབ་ངག་ཀྱལ། ཡིད་ཀྱི་ལས་བརྣབ་སེམས་གནོད་སེམས་ལོག་ལྟ་རྣམས་ལས་སེམས་ཅན་གྱི་རིགས་གང་བསད་ཀྱང་སྲོག་གཅོད་ཀྱི་མི་དགེ་བ་ཡིན་ནའང་། དཔེར་མཚོན་ན་གཞི་ལྷས་བྱིན་ལྟ་བུ་བསམ་པའི་ཁྱད་པར་དེར་འདུ་ཤེས་ཤིང་ཉོན་མོངས་དུག་གསུམ་གང་རུང་གི་སྒོ་ནས་(༣༠བ)ཀུན་སློང་གསོད་པར་འདོད་དེ་སྦྱོར་བ་རང་ངམ་གཞན་བྱེད་དུ་བཅུག་པ་གང་རུང་གིས་མཚོན་ལྟ་བུ་བསྣུན་ནས་མཐར་ཐུག་ཕ་རོལ་པོ་ཤི་བ་ན་སྲོག་གཅོད་ཀྱི་མི་དགེ་བ་རྫོགས་པར་འགྱུར། འདུ་ཤེས་འཁྲུལ་བ་དང་གསོད་སེམས་མེད་པར་རྐང་འོག་ཏུ་ཚུད་དེ་ཤི་བ་དང་ཕ་རོལ་པོའི་སྔོན་དུ་རང་ཤི་བ་སོགས་ལ་བཤད་མ་ཐག་པའི་གཞི་བསམ་པ་སྦྱོར་བ་མཐར་ཐུག་ཚང་བའི་མི་དགེ་བར་མ་སོང་ཡང་སྲོག་གཅོད་ཀྱི་མི་དགེ་བའི་ཁོངས་སུ་གཏོགས་སོ། །

མ་བྱིན་ལེན་ནི། གཞི་རང་མི་དབང་ཞིང་གཞན་གྱིས་བདག་ཏུ་བཟུང་པའི་གསེར་ལྟ་བུ་དེར་འདུ་ཤེས་ཤིང་ཉོན་མོངས་གང་རུང་གི་སྒོ་ནས་ཀུན་སློང་བྲལ་བར་

འདོད་དེ་སྦྱོར་བ་ཐབས་སྣ་ཚོགས་ཀྱིས་བླངས་པས་མཐར་ཐུག་ཐོབ་བློ་སྐྱེས་པའོ། །

ལོག་གཡེམ་ནི། གཞི་གཞན་གྱིས་བདག་ཏུ་བཟུང་བ་དང་རང་གི་ཉེ་དུ་དང་ཁ་དང་བཤང་ལམ་སོགས་བགྲོད་བྱ་མིན་པ་དང་། རང་གི་ཆུང་མ་སོགས་བགྲོད་ཡུལ་ཡིན་ཡང་རྟེན་གྱི་དྲུང་དང་སྦྲུམ་མ་དང་བསྙེན་གནས་ལ་གནས་པ་ལྟ་བུ་ལ་དེར་འདུ་ཤེས་ཏེ་ཉོན་མོངས་གང་རུང་གི་སྒོ་ནས་ཀུན་སློང་མི་ཚངས་པར་སྤྱོད་འདོད་ཀྱིས་སྦྱོར་བ་དེའི་དོན་ལ་བརྩོན་པས་མཐར་ཐུག་དབང་པོ་གཉིས་སྦྱོར་བ་སོགས་སོ། །

རྫུན་དུ་སྨྲ་བ་ནི། གཞི་མཐོང་ཤེས་མེད་པ་ལྟ་བུ་དེ་ཡོད་པར་སྨྲ་བའི་ཡུལ་ལ་འདུ་ཤེས་མེད་པ་ལ་ཡོད་པར་བསྒྱུར་ཏེ་ཉོན་མོངས་གང་རུང་གི་སྒོ་ནས་ཀུན་སློང་ཚུལ་དེ་སྨྲ་བར་འདོད་དེ་སྦྱོར་བ་ལུས་ངག་གང་རུང་གི་རྣམ་འགྱུར་བསྟན་པས་མཐར་ཐུག་དོན་གོ་བའོ། །

ཕྲ་མ་ནི། གཞི་གང་ཟག་གཉིས་ལྟ་བུ་ལ་དེར་འདུ་ཤེས་ཤིང་ཉོན་མོངས་གང་རུང་གི་སྒོ་ནས་ཀུན་སློང་དབྱེ་བར་འདོད་དེ་སྦྱོར་བ་འབྱེད་ནུས་ཀྱི་ཚིག་སྨྲས་པས་མཐར་ཐུག་དོན་གོ་བའོ། །

ཚིག་རྩུབ་ནི། གཞི་ཡིད་དུ་མི་འོང་བའི་འགྲོ་བ་ལ་དེར་འདུ་ཤེས་ཤིང་ཉོན་མོངས་གང་རུང་གི་སྒོ་ནས་ཀུན་སློང་ངག་རྩུབ་པོ་སྨྲ་བར་འདོད་དེ་སྦྱོར་བ་ཕ་རོལ་པོའི་སྙིང་ལ་བསྣུན་པའི་མི་སྙན་པ་བརྗོད་པས་མཐར་ཐུག་དོན་གོ(༡༧ན)བའོ། །

ངག་བཀྱལ་ནི། གཞི་སྟོན་མ་གསུམ་པོ་གང་རུང་དུ་མི་གཏོགས་པའི་དོན་མེད་དང་ལྡན་པའི་དོན་ལ་དེར་འདུ་ཤེས་ཏེ་ཉོན་མོངས་གང་རུང་གི་སྒོ་ནས་ཀུན་སློང་བྱུང་རྒྱལ་དུ་སྨྲ་བར་འདོད་པས་སྦྱོར་བ་ཕྱི་རོལ་པའི་བསྟན་བཅོས་དང་བྲམ་ཟེའི་གསང་སྔགས་འདོན་པ། རྒྱལ་བློན་དམག་རྐུན་པོ་སོགས་འདུ་འཛིའི་གཏམ་སྨྲ་བ། ཆགས་སེམས་ཀྱིས་གླུ་དང་ཟློས་གར་གྱི་ཚིག་བརྗོད་པ། དགེ་སྦྱོང་དག་རྙེད་པ་བཙལ་བའི་ཕྱིར་གཞན་ལ་ཁ་གསག་སྨྲ་བར་བརྩམས་ནས་མཐར་ཐུག་སྨྲས་ཟིན་པའོ། །

བརྣབ་སེམས་ནི། གཞི་གཞན་གྱི་ནོར་ལ་དེར་འདུ་ཤེས་ཤིང་རང་ནོར་ལ་ཆགས་སེམས་དང་གསོག་སེམས། གཞན་ནོར་ལ་རོ་མྱང་སེམས་དང་འཕྲུ་སེམས་ངོ་ཚ་དང་ཁྲེལ་ཡོད་ལ་བྱ་ཡེ་ཤེས་...

ཉེས་དམིགས་ཟིལ་གྱིས་གནོན་པའི་ཆོས་ལྟ་ལྡན་གྱི་ཉོན་མོངས་གང་རུང་གི་སྒོ་ནས་ཀུན་སློང་རང་ལ་བྱུང་ན་སྙམ་པའི་རྣམ་སེམས་ཀྱིས་སྦྱོར་བ་རང་ལ་འབྱུང་བའི་ཆེད་དུ་ཡིད་ཀྱིས་རྩོལ་བ་མཐར་ཐུག་དེར་སྨོན་པའོ། །

གནོད་སེམས་ནི། གཞི་ཡིད་དུ་མི་འོང་བའི་སེམས་ཅན་ལ་དེར་འདུ་ཤེས་ཤིང་གནོད་བྱེད་ཀྱི་རྒྱུ་ལ་མཚན་མར་འཛིན་པའི་ཞེ་སྡང་གི་སེམས། གནོད་བྱེད་ལ་མི་བཟོད་པའི་སེམས། ཚུལ་མིན་ཡིད་བྱེད་ཡང་ཡང་དྲན་པས་ཁོན་འཛིན་གྱི་སེམས། བརྗེགས་པ་དང་བསད་ན་ཅི་མ་རུང་སྙམ་པའི་འཕྲུ་སེམས། ངོ་ཚ་དང་ཉེས་དམིགས་ཟིལ་གྱིས་གནོན་པའི་སེམས་ལྟ་ལྡན་གྱི་ཉོན་མོངས་གང་རུང་གི་སྒོ་ནས་ཀུན་སློང་གསོད་བཅིང་སོགས་བྱ་འདོད་པའི་བློས་སྦྱོར་བ་སེམས་ཀྱིས་དེ་བྱེད་པར་རྩོལ་ཞིང་མཐར་ཐུག་དངོས་སུ་ནུས་ན་བྱེད་པར་ཐག་བཅད་པའོ། །བདག་ཚངས་པའི་གོ་འཕང་ཐོབ་ན་སྙམ་པ་དང་མི་འདི་ཤི་ན་སྙམ་པ་ལྟ་བུ་བརྣབ་སེམས་དང་། གནོད་སེམས་རྗེས་མཐུན་པ་ཡིན་གསུང་ངོ་། །

ལོག་ལྟ་ནི། གཞི་ལས་འབྲས་ལྟ་བུ་ལ་དེ་མེད་པར་འདུ་ཤེས་ཤིང་ཉོན་མོངས་གང་རུང་གི་སྒོ་ནས་ཀུན་སློང་སྐུར་བ་འདེབས་པར་འདོད་པས་སྦྱོར་བ་(༣༧བ)ནི་བསམས་པ་ལྟར་མེད་པར་བསམས་ཏེ་མཐར་ཐུག་ཐག་བཅད་པའོ། །

བཅུ་པོ་དེ་ལ་ཡང་ནང་གསེས་ཀྱི་ལྡི་ཡང་། བསམ་པ་ཉོན་མོངས་དྲག་པོས་ཀུན་ནས་བསླང་བ། ཡུལ་བླ་མ་དང་ཕ་མ་ལྟ་བུ་བསད་པ། དེ་དག་གི་དཀོར་ཕྲོགས་པ། བསླུ་བ་དབྱེ་བ་ཚིག་རྩུབ་བརྣབ་སེམས་གནོད་སེམས་བྱེད་པ། གཞན་ཡང་དུད་འགྲོ་ལྟ་བུ་ལ་ལུས་པོངས་ཆེ་བ་གསོད་པ། དངོས་པོ་རིན་ཐང་ཆེ་ཞིང་མང་བ་རྐུ་བ། ཚངས་སྤྱོད་ལ་སོགས་བསྲུང་བྱ་མིན་པ་ལ་སྤྱོད་པ། དགེ་འདུན་འབྱེད་

པའི་རྫུན་ཕྲ་མ་བྱེད་པ། དགྲ་བཅོམ་པ་འབྱུང་བ་མེད་པར་འདོད་པ། སྡིག་པ་ལ་བཤགས་སྡོམ་མེད་པར་དགའ་བཞིན་དུ་གོང་འཕེལ་དུ་བྱེད་པ་སོགས་རིགས་པས་རྗེས་སུ་དཔགས་ཏེ་ཤིན་ཏུ་ལྕི་ལ། དེའི་ལོག་ཕྱོགས་རྣམས་ནི་ལྟོས་ས་ལྟོས་འཇོག་གི་སྒོ་ནས་ཡང་བའོ། །དེ་ཡང་ས་བོན་སྣ་ཚོགས་བཏབ་ཀྱང་མྱུ་གུ་མི་འཆོལ་བར་འབྱུང་བ་བཞིན་སྡིག་པ་ཤིན་ཏུ་ལྕི་བས་རྣམ་སྨིན་གྱི་འབྲས་བུ་དམྱལ་བ། འབྲིང་གིས་ཡི་དྭགས། ཆུང་ངུས་དུད་འགྲོར་སྐྱེ། རྒྱུ་མཐུན་གྱི་འབྲས་བུ་སྲོག་གཅོད་ཀྱིས་ཚེ་ཐུང་། མ་བྱིན་ལེན་གྱིས་ལོངས་སྤྱོད་དབུལ། ལོག་གཡེམ་གྱིས་ཆུང་མ་བསྲུང་དུ་མི་བཏུབ། རྫུན་གྱིས་མི་ཁ་སྐུར། ཕྲ་མས་མཛའ་བཤེས་ཉུང་། ཚིག་རྩུབ་ཀྱིས་མི་སྙན་པ་མང་དུ་ཐོས། ངག་བཀྱལ་གྱིས་ཚིག་མི་བཙན། བརྣབ་སེམས་ཀྱིས་ཡིད་ཀྱི་རེ་བ་མི་འགྲུབ། གནོད་སེམས་ཀྱིས་འཇིགས་སྐྲག་ཆེ། ལོག་ལྟས་ཡང་དག་པའི་ལྟ་བ་ལ་རྨོངས་པར་འགྱུར། བདག་པོའི་འབྲས་བུ་ནི་སྲོག་བཅད་པས་བཟའ་བཏུང་དང་སྨན་གྱི་ནུས་པ་ཉམས། མ་བྱིན་ལེན་གྱིས་ལོ་འབྲས་ཉུང་ངུར་འགྱུར། ལོག་གཡེམ་གྱིས་གནས་འདམ་རྫབ་ཡ་ང་། རྫུན་སྨྲས་ནི་ཡུལ་དེར་བློ་བྲིས་དང་འཇིགས་པ་ཆེ། ཕྲ་མས་ནི་ས་ཕྱོགས་མི་སྙོམས་བགྲོད་དཀའ། ངག་རྩུབ་མོས་སྤོང་དུམ་དང་ཚེར་མ་སོགས་ཡོད་དུ་མི་འོང་། ངག་བཀྱལ་གྱིས་ལྗོན་ཤིང་ལ་འབྲས་བུ་མི་འཆགས། བརྣབ་སེམས་ཀྱིས་ཕུན་ཚོགས་ཐམས་ཅད་རིམ་གྱིས་འགྲིབ། གནོད་སེམས་ཀྱིས་ནད་(༣༢ན)འཁྲུག །མི་དང་མི་མིན་གྱི་འཚེ་བ་མང་། ལོག་ལྟས་ནི་བཟང་ངན་གོ་ལྡོག་པར་འགྱུར་བས་རྣམ་སྨིན་དང་རྒྱུ་མཐུན་ནི་གང་ཟག་རང་ལ་སྨིན་ཞིང་བདག་འབྲས་ནི་དེ་གནས་པའི་ཡུལ་དང་ས་ཕྱོགས་ལ་འབྱུང་ལ། དེ་ལ་ངེས་པ་དང་མ་ངེས་པ་གཉིས་ལས་མ་ངེས་པ་ནི་རྐྱེན་དང་མ་ཕྲད་ན་རྣམ་སྨིན་མི་འབྱིན་ཞིང་ཕྲད་ན་འབྱིན་པའི་སྐབས་ཤིག་ཀྱང་བཤད་མོད། ད་ལྟ་རང་རེ་རྣམས་ཀྱིས་བསགས་པའི་ལས་ཕལ་ཆེ་བ་ནི་དུག་གསུམ་དྲག་པོས་ཀུན་ནས་བསླང་བ་དང་། སྡིག་པ་རྒྱུན་ཆགས་སུ་བྱེད་པ།

ཡུལ་ཁྱད་པར་ཅན་ལ་བསགས་པ་སོགས་ནས་མྱོང་བར་ངེས་པ་མང་ལ། དེ་ཡང་སློབ་དཔོན་དབྱིག་གཉེན་གྱིས། མཐོང་བའི་ཆོས་ལ་སོགས་པ་ལ། །མྱོང་འགྱུར་ལ་སོགས་ངེས་རྣམ་གསུམ། །ཞེས་གསུམ་དུ་ཡོད་པའི་དཔེར་ན་སྔོན་བྱུང་དུ་དགེ་འདུན་ལ་བུད་མེད་ཡིན་ཞེས་ངན་སྨྲས་བྱས་པས་ཚེ་དེར་མཚན་འགྱུར་བ་མཐོང་ཆོས་མྱོང་འགྱུར་སྐྱེ་བ་བརྒྱར་བུད་མེད་ཀྱི་ལུས་བླངས་པས་སྐྱེས་ནས་དང་ལན་གྲངས་གཞན་ལ་མྱོང་འགྱུར་གཉིས་ཀ་ཚང་བའི་གཏམ་རྒྱུད་དང་། རང་ལ་ངན་སོང་དུ་སྐྱེ་ངེས་ཀྱི་ལས་ཤིག་ཡོད་ན་ཚེ་དེ་ལ་སྨྱུར་ལམ་བཟློད་པ་ཙམ་ཡང་འཐོབ་མི་ནུས། འདོད་ཁམས་སུ་སྐྱེ་ངེས་ཀྱི་ལས་ཤིག་ཡོད་ན་འདོད་ཆགས་དང་བྲལ་བའི་འབྲས་བུ་འཐོབ་མི་ནུས། འཁོར་བར་སྐྱེ་ངེས་ཀྱི་ལས་ཤིག་ཡོད་ན་ཚེ་དེར་འཁོར་བ་ལས་གྲོལ་མི་ནུས་པ་སོགས་བཤད་མ་ཐག་པའི་ལས་འབྲས་ཀྱི་རྣམ་གཞག་རྣམས་ངེས་པར་བྱས་ཏེ་རང་རྒྱུད་ཀྱི་དུག་གསུམ་དང་དེས་ཀུན་ནས་བསླང་བའི་སྲོག་གཅོད་མ་བྱིན་ལེན་སོགས་གང་ལ་མངོན་པར་དགའ་བརྟགས་ནས་གང་དགའ་བ་དེ་གའི་གཞི་ནས་བཟུང་མཐར་ཐུག་གི་བར་ཡིད་ངོར་འཆར་དུ་བཙུག་པ་ན་དགྲ་ལ་ཞེ་སྡང་དམར་ལམ་ལམ་པ་དང་། ཡུལ་སེམས་ཅན་དང་དངོས་པོ་ལྷ་བུ་ལ་འདོད་ཆགས་བརྩེ་དུང་དུང་བ་བྱུང་བ་ན་དྲན་ཤེས་ཀྱིས་ཚོར་གྱིས་གཟུང་། སྔོན་[༡༢༨]ཚད་ཤེས་བཞིན་གྱིས་མ་ཟིན་པའི་སྡིག་པ་མང་དུ་བསགས་ཡོད་འདུག་ཀྱང་བསགས་པ་ལ་བསགས་པར་ངོ་མ་འཕྲོད། ད་རེས་ཟིན་པས་ཁོ་ནམ་བྱུང་ཙ་ན་གཉེན་པོ་བསྟེན་ཐུབ་པ་ཞིག་བྱེད། དེ་ཙམ་གྱིས་མི་ཆོག་པར་དགེ་བ་བཅུ་པོ་སྒྲུབ་པ་ལ་བརྩོན་པར་བྱེད།

དེ་ལ་ཡང་ངོས་ཟིན་དགོས་པས་མི་དགེ་བ་བཅུ་གོ་ལྡོག་པ་དེ་དགེ་བ་བཅུ་ཡིན་ལ། འབྲས་བུ་དགེ་བ་སྟོབས་ཆེན་གྱི་སྒོ་ནས་སྲོག་གཅོད་སྤངས་པས་རྣམ་སྨིན་གྱི་འབྲས་བུ་མི་ལུས་འཐོབ། རྒྱུ་མཐུན་གྱི་འབྲས་བུ་ཚེ་རིང་། བདག་པོའི་འབྲས་བུ་སྨན་མཐུ་ཆེ་བ་སོགས་ཀྱིས་མཚོན་ཏེ། མི་དགེ་བའི་འབྲས་བུ་རྣམས་གོ་ལྡོག་གི་ཚུལ་

དུ་ཞིགས་པར་བསམས་ནས་སོས་པ་དང་སྤྲོ་བ་མ་བྱུང་གི་བར་དུ་བསྒོམ། དགེ་མི་དགེའི་ཚུལ་ལ་གནད་འགག་ཞིབ་མོར་དཔྱད་ན་གོང་གི་གཞི་བསམ་པ་སྦྱོར་བ་མཐར་ཐུག་གི་བར་ཐམས་ཅད་དགེ་སེམས་ཁོ་ནས་ཟིན་པའི་སྦྱིན་གཏོང་ལྟ་བུ་གཅིག་ཏུ་དཀར་བའི་ལས། གཞི་ནས་མཐར་ཐུག་གི་བར་མཐའ་དག་སྡིག་སེམས་ཀྱིས་ཟིན་ནས་རང་དོན་དུ་སྲོག་གཅོད་པ་ལྟ་བུ་གཅིག་ཏུ་གནག་པའི་ལས། མང་པོའི་སྲོག་སྐྱོབ་པའི་དོན་དུ་གང་ཟག་གཅིག་གསོད་པ་ལྟ་བུ་སྦྱོར་བ་སྲོག་བཅད་པའི་རྒྱུ་མི་དགེ་བའི་ལས་སྟོབས་ཆུང་དེས་རྒྱུ་མཐུན་གྱི་འབྲས་བུ་སྡུག་བསྔལ་བསྐྱེད་ཀྱང་། བསམ་པའི་ཁྱད་པར་དགེ་བའི་རྒྱུ་སྟོབས་ཆེ་བས་རྣམ་སྨིན་དང་བདག་འབྲས་བདེ་བར་འཕྱིན་པས་ན་ལས་ནག་རྣམ་སྨིན་དཀར་བ་སླང་བྱ་དང་། མང་པོ་ཞིག་གསོད་པའི་བསམ་པས་མ་ཆགས་པའི་སྦྱིན་པ་གཏོང་བ་ལྟ་བུ་བསམ་པའི་ཁྱད་པར་མི་དགེ་བ་ཤུགས་ཆེ་བས་རྣམ་སྨིན་དང་བདག་འབྲས་སྡུག་བསྔལ་ཁོ་ན་འཕྱིན་ཞིང་། རྒྱུ་མཐུན་གྱི་འབྲས་བུ་ཚེ་ཐུང་བ་དང་ལོངས་སྤྱོད་ཆེ་བའི་འབྲས་བུ་དཀར་ནག་འདྲེས་མར་ཡོད་པས་ལས་དཀར་རྣམ་སྨིན་ནག་པས་སྤང་དགོས་ཚུལ་སོགས་ལས་འབྲས་ཕྲ་མོ་ཡང་བསམ་ཞིང་བླང་དོར་བྱེད་པ་གནད་དུ་ཆེ།

འོན་ཀྱང་སྒོམ་ཞྭ་ཕྱུས་འཕྱུད་ཏྲ་ཕད་ཀྱི་སྒྲིབ་ཤིང་དང་(༣༣ན)སྨིན་མ་གཟེངས་མཐོ་བའི་བལྟ་སྟངས་ཅན་ཕལ་ཆེར་ལ་ནི་དགེ་མི་དགེ་བཅུ་པོ་རགས་རིམ་ཙམ་ངོས་ཟིན་པའི་བླང་དོར་བྱུང་ཡང་སྐྱིན་པའི་ཚད་དུ་འདུག་གོ། །ཁྱད་པར་དུ་ཡང་རྣམ་སྨིན་གྱི་ཡོན་ཏན་བརྒྱད་དང་ལྡན་པའི་ལུས་རྟེན་འཐོབ་པའི་ཐབས་སུ་གཞན་གྱི་སྲོག་སྐྱོབ་པ། རྟེན་ལ་མར་མེ་འབུལ་བ། གཞན་ལ་བྲན་ལྟར་གུས་པ། སྦྱིན་པ་ལ་བརྩོན་པ། ངག་བག་དང་ལྡན་པ། རང་ལ་ཡོན་ཏན་སྣ་ཚོགས་འབྱུང་བར་སྨོན་ལམ་འདེབས་པ། འབྲས་བུ་མི་དབྱུང་ཞིང་བུད་མེད་ལ་ཉེས་དམིགས་སུ་བལྟ་བ། གཞན་གྱིས་མི་ནུས་པ་རང་གིས་སྒྲུབ་པ་ལ་བརྩོན་པ་སོགས་ཀྱིས། ཚེ་ཁ་དོག་

རིགས་དབང་ཕྱུག་ཕུན་སུམ་ཚོགས་པ། ཚིག་བཙུན་པ། དབང་ཆེ་བ། སྐྱེས་པ་དང་། སྟོབས་དང་ལྡན་པའི་ཡོན་ཏན་རྣམས་སྒྲུབ་པར་བྱེད་པ་ལ་སྟར་བཞིན་དུ་མོས་སྨྲོའི་བསམ་པ་ནན་ཏན་དུ་བྱ། དེ་ལྟར་དགེ་མི་དགེའི་ངོ་བོ་དང་འབྲས་བུ་རྣམས་དཔྱད་འཇོག་གཉིས་ཀའི་སྒོ་ནས་བསྒོམས་པའི་མཐར། བཤད་མ་ཐག་པའི་དགེ་བཅུ་སྒྲུབ་པ་དང་རྣམ་མཁྱེན་སྒྲུབ་པའི་རྟེན་བཟང་པོ་ཞིག་ཐོབ་པར་བྱེད་པ་ལ་སྟར་བཤད་པའི་མི་དགེ་བ་དེ་དག་གིས་མ་གོས་ཤིང་གསར་དུ་མི་གསོག་པ་ཞིག་ངེས་པར་དགོས་འདུག་ཀྱང་རང་གི་མངོན་སུམ་གྱིས་གྲུབ་པ་ཚེ་འདིར་ཡང་སྡིག་པ་དེ་ཙམ་ཞིག་བསགས། དེས་ཆ་ཙམ་དུ་ཡང་འགྲན་མི་ནུས་པའི་ཚེ་རབས་མང་པོར་རང་གཅིག་པུའི་ཆེད་ཙམ་དུ་མ་ཟད་དཔོན་གྲོགས་བུ་སྨྲུན་ཟླ་བུད་མེད་གཡོག་འཁོར་སྐྱེ་དགོན་སོགས་ཀྱི་དོན་དུ་སྡིག་པ་གྲངས་མེད་བསགས་པ་དེ། བཤེས་སྤྲིངས་ལས། ཁྱོད་ཀྱིས་བྲམ་ཟེར་དགེ་སློང་ལྷ་དང་ནི། །མགྲོན་དང་ཡབ་ཡུམ་དག་དང་བཙུན་མོ་དང་། །འཁོར་གྱི་སླད་དུའང་སྡིག་པ་མི་བགྱི་སྟེ། །དམྱལ་བའི་རྣམ་སྨིན་སྐལ་ནོད་འགའ་མ་མཆིས། །ཞེས་གཞན་གྱི་དོན་དུ་སྡིག་པ་བྱས་པ་རྣམས་རྣམ་སྨིན་སྨྱོང་ཚེ་ཡུལ་དེ་དག་དང་བགོ་བཤའ་བྱར་མེད་པར་རང་གཅིག་པུའི་ཐོག་ཏུ་འོང་(༣༣བ)ཞིང་སྨྱོང་ངེས་ཀྱི་ལས་ནི་བཟློག་ཏུ་མེད་པར་ཆོས་མངོན་པ་ལས་བཤད་འདུག་པས་ཇི་ལྟར་བྱས་ཀྱང་འཁོར་བ་ལས་ཐར་མི་ནུས་པ་འདྲ་སྙམ་དུ་ཡིད་སློང་སློང་པོར་གྱུར་པ་ན། ག་རེ་བདག་ཅག་གི་སྟོན་པ་ཐབས་མཁས་ཐུགས་རྗེ་ཅན་དེས་དྲང་ངེས་ཀྱི་ཆོས་མང་དུ་བཀའ་སྩལ་བའི་ཐེག་པ་འོག་མར་དེ་ལྟར་བཤད་ཀྱང་། ངེས་དོན་དུ་མཚམས་མེད་བྱས་པའི་སྡིག་པ་ཇམས་ཆེན་ཡང་བཤགས་སྡོམ་བྱས་པས་འདག་ནུས་པར་གསུངས་པས། བཤེས་སྤྲིངས་ལས། གང་ཞིག་སྔོན་ཆད་བག་མེད་གྱུར་པ་ལས། །ཕྱི་ནས་བག་དང་ལྡན་པར་གྱུར་དེ་ཡང་། །ཟླ་བ་སྤྲིན་བྲལ་ལྟ་བུར་རྣམ་མཛེས་ཏེ། །དགའ་བོ་སོར་འཕྲེང་མཐོང་ལྡན་བདེ་བྱེད་བཞིན། །ཞེས་

གཙུང་དགའ་བོ་ཆུང་མ་ལ་ཧ་ཅང་ཆགས་པ་དང་། སོར་འཕྲེང་གིས་མི་གཅིག་གིས་མ་ལོངས་པའི་སྟོང་བསད་པ། མ་སྐྱེས་དགྲས་ཡབ་གཟུགས་ཅན་སྙིང་པོ་བསད་པ་རྣམས་ཀྱང་བཤགས་སྡོམ་བྱས་པས་དག་ཅིང་སྔ་མ་གཉིས་ཀྱིས་དགྲ་བཅོམ་པ་ཐོབ་པ་དང་། བདེ་བྱེད་ཀྱིས་མ་བསད་ཀྱང་འགྱོད་སེམས་ཀྱིས་བླང་དོར་ཚུལ་བཞིན་བྱས་པས་དམྱལ་བར་དར་གྱི་ཕོ་ལོང་བརྡབས་པ་ཙམ་ཞིག་སྐྱེས་ནས་བཅོམ་ལྡན་འདས་ཀྱི་དྲུང་དུ་རྒྱུན་ཞུགས་ཀྱི་འབྲས་བུ་ཐོབ་པར་བཤད་པས་བདག་གིས་དེ་ཙམ་ཞིག་མ་ཐོབ་ཀྱང་ངན་འགྲོའི་སྒོ་ཁེགས་པ་ཞིག་བྱེད་སྙམ་པའི་ངེས་འབྱུང་དྲག་པོས་རྒྱུད་བསྐུལ་ཏེ་སྡིག་པ་བཤགས་པའི་ཡུལ་སྐུ་གསུང་ཐུགས་རྟེན་དགྲམ། དེ་དག་ལ་དཀོན་མཆོག་དངོས་ཀྱི་མོས་པ་བརྟན་པོ་བྱ། སྔར་བྱས་ཀྱི་སྡིག་པ་ལ་དུག་ཁོང་དུ་སོང་བ་ལྟ་བུའི་སུན་འབྱིན་པའི་འགྱོད་སེམས་དྲག་པོ་དང་། ཕྱིན་ཆད་སྲོག་ལ་བབ་ཀྱང་མི་བྱེད་སྙམ་པའི་ཉེས་པ་ལས་སླར་ལྡོག་པའི་སྡོམ་སེམས་སྔོན་དུ་བཏང་ནས་དུག་གཞོམ་པའི་ཆེད་དུ་སྨན་དཀར་པོ་ཅིག་ཐུབ་བསྟེན་པ་ལྟར། ཇོ་བདག་ཉིད་ཆེན་པོས་མཛད་པའི་སྟོབས་བཞིའི་བཤགས་པ། གཞན་ཡང་འཕགས་པ་ཕུང་པོ་གསུམ་པའི་མདོ། (༣༨ན)ངན་སོང་དང་སྡིག་པ་སྦྱོང་པའི་གཟུངས་སྔགས་ཁྱད་པར་ཅན་དེ་བཞིན་གཤེགས་པའི་མཚན་བརྗོད་པ་སོགས་དང་བཅས་ཕྱག་འཚལ་བ་ནི་ལག་ལེན་དངོས་ཡིན་ནོ། །

གཞུང་ཆེན་པོར་སུན་འབྱིན་པའི་སྐབས་སུ་གསེར་འོད་དམ་པའི་བཤགས་པ་གསུངས་པ་ནི་ཉེས་པ་རྣམས་སྡོ་བགྲང་བྱེད་པར་དགོངས་ཤིང་། གཉེན་པོ་ཀུན་སྤྱོད་ཀྱི་སྐབས་མདོ་སྡེ་ཀློག་པ་སྐུ་གཟུགས་བཞེང་པ་མཆོད་པ་འབུལ་བ་སོགས་ནི་ཐུན་མཚམས་རྒྱུན་གྱི་སྤྱོད་ལམ་རྣམས་ལ་བྱ་བའི་དབང་དུ་མཛད། དེ་ཁོ་ན་ཉིད་ཀྱི་རྒྱས་འདེབས་པ་ནི་ཐུན་དངོས་དང་མཚམས་ཀྱི་ངེས་པ་མེད་ཀྱང་གང་ཟག་གི་བློ་རྩེ་རྟུལ་ལ་རག་ལུས་ལ། རབ་ཏུ་བྱུང་བ་ལྟ་བུ་ལ་དངོས་གཞིའི་ཚེ་ལྟུང་བ་ཕྱིར་

བཙོས་པ་ཡང་བཤད་པས་སྤྱིར་བཏང་དམིགས་བསལ་ཕྱེད་པའི་སྒོ་ནས་ཉམས་སུ་ལེན་པ་ལགས་སོ། །

སྨྲས་པ། སྐྱེ་བར་མ་རིག་སྨུག་པོའི་ལིང་ཐོག་གིས། །སྣང་དང་དོར་བྱར་བལྟ་བའི་མིག་ལྤོངས་རྣམས། །བཞིན་རས་ནག་ནོག་གོས་ཀྱི་དྲི་མ་སོགས། །འབྲུད་པར་བྱེད་པ་དོན་ཆེན་ཡིན་པར་རློམ། །ལ་ལ་བསགས་ཀྱང་འཛད་པའི་ཟབ་ཟིང་ནོར། །བྱ་ལམ་རྗེས་མེད་ཚུ་ཡི་རི་མོ་ལ། །དཀའ་བ་ཁྱད་དུ་བསད་ནས་སྒོ་གསུམ་གྱིས། །མི་བཟད་འབད་པ་དྲག་པོས་དཀའ་ཐུབ་བསྟེན། །རྨི་ལམ་ཡུལ་གྱི་བདེ་སྡུག་ཇི་བཞིན་དུ། །ཡོང་མེད་ཚེ་འདིའི་དགྲ་འདུལ་གཉེན་སྐྱོང་སོགས། །ཆོས་བརྒྱད་གཡེང་བའི་ཁོལ་པོར་འཛད་པའི་ངང་། །མནར་མེད་དམྱལ་བའི་བུད་ཤིང་བྱས་ཀྱི་དོགས། །མི་ཤེས་གླུན་པོ་ཚེ་འདིའི་དོན་གྱི་ཆེད། །མི་དགེའི་ལས་ལ་འཇུག་པ་བདེན་མོད་ཀྱི། ཁོ་བོ་གསུང་རབ་མང་པོ་ཐོས་བཞིན་དུ། །གཏན་འདུན་ཀླུང་ལ་བསྐུར་བ་ངོ་རེ་གནོང་། །ཀྱཱ་ཡི་དཔྱིད་དུས་ས་བོན་གང་བཏབ་པའི། །སྟོན་ཀ་འབྲས་བུ་སོ་སོར་སྨིན་པ་བཞིན། །དཀར་ནག་རྒྱུ་ལས་བདེ་སྡུག་འབྲས་འབྱིན་པའི། །ཚུལ་འདི་བསམས་པའི་སླད་དོར་གནད་འགག་གཅེས། །(༢༦བ)འགྲོད་སྡོམ་སེམས་ཀྱིས་དཀོན་མཆོག་གསུམ་གྱི་དྲུང་། །ཉིག་ཚོགས་བཤགས་ནུས་གཉེན་པོ་སྟོབས་བཞི་ཡིས། །ཡུན་རིང་གོམས་ཤིང་འདྲིས་པའི་ངན་སོང་གི། །གནས་ངན་འདི་ཡི་རྒྱུ་ཚོགས་དྲུང་ནས་འབྱིན། །ཞེས་བྱ་བ་ནི་བར་སྐབས་ཀྱི་ཚིགས་སུ་བཅད་པའོ།། །།

འཇམ་དབྱངས་མགྲིན་འབྲུད་སྨྲ་མཁས་ངག་གི་དབང་། །བཙེ་ཆེན་ཕྱུག་ན་པད་མའི་རང་གཟུགས་ཅན། །མཐུ་སྟོབས་གསང་བའི་བདག་པོའི་ངང་ཚུལ་གྱིས། །རིགས་གསུམ་སྐྱུ་དྲའི་གར་མཁན་ཙོང་ཁ་པ། །ཁྱེད་གསུང་དང་པོའི་སྐྱེས་བུ་བློ་སྦྱོང་བའི། །ཐུན་མོང་ལམ་གྱི་རིམ་པའི་གནད་འགག་རྣམས། །འཁྲུལ་མེད་ཚིག་ཉུང་དོན་རྒྱས་གོ་བདེ་བར། །ཡོངས་འཛིན་བླ་མའི་གསུང་བཞིན་བཤད་ཟིན་

ནས། །སྡུག་ཀུན་འཕོར་བའི་རྒྱ་མཚོ་ཆེན་པོ་ལས། །བསྒྲལ་ནས་འགོག་ལམ་རིན་ཆེན་གླིང་མཆོག་ཏུ། །བསྒྲོད་བྱེད་རྒྱ་བོད་མཁས་པའི་ལེགས་བཤད་ཀྱི། །རྒྱུད་མང་སླུ་ལ་བློ་ལྡན་རྣ་བ་བློགས། །

ཁ༢ སྐྱེས་བུ་འབྲིང་དང་ཐུན་མོང་བའི་ལམ་གྱི་རིམ་པ་ལ་བློ་སྦྱོང་བ།

གཉིས་པ་སྐྱེས་བུ་འབྲིང་དང་ཐུན་མོང་བའི་ལམ་གྱི་རིམ་པ་ལ་བློ་སྦྱོང་བ་ནི་ལམ་སྒྲོན་ལས། སྲིད་པའི་བདེ་ལ་རྒྱབ་ཕྱོགས་ཤིང་། །སྡིག་པའི་ལས་ལས་ལྡོག་བདག་ཉིད། །གང་ཞིག་རང་ཞི་ཙམ་དོན་གཉེར། །སྐྱེས་བུ་དེ་ནི་འབྲིང་ཞེས་བྱ། །ཞེས་སྐྱེས་བུ་ཆུང་ངུ་ནི་མངོན་མཐོ་ལྷ་མིའི་གོ་འཕང་སོགས་དོན་དུ་གཉེར་བར་བྱེད་པ་ལས། ཚུལ་དེ་ཙམ་ཐོབ་བྱར་མི་འཛིན་པས་ལམ་བསླབ་པ་གསུམ་ལ་བརྟེན་ནས་འཁོར་བ་ལས་ཐར་བའི་ཞི་བདེ་ཙམ་དོན་དུ་གཉེར་བ་རྣམས་སྐྱེས་བུ་འབྲིང་དུ་བཤད་པས་ན་སྐབས་འདིར་ཞི་བ་ཙམ་དོན་དུ་མི་གཉེར་ཡང་རྣམ་པ་ཐམས་ཅད་མཁྱེན་པ་སྒྲུབ་པ་ལ་དེའི་སྔོན་དུ་ངེས་པར་ཐར་པ་ཐོབ་དགོས་པས་འབྲིང་དང་ཐུན་མོང་བའི་ལམ་གྱི་རིམ་པ་ཉམས་སུ་ལེན་པ་ལ་སྔར་སྐྱེས་བུ་ཆུང་ངུའི་སྐབས་ཀྱི་ཉམས་ལེན་རྣམས་གོ་རིམ་མ་ལོག་པར་བྱས་པས་རེ་ཞིག་ངན་སོང་གསུམ་དུ་སྐྱེས་ཏེ་སྡུག་བསྔལ་གྱི་སྡུག་བསྔལ་མྱོང་མ་དགོས་པ་ནི་བཙོན་དོང་ནས་ཐར་བའི་མི་(༧༥ན)བཞིན་དགའ་བ་ཁྱད་པར་ཅན་ཐོབ་ནའང་། མི་དེ་སླར་བཙོན་ཁང་དུ་མི་འཇུག་པའི་གདེངས་མེད་པ་ལྟར་ཚེ་འདིར་གཉེན་པོ་སྟོབས་བཞིའི་སྒོ་ནས་སྔར་བྱས་ཀྱི་སྡིག་པ་རྣམས་བྱང་ཞིང་གསར་དུ་མ་བསགས་ལ་དགེ་བ་བཅུ་བསྒྲུབས་པའི་མཐུས་སྐྱེ་བ་ཕྱི་མར་བདེ་འགྲོའི་ལུས་ཤིག་ཐོབ་ཀྱང་ཉོན་མོངས་མ་སྤངས་པའི་དབང་གིས་ཚེ་སྔོན་མ་ངན་སོང་གི་སྡུག་བསྔལ་ལ་འཇིགས་པའི་བློ་སོ་ན་མི་སྡོད་པར་མི་དགེ་བའི་ལས་གསར་དུ་མི་གསོག་པའི་ཆ་ག་ལ་ཡོད། གལ་ཏེ་

བསགས་ན་སླར་ཡང་ངན་སོང་གི་གནས་སུ་ལྡོག་པས་ན་སྤྱོད་འཇུག་ལས། བདེ་འགྲོར་ཡང་དང་ཡང་འོངས་ཏེ། །བདེ་བ་མང་པོ་སྤྱད་སྤྱད་ནས། །ཤི་ནས་ངན་སོང་སྡུག་བསྔལ་ནི། །ཡུན་རིང་མི་བཟད་རྣམས་སུ་ལྟུང་། །ཞེས་དཔེར་ན་ཚ་རེག་གིས་མནར་བ་ན་རླུང་བསེར་བུའམ་འབབ་ཆུ་ལྟ་བུ་ལུས་ལ་ཕོག་ཏུ་བཅུག་པའི་ཚེ་རེ་ཞིག་བདེ་བ་སྐྱེ་ནའང་ཡུན་སོང་བ་དང་གྲང་བའི་སྡུག་བསྔལ་བསྐྱེད་པ་བཞིན་ཟག་བཅས་ཀྱི་བདེ་བ་མཐའ་དག་ནི་འགྱུར་བའི་སྡུག་བསྔལ་ཤ་སྟག་ཡིན་པས་གནས་སྐབས་ཀྱི་བདེ་བ་ལ་ཡིད་བརྟན་དུ་མི་རུང་བ་འདུག །ད་ལྟ་ལས་ཉོན་གཉིས་ཀྱིས་འཁོར་བ་འདིར་ཉིང་མཚམས་སྦྱོར་དུ་བཅུག་ནས་མངོན་པར་བཅིངས་པ་འདི་ལ་ངེས་པར་འབྱུང་བའི་བློས་འདོར་འདོད་ཀྱིས་བསམ་པ་དང་བཅས་ཏེ་འབད་པས་བསླབས་པས་བཅིངས་པ་ལས་རྣམ་པར་ཐར་པ་ནི་ཞི་བའི་གོ་འཕང་ཡིན་པས་འདི་ཉིད་དོན་དུ་གཉེར་བར་བྱེད་པ་ལ།

ཀ༽ འཁོར་བའི་སྡུག་བསྔལ་བསམ་པ།

ང༽ སྡུག་བསྔལ་དང་ཀུན་འབྱུང་གི་སྒོ་ནས་བསམ་པ།

ཅ༽ སྡུག་བསྔལ་འཁོར་བའི་ཉེས་དམིགས།

འཁོར་བའི་སྡུག་བསྔལ་བསམ་པ། དེ་ལས་ཐར་བར་བྱེད་པའི་ལམ་ཉམས་ལེན་གྱི་རིམ་པ་བཤད་པ་དང་གཉིས། དང་པོ་ལ་སྡུག་བསྔལ་དང་ཀུན་འབྱུང་གི་སྒོ་ནས་བསམ་པ། རྟེན་འབྲེལ་བཅུ་གཉིས་ཀྱི་སྒོ་ནས་བསམ་པ་གཉིས། དང་པོ་ལ་སྡུག་བསྔལ་འཁོར་བའི་ཉེས་དམིགས་དང་། ཀུན་འབྱུང་འཁོར་བའི་འཇུག་རིམ་གཉིས་ལས། དང་པོ་ནི་མདོ་ལས། དགེ་སློང་དག །འདི་ནི་སྡུག་བསྔལ་འཕགས་པའི་བདེན་པའོ། །(༣༥བ)འདི་ནི་ཀུན་འབྱུང་འཕགས་པའི་བདེན་པའོ། །ཞེས་འབྲས་བུ་སྡུག་བསྔལ་བདེན་པ་དང་པོ་དང་། རྒྱུ་ཀུན་འབྱུང་བདེན་པ་རྗེས་སུ་གསུངས་པ་

འདི་རྒྱུ་འབྲས་གོ་ལྡོག་པ་ལྟ་བུར་སྣང་ཡང་དགོས་པ་ཁྱད་པར་ཅན་ལ་དགོངས་པའི་ཚུལ་བཞི་བརྒྱ་པ་ལས། སྡུག་བསྔལ་རྒྱ་མཚོ་འདི་ལ་མཐའ། །རྣམ་པ་ཀུན་ཏུ་ཡོད་མིན་ན། །ཁྱིས་ཁྱོད་འདིར་ནི་བྱིང་བ་ལ། །འཇིགས་པ་ཅིས་ན་སྐྱེ་མི་འགྱུར། །ཞེས་འབྲས་བུ་སྡུག་བསྔལ་ལ་བདེ་བར་འཛིན་པའི་བློ་ཡོད་ན་དེའི་རྒྱུ་ལས་དང་ཉོན་མོངས་པ་ལ་འཇིགས་པ་དང་སྐྱོང་སེམས་མི་སྐྱེ་ལ། དེ་ལས་གོ་ལྡོག་ན་འབྲས་བུ་དེ་མི་འདོད་པའི་དབང་གིས་དེའི་རྒྱུ་འགོག་པར་བྱེད་པ། དཔེར་ན་རང་རེ་ས་སྐམ་པོ་ཞིག་གི་སྟེང་ན་ཡོད་པའི་ཚེ་གློ་བུར་དུ་ཆུ་ཞིག་བྱུང་ནས་ལུས་དང་གོས་སྣན་སོགས་གཤེར་ཏེ་གྲང་བའི་རེག་བྱས་ཉེན་པ་ནི་སྡུག་བསྔལ་བདེན་པ། ཆུ་དེ་གང་ནས་བྱུང་བརྟགས་ནས་ཕྱོགས་འདི་ཞེས་བྱ་བ་ནས་བྱུང་བར་ངེས་པ་ནི་ཀུན་འབྱུང་བདེན་པ་ངེས་པ། ལུས་གྲང་རེག་ལས་གྲོལ་བ་ནི་འགོག་པའི་བདེན་པ། དེའི་ཐབས་སུ་ཆུ་འོལ་ཀ་བསྐྱུར་བའི་བྱ་བ་བྱེད་པ་ནི་ལམ་གྱི་བདེན་པ་སྟེ། རྒྱུད་བླ་མ་ལས། ནད་ནི་ཤེས་བྱ་ནད་ཀྱི་རྒྱུ་ནི་སྤང་བྱ་ལ། །བདེར་གནས་ཐོབ་བྱ་སྨན་ནི་བསྟེན་པར་བྱ་བ་ལྟར། །སྡུག་བསྔལ་རྒྱུ་དང་དེ་འགོག་པ་དང་དེ་བཞིན་ལམ། །ཤེས་བྱ་སྤང་བྱ་རེག་པར་བྱ་ཞིང་བསྟེན་པར་བྱ། །ཞེས་ཆུས་གཤེར་བ་ལ་སྡུག་བསྔལ་དུ་ངོ་མ་ཤེས་ན་ཆུ་དེ་དགག་འདོད་ཀྱི་བློ་མི་འབྱུང་། ཚན་དང་བྲལ་བ་དེ་བདེ་བར་མ་ཤེས་ན་ཆུ་འགོག་བྱེད་ཀྱི་རགས་བཅིག་པའི་བློ་མི་འོང་བས་བདེ་སྡུག་གང་གི་ཡང་འབྲས་བུ་ངོས་ཟིན་པར་བྱས་ནས་དེ་སྐྱེད་བྱེད་ཀྱི་རྒྱུ་ལ་འདོར་ལེན་མཛད་པ་ནི་གནད་ཤིན་ཏུ་ཆེ་བའི་ཕྱིར་ཚུལ་དེ་ལེགས་པར་ཧ་གོ་ཐུབ་ཅིང་ཧ་གོ་རྒྱུ་ཡིན་པས་...

ཏུ་ཆེ་བའི་ཕྱིར་ཚུལ་དེ་ལེགས་པར་ཁོང་དུ་ཆུད་པར་བྱས་ཏེ་ཐོག་མར་སྡུག་བསྔལ་བདེན་པ་བསམ་པ་ལ་ལམ་རིམ་དུ་འཕོར་བ་སྤྱི་དང་བྱེ་བྲག་གི་སྡུག་བསྔལ་སོ་སོར་གསུངས་པའི་སྐྱེ་རྒ་སོགས་སྤྱི་ལ་སྦྱར་བ་ནི་སྤྲོས་པ་ཆེ་བའི་དབང་དུ་མཛད་པ་ཡིན་ཞིང་། སྐབས་དོན་སྙིང་པོ་དྲིལ་ན། ངན་(༣༨ན)སོང་གསུམ་ནི་སྔར་སྐྱེས་བུ་ཆུང་ངུའི་དུས་སྦྱོང་བ་ཚད་ཐུབ་བསྒོམས་ཟིན་པས་ཆང་འཕུངས་པས་ནད་དྲག་པོ་བསླང་སྟེ་

སྐྱུགས་ལོག་པ་ཞིག་ལ་ཆང་མཐོང་ཙམ་ནས་དེ་ལ་མི་སྡུག་པའི་བློ་སྐྱེ་བའི་མཐུས་བྱེ་བྲག་གི་རོ་སྐྱུར་བ་དང་ངན་པ་སོགས་ཆེད་དུ་བསམ་མི་དགོས་པར་ཧ་རྒྱུག་པའི་ཞར་ལ་མེ་ཏོག་ཚོད་པ་ལྟར་འོང་བས། ངན་སོང་གི་སྐྱེ་བའི་སྡུག་བསྔལ་ཆེད་དུ་མ་བསྒོམས་པས་སྐྱོན་དུ་མི་འགྱུར་ཞིང་། དངོས་དོན་བདེ་འགྲོའི་སྡུག་བསྔལ་ལ་གཙོ་ཆེར་སྦྱར་ཏེ་བསམ་པ་ལ།

མི། བདེ་འགྲོ་གཞན་གཉིས། ཞར་བྱུང་རིགས་དྲུག་ཐུན་མོང་གི་སྡུག་བསྔལ་སྒོམ་པ་དང་གསུམ། དང་པོ་ནི་ལས་ཉོན་གྱི་དབང་གིས་སྐྱེ་བ་བླངས་པ་རྣམས་ནི་རྒ་བ་དང་འཆི་བ་སོགས་ཀྱི་སྡུག་བསྔལ་སྣ་ཚོགས་ཀྱི་གནས་སུ་གྱུར་ཅིང་སེམས་རབ་ཏུ་མ་ཞི་བས་དུག་གསུམ་གྱིས་ལུས་སེམས་ངལ་བཞིན་དུ་མཐར་འཆི་བའི་ཆོས་ཅན་ལས་མ་འདས་མོད། དེ་ཡང་སྐྱེ་གནས་བཞིར་གསུངས་པ་ཡང་གཙོ་ཆེ་བ་མངལ་སྐྱེས་ཀྱི་དབང་དུ་བྱས་ཏེ། སློབ་སྤྲིངས་ལས། ཤིན་ཏུ་མི་བཟད་དྲི་ང་མི་གཙང་བཅེར་བས་འགགས། །རབ་ཏུ་དོག་པ་མུན་ནག་འཐིབས་པོར་འདུག་པ་ཡི། །མངལ་གནས་དམྱལ་བ་ལྟ་བུའི་ནང་དུ་དེ་ཞུགས་ནས། །ལུས་ཡོངས་བསྐུམས་ལ་སྡུག་བསྔལ་ཆེན་པོ་བརྟག་དགོས་སོ། །ཞེས་ཕོ་བའི་འོག་ལོང་ཁའི་སྟེང་ན་ཁ་སྐལ་ཚོགས་ལ་བལྟས་ནས་དྲི་ང་ཞིང་མི་གཙང་བའི་ལྡེན་ལྡེན་གྱི་ཁྲིད་དུ་ཡོད་པ་ལས་རིམ་གྱིས་མེར་མེར་པོ་ནས་རྐང་ལག་འགྱུས་པའི་བར་རྣམས་ཀྱི་གནས་སྐབས་སུ་མས་བཟའ་བཏུང་ཚ་བ་བསྟེན་ན་མེ་དོང་དུ་ཚུད་པ། གྲང་བ་བསྟེན་ན་འཁྱགས་ཕྲུབས་སུ་གནས་པ། མཆོང་བ་དང་རྒྱུག་པ་སོགས་ཀྱི་ཚེ་གཡང་ལ་ལྷུང་བ་ལྟ་བུའི་ཉམས་འཆར་བ་སོགས་མའི་སྤྱོད་ལམ་མི་གཟབ་བ་མཐའ་དག་ལ་བརྟེན་པའི་སྡུག་བསྔལ་ཐོག་ཏུ་འབབ་བཞིན་པ་གནས་ཞག་ཉིས་བརྒྱ་དྲུག་ཅུ་རྩ་དྲུག་སོང་བ་ན་ལས་ཀྱི་རླུང་གིས་མགོ་བོ་ཐུར་དུ་བསྟན་ཏེ་(༣༨བ)མངལ་སྒོའི་རྩུས་པ་ཤིན་ཏུ་དོག་པ་ནས་ཕྱིར་འབྱུང་བའི་ཚེ་བ་སླང་གི་པགས་པ་དམར་བཤུས་བྱས་པ་ལ་སྦྲང་མ་མཚུ་ཅན་

གྱིས་ཟྲོས་པ་ལྟ་བུའི་སྡུག་བསྔལ་གྱི་ཚོར་བ་དྲག་པོ་མྱོང་བཞིན་དུ་སྐྱེ་ཞིང་། བཙས་ནས་ཀྱང་རེ་ཞིག་གི་བར་སྐྱན་འཇམ་པ་ལ་བཞག་ཀྱང་ཚེར་དོང་དུ་བཙུག་པ་ལྟ་བུའི་ཚ་གྲང་གི་སྡུག་བསྔལ་ཆུང་ངུ་ཙམ་ཡང་བཟོད་དཀའ་བའི་ཚུལ་རྣམས་རང་གི་ཚེ་སྔོན་མ་དང་འདིའི་བར་དུ་ཉམས་སུ་མྱོང་ཟིན་པ་ཞིག་ཡིན་ནའང་། མངལ་གྲིབ་དང་ན་ཚོད་གཞོན་པའི་དབང་གིས་ད་ལྟ་དྲན་པའི་ཡུལ་དུ་མ་གྱུར་པས་རྗེས་སུ་དཔགས་པའི་ཚུལ་གྱིས་བསྒོམ་པ་ལ་སྔར་སྐྱེས་བུ་ཆུང་ངུའི་སྐབས་བཞིན་བཤད་མ་ཐག་པའི་སྡུག་བསྔལ་དེ་རང་ཐོག་ལ་ཇི་ལྟར་བྱུང་བའི་ཚུལ་གྱིས་བསམས་པ་ན། ད་ལྟ་རང་ཤོང་གི་བུམ་པ་ལྟ་བུ་ཞིག་གི་ནང་དུ་ཞག་གཅིག་ཆུད་དེ་སྟེང་འོག་ཀུན་ཏུ་བཤང་གཅི་སོགས་མི་གཙང་བའི་རྫས་ཀྱིས་གང་བར་གྱུར་ན་བཟོད་ཐབས་མེད་པ་མངོན་སུམ་གྱིས་གྲུབ་ལ། དེས་གོང་གི་སྡུག་བསྔལ་གྱི་ཆ་ཙམ་དུ་ཡང་མི་འགྱུར་བའི་ཕྱིར་ན་བདེ་འགྲོར་སྐྱེ་བ་ལེན་པ་ལ་ཡང་སྐྱུགས་ནད་ཅན་གྱིས་ཟན་མཐོང་བ་ལྟ་བུའི་ཞེན་ལོག་མ་བྱུང་གི་བར་དུ་བསྒོམ་གསུང་། དེ་བཞིན་དུ་རྒ་བའི་སྡུག་བསྔལ་ཡང་རྒྱ་ཆེ་རོལ་པ་ལས། རྒ་བས་གཟུགས་སྡུག་གཟུགས་མི་སྡུག་པར་བྱེད། །རྒ་བས་གཟི་བརྗིད་འཕྲོག་ཅིང་མཐུ་སྟོབས་འཕྲོག །རྒ་བས་བདེ་བ་འཕྲོག་ཅིང་བཀྲས་པར་བྱེད། །རྒ་བས་འཆི་བྱེད་རྒ་བས་མདངས་ཀྱང་འཕྲོག །ཅེས་སྐྲ་དཀར་ཞིང་ལུས་གྲུག་པ། དཔྲལ་བ་གཉེར་མས་ཁྱིབས་པ་སོགས་ལུས་ཀྱི་མཐུ་ཉམས་པའི་ཚུལ་ལ་མཚོན་ན། སྔར་ན་ཚོད་དར་བབ་ཀྱི་དུས་ལུས་དྲང་ཞིང་སྐྲའི་མདོག་གནག་པ་པགས་པ་ལ་གཉེར་མ་སོགས་མེད་པའི་གཞོན་ཤ་ཅན་དེ་ད་ལྟ་ལུས་ལ་འཕོས་ཀྱང་འཕོས་པ་དང་ཁྱད་པར་མེད་པ་འདི་བཞིན་དུ་སོང་འདུག །སྔར་ཡང་ལོ་ཟླ་ཞག་མང་སོང་རིམ་གྱིས་ཟླ་བ་མར་གྱི་ངོ་བཞིན་རྣམ་པར་འགྲིབས་ནས་(༣༧ན)འཆི་བདག་གི་ཁར་ཆུད་པར་འདུག་སྐམ་དུ་སྐྱོ་ཤས་ཀྱི་མྱོང་བ་དྲག་པོ་མ་ཐོན་གྱི་བར་དུ་བསམ། དེ་བཞིན་དུ་ལུས་ཀྱི་མཐུ་ཉམས་པས་ལྷང་འདུག་ཚུལ་བཞིན་དུ་མི་འོང་། འགྲོ་བའི་ཚེ་གོམ་

པ་འཕྲོར། ངག་ལྷབ་ལྷིབ་ཏུ་སྨྲ་བས་མཚོན་ཏེ་དབང་པོ་ཉམས་པས་མིག་རྣ་སོགས་ཀྱིས་སྔར་ལྟ་བུའི་མཐོང་ཐོས་སོགས་ཇི་བཞིན་མི་འབྱུང་ཞིང་དྲན་པ་མི་གསལ་བས་བརྗེད་ངས་ཅན་དུ་འགྱུར། བཟའ་བཏུང་ཡང་སྔར་ཟ་བའི་ཚོད་ཙམ་དུ་ཟོས་ན་ནད་སྣ་ཚོགས་སྐྱེད་པར་བྱེད་པའི་ཚུལ་རྣམས་གོང་བཞིན་བསྒོམ། ཉམས་ལེན་བྱེད་པ་པོ་ན་ཚོད་གཞོན་ནུ་ཞིག་ཡིན་ན་མགོ་བོ་དཀར་བ་སོགས་བཤད་མ་ཐག་པའི་སྐྱོན་ཕལ་ཆེར་རང་ཉམས་ལ་དཔགས་ཏེ་གཞལ་རྒྱུ་མེད་མོད། ན་ཚོད་རྒན་པོ་ཞིག་ལ་ཕར་བལྟས་ནས་འདི་ཡང་མའི་མངལ་ནས་བཙའ་བའི་དུས་རྒས་ཤིང་འཕོགས་པ་འདི་ག་མིན་པ་ཐག་ཆོད། བདག་ལྟ་བུའི་གཞོན་ནུ་ཞིག་གནས་སྐབས་འདི་འདྲར་གྱུར་འདུག་གོ་བསམ་པའི་ཚུལ་གྱིས་བསྒོམ་གསུང་།

ན་བའི་སྡུག་བསྔལ་ནི་སྔར་རང་ཉིད་ནད་དྲག་པོས་འདེབས་ཚྱོང་བའམ་མིན་ན་ནད་པ་གཞན་དག་ལ་རྗེས་སུ་དཔགས་ཏེ་ཡུན་རིང་པོ་ནས་འདུ་བ་འབྲུགས་པའི་ནད་དམ། གློ་བུར་དུ་གདོན་དང་མཚོན་ལ་སོགས་པས་གཙེས་པའི་ཚུལ་ནི། རྒྱ་ཆེར་རོལ་པ་ལས། དཔེར་ན་དགུན་སྨད་ཆུང་དང་ཁ་བ་ཆེ། །རྩ་ཤིང་གེལ་པ་ནགས་སྨན་མདངས་ཀྱང་འཕྲོག །དེ་ལྟར་ནད་འདིས་འགྲོ་བའི་མདངས་འཕྲོག་ཅིང་། །དབང་པོ་ཟུངས་དང་སྟོབས་ནི་ཉམས་པར་བྱེད། །ཅེས་ཚ་གྲང་ཤས་ཆེ་ཆུང་གི་ཟུག་གཟེར་སོགས་གདུང་བ་སྣ་ཚོགས་ཀྱིས་ཉམ་ཐག་པས་ལུས་ཀྱི་ཤ་ཡྷགས་བསྐམས་ཤིང་བསྒྱུལ་སྐྱོད་དཀའ། ཡིད་དུ་འོང་བའི་ཟས་སྐོམ་རྣམས་ནད་ལ་གནོད་ཀྱི་དོགས་ནས་སྨན་པ་སོགས་ཀྱིས་ཟར་མི་སྟེར། ཡིད་དུ་མི་འོང་བའི་ཟས་དང་སྨན་སྣ་ཚོགས་གཏར་སྲེག་རྣམས་མི་འདོད་བཞིན་དུ་བསྟེན་དགོས་ཚུལ་བསམ་མོ། །

འཆི་བའི་སྡུག་བསྔལ་ནི། རྒྱ་(༣༧བ)ཆེར་རོལ་པ་ལས། འཆི་དང་འཕོ་དང་འཆི་འཕོ་དུས་བྱེད་པ། །ཕངས་ཤིང་སྡུག་པའི་སྐྱེ་བོ་རྟག་ཏུ་འབྲལ། །ཕྱིར་མི་འོང་ཞིང་འཕྲད་པར་འགྱུར་མ་ཡིན། །ཤིང་ལས་ལོ་འབྱུལ་འདྲ་ཞིང་ཀླུང་རྒྱུན་མཚུངས། །ཞེས་

ནད་ལས་ཐར་བ་ཞིག་བྱུང་ན་དགའ་བ་དེ་ཙམ་སྐྱིད་རིང་ཚོག་ནའང་། ཕལ་ཆེར་ནི་ཐབས་སྣ་ཚོགས་བྱས་པས་ཀྱང་ནད་ཇེ་ཆེར་སོང་སྟེ་སྨན་པས་ཕོར། མོ་ཡོན་གྱིས་བསླུས། གཉེན་བཤེས་རྣམས་ཀྱིས་མཐའ་བསྐོར་ནས་སློ་ སྟགས་འདོན། ཤི་དགེ་དང་དུར་འདེབས་ཀྱི་གཞོམ་ར་འདིང་། རང་ཉིད་ཀྱང་བཀྲག་མདངས་ཉམས། ཁ་བསྐམས། མཆུ་བཙེས། སྣ་ཞོམ་མིག་གོང་མོར་སོང་། དབུགས་བརྩེགས། སྣང་བྱས་ཀྱི་ཕྱིག་པ་ལ་འགྲོད། གཉེན་བཤེས་འཁོར་གཡོག་ཟས་ནོར་ཕུན་ཚོགས་ཀུན་དང་བྲལ། གཅིས་པར་བསྐྱངས་པའི་ལུས་ཀྱང་མལ་དུ་བཞག་སྟེ་ཆགས་ཞེན་དྲག་པོའི་དབང་གིས་འཇིག་རྟེན་ཕ་རོལ་ཏུ་འགྲོ་དགོས་ཚུལ་གྱི་སྡུག་བསྔལ་དྲག་པོས་མནར་བ་རྣམས་བསམ་མོ། །

དགྲ་ལ་བརྟེན་པའི་སྡུག་བསྔལ་ནི། མི་སྡུག་པའི་དགྲ་ཞིག་གིས་ལུས་སྲོག་གཏམ་དོན་ལ་གནོད་པ་བྱས་དོགས་པའི་སྡུག་བསྔལ་ལྟ་ཅི་སྨོས། དགྲ་དངོས་སམ་མི་མཛའ་བ་ཞིག་དང་གནས་ཁང་གཅིག་ཏུ་འཚོག་དགོས་བྱུང་ནའང་ཡིད་མི་བདེ་བ་ནག་ཡོར་རེ་བ་ལྟ་བུའི་སྣང་བ་འཆར། དེ་ཕྱོགས་གཞན་ཞིག་ཏུ་སོང་ན་ནམ་ལངས་པ་ལྟ་བུའི་སྤྲོ་བ་འབྱུང་ཚུལ་ལ་བརྟེན་ནས་དགྲ་སྡང་བ་དང་ཕྲད་ཀྱི་དོགས་པའི་སྡུག་བསྔལ་བསམ།

གཉེན་ལ་བརྟེན་པའི་སྡུག་བསྔལ་ནི། གཉེན་བཤེས་དང་། དེའི་ནང་ནས་ཀྱང་ཤིན་ཏུ་མཛའ་བ་ཞིག་ཡུལ་གཞན་དུ་སོང་བ་ལ་དེ་དག་གི་ཡོན་ཏན་དང་ཕུན་ཚོགས་རྣམས་དྲན་ཏེ་སྔོ་གསུམ་སྡུག་བསྔལ་དྲག་པོ་དང་། དེ་ལས་གོ་ལོག་ན་དགའ་བ་ཆེན་པོ་འབྱུང་བའི་ཚུལ་གྱི་གཉེན་སྡུག་པ་དང་བྲལ་གྱི་དོགས་པའི་སྡུག་བསྔལ་བསམ། འདོད་པ་ལ་བརྟེན་པའི་སྡུག་བསྔལ་ནི། ཚོང་པ་དང་ཞིང་ལས་པ་སོགས་ཀྱིས་འབད་པས་བསྒྲུབས་ཀྱང་ཚོང་ཐོག་སྐྱོར་བ་དང་ལོ་(༣༥ན)ཏོག་སེར་བས་བཅོམ་པ། དབུ་གཙོ་དང་ཞང་བློན་རྣམས་ཀྱིས་དགྲ་མ་ཐུལ་ཞིང་གཉེན་མ་འཁྱོངས་པ།

རབ་ཏུ་བྱུང་བ་ལ་ལ་གཉེན་པོ་ཞན་པས་ཚུལ་ཁྲིམས་ཀྱི་འགོ་མི་ཐོན་པ། ཤེས་རབ་དམན་པས་ཐོས་བསམ་གྱི་བྱ་བ་མ་འགྲུབ་པ་སོགས་འདོད་པ་བཙལ་གྱིས་མི་རྙེད་པའི་སྡུག་བསྔལ། གཞན་ཡང་ཁ་དྲག་པོ་ཞན་པོར་སོང་བ། ཕྱུག་པོ་སྤྲང་པོར་སོང་བ། མི་མང་པོ་གཅིག་པུར་སོང་བས་མཚོན་ཏེ་རྒྱལ་ཁམས་ལ་བརྟགས་ན་སྔར་གྱི་ས་ན་མི་འདུག་པ་སོགས་མདོར་ན་བཀྲེས་སྐོམ་ཚ་གྲང་མི་འདོད་པ་སྣ་ཚོགས་པས་མིའི་ལུས་རྟེན་འདི་ཉིད་ཀྱང་སྡུག་བསྔལ་གྱི་རང་བཞིན་ཅན་ཡིན་པར་སྨྲོང་བ་སྙིང་ཐག་པ་ནས་མ་སྐྱེས་ཀྱི་བར་དུ་བསྒོམ་མོ། །བྱང་ཆུབ་ལམ་རིམ་དུ་སྡུག་བསྔལ་བརྒྱད་བསམ་པ་དང་དྲུག་བསམ་པ་སོགས་སྤྱི་ཕྱོགས་ཏུ་གསུངས་ནའང་། འཁྲིད་ཀྱི་སྐབས་འཇུག་པ་བདེ་བའི་དབང་དུ་མཛད་དེ་སྡུག་བསྔལ་བདུན་པོ་གཙོ་ཆེར་མི་ལ་སྦྱར་ནས་དེའི་མཇུག་ཏུ་བདེ་འགྲོ་གཞན་གཉིས་ཀྱི་སྡུག་བསྔལ་དང་སྡུག་བསྔལ་བརྒྱད་པ་དང་། གསུམ་དང་དྲུག་བསམ་པ་རྣམས་སྦྱོར་མཛད་པ་ཡིན་ནོ། །

གཉིས་པ་བདེ་འགྲོ་གཞན་གཉིས་ཀྱི་སྡུག་བསྔལ་བསམ་པ་ནི། བཤེས་སྤྲིངས་ལས། ལུས་ཀྱི་ཁ་དོག་མི་སྡུག་འགྱུར་བ་དང་། །སྟན་ལ་མི་དགའ་མེ་ཏོག་འཕྲེང་བརྙིངས་དང་། །གོས་ལ་དྲི་མ་ཆགས་དང་ལུས་ལ་ནི། །སྔོན་ཆད་མེད་པའི་རྔུལ་འབྱུང་ཞེས་བགྱི་བ། །མཐོ་རིས་འཆི་འཕོ་སྔོན་བྱེད་འཆི་ལྟས་ལྔ། །ཞེས་འདོད་པའི་ལྷ་རྣམས་ལ་མི་ལྟ་བུའི་སྐྱེ་རྒ་སོགས་ཀྱི་སྡུག་བསྔལ་མེད་ནའང་། འཆི་བར་ཉེ་བའི་ཚེ་སྔོ་བུར་དུ་ལུས་ཀྱི་བཀྲག་མདངས་ཉམས་ཤིང་བདེ་བའི་སྟན་ལ་འདུག་སྙིང་མི་འདོད་པ། མེ་ཏོག་གི་འཕྲེང་བ་བརྙིངས་པ། གོས་ལ་དྲི་མ་ནག་ནོག་ཆགས་པ། སྔོན་མེད་པའི་ལུས་ལ་རྔུལ་འབྱུང་བ་རྣམས་འཆི་ལྟས་ལྔ། ལུས་ཀྱི་འོད་ཆུང་དུ་སོང་བ། ཁྲུས་ཆུ་ལུས་ལ་ཆགས་པ། གོས་རྒྱན་ལས་སྒྲ་མི་སྙན་པ་འབྱུང་བ། མིག་གི་རྫི་མ་(༣༨བ)འཁྲབ་པ། ཡུལ་གཅིག་ལ་ཆགས་པ་ལྔ་པོ་ཉེ་བའི་འཆི་ལྟས་ཏེ་བཅུ་པོ་དེ་རྣམས་འཆི་ལྟས་སུ་རིག་ནས་སྡུག་བསྔལ་ཞིང་། ཁྱད་པར་སྐབས་གསུམ་པ་ཞེས་བྱ་

བ་གང་དུ་སྐྱེ་འགྱུར་གྱི་གནས་ཀྱང་བརྟགས་ན་ཤེས་པ་ཡིན་པས། དེ་མ་ཐག་དམྱལ་བར་སྐྱེས་ངེས་ལྟ་བུ་ཡིན་ན་དམྱལ་བར་སྐྱེས་ཟིན་པ་དང་ཁྱད་པར་མེད་པའི་སྡུག་བསྔལ་དྲག་པོ་མི་བཟད་པ་ཡོད་པས་མི་ལྟ་བུ་ལ་ངན་སོང་དུ་སྐྱེས་དོགས་པ་ཙམ་ལས་རྟག་བརྟན་ཐེར་ཟུག་དེ་འདྲ་མེད་པས་ལྷའི་སྡུག་བསྔལ་ལྷག་པར་ཆེ་བ་ཡིན་གསུང་། གཞན་ཡང་བསོད་ནམས་ཆེན་པོའི་ལྷ་རྣམས་མཐོང་བའི་ཚེ་ཆུང་བ་རྣམས་སྲ་བཀོང་བ་དང་། སྟོབས་ཆེ་བས་ཆུང་བ་གནས་གཞན་དུ་བསྐྲོད་པ་དང་། ལྷ་མ་ཡིན་དང་འཐབ་པའི་ཚེ་ཕན་ཚུན་གཅིག་གིས་གཅིག་གསོད་ཅིང་ལུས་དང་ཡན་ལག་གཏུབ་ཅིང་གཅོད་པའི་སྡུག་བསྔལ་སྣ་ཚོགས་པ། གཟུགས་མེད་ཀྱི་ལྷ་རྣམས་ནི་མངོན་གྱུར་གྱི་སྡུག་བསྔལ་དེ་དག་དང་མི་ལྡན་ནའང་རྒྱ་མཚོའི་གཟིངས་ཀྱི་ཕུག་རོན་སྐྱར་ཡང་གཟིངས་ལ་འཁོར་བ་ལྟར་ཧིང་ངེ་འཛིན་གྱི་འཕེན་པ་ཟད་དེ་ཤི་བའི་རྗེས་སུ་སླར་ཡང་འདོད་ཁམས་ཀྱི་སྡུག་བསྔལ་མངོན་གྱུར་སྤྱོད་དགོས་ཚུལ་ལེགས་པར་བསྒོམ་མོ། །

གསུམ་པ་ཞར་བྱུང་རིགས་དྲུག་ཐུན་མོང་གི་སྡུག་བསྔལ་བསམ་པ་ནི། གཞན་ཡང་འཁོར་བ་ལས་མ་གྲོལ་ཕྱིན་ཆད་བསོད་ནམས་ཀྱི་མཐུས་འཁོར་ལོས་སྒྱུར་བའི་རྒྱལ་པོ་དང་ཚངས་པར་གྱུར་ཀྱང་སླར་བྲན་དུ་འགྱུར་བ་ལྟ་བུ་ནི་འགྱུར་བའི་སྡུག་བསྔལ། ཚེ་འདིའི་སྐྱེ་ན་ན་འཆིའི་སྡུག་བསྔལ་ནི་གྲུབ་ཟིན་པའི་སྡུག་བསྔལ། འབྲས་ཚ་བའི་སྟེང་དུ་ཙྭ་ཆུ་བཏབ་པའི་འགྱུར་བྱེད་ཀྱི་རིག་པ་དང་ཕྲད་པས་སྡུག་བསྔལ་ཆེར་སོང་བ་ལྟ་བུ་ནི་སྡུག་བསྔལ་གྱི་སྡུག་བསྔལ། ཕྱིན་པས་ངལ་བ་ན་བསྡད་པས་བདེ་བར་སྣང་བ་ལ་ནམ་ཞིག་ན་ཡན་ལག་དང་སྙིད་པ་ན་བ་དེ་འགྱུར་བའི་སྡུག་བསྔལ། འདུས་པའི་སྤུངས་སུ་ཆུད་པ་ཞིག་དེ་ལས་མ་ཐར་གྱི་བར་དུ་དྲོ་བའི་སྐབས་མེད་པ་ལྟ་བུ་ཁྱབ་པ་འདུ་བྱེད་ཀྱི་(༣༢)སྡུག་བསྔལ་ཡིན་པས་དོན་རྩིལ་གྱིས་དྲིལ་ན་ཟག་བཅས་ཉེར་ལེན་གྱི་ཕུང་པོ་འདི་བླངས་ཕྱིན་ཆད་ད་ལྟའི་ཕུང་པོ་ལ་བརྟེན་པའི་

སྡུག་བསྔལ་སྐྱོང་ཞིང་ཕྱི་མའི་སྡུག་བསྔལ་འདྲེན་པ་ལས་འོས་མེད། ཉེར་ལེན་གྱི་དོན་འདུན་པ་དང་འདོད་ཆགས་ཡིན་པས་དཔེར་ན་ཤིང་ལས་བྱུང་བའི་མེ་ལ་ཤིང་གི་མེ་ཟེར་བ་བཞིན་མ་འོངས་པའི་ལུས་ཐོབ་འདོད་དང་ད་ལྟའི་ལུས་ལ་ཆགས་པའི་དབང་གིས་ཕུང་པོ་འགྲུབ་པ་རྒྱུ་ལ་བརྟེན་ནས་བཏགས་པ། དེ་བཞིན་དུ་འབྲས་བུ་བསྐྱེད་པའི་ཤིང་ལ་འབྲས་བུའི་ཤིང་དུ་གྲགས་པ་ལྟར་གྲུབ་པའི་ཕུང་པོ་དེས་འདུན་པ་དང་འདོད་ཆགས་བསྐྱེད་པ་འབྲས་བུའི་སྒོ་ནས་བཏགས་པ་སྟེ་གཅིག་ལས་གཅིག་བྱུང་བས་འཁོར་བར་འཁོར་རོ། །

བཤད་མ་ཐག་པའི་སྡུག་བསྔལ་དེར་མ་ཟད་ཡིད་བརྟན་དུ་མི་རུང་བ་ནི་བཤེས་སྤྲིངས་ལས། ཕ་ནི་བུ་ཉིད་མ་ནི་ཆུང་མ་ཉིད། །སྐྱེ་བོ་དགྲར་གྱུར་པ་དག་བཤེས་ཉིད་དང་། །ལྡོག་པ་ཉིད་དུ་མཆིས་པས་དེ་སླད་དུ། །འཁོར་བ་དག་ན་ངེས་པ་འགའ་མ་མཆིས། །ཞེས་ཕ་མ་དང་གཉེན་བཤེས་དགྲ་གཉེན་མང་པོ་གོ་ལྡོག་པ་སྐྱེ་བ་རིམ་བརྒྱུད་ལ་འོང་བར་མ་ཟད་ཚེ་འདིར་ཡང་ཚེ་སྟོད་ལ་ཤིན་ཏུ་མཛའ་བ་དག་ཚེ་སྨད་ལ་དགྲར་འགྱུར་བ་དང་། ཡོ་སྟོན་མ་གཅིག་གིས་གཅིག་གསོད་དུ་ཆ་བའི་མི་ཞིག་ལོ་རྟིང་མ་གཉེན་གྱི་དྭངས་མར་འགྲོ་བ་སོགས་མངོན་སུམ་གྱིས་གྲུབ་པས་དགྲ་གཉེན་ལ་ངེས་གཟུང་གི་ཡིད་བརྟན་མི་ཐུབ་པས་ངེས་པ་མེད་པའི་སྡུག་བསྔལ་བསམ། ཚོག་མི་ཤེས་པ་ནི་བཤེས་སྤྲིངས་ལས། ཇི་ལྟར་མཛེ་ཅན་སྲིན་བུས་ཉེན་པ་ནི། །བདེ་བའི་དོན་དུ་མེ་ལ་ཀུན་བརྟེན་ཀྱང་། །ཞི་བར་མི་འགྱུར་དེ་དང་འདྲ་བར་ནི། །འདོད་པ་རྣམས་ལ་ཆགས་པའང་མཁྱེན་པར་མཛོད། །ཅེས་སྟོན་ཆད་ཕུན་སུམ་ཚོགས་པའི་ལྷའི་བདུད་རྩི། བར་མ་མའི་ནུ་ཞོ། ཐ་མ་མི་གཙང་བའི་ཁུ་བ་དང་ཁྲི་ཆུ་ཁོལ་མ་བཏུངས་པའང་རྒྱ་མཚོ་ཆེན་པོ་གྲངས་མེད་པ་ལས་ཆེས་མང་མོད། དེས་ཀྱང་ངོམས་སུ་མེད་(ཕ་བ)པ་མཛེ་ཅན་མེ་ལ་བརྟེན་པའི་དཔེ་ལྟར་འདོད་པའི་ཡོངས་སྤྱོད་ལ་ངོམས་མི་ཤེས་པར་བསམ། ལུས་རྟེན་བགྲང་མི་ནུས་པ་

ནི་མྱ་ངན་བསལ་བ་ལས། ཕན་ཚུན་འཐབ་དང་བརྩད་པའི་ཕྱིར། །མགོ་བོ་བཅད་པ་གང་ཡིན་པ། །སྤུངས་ན་དེ་ལྟར་མཐོ་བ་ནི། །ཚངས་པའི་འཇིག་རྟེན་ལས་ཀྱང་ཐལ། །ཞེས་ནད་སྣ་ཚོགས་ཀྱི་སྒོ་ནས་ལུས་དོར་བ་གཞན་རྣམས་ཕར་ཞོག །མཚོན་གྱིས་གཏུབས་ཏེ་ཤི་བའི་མགོ་བོ་རྣམས་སྤུངས་ན་ཚངས་པའི་འཇིག་རྟེན་ལས་མཐོ་བར་འགྱུར་བས། ད་དུང་འཁོར་བ་ལས་མ་ཐར་ན་ལུས་ཡང་ཡང་འདོར་བའི་སྡང་ཚུལ་དེ་ལས་མ་འདས་སྙམ་དུ་བསམ། མངལ་སྒོ་གྲངས་མེད་འཁྲིམ་པ་ནི། མ་ཡི་ཐུག་མཐའ་རྒྱ་ཐུག་ཆོ་ག་ཙམ། །རི་ལུར་བགྲངས་ཀྱང་ས་ཡིས་ལང་མི་འགྱུར། །ཞེས་རང་ཅག་གི་རྩ་བའི་མ། དེའི་མ། དེའི་ཡང་མ་ཞེས་བགྲང་བའི་ཆེད་དུ་ས་ཆེན་པོ་འདི་རིལ་བུ་ཆུང་དུར་དྲིལ་ནས་བགྲངས་ཀྱང་འདྲེན་མི་ཐུབ་པ་ཐུག་མཐའ་ཞེས་པའི་ནུས་པས་དངོས་སུ་བསྟན་ནས། དོན་གྱིས་རང་གི་མ་ཡང་བགྲང་བར་མི་ནུས་པའི་ཕྱིར་ན་སྔར་ཉིང་མཚམས་སྦྱར་བ་དང་སླད་ནས་སྦྱོར་བར་འགྱུར་བ་ལ་ཡིད་ངེས་པར་འབྱུང་བར་བྱའོ། །

མཐོ་དམའ་མ་ངེས་པ་ནི། བརྒྱ་བྱིན་འཇིག་རྟེན་མཆོད་འོས་གྱུར་ནས་ནི། །ལས་ཀྱི་དབང་གིས་ཕྱིར་ཡང་ས་སྟེང་ལྷུང་། །འཁོར་ལོས་སྒྱུར་བ་ཉིད་དུ་གྱུར་ནས་ཀྱང་། །འཁོར་བ་དག་ཏུ་ཡང་བྲན་ཉིད་དུ་འགྱུར། །ཞེས་ལྷ་རྣམས་ཀྱི་བདག་པོ་བརྒྱ་བྱིན་དང་འཁོར་ལོས་སྒྱུར་བའི་རྒྱལ་པོའི་གོ་འཕང་ཐོབ་ཀྱང་སྔར་བྱས་ཀྱི་མི་དགེ་བའི་ལས་མ་ཟད་པའི་མཐུས་དེ་ལ་གསོས་འདེབས་པ་པོ་བྱུང་ན་ཡང་བྲན་དང་ངན་སོང་སོགས་དམན་པའི་གནས་སུ་སྐྱེ་བར་འགྱུར་ཞིང་རང་འོད་ཀྱིས་འཇིག་རྟེན་སྣང་བར་བྱེད་པའི་ཉི་ཟླ་ཡང་མུན་པའི་སྨག་རུམ་དུ་སྐྱེ་བ་དང་། སྟོབས་འབྱོར་གྱི་དྲེགས་པས་མྱོས་པ་མང་པོའང་རྒྱལ་པོའི་ཆད་ལས་དང་ཕ་རོལ་གྱི་དགྲ་ཟླས་བཅོམ་པས་ཁས་ཞན་ལ་མངའ་ཐང་དང་བྲལ་བའི་ཚུལ་རྣམས་བསམ། ཐམས་(༥༠ན)ཅད་ཤུལ་དུ་ལུས་འགྲོ་བ་ནི་སྤྱོད་འཇུག་ལས། ལུས་འདི་གཅིག་པུ་བྱུང་བ་ཡང་། །ལྷན་

ཅིག་སྐྱེས་པའི་ཤ་ཟུས་དག །ཞིག་སྟེ་སོ་སོར་འགྲེས་འགྱུར་ན། །མཛའ་བ་གཞན་དག་ཅི་ཞིག་སྨོས། །ཞེས་འཆི་བའི་དུས་སུ་གྲོགས་མེད་གཅིག་པུར་འགྲོ་བའི་ཚུལ་རྣམས་ལ་ཡིད་འཛིགས་ཞུམ་ཞུམ་པ་མ་བྱུང་གི་བར་དུ་བསྒོམ་མོ། །བཤད་མ་ཐག་པའི་སྡུག་བསྔལ་དེ་དག་ཀུང་རང་རེ་རྣམས་ཀྱིས་སྔོན་ཆད་སྤྱོད་ཟིན་པ་དང་། ད་ལྟའི་སྤྱོད་ཚུལ་ལ་དཔགས་ན་སླར་ཐོག་ཏུ་འབབ་པ་ལས་འོས་མེད་དེ། པོ་ཏོ་བའི་ཞལ་ནས། རིགས་དྲུག་གང་དུ་སྐྱེས་ཕན་ཆད་ན་ཚ་དང་འཆི་བ་ལ་སོགས་པའི་སྡུག་བསྔལ་འབྱུང་བ་ནི་ན་རྒྱུ་ཞིག་ན་བ་ཡིན། འཆི་རྒྱུ་ཞིག་འཆི་བ་ཡིན་གྱི་དེ་ལ་མི་འོས་པ་ཞིག་གློ་བུར་དུ་བྱུང་བ་མིན། འཁོར་བའི་མཚན་ཉིད་དམ་རང་བཞིན་ཡིན། འཁོར་བར་གནས་རིང་ལ་དེ་ལས་མ་འདས། རང་ཅག་དེ་ལ་ཡིད་འབྱུང་ན་སྐྱེ་བ་སྤོང་དགོས། དེ་ལ་རྒྱུ་སྤོང་དགོས་ཞེས་གསུངས་པས་ཀུང་ཤེས་སོ། །

སྐབས་པ། མངལ་མི་གཙང་རྫས་ཀྱི་ལྡན་ལྡིན་ཁྲོད། །ཡུལ་གཟུགས་སྣང་མི་མཐོང་མུན་ཁུང་དུ། །ཡོངས་སྡུག་བསྔལ་དྲག་པོས་རབ་བཅེར་བའི། །ལུས་ལང་ཚོ་རྒྱས་པའི་མཛེས་སྡུག་ཅན། །སྐྲ་མིག་སྨན་མདོག་དེ་གངས་ལྟར་དཀར། །མདངས་འོད་བཀྲག་ཅན་དེ་མུན་ལྟར་གནག །ལུས་དྲང་པོར་སྐྱེས་པ་གཞུ་ལྟར་གུག །ཡུལ་འདོད་ལ་སྲིད་བྲལ་ཆ་བས་ནོན། །སྨན་མོ་བོན་རིམ་གྲོས་མ་ཕན་པར། །ཞག་རེ་རེས་སོང་གི་ཇི་ཐུར་ན། །གྲོགས་ཉེ་དུ་གཡོག་འཁོར་སུན་ནས་འབྱོལ། །འདི་གཤིན་རྗེས་འབོད་པའི་ཕོ་ཉ་ཡིན། །དུས་ད་ལྟ་སེམས་དང་དབྱེར་མེད་འདྲའི། །གཟུགས་ཟག་ཕུང་མལ་སྟན་སྟེང་བཞག་ནས། །ཡིད་རྣམ་ཤེས་གཅིག་པུར་བར་དོ་ཡི། །འཕྲང་རིང་པོ་བརྒྱལ་ནས་འཁོར་བར་འཁྱམ། །ཐབས་དུ་མའི་སྒོ་ནས་ཉེར་བཟློག་ཀུང་། །སྟོང་དགྲ་གདོན་འཚེ་བ་ཆར་ལྟར་འབབ། །ཤ་ཐང་ཐང་བསྐྱབས་ཀུང་ཡོངས་སྤྱོད་གཉེན། །སོས་ཐེན་པའི་སྤྲིན་ལྟར་ཕྱོགས་བཅུར[༨༠བ]འཐོར། །ལུས་ལྷ་ཡི་དཔལ་ལ་སྤྱོད་བཞིན་དུ། །སེམས་དམྱལ་བའི་སྡུག་བསྔལ་དངོས་མྱོང་བའི། །ལྷ་འཆི་བའི་ལྟས་

ཀྱི་སྡུག་བསྔལ་དེས། །སླིང་ལྕུགས་ལས་བྱས་ཀྱང་འགས་མིན་ནམ། །བྱ་ནམ་མཁའི་དབྱིངས་སུ་འཕུར་འཕུར་ནས། །མཐར་ས་ལ་འབབ་པ་ཇི་བཞིན་དུ། །གནས་སྲིད་རྩེར་ཕྱིན་ཀྱང་ཁམས་གསུམ་འདིར། །ཡར་མགལ་མེ་ལྟ་བུར་འཁོར་བས་སྐྱོ། །དཔལ་ལྷ་མིའི་དབང་ཕྱུག་དམ་པ་རྣམས། །ཁྲན་ཡང་ཁྲན་འགྱུར་ཞིང་གནས་ངན་ལེན། །ལྷ་ཉེ་ཟླ་མུན་པའི་ཏུམ་སྐྱེ་ན། །ད་འཁོར་བར་ཕྱི་ཕྱུག་འཚོལ་རེ་རན། །ཞེས་བྱ་བ་ནི་བར་སྐབས་ཀྱི་ཚིགས་སུ་བཅད་པའོ།། །།

ཅ༢ ཀུན་འབྱུང་འཁོར་བའི་འཇུག་རིམ།

གཉིས་པ་ཀུན་འབྱུང་འཁོར་བའི་འཇུག་རིམ་བསྒོམ་པ་ནི། བཤད་མ་ཐག་པའི་སྲིད་པ་འཁོར་བའི་སྡུག་བསྔལ་གྱི་གནས་ཚུལ་ཤེས་པར་བྱས་ནས། དེ་མི་འདོད་ན་དེའི་རྒྱུ་སྤོང་དགོས། སྤོང་བ་ལ་རྒྱུ་ངོས་ཟིན་དགོས་པས་གང་ཡིན་ན་ཀུན་འབྱུང་ཡིན་ལ། དེ་ལ་ལས་ཉོན་གཉིས་ཡོད་པའི་གཙོ་བོ་ནི་ཉོན་མོངས་པ་སྟེ། དཔེར་ན་ཞིང་ས་སྐམ་པོ་ལ་ས་བོན་བཏབ་ཀྱང་ཆུ་ལུད་སོགས་དང་མ་ཕྲད་ན་འབྲས་བུ་མི་འབྱིན་པ་ལྟར་རྣམ་འགྲེལ་ལས། སྲིད་པའི་སྲིད་ལས་རྣམ་བརྒྱལ་བའི། །ལས་གཞན་འཕེན་ནུས་མ་ཡིན་ཏེ། །སྔན་ཅིག་བྱེད་པ་ཟད་ཕྱིར་རོ། །ཞེས་དུད་འགྲོར་སྐྱེ་བའི་ལས་བསགས་པའི་མི་ཞིག་ལས་དེ་དང་མ་ཕྲད་པའི་སྔོན་རོལ་དུ་ཞི་བའི་གོ་འཕང་ཐོབ་ན་ལས་དེ་སྟོང་ཟད་དུ་སོང་ནས་འབྲས་བུ་མི་འབྱིན་པ་ཡིན་པས་སྤྱོད་འཇུག་ལས། གལ་ཏེ་ལྷ་དང་ལྷ་མིན་རྣམས། །ཐམས་ཅད་བདག་ལ་དགྲར་ལངས་ཀྱང་། །དེ་དག་གིས་ཀྱང་མནར་མེད་པའི། །མེ་ནང་འཁྲིད་ཅིང་འཇུག་མི་ནུས། །ཉོན་མོངས་སྟོབས་ཅན་དགྲ་འདིས་ནི། །གང་དང་ཕྲད་ན་རི་རབ་ཀྱང་། །ཐལ་བ་ཡང་ནི་མི་ལུས་པ། །དེར་བདག་སྐད་ཅིག་གཅིག་ལ་འདོར། །ཞེས་འགྲོ་བ་ཐམས་ཅད་དགྲར་ལངས་ཀྱང་ཚེ་ཕྱི་མ་སྡུག་བསྔལ་ལ་སྦྱོར་མི་ནུས་ལ། ཉོན་མོངས་པའི་དགྲ་འདི་རྒྱུན་

དང་ཕྲད་ན་སྡུག་བསྔལ་དྲག་པོས་(༨༧ན)མནར་ཏེ་ཐལ་བར་རློག་པ་ལས་འོས་མི་འདུག །དེ་ཡང་ཉོན་མོངས་དེ་ངོས་བཟུང་ན་ཆགས་སྡང་སོགས་སྐྱེས་པས་སེམས་སློང་སློང་པོར་སོང་བ་ལྟ་བུ་ལ་མ་ཞི་བར་འཇོག་པས་དེ་འདྲ་བའི་སེམས་རྒྱུད་རབ་ཏུ་མ་ཞི་བར་བྱེད་པའི་ཤེས་པ་ཅིག་གི་སྟེང་ནས་ངོས་འཛིན་དགོས་ལ། རང་རེ་རྣམས་ཀྱི་རྒྱུད་ལ་ཉོན་མོངས་པ་བག་ལ་ཉལ་བའི་ཚུལ་གྱིས་ཡོད་པ་ནི་ཤོག་བུ་ལ་སྨུམ་ཞོག་པ་བཞིན་དབྱེ་དཀའ་བས་མི་ནད་རོ་ཡོད་པ་ཞིག་འཕྲལ་དུ་ལུས་ཐང་པོ་ཡོད་པ་འདྲ་བ་ལ་ནད་སློང་བྱེད་ཀྱི་ཟས་ཟོས་པས་ཟུག་གཟེར་བསྐྱེད་པ་བཞིན་ཡིད་དུ་འོང་བའི་བུ་ཕོ་མོ་དང་རྟ་ཕྱུགས་གོས་དར་རིན་པོ་ཆེ་སོགས་དངོས་པོ་མཐོང་བ་ན་དེས་གསོས་བཏབ་པའི་འདོད་ཆགས་བག་ལ་ཉལ་བ་དེ་མངོན་གྱུར་གྱི་ཚུལ་དུ་ལངས་ཏེ། དེ་དག་ལ་ལྟ་བ་དང་རེག་པ་སོགས་ལོངས་སྤྱོད་འདོད་ཀྱི་བློ་དུང་དུང་བ་ཡོང་བའི་ཉོན་མོངས་དེ་འདོད་ཆགས་ཡིན་པས་ཉམས་ལེན་གྱི་ཚེ་རང་ཉིད་ཡུལ་གང་ལ་འདོད་ཆགས་ཡོད་པ་བཞིན་དངོས་སུ་ལྟར་ཡོད་དམ་མེད་ནའང་སེམས་ཀྱིས་གསལ་བཏབ་ན་སྣར་ཤེས་པ་སོ་ན་ཡོད་པ་དེ་འདོད་ཆགས་མངོན་གྱུར་གྱི་བློས་ཀུན་རྟོག་རགས་པ་གཞན་རྣམས་འགགས་ཏེ་བསྲུན་པར་མི་བཟོད་པའི་ཆགས་པ་སྐྱེས་པ་ན་དེ་ཉིད་བཙར་གྱིས་ངོས་ཟིན་པ་བྱས་ནས་རྗེས་སུ་ཁོ་ནམ་བྱུང་ཅ་ན་དེའི་གཉེན་པོ་བསྟེན་པ་ཞིག་དགོས་ཀྱི་ཉོན་མོངས་པ་ཁ་རྒྱལ་དུ་སོང་བའི་ཆོས་དེས་གར་ཡང་མི་ཕྱིན་གསུང་། དཔེར་ན་ལྷས་བྱིན་ཞེས་བྱ་བའི་མི་ཞིག་གསོད་རྒྱུ་ཡིན་ན་དེའི་བྱད་དབྱིབས་སོགས་གཞན་དང་མ་འདྲེས་པར་ངེས་པར་བྱས་ནས་སླར་ནམ་བྱུང་བའི་ཚེ་མཚོན་བརྡུན་དགོས་པ་ལྟ་བུ་སྟེ། དགེ་བའི་བཤེས་གཉེན་འབན་གུང་རྒྱལ་གྱིས། ཉོན་མོངས་པའི་མཁར་སྒོར་གཉེན་པོའི་མདུང་ཐུང་འཛིན་གསུང་བ་ཡང་འདི་དག་ལ་དགོངས་པར་སྣང་ངོ་། །

དགྲའམ་མི་མཛའ་བ་ཞིག་མཐོང་བའི་ཚེ་མནར་སེམས་ཧུབ་མོས་འདི་ལ་(༨༧བ)

ཐབས་གང་འདྲ་ཞིག་གི་སྒོ་ནས་གནོད་པ་བྱུ་ན་སྙམ་པའི་ཞེ་སྡང་དྲག་པོ་སོལ་མེ་ལྟར་གིས་སྦར་བ་ལྟ་བུའི་དམར་ལམ་ལམ་པ་སྐྱེས་པའི་ཉོན་མོངས་དེ་ཁོང་ཁྲོ། བདག་འཛིན་གྱི་དབང་གིས་རིགས་མཐོ་བ། ནོར་གྱིས་ཕྱུག་པ། ཐོས་པའི་ཡོན་ཏན། ལུས་ཀྱི་སྒྱུ་རྩལ་སོགས་ལ་བརྟེན་ནས་གང་ཟག་ཆེ་གེ་མོ་འདི་དག་གིས་བདག་གི་བ་སྤུའི་ཁྱུང་བུ་གཅིག་ཙམ་ལ་ཡང་མི་བསྙོ་སྙམ་པའི་རང་ཉིད་ལ་མཆོག་ཏུ་འཛིན་པའི་ཁེངས་པའི་རྣམ་པ་ཅན་གྱིས་ཉོན་མོངས་དེ་ང་རྒྱལ། སྐར་ཁུང་མེད་པའི་ཁང་པའི་ནང་དུ་དངོས་པོ་ཁ་དོག་དང་དབྱིབས་མི་འདྲ་བ་མང་པོ་ཡོད་ཀྱང་མུན་པའི་དབང་གིས་དཀར་ནག་དང་ལེགས་ཉེས་སོགས་མི་ཤེས་པ་བཞིན་དུ་ལས་འབྲས་བདེན་བཞི་དེ་ཁོ་ན་ཉིད་སོགས་ཇི་ལྟ་ཇི་སྙེད་ཀྱི་གནས་ལུགས་མཐའ་དག་བསྒྲིབས་ཏེ་མི་གསལ་བར་བྱེད་པ་པོའི་ཉོན་མོངས་དེ་མ་རིག་པ། དཀོན་མཆོག་གསུམ་དང་ལས་འབྲས་སོགས་གསུང་རབ་ནས་བཤད་པ་འདི་དག་བདེན་ནམ་མི་བདེན་སྙམ་པ་ལྟ་བུའི་ཡུལ་ལ་ངེས་ཤེས་བསྐྱེད་པ་ལ་གེགས་བྱེད་པ་པོའི་ཉོན་མོངས་དེ་ཐེ་ཚོམ། མི་རྟག་པ་ཡིན་པས་རང་དུས་ཀྱི་སྐད་ཅིག་མ་གཉིས་པ་ལ་འཇིག་ཅིང་། གཅིག་མ་ཡིན་པར་དུ་མ་ཚོགས་པའི་ཕུང་པོ་ལྔ་ལྟ་བུའི་གདགས་གཞིའི་སྟེང་ནས་ང་དང་ངའི་ཞེས་བདག་ཏུ་འཛིན་པའི་ཤེས་རབ་ཉོན་མོངས་ཅན་དེ་འཇིག་ཚོགས་ལ་ལྟ་བ། ཕུང་པོའི་སྟེང་ནས་ངར་བཟུང་བ་དེ་རྟག་པ་ཐེར་ཟུག་གམ་འདི་ནས་ཕྱི་མར་ཉིང་མཚམས་སྦྱོར་བ་མེད་པར་ཆད་པར་ལྟ་བའི་ཤེས་རབ་ཉོན་མོངས་ཅན་དེ་མཐར་འཛིན་པའི་ལྟ་བ། འཇིག་ལྟ་མཐར་ལྟ་ལོག་ལྟ་གསུམ་པོ་གང་རུང་དང་། དེ་དག་གང་ལ་བརྟེན་ནས་འབྱུང་བའི་ཕུང་པོ་ལ་དམིགས་ནས་མཆོག་ཏུ་འཛིན་པའི་ཤེས་རབ་ཉོན་མོངས་ཅན་དེ་ལྟ་བ་མཆོག་ཏུ་འཛིན་པ། རང་གི་བློ་ངོར་འཆལ་ཚུལ་སྤངས་པའི་ཚུལ་ཁྲིམས་དང་། སྨྲ་བྲིགས་པས་གཡང་གཞི་དང་གེང་རུས་འཆང་བ། ཟས་གཅོད་པ་མེ་ལྔ་བསྟེན་པ་ཙང་པ་(༥༢ན)གཅིག་གིས་འགྲེང་སྟེ་ཉི་མ་ལ་བལྟ་བ། གཅེར་བུ་ལུས་

ལ་ཐལ་བ་བྱུགས་ཤིང་ངག་མི་སྨྲ་བ་ལྟ་བུའི་བརྟུལ་ཞུགས་དང་། དེ་དག་གང་ལ་བརྟེན་ནས་འབྱུང་བའི་ཕུང་པོ་ལ་དམིགས་ནས་གྲོལ་བ་ཐོབ་པར་འདོད་པའི་ཤེས་རབ་ཉོན་མོངས་ཅན་དེ་ཚུལ་ཁྲིམས་བརྟུལ་ཞུགས་མཆོག་འཛིན། དེ་ཡང་འདི་ནི་ཚུལ་ཁྲིམས་རྣམ་དག་ལ་རློམ་པའི་མཆོག་འཛིན་མིན་གྱི། སོ་སྐྱེ་ཐ་མལ་བ་མངོན་ཤེས་ཐོབ་ནས་ཚེ་སྔ་མ་ཁྱི་ཕག་གི་བརྟུལ་ཞུགས་འཛིན་པ་ལྟ་བུ་མཐོང་བས་རྒྱུ་དེས་མི་ལུས་ཐོབ་པར་བཟུང་ནས་ད་ལྟ་བརྟུལ་ཞུགས་དེ་འཛིན་པ་སོགས་ལོག་ལྟ་ཞིག་དགོས་གསུང་། ལས་འབྲས་དང་ཚེ་སྔ་ཕྱི་མེད་ཅེས་སྐུར་བ་འདེབས་ཤིང་། འཇིག་རྟེན་འཆགས་འཇིག་ཚངས་པ་དབང་ཕྱུག་ཁྱབ་འཇུག་སོགས་ཀྱིས་བྱས་པར་འདོད་པའི་ཤེས་རབ་ཉོན་མོངས་ཅན་དེ་ལོག་ལྟ་ཡིན་ནོ། །

དེ་ལྟར་ཉོན་མོངས་པ་གཞན་རྣམས་ཀྱང་ཚིག་བཤར་དང་སྐྱོར་སྦྱོང་ཙམ་དུ་སོང་བ་མིན་པའི་རེ་རེ་བཞིན་ནས་རང་རྒྱུད་ལ་མངོན་གྱུར་དུ་སྐྱེར་བཅུག་ནས། རྗེས་སུ་འབད་རྩོལ་ལ་མ་ལྟོས་པར་སྐྱེས་མ་ཐག་ནས་ངོས་འཛིན་པ་ལ་དཀའ་བ་མེད་པ་སྟར་འདྲིས་ཀྱི་མི་ཁྲོམ་ཁྲི་ཕྲག་ཚོགས་པའི་ཁྲོད་ནས་ཀྱང་མཐོང་བ་ཙམ་གྱིས་ངོ་ཤེས་པ་ལྟ་བུ་ཞིག་མ་བྱུང་ན་དགྲ་ངོ་མ་ཤེས་པར་ཁྲོམ་གསེབ་ཏུ་ཡོང་མདའ་འཕེན་པ་དང་འདྲ་གསུང་།

དེ་ཡང་ཉོན་མོངས་པ་བཅུ་པོ་གང་རུང་རེ་མངོན་གྱུར་དུ་སྐྱེས་ན་ཙུང་ཟད་ངོ་འཕྲོད་པ་སླ་ནའང་། ལྡན་པ་དང་འདུས་པའི་ནད་སྐྱོན་པ་རྣམས་ཀྱིས་ངོས་འཛིན་ཙུང་དཀའ་བ་ལྟར་ཉོན་མོངས་པ་གཉིས་ལྡན་གསུམ་ལྡན་གྱི་ཚུལ་དུ་མངོན་གྱུར་དུ་སྐྱེས་ན་ཉམས་འོག་ཏུ་ཆུད་དཀའ་བ་ཤིང་རྟ་ལྟ་བུ་ལ་འདོད་ཆགས་ཀྱི་བློ་མངོན་གྱུར་བས་ཐོབ་ཏུ་རེ་བའི་ཚེ་གཞན་གྱིས་བཙན་ཐབས་སུ་ཁྱེར་ན་དེ་ལ་ཞེ་སྡང་སྐྱེ། ཞེ་སྡང་ཆེ་ཆུང་གི་རྒྱུ་ཤིང་རྟ་ལ་དམིགས་པའི་འདོད་ཆགས་ཆེ་ཆུང་གིས་བྱེད་ཅིང་། ཡན་ལག་བདུན་ཙམ་(༤༢བ)ཚོགས་པ་ལ་ཁོ་རང་གི་ངོས་ནས་ཤིང་རྟར་འཛིན་པའི་བདེན་

ལྟ། དེ་ལ་མཆོག་ཏུ་འཛིན་པ་སོགས་དུས་གཅིག་ལ་ཉོན་མོངས་པ་བཞི་ཅམ་མངོན་གྱུར་དུ་སྐྱེ་བས་ཞིབ་མོར་དཔྱད་དེ་ངོ་འཕྲོད་པ་བྱེད་དགོས་ལ། ཉོན་མོངས་པ་ཐམས་ཅད་ཀྱི་རྩ་བ་མ་རིག་པ་དང་འཇིག་ལྟ་གཉིས་གཅིག་ཏུ་བྱས་ཀྱང་འགལ་བ་མེད་མོད། སྤྱི་རིས་འབྱེད་ཚེ་སོ་སོར་བྱ་སྟེ། དཔེར་ན་ཐག་པའི་གནས་ལུགས་མི་གསལ་བར་བྱེད་པའི་མུན་པ་དེ་མ་རིག་པ་དང་། དེ་ལ་བརྟེན་ནས་ཐག་པ་ལ་སྦྲུལ་དུ་འཛིན་པའི་བློ་དེ་འཇིག་ལྟ་ལྟ་བུ་ཡིན་པས་འདི་གཉིས་ཀྱིས་ཉོན་མོངས་པ་ཐམས་ཅད་ཀྱི་རྩ་བ་བྱས་ནས་ཆགས་སྡང་གི་དབང་གིས་ཉེས་པ་ཐམས་ཅད་བསྐྱེད་པའི་ཕྱིར། རྣམ་འགྲེལ་ལས། བདག་ཡོད་ན་ནི་གཞན་དུ་ཤེས། །བདག་གཞན་ཆ་ལས་འཛིན་དང་སྡང་། །འདི་དག་དང་ནི་ཡོངས་འབྲེལ་ལས། །ཉེས་པ་ཐམས་ཅད་འབྱུང་བར་འགྱུར། །ཞེས་གསུངས་སོ། །

དེ་ལྟར་ཉེས་པ་མ་ལུས་པ་བསྐྱེད་པའི་རྒྱུ་ཉོན་མོངས་པ་འདི་ད་ལྟ་ཙུང་ཟད་འགོག་གཉེན་པའི་ལུགས་སུ་བྱས་ཀྱང་། རྩ་བ་ནས་དྲུངས་འབྱིན་པར་མ་ནུས་ན་མི་ཡོང་ལ་འཆར་བའི་གཟུགས་བརྙན་ལྟར་བག་ལ་ཉལ་བ་དེས་ཉོན་མོངས་པ་འཕེལ་བའི་རྟེན་བྱེད། མེ་ཡོང་དང་བྱད་བཞིན་ཕྲད་པ་ན་དེ་མ་ཐག་གཟུགས་བརྙན་འཆར་བ་བཞིན་དགྲ་གཉེན་སོགས་ཡུལ་སྣ་ཚོགས་ལ་བརྟེན་ནས་མངོན་གྱུར་དུ་སྐྱེ་བའི་དམིགས་པའི་སྒོ་ནས་ཉོན་མོངས་པ་འཕེལ་བར་བྱེད། དགེ་བའི་བཤེས་གཉེན་དང་གྲོགས་ཆོས་བྱེད་ལས་རིང་དུ་འགྱུར་ཞིང་ཉོན་མོངས་པ་ཤིན་ཏུ་ཆེ་བའི་གྲོགས་ངན་པའི་གཏམ་དང་ཀུན་སྤྱོད་སོགས་ཀྱི་འདུ་འཛི་ལ་བརྟེན་ནས་ཉོན་མོངས་པ་འཕེལ་བར་བྱེད། མི་དགེ་བའི་བཤེས་གཉེན་སོགས་ཀྱིས་ཉོན་མོངས་པ་མ་སྤངས་བཞིན་དུ་ཐར་པ་ཐོབ་པ་སྐད་ཀྱི་བཤད་པའི་དབང་གིས་ཉོན་མོངས་པ་འཕེལ་བར་བྱེད། ཁ་ཏོན་སོགས་ཤིན་ཏུ་བྱུང་བ་ཞིག[༤༣]སེམས་རྒྱ་ཡན་དུ་བཏང་ཡང་དག་ནས་ཐོགས་མེད་དུ་འགྲོ་བ་བཞིན་སྔར་ནས་ཧ་ཅང་འདྲིས་པས་གོམས་པའི་དབང་

གིས་ཉོན་མོངས་པ་འཕེལ་བར་བྱེད། གང་ཟག་འདིས་ཕན་གནོད་འདི་ལྟར་བྱས་རྨམ་པ་ལྟ་བུའི་ཆགས་སྡང་གིས་སྒྲོ་སྐྱ་ཚོགས་འདོགས་པ་དང་། མི་འདིས་སྡིག་པ་ཆེན་པོ་བྱས་སོང་ཡང་ད་ལྟ་སྐྱིད་པར་འདུག་པས་ལས་འབྲས་མི་བདེན་རྨམ་པ་ལྟ་བུའི་ཚུལ་མིན་ཡིད་བྱེད་ཀྱི་སྒོ་ནས་ཉོན་མོངས་པ་འཕེལ་བར་བྱེད་པས་རྒྱུ་དྲུག་པོ་འདི་དག་ངོས་ཟིན་པར་བྱས་ནས་འཕྲང་དམ་སར་དགྲ་ལ་བསྒུགས་རྒྱག་པ་ལྟ་བུའི་ཉམས་ལེན་ཞིག་མ་བྱུང་བར་ཉོན་མོངས་པའི་དབང་དུ་གྱུར་ན་འདི་ཕྱི་ཐམས་ཅད་དུ་སྡིག་པ་སྣ་ཚོགས་པ་བསྐྱེད་ནས་འཁོར་བའི་སྡུག་བསྔལ་ལ་སྤྱོར་ཞིང་མྱ་ངན་ལས་འདས་པ་ལས་རིང་དུ་བྱེད་པར་གདའ་བས་སྟོན་ཆད་འདི་ལ་གྲོགས་སུ་བཟུང་བས་བདག་རྒྱུད་པ་ཐམས་ཅད་ཀྱི་རྩ་བར་སོང་འདུག །ཚེ་འདིའི་གནོད་པ་ཙུང་ཟད་བྱས་པ་ལའང་དགྲ་ཞེས་སྙིང་ན་ན་ལྟར་བྱེད་ན། ཚེ་རབས་ཐོག་མ་མེད་པ་ནས་ད་ལྟའི་བར་སྡུག་བསྔལ་ཁོ་ན་ལ་སྦྱོར་བའི་དགྲ་ཉོན་མོངས་པ་འདི་ལ་ནུས་ཐོན་པ་ཞིག་ཅིའི་ཕྱིར་མི་བྱེད། འདི་འཛོམས་པར་བྱེད་པའི་གཉེན་པོ་ཡང་ཡང་བསྟེན་ནས་དྲུངས་ཕྱུང་ན་དགྲ་གཞན་ལྟར་ཁོ་སླར་བལྡབ་རྒྱུ་མེད་པས། ཐ་མལ་དགྲ་བོ་ཡུལ་ནས་ཕྱུང་ཡང་ནི། །ཡུལ་གཞན་དག་ཏུ་གནས་ཤིང་ཡོངས་བཟུང་ནས། །ནུས་པ་བརྟས་ནས་དེ་ནས་ཕྱིར་ལྡོག་གི། །ཉོན་མོངས་དགྲ་ཚུལ་དེ་དང་འདྲ་མ་ཡིན། །ཉོན་མོངས་ཉོན་མོངས་ཤེས་རབ་མིག་གིས་སྤངས། །བདག་ཡིད་ལས་བསལ་གང་དུ་འགྲོ་བར་འགྱུར། །གང་དུ་གནས་ནས་བདག་གནོད་བྱ་ཕྱིར་འོང་། །བློ་ཞན་བདག་ལ་བརྩོན་པ་མེད་པར་ཟད། །ཅེས་སོ། །

དེ་ལྟར་ལས་ཉོན་གྱི་དབང་གིས་སྐྱེ་བ་བླངས་པ་རྣམས་(༤༣བ)ནི་འཆི་འཕོ་བ་དང་ཉིང་མཚམས་སྦྱོར་བ་ལས་མ་འདས། དེ་ལ་ཡང་ཚེ་ཟད་ནས་དུས་ལ་བབ་པའི་འཆི་བ། ཟས་དང་སྤྱོད་ལམ་སོགས་ལོག་པས་གློ་བུར་དུ་འཆི་བའི་རྐྱེན་དགུ་མདོ་ལས་གསུངས་པ་སོགས་རྣམ་གྲངས་མང་ན་ཡང་། འཆི་ཁ་དང་ཤི་ཟིན་པའི་

འོག་ཏུ་ཕན་གནོད་བྱེད་པ་ནི་སྔར་བཤད་པའི་ཉོན་མོངས་པ་རྣམས་ཀྱིས་སེམས་པའི་ལས་དང་བསམ་པའི་ལས་གཉིས་ཀྱི་དགེ་མི་དགེའི་ལས་བསགས་པ་ལ་བརྟེན་ནས་བདེ་སྡུག་འབྱུང་བ་ཡིན་ལ། དེ་ཡང་ཚེ་འདིར་དགེ་བ་སྟོབས་ཆེར་བྱེད་པ་ཞིག་མངའ་ཐང་དང་ལུས་སྟོག་ལ་གནོད་པ་དང་འཆི་ཁར་གནད་གཅོད་ཆེན་པོ་འབྱུང་བ་ཡང་སྲིད་ལ། སྡིག་པ་ཤས་ཆེར་སྤྱོད་པ་ལ་བདེ་བ་ཕུན་སུམ་ཚོགས་པ་འབྱུང་བ་ཡང་ཡོད་པས་བླུན་པོ་ལ་ལ། ལས་འབྲས་མི་བདེན་པ་འདི་ལྟ་བུའོ་ཞེས་ལོག་རྟོག་བྱེད་པ་འབྱུང་མོད། དེ་དག་ནི་ཚེ་སྔོན་མའི་དགེ་སྡིག་སྟོབས་ཆེན་པོའི་འབྲས་བུ་ཚེ་འདིར་མ་སྨིན་པའི་ངེས་པའང་ཅི་ཡོད། རྣམ་པ་གཅིག་ཏུ་ན་སྤྱོད་འཇུག་ལས། བསད་བྱའི་མི་ཞིག་ལག་བཅད་དེ། །གལ་ཏེ་ཐར་ན་ཅིས་མ་ལེགས། །གལ་ཏེ་མི་ཡི་སྡུག་བསྔལ་གྱིས། །དམྱལ་བ་བྲལ་ན་ཅིས་མ་ལེགས། །ཞེས་སྲོག་ལ་འབབ་པའི་ཉེས་པ་ཞིག་ལག་པ་བཅད་པས་ཐར་བ་བཞིན་ཕྱི་མ་དམྱལ་བར་སྐྱེ་དགོས་པ་ཞིག་མིའི་རྟེན་ལ་སྡུག་བསྔལ་མྱོང་བས་གོ་ཆོད་པ་ལྟ་བུ་དང་། ཨ་སྐྲོག་གི་རྒྱལ་པོ་གཙུག་ཕུད་ཅན་གྱིས་འཕགས་པ་ཀཱ་ཏྱ་ཡ་ན་ལ་ཐལ་བ་གཏོར་བས་ཐོག་མར་རིན་པོ་ཆེ་སོགས་ཀྱི་ཆར་བབས་ཀྱང་རྗེས་སུ་ས་ཆར་བབས་པའི་འོག་ཏུ་ནོན་པ་ལྟ་བུས་ཤེས་ནུས་ལ། ཁྱད་པར་སྐྱེ་བ་དེ་མ་ཐག་པ་དེ་བདེ་འགྲོ་དང་ངན་འགྲོ་གང་དུ་སྐྱེ་བ་ཆོས་མངོན་པ་ལས། ལས་ཀྱིས་འཁོར་བར་ལྕི་གང་དང་། །ཉེ་བ་གང་དང་གོམས་པ་གང་། །སྔོན་བྱས་གང་ཡིན་དེ་དག་ལས། །སྔ་མ་སྔ་མ་རྣམ་སྨིན་འགྱུར། །ཞེས་(༥༥༧)དགེ་མི་དགེའི་ལས་སྣ་ཚོགས་རང་རྒྱུད་ལ་ཡོད་བཞིན་པ་ན་ཚེ་དེར་དགེ་སྡིག་གང་ལ་གོམས་པ་ཤས་ཆེ་བའི་སེམས་འཆི་ཁའི་གནས་སྐབས་སུ་ཡང་འོང་བས་ཕྱི་དབུགས་ཆད་ཁའི་གནས་སྐབས་ཀྱི་འཆི་སེམས་དེ་རགས་པ་དང་། ཕྱི་དབུགས་ཆད་ཅིང་ནང་དབུགས་མ་ཆད་པའི་བར་དེར་འཆི་སེམས་ཕྲ་མོ་ཡིན། འཆི་སེམས་རགས་པའི་སྐབས་དགྲ་གཉེན་ལ་ཆགས་སྡང་སོགས་མི་དགེ་བའི་སེམས་དང་། དཀོན་མཆོག་རྗེས་སུ་དྲན་

པ་སོགས་དགེ་བའི་སེམས་སྔར་གོམས་པ་གང་ཆེ་རང་སྟོབས་ཀྱིས་དྲན་པ་དང་། ལ་ལ་ནད་ཀྱི་དབང་གིས་མི་གསལ་བ་རྣམས་ལ་གྲོགས་ཀྱིས་དགེ་བའི་གདམས་སྣ་ཚོགས་ཀྱི་སྒོ་ནས་གསོས་བཏབ་སྟེ། དཔེར་ན་སྡིག་པ་ཡང་ལྷི་ཆ་སྙོམས་པ་དང་འཆི་ཁའི་དུས་འཕྲས་བུ་ཉེ་རིང་མེད་པ་ལ་གོམས་པ་གཙོ་ཆེ་བས། སྡིག་པ་ཆེན་པོ་སྤྱོད་པའི་མི་ཡང་འཆི་ཁར་དགེ་སེམས་མངོན་གྱུར་གྱི་ངང་ནས་ཤི་ན་བདེ་འགྲོར་སྐྱེ་ཞིང་། དགེ་བ་སྟོབས་ཆེན་བསགས་ཀྱང་འཆི་ཁར་སྡིག་སེམས་མངོན་གྱུར་བྱུང་ན་ངན་འགྲོར་སྐྱེ་བའི་གནད་འགག་ཅིག་འདིར་སྣང་མོད། འོན་ཀྱང་རང་བློ་རང་ལ་སླག་ཏུ་མ་གྱུར་པས་སྔར་བྱས་ཀྱི་ལས་རྣམས་དྲན་པས་དགའ་བ་དང་འགྱོད་པ་གང་རུང་འོང་བའི་ཕྱིར་ན་དགེ་སྡིག་གི་རྣམ་དབྱེ་མི་ཤེས་པའི་སྡིག་ཅན་ཞིག་ལའང་ཚེ་འདིར་གོམས་པ་ཤས་ཆེ་བའི་སྡིག་སེམས་དེ་ག་འབྱུང་བ་ལས་འོས་མེད། འོན་ཀྱང་དེ་བཞིན་གཤེགས་པའི་མཚན་དང་གཟུངས་སྔགས་ཁྱད་པར་ཅན་གྱིས་ངན་འགྲོའི་སྐྱེ་གནས་ལས་བཟློག་པའི་ཕན་ཡོན་ནི་ཆེའོ། །

འཆི་སེམས་ཕྲ་མོའི་དུས་སུ་དགེ་མི་དགེའི་སྣང་བ་གང་ཡང་མི་འཆར་བས་ལུང་མ་བསྟན་གྱི་སེམས་ཡིན། དེ་ཡང་སྤྱིར་བཏང་ལ་དགེ་བ་བྱེད་པ་རྣམས་གནད་གཅོད་ཚུང་ཞིང་གཟུགས་ཡིད་དུ་འོང་བ་རྨི་ལམ་ལྟ་བུར་མཐོང་བ་དང་མུན་པའི་ཁྲོད་(༨༨བ)ནས་སྣང་བར་འགྲོ་བ་ལྟ་བུ་འབྱུང་ལ། མི་དགེ་བ་བྱེད་པ་རྣམས་ནི་དེ་ལས་གོ་ལྡོག །དགེ་སྡིག་ཅན་གང་ཡང་འཆི་ཁའི་ཚེ་ད་ནི་འཆི་བ་འདུག་སྙམ་པའི་ལུས་ལ་ཆགས་པ་དྲག་པོ་ཞིག་སྐྱེས་པས་རྒྱུ་བྱས། རྣམ་ཤེས་འཕོས་པ་དང་མཉམ་དུ་སྲིད་པ་མདའི་མཐོ་དམའ་ལྟར་བར་དོའི་ལུས་གང་དུ་སྐྱེ་འགྱུར་གྱི་བྱད་དབྱིབས་ཅན་དུ་གྲུབ་སྟེ། དམྱལ་བའི་བར་དོ་ནི་སྡོང་དུམ་མེས་འཚིག་པ། དུད་འགྲོའི་བར་དོ་ནི་དུ་བ། ཡི་དྭགས་ཀྱི་བར་དོ་ནི་ཆུ། འདོད་ལྷ་དང་མིའི་བར་དོ་གསེར། གཟུགས་ཁམས་པའི་བར་དོ་ཁ་དོག་དཀར་པོའི་རྣམ་པ་ཅན། ལྷའི་བར་དོ་གྱེན། མིའི་བར་

ངོ་ཐད་ཀ །ངན་སོང་གི་བར་དོ་ཐུར་དུ་འགྲོ་ཞིང་། ཞག་ཞེ་དགུ་ཚུན་ལ་ཕ་མ་ཉལ་པོ་བྱེད་པ་སྒྱུ་མ་བཞིན་དུ་མཐོང་སྟེ། དེར་ཆགས་སྡང་གི་དབང་གིས་ཞུགས་པས་ཉིང་མཚམས་སྦྱོར་ཞིང་། དམྱལ་བར་སྐྱེ་བ་ལྟ་བུ་ལ་སྲོག་གཅོད་པའི་ཡུལ་གྱི་སེམས་ཅན་མཐོང་བས་རྐྱེན་བྱས་ཏེ་སྐྱེ་བ་སོགས་མཁའ་མེའི་འཁོར་ལོ་ལྟར་འཁོར་བར་འཁྲུམས་ཚུལ་ལ་ངེས་འབྱུང་མ་སྐྱེས་ཀྱི་བར་དུ་བསྒོམ་མོ། །

སྐབས་པ། སྔོན་ཐོག་མེད་དུས་ནས་རང་སེམས་དང་། །དུས་སྐད་ཅིག་འབྲལ་བ་མེད་པ་ཡི། །གྲོགས་ཉོན་མོངས་འདི་ཡོ་བསྟེན་བསྟེན་པས། །མཐའ་མི་མངོན་འཁོར་བའི་རྒྱ་མཚོར་བསྐྱུར། །ལས་མི་འདོད་རླུང་གིས་རབ་བསྐྱོད་ནས། །ཡོངས་སྡུག་བསྔལ་གསུམ་གྱི་ཟ་ཞློང་དུ། །དུས་གཏན་དུ་མཁའ་མེ་ལྟར་འཁོར་བ། །འདི་བསམས་ཀྱིན་ཉོན་མོངས་དྭངས་མའི་དགྲ། །ཚེ་འདི་སྣང་དགྲ་ཞིག་བསད་པ་ལ། །རང་གོ་ཚོད་དཔའ་བོར་རློམ་བྱེད་ན། །དུས་གཏན་གྱི་དགྲ་བོ་ཉོན་མོངས་འདི། །ད་གདུལ་བའི་དུས་ལ་ངེས་པར་བབ། །རྗེན་དལ་འབྱོར་མི་ལུས་ལེགས་ཐོབ་ཅིང་། །ལམ་བསླབ་གསུམ་གནད་འགག་ཟིན་དུས་འདིར། །ཕོང་ཀུན་འབྱུང་དཔུང་ཚོགས་མ་བཅོམ་ན། །སླར་སྐྱེ་འཆིའི་ཐང་ལ་འོ་བརྒྱལ་དོགས། །ཞེས་[༥༩]བྱ་བ་ནི་བར་སྐབས་ཀྱི་ཚིགས་སུ་བཅད་པའོ།། །།

༨༧ རྟེན་འབྲེལ་བཅུ་གཉིས་ཀྱི་སྒོ་ནས་བསམ་པ།

གཉིས་པ་རྟེན་འབྲེལ་བཅུ་གཉིས་ཀྱི་སྒོ་ནས་བསམ་པ་ནི། མ་རིག་པ་ནི་མུན་པས་ཕྱི་རོལ་གྱི་གཟུགས་མི་མཐོང་བར་བྱེད་པ་ལྟ་བུ། དེ་ལ་ལས་འབྲས་ལ་རྨོངས་པ་དང་དེ་ཁོ་ན་ཉིད་ལ་རྨོངས་པ་གཉིས་ཡོད་པའི་དེ་གཉིས་གང་རུང་ལས་འདུ་བྱེད་ཀྱི་ལས་དཀར་ནག་བསགས་པ་ལ་བརྟེན་ནས་བདེ་འགྲོ་དང་ངན་འགྲོར་འཕེན་པ་ཡིན་པས་འཕེན་ཚུལ་ནི། འཕེན་བྱེད་ཀྱི་རྒྱུ། འགྲུབ་བྱེད་ཀྱི་རྒྱུ། འཕངས་པའི་

འབྲས་བུ། གྲུབ་པའི་འབྲས་བུ་དང་བཞིར་ཡོད་པའི་བདེ་འགྲོ་ལ་མཚོན་ན། རང་གི་སྐྱེ་བ་སྔ་མའི་དགེ་བའི་ལས་ཀྱི་ཀུན་སློང་དུ་གྱུར་པའི་དེ་ཁོ་ན་ཉིད་ལ་རྨོངས་ཤིང་ལས་འབྲས་ལ་མ་རྨོངས་པའི་མ་རིག་པའི་རྟེན་འབྲེལ་དེས་ཀུན་ནས་བསླང་སྟེ་བསགས་པའི་འདོད་ཁམས་ཀྱི་སས་བསྡུས་པའི་དགེ་བའི་ལས་འདུ་བྱེད་ཀྱི་རྟེན་འབྲེལ་དེ་ཉིད་ཀྱིས་རྒྱུ་དུས་ཀྱི་རྣམ་པར་ཤེས་པའི་རྟེན་འབྲེལ་ལ་བག་ཆགས་བཞག་པ་ནི་འཕེན་བྱེད་ཀྱི་རྒྱུའོ། །དེ་ལྟར་ལས་ཀྱི་བག་ཆགས་བསྔོས་པ་དེ་ལ་མངོན་པར་འགྲུབ་པའི་ཆེད་དུ་ཚོར་བ་བདེ་བ་དང་མི་འབྲལ་ཞིང་སྡུག་བསྔལ་དང་འབྲལ་འདོད་ཀྱི་སྲེད་པའི་རྟེན་འབྲེལ་དང་། དེ་བཞིན་དུ་འདུན་ཞིང་ཆགས་པར་བྱེད་པ་ལེན་པའི་རྟེན་འབྲེལ་གཉིས་ཀྱིས་གསོས་བཏབ་པས་ཡང་སྲིད་ཕྱི་མ་འདྲེན་པའི་སྲིད་པའི་རྟེན་འབྲེལ་མཐུ་ཅན་དུ་གྱུར་པ་གསུམ་པོ་འདི་འགྲུབ་བྱེད་ཀྱི་རྒྱུ་ཡིན་ལ། དེ་ལ་བརྟེན་ནས་རྒྱུ་དུས་ཀྱི་རྣམ་པར་ཤེས་པ་སྐྱེ་བ་འདིའི་མའི་མངལ་དུ་ཉིང་མཚམས་སྦྱོར་བས་འབྲས་དུས་ཀྱི་རྣམ་པར་ཤེས་པ་ཚོར་བ་འདུ་ཤེས་འདུ་བྱེད་རྣམས་ཀྱི་ཕུང་པོ་ནི་མིང་གི་རྟེན་འབྲེལ། ཕ་མའི་ཁུ་ཁྲག་གམ་དྲོད་གཤེར་ལྟ་བུ་གཟུགས་ཀྱི་རྟེན་འབྲེལ་ཏེ་དེ་གཉིས་བསྡོམས་པས་མིང་གཟུགས་ཀྱི་རྟེན་འབྲེལ། དེ་ནས་མིག་ལ་སོགས་པའི་སྐྱེ་(༤༥བ)མཆེད་དྲུག་གྲུབ་པ་སྐྱེ་མཆེད་དྲུག་གི་རྟེན་འབྲེལ་དེ་ལས་ཆེར་སོང་བ་ན་ཡུལ་དབང་རྣམ་ཤེས་གསུམ་འདུས་ནས་ཡིད་དུ་འོང་མི་འོང་བར་མ་གསུམ་ལ་རེག་ཅིང་སྤྱོད་པ་རེག་པའི་རྟེན་འབྲེལ། དེ་ལྟར་སྤྱོད་པ་ལ་བརྟེན་ནས་ཚོར་བ་བདེ་སྡུག་བཏང་སྙོམས་གསུམ་སྐྱེ་བ་ནི་ཚོར་བའི་རྟེན་འབྲེལ་ཏེ་བཞི་པོ་འདི་འཕངས་པའི་འབྲས་བུ། སྐྱེ་གནས་བཞི་པོར་རྣམ་ཤེས་ཉིང་མཚམས་སྦྱོར་ཟིན་པ་དེ་ཕྱིར་བཅས་པ་སྐྱེ་བའི་རྟེན་འབྲེལ། སྐྱེས་པའི་ཕུང་པོ་ན་ཚོད་སྨིན་པར་གྱུར་པ་རྒ་བ་དང་། ཕུང་པོ་དོར་བ་ནི་ཤི་བ་སྟེ་རྒ་ཤིའི་རྟེན་འབྲེལ་གཉིས་པོ་མངོན་པར་གྲུབ་པའི་འབྲས་བུ་ཡིན་པས་དེ་ལྟར་རྟེན་ཅིང་འབྲེལ་བར་འབྱུང་བ་ཡན་ལག་བཅུ་གཉིས་ལ་

བརྟེན་ནས་བདེ་འགྲོ་དང་ངན་འགྲོར་འཁོར་བའི་ཚུལ་ལེགས་པར་བསྒོམས་ན་སྐྱེས་བུ་ཆུང་འབྲིང་གཉིས་ཀའི་ཆོས་སྐོར་གྱི་གནད་རྣམས་ཚང་ཞིང་། དགེ་བའི་བཤེས་གཉེན་ཕུ་ཆུང་པ་ཆེན་པོས་རྟེན་འབྲེལ་ཡན་ལག་བཅུ་གཉིས་ལུགས་འབྱུང་ལུགས་ལྡོག་ལ་བརྟེན་པའི་བློ་སྦྱོང་མཛད་པ་ཡིན་ནོ། །

དེང་སང་ཕྱུག་ལེན་དུ་སྐྱེས་བུ་ཆུང་འབྲིང་གི་ལམ་ལ་སྦྱར་བཤད་པ་ལྟར་ཁྲིད་ནས། བློ་ཡངས་པ་རྣམས་ལ་རྟེན་འབྲེལ་བཅུ་གཉིས་ཀྱི་རིམ་པ་སྙིང་པོ་བསྡུས་ཙམ་གྱི་དམིགས་སྐོར་གསུང་ཞིང་། བློ་འབྲིང་མན་ཆད་ལ་ཆད་ལྷག་ཏུ་མི་འགྱུར་བས་འདི་པའི་དམིགས་སྐོར་མི་འབབ་ལ། གང་ཟག་གི་རིགས་ལ་ལར་རྟེན་འབྲེལ་བཅུ་གཉིས་ཀྱི་སྐོར་འདི་འཆར་སྐྱེན་པ་ཞིག་འོང་བས་སྐྱེས་བུ་ཆུང་ངུའི་བཤེས་གཉེན་བསྟེན་ཚུལ་ནས་བཟུང་སྐྱབས་འགྲོའི་བར་དཀྱུས་ལྟར་ལ། ངན་འགྲོའི་རྟེན་འབྲེལ་ཡན་ལག་བཅུ་གཉིས་ཀྱི་འཇུག་ལྡོག་གི་སྐོར་ལ་བརྟེན་ནས་སྐྱེས་བུ་ཆུང་ངུ་དང་། བདེ་འགྲོའི་འཇུག་ལྡོག་ལ་བརྟེན་ནས་སྐྱེས་བུ་འབྲིང་གི་ཉམས་འཁྲིད་མཛད་སྲོལ་ཡོད་ཅེས་བདག་གི་བླ་མ་གསུང་ངོ་། །

སྨྲས་པ། ཚེ་སྔ་མའི་རྣམ་པར་ཤེས་པ་ལ། །ལས་ཉོན་མོངས་ཀྱི་བག་ཆགས་རབ་བསྒོས་པ། །སྲིད་ལེན་པ་གཉིས་ཀྱིས་གསོས་བཏབ་པས། །ཚེ་ཕྱི་མའི་ཡང་སྲིད་(༩༨ན)མྱུ་ཅན་འགྲུབ། །མིང་གཟུགས་སུ་གྲུབ་པའི་ཕུང་པོ་ལ། །ཁམས་སྐྱེ་མཆེད་རྣམ་པར་བཀྲ་བ་དེས། །ཡུལ་འདོད་ལ་སྤྱོད་པའི་རེག་ཚོར་ཅན། །སྐྱེ་རྒས་དང་ཤི་བས་སླར་ཡང་འཁོར། །ལར་སྲིད་པའི་རྟེན་འབྲེལ་བཅུ་གཉིས་ཀྱི། །རྒྱུ་འབྲས་བུར་འཆར་བའི་སྣང་ཚུལ་འདི། །སྔར་ལུགས་འབྱུང་དུ་གྲངས་མེད་ཉམས་སུ་མྱོང་། །ལུགས་ལྡོག་ཏུ་བསྒྲུབ་ན་མི་ལེགས་སམ། །ཞེས་བྱ་བ་ནི་བར་སྐབས་ཀྱི་ཚིགས་སུ་བཅད་པའོ།། །།

ག༢ དེ་ལས་ཐར་བར་བྱེད་པའི་ལམ་ཉམས་ལེན་གྱི་རིམ་པ་བཤད་པ།

གཉིས་པ་དེ་ལས་ཐར་པའི་ལམ་ཉམས་ལེན་གྱི་རིམ་པ་ནི་བཤེས་སྤྲིངས་ལས། མགོའམ་གོས་ལ་གློ་བུར་མེ་ཤོར་ན། །དེ་དག་ཕྱིར་བཟློག་བགྱི་བ་བཏང་ནས་ཀྱང་། །ཡང་སྲིད་མེད་པར་བགྱི་སླད་འབད་འཚལ་ཏེ། །དེ་བས་ཆེས་མཆོག་དགོས་པ་གཞན་མ་མཆིས། །ཚུལ་ཁྲིམས་དག་དང་ཤེས་རབ་བསམ་གཏན་གྱིས། །མྱ་ངན་འདས་ཞི་དུལ་བ་དྲི་མེད་པའི། །གོ་འཕང་མི་རྒ་མི་འཆི་ཟད་མི་འཚལ། །ས་ཆུ་མེ་རླུང་ཉི་ཟླ་བྲལ་ཐོབ་མཛོད། །ཅེས་ལམ་བསླབ་པ་རིན་པོ་ཆེ་གསུམ་ལ་བསླབ་དགོས་པ་ཡིན་ལ། དེ་ཡང་སེམས་རྣམ་པར་གཡེང་བ་གཡེང་བ་མེད་པར་བྱེད་པ་ཚུལ་ཁྲིམས་ཀྱི་བསླབ་པས་ཉོན་མོངས་པ་མངོན་གྱུར་སུན་ཕྱུང་ནས་འབྲས་བུ་འདོད་ཁམས་ཀྱི་ལྷ་མིའི་བདེ་བ་ལ་ལོངས་སྤྱོད། སེམས་མཉམ་པར་མ་བཞག་པ་མཉམ་པར་འཇོག་པར་བྱེད་པ་ཏིང་ངེ་འཛིན་གྱི་བསླབ་པས་ཉོན་མོངས་པ་མངོན་གྱུར་མགོ་མནན་ནས་འབྲས་བུ་གཟུགས་གཟུགས་མེད་ཀྱི་ལྷའི་བདེ་བ་ལ་སྤྱོད་པར་བྱེད། སེམས་མ་གྲོལ་བ་གྲོལ་བར་བྱེད་པ་ཤེས་རབ་ཀྱི་བསླབ་པས་ཉོན་མོངས་པའི་ས་བོན་རྩ་བ་ནས་བཅད་དེ་འབྲས་བུ་ཐར་པ་མྱ་ངན་ལས་འདས་པ་ཐོབ་པར་བྱེད་པས་ཤེས་རབ་ཀྱི་བསླབ་པ་རྒྱུད་ལ་སྐྱེ་བར་བྱེད་པ་ལ་སེམས་ལས་སུ་རུང་བ་ཏིང་ངེ་འཛིན་གྱི་བསླབ་པ་སྔོན་དུ་འགྲོ་དགོས། དེ་ལ་ཡང་སེམས་གཡེང་བ་མེད་པའི་ཕྱིར་དུ་ཚུལ་ཁྲིམས་ཀྱི་བསླབ་པ་སྔོན་དུ་འགྲོ་དགོས་(༤༨བ)པས་འདི་དག་རྒྱུ་དང་འབྲས་བུའི་ཚུལ་དུ་གོ་རིམ་མ་ལོག་པར་ཉམས་སུ་བླངས་ན་འཁོར་བ་ལས་རྣམ་པར་གྲོལ་བར་འགྱུར་བའི་ཕྱིར་ན། འགོག་པ་མངོན་དུ་བྱ། ལམ་བསྒོམ་པར་བྱ་ཞེས་གསུངས་པའི་དོན་ཡང་ཐོབ་བྱ་འགོག་པའི་བདེན་པ་མངོན་དུ་བྱེད་པ་ལ་ཐོབ་བྱེད་ལམ་གྱི་བདེན་པ་ཉམས་སུ་ལེན་པ་སྤར་སྤུག་བསྡུལ་དང་ཀུན་འབྱུང་གི་ཚུལ་དང་མཚུངས་པ་ཡིན་

མོད། དེ་ཡང་སྐྱེས་བུ་ཆེན་པོའི་ལམ་ཉམས་སུ་མི་ལེན་པར་སྐྱེས་བུ་འབྲིང་ཙམ་གྱི་གདུལ་བྱ་ལ་བཤད་མ་ཐག་པའི་ལམ་རྣམས་རྒྱས་པར་སྟོན་དགོས་ནའང་། སྐབས་འདིར་སྐྱེས་བུ་འབྲིང་དང་ཐུན་མོང་བའི་ལམ་ཡིན་པས་ཚུལ་ཁྲིམས་ཀྱི་སློབ་ཚུལ་ཙམ་ལས་བསླབ་པ་གཞན་གཉིས་ཞི་ལྷག་གི་སྐབས་སུ་འབྱུང་བས་འདིར་སྤྲོ་མི་དགོས་སོ། །དེ་ལྟར་ན་སྔར་སྐྱེས་བུ་ཆུང་ངུའི་སྐབས་ཀྱི་མི་དགེ་བཅུ་སྤོང་དང་འདིར་བསྟན་ཚུལ་ཁྲིམས་དག་ཀྱང་སྤྱོད་པ་སྤྱི་བསླབ་གྱི་ཚུལ་ཁྲིམས་ཀྱི་ཁོངས་སུ་འདུ་བས་སོ་སོར་མི་དགོས་སོ་སྙམ་ན། དགོས་ཏེ་ཉམས་མགུར་དུ། སྒོ་གསུམ་ཉེས་ལྟུང་དྲི་མས་སྦགས་པ་འདིས། །ལྷག་པར་ལས་སྒྲིབ་སྦྱོང་བ་གནད་ཆེ་བས། །ཞེས་སྐྱེས་བུ་ཆེ་འབྲིང་གི་ལམ་རྒྱུད་ལ་སྐྱེ་བ་ལ་མི་དགེ་བཅུ་སོགས་ཉེས་ལྟུང་འདག་ཐབས་གལ་ཆེ་བར་གསུངས་ཤིང་། བྱང་ཆུབ་སེམས་དཔའ་ལ་སོ་ཐར་གྱི་སྡོམ་ལྡན་ཡིན་མིན་གཉིས་ཡོད་པའི་སོ་ཐར་གྱི་སྡོམ་ལྡན་མིན་པ་ལ་དེའི་དོད་ཐུབ་མི་དགེ་བཅུ་སྤོང་ལས་དངོས་བསྟན་ཚང་བར་མི་འབྱུང་བས་སྐབས་འདིའི་ཉམས་ལེན་དུ་འོས་པའི་ཕྱིར། ཚུལ་ཁྲིམས་ཀྱི་བསླབ་པ་ནི་བཤེས་སྤྲིང་ལས། ཁྲིམས་ནི་རྒྱུ་དང་མི་རྒྱུའི་ས་བཞིན་དུ། །ཡོན་ཏན་ཀུན་གྱི་གཞི་རྟེན་ལགས་པར་གསུངས། །ཞེས་རང་གི་གཉེན་པོ་ཆེ་ཆུང་དང་བསྟུན་ཏེ་སོ་སོར་ཐར་པ་རིགས་བདུན་པོ་གང་རུང་གི་སྡོམ་པ་བླང་། བླངས་པ་ཙམ་གྱིས་མི་ཆོག་པར་སྲུང་དགོས་པས་མི་ཤེས་པ་ལྟུང་བ་འབྱུང་བའི་སྒོ་དགག་པའི་གཉེན་པོར་བསླབ་བྱ་ཕྲ་རགས་(༡༧ན)རྣམས་ཁོང་དུ་ཆུད་པར་བྱེད། བག་མེད་པའི་གཉེན་པོར་བླང་དོར་གང་ཡིན་དྲན་པས་གསལ་འདེབས་ཤིང་ལེགས་ཉེས་དཔྱོད་པའི་ཤེས་བཞིན་གྱིས་བྱ་ར་བལྟ་ཞིང་ངོ་ཚ་ཁྲེལ་ཡོད་དང་རྣམ་སྨིན་ལ་འཇིགས་པར་བྱེད། མ་གུས་པའི་གཉེན་པོར་སྟོན་པ་དང་དེས་གསུངས་པའི་བཅས་པ་དང་དེ་ཉམས་སུ་ལེན་པའི་གྲོགས་རྣམས་ལ་ཡིད་ཆེས་ཀྱི་སྒོ་ནས་གུས་པར་བྱེད། ཉོན་མོངས་མང་བའི་གཉེན་པོར་གང་ཤས་ཆེ་བ་དེ་ལ་འབུར་འཇོམས་

སུ་བྱས་ནས་ཉིན་རེ་ཞིང་ཁས་བླངས་པའི་བསླབ་པ་དང་འགལ་མ་འགལ་བརྟགས་ནས་འགལ་བ་རྣམས་ཕྱིར་བཅོས་དང་སྡོམ་བཞི་སོགས་ཀྱི་སྒོ་ནས་བཤགས་སྡོམ་བྱེད་དགོས་ཏེ། ཚངས་པས་ཞུས་པ་ལས། བསླབ་པ་ལ་ནི་བརྟེན་པར་བྱ། །དེ་ལ་སྙིང་ནས་ནན་ཏན་བྱ། །ཕྱིར་ནི་སྤང་བར་མི་བྱ་ཞིང་། །སྲོག་གི་ཕྱིར་ཡང་གཞིག་མི་བྱ། །རྟག་ཏུ་ནན་ཏན་གནས་པར་བྱ། །འདུལ་བ་ལ་ནི་འཇུག་པར་བྱ། །ཞེས་འབྱུང་བས་ཚུལ་ཁྲིམས་རྣམ་པར་དག་པ་འཕྲལ་ཡུན་ཐམས་ཅད་ཀྱི་བདེ་ལེགས་ཀྱི་རྩ་བ་ཡིན་ཞིང་། ལྷག་ཏུ་སྙིགས་མ་ལྔ་བདོ་བའི་དུས་འདིར་ཕན་ཡོན་ལྷག་པར་ཆེ་བ་ཏིང་འཛིན་རྒྱལ་པོའི་མདོ་སྡེ་སོགས་ལས་གསུངས་ཤིང་། ཁྱད་པར་ཇོ་བོ་བཀའ་གདམས་པ་རྣམས་ཚུལ་ཁྲིམས་གཙང་བ་ལ་གཙོ་བོར་མཛད་པས་ཤ་ར་བའི་ཞལ་ནས། སྤྱིར་ལེགས་ཉེས་ཅི་བྱུང་ཡང་ཆོས་ལ་བརྟེན་པ། དེའི་ནང་ནས་ཀྱང་འདུལ་བ་ནས་ཇི་ལྟར་འབྱུང་བ་ལ་བརྟེན་ན་བལྟབ་ཀྱང་མི་དགོས་པ་ཞེ་གཙང་བ་བརྟག་ཐུབ་པ་ཉམས་དགའ་བ་མཐའ་བཟང་བ་ཡིན་གསུང་བ་ཐུགས་ཤིན་ཏུ་མད་པར་སྣང་བས་རྩ་བ་མེད་པའི་ཡལ་ག་འཚོལ་བ་བཞག་ནས་ལམ་འདི་ཉིད་ལ་ཉམས་ལེན་སྙིང་པོར་མཛད་པར་འཚལ་ལོ། །

སྨྲས་པ། གཞི་ཚུལ་ཁྲིམས་གཙང་མའི་ཞིང་ས་ལ། །སེམས་ལས་སུ་རུང་བའི་ཆུ་ལུད་ཀྱིས། །ལམ་ལྷག་མཐོང་སྨྱུ་(༧༢བ)གུའི་འབྲས་སྨིན་པས། །གནས་འཕོར་བའི་དབུལ་ཕོངས་རྩ་བ་གཅོད། །བློ་བག་ཡོད་ས་སྲུང་སྙིང་འགྲིང་བའི། །སེམས་མཉམ་པར་འཇོག་པའི་མིག་སྟོང་ཅན། །བདག་འཛིན་མེད་ཀྱི་རྡོ་རྗེ་རྩེ་བརྒྱ་པས། །གཞི་སྲིད་པའི་ས་འཛིན་བགྲོད་པ་བཅོམ། །འཁྲིག་འཕོར་བ་མཐའ་མེད་ཀྱི་ཚང་ཚིང་ཁྲིད། །ཆོས་བསླབ་གསུམ་དཔག་བསམ་ཤིང་འབྲུངས་པས། །ཡོངས་སྡུག་བསྔལ་གྱི་མེ་ལྕེས་སྲིག་མིན་པའི། །དུས་གཏན་བདེའི་འཆི་མེད་ཚལ་དུ་མཛེས། །ཞེས་བྱ་བ་ནི་བར་སྐབས་ཀྱི་ཚིགས་སུ་བཅད་པའོ།། །།

ཕྲ་ཞིང་རྣམ་པར་དག་པའི་མཚོན་རྣོན་པོས། །རྨོངས་པའི་དྲྭ་བ་མ་ལུས་གཅོད་མཛད་པ། །འཇམ་དཔལ་རྡོ་རྗེའི་སྒྱུ་འཕྲུལ་ཙོང་ཁ་པ། ཁམས་གསུམ་འགྲོ་བའི་བླ་མའི་ཞལ་ལུང་ལས། །སྡུག་ཀུན་ཉེས་དམིགས་ཚུལ་ལས་ངེས་འབྱུང་བའི། །རིན་ཆེན་ཡུ་བས་བརྟེགས་པའི་བསླབ་གསུམ་གདུགས། །མྱང་འདས་ནོར་བུའི་ཏོག་གིས་རབ་མཛེས་པའི། །ཞིགས་བཤད་སྲིད་རྩེའི་བར་དུ་འཕོར་ཐྲིན་ནས། །མ་སྨད་སྙིང་རྗེའི་མ་དྲོས་གླུང་ཆེན་ལས། །ཀློབས་ཆེན་སྤྱོད་པའི་ཆུ་གཏེར་རྣམ་པ་བཞི། །ནམ་ཡང་ཆད་པ་མེད་པར་འབབ་པའི་རྒྱུན། །ཀུན་མཁྱེན་རྒྱ་མཚོར་འཇུག་ཚུལ་འདི་ན་བཤད། །

ཁ༣ སྐྱེས་བུ་ཆེན་པོའི་ལམ་གྱི་རིམ་པ་ལ་བློ་སྦྱང་བ།

གསུམ་པ་སྐྱེས་བུ་ཆེན་པོའི་ལམ་གྱི་རིམ་པ་ལ་བློ་སྦྱོང་ཚུལ་ལ་ལམ་སྒྲོན་ལས། རང་རྒྱུད་རྟོགས་པའི་སྡུག་བསྔལ་གྱིས། །གང་ཞིག་གཞན་གྱི་སྡུག་བསྔལ་ཀུན། །ཡང་དག་ཟད་པར་ཀུན་ནས་འདོད། །སྐྱེས་བུ་དེ་ནི་མཆོག་ཡིན་ནོ། །ཞེས་སྐྱེས་བུ་འབྲིང་གི་སྐབས་སུ་སྲིད་པ་འཁོར་བའི་སྡུག་བསྔལ་ལ་འཇིགས་ཏེ་དེ་ལས་ཐར་འདོད་ཀྱི་བློ་བཅོས་མ་མ་ཡིན་པ་སྐྱེས་ནས། སྐྱེས་བུ་འབྲིང་གི་ལམ་པོ་ནས་བློ་སྦྱོང་བ་རྣམས་རང་ཉིད་གཅིག་པུ་ཞི་བ་དོན་དུ་གཉེར་བ་ཡིན་མོད། སྐབས་འདིར་འབྲིང་དང་ཐུན་མོང་བའི་ལམ་ལ་བློ་སྦྱོང་བ་ནི་རང་རྒྱུད་ཀྱི་སྡུག་བསྔལ་ལ་རྗེས་སུ་དཔགས་ཏེ་སེམས་ཅན་གཞན་རྣམས་ཀྱང་དེ་བཞིན་དུ་སྡུག་བསྔལ་བ་མ་བཟོད་པར་དེ་དག་སྡུག་(༥༨ན)བསྔལ་ལས་ཐར་བར་འདོད་ནས་དེའི་ཐབས་སྒྲུབ་པ་པོ་དེ་ནི་སྐྱེས་བུ་ཆེན་པོ་ཡིན་ལ། ཐབས་གང་གི་སྒོ་ནས་སྒྲུབ་ན། ཕར་ཕྱིན་བསྡུས་པ་ལས། འཇིག་རྟེན་དོན་སྒྲུབ་ཚུལ་ལ་མཐུ་མེད་པའི། །ཐེག་པ་གཉིས་པོ་གཏན་དུ་སྤངས་བྱས་ཤིང་། །ཐུབ་རྒྱལ་ཐེག་པ་སྙིང་རྗེས་བསྟན་པ་ལ། །གཞན་ཕན་རོ་གཅིག་རང་བཞིན་དེ་དག་འཇུག །ཅེས་བདེན་བཞི་ལ་འཇུག་ལྡོག་གི་ལམ་ཉམས་སུ་བླངས་པས་ཐར་པ་ཐོབ་

ཀྱང་རང་དོན་ཡོངས་སུ་མ་རྫོགས་པས་གཞན་དོན་རྒྱ་ཆེན་པོ་མི་འབྱུང་བས་དེ་ལྟར་ན་གཞན་དོན་རྒྱ་ཆེན་སྒྲུབ་པའི་མཐུ་མེད་པའི་ཉན་རང་གི་ལམ་ལ་མི་འཇུག་པར་ཐེག་པ་ཆེན་པོ་ལ་ཞུགས་ཏེ་སེམས་ཅན་གྱི་དོན་སྒྲུབ་དགོས་པ་ནི་སློབ་ཕྲེངས་ལས། ཤིན་ཏུ་སྙིང་སྡུའི་རྩ་ཁམ་འགའ་ལྟ་ཕྱུགས་ཀྱང་རང་ཉིད་ཟ། །ཤིན་ཏུ་སྙོམ་པས་གདུངས་པའང་ཆུ་ཞིག་སྙེད་ན་དགའ་མགུར་འཕྱང་། །འདི་ན་སྐྱེས་བུ་གཞན་དོན་བྱེད་པར་བརྩོན་པ་གང་ཡིན་པ། །དེ་འདིའི་བརྗོད་བག་ཡིན་ཏེ་དེ་བདེ་སྐྱེས་བུའི་རྩལ་དེ་འཕགས། །ཉི་མ་རླབས་ཆེན་རྟ་ཞོན་རྒྱུ་བ་སྣང་བྱེད་གང་ཡིན་དང་། ཁུར་ལ་མི་རྩེག་ས་ཡིས་འཇིག་རྟེན་འདེགས་པ་གང་ཡིན་དེ། །རང་དོན་འགའ་མེད་ཆེན་པོ་རྣམས་ཀྱི་རང་བཞིན་དེ་འདྲ་སྟེ། །དེ་དག་འཇིག་རྟེན་ཕན་དང་བདེ་བའི་རོ་ལ་གཅིག་ཏུ་གཞོལ། །ཞེས་ཚེ་འདིའི་བདེ་བ་སྒྲུབ་པ་ཙམ་ནི་དུད་འགྲོ་ལ་ཡང་ཡོད་པས་ན་སྐྱེས་བུ་མཆོག་རྣམས་ཀྱི་ནུས་པའམ་རྩལ་ནི་ཉི་ཟླས་མུན་པ་སེལ་བ་དང་ས་ཆེན་པོས་འཇིག་རྟེན་འདེགས་པ་ལྟར་སྙིང་སྟོབས་ཆེན་པོས་གཞན་ཕན་གྱི་ཁུར་འཁྱེར་བར་བྱེད་པ་ཡིན་པས་དེ་ལ་མེད་དུ་མི་རུང་བ་སྤྱོད་འཇུག་ལས། བྱང་ཆུབ་སེམས་སྐྱེས་གྱུར་ན་སྐད་ཅིག་གིས། །འཁོར་བའི་བཙོན་རར་བསྡམས་པའི་ཉམ་ཐག་རྣམས། །བདེ་གཤེགས་རྣམས་ཀྱི་སྲས་ཞེས་བརྗོད་བྱ་ཞིང་། །འཇིག་རྟེན་ལྷ་མིར་བཅས་པས་ཕྱག་བྱར་འགྱུར། །ཞེས་འཁོར་བར་སྡུག་བསྔལ[༤༥]བའི་འགྲོ་བ་ཞིག་ཀྱང་སེམས་བསྐྱེད་མ་ཐག་པ་ནས་བྱང་ཆུབ་སེམས་དཔར་འགྱུར་བར་གསུངས་ཤིང་། བྱང་ཆུབ་ཀྱི་སེམས་དང་མི་ལྡན་ན་ལྷག་པའི་བསླབ་པ་རིན་པོ་ཆེ་སོགས་ཡོན་ཏན་ཇི་ཙམ་ཡོད་ཀྱང་ཐེག་པ་ཆེན་པོ་བའི་གྲལ་དུ་མི་ཆུད་པ་རྒྱུད་བླ་མ་ལས། ཐེག་མཆོག་ལ་མོས་ས་བོན་ཤེས་རབ་ནི། །སངས་རྒྱས་ཆོས་སྐྱེད་མ་དང་བསམ་གཏན་གྱི། །བདེ་བའི་མངལ་གནས་སྙིང་རྗེའི་མ་མ་ཅན། །གང་ཡིན་དེ་དག་ཐུབ་པའི་རྗེས་སྐྱེས་སྲས། །ཞེས་ཆུ་ལུད་ནི་འབྲུ་སྣ་ཚོགས་བསྐྱེད་པའི་ཐུན་མོང་གི་རྒྱུ་དང་། རྗེའུའི་

རིགས་ཅན་གྱི་མ་ནི་བུ་རིགས་རྒྱུད་མི་གཅིག་པ་སྣ་ཚོགས་སྐྱེད་པར་བྱེད་པ་ཡིན་ལ། ཐུན་མོང་མ་ཡིན་པའི་རྒྱུ་ས་བོན་ནས་དང་། ཕ་བྲམ་ཟེ་ལྟ་བུ་རིགས་གཅིག་ཏུ་ངེས་པ་ཞིག་དགོས་ཀྱི། ནས་བཏབ་པའི་མྱུ་གུ་གྲོ་སྐྱེ་བ་དང་། ཕ་བྲམ་ཟེའི་བུ་ལ་གདོལ་བའི་རིགས་མི་འབྱུང་བ་བཞིན་དུ་ཐེག་པ་ཆེ་ཆུང་གང་གི་སྒོ་ནས་འཁོར་བ་ལས་སྒྲོལ་བར་བྱེད་པ་ལ་བདག་མེད་རྟོགས་པའི་ཤེས་རབ་སོགས་གཉིས་ཀ་ལ་དགོས་པའི་མ་ལྟ་བུ་ཡིན་ནའང་། བྱང་ཆུབ་ཀྱི་སེམས་ནི་སངས་རྒྱས་ཀྱི་རྒྱུ་ཐུན་མོང་མ་ཡིན་པ་ཕ་ལྟ་བུ་འདི་ཉིད་སྲིད་ཞིའི་རྒུད་པ་མཐའ་དག་སེལ་བར་བྱེད་པའི་རྡོ་རྗེ་རིན་པོ་ཆེ་དང་མཚུངས་པས་དམན་པའི་རྒྱན་མཐའ་དག་ཟིལ་གྱིས་གནོན་པར་བྱེད་པའི་སྐྱེས་བུ་ཆེན་པོའི་ལམ་གྱི་རིམ་པ་ཉམས་སུ་ལེན་པ་ལ།

ག༡ བྱང་ཆུབ་ཀྱི་སེམས་ཇི་ལྟར་བསྐྱེད་པའི་ཚུལ།

ང༡ བྱང་ཆུབ་ཀྱི་སེམས་སྦྱོང་བའི་རིམ་པ།

བྱང་ཆུབ་ཀྱི་སེམས་ཇི་ལྟར་བསྐྱེད་པའི་ཚུལ། སེམས་བསྐྱེད་ནས་སྤྱོད་པ་ལ་སློབ་པའི་ཚུལ་གཉིས། དང་པོ་ལ་བྱང་ཆུབ་ཀྱི་སེམས་སྦྱོང་བའི་རིམ་པ་དང་། སེམས་བསྐྱེད་ཆོ་གས་འཛིན་པའི་ཚུལ་གཉིས། དང་པོ་ནི་སྤྱིར་སེམས་སྐྱེད་པར་བྱེད་པའི་རྐྱེན་ནི་སངས་རྒྱས་དང་བྱང་ཆུབ་སེམས་དཔའ་རྣམས་ཀྱི་ཡོན་ཏན་དངོས་སུ་མཐོང་བ་དང་། དངོས་སུ་མ་མཐོང་ཡང་བྱང་ཆུབ་སེམས་དཔའི་སྡེ་སྣོད་ཐོས་པ་དང་། དེ་དག་ཕྲ་ཞིང་ཞིབ་པར་ཐོས་པ་མིན་ནའང་སངས་རྒྱས་འཐོབ་པ་ལ་ཆོས་དེ་མེད་དུ་མི་རུང་བ་སོགས་ཀྱི་རྒྱུ་མཚན་འོལ་སྤྱི་ཙམ་ཐོས(༥༩)པས་ཐེག་ཆེན་གྱི་བསྟན་པ་ནུབ་པ་མ་བཟོད་པ་དང་། བསྟན་པ་ནུབ་པ་ལ་མངོན་དུ་ཕྱོགས་པ་མིན་ཡང་སྙིགས་མའི་དུས་ཆེས་ངན་པ་འདིར་ཉན་རང་གི་བྱང་ཆུབ་ཏུ་སེམས་བསྐྱེད་པ་ཡང་རྙེད་དཀའ་ན་བླ་ན་མེད་པའི་བྱང་ཆུབ་ལྟ་ཅི་སྨོས་སྙམ་དུ་སངས་རྒྱས་ཐོབ་འདོད་ཀྱི་སེམས་

བསྐྱེད་པ་དང་། རིགས་དང་དགེ་བའི་བཤེས་གཉེན་དང་སྙིང་བརྩེ་བ་དང་སྐྱོ་ངལ་མེད་པ་སྟེ་རྒྱུ་བཞི་ལ་བརྟེན་ནས་སེམས་བསྐྱེད་པ། རང་གི་སྟོབས་དང་། གཞན་གྱི་སྟོབས་དང་། ཚེ་རབས་སྔོན་མ་ལ་ཐེག་པ་ཆེན་པོར་གོམས་པ་རྒྱུའི་སྟོབས་དང་། ཚེ་འདིར་དགེ་བ་ལ་གོམས་པ་སྦྱོར་བའི་སྟོབས་ཏེ་རྒྱུ་བཞི་དང་སྟོབས་བཞི་སོགས་སེམས་བསྐྱེད་པའི་རྒྱུ་རྐྱེན་མང་དུ་བཤད་ལ། དེང་སང་ཕྱག་ལེན་གྱི་སྙིང་པོར་ཇོ་བོ་ཆེན་པོ་ཨ་ཏི་ཤ་ནས་བརྒྱུད་པར་མན་ངག་བདུན་པ་དང་། རྒྱལ་བའི་སྲས་པོ་ཞི་བ་ལྷ་ནས་བརྒྱུད་པའི་མན་ངག་གཉིས་ལ་བརྟེན་པའི་ཇོ་བོ་ཆེན་པོའི་ལུགས་ཀྱི་དང་པོ་རྒྱུ་འབྲས་མན་ངག་བདུན་ལ་བློ་སྦྱོང་དགོས་པའི་རྒྱུ་མཚན་སངས་རྒྱས་ཀྱི་གོ་འཕང་ནི་བྱང་ཆུབ་ཀྱི་སེམས་ལས་འབྱུང་། དེ་ལྷག་བསམ་ལས་འབྱུང་། དེ་སྙིང་རྗེ་ལས་འབྱུང་། དེ་བྱམས་པ་ལས་འབྱུང་། དེ་དྲིན་དུ་གཟོ་བ་ལས་འབྱུང་། དེ་དྲིན་དྲན་པ་ལས་འབྱུང་། དེ་མར་ཤེས་པ་ལས་འབྱུང་བའི་གོ་རིམ་གྱི་གནད་དེ་ལྟར་ཡོད་ནའང་། སྙིང་རྗེ་ཆེན་པོ་ལྷག་བསམ་དང་བྱམས་པའི་བར་ཁོ་ནར་འབྱུང་བ་ལས་གཞན་དུ་མི་འབྱུང་བའི་ངེས་པ་ནི་མེད་དེ། འཇུག་པ་ལས། གང་ཕྱིར་བརྩེ་ཉིད་རྒྱལ་བའི་ལོ་ཏོག་ཕུན་ཚོགས་འདིའི། །ས་བོན་དང་ནི་སྤེལ་ལ་ཆུ་འདྲ་ཡུན་རིང་དུ། །ལོངས་སྤྱོད་གནས་ལ་སྨིན་པ་ལྟ་བུར་འདོད་གྱུར་པ། །དེ་ཕྱིར་བདག་གིས་ཐོག་མར་སྙིང་རྗེ་བསྟོད་པར་བགྱི། །ཞེས་ཐོག་མར་འགྲོ་བ་རྣམས་འཁོར་བ་ལས་བསྒྲལ་བའི་ཕྱིར་དུ་དམ་བཅའ་བ་ཡང་སྙིང་རྗེ་ལ་རག་ལུས་པར་མ་ཟད། བར་དུ་བྱ་དཀའ་བས་སྐྱིད་ལུག་སྟེ་ལམ་དམན་པར་མི་གོལ་བ་དང་། (༥༡བ)མཐར་སངས་རྒྱས་ནས་ཀྱང་ཉན་རང་ལྟར་ཞི་བར་མི་གནས་པར་སེམས་ཅན་མཐའ་དག་གི་དོན་མཛད་པར་ངལ་བ་མེད་པ་ཡང་སྙིང་རྗེ་ཆེན་པོ་ལ་རག་ལུས་མོད། དེ་ལྟར་སྙིང་རྗེ་ཆེན་པོ་སྐྱེ་བ་ལ་ཡང་ཡིད་དུ་འོང་བ་ཞིག་དགོས་པས་སེམས་ཅན་ཐམས་ཅད་མར་ཤེས་དགོས་ལ། ལམ་འདི་དག་ལ་མ་སྦྱངས་པའི་སྐྱེ་བོ་རྣམས་ཀྱང་རང་གི་མ་ལ་སོགས་

པའི་གཉེན་རྣམས་ལ་དྲིན་བསམ་པ་དང་དྲན་པའི་སྒོ་ནས་བྱམས་པ་དང་སྙིང་རྗེ་ཉེ་ཚེ་བ་སྐྱེ་ནའང་། མི་མཛའ་བའི་དགྲ་སོགས་ལ་མི་སྐྱེ་བར་མ་ཟད་དེའི་ལྡོག་ཕྱོགས་སྡུག་བསྔལ་དང་ཕྲད་འདོད་དང་བདེ་བ་དང་འབྲལ་འདོད་ཀྱི་བློ་འབྱུང་བའི་ཕྱིར་ན་རང་རེ་རྣམས་ཀྱང་ཐོག་མར་བཏང་སྙོམས་ཤིག་མ་བསྒྲུབས་ན་ལམ་སྒོམ་བློ་བྱས་ཀྱང་བྱམས་སྙིང་རྗེ་ཕྱོགས་རིས་ཅན་དུ་འགྲོ་བས་དེའི་གཉེན་པོར་ཐོག་མར་བཏང་སྙོམས་སྒོམ་དགོས་མོད། འོ་ན་མ་སོགས་ལ་ཡིད་འོང་གི་བྱམས་པ་སྒྲུབ་དགོས་ན་ད་ལྟ་ཡིད་འོང་གི་བློ་ཡོད་པ་དེ་བཀག་ནས་ཅི་བྱ་སྙམ་ན། རྒྱུ་འབྲས་བདུན་གྱི་ཡིད་འོང་ལ་ཆགས་པ་ཅུང་ཟད་ཀྱང་མ་འདྲེས་པ་དགོས་ལ། ད་ལྟ་རང་ཅག་ཚོའི་བློ་ལ་ཡོད་བཞིན་པའི་བྱམས་པ་ནི་ཆགས་པས་བསླངས་པ་ཡིན་པས། དཔེར་ན་ས་སྐང་གཞོངས་མི་སྙོམས་པ་ལ་གནས་མལ་མི་བདེ་བ་བཞིན་ཆགས་སྡང་གི་མཐོ་དམའ་ཅན་ལ་བྱམས་པ་འོང་བའི་སྐབས་མེད་དོ། །དེ་ཡང་ཚོར་བ་བཏང་སྙོམས་ལྟ་བུ་མ་ཡིན་པའི་སེམས་ཅན་རྣམས་ལ་རང་བློ་ཆགས་སྡང་དང་བྲལ་བའི་ཚད་མེད་བཏང་སྙོམས་ཤིག་སྒོམ་པར་བྱེད་པ་ལ་ཐོག་མར་དགྲ་གཉེན་གང་ཡང་མིན་པའི་སེམས་ཅན་ཞིག་གི་ལེགས་པར་གསལ་བཏབ་པས་དེའི་བྱད་དབྱིབས་དང་སྤྱོད་ཚུལ་སོགས་ཡིད་ལ་ཤར་བ་དང་དེ་ལ་དམིགས་ནས་སྣང་བ་དང་བྱམས་པའི་རྟོག་པ་སྐྱེ་བཙུག་པ་ན་དེ་ལ་མི་མཐུན་པར་བལྟ་བའི་ཞེ་སྡང་དང་མཐུན་པར་བལྟ་བའི་འདོད་ཆགས་གཉིས་ཀ་ཧ་ཅང་ཆེ་བ་མི་འབྱུང་ཡང་། ཆེ་ཆུང་ཙམ་ཟད་འདུག་ན་གང་(༥༠ན)ཆེ་བ་དེའི་གཉེན་པོ་བསྟེན་ནས་སེམས་སྙོམས་པ་མ་བྱུང་གི་བར་དུ་བསྒོམ་གསུང་། ཐོག་མར་བར་མ་ལ་སྒོམ་པ་ཡུལ་དེ་ལ་བཏང་སྙོམས་ཤས་ཆེ་བས་སྐྱེ་བ་སླ་བའི་དབང་དུ་བཏང་བ་ཡིན་ཞིང་། དེ་ནས་ཚེ་འདིར་སྙིང་ན་བའི་དགྲ་ཞིག་དང་ཤིན་ཏུ་མཛའ་བའི་གཉེན་ཞིག་དམིགས་ཡུལ་དུ་བྱས་ཏེ་དེ་དག་ལ་ཆགས་སྡང་གི་རྟོག་པ་མཐོན་གྱུར་སྐྱེས་བྱུང་བ་དང་། དགྲ་རྣམས་ཀྱང་ཚེ་སྔོན་མའི་གྲོགས་བྱས་ནས་ཕན་མང་

ཏུ་བཏགས་པ་དང་གྲོགས་རྣམས་ཀྱང་ཚེ་སྟོན་མའི་དགྲར་གྱུར་ནས་རང་བསད་པ་སོགས་གནོད་པ་བྱས་ཚུལ་ལེགས་པར་བསམས་པའི་སྒོ་ནས་ཆགས་སྡང་གི་རྟོག་པ་མགོ་སྙོམས་པ་ཡིན་ལ། འོན་ཀྱང་སྐྱེས་བུ་འབྲིང་གི་སྐབས་ཀྱི་དགྲ་གཉེན་ལ་ངེས་པ་མེད་ཚུལ་གྱི་སྐོར་ལ་སྦྱོང་བ་ཐོན་ན་སྐབས་འདིར་དམིགས་པ་སྐྱོང་ཤིན་ཏུ་སླ་བར་སྣང་ངོ་། །དམིགས་ཡུལ་གསུམ་པོ་འདི་གས་བྱ་བརྒྱ་ཨུར་རྡོ་གཅིག་གིས་འདེད་པ་ལྟར་འགྲོ་བ་རྣམས་ལ་འབད་མེད་དུ་སྙོམས་པའི་བློ་བྱུང་ན་དེས་ཆོག་ལ། ད་དུང་སྐྱེ་དཀའ་སེ་བ་བྱུང་ཚེ་རིགས་མི་གཅིག་པ་མང་པོ་ལ་སྦྱོས་ཀྱིན་སྒོམ་པ་གནད་ཡིན་ནོ། །

དེ་ལྟར་དགྲ་གཉེན་བར་མའི་འགྲོ་བ་མཐའ་དག་ལ་གཅིག་ཏུ་སྡང་བ་དང་གཅིག་ཏུ་ཆགས་པའི་བློ་འགོ་སྙོམས་ཟིན་ནས་ཐོག་མར་གཞན་དོན་དོན་གཉེར་གྱི་བློའི་གཞི་སྦྱུབ་པར་བྱེད་པ་ལ་སེམས་ཅན་ཐམས་ཅད་མར་ཤེས་པའི་སླད་དུ་འདི་ལྟར་བསམ་སྟེ། འཁོར་བ་ལ་མཐའ་མེད་པ་བཞིན་དུ་བདག་གི་སྐྱེ་བ་ལ་མཐའ་མེད་པས་སེམས་ཅན་ཐམས་ཅད་ཀྱི་མངལ་དུ་བདག་ཉིད་མཚམས་སྦྱར་ནས་སྐྱེ་བ་མ་བླངས་པ་ག་ལ་ཡོད་སྙམ་དུ་བསམས་པ་ན་མོས་པའི་དབང་གིས་འཆར་ཡང་། སྤྱི་ཕྱོག་ཏུ་བསྒོམས་པས་ངེས་ཤེས་འཁྲུངས་དཀའ་བས་ན་རང་གི་མདུན་དུ་ད་ལྟའི་མ་དེ་ཉིད་རྣམ་གཞོན་དབྱིབས་ཆ་བྱད་སྤྱོད་ཚུལ་ཇི་ལྟར་ཡོད་པ་གསལ་བཏབ། དེས་ཚེ་འདིའི་མ་བྱས་(༥༠བ)པ་དངོས་སུ་གྲུབ་པ་འདི་ག་འདྲ་བ་ཞིག་སྐྱེ་བ་གཞན་མང་པོར་ཡང་བྱས་ཡོད་དེ། དཔེར་ན་མདོ་ལས་དེ་བཞིན་གཤེགས་པའི་སྐུ་ཚེ་དེའི་ཡུམ་གྱི་སྟོན་སློབ་པ་ལམ་གྱི་གནས་སྐབས་ཀྱི་མ་མང་དུ་བྱས་ཚུལ་དང་། གང་ཟག་གཞན་གྱི་སྟོན་དང་ཕྱི་མའི་མཐའ་གསུངས་པ་ཚད་མའི་སྐྱེས་བུའི་བཀའ་བསླུ་བ་མེད་པ་ཡིན་སྙམ་པའི་སྒོ་ནས་རྗེས་སུ་དཔགས་ཏེ་བསྒོམས་ན་གཏིང་ཕྱིན་པའི་ངེས་ཤེས་ཁྱད་པར་ཅན་ཞིག་སྐྱེད་འོང་། དེ་ནས་ཚེ་འདིའི་ཕ་དང་ཉེ་དུ་བར་མ་དགྲ་དམྱལ་བ་སོགས་འགྲོ་བ་རིགས་གཞན་ལའང་བསྒོམས་པས་མཐར་སེམས་ཅན་ཐམས་ཅད་

མར་ཤེས་པའི་བློ་རང་གིས་ཕར་བཅོས་པ་མ་ཡིན་པའི་ཚེ་འདིའི་མ་དང་འདྲ་བའི་སྣང་བ་འཆར་བ་ཞིག་འོང་། དེ་ལ་སྦྱོང་བ་ཐོན་ནས་དྲིན་དྲན་པ་ནི་སྔར་ལྟར་རང་གི་མའི་སྣང་ཚུལ་མཐའ་དག་གསལ་བཏབ། མ་འདིས་བདག་ཟླ་བ་བཅུའི་བར་དུ་མངལ་དུ་བཟུང་། རང་གི་བདེ་བ་དང་ལྟོགས་སྐོམ་སོགས་ཁྱད་དུ་བསད། ཕན་གནོད་ཀྱི་སྤྱོད་ལམ་ཐམས་ཅད་བུའི་ཆེད་དུ་བྱས་ཏེ་དལ་འབྱོར་གྱི་ལུས་སྲོག་འདི་ཉིད་བྱིན་པ་ཡིན་པས་ཐོག་མར་དྲིན་ཆེ། མངལ་ནས་བཙས་ཟིན་ནས་འཇམ་པའི་གོས་སྟན་ལ་བཞག །བརྩེ་བའི་སེམས་ཀྱིས་བསྐྱངས། བྱམས་པའི་མིག་གིས་བལྟས། དགའ་བའི་འཛུམ་གྱིས་བསུས། སྙན་པའི་མིང་ནས་བོས། མངར་བའི་ནུ་ཞོ་བསྣུན། ཟས་ལྡེས་བསྐྱོད། སྣབས་ཁས་ཕྱིས། མི་གཙང་བ་ལག་པས་ཕྱིས། ཤའི་དྲོད་ལ་བཅར། མེ་ཆུ་གཡང་སའི་འཇིགས་པ་ལས་བསྐྱབས། བུ་ན་བ་ལས་རང་ན་བ་དང་བུ་ཤི་བ་ལས་རང་ཤི་བ་ལ་སྙིང་ཐག་པ་ནས་འདེམ་པ་སོགས་ཀྱི་སྒོ་ནས་བསྐྱངས་པས་བར་དུ་དྲིན་ཆེ། ནར་སོན་ནས་ཟ་ལུགས་འགྲོ་ལུགས་སོགས་ཀྱིས་མཐའ་རྟེན་པའི་ཡོན་ཏན་རང་གིས་བསླབ་པ་དང་གཞན་སློབ་ཏུ་འཇུག་པ། སྡིག་སྡུག་གཏམ་ངན་ཁྱད་དུ་བསད་དེ་ཤ་ཐང་ཐང་དུ་འབད་པས་བཙལ་བའི་ས་ཁང་ནོར་ཟོང་སྙིང་(༥༧ན)ལྟར་གཅེས་པ་མཐའ་དག་བྱིན་པས་མཐར་དྲིན་ཆེ་ཚུལ་རྣམས་བསམས་པས་མིག་ནས་མཆི་མ་འཁྲུག་པ་དང་ལུས་ཀྱི་བ་སྤུ་ལྡང་བ་སེམས་རྩེད་ཡམ་ཡམ་བློང་བློང་བ་མ་བྱུང་གི་བར་དུ་བསྒོམ། དེ་ནས་རིམ་གྱིས་ཕ་ནས་བཟུང་དགྲའི་བར་དང་རིགས་དྲུག་གི་འགྲོ་བ་གཞན་རྣམས་ལ་ཚེ་སྔོན་མའི་མར་གྱུར་པ་གྲངས་ཀྱིས་མི་ཚོད་པ་བྱས་པའི་གནས་སྐབས་སུ་ཚེ་འདིའི་མས་འདི་ལྟར་བྱས་པ་ལྟ་བུ་དང་ཚུལ་མཚུངས་པའི་སྒོ་ནས་བསམ།

དེ་ཡང་བཤད་མ་ཐག་པ་ཐམས་ཅད་དུད་འགྲོ་སོགས་ལ་མི་ཚང་ཡང་མིར་གྱུར་དུས་ཀྱི་མ་མ་བྱས་པ་མེད་པ་ལ་དགོངས་པར་སྣང་། དྲིན་དྲན་པ་ལ་སྦྱོང་བ་སྐྱེས་

པའི་རྗེས་སུ་དྲིན་གཟོ་བ་ནི་སློབ་སྤྲིངས་ལས། ཉེ་དུ་འཁོར་བའི་རྒྱ་མཚོའི་ཁོངས་སུ་ཆུད་གྱུར་པ། །གློང་གི་ནང་དུ་ལྷུང་བ་ལྟ་བུར་སྣང་བཞིན་དུ། །སྐྱེ་ཤི་འཕོས་པས་ངོ་མ་ཤེས་པ་དེ་བོར་ནས། །གལ་ཏེ་གཅིག་ཐར་བྱེད་ན་དེ་ལས་ཁྲེལ་བོར་མེད། །ཅེས་མར་གྱུར་སེམས་ཅན་རྣམས་ཉོན་མོངས་པའི་གདོན་གྱིས་རྒྱུད་དཀྲུགས། སྣང་ངོར་ལ་བལྟ་བའི་མིག་གཏི་མུག་གིས་ལྡོངས། ཟབ་མོ་དམ་པའི་ཆོས་ཀྱི་འཁར་བ་དང་བྲལ། ཐར་པའི་གྲོང་དུ་འཁྲིད་པའི་དགེ་བའི་བཤེས་གཉེན་གྱི་དམིགས་བུས་བོར། མཐོ་རིས་དང་ཐར་པའི་ངལ་སྟེགས་ལ་བརྫེག་འཚོས་ཏེ་འཁོར་བའི་གཡང་དུ་ལྷུང་། སྡུག་བསྔལ་གསུམ་གྱི་བཙོན་རར་འཁྱམས་པ་འདི་དག་སྐྱེ་ཤི་འཕོས་པས་ངོ་མ་ཤེས་པ་མ་གཏོགས་ཚེ་རབས་མང་པོར་རང་ལ་ཕན་བཏགས་པའི་དྲིན་ཅན་གྱི་ཕ་མ་ཤ་སྟག་ཡིན་པས་མ་དེ་རྣམས་ཀྱིས་ཀྱང་བུ་བདག་ལ་མི་རེ་ན་སུ་ལ་རེ། བུ་བདག་ལ་མ་དེ་རྣམས་སྐྱོབ་པའི་ཁུར་མ་བབ་ན་གཞན་སུ་ལ་བབ། དཔེར་ན་འདི་སྣང་གི་ཕ་མ་མཛའ་གྲོགས་ཤིག་བཙོན་རའམ་འཕྲོག་དགོན་པ་ཆོམ་རྐུན་དང་གཅན་གཟན་གྱི་འཇིགས་པ་ཡོད་པར་ཆུད་པ་ལས་ཐར་བའི་ཐབས་ཤིག་རང་ལ་ཡོད་བཞིན་དུ་བློས་བོར་ནས་བདེ་བར་བསྡད་ན་(༥༧བ)དེ་ལས་ངོ་ཚ་དང་ཁྲེལ་ཆུང་བ་མི་འོང་བ་ཀླུའི་རྒྱལ་པོ་ཛ་སྒྲའི་ཚིགས་བཅད་ལས། རྒྱ་མཚོ་དང་ནི་རི་རབ་དང་། །ས་རྣམས་བདག་གི་ཁུར་མིན་གྱི། །བྱས་པ་མི་གཟོ་གང་ཡིན་པ། །དེ་ནི་བདག་གི་ཁུར་ཆེན་ཡིན། །ཞེས་པ་ལྟར་ཡིན་པས་བདག་གིས་དྲིན་ཅན་གྱི་མ་རྣམས་སྐྱོབ་པའི་ནུས་པ་ཡོད་བཞིན་དུ་དོར་ནས་རང་གཅིག་པུ་ཞི་བ་དོན་དུ་གཉེར་བའི་དམན་པའི་ལམ་དུ་བཞུགས་ན་དམ་པ་རྣམས་ཐུགས་གཏིང་ནས་ཁྲེལ་བར་འདུག་པས་དེ་སྤངས་ཏེ་འགྲོ་བ་ཀུན་ལ་ཕན་པ་བསྒྲུབ་པར་བྱ་སྙམ་དུ་བསམ།

འོ་ན་ཕན་ཇི་ལྟ་བུའི་ཚུལ་གྱིས་འདོགས་ན་བཀྲེས་པ་ལ་ཟས། སྐོམ་པ་ལ་བཏུང་བ། ནད་ཀྱིས་མནར་བ་ལ་སྨན། ཕོངས་པ་ལ་ཟང་ཟིང་གི་ནོར་སོགས་ཀྱང་གནས་

སྐབས་སོ་སོའི་སྡུག་བསྔལ་སེལ་ཞིང་། རང་གི་ཚོགས་གསོག་པའི་རྒྱུ་ཡིན་པས་མི་བྱ་བ་མ་ཡིན་མོད། སྲིད་པའི་སྟོབས་འབྱོར་ལ་སྦྱར་བ་ཉིད་འགྲོ་བ་རྣམས་ལ་ཕན་བཏགས་པའི་གཙོ་བོར་བཟུང་ཆོ། དེ་དག་གིས་ཚངས་པ་དང་འདོད་པའི་ལྷ་དགའ་རབ་དབང་ཕྱུག་དང་འཁོར་ལོས་སྒྱུར་རྒྱལ་ཀྱང་གྲངས་མེད་བྱས་པས་བརྟན་པ་མ་ཐོབ་བར་དབྱུལ་ཕོངས་ཚ་གྲང་གི་སྡུག་བསྔལ་གྱི་གནས་སྐབས་འདི་ལྟར་གྱུར་ན། བདག་གིས་ཀྱང་འདི་དག་ཟག་བཅས་ཀྱི་བདེ་བ་ལ་གཙོ་བོར་སྦྱར་ན་སྟོབས་འབྱོར་ཇི་ཙམ་ཆེ་བ་ཙམ་གྱིས་བདེ་བ་དེ་སྡུག་བསྔལ་དུ་འགྱུར་ཚབས་ཆེ་བ་རྨ་འབྲས་ལ་འགྱུར་བྱེད་ཀྱི་རྫས་ཚ་བ་ལྟ་བུ་བཏབ་པ་ལྟར་སྡུག་བསྔལ་ཇེ་འཕེལ་དུ་འགྲོ་བ་དང་འདྲ་བར་འདུག་པས་སེམས་ཅན་ཐམས་ཅད་ཐར་པ་དང་ཐམས་ཅད་མཁྱེན་པའི་གོ་འཕང་གང་རུང་ལ་དགོད་པར་བྱ་སྙམ་པའི་ཡིད་འཕྲུལ་ངེས་སུ་བསམ་མོ། །དེ་ལྟར་གཞན་དོན་དོན་གཉེར་གྱི་བློ་བསྐྱེད་པའི་གཞི་བསྒྲུབས་པ་ཙམ་གྱིས་མི་ཚོག་པས་བློ་དངོས་སྐྱེ་བ་ལ་བྱམས་སྙིང་རྗེ་ལྷག་བསམ་གསུམ་སྒོམ་དགོས་པའི་བྱམས་པ་དང་སྙིང་རྗེ་གཉིས་ལ་བདེ་བ་ལ་སྦྱོར་འདོད་དང་སྡུག་བསྔལ་དང་འབྲལ་འདོད་ཀྱི་བློ་གང་མངོན་དུ་གྱུར་པ་དང་རྗེས་སུ་འབྲེལ་བ་ལས་རྒྱུ[༥༢༩]འབྲས་ཀྱི་གོ་རིམ་ངེས་ཅན་དུ་མེད་ཀྱང་། སྔར་བཏང་ཕྱུག་ལེན་དུ་བྱམས་པ་སྔོན་དུ་མཛད་པས། རིན་ཆེན་ཕྲེང་བ་ལས། རྫས་ཚོས་སུམ་བརྒྱའི་ཁ་ཟས་དག །ཉིན་རེ་དུས་གསུམ་བྱིན་པས་ཀྱང་། །བྱམས་པ་ཡུད་ཙམ་འཕེལ་གཅིག་གི། །བསོད་ནམས་དག་ལ་ཆར་མི་ཕོད། །ལྷ་མི་བྱམས་པར་འགྱུར་བ་དང་། །དེ་དག་ཀྱང་ནི་སྲུང་བ་དང་། །ཡིད་བདེ་བ་དང་བདེ་མང་དང་། །དུག་དང་མཚོན་གྱིས་གནོད་མེད་དང་། །འབད་པ་མེད་པར་དོན་འཐོབ་དང་། །ཚངས་པའི་འཇིག་རྟེན་སྐྱེ་འགྱུར་ཏེ། །གལ་ཏེ་གྲོལ་བར་མ་གྱུར་ཀྱང་། །བྱམས་ཆོས་ཡོན་ཏན་བརྒྱད་འཐོབ་བོ། །ཞེས་ཕན་ཡོན་མཐའ་ཡས་པའི་བྱམས་པ་སྒོམ་པ་ནི་ཚེ་འདིའི་མ་ལ་ནད་དང་དབྱུལ་ཕོངས་སོགས་སྡུག

བསྔལ་མངོན་གྱུར་ཡོད་དམ་མེད་ནའང་འགྱུར་བའི་སྡུག་བསྔལ་དང་ཁྱབ་པ་འདུ་བྱེད་ཀྱི་སྡུག་བསྔལ་ཅན་ཡིན་པས་བདེ་བ་དང་མི་ལྡན་ཚུལ་བསམས་ལ། བདེ་བ་དང་མི་ལྡན་པའི་མ་འདི་ཉིད་བདེ་བ་ལ་དགོད་འདོད་ཀྱི་བློ་ཤུགས་དྲག་པོར་བསྐྱེད་ནས་ངག་ཏུ། བདེ་བས་ཕོངས་པའི་མ་རྒན་འདི་རྣམས་བདེ་བ་དང་ཕྲད་ན་ཅི་མ་རུང་། བདེ་བ་དང་ཕྲད་པར་གྱུར་ཅིག །ཅི་ནས་ཀྱང་བདེ་བ་དང་ཕྲད་པར་བྱའོ། །ཞེས་ལན་མང་པོ་བརྗོད་ཅིང་དེ་བསམ་མོ། །དེ་བཞིན་དུ་དགྲ་གཉེན་སོགས་འགྲོ་བ་རིས་མེད་རྣམས་ལ་ཡང་སྔར་གྱི་གོ་རིམ་ལྟར་སྒོམ་དགོས་པས། ངན་སོང་གསུམ་ལ་སྡུག་བསྔལ་མངོན་གྱུར་དང་བདེ་འགྲོ་ལ་སྡུག་བསྔལ་གྱི་སྡུག་བསྔལ་ཡོད་མེད་ཅི་རིགས་ཀྱང་སྐབས་དང་སྦྱར་རོ། །

འོན་ཀྱང་དགྲས་གནོད་པ་འདི་ཞེས་བྱ་བ་བྱས་པས་ཕན་བཏགས་ཤན་འདྲ་སྙམ་ན་རང་གིས་སྐྱེ་བ་སྔོན་མ་ཕར་གནོད་པ་བྱས་པའི་ལེ་ལན་ཚུར་ལ་འཁོར་བ་ཡིན་ནམ། རྣམ་པ་གཅིག་ཏུ་ན་ཁོ་རང་ལ་རང་དབང་མེད་པར་ཉོན་མོངས་པ་དེས་རྒྱུད་བསྐུལ་བར་འདུག །ཚེ་འདིའི་མཐའ་ཉེ་དུ་ལྟ་བུ་ཞིག་(༥༢བ)གདོན་གྱིས་སྨྱོས་ཏེ་བདག་ལ་མཚོན་ཆ་སོགས་རྡེག་ཏུ་བྱུང་ན་དེ་ལ་ཞེ་སྡང་མི་སྐྱེ་བའི་ཁར་གདོན་དང་འབྲལ་བའི་ཐབས་ལ་བརྩོན་པ་བྱེད་པ་བཞིན་ཚེ་སྔོན་མའི་མ་རྒན་འདི་སྣང་གི་འཁྲུལ་ངོར་དགྲར་བཏགས་པ་འདི་ཡང་ཉོན་མོངས་པའི་གདོན་གྱིས་སྨྱོས་འདུག་པས་ཉོན་མོངས་པའི་གདོན་འདི་དང་བྲལ་ཏེ་བདེ་བ་དང་ལྡན་ན་ཅི་མ་རུང་སྙམ་པ་སོགས་སྔར་ལྟར་ཉམས་སུ་ལེན་པ་ནི་གནད་དམ་པ་ཡིན།

འོ་ན་གོང་དུ་དགྲ་རྣམས་ཀྱང་མར་བསྒོམས་ཟིན་པས་བྱམས་པ་སྐྱེ་དཀའ་བ་ཞིག་མི་འོང་ངམ་སྙམ་དུ་དོགས་ན། ཤིན་ཏུ་མ་བརྟགས་པ་སྟེ། ཁྲིལ་ཆུང་གི་སྐྱེ་བོ་ལ་ལ་ཚེ་འདིའི་མ་ཡང་གསོད་པ་དང་དགྲར་བལྟས་ཏེ་གནོད་པ་སྣ་ཚོགས་བྱེད་པ་མངོན་སུམ་དུ་གྲུབ་པས་སོ། །སེམས་ཅན་རྣམས་ལ་བྱམས་པ་བསྒོམས་ནས། སྙིང་རྗེ་

ཉེ་སྔར་ལྟར་ཚེ་འདིའི་མ་སྡུག་བསྔལ་གསུམ་པོ་གང་རུང་གིས་མནར་བ་ལ་དམིགས་ནས་ཀྱེ་མ་བདག་གི་ཚེ་འདིའི་མ་ལ་སྡུག་བསྔལ་གྱིས་དངོས་སུ་གནོད། ཀུན་འབྱུང་གིས་བརྒྱུད་ནས་གནོད་པས་བདེ་བའི་གོ་སྐབས་ཙུང་ཟད་ཀྱང་མི་འདུག །སྡུག་བསྔལ་འདི་ལས་ཐར་ན་ཅི་མ་རུང་བསམས་ཏེ་ངག་ནས། སྡུག་བསྔལ་གྱིས་མནར་བའི་མ་རྒན་སེམས་ཅན་འདི་ཐམས་ཅད་སྡུག་བསྔལ་དང་བྲལ་ན་ཅི་མ་རུང་སྡུག་བསྔལ་དང་བྲལ་བར་གྱུར་ཅིག །ཅི་ནས་ཀྱང་སྡུག་བསྔལ་དང་བྲལ་བར་བྱའོ། །ཞེས་མང་དུ་བརྗོད་ཅིང་ཡིད་ལ་བསམ་པར་བྱའོ། །དེ་ཡང་དགྲ་གཉེན་བར་མ་མཐའ་དག་ལ་ཁ་སྤོས་ཏེ་བསམ། འདི་དག་ཀྱང་སྐྱེས་བུ་ཆུང་འབྲིང་གི་ཉམས་ལེན་ཉམས་འོག་ཏུ་ཚུད་ན་རང་ཉམས་ལ་དཔགས་ཏེ་སྒོམ་སླ་བར་ལམ་རིམ་ཆེན་མོ་ལས་གསུངས་སོ། །སེམས་ཅན་བདེ་བ་དང་ལྡན་འདོད་དང་སྡུག་བསྔལ་དང་འབྲལ་འདོད་ཀྱི་བློ་ཙམ་ཐེག་པ་དམན་པ་ལའང་ཡོད་པས། བཤད་མ་ཐག་པའི་བྱམས་སྙིང་རྗེ་གཉིས་ལ་དེ་ཙམ་གྱིས་མི་ཆོག་པར་དེ་ལྟར་བྱའོ་སྙམ་པའི་ལྷག་བསམ་རྣམ་དག་འདྲེན་(༥༣ན)ནུས་པའི་བྱམས་སྙིང་རྗེ་ཡིན་པས་དེ་གཉིས་ཀྱིས་དྲངས་པའི་ལྷག་བསམ་རྣམ་དག་ནི་འགྲོ་བ་རྣམས་སྡུག་བསྔལ་ལས་ཕྲལ་ཅིང་བདེ་བ་ལ་དགོད་བློ་ཙམ་མིན་པའི་ངེས་པར་བདག་གིས་བྱ་སྙམ་པའི་དམ་བཅའི་ཚུལ་གྱིས། ཀྱེ་མ་ཡིད་དུ་འོང་བའི་སེམས་ཅན་འདི་རྣམས་བདེ་བ་ལ་སྦྱོར་བ་དང་སྡུག་བསྔལ་ལས་ཐར་བར་བྱེད་པའི་ཁུར་དེ་ཡང་བདག་གིས་འཁུར་རོ་སྙམ་པའི་བསམ་པ་དང་བཅས་ཏེ་ངག་ཏུ། བདེ་བ་དང་མི་ལྡན་པའི་མ་རྒན་སེམས་ཅན་འདི་རྣམས་བདེ་བ་དང་ལྡན་པ་ཞིག་བདག་གིས་བྱའོ། །སྡུག་བསྔལ་གྱིས་མནར་བའི་སེམས་ཅན་འདི་རྣམས་སྡུག་བསྔལ་དང་བྲལ་བ་ཞིག་བདག་གིས་བྱའོ། །ཞེས་ལན་གྲངས་མང་བར་བརྗོད་ནས་ཡི་དམ་བཅས་པའི་ལྷག་བསམ་རྣམ་དག་བསྐྱེད་པའི་མཐུས། སྐྱབས་འགྲོའི་སྐབས་སུ་བཤད་པའི་སྐུ་གསུང་ཐུགས་དང་འཕྲིན་ལས་ཀྱི་ཡོན་ཏན་དྲན་པའི་སྒོ་ནས། ཡོན་

ཏན་ཁྱད་པར་ཅན་འདི་དང་ལྡན་པའི་གོ་འཕང་འདི་ཐོབ་ན་སེམས་ཅན་རྣམས་ཀྱང་འདྲེན་ནུས་པར་འདུག་སྙམ་སྟེ་སྨོན་པ་བྱང་ཆུབ་ཀྱི་མཆོག་ཏུ་སེམས་བསྐྱེད་པས་གྲངས་མེད་གསུམ་གྱི་འགོ་རྩོམ་པའི་སེམས་བསྐྱེད་དང་མཚུངས་པ་ཡིན་ནོ། །

འོ་ན་དྲིན་གཟོའི་སྐབས་ཀྱང་འགྲོ་བ་རྣམས་མྱང་འདས་ལ་དགོད་པར་བྱ་བསམ་པ་ཡོད་པས་ལྷག་བསམ་རྣམ་དག་ལ་ལྷག་པོ་མེད་དོ་སྙམ་ན། དཔེར་ན་དངོས་པོ་འདི་བདག་གིས་ཉོ་བར་བྱ་བསམ་པ་དང་། འཚོང་ཐག་བཅད་པ་མི་འདྲ་བ་ལྟར་དྲིན་གཟོ་དག་ལྷག་བསམ་ལ་ཡང་ཁྱད་པར་དེ་བཞིན་དུ་ཡོད་པས་ཕྱི་རིས་ཕྱེད་དགོས། དེ་ལྟར་རྒྱུ་འབྲས་མན་ངག་བདུན་གྱི་སྒོ་ནས་བློ་ལེགས་པར་སྦྱངས་ནས་འཁྲིད་ཚུལ་མ་གཏོགས་ཞི་བ་ལྷའི་ལུགས་ཀྱང་དོན་གྱིས་ཚང་བས་སོ་སོར་དགོས་པའི་ངེས་པ་མེད་ནའང་། ལམ་རིམ་ཆེ་ཆུང་དུ་ལུགས་གཉིས་ཀ་གསུངས་པ་དང་། གདུལ་བྱ་བློ་(༥༢བ)སྣ་ཚོགས་པའི་དབང་གིས་ཕྱག་ལེན་དུ་མཛད་པས་རྒྱལ་བའི་སྲས་པོ་ཞི་བ་ལྷའི་གཞུང་ལ་བརྟེན་ནས་བདག་གཞན་བརྗེ་བ་ནི་སྤྱོད་འཇུག་ལས། གང་ཞིག་བདག་དང་གཞན་རྣམས་ནི། །མྱུར་དུ་བསྐྱབ་པར་འདོད་པ་དེས། །བདག་དང་གཞན་དུ་བརྗེ་བྱ་བ། །གསང་བའི་དམ་པ་སྤྱད་པར་བྱ། །ཞེས་དང་། འཇིག་རྟེན་བདེ་བ་ཇི་སྙེད་པ། །དེ་ཀུན་གཞན་བདེ་འདོད་ལས་བྱུང་། །འཇིག་རྟེན་སྡུག་བསྔལ་ཇི་སྙེད་པ། །དེ་ཀུན་བདག་བདེ་འདོད་ལས་བྱུང་། །མང་དུ་བཤད་ལྟ་ཅི་དགོས་ཏེ། །བྱིས་པ་རང་གི་དོན་བྱེད་དང་། །ཐུབ་པ་གཞན་གྱི་དོན་མཛད་པ། །འདི་གཉིས་ཀྱི་ནི་ཁྱད་པར་ལྟོས། །བདག་བདེ་གཞན་གྱི་སྡུག་བསྔལ་དག །ཡང་དག་བརྗེ་བར་མ་བྱས་ན། །སངས་རྒྱས་ཉིད་དུ་མི་འགྲུབ་ཅིང་། །འཁོར་བ་ན་ཡང་བདེ་བ་མེད། །ཅེས་བདག་གཅེས་འཛིན་ཀྱུད་པ་ཀུན་གྱི་གཞི་དང་། གཞན་གཅེས་འཛིན་ཕན་བདེ་ཀུན་གྱི་གཞི་ཡིན་པས་ཉམས་སུ་ལེན་པ་གལ་ཆེ་ལ། ད་ལྟ་རང་ལ་སྣང་ཚུལ་ཕྲ་མོ་ཙམ་མི་བཟོད་པའི་ངང་ཚུལ་འདི་ལ་

དཔགས་ན་བདག་གཞན་བརྗེ་བ་ཙམ་གྱི་བློ་མི་སྐྱེ་སྙམ་དུ་མི་སེམས་ཏེ། དཀའ་ལས་ཕྱིར་བཟློག་མི་བྱ་སྟེ། །འདི་ལྟར་གོམས་པའི་མཐུ་ཡིས་ནི། །གང་གི་མིང་ཐོས་འཇིགས་པ་ཡང་། །དེ་ཉིད་མེད་ན་མི་དགར་འགྱུར། །ཞེས་མི་མཛའ་བའི་དགྲ་མཐོང་བ་ཙམ་གྱིས་འཇིགས་ཤིང་སྙིང་དུ་མི་སྡུག་པ་ཞིག །སླར་མཐུན་པར་བྱས་ན་སྔར་མི་དགའ་བའི་སེམས་དེ་ཕྱིས་ཤིན་ཏུ་ཡིད་དུ་འོང་བ་ཞིག་ཏུ་འགྱུར་འགྲོ་བ་ལྟར་གོམས་པའི་དབང་གིས་བདག་གཞན་ཡང་བརྗེ་བར་ནུས་པས་ཉམས་སུ་ལེན་པ་ལ། བདག་གཞན་བརྗེ་ཞེས་པའི་དོན་དཔེར་ན་ལྷས་བྱིན་ལྟ་བུའི་ངོས་ནས་མཆོད་སྦྱིན་ལ་ངའོ་སྙམ་དུ་སེམས་པ་མིན་གྱི། རང་ལྷས་བྱིན་ལ་གཅེས་འཛིན་གྱི་བློ་དེའི་ཚབ་ཏུ་གཞན་མཆོད་སྦྱིན་ལ་གཅེས་པར་འཛིན་ཞིང་། གཞན་མཆོད་སྦྱིན་ཡལ་བར་འདོར་བའི་ཚབ་ཏུ་རང་ལྷས་བྱིན་ཡལ་བར་(ཡ༤ན)འདོར་བའི་བློ་བསྐྱེད། དེ་ལ་བདག་གཞན་བརྗེ་བར་མིང་གིས་བཏགས་པ་ཡིན་པས། བདག་གཞན་བརྗེ་བའི་དམིགས་སྐོར་དངོས་ལ་སྔར་ཕན་ཆད་བདག་གཅེས་པར་བཟུང་སྟེ་རང་དོན་བསྒྲུབས་པས་སྡུག་བསྔལ་གྱི་རྒྱུ་བོ་ནར་སོང་སྙམ་ནས་གཞན་ལ་འཆར་བའི་བློ་དེ་རང་ལ་བཀབ་ནས་སྦྱོང་། རང་ལ་གཅེས་པའི་བློ་དེ་འགྲོ་བ་གཞན་ལ་སྤོས་ནས་སྦྱངས་པས་གོམས་པའི་དབང་གིས་ད་ལྟའི་ཡལ་བར་འདོར་བ་དང་གཅེས་འཛིན་གྱི་བློ་གཉིས་གོ་ས་འཕོ་ཐུབ་པ་འོང་གསུང་།

དེ་ཡང་འཆར་སླ་བའི་ཆེད་དུ་བློ་སྦྱོང་དོན་བདུན་མ་ལས་ཇི་ལྟར་བཤད་པ་བཞིན་རིན་ཆེན་འཕྲེང་བ་ལས། བདག་ལ་དེ་དག་སྡིག་སྨིན་ཞིང་། །བདག་དགེ་མ་ལུས་དེར་སྨིན་ཤོག །ཅེས་པ་ལྟར་གཏོང་ལེན་གཉིས་གཙོ་བོར་མཛད་པ་ཕྱག་ལེན་དུ་སྣང་བས་སྔར་ལྟར་རང་གི་མ་མདུན་དུ་གསལ་བཏབ་སྟེ་དེ་ལ་དམིགས་པའི་སྙིང་རྗེ་དྲག་པོ་དང་བཅས་པའི་སྒོ་ནས། རང་གི་སྣ་བུག་གཡས་ནས་རླུང་སངས་ཀྱིས་བུས་པ་དང་མཉམ་དུ་རང་རྒྱུད་ལ་ཡོད་པའི་ཟག་བཅས་ཀྱི་དགེ་བ་དང་བདེ་

བ་ཐམས་ཅད་རླུང་གི་རྟ་ལ་ཞོན་ཏེ་མདུན་གྱི་མ་དེའི་སྣ་བུག་གཡོན་པ་ནས་ཞུགས་ལུས་སེམས་ཅན་ཐམས་ཅད་ཁྱབ་པས་བདེ་བ་ཁྱད་པར་ཅན་དང་ལྡན་པར་བསམ།

ཡང་རང་གི་སྣ་བུག་གཡོན་པ་ནས་རླུང་རྟབ་པ་དང་མཉམ་དུ་མ་དེའི་སྡིག་སྒྲིབ་དང་སྡུག་བསྔལ་ཐམས་ཅད་རླུང་གིས་དྲངས་ཏེ་སྙིང་གི་ནང་དུ་ནག་ཕུང་དེ་ཐིམ་བ་དང་། མ་དེ་སྡུག་བསྔལ་ཐམས་ཅད་དང་བྲལ་བའི་བདེ་བ་དང་ལྡན་པར་གྱུར་སོང་སྙམ་པ་སྤེལ་མའི་ཚུལ་དུ་ཡང་ཡང་སྦྱང་། དེ་ནས་ཚེ་འདིའི་ཕ་དང་ཉེ་དུ་བར་མ་དགྲ་བོ་སོགས་འགྲོ་བ་རིགས་དྲུག་སོ་སོར་སྦྱོང་། ད་ལྟར་རང་རེ་ལ་དེ་ཙམ་གྱི་བློ་ནུས་ཆེ་བ་མེད་ཀྱང་གོམས་པའི་དབང་གིས་ཟས་གོས་གནས་མལ་ནས་བཟུང་མགོ་བོ་རྐང་ལག་སོགས་གཏོང་བ་ལ་ཡང་འཇིགས་པ་མེད་པ་ཞིག་འོང་བ་(༥༨བ)ཡིན་གསུང་ངོ་། །

སྐབས་པ། མཐའ་མེད་སྲིད་པའི་སྡུག་བསྔལ་རྒྱ་མཚོ་ཆེར། །སྙིང་ནས་ཞེན་པ་ལོག་པའི་བརྩོན་འགྲུས་ཀྱིས། །བསླབ་གསུམ་རིན་ཆེན་ཐེམ་སྐས་ལ་འཛེགས་ཏེ། །རང་ཉིད་ཞི་བདེའི་ཁང་པར་འཇུག་པ་རྣམས། །སྐྱེ་བར་ཕན་པ་བསླུབས་པའི་མར་གྱུར་འགྲོ། །འཁོར་བ་སྡུག་བསྔལ་དྲག་པོའི་བཙོན་ར་རུ། །ཚུད་ནས་ཉམ་ཐག་ཚ་ངེས་འདེབས་མཐོང་བཞིན། །འཁོར་ནུས་ཁྱོད་ལས་ཁྲིལ་གཞུང་ཆུང་བ་སུ། །འགྲོ་ཀུན་ཕ་མར་ཤེས་པའི་དྲིན་དྲན་པས། །བྱམས་དང་སྙིང་རྗེའི་རླུང་ཤུགས་དྲག་པོ་ཡིས། །གཞན་ཕན་ཁུར་ཆེན་འཁྱེར་བའི་ལྷག་བསམ་གྱི། །ཀུན་མཁྱེན་ནོར་བུའི་གླིང་དུ་ཐོགས་མེད་འགྲོ། །སྙིང་ལ་ཚེར་ལྟར་ཟུག་པའི་དགྲ་བོ་ཡང་། །བདག་གཞན་མཉམ་དང་བརྗེ་བའི་སེམས་བཟང་པོས། །གཉེན་བཤེས་མཛའ་གྲོགས་ཡིན་པར་རང་ངོ་འཕྲོད། །ཕྱོགས་འཛིན་འཁྲུལ་བའི་བློ་ཡི་གཞི་རྩ་ཆོད། །རང་ལ་གཅེས་པར་འཛིན་པའི་བློ་ངོར་ནས། །གཙོད་ལན་ཕན་པས་འཇལ་བའི་ལྷ་མིག་གིས། །དོན་གཉིས་ལྷུན་གྱིས་གྲུབ་པའི་ཕན་བདེའི་སྒོ། །ཅིག་ཅར་འབྱེད་པའི་སྐལ་བཟང་འདི་

སྨད་བྱུང་། །ཞེས་བྱ་བ་ནི་བར་སྐབས་ཀྱི་ཚིགས་སུ་བཅད་པའོ།། །།

ང༧ སེམས་བསྐྱེད་ཚོགས་འཛིན་པའི་ཚུལ།

གཉིས་པ་སེམས་བསྐྱེད་ཆོ་གས་བཟུང་བ་ནི། སྔར་བཤད་པའི་གཞན་དོན་དོན་གཉེར་དང་བྱང་ཆུབ་དོན་གཉེར་གཉིས་ཀྱི་བློ་ལེགས་པར་སྦྱངས་པས་ཆོ་ག་ལ་མ་ལྟོས་པར་སེམས་བསྐྱེད་པའི་ངོ་བོ་ཙམ་ཞིག་སྐྱེ་ཡང་། ཡང་དག་པའི་ལམ་དུ་ཚུད་པ་ལ་ཆོ་ག་ཕུན་སུམ་ཚོགས་པ་གལ་ཆེ་བས་དེའི་ལག་ལེན་སྦྱོར་བ་སྐྱབས་འགྲོ་ཚོགས་བསག་སེམས་སྦྱང་བ། དངོས་གཞི་སྨོན་སེམས་ཆོ་གས་འཛིན་པ། མཇུག་ཚེ་འདི་དང་སྐྱེ་བ་གཞན་དུ་སེམས་བསྐྱེད་མི་ཉམས་པའི་སླད་དུ་བསླབ་པ་བརྗོད་པ་རྣམས་ལམ་གྱི་རིམ་པ་ཆེ་ཆུང་ལས་ཤེས་དགོས་ཤིང་། ཞིབ་ཆའི་ཕྱག་ལེན་མཐའ་དག་མཐོང་བ་བརྒྱུད་པ་ལ་རག་ལས་པས་རང་བཟོ་དང་སླ་ཚོས་སུ་མ་སོང་བར་བྱའོ། །(༥༥ན)

དེ་ཡང་བྱམས་པའི་རྣམ་པར་ཐར་པའི་མདོ་ལས། རྒྱལ་སྲས་ཀྱི་སྤྱོད་པ་ལ་སློབ་མི་ནུས་ཀྱང་སེམས་བསྐྱེད་པ་ཙམ་ལ་ཕན་ཡོན་ཆེན་པོ་འབྱུང་བར་གསུངས་སོད། འོན་ཀྱང་རྣམ་འགྲེལ་ལས། བརྩེ་ལྡན་སྡུག་བསྔལ་གཞོམ་པའི་ཕྱིར། །ཐབས་རྣམས་ལ་ནི་མངོན་སྦྱོར་མཛད། །ཐབས་བྱུང་དེ་རྒྱུ་ལྐོག་གྱུར་པ། །དེ་འཆད་པ་ནི་དཀའ་བ་ཡིན། །ཞེས་སྙིང་རྗེ་ཆེན་པོས་དྲངས་པའི་ལྷག་བསམ་གྱི་སྒོ་ནས་སྨོན་སེམས་བསྐྱེད་པའི་དགོས་པ་སེམས་ཅན་སྡུག་བསྔལ་དང་བྲལ་ན་སྙམ་པའི་སེམས་བཟང་བ་ཙམ་མ་ཡིན་པར་ཐབས་ལ་འཇུག་དགོས། དེ་ལ་རང་ཉིད་ཐོག་མར་སངས་རྒྱས་ཀྱི་གོ་འཕང་འཐོབ་པའི་ཐབས་སུ་བྱང་ཆུབ་སེམས་དཔའི་བསླབ་བྱ་རྣམས་ལ་སྒྲུབ་པ་སྙིང་པོར་བྱེད་དགོས་པས་སྤྱོད་འཇུག་ལས། འགྲོ་བར་འདོད་དང་འགྲོ་བ་ཡི། །ཇི་བྲག་ཇི་ལྟར་ཤེས་པ་ལྟར། །དེ་བཞིན་མཁས་པས་འདི་གཉིས་ཀྱི། །ཇི་བྲག་རིམ་བཞིན་

ཤེས་པར་བྱ། །ཞེས་ཡུལ་ཞིག་ཏུ་འགྲོ་བར་འདོད་པ་དང་འགྲོ་བ་ལ་བརྩོན་པ་གཉིས་
དཔེར་བཟུང་སྟེ་སྨོན་སེམས་དང་འཇུག་སེམས་ཀྱི་བྱེ་བྲག་གསུངས་པའི་དབང་དུ
བྱས་ནས་སྨོན་སེམས་ལ་ལེགས་པར་སྦྱངས་པའི་སྒྱུང་བ་སྔ་ཐེན་རྒྱུད་ལ་སྐྱེས་པ་ན་
བྱང་སྡོམ་གྱི་བསླབ་བྱ་རྣམས་ཉན་ཏེ་ཕྱིན་དྲུག་སོགས་ལ་བསླབས་པའི་ཕན་ཡོན་
མ་བསླབས་པའི་ཉེས་དམིགས་རྒྱ་ལྟར་དང་ཉེས་བྱས་སོགས་ལེགས་པར་ཤེས་ནས་
བླང་དོར་དེ་ལ་སྤྲོ་བ་ཤུགས་དྲག་པོ་བཅོས་མ་མ་ཡིན་པ་སྐྱེས་པ་དང་། ཤིང་རྟ་
ཆེན་པོ་གཉིས་ཀྱི་ལུགས་སྲོལ་གཅིག་ཏུ་འདྲེས་པའི་རྒྱལ་སྲས་ཀྱི་སྡོམ་པ་ཆོ་གའི་སྒོ་
ནས་ཕོག་སྟེ་རྒྱ་ལྟར་དང་ཉེས་བྱས་སྲུང་ཚུལ་ཕྱིར་བཅོས་དང་བཅས་པའི་ལག་ལེན་
རྗེ་བདག་ཉིད་ཆེན་པོས་ཚུལ་ཁྲིམས་ལེའུའི་རྣམ་བཤད་དུ་རྒྱས་པར་བཀའ་སྩལ་པ་
ལམ་རིམ་ཆེ་ཆུང་དུ་ཞལ་འཕངས་མཛད་ཅིང་གསེར་ཞུན་དུ་ཡང་བྱུང་(༥༥བ)སོ།
དེང་སང་མུག་ལེན་དུ་འཇུག་སྡོམ་ལེན་པའི་སྐོར་འདི་བཞག་ནས་ཕྱིན་དྲུག་སོགས་
ཀྱི་ཉམས་འཁྲིད་མཛད་པ་ཡིན་ལ། དེ་ལྟར་ན་གཞུང་ཆེན་མོ་དག་ནས་སྨོན་འཇུག་
དང་ཕྱིན་དྲུག་གི་གོ་རིམ་མཛད་པ་ལས་འགལ་བའི་སྐྱོན་ཡོད་དམ་སྙམ་ན། གོ་རིམ་
དེ་ལྟ་བུའི་ཚུལ་གྱིས་སྐྱེ་བ་ཡོད་པ་ལ་དགོངས་ཀྱི། ཐམས་ཅད་ལ་དེ་ལྟར་མ་ངེས་
པ་ལམ་དུ་མ་ཞུགས་པའི་གང་ཟག་གིས་འཇུག་སྡོམ་བླངས་ཏེ་དེའི་རྗེས་སུ་སྨོན་པ་
བྱང་ཆུབ་མཆོག་ཏུ་སེམས་བསྐྱེད་ནས་ཚོགས་ལམ་ཆུང་ངུ་ཐོབ། ཚོགས་ལམ་འབྲིང་
དུ་སླེབ་པ་དང་སྨོན་སེམས་དེ་འཇུག་སེམས་སུ་གནས་འགྱུར་བའི་ཚུལ་གྱིས་འཇུག་
སེམས་སྐྱེས་པ་ཡོད། ཡང་འཇུག་སྡོམ་ལེན་མ་མྱོང་བ་ཞིག་གིས་སྨོན་སེམས་བསྐྱེད་
ནས་ཚོགས་ལམ་ལ་ཞུགས། ཚོགས་ལམ་འབྲིང་དུ་སླེབ་པ་དང་འཇུག་པའི་སེམས་
བསྐྱེད། འབྲིང་གི་ཐ་མར་འཇུག་སྡོམ་བླངས་པའང་འོང་བས་མཐའ་གཅིག་ཏུ་གོ་
རིམ་གྱི་ངེས་པ་མེད་པ་དེའི་ཕྱིར་ན་བསླབ་བཏུས་ལས། དེ་བས་ན་རང་གི་མཐུ་
དང་འཚམ་པར་དགེ་བའི་རྩ་བ་གཅིག་ཙམ་ཡང་ཡང་དག་པར་བླངས་ཏེ་བསྲུང་

བར་བྱ། ཞེས་སྨོན་སེམས་བསྐྱེད་ནས་རིང་པོ་མ་ལོན་པ་དེས་བསླབ་བྱ་མཐའ་དག་ལ་སློབ་མི་ནུས་པས་ཐོག་མར་དགེ་བའི་རྩ་བ་གཅིག་ཙམ་འཛིན་པ་སོགས་རང་བློ་དང་བསྟུན་ནས་རིམ་གྱིས་བློ་སྦྱངས་ཏེ་མཐར་སྤྱོད་པ་མཐའ་དག་ལ་སློབ་ནུས་པར་གསུངས་པས་དེའི་དབང་དུ་བྱས་ཏེ་སྨོན་སེམས་ཚོ་གས་བཟུང་བའི་རྗེས་སུ་ཕྱིན་དྲུག་ལ་འཁྲིད་པ་ཡིན་ནོ། །

འོ་ན་སྐབས་འདིར་ཞི་ལྷག་གི་བར་གྱི་དམིགས་པ་མཐའ་དག་རྫོགས་པར་གཏོང་བས་ན། འཇུག་སྡོམ་མ་བླངས་པ་རང་ཚིག་དངོས་སུ་འགལ་ལོ་སྙམ་ན། སྔར་རྒྱུ་འབྲས་མན་ངག་བདུན་སོགས་ཀྱི་སྒོ་ནས་དམིགས་རིམ་འཁྲིད་པ་མཐའ་དག་ཉམས་མྱོང་ཚད་མ་རྒྱུད་ལ་སྐྱེ་བའི་གཞིར་གྱུར་པའི་མྱོང་བ་རྗེས་མཐུན་པ་ཙམ་ལས་མཚན་ཉིད་པ་མིན་པས་འཆད་པར་འགྱུར་བའི་ཕྱིན་དྲུག་གི་སྐོར་ཡང་རྒྱལ་སྲས་ཀྱི་སྤྱོད་པ་ལ་སློབ་(༥༨ན)པའི་ཉམས་མྱོང་ལ་བག་ཆགས་འཛོག་པའི་གཞི་རྟེན་ཙམ་དུ་དགོངས་ནས་སྔོན་གྱི་བཤེས་གཉེན་རྣམས་ཀྱིས་སྐྱེས་བུ་གསུམ་གྱི་ཉམས་འཁྲིད་རིང་བ་ལོ་དང་ཐུང་བ་ཟླ་བའི་བར་ཙམ་དུ་མཛད་པ་ཡིན་གྱི། དེ་ལྟ་མིན་པར་ལྷག་བསམ་རྣམ་དག་འདྲེན་ནུས་ཀྱི་སྙིང་རྗེ་ཆེན་པོ་མཚན་ཉིད་པ་རྒྱུད་ལ་སྐྱེས་སྐྱེས་ཀྱི་བར་དུ་བསྒོམས་པ་ལྟ་བུས་མཚོན་ཏེ། བཤེས་གཉེན་བསྟེན་ཚུལ་ནས་བཟུང་ཞི་ལྷག་གི་བར་གྱི་ཉམས་ལེན་མཐའ་དག་དེ་ལྟར་བྱས་པ་ཞིག་ལ་ཉམས་འཁྲིད་དུ་ངོས་འཛིན་དགོས་ན། ཡུན་རིང་པོར་ཚོགས་ཆེན་པོས་སྒྲུབ་དགོས་པ་དག་སྙིགས་དུས་ཀྱི་ཚེ་ཐུང་གཅིག་ལ་འབད་མེད་དུ་འགྲུབ་པར་འགྱུར་བ་མི་སྲིད་དོ། །

དེས་ན་གོང་དུ་རྒྱུ་འབྲས་མན་ངག་བདུན་གྱི་མཐར་སེམས་བསྐྱེད་པ་དེ་ལ་གྲངས་མེད་གསུམ་གྱི་འགོ་རྩོམ་པའི་བྱང་ཆུབ་ཏུ་ཐོག་མར་སེམས་བསྐྱེད་པ་ལ་དེ་ལྟ་བུ་དགོས་ཞེས་སེམས་བསྐྱེད་མཚན་ཉིད་པའི་དབང་དུ་བྱས་ནས། ལམ་གྱི་གོ་རིམ་ལྟར་འཁྲིད་དམིགས་སུ་ངོ་སྤྲད་པར་འབྲུལ་ཏེ། དམིགས་སྐོར་དང་སེམས་བསྐྱེད་ཚོ་

གས་བཟུང་བ་སོགས་ནས་རང་ཉིད་བྱང་སེམས་ཚོགས་ལམ་པར་ཁས་བླངས་ཤིང་རློམ་ན་དེ་ལས་ཤིན་ཏུ་རྫོངས་པ་མེད་པས་གོ་བར་བྱ་འཚལ། རྒྱུ་མཚན་དེ་དག་གི་ཕྱིར་ན་ལམ་དུ་མ་ཞུགས་པ་ནས་འཇུག་སྒོམ་ལ་རིངས་པར་བྱས་ཀྱང་ཉོན་མོངས་པ་མང་ཞིང་གཉེན་པོ་ཆུང་བའི་དུས་འདིར་རྩ་ལྷུང་སོགས་སྲུང་མ་ནུས་ན་སངས་རྒྱས་སྲས་དང་བཅས་པ་དང་ལྷ་དང་བཅས་པའི་འཇིག་རྟེན་ཐམས་ཅད་བསླུས་པར་འགྱུར་བ་སོགས་ཉེས་དམིགས་མཐའ་ཀླས་པ་བཤད་པས་དགག་བྱ་ཆེ་ཞིང་དགོས་པ་ཆུང་བ་ལ་དགོངས་ཏེ་དངོས་བརྒྱུད་ཀྱི་བླ་མ་དམ་པ་རྣམས་ཀྱིས་གདུལ་བྱའི་བློ་དང་བསྟུན་ཏེ་མཛད་པ་ཡིན་ནོ། །

སྨྲས་པ། ཉམས་སྒྲོང་གོ་ཡུལ་ཤར་བའི་སྨྱུ་གུ་དག །དཀའ་སྤྱད་རླན་གཤེར་སྡོད་ཀྱིས་ཉེར་སྨིན་(५८བ)པས། །རྟོགས་པ་ཚད་མའི་འབྲས་བུ་གཡུར་ཟ་བ། །ཐེག་གསུམ་སྙེ་འཕགས་བསྒྲོད་པ་གཅིག་པའི་ལམ། །རྐྱེན་ངན་ཐོག་ཏུ་བབ་པའི་མཚོན་རྣོན་པོས། །འགྲོ་རྣམས་ཕ་མར་ངེས་བློའི་སྲོག་བྲལ་ཡང་། །སྙིང་རྗེའི་བདུད་རྩིས་ལྷག་བསམ་འཚེ་བ་མེད། །བསྒྲུབས་ཟིན་རྒྱལ་སྲས་ནམ་མཁའི་པདྨོ་བཞིན། །ཐེག་ཆེན་ལམ་གྱི་བགྲོད་ཚུལ་མཁའ་ལྟར་ཡངས། །རྒྱ་བོད་མཁས་པའི་གསུང་རབ་མཚོ་ལྟར་ཟབ། །དེང་དུས་སྐྱེ་བོའི་བློ་གྲོས་མུན་ལྟར་གནག །མཁས་རློམ་ཕལ་གྱི་རྣམ་དཔྱོད་རྫུ་ལྟར་ཕྲ། །དེ་ཕྱིར་བློ་དམན་རྣམས་ལ་དཀའ་བའི་མདུད། །ལེགས་བཤད་སོར་མོའི་འཕྲུལ་གྱིས་རབ་འགྲོལ་བའི། །མཁྱེན་པ་ཡོངས་སྤྱོད་འཁོར་ལོའི་བང་མཛོད་ནས། །ཤེས་ལྡན་འདོད་འཇོའི་དངོས་པོ་འཇད་དུ་མེད། །ཅེས་བྱ་བ་ནི་བར་སྐབས་ཀྱི་ཚིགས་སུ་བཅད་པའོ།། །།

ག༢ སེམས་བསྐྱེད་ནས་སྤྱོད་པ་ལ་སློབ་པའི་ཚུལ།

གཉིས་པ་སེམས་བསྐྱེད་ནས་སྤྱོད་པ་ལ་སློབ་པའི་ཚུལ་ལ་མདོ་སྡེ་རྒྱན་ལས། ལོངས་སྤྱོད་དང་ལུས་ཕུན་སུམ་ཚོགས་པ་དང་། །འཁོར་རྫོམ་ཕུན་སུམ་ཚོགས་པ་མངོན་མཐོ་དང་། །རྟག་ཏུ་ཉོན་མོངས་དབང་ཉིད་མི་འགྲོ་དང་། །བྱ་བ་རྣམས་ལ་ཕྱིན་ཅི་མ་ལོག་པའོ། །ཞེས་རྒྱལ་བའི་སྲས་ཀྱི་སྤྱོད་པ་རླབས་པོ་ཆེ་རྫོགས་པ་ལ་ཚེ་རབས་མང་པོ་བརྒྱུད་དགོས། དེ་ལ་ཡང་ཕྱོགས་རེ་ཙམ་མ་ཡིན་པའི་ལོངས་སྤྱོད་ལུས་འཁོར་ལས་ཀྱི་མཐའ་གང་བརྩམས་འགྲུབ་པ་སོགས་ཕུན་སུམ་ཚོགས་པ་ན་ཉོན་མོངས་མི་འཕེལ་བའི་འཇུག་ལྡོག་གི་གནད་ཤེས་ན་ལམ་གྱི་ས་ཚོད་ཤིན་ཏུ་ཆེ་བ་འོང་བ་ནི་མངོན་མཐོ་ལ་ལྟོས་པའི་གྲངས་ངེས། རྟེན་དེ་ལ་བསྒྲུབ་པར་བྱ་བ་སྦྱིན་པ་ཚུལ་ཁྲིམས་བཟོད་པ་གསུམ་གྱིས་གཞན་དོན་དང་། ཤེས་རབ་བསམ་གཏན་བརྩོན་འགྲུས་གསུམ་གྱིས་རང་དོན་ཏེ་དོན་གཉིས་སྒྲུབ་པ་ལ་ལྟོས་པའི་གྲངས་ངེས། ཟང་ཟིང་གིས་ཕོངས་པ་སེལ་བ། གཞན་གནོད་སྤངས་པས་འཚེ་བ་མེད་པ། གནོད་ལན་གནོད་པ་མི་འཇལ་བ།(༥༧ན) གཞན་དོན་གྱི་དཀའ་སྤྱད་ལ་མི་སྐྱོ་བ། རྫུ་འཕྲུལ་སོགས་ཀྱིས་གཞན་ཡིད་འདུན་པ། ལེགས་པར་བཤད་པས་ཐེ་ཚོམ་འགྲོལ་བ་སྟེ་གཞན་དོན་རྫོགས་པར་སྒྲུབ་པ་ལ་བལྟོས་པའི་གྲངས་ངེས། ལོངས་སྤྱོད་ལ་ཆགས་པ་མེད་པས་བསླབ་པ་ལ་གུས་པ། གཞན་སྨིན་ལ་བརྟེན་པའི་སྡུག་བསྔལ་ལ་བཟོད་པས་དགེ་བ་ལ་ཡིད་སྤྲོ་བ། ཞི་གནས་ཀྱིས་ལུས་སེམས་ལས་སུ་རུང་བས་ལྷག་མཐོང་གི་ཤེས་རབ་འཕེལ་བ་སྟེ་ཐེག་ཆེན་ཐམས་ཅད་སྡུད་པ་ལ་བལྟོས་པའི་གྲངས་ངེས། གཏོང་བ་ལ་གོམས་པ་ནི་ལོངས་སྤྱོད་ལ་མི་ཆགས་པའི་ཐབས། བག་མེད་པ་ལས་སྲུང་བ་ནི་ཐོབ་འདོད་ཀྱི་གཡེང་བ་སྡོམ་པའི་ཐབས། སྡུག་བསྔལ་དང་དུ་ལེན་པ་ནི་སེམས་ཅན་མི་གཏོང་བའི་ཐབས། སྐྱོ་ངལ་མེད་པའི་བརྩོན་པ་ནི་དགེ་

བ་འཕེལ་བའི་ཐབས། ལུས་སེམས་ཤིན་ཏུ་སྦྱངས་པ་ནི་ཉོན་མོངས་པ་སེལ་བའི་ཐབས། ཕྲ་ཞིབ་ཀྱི་རྣམ་པར་དཔྱོད་པ་ནི་ཤེས་སྒྲིབ་སྦྱོང་བའི་ཐབས་ཏེ་ཐབས་ཀྱི་རྣམ་པ་ཐམས་ཅད་པའི་དབང་དུ་མཛད་པ་ལ་ལྟོས་པའི་གྲངས་ངེས། ཚུལ་ཁྲིམས་དང་དེའི་འཁོར་གྱི་ཚུལ་དུ་སྦྱིན་པ་དང་བཟོད་པ་ནི་ཚུལ་ཁྲིམས་ཀྱི་བསླབ་པའི་ངོ་བོ། ཕར་ཕྱིན་ཐ་མ་གཉིས་ནི་བསླབ་པ་གཞན་གཉིས་ཀྱི་ངོ་བོ། བརྩོན་འགྲུས་ནི་གསུམ་ག་ལ་དགོས་པས་བསླབ་པ་གསུམ་ལ་ལྟོས་པའི་གྲངས་ངེས། ལོངས་སྤྱོད་ལ་མི་བལྟ་བའི་སྦྱིན་པ་ཡོད་ན་མ་ཆགས་པའི་རྒྱུ་ལས་ཚུལ་ཁྲིམས་སྐྱེ། ཚུལ་ཁྲིམས་ཡོད་ན་ཉེས་སྤྱོད་བསྡོམས་པའི་རྒྱུ་ལས་བཟོད་པ་སྐྱེ། བཟོད་པ་ཡོད་ན་དཀའ་བ་ལ་མི་སྐྱོ་བའི་རྒྱུ་ལས་བརྩོན་འགྲུས་སྐྱེ། བརྩོན་འགྲུས་ཡོད་ན་ཉིན་མཚན་དུ་འབད་པའི་རྒྱུ་ལས་བསམ་གཏན་སྐྱེ། བསམ་གཏན་ཡོད་ན་ལུས་སེམས་ལས་སུ་རུང་བའི་རྒྱུ་ལས་ཤེས་རབ་སྐྱེ་བས་ཕར་ཕྱིན་དྲུག་པོ་དེ་དག་ཀྱང་སྔ་མ་སྔ་མ་དམན་ཞིང་ཕྱི་མ་ཕྱི་མ་མཆོག་(༥༧བ)ལ། རགས་པ་དང་ཕྲ་བའང་དེ་བཞིན་ཏེ། མདོ་སྡེ་རྒྱན་ལས། སྔ་མ་ལ་བརྟེན་ཕྱི་མ་སྐྱེ། །དམན་དང་མཆོག་ཏུ་གནས་ཕྱིར་དང་། །རགས་པ་དང་ནི་ཕྲ་བའི་ཕྱིར། །དེ་དག་རིམ་པར་བསྟན་པ་ཡིན། །ཞེས་གྲངས་ངེས་དེ་ལྟ་བུ་དང་ལྡན་པའི་ཐེག་པ་ཆེན་པོའི་ལམ་རྒྱལ་སྲས་ཀྱི་སྤྱོད་པ་ལ་བསླབ་པ་ལ།

ང༽ རང་རྒྱུད་སྨིན་པར་བྱེད་པ་ཕར་ཕྱིན་དྲུག་ལ་བསླབ་པ།

ཅ༽ སྦྱིན་པ་ལ་བསླབ་པ།

རང་རྒྱུད་སྨིན་པར་བྱེད་པ་ཕར་ཕྱིན་དྲུག་ལ་བསླབ་པ། གཞན་རྒྱུད་སྨིན་པར་བྱེད་པ་བསྡུ་བའི་དངོས་པོ་བཞི་ལ་བསླབ་པ་གཉིས། དང་པོ་ལ་སྦྱིན་པ། ཚུལ་ཁྲིམས། བཟོད་པ། བརྩོན་འགྲུས། བསམ་གཏན། ཤེས་རབ་དང་དྲུག །དང་པོ་ནི། རང་གི་ལུས་དང་ལོངས་སྤྱོད་ལ་མི་བལྟ་བར་བྱང་ཆུབ་སེམས་དཔའི་མ་ཆགས་

པ་དང་ལྡན་ཅིག་སྐྱེས་པའི་སེམས་པ་གང་ཡིན་པ་དང་དེས་ཀུན་ནས་བསླང་སྟེ་
སྦྱིན་བྱའི་དངོས་པོ་ཡོངས་སུ་གཏོང་བའི་ལུས་ངག་གི་ལས་དེ་སྦྱིན་པའི་ངོ་བོ་ཡིན་
ལ། དེ་བཏང་བས་སྦྱིན་པའི་ཕར་ཕྱིན་ཇི་ལྟར་རྫོགས་པར་འགྱུར་ན། ལུས་ངག་
ལས་སེམས་གཙོ་ཆེ་ཞིང་དེ་ཡང་ཡོངས་སྤྱོད་སོགས་ལ་སེར་སྣ་བཅོམ་པ་ཙམ་གྱིས་
མི་ཚོག་སྟེ་དེ་ཙམ་ནི་ཉན་རང་དགྲ་བཅོམ་ལ་ཡང་ཡོད་པས་འདིར་ནི་ཕན་ཡོན་
དང་ཉེས་དམིགས་བསམས་པའི་སྒོ་ནས་སྙིང་ཐག་པ་ནས་གཏོང་སེམས་དགོས་པས་
སྐྱེས་རབས་ལས། བདག་མེད་འཇིག་སླ་སྙིང་པོ་མེད་པའི་ལུས། །སྡུག་བསྔལ་དྲིན་
མེད་རྟག་ཏུ་མི་གཙང་བའི། །ལུས་ཀྱིས་གཞན་ལ་ཕན་ཐོགས་འགྱུར་བ་ལ། །དགའ་
བར་མི་འགྱུར་དེ་ནི་མཁས་མ་ཡིན། །ཞེས་པ་ལྟར་ལགས། འོ་ན་སྦྱིན་པ་བཏང་
བས་འགྲོ་བ་རྣམས་ཀྱི་དབུལ་བ་བོར་བ་ལ་བརྟེན་ནས་སྦྱིན་པའི་ཕར་ཕྱིན་རྫོགས་
སམ་སྙམ་ན། སྤྱོད་འཇུག་ལས། གལ་ཏེ་འགྲོ་བ་དབུལ་བོར་བ། །སྦྱིན་པའི་ཕ་
རོལ་ཕྱིན་ཡིན་ན། །ད་དུང་འགྲོ་བཀྲེན་ཡོད་ན་སྔོན། །སྐྱོབ་པ་ཇི་ལྟར་ཕ་རོལ་
ཕྱིན། །ཞེས་དེ་ལྟ་ན་ད་དུང་སེམས་ཅན་ཕོངས་པ་དཔག་ཏུ་མེད་པ་ཡོད་པའི་ཕྱིར་
སྔོན་གྱི་སངས་རྒྱས་རྣམས་ཀྱིས་སྦྱིན་པའི་ཕར་(༥༨ན)ཕྱིན་མ་རྫོགས་པར་འགྱུར་བར་
གསུངས་པས་རང་གི་ལོངས་སྤྱོད་དང་དགེ་བ་ཐམས་ཅད་ལ་སེར་སྣ་མེད་པར་སྙིང་
ཐག་པ་ནས་བཏང་བའི་འབྲས་བུ་དང་བཅས་པ་གཞན་ལ་གཏོང་བའི་བློ་གོམས་པ་
ཡོངས་སུ་རྫོགས་པ་སྦྱིན་པའི་ཕར་ཕྱིན་ཏེ། བདོག་པ་ཐམས་ཅད་འབྲས་བཅས་ཏེ།
།སྐྱེ་བོ་ཀུན་ལ་བཏང་སེམས་ཀྱིས། །སྦྱིན་པའི་ཕ་རོལ་ཕྱིན་གསུངས་ཏེ། །དེ་ལྟས་དེ་
ནི་སེམས་ཉིད་དོ། །ཞེས་སོ། །

དེ་ལྟ་བུའི་སྦྱིན་པའི་ཕར་ཕྱིན་ཉམས་སུ་ལེན་པར་བྱེད་པ་ལ། དགེ་བའི་བཤེས་
གཉེན་ཤ་ར་བས། ང་ནི་ཁྱེད་ལ་གཏོང་བའི་ཕན་ཡོན་མི་བརྗོད་ཀྱི་འཛིན་པའི་ཉེས་
དམིགས་བརྗོད་པ་ཡིན། ཞེས་རབ་བྱུང་གི་བྱང་སེམས་རྣམས་ཀྱིས་ཐོས་བསམ་སྒོམ་

གསུམ་གྱི་བར་ཆད་དུ་འགྱུར་བཞིན་དུ་ཤ་ཐང་ཐང་གི་སྒོ་ནས་འབད་པས་ཟང་ཟིང་གི་དངོས་པོ་ཙམ་རེ་སྦྱིན་པ་བྱ་མི་རིགས་པས་ཆོས་ཀྱི་སྦྱིན་པ་ཉིད་གཙོ་བོར་བྱ་དགོས་ཤིང་འབད་མེད་ལྷུན་གྲུབ་ཏུ་རྙེད་པ་བྱུང་བ་རྣམས་ཆགས་པ་མེད་པར་གཏོང་དགོས་ནའང་གཙོ་བོར་ཟང་ཟིང་གི་སྦྱིན་པ་ནི་ཁྱིམ་པའི་བྱང་སེམས་རྣམས་ཀྱིས་བྱ་དགོས་པའི་ཕྱིར་རྟེན་གྱི་སྒོ་ནས་སྦྱིན་པ་གཏོང་ཚུལ་སྤྱིར་བཏང་དམིགས་བསལ་ལེགས་པར་ཕྱེད་པར་བྱས་ཏེ་ཆོས་དང་མི་འཇིགས་ཟང་ཟིང་གི་སྦྱིན་པ་ལག་ཏུ་བདར་བ་ལ། སྦྱིན་པ་གསུམ་པོ་དེ་བྱས་པ་ལ་འབྲས་བུ་མེད་དོ་སྙམ་པ་དང་ཆོས་ལོག་དང་གཅིག་གི་ཆེད་དུ་འགྲོ་བ་གྲངས་མེད་པ་ཡལ་བར་དོར་ནས་དེ་སྐྱོབ་པ་དང་། སྲོག་བཅད་པའི་ཤ་ཁྲག་གི་སྦྱིན་པ་ཆོས་སུ་འགྱུར་རོ་སྙམ་པ་སོགས་ལྟ་ངན་མཆོག་ཏུ་འཛིན་པའི་བསམ་པ་དང་། སྦྱིན་ཡུལ་རྣམས་ལ་བརྙས་པ་དང་། གཞན་ལ་འགྲན་འདོད་དང་། ཆོས་ཀྱི་ཚིག་དོན་བཟང་བ་འདི་ལྟ་བུ་དང་། སེམས་ཅན་འདི་ཙམ་གྱི་སྲོག་བསྐྱབས་པ་དང་། དངོས་པོ་ཁྱད་པར་ཅན་འདི་ཙམ་བདག་མིན་པ་གཞན་གྱིས་བྱར་མེད་དོ་སྙམ་པའི་(༥༨བ)ཁེངས་སེམས་དང་། སྦྱིན་པ་གསུམ་པོ་འདི་ལྟར་བྱས་ཞེས་སྙན་གྲགས་འོང་དུ་རེ་བ་དང་། སྦྱིན་པ་དེ་ཙམ་བྱར་མི་ནུས་སྙམ་པའི་ཞུམ་པ་དང་། བྱས་པ་ལ་འགྱོད་པའི་སེམས་དང་། གཉེན་རྣམས་ལ་སྦྱིན་པ་གསུམ་པོ་གང་འགྲུབ་བྱེད་ཅིང་དགྲ་སོགས་ལ་མི་བྱེད་པའི་ཕྱོགས་རིས་ཅན་དང་། ཆོས་བཤད་པ་དང་སྲོག་བསྐྱབས་པ་སོགས་ལ་གཏང་རག་དང་། ཕར་དངུལ་ཕྱིན་ན་ཚུར་གསེར་འོང་དུ་རེ་བ་ལྟ་བུ་དང་། ཕྱི་མ་རྣམ་སྨིན་གྱི་འབྲས་བུ་རང་མཁས་པ་དང་འཇིགས་པ་མེད་པ་དང་ལོངས་སྤྱོད་ཕུན་སུམ་ཚོགས་པ་འོང་རེ་བ་སོགས་ཀྱི་བསམ་པ་མཐའ་དག་སྤངས་ཏེ། ཕར་ཕྱིན་བསྡུས་པ་ལས། སློང་བ་མཐོང་དུ་འོངས་ནས་རྒྱལ་སྲས་དེས། །རྫོགས་པའི་བྱང་ཆུབ་ཚོགས་ནི་སྤེལ་བའི་ཕྱིར། །དེས་གཞན་འདུ་ཤེས་བདག་ལ་བཞག་བྱས་ཤིང་། །དགེ་བའི་བཤེས་གཉེན་འདུ་ཤེས་དེ་ལ་བསྐྱེད། །ཅེས་འདི་ལ་

བརྟེན་ནས་སྦྱིན་པའི་ཕར་ཕྱིན་རྫོགས་པར་བྱའོ་སྙམ་པ་དགོས་པ་ལ་དམིགས་པ་
དང་། དང་པོ་ནས་བདག་གི་ཆོས་དང་གཞན་སྐྱོབ་པའི་ནུས་པ་དང་བདོག་པ་
ཐམས་ཅད་གཞན་ལ་བཏང་ཟིན་པ་ཡིན་པས་བཅོལ་བའི་རྫས་ལེན་པ་དང་མཚུངས་
པ་ཡིན་སྙམ་དུ་དངོས་པོ་ལ་དམིགས་པ་དང་། འདི་རྣམས་བདག་གི་སྦྱིན་པའི་
ཕར་ཕྱིན་རྫོགས་པར་བྱེད་པའི་དགེ་བའི་བཤེས་གཉེན་ཡིན་ནོ་སྙམ་པའི་ཞིང་ལ་
དམིགས་པ་སྟེ་བསམ་པ་ཁྱད་པར་གསུམ་ལྡན་གྱི་སྒོ་ནས་ཇི་ལྟར་གཏོང་ན། ཆོས་
ཟབ་པ་སྦྲས་ནས་མི་ཟབ་པ་སྟོན་པ་དང་། འཇིགས་པ་ཐམས་ཅད་སེལ་ནུས་བཞིན་
དུ་ཕྱོགས་རེ་ཙམ་སྐྱོབ་པ་དང་། དངོས་པོ་ངན་པ་དང་གྲངས་ཉུང་བ་དང་གཞན་གྱི་
ལག་ནས་ཕྲོགས་ཏེ་སྟེར་བ་སོགས་ཁ་ན་མ་ཐོ་བའི་ཉེས་པས་མ་གོས་ཤིང་། བཞིན་
མདངས་གསལ་ཞིང་འཛུམ་པ། ངག་སྙན་པར་སྨྲ་བ། གཞན་ལ་འཚེ་བ་མེད་ཅིང་
རང་གི་དཀའ་སྤྱད་ཁུར་དུ་བཟོད་པའི་སྒོ་ནས་སྦྱིན་བྱའི་ཡུལ་དགྲ་གཉེན་བར་མ་
ཡོན་ཏན་ཅན་སྐྱོན་ཅན་མཐོ་དམའ་མཉམ་གསུམ་སྐྱིད་པ་དང་སྡུག་པ་སྟེ། (༥༠ན)
བཅུར་བཤད་པའི་དགོས་པ་དགྲ་ལ་བྱམས་པ་ཡོན་ཏན་ཅན་ལ་དད་པ་སོགས་སོ་
སོར་ངེས་ཟིན་པའི་ཆེད་དེ་དོན་དྲིལ་ན་དེར་སེམས་ཅན་ཐམས་ཅད་འདུས་པས་
སྐབས་དང་བསྟུན་ནས་ཆོས་ཀྱི་སྦྱིན་པ་ནི་ཐེག་པ་ཆེ་ཆུང་གི་དམ་པའི་ཆོས་གསུང་
རབ་དགོངས་འགྲེལ་དང་བཅས་པ་དང་། སྒྲ་ཚད་བཟོ་གསོ་ལ་སོགས་པ་ཐུན་མོང་
བའི་རིག་གནས་སོགས་ལྷག་བསམ་དག་པའི་སྒོ་ནས་རང་གིས་ཇི་ལྟར་ཤེས་པ་བཞིན་
སྟོན་ཅིང་བསླབ་པའི་གཞི་འཛིན་དུ་འཇུག་པ་སོགས་ཉན་པ་པོའི་བློ་དང་སྦྱར་ནས་
འདི་དག་རྣམས་ཀྱིས་ཐོས་བསམ་སྒོམ་གསུམ་བྱས་ནས་རང་གཞན་གྱི་དོན་རྒྱ་ཆེན་པོ་
འགྲུབ་པར་གྱུར་ཅིག་སྙམ་དུ་བསམ་ཞིང་ངག་ཏུ་ཡང་བརྗོད་དགོས་ཏེ། ཆོས་བཤད་
པའི་རྗེས་སུ་དགེ་བ་བསྔོ་བ་མཚན་ཉིད་དང་ལྡན་པའི་བཤེས་གཉེན་རྣམས་ཀྱི་ཕྱག་
ལེན་དུ་སྣང་ངོ་། །དེར་མ་ཟད་རང་ཉིད་ཆོས་འཆད་པ་པོའི་མིང་དུ་བཏགས་པ་མིན་

ཡང་གྲོགས་སྐྱེ་བོ་གཞན་དག་སྡིག་པ་མི་དགེ་བར་འཇུག་པར་འདུག་ན་གླིང་མོའི་ཚུལ་གྱིས་བླང་དོར་བསྟན་ཏེ་དེ་ལས་བཟློག་ནས་དགེ་བ་ལ་སྦྱོར་བ་སོགས་བསམ་པ་ཁྱད་པར་གསུམ་ལྡན་གྱི་སྒོ་ནས་ཆོས་སྦྱིན་ལ་དངོས་སུ་འབད་ཅིང་། དངོས་སུ་སྦྱིན་པར་བྱ་བའི་ཡུལ་མ་རྙེད་ན་སྙིང་ཐག་པ་ནས་སེམས་ཅན་ཐམས་ཅད་ལ་དམ་པའི་ཆོས་བསྟན་པར་མོས་ཤིང་ཆོས་ཀྱི་སྦྱིན་པ་དེའི་མཐུས་ཕན་པ་རྒྱ་ཆེན་པོ་བྱུང་བར་བསམ་པ། དཔེར་ན་ཆོས་ཀྱི་སྒྲ་ཐོས་པས་དམྱལ་བ་པ་རྣམས་གནས་ངན་ལེན་སྡུག་བསྔལ་ལས་ཐར་བར་མོས་པ་སོགས་ཀྱི་སྒོ་ནས་སྨོན་ལམ་ཁྱད་པར་ཅན་གདབ། དེ་བཞིན་དུ་སེམས་ཅན་རྣམས་ལ་རྒྱལ་པོའི་ཆད་པས་ནག་ཅན་ཁྲིམས་ལ་སྦྱོར་བ། གཅན་གཟན་དང་དགྲ་ལ་སོགས་པས་ལུས་སྲོག་ཡོངས་སྤྱོད་ལ་ཐོགས་བ། མེ་དང་ཆུ་ལ་སོགས་པའི་འཇིགས་པ་རྣམས་ལས་དངོས་སུ་རང་སྟོབས་ཀྱིས་ནུས་ན་བསྐྱབ། མི་ནུས་ན་དེ་ལས་ཐར་བའི་ཐབས་བསྟན། (ཡ་བ)འཇིག་རྟེན་གྱི་ཁམས་གཞན་དུ་སྡུག་བསྔལ་འདི་དག་གིས་མནར་བ་དཔག་ཏུ་མེད་པ་ཡོད་པས་དེ་དག་རྣམས་ལ་མི་འཇིགས་པའི་སྦྱིན་པ་བཏང་བ་དང་དེའི་མཐུས་འཇིགས་པ་ལས་གྲོལ་བར་སྙིང་ཐག་པ་ནས་བསམ། རང་བྱང་ཆུབ་ཏུ་སེམས་བསྐྱེད་པའི་མཐུ་ལྡན་དུ་གྱུར་པར་མོས་ཤིང་སྤྲུལ་ཏེ་ཚ་བའི་དམྱལ་བར་ཆར་ཆེན་པོ་ཕབ་ནས་མེ་བསད་པ་སོགས་དམིགས་པ་དང་སྨོན་ལམ་འདེབས། ཟང་ཟིང་གི་སྦྱིན་པ་ཡང་བཟའ་བཏུང་གནས་མལ། ན་བའི་གསོས་སྨན། དར་ཟབ་རིན་ཆེན། རྟ་གླང་པོ། ས་མཁར་ཡུལ་ཞིང་། མགོ་བོ་མིག་ཡན་ལག་ཉིང་ལག་སོགས་ལུས་ལོངས་སྤྱོད་ཐམས་ཅད་བསམ་པ་ཁྱད་པར་གསུམ་ལྡན་གྱི་སྒོ་ནས་སྦྱིན་ཞིང་། རང་ཉིད་བཀྲེས་ཤིང་ཕོངས་པས་དེ་ལྟར་བྱར་མེད་ཚེ། དཔེར་ན་ཟས་གཡོས་སུ་བྱས་པ་དང་མ་བྱས་པ་དཔག་ཏུ་མེད་པ་སྤྲུལ་ནས་ཡི་དྭགས་སོགས་བཀྲེས་པས་ཉེན་པའི་འགྲོ་བ་རྣམས་ལ་སྦྱིན་པས་སྡུག་བསྔལ་དེ་ལས་ཐར་བར་བསམ་པ་སོགས་ཡུལ་དང་རྫས་སྐབས་ཐོབ་སྦྱར་ཏེ་རྒྱ་ཆེན་པོར་སྤྲོ

བ་ནི་བྱང་སེམས་ཞེས་རབ་ཅན་གྱི་སྦྱིན་པ་ཡིན་པས་བཤད་མ་ཐག་པའི་སྦྱིན་པའི་ཉམས་ལེན་གསུམ་པོ་དེ་ཡང་འདི་ནས་བཟུང་སྟེ་ཆོས་ཚོགས་བཅད་བཞི་པ་ཡན་ཆད་སྟོན་པ། ཚ་བས་གདུངས་པ་ལ་བསིལ་བའི་གནས་ཁང་སྟོན་པ། ངན་སློང་ལ་ཟས་གོས་སྟེར་བ་སོགས་ནུས་པ་རྣམས་དངོས་སུ་བྱ་དགོས་ཀྱི། ནུས་བཞིན་དུ་དམིགས་པས་བྱེད་པ་ནི་རང་མགོ་རང་གིས་གཡོགས་པར་གསུང་།

དེ་ལྟར་སྔར་བཤད་པ་རྣམས་ངེས་པར་བྱས་ནས་སྦྱིན་པ་གཏོང་བའི་དངོས་པོ་ལ་ཡིད་ཆགས་པའི་སེར་སྣ་དང་། བདག་ལ་ལོངས་སྤྱོད་མེད་པས་སྟེར་མི་ནུས་སྙམ་པ་དང་། དངོས་པོ་ཡིད་དུ་འོང་བ་ལ་དམིགས་བསལ་གྱི་ཆགས་སེམས་གང་འདུག་པ་དེ་ལེགས་པར་བརྟག །བདག་སྔར་ཡི་དྭགས་དང་རྣམ་ཐོས་ཀྱི་བུ་སོགས་མཐོ་དམའ་བགྲང་གིས་མི་ལང་བར་སྐྱེས་འདུག་ནའང་ད་ལྟའི་སྣང་ཚུལ་(༨༠ན)ནི་འདི་ལྟར་འདུག །དངོས་པོ་འདི་ལས་ལྷག་པ་ཡིད་བཞིན་ནོར་བུ་ཐོབ་ནས་དེ་དང་བྲལ་བ་བསམ་གྱིས་མི་ཁྱབ་སྙམ་ཡང་ཡང་བསམས་ཏེ་མི་མཐུན་ཕྱོགས་འགོ་གནོན། གཏོང་སེམས་མངོན་གྱུར་སྐྱེས་ཀྱང་ལན་དང་རྣམ་སྨིན་ལ་རེ་བའི་བསམ་པ་ཤས་ཆེ་བ་འདུག་ན། སྔར་མཆོད་སྦྱིན་གྲངས་མེད་པ་ཞིག་བྱས་ཏེ་བརྒྱ་བྱིན་དང་ཚངས་པ་སོགས་ཀྱི་གོ་འཕང་ཐོབ་ཀྱང་དོན་མེད་དུ་སོང་འདུག་པས་ད་རེས་ཟས་ཁམ་གཅིག་སྦྱིན་པར་བཏང་བ་ཡན་ཆད་བླ་ན་མེད་པའི་བྱང་ཆུབ་ཀྱི་རྒྱུར་བསྔོ་སྙམ་པའི་འདུན་པ་དུ་རེ་བ་དང་བཅས་ཐུན་དངོས་གཞི་ལ་ཡིད་ཀྱིས་སྤྲུལ་དེ་སྦྱིན་པ་གསུམ་པོ་གཏོང་བའི་དམིགས་པ་ནན་ཏན་དང་། ཐུན་མཚམས་སུ་དངོས་སུ་གཏོང་བ་དང་ཡིད་གོམས་པ་ལ་འབད་པར་བྱ། དེས་ན་སྦྱིན་པ་གསུམ་པོ་དེ་བྱ་ནུས་ཚད་ཉམས་སུ་བླང་བར་བྱའམ་སྙམ་ན། མཐའ་གཅིག་ཏུ་མ་ངེས་ཏེ། སྤྱོད་འཇུག་ལས། སྙིང་རྗེའི་བསམ་པ་མ་དག་པར། །ལུས་ནི་བཏང་བར་མི་བྱ་སྟེ། །ཅི་ནས་འདི་དང་གཞན་དུ་ཡང་། །དོན་ཆེན་འགྲུབ་པའི་རྒྱུར་བཏང་ངོ་། །ཞེས་སྙིང་རྗེ་ཆེན་པོས་

ལུས་ཀྱི་ཤ་གཙོད་པ་སོགས་ཀྱི་དཀའ་སྤྱད་བསྒྲིབས་ཏེ་ཡིད་མི་འབྱུང་བ་མ་ཧྲེད་ཀྱི་བར་དང་། དགོས་པ་ཆུང་ངུའི་ཆེད་དང་། བདུད་རིགས་ཀྱིས་མཐོ་འཚམས་པ་དང་སྨྱོན་པ་སོགས་ཀྱིས་སློང་བ་ལ་ལུས་ཀྱི་སྦྱིན་པ་དུས་དང་དགོས་པ་དང་སྦྱིན་ཡུལ་གྱི་སྒོ་ནས་སྐྱེར་དུ་མི་རུང་བ་ནི་ལུས་ཀྱི་དངོས་པོ་གཏོང་མི་གཏོང་གི་ཁྱད་པར་དང་། ཕྱིའི་དབང་དུ་བྱས་ན་བློ་ཤིན་ཏུ་དམན་པ་ལ་ཐེག་པ་ཆེན་པོའི་ཆོས་སྟོན་པ་དང་། རབ་ཏུ་བྱུང་བ་ལ་ཕྱི་དྲོའི་ཁ་ཟས་དུས་ཀྱི་སྒོ་ནས་སྐྱེར་དུ་མི་རུང་། སྡོམ་བརྩོན་ལ་ཤ་ཆང་སྒོག་བཙོང་ལྷག་མ་མི་གཙང་བས་སྦགས་པ། ཕ་རོལ་གྱིས་གནོད་པ་བྱེད་ངེས་པའི་སྲོག་ཆགས། ནད་པ་ལ་མི་འཕྲོད་པའི་ཟས། ཆོད་བགམ་པ་དང་ནོར་གྱི་འདུ་ཤེས་ཅན་ལ་གླེགས་བམ་ལྟ་བུ་ཡུལ་གྱི་སྒོ་ནས་སྐྱེར་དུ་མི་རུང་བ། མི་འདོད་པས་སྡུག་བསྔལ་(༨༠བ)བཞིན་དུ་བྲན་སྐྱེར་བ་ལྟ་བུ་དངོས་པོའི་སྒོ་ནས་སྦྱིན་དུ་མི་རུང་བ། མ་རུང་བ་ཞིག་རྒྱལ་པོའི་ཕྱུག་སྤྲུལ་ནས་འཐོན་ན་འགྲོ་བ་གྲངས་མེད་པ་སྡུག་བསྔལ་ལ་སྦྱོར་བ་བཙོན་རའི་འཇིགས་པ་ལས་སྐྱོབ་པའི་སྦྱིན་པ་དང་། གནོད་སེམས་ཀྱིས་སློང་བ་ལ་དུག་མཚོན་སོགས་སྦྱིན་པ་ནི་དགོས་པའི་སྒོ་ནས་སྦྱིན་དུ་མི་རུང་བས་སྤྱིར་བཏང་དམིགས་བསལ་ལེགས་པར་ཕྱེད་པར་བྱས་ནས་བདག་ཀྱང་མྱུར་དུ་འཆི་བའི་ཆོས་ཅན་ཡིན་པས། བཏང་བྱའི་དངོས་པོ་འདི་རྣམས་ཀྱིས་ཀྱང་བདག་འདོར། བདག་གིས་ཀྱང་འདི་རྣམས་འདོར་བས་གང་ལ་ཡང་སྙིང་པོ་མེད་སྙམ་དུ་སྙིང་ཐག་པ་ནས་གཏོང་སེམས་ལ་གོམས་པར་བྱ་བ་ལགས་སོ། །

སྨྲས་པ། ཡིད་གཏོང་སེམས་དྲག་པོས་ལུས་ལོངས་སྤྱོད། །དྲིན་འཁོར་ཐབས་མེད་པའི་འགྲོ་བ་ལ། །དུས་གྲངས་མེད་བྱིན་པས་གཏན་བདེའི་ནོར། །གཏེར་འཛད་མེད་བང་མཛོད་དེང་འདིར་གྲུབ། །ལར་མི་བཟད་དབུལ་ཕོངས་སྡུག་བསྔལ་འདི། །རང་གཅིག་པུའི་ཐོག་ཏུ་བབ་མིན་པའི། །མ་འགྲོ་བ་ཀུན་གྱི་སྣང་ཚུལ་ཏེ། །འདི་བརྟགས་ན་བློ་ཡིས་བཟོད་ཐབས་མེད། །ཕྱར་དགར་མིན་ལས་མང་

བསགས་པའི་མཐུས། །དུས་ད་ལྟའི་སྣང་ཚུལ་འདི་ལྟར་ན། །ད་སྦྱིན་པའི་ཕར་ཕྱིན་རྫོགས་བྱས་ནས། །མཐའ་མི་མངོན་སེམས་ཅན་སྒྲོལ་བར་སྨོན། །ཞེས་བྱ་བ་ནི་བར་སྐབས་ཀྱི་ཚིགས་སུ་བཅད་པའོ།། །།

ཅ༢ ཚུལ་ཁྲིམས་ལ་བསླབ་པ།

གཉིས་པ་ཚུལ་ཁྲིམས་ཀྱི་ཕར་ཕྱིན་ནི་སྤྱོད་འཇུག་ལས། ཉ་ལ་སོགས་པ་གང་ཞིག་ཏུ། །དེ་དག་གསོད་མི་འགྱུར་བར་བསྐྲད། །སྤོང་བའི་སེམས་ནི་ཐོབ་པ་ལས། །ཚུལ་ཁྲིམས་ཕ་རོལ་ཕྱིན་པར་བཤད། །ཅེས་གཞན་ལ་གནོད་པ་གཞི་དང་བཅས་པ་ལས་ཡིད་ཕྱིར་ལོག་པའི་སྤོང་སེམས་ནི་ཚུལ་ཁྲིམས་ཡིན་ཞིང་། སེམས་དེ་ལ་གོམས་པ་གོང་ནས་གོང་དུ་ཡོངས་སུ་རྫོགས་པས་ཚུལ་ཁྲིམས་ཀྱི་ཕ་རོལ་ཏུ་ཕྱིན་པར་འགྱུར་བ་ཡིན་པས་སེམས་ཅན་ཐམས་ཅད་གནོད་འཚེ་དང་བྲལ་མ་བྲལ་ལ་(༥༧ན)ལྟོས་མི་དགོས་སོ། །དེ་ཡང་ཉེས་སྤྱོད་སྡོམ་པའི་ཚུལ་ཁྲིམས་ལ་ལམ་སྒྲོན་དུ། སོ་སོར་ཐར་པ་རིགས་བདུན་གྱི། །རྟག་ཏུ་སྡོམ་གཞན་ལྡན་པ་ལ། །བྱང་ཆུབ་སེམས་དཔའི་སྡོམ་པ་ཡི། །སྐལ་པ་ཡོད་ཀྱི་གཞན་དུ་མིན། །ཞེས་པའི་ཚིག་ལ་འཁྲུལ་ནས་སོ་སོ་ཐར་པའི་ཚུལ་ཁྲིམས་དངོས་བསྟན་ལ་ཁས་བླངས་ཚེ་བྱང་སེམས་ཀྱི་བསླབ་པ་ལ་སློབ་པའི་རྟེན་ཅན་དུ་གྱུར་པའི་ལྟ་ཡོད་པས། ལམ་སྒྲོན་འགྲེལ་པར། ད་ནི་ཚུལ་ཁྲིམས་ཀྱི་སྡོམ་པའི་རྟེན་ཁྱད་པར་ཅན་བསྟན་པར་འདོད་ནས་ཞེས་བཤད་པས་ཁྱད་པར་ཅན་མ་ཡིན་པའི་ཐུན་མོང་བ་ཞིག་བཤད་པ་མི་རིགས་མོད། འོ་ན་གང་ལ་ངོས་འཛིན་སྙམ་ན་སོ་ཐར་གྱི་སྡོམ་ལྡན་བྱང་སེམས་ཀྱི་བསླབ་པ་ལ་བསླབས་པ་ཞིག་ཡིན་ན་སོ་ཐར་གྱི་སྡོམ་པ་དངོས་དེ་དང་ཐུན་མོང་བའི་སྤོང་སྡོམ་ནི་སྐབས་འདིའི་སྡོམ་པའི་ཚུལ་ཁྲིམས་ལ་ངོས་འཛིན་ལ། སོ་ཐར་གྱི་སྡོམ་ལྡན་མིན་ན་སོ་ཐར་དང་ཐུན་མོང་བ་མི་དགེ་བཅུ་སྤོང་བའི་སྤོང་སྡོམ་དེ་ལ་ཉེས་སྤྱོད་སྡོམ་དེ་ལ་ཉེས་སྤྱོད་སྡོམ་

པའི་ཚུལ་ཁྲིམས་སུ་ངོས་འཛིན་པའི་ཕྱིར་ན་ཕར་ཕྱིན་བསྡུས་པ་ལས། མཐོ་རིས་ཐར་པའི་བདེ་ལམ་གྱུར་པ་སྟེ། །ལས་ལམ་བཅུ་པོ་འདི་ལས་ཉམས་མི་བྱ། །འདི་ལ་གནས་པས་འགྲོ་ལ་ཕན་སེམས་པའི། །བསམ་པའི་ཁྱད་པར་འབྲས་བུ་ཡོད་པར་འགྱུར། །ཞེས་རབ་བྱུང་ཡིན་ན་མཁན་སློབ་ཀྱི་དྲུང་དུ་ཁས་བླངས་པའི་རྩ་བ་དང་ཡན་ལག་གི་ཉེས་པས་གོས་མ་གོས་དང་། སོ་ཐར་གྱི་སྡོམ་པ་དང་མི་ལྡན་ན་སྔར་སྐྱེས་བུ་ཆུང་ངུའི་སྐབས་སུ་བཤད་པའི་མི་དགེ་བ་བཅུའི་དབང་དུ་སོང་མ་སོང་ཡང་ཡང་དྲན་ཤེས་ཀྱིས་བརྟག་ཅིང་། བཀའ་གདམས་གོང་མ་རྣམས་ཀྱི་ཕྱག་ལེན་ལྟར་ཉིན་རེ་ཞིང་དགེ་སྡིག་གང་བྱས་ལ་རྡེའུ་དཀར་ནག་བཏང་ནས། བརྩིས་པས་དཀར་པོ་མང་བ་ལ་སྤྲོ་བ་དང་ནག་པོ་མང་བ་ལ་འགྱོད་སེམས་དྲག་པོའི་སྒོ་ནས་ཐུབ་དངོས་གཞི་ལ་ཐོག་(༦༧བ)མར་རྡེའུ་ནག་པོའི་གྲངས་ཐེ་ཙམ་བྱུང་གི་སྡིག་པ་དྲན་ཤེས་ཀྱིས་ཟིན་པ་རྣམས་ལ་ཕྱིར་འཆོས་དང་། བཤགས་སྡོམ་གཉེན་པོ་སྟོབས་བཞི་ཚང་བའི་སྒོ་ནས་བྱ་བ་དང་བདག་གི་ཚུལ་ཁྲིམས་ཀྱི་ཕ་རོལ་ཏུ་ཕྱིན་པ་ཡོངས་སུ་རྫོགས་པར་གྱུར་ཅིག་སྙམ་དུ་བསམ་པ་དང་ངག་ནས་ཀྱང་བརྗོད་ཅིང་། ཆགས་སེམས་ཀྱི་ཡུལ་ལ་ཆགས་པ་དྲག་པོ་སྐྱེས་པ་ཁ་རྒྱལ་དུ་མ་བཏང་བར་ཁ་ན་མ་ཐོ་བའི་ཉེས་པ་དང་མི་སྡུག་པ་དྲན་པའི་སྒོ་ནས་འགོ་གནོན་པ་སོགས་ཉོན་མོངས་གང་ཆེ་བ་དེ་ལ་རྣམ་སྨིན་སོགས་བསམས་ནས་གཉེན་པོ་བསྟེན་ཏེ་བསྒོམས་པས་ཚུལ་ཁྲིམས་དག་པ་ཞིག་འོང་། མི་དགེ་བ་བཅུ་སྤོང་བའི་ཚུལ་དེ་སྐྱེས་བུ་གསུམ་གར་བྱུང་བ་ངོ་བོ་འདྲ་ཡང་བསམ་པའི་ཁྱད་པར་གྱིས་དབྱེ་དགོས་སོ། །

དགེ་བ་ཆོས་སྡུད་ཀྱི་ཚུལ་ཁྲིམས་ནི་བྱང་སེམས་ཀྱི་ཚུལ་ཁྲིམས་དང་ལྡན་པས་ལུས་ངག་གི་དགེ་བ་བྱས་པ་རྣམས་ཡིན་ལ། དེ་ཡང་བསླབ་པ་གསུམ་དང་ཞིང་ཁྱད་པར་ཅན་བླ་མ་སོགས་ལ་རིམ་གྲོ་བྱེད་པ། དཀོན་ཅོག་གསུམ་ལ་བསྟགས་པ་བརྗོད་ཅིང་གཞན་གྱི་དགེ་བ་ལ་ཡི་རང་བའི་ཚིག་སྨྲ་བ། ཚུར་གནོད་པ་ལ་ཕྱོན་ལས་སུ་བཟླ་

བ། དགེ་བ་རྣམས་བསྔོ་སྨོན་རྒྱས་འདེབས་པ། དཀོན་ཅོག་ལ་མཆོད་པ་འབུལ་བ། བག་ཡོད་པས་དགེ་བ་རྒྱུན་མི་གཅོད་པ། དབང་པོའི་སྒོ་ཉོན་མོངས་པའི་ཕྱོགས་ལས་སྲུང་བ། ཟས་ཀྱི་ཚོད་རིག་པ། ནམ་གྱི་ཆ་སྟོད་སྨད་ལ་རྣལ་འབྱོར་ལ་བརྩོན་པ། དགེ་བའི་བཤེས་གཉེན་ནམ་མ་རྙེད་ན་རང་གིས་རང་གི་བཤེས་གཉེན་བྱས་ཏེ་གཉེན་པོ་བསྟེན་པ། ཉེས་པ་རྣམས་ཡུལ་ཁྱད་པར་ཅན་ལ་བཤགས་པ་རྣམས་ལས། ཏིང་ངེ་འཛིན་སྒོམ་པ་ལྟ་བུ་ཐུན་དངོས། དཀོན་ཅོག་གི་མཆོད་པའི་སྣ་གོན་སོགས་ཐུན་མཚམས། བག་ཡོད་བསྟེན་པ་དང་ཤེས་བཞིན་གྱི་བྱ་ར་སོགས་ནི་གཉིས་ཀ་ལ་དགོས་ཤིང་བླ་མ་ལ་བསུ་བ་དང་སྟན་བསྟབ་པ་སོགས་ནི་དུས་ཀྱི་ངེས་པ་མེད་མོད། ད་ལྟ་ཕྱག་ལེན་ལ་ཐུན་དངོས་གཞི་ལ་བཤད་མ་ཐག་པ་མཐའ་(༥༢ན)དག་དཔྱད་འཇོག་སྐབས་དང་སྦྱར་ཏེ་དམིགས་པ་སྐྱོང་བ་ལགས། སེམས་ཅན་དོན་བྱེད་ཀྱི་ཚུལ་ཁྲིམས་ནི་བྱང་ཆུབ་སེམས་དཔའ་སེམས་ཅན་ལ་ཕན་འདོགས་པ་སྟེ། དེ་ལ་ཡང་རྣམ་པ་བཅུ་གཅིག་ཏུ་བཤད་པའི། ཁ་ན་མ་ཐོ་བ་མེད་པའི་སྒོ་ནས་ལོངས་སྤྱོད་རྐུན་པོས་མི་འཁྱེར་བའི་ཐབས་བསྟན་པ་ནི་བྱ་བ་བྱེད་པའི་གྲོགས་ཀྱི་དོན་བྱེད་པ་དང་ནད་པ་ལ་སྨན་དང་རྐང་པ་ཉམས་པ་ལ་བཞོན་པས་གནས་སུ་སྐྱེལ་བ་ལྟ་བུ་ནི་སྡུག་བསྔལ་གྱི་གྲོགས་ཀྱི་དོན་བྱེད་པ། ཆོས་བསྟན་ནས་ཉེས་སྤྱོད་ལས་ལྡོག་པའི་ཐབས་སྟོན་པ་ལྟ་བུ་ཐབས་ལ་རྨོངས་པའི་དོན་བྱེད་པ། བསྙེན་བཀུར་སོགས་བྱེད་པ་ལྟ་བུ་ཕན་འདོགས་པས་དོན་བྱེད་པ། སེངྒེ་དང་སྟག་ལ་སོགས་པའི་གནོད་པ་ལས་སྐྱོབ་པ་ལྟ་བུ་འཇིགས་པས་ཉེན་པའི་དོན་བྱེད་པ། ཕ་མ་དང་བྲལ་བའམ་ཆོམ་རྐུན་གྱིས་ནོར་འཕྲོགས་པ་སོགས་མྱ་ངན་གྱིས་ཟིན་པ་ལ་མི་རྟག་པའི་གཏམ་གྱི་སྒོ་ནས་སེལ་བ་ལྟ་བུ་མྱ་ངན་གྱིས་གཟིར་བའི་དོན་བྱེད་པ། ཁ་ཟས་ཀྱིས་དབུལ་བ་ལ་ཡིད་དུ་འོང་བའི་ཟས་སྦྱིར་བ་ལྟ་བུ་ཕོངས་པའི་དོན་བྱེད་པ། ཆོས་དང་མཐུན་པའི་གོས་སྦྱིར་བ་དང་འདོད་ཆགས་ཅན་ལ་མི་སྡུག་པ་སྟོན་པ་སོགས་གནས་འཆའ་

བར་འདོད་པའི་དོན་བྱེད་པ། ཕ་རོལ་པོ་དགེ་བ་ལ་སྦྱོར་མི་ནུས་པར་མཐོང་ན་མི་འདོད་པའི་ལུས་ངག་གི་སྤྱོད་ལམ་སྤངས་ཏེ་སེམས་ལ་ཕན་པར་བྱ་བ་ནི་བློ་མཐུན་པར་འདོད་པའི་དོན་བྱེད་པ། ཚུལ་ཁྲིམས་སོགས་ཀྱི་ཡོན་ཏན་ལ་གཟེངས་བསྟོད་པ་ནི་ཡང་དག་པར་ཞུགས་པའི་དོན་བྱེད་པ། སྡིག་པ་བྱས་པ་ལ་ཆད་པ་གཅོད་པ་ལྟ་བུ་ནི་ལོག་པར་ཞུགས་པའི་དོན་བྱེད་པ། དམྱལ་བ་སྤྲུལ་ནས་གཞན་སྡིག་པ་ལས་ཟློག་པ་ལྟ་བུ་དང་ཆོ་འཕྲུལ་ཡ་མ་ཟུང་བསྟན་ནས་གཞན་འདུན་པར་བྱེད་པ་ལྟ་བུ་ནི་རྫུ་འཕྲུལ་གྱི་སྒོ་ནས་གདུལ་བྱའི་དོན་བྱེད་པ་སྟེ་བཅུ་གཅིག་པོ་འདི་དག་ལ་དངོས་སུ་བྱ་ནུས་མི་ནུས་དང་དུས་(༤༢བ)ལ་ངེས་མི་ངེས་སྣ་ཚོགས་ཀྱང་། ཐུན་དངོས་ལ་དཔྱད་སྒོམ་གྱི་ཚུལ་གྱིས་ཉམས་སུ་ལེན་དགོས་པས་ཚིག་བཤད་ཙམ་དུ་མ་སོང་བ་གནད་དུ་ཆེ། དེ་ཡང་ཕར་ཕྱིན་བསྡུས་པ་ལས། ཚུལ་ཁྲིམས་ཉམས་པས་རང་དོན་མི་ནུས་ན། །གཞན་དོན་ཚུལ་ལ་མཐུ་ཡོད་ག་ལས་འོང་། །དེ་ཕྱིར་གཞན་དོན་ལེགས་པར་བརྩོན་པ་ཡིས། །འདི་ལ་རིམ་གྲོ་གློད་པར་རིགས་མ་ཡིན། །ཞེས་དོན་གཉིས་སྒྲུབ་པ་ལ་ཚུལ་ཁྲིམས་འདི་རྩ་བ་ལྟ་བུར་གསུངས་པས། གཞན་གནོད་གཞི་བཅས་སྤོང་བའི་ཚུལ་ཁྲིམས་ལ་གོམས་པ་གོང་ནས་གོང་དུ་འཕེལ་བའི་ཐབས་བྱ་འཚལ་ལོ། །

སྨྲས་པ། ཕུན་ཚོགས་དཔལ་འབྱོར་རྟེན་གྱི་སྙིང་ཚལ་དུ། །རྣམ་གསུམ་ཚུལ་ཁྲིམས་ཡོངས་འདུ་ས་བརྟོལ་ལ། །སྨིང་འདབས་འབྲས་བུའི་ཁྲུར་ཆེན་གྱིས་དུད་པར། །ཕན་བདེའི་རོ་བརྒྱའི་སྙིང་པོ་ཅི་ཡང་འཛག །གྲངས་མེད་བསྐལ་པར་བསགས་པའི་སྦྱིན་པ་ཡི། །ཕུང་པོ་གཅིག་ཏུ་དཀར་བའི་ཡོངས་སྤྱོད་ཀྱང་། །ལྷ་མིའི་རྟེན་ལ་ཉམས་སུ་མྱོང་མི་སྲིད། །ཁྱེད་པོ་ཚུལ་ཁྲིམས་ཁོ་ནར་རག་ལུས་ན། །ལན་ཅིག་ཐོབ་པའི་རྟེན་བཟང་ཤིན་ཏུ་འདི། །བག་མེད་ལྟུང་བའི་འདམ་དུ་ཉེར་བྱེད་པ། །ཕྱིར་བཅོས་འཕྲུལ་གྱིས་བདེ་བའི་ཐང་ཡངས་པོར། །མི་འདོན་དལ་བར་འདུག་རྣམས་གདོན་

གྱིས་བརྟམས། །ཞེས་བྱ་བ་ནི་བར་སྐབས་ཀྱི་ཚིགས་སུ་བཅད་པའོ།། ||

༣༩ བཟོད་པ་ལ་བསླབ་པ།

གསུམ་པ་བཟོད་པའི་ཕར་ཕྱིན་ནི་སྤྱོད་འཇུག་ལས། སེམས་ཅན་མི་བསྲུན་ནམ་མཁའ་བཞིན། །དེ་དག་གཞོམ་གྱིས་ཡོངས་མི་ལང་། །ཁྲོ་བའི་སེམས་འདི་གཅིག་བཅོམ་ན། །དགྲ་དེ་ཐམས་ཅད་ཆོམས་དང་འདྲ། །ས་སྟེང་འདི་དག་ཀོས་གཡོག་ཏུ། །དེ་སྙེད་ཀོ་བས་ག་ལ་ལངས། །ལྷམ་མཐིལ་ཙམ་གྱི་ཀོ་བས་ནི། །ས་སྟེང་ཐམས་ཅད་གཡོགས་དང་འདྲ། །དེ་བཞིན་ཕྱི་རོལ་དངོས་པོ་ཡང་། །བདག་གིས་ཕྱིར་བཟློག་མི་ལངས་ཀྱི། །བདག་གི་སེམས་འདི་ཕྱིར་བཟློག་བྱའི། །གཞན་རྣམས་བཟློག་གོ་(༦༣ན)ཅི་ཞིག་དགོས། །ཞེས་རང་གིས་འགྲོ་བ་རྣམས་ལ་ཁོང་ཁྲོ་བ་ལ་སོགས་པ་འགོག་པའི་སེམས་ཀྱི་གོམས་པ་ཡོངས་སུ་རྫོགས་པ་དེ་བཟོད་པའི་ཕར་ཕྱིན་རྫོགས་པ་ཡིན་གྱི་སྐྱེ་རྒྱུ་མཐའ་དག་མི་སྲུན་པའི་བློ་དང་འབྲལ་མི་དགོས་པ་ཡིན་པས། ཞི་བ་ལྷས། བསྐལ་པ་སྟོང་དུ་བསགས་པ་ཡི། །སྦྱིན་དང་བདེ་གཤེགས་མཆོད་ལ་སོགས། །ལེགས་སྤྱད་གང་ཡིན་དེ་ཀུན་ཀྱང་། །ཁོང་ཁྲོ་གཅིག་གིས་འཇོམས་པར་བྱེད། །ཅེས་ཡུལ་དམ་པ་ལ་ཁོང་ཁྲོ་བྱུས་པས་དགེ་བའི་རྩ་བ་འཇོམས་པར་ཐམས་ཅད་ཡོད་སྨྲ་བའི་གཞུང་ལས་ཀྱང་བྱུང་ཞིང་། དམིགས་བསལ་འཇུག་པར། གང་ཕྱིར་རྒྱལ་སྲས་རྣམས་ལ་ཁྲོས་པ་ཡིས། །སྦྱིན་དང་ཁྲིམས་བྱུང་དགེ་བ་བསྐལ་པ་བརྒྱར། །བསགས་པ་སྐད་ཅིག་གིས་འཇོམས་དེ་ཡི་ཕྱིར། །མི་བཟོད་ལས་གཞན་སྡིག་པ་ཡོད་མ་ཡིན། །ཞེས་བྱང་སེམས་སྟོབས་ཆུང་བས་བྱང་སེམས་སྟོབས་ཆེ་བ་ལ་ཁྲོས་པས་དགེ་བ་བསྐལ་བརྒྱར་བསགས་པ་འཇོམས་ནུས་ལ་བྱང་སེམས་མིན་པའི་སོ་སྐྱེས་བྱང་སེམས་ལ་ཁྲོས་ན་བསྐལ་བ་སྟོང་གི་དགེ་བའི་འབྲས་བུ་མི་འབྱིན་པ་སོགས་ཤིན་ཏུ་ལྕི་བར་གསུངས། རང་རེ་རྣམས་ཀྱིས་ཁོང་ཁྲོ་ནི་རྐྱེན་ཆུང་ངུ་རེ་

ལ་ཡང་འབད་མེད་དུ་གསོག །ལུས་བྱང་སེམས་ནི་གང་ཟག་མི་དོང་ཐལ་བས་གཡོགས་པ་ལྟར་གང་ན་ཡོད་ཆ་མེད་པས་སྤྱར་བྱས་ཀྱི་དགེ་བ་ནི་གཏན་བརྟག་ལྟ་བུར་སོང་ཟིན་འདུག་པས་རྒྱུད་པ་ཀུན་གྱི་རྩ་བར་ངེས་ཤིང་། ཞི་བ་ལྷས། གང་ཞིག་བསྒྲིམས་ཏེ་ཁྲོ་འཇོམས་པ། །དེ་ནི་འདི་དང་གཞན་དུ་བདེ། །ཞེས་ཁྲོ་བ་སྤངས་ན་ཚེ་འདིར་ལུས་སེམས་མི་མནར་བར་མ་ཟད། སྐྱེ་བ་མཐའ་དག་ཏུ་བདེ་བའི་རྒྱུར་སྣང་བས་བཟོད་པའི་ཕ་རོལ་ཏུ་ཕྱིན་པ་ལ་བསླབ་སླམ་པའི་ཡིད་དུ་རེ་བ་དང་བཅས་ཏེ། ཐོག་མར་གནོད་བྱེད་ཀྱིས་གནོད་པ་བྱེད་བཞིན་པ་ཡིན་ན་དང་(༤༣བ)མིན་ན་སྤྱར་བྱས་པ་ཞིག་གསལ་བཏབ་ནས་ཞེ་སྡང་དམར་ལམ་པ་སྐྱེས་བྱུང་བའི་ཚེ་དེའི་ངོ་བོ་ལ་བལྟས་ནས། སྤྱོད་འཇུག་ལས། གང་ཚེ་ཉོན་མོངས་དབང་གྱུར་པས། །བདག་ཉིད་ཀུང་གསོད་བྱེད་པ། །དེ་ཚེ་དེ་དག་གཞན་ལུས་ལ། །གནོད་མི་བྱེད་པར་ཇི་ལྟར་འགྱུར། །ཞེས་དཔེར་ན་ལ་ལ་གཞན་ལ་མི་དགའ་བའི་ཉོན་མོངས་དྲག་པོ་སྐྱེས་པ་ན་རང་ལྟེབ་པ་དང་མཆོན་འདེབས་པ་གཡང་ལ་མཆོང་བ་སོགས་རང་སྲོག་རང་གིས་གཅོད་པ་མངོན་སུམ་གྱིས་གྲུབ་པས་བདག་གཅེས་འཛིན་གྱིས་རང་ལ་རང་གིས་གནོད་པ་བྱ་མི་ནུས་བཞིན་དུ་ཉོན་མོངས་པའི་གཞན་དབང་གིས་དེ་ལྟར་བྱེད་པ་ལ་ཁྲོ་བའི་གོ་སྐབས་མེད་ན། འགྲོ་བ་གཞན་ཉོན་མོངས་པའི་ཤུགས་དྲག་པོས་རང་དབང་དང་བྲལ་ཏེ་གནོད་པ་བྱེད་པ་ལ་ཅིའི་ཕྱིར་ཁྲོ་སླམ་དུ་བསམ། འོ་ན་གནོད་བྱེད་ངེས་རང་དབང་ཡོད་པས་ཁོ་རང་གི་གཉེན་སོགས་ལ་གནོད་པ་མི་བྱེད་དོ་སླམ་ན། གཉེན་ལ་ཕན་འདོགས་པ་དེ་ག་འདོད་ཆགས་ཀྱི་གཞན་དབང་དུ་སོང་བར་འདུག །སེམས་ཅན་རྣམས་ལ་རང་དབང་དང་ལྡན་ན་ཐམས་ཅད་སྡུག་བསྔལ་མི་འདོད་པས་སྡུག་བསྔལ་གྱིས་མནར་བའི་སེམས་ཅན་མེད་པར་ཐག་ཆོད་སླམ་དུ་བསྒོམས་པས་རྒྱལ་པོ་ལྟ་བུས་དབང་མེད་དུ་གནོད་པ་བྱེད་པར་བཏང་བའི་མི་དེ་ལ་འཆར་བའི་སྣང་བ་ལྟ་བུ་ཞིག་འོང་གསུང་། གཞན་ཡང་འགྲོ་བ་ཁོ་རང་གི་རང་

བཞིན་ལ་གནོད་པ་དེ་གྲུབ་ན་མེ་ཚ་ཞིང་སྲེག་པ་དང་འདྲ་ལ། གལ་ཏེ་གློ་བུར་དུ་བྱུང་བ་ཞིག་ཡིན་ན་ཉི་མ་སྤྲིན་གྱིས་བསྒྲིབས་པར་ནམ་མཁའ་ལ་ཁྲོ་མི་རིགས་པ་ལྟ་བུ། དེ་བཞིན་དུ་དངོས་སུ་ནད་བསྐྱེད་པ་ནི་དབྱུག་པ་ལྟ་བུའི་མཚོན་དང་། བརྒྱུད་ནས་ཞེ་སྡང་གིས་བཏང་པས་གང་ཟག་དེས་བྱས་པ་ཅི་ཞིག་ཡོད། གནོད་པ་བྱེད་པའི་རྩ་བའི་རྒྱུ་ལ་ཁྲོ་ན། རང་གིས་སྔོན་ཆད་གཞན་ལ་གནོད་པ་འདི་ལྟ་བུ་བྱས་པ་ལས་བྱུང་བའི་ཚུལ་སྤྱོད་འཇུག་ལས། བདག་གིས་སྔོན་ཆད་སེམས་ཅན་ལ། །འདི་འདྲ་བ་ཡི་གནོད་པ་བྱས། །དེ་བས་(༨༦ན)སེམས་ཅན་འཚེ་བྱེད་པ། །བདག་ལ་གནོད་པ་འདི་འབྱུང་རིགས། །ཞེས་སོ། །དེར་མ་ཟད་བདག་ལ་གནོད་བྱེད་འདིས་ངན་སྔགས་དང་རྦ་ཕྱུང་བ་སོགས་གནོད་པ་ཕྲ་མོ་ཡང་མི་བཟོད་པ་འདི་ལྟར་ན། ད་ལྟ་ངན་འགྲོའི་རྒྱུ་མང་དུ་བསྒྲུབས་པས་དམྱལ་བར་སྐྱེས་ན་སྡུག་བསྔལ་ཇི་ལྟར་བཟོད་སྙམ་དུ་རང་ལ་ཞེ་ཁྲེལ་ཡང་ཡང་འདེབས། གཞན་ཡང་རྩ་ཐོག་ཏུ་ཆར་བབས་ན་གཉིས་ཀ་རླན་གཤེར་ཡིན་པ་ལས་མ་འདས་པ་ལྟར། བདག་ལུས་དང་མཚོན་ཆ་གཉིས་ཀ་སྡུག་བསྔལ་གྱི་རྒྱུ་ཡིན་པས་ཟུག་རྔུ་བསྐྱེད་པ་ལས་འོས་ཅི་ཡོད། རང་དོན་སྒྲུབ་པའི་ཉན་ཐོས་ཀྱང་ཁྲོ་བར་མི་བྱེད་ན་བདག་སེམས་ཅན་ཐམས་ཅད་ཕ་མར་ཤེས་ཏེ་གཞན་ཕན་སྒྲུབ་པར་སེམས་བསྐྱེད་ནས་འདི་ལྟར་བྱ་ག་ལ་རིགས་སྙམ་དུ་བསྒོམས་པས་ལུས་སེམས་བདེ་འབོལ་གྱི་འགྲོ་བ་ཡིན་གསུང་ད་དུང་གཞན་གྱིས་བསྟོད་པ་བྱས་པ་ལ་དགའ་བར་འདུག་ན་སྨད་པ་ལ་མི་དགའ་བ་ཤུགས་ཀྱིས་འོང་བས། སྤྱོད་འཇུག་ལས། བསྟོད་དང་གྲགས་པའི་རིམ་གྲོ་ནི། །བསོད་ནམས་མི་འགྱུར་ཚེར་མི་འགྱུར། །བདག་སྟོབས་མི་འགྱུར་ནད་མེད་མིན། །ལུས་བདེ་བར་ཡང་མི་འགྱུར་རོ། །ཞེས་བསྟོད་པ་དང་སྙན་གྲགས་ཀྱིས་ཕྱི་མར་མ་ཟད་འདིའི་བདེ་བ་ཡང་འཕེལ་བར་མི་བྱེད་པའི་སྟེང་དུ་རང་ཉིད་དོན་མེད་ཀྱི་གཡེང་བར་འཇུག་པ་དང་། གཞན་གྱིས་ཕྲག་དོག་བྱེད་པའི་ཉེས་པ་དུ་མ་བསྐྱེད་ལ། སྙན་གྲགས་

ཉམས་པའི་རྒྱུར་སོང་ནས་དེས་གནས་སྐབས་གཞན་རྐྱེན་གྱི་འཚེ་བ་དང་མཐར་ཐུག་གཡེང་བ་མེད་པས་བྱང་ཆུབ་བསྒྲུབས་ཏེ་བདེ་བ་མང་པོ་ཞིག་འཕེལ་བར་འདུག་པ་དེ་སངས་རྒྱས་ཀྱི་བྱིན་རླབས་ཡིན་སྙམ་དུ་དགའ་བ་སྒོམ་པ་དང་། མཚོན་ལྟ་བུ་ཕོག་ན་སེམས་ལ་མ་གནོད་ཀྱང་ལུས་ལ་ཅུང་ཟད་གནོད་མོད་ངན་སྨྲས་སོགས་ཀྱིས་ལུས་སེམས་གང་ལ་ཡང་མི་གནོད་པའི་ཚུལ་བསམ། དེ་ལྟར་བསྒོམ་པས་ཀྱང་རང་(༨༤བ)ལ་བསྟོད་སྨད་བྱས་པ་མགོ་སྙོམས་པ་བྱུང་ནའང་། ད་དུང་དགྲ་ལ་ཕུན་སུམ་ཚོགས་པ་འདུག་པ་མི་བཟོད་པའི་བློ་ཐོལ་གྱི་ཤར་བྱུང་ན། སྤྱོད་འཇུག་ལས། གལ་ཏེ་དགྲ་ཞིག་མི་དགའ་ནའང་། །དེ་ལ་ཁྱོད་དགར་ཅི་ཞིག་ཡོད། །ཁྱོད་ཀྱི་ཡིད་སྨོན་ཙམ་གྱིས་ནི། །དེ་ལ་གནོད་པའི་རྒྱུར་མི་འགྱུར། །ཁྱོད་ཀྱི་འདོད་པས་སྡུག་བསྔལ་དེ། །གྲུབ་ནའང་ཁྱོད་དགར་ཅི་ཞིག་ཡོད། །གལ་ཏེ་འཚེངས་པར་འགྱུར་ཞེ་ན། །དེ་ལས་ཕུང་པའང་གཞན་ཅི་ཡོད། །ཉོན་མོངས་ཉ་པས་བཏབ་པ་ཡི། །མཆིལ་པ་འདི་ནི་མི་བཟད་གཟེ། །དེས་བཟུང་སེམས་དམྱལ་བུམ་པར་ནི། །དམྱལ་བའི་སྲུང་མས་བདག་འཚེད་ངེས། །ཞེས་སེམས་ཅན་ཁོ་རང་གིས་རྙེད་པའི་བདེ་བ་ལ་ཁྲོ་བའི་དོན་མེད་ལ་ཁྲོས་ཀྱང་གནོད་པར་ཅི་ལ་འགྱུར། གལ་ཏེ་གནོད་དུ་ཟིན་ཀྱང་རང་གཞན་གཉིས་ཀ་དམྱལ་བར་སྲེག་པའི་ལས་ཡིན་པ་འདུག་སྙམ་དུ་སྡོམ་སེམས་དྲག་པོ་བྱ། དེ་ལྟར་གནོད་པ་བྱེད་པ་པོ་རྣམས་ལ་དམིགས་པའི་ཁོང་ཁྲོའི་གཉེན་པོ་བསྟེན་པར་ནུས་ནའང་། རང་སྡུག་བསྔལ་ཐོག་ཏུ་བབས་པ་འདི་མི་བཟོད་པར་འདུག་སྙམ་ན། སྡུག་བསྔལ་དེ་ལ་བཅོས་སུ་མེད་ན་མི་དགའ་བ་བྱས་པས་དགོས་ནུས་མེད་ཅིང་། བཅོས་སུ་ཡོད་ན་བཅོས་པས་ཆོག་པས་མི་དགའ་བ་བྱ་ཡང་མི་དགོས་ལ། ད་ལྟ་མི་འདོད་པའི་སྡུག་བསྔལ་འབབ་པ་འདི་ཚེ་སྔོན་མ་མི་དགེ་བ་བྱས་པའི་འབྲས་བུ་ཡིན་པས་ཚེ་འདིར་སྡུག་བསྔལ་གྱི་ཚོར་བ་འདི་ལྟ་བུ་ཞིག་མ་མྱོང་ན་སླད་དོར་མི་འགྲུབ་པར་འཁོར་བའི་འཁོར་ལོ་འཁོར་བ་ཁོ་ནར་ཟད། ད་

རེས་སྡུག་བསྔལ་འདིས་རྐྱེན་བྱས་ནས་འཁོར་བ་ལས་ཡིད་འབྱུང་སྟེ་ཐར་པ་མྱུ་ངན་ལས་འདས་པ་སྒྲུབ་པའི་རྩ་བ་བྱས་པས་བཀའ་དྲིན་ཆེ། གཏར་སྲེག་སོགས་དཔྱད་རྩུབ་མོའི་སྡུག་བསྔལ་བསྟེན་པས་ནད་ཀྱི་གདུང་བ་ཞི་བ་ལྟར་ཕྱི་མ་མཐར་མེད་དུ་སྐྱེ་དགོས་པའི་སྡུག་བསྔལ་གྱི་ཚབ་ལ་ཚེ་འདིར་ནད་ཀྱིས་ཐེབས་པ་ལ་སོགས་པའི་སྡུག་བསྔལ་བྱུང་བས་གོ་བཅད་སླམ་དུ་བསམ། བཤད་མ་(༦༥ན)ཐག་པ་དེ་རྣམས་ཐུན་དངོས་གཞི་ལ་སྦྱོང་བ་ཐོན་པར་བྱས་ནས། ཐུན་མཚམས་ལ་གོས་ཕྱག་དར་ཁྲོད་པ་སོགས་ཚངས་སྤྱོད་འཕེལ་བའི་གནས་ལ་བརྟེན་པའི་སྡུག་བསྔལ་དང་ལེན། བསྙོད་སྨད་སོགས་འཇིག་རྟེན་གྱི་ཆོས་ལ་བརྟེན་པའི་སྡུག་བསྔལ་དང་ལེན། སྟན་ལ་སྒྲོ་མི་འབེབས་པའི་སྤྱོད་ལམ་གྱི་སྡུག་བསྔལ་དང་ལེན། དཀོན་ཅོག་མཆོད་པ་སོགས་ཆོས་ཡོངས་སུ་འཛིན་པ་ལ་བརྟེན་པའི་སྡུག་བསྔལ་དང་ལེན། གཟུགས་མི་སྡུག་པ་དང་གོས་ངན་པ་སོགས་ཉམས་སུ་བླང་ཞིང་སྒྲུ་གར་སོགས་འདོད་ཡོན་ལས་ལྡོག་པའི་སློང་མོས་འཚོ་བ་ལ་བརྟེན་པའི་སྡུག་བསྔལ་དང་ལེན། དགེ་བའི་ཕྱོགས་ལ་མངོན་པར་བརྩོན་པས་དུབ་པ་ལ་བརྟེན་པའི་སྡུག་བསྔལ་དང་ལེན། གཞན་གྱི་སྲོག་སྐྱོབ་པ་སོགས་སེམས་ཅན་དོན་བྱེད་ལ་བརྟེན་པའི་སྡུག་བསྔལ་དང་ལེན། ཚོང་སོགས་སྤངས་པ་འཕྲལ་གྱི་བྱ་བ་ལ་བརྟེན་པའི་སྡུག་བསྔལ་རྣམས་དངོས་སུ་དང་དུ་ལེན་ཞིང་མི་ནུས་པ་རྣམས་ཀྱང་དང་དུ་ལེན་པ་ལ་ཡིད་ཀྱི་གོམས་པ་ནན་ཏན་དུ་བྱས་པས། སྤྱོད་འཇུག་ལས། གོམས་ན་སླ་བར་མི་འགྱུར་པའི། །དངོས་དེ་གང་ཡང་ཡོད་མ་ཡིན། །དེ་བས་གནོད་པ་ཆུང་གོམས་པས། །གནོད་པ་ཆེན་པོའང་བཟོད་པར་བྱ། །ཞེས་རིམ་གྱིས་གོམས་ན་མཐར་གང་ལའང་ཐེ་མི་སྙམ་པའི་བཟོད་པའི་ཕར་ཕྱིན་ཡོངས་སུ་རྫོགས་པར་འགྱུར་བ་ལགས་སོ། །

སྨྲས་པ། སྐྱེ་བར་བསགས་པའི་དགེ་ཚོགས་ནགས་ཀྱི་ལྗོངས། །ཡོང་ཁྲོའི་མེ་ཕུང་གཅིག་གིས་རབ་བསྲེགས་ནས། །མི་དགེའི་སྔོང་དུམ་སྲིད་པའི་རྩེར་སྤུངས་པའི། །མི་

བཟོད་དགྲ་འདི་སྡུག་བསྔལ་ཀུན་གྱི་གཞི། །དབང་མེད་ལས་ཉོན་རི་གཟར་རྩེ་མོ་ནས། །དཀར་མིན་འབྲས་བུ་ཐུར་དུ་རྒྱུག་པའི་ཐབ། །འཁོར་བའི་གཙོང་རོང་ཁྲོད་དུ་གནས་པ་རྣམས། །བཙོམ་པའི་གཉིས་ལུགས་འདི་ལ་སུ་ཞིག་གཤུང་། །(༧༥བ)ཀུན་འབྱུང་དཔུང་ཚོགས་བཤམས་པའི་གཡུལ་ངོ་ན། །བཟོད་པའི་གོ་ཆ་བཙན་པོ་ལེགས་བགོས་ཚེ། །རྗེག་རྟུང་ཚིག་རྩུབ་མཚོན་གྱིས་འབིགས་མིན་པའི། །མྱང་འདས་གནས་སུ་བགྲོད་པར་བྱེད་འདི་མཚར། །ཞེས་བྱ་བ་ནི་བར་སྐབས་ཀྱི་ཚིགས་སུ་བཅད་པའོ།། །།

༣༩ བརྟོན་འགྲུས་ལ་བསླབ་པ།

བཞི་པ་བརྩོན་འགྲུས་ཀྱི་ཕར་ཕྱིན་ནི་སྤྱོད་འཇུག་ལས། བརྩོན་གང་དགེ་ལ་སྤྲོ་བའོ། །ཞེས་དགེ་བ་བསྒྲུབ་པ་དང་སེམས་ཅན་གྱི་དོན་བྱ་བའི་ཕྱིར་དུ་སེམས་མངོན་པར་སྤྲོ་བ་ཕྱིན་ཅི་མ་ལོག་པ་གོང་ནས་གོང་དུ་ཡོངས་སུ་རྫོགས་པ་མཐར་ཕྱིན་པ་དེ་བརྩོན་འགྲུས་ཀྱི་ཕ་རོལ་ཏུ་ཕྱིན་པ་ཡིན་ལ། དེ་ཡང་མདོ་སྡེ་རྒྱན་ལས། དགེ་བའི་ཚོགས་ཀྱི་ནང་ན་བརྩོན་འགྲུས་མཆོག །འདི་ལྟར་དེ་ལ་བརྟེན་ནས་དེ་རྗེས་འཐོབ། །བརྩོན་འགྲུས་ཀྱིས་ནི་མོད་ལ་བདེ་གནས་མཆོག །དངོས་གྲུབ་འཇིག་རྟེན་འདས་དང་འཇིག་རྟེན་གཏོགས། །བརྩོན་འགྲུས་ཀྱིས་ནི་སྲིད་སྤྱོད་འདོད་པ་འཐོབ། །བརྩོན་འགྲུས་ཀྱིས་ནི་དག་པ་རབ་འགྱུར་ལྡན། །བརྩོན་འགྲུས་ཀྱིས་ནི་འཇིག་ཚོགས་འདས་ནས་འགྲོ། །བརྩོན་འགྲུས་ཀྱིས་ནི་བྱང་ཆུབ་མཆོག་འཚང་རྒྱ། །ཞེས་འཇིག་རྟེན་དང་འཇིག་རྟེན་ལས་འདས་པའི་ཕན་བདེ་ཐམས་ཅད་ཀྱི་འབྱུང་གནས་ནི་བརྩོན་འགྲུས་ཡིན་པས་དེ་ཉམས་སུ་ལེན་པར་བྱེད་པ་ལ་ཐོག་མར་གོ་ཆའི་བརྩོན་འགྲུས་ལ། བསྐལ་པ་ཆེན་པོ་སྟོང་ཕྲག་རེ་ལ་ཞག་གཅིག །དེ་སུམ་ཅུ་ལ་ཟླ་བ། དེ་བཅུ་གཉིས་ལ་ལོར་བྱས་པའི་བསྐལ་པ་ཆེན་པོ་གྲངས་མེད་པ་གསུམ་

བྱེ་བ་ཕྲག་འབུམ་འགྱུར་གྱི་བར་དུ་སེམས་ཅན་གཅིག་གི་སྡུག་བསྔལ་བསལ་བའི་ཆེད་དུ་དམྱལ་བ་པོ་ནར་གནས་པ་ལ་བརྟེན་ནས་སངས་རྒྱས་སྒྲུབ་དགོས་པ་བྱུང་ཡང་བརྩོན་འགྲུས་མི་གཏོང་ན་དེ་ལས་ཐུང་བ་ལྟ་ཅི་སྨོས་སྙམ་པ་གོ་ཆའི་བརྩོན་འགྲུས་དང་། འཁོར་བ་ཐོག་མ་མེད་པ་ནས་ད་ལྟ་ཡན་ཆད་ལ་ཞག་གཅིག་ཏུ་བྱས་པའི་རིམ་པ་བཞིན་ཟླ་བ་དང་ལོར་བརྩིས་ནས་ལོ་འབུམ་སོང་བ་ན་བྱང་ཆུབ་ཀྱི་(༨༨ན)སེམས་གཅིག་སྐྱེ་ཞིང་སངས་རྒྱས་གཅིག་མཐོང་བ་ལྟ་བུ་གངྒཱའི་ཀླུང་གི་བྱེ་མ་སྙེད་ཀྱི་གྲངས་དང་མཉམ་པ་ན་སེམས་ཅན་གཅིག་གི་སེམས་དང་སྤྱོད་པ་ཤེས་ཤིང་། དེ་འདྲ་བའི་ཡུལ་སེམས་ཅན་རེ་རེ་བཞིན་ནས་བྱེད་དགོས་པ་བྱུང་ཡང་དེ་དག་ལ་ཡུན་རིང་བར་མི་སེམས་པར་སྤྲོ་བར་བྱེད་པ་ནི་གོང་ན་མེད་པའི་བརྩོན་འགྲུས་སུ་བཤད་པས་རང་རེ་རྣམས་ཀྱིས་སྔར་སྦྱིན་པའི་སྐབས་ཀྱང་ཐོག་མར་ཟན་ཁམ་གཅིག་ལས་བརྩམས་ནས་བསམ་སྦྱོར་གཉིས་ཀས་སྦྱིན་པ་ལ་གོམས་པར་བྱས་པས་མཐར་ལུས་དང་མགོ་བོ་གཏོང་བ་ལ་ཡང་ཞུམ་པ་མེད་པར་བྱུང་ཚུལ་བཞིན་འདིར་ཡང་ཐོག་མར་བདག་གིས་སྔ་དྲོ་འདིའི་ཡུན་གྱི་བར་དགེ་བའི་བྱ་བ་འདི་ཙམ་ཞིག་བྱེད་སྙམ་དུ་བསམ་པ་དང་། བསམས་པ་བཞིན་དུ་སྦྱིན་སོགས་ཀྱི་དགེ་བ་གང་ཡིན་པ་དེ་ལ་བརྩོན་འགྲུས་ཆེན་པོས་འབད་ཅིང་། རིམ་གྱིས་ཞག་གྲངས་ཟླ་བ་ལོ་ཇི་སྲིད་འཚོའི་བར་ལྟ་བུའི་དམ་བཅའ་དང་བཅས་ཏེ་བརྩོན་འགྲུས་བརྩམས་ཀྱང་དེ་ལ་ཡུན་རིང་བ་དང་དཀའ་བའི་སྣང་བ་མི་འཆར་བ་དང་སྤྲོ་བ་ཆེར་འཕེལ་བས་སྔར་བཤད་པའི་གོ་ཆའི་བརྩོན་འགྲུས་དེ་དག་ཀྱང་སྒྲུབ་ནུས་པ་ཞིག་འོང་བ་ཡིན་ལ། ཐུན་དངོས་གཞིའི་སྐབས་དཀོན་ཅོག་རྗེས་སུ་དྲན་པས་དུག་གསུམ་གྱི་གཉེན་པོ་བསྟེན་པ་སོགས་ཇི་ལྟར་རིགས་པའི་དཔྱད་འཇོག་གི་དམིགས་པ་ཐུན་དེ་མ་རྫོགས་ཀྱི་བར་དུ་གཞན་གྱིས་བར་མ་བཅད་པར་བྱེད་སྙམ་པའི་འཕེན་པ་བཏང་ཞིང་། སྙོམ་ལས་དང་དམན་པའི་བདེ་བ་ལ་སྲེད་པ་བཀག་ནས་བརྩོན་འགྲུས་ཆེན་

པོས་བྱས་པས་ཐུན་སྔ་མ་རྣམས་ལ་དཀའ་སེ་འོང་ཡང་། རིམ་གྱིས་བསྒོམ་པ་ན་དཀའ་བ་མེད་ཅིང་སྤྲོ་བ་ཆེར་འཕེལ་བ་ཡིན་གསུང་། དེ་ཡང་ད་དུང་ཡོངས་ཡོད་སྐམ་པའི་ཕྱི་ཤོལ་གྱི་ལེ་ལོ་ཞིག་བློ་ལ་ཐོལ་གྱི་ཤར་བྱུང་བ་ན། སྤྱོད་འཇུག་ལས། སྐོམ་ལས་བདེ་(༨༨བ)བའི་རོ་མྱང་དང་། །གཉིད་ལ་བརྟེན་པའི་སྲིད་པ་ཡི། །འཁོར་བའི་སྡུག་བསྔལ་མི་སྐྱོ་ལས། །ལེ་ལོ་ཉེ་བར་སྐྱེ་བར་འགྱུར། །ཞེས་དགེ་བ་ལ་ཞག་འཕྱུལ་ཉིན་འཕྱུལ་གྱི་ཕྱི་བཤོལ་བྱེད་པའི་ལེ་ལོའི་རྒྱུ་གཉིད་རྒྱུགས་སོགས་དམན་པའི་རོ་ལ་ཆགས་པ་ལས་འབྱུང་བར་བཤད་པས། ལུས་ཀྱི་སྤྱོད་ལམ་རླུང་འོངས་དང་གོས་སྲབ་ཏུ་གཏོང་བ་ཁམས་གསེང་བ་ཡང་བྱེད་ཅིང་དམིགས་པ་ནི་ཀན་གཞོན་མེད་པར་ཤི་བ་མིག་གིས་མཐོང་བ་བཞིན་བདག་ཀྱང་མྱུར་དུ་འཆི། ཤི་བའི་འོག་ཏུ་རྟེན་བཟང་འདི་འདྲ་རྙེད་པ་དཀའ་སྙམ་དུ་བསམ་པས་སྐོམ་འཐུང་བའི་ཡོངས་ཀྱང་མེད་པ་ལྟ་བུའི་ཤེས་པ་ཅན་ཞིང་ངེ་བ་ཞིག་མ་སྐྱེས་བར་བསྒོམ། ད་དུང་གཉེན་པོ་མཐར་མ་ཕྱིན་པས་བྲེ་མོའི་གཏམ་སོགས་དམན་པའི་བདེ་བ་ལ་སྲེད་པའི་སྣང་བ་བྱུང་བ་ན། སྤྱོད་འཇུག་ལས། དགའ་བའི་རྒྱུ་ནི་མཐའ་ཡས་པའི། །དམ་ཆོས་དགའ་བའི་མཆོག་སྤངས་ནས། །སྡུག་བསྔལ་རྒྱུ་ཡི་གཡེང་བ་དང་། །རྐྱེད་སོགས་ལ་ཅི་ཕྱིར་དགའ། །ཞེས་གནས་སྐབས་ཀྱི་བདེ་བ་ཕྲ་མོ་འདི་དག་ལ་རྣམ་པར་གཡེངས་པས་དམ་པའི་ཆོས་ཀྱི་སྒོ་འགགས་ཏེ་བདག་ངན་སོང་དུ་སྐྱེ་བ་འདུག་སྙམ་དུ་བསམ། དེ་བཞིན་བསྒོམས་པས་བདག་གིས་ཐོབ་བྱ་སངས་རྒྱས་བཅོམ་ལྡན་འདས་འདི་ནི་སྐྱོན་ཀུན་ཟད་ཡོན་ཏན་ཀུན་ལྡན་ཡིན་པས་འཐོབ་པར་དཀའ་སྙམ་པའི་བློ་ཞུམ་པ་ཞིག་འབྱུང་བས་དེའི་ཚེ་འདི་སྙམ་དུ། སྤྱོད་འཇུག་ལས། བདག་གིས་བྱང་ཆུབ་ག་ལ་ཞེས། །སྒྱིད་ལུག་པར་ནི་མི་བྱ་སྟེ། །འདི་ལྟར་དེ་བཞིན་གཤེགས་པ་ནི། །བདེན་པ་གསུང་བས་བདེན་འདི་གསུངས། སྦྲང་བུ་ཤ་སྦྲང་བུང་བ་དང་། །དེ་བཞིན་སྲིན་བུར་གང་གྱུར་བ། །དེས་ཀྱང་བརྩོན་པའི་སྟོབས་བསྐྱེད་ན། །བྱང་ཆུབ་འཐོབ་

དཀའ་བླ་མེད་འཐོབ། །བདག་ལྷ་རིགས་ཀྱི་མིར་སྐྱེས་པ། །ཕན་དང་གནོད་པ་ངོ་ཤེས་པས། །བྱང་ཆུབ་སྤྱོད་པ་མ་བཏང་ན། །བདག་གིས་བྱང་ཆུབ་ཅིས་(༨༧ན)མི་འཐོབ། །ཅེས་ཡོན་ཏན་ཁྱད་པར་དང་ལྡན་པའི་བཅོམ་ལྡན་འདས་དེས་སེམས་ཅན་ཐམས་ཅད་སངས་རྒྱས་འཐོབ་པར་གསུངས་ན་བདག་ཅིའི་ཕྱིར་སངས་རྒྱས་ཐོབ་པར་མི་འགྱུར་སྙམ་གཟེངས་བསྟོད་པའི་ཚུལ་གྱིས་བསྒོམ། སངས་རྒྱས་ཐོབ་པར་འགྱུར་སྙམ་པའི་གཟེངས་བསྟོད་ཀྱང་རྐང་ལག་ལ་སོགས་པའི་ལུས་གཏོང་བ་ཞིག་མི་ནུས་སོ་སྙམ་ན། སྤྱོད་འཇུག་ལས། གསོ་དཔྱད་ཕལ་པ་འདི་འདྲ་བ། །སྨན་པ་མཆོག་གིས་མ་མཛད་དེ། །ཚོ་ག་ཤིན་ཏུ་འཇམ་པོ་ཡིས། །ནད་ཆེན་དཔག་མེད་གསོ་བར་མཛད། །ཚོང་མ་ལ་སོགས་སྦྱིན་པ་ལའང་། །འདྲེན་པས་ཐོག་མར་སྦྱོར་བར་མཛད། །དེ་ལ་གོམས་ནས་ཕྱི་ནས་ནི། །རིམ་གྱིས་རང་གི་ཤ་ཡང་གཏོང་། །གང་ཚེ་རང་གི་ལུས་ལ་ནི། །ཚོད་སོགས་ལྟ་བུའི་བློ་སྐྱེས་པ། །དེ་ཚེ་ཤ་ལ་སོགས་གཏོང་བ། །དེ་ལ་དཀའ་བ་ཅི་ཞིག་ཡོད། །ཅེས་མགོ་དང་མིག་ལ་སོགས་པ་གཏོང་བ་ལ་ཚོད་མའི་ཚ་བ་འདྲེན་པ་ཙམ་གྱི་བློ་སྐྱེ་བའི་ཚེ་གཏོང་བ་ཡིན་པས་དཀའ་བ་མི་འདུག་སྙམ་པའི་སྤྲོ་བ་ཆེན་པོ་བསམ། དེ་ལྟར་རྒྱལ་སྲས་ཀྱི་སྤྱོད་པ་ལ་སློབ་པའི་ཚེ་འཁོར་བར་སྐྱེ་བ་ལེན་པ་མི་བཟོད་དོ་སྙམ་ན། སྤྱོད་འཇུག་ལས། །སྡིག་པ་སྤངས་ཕྱིར་སྡུག་བསྔལ་མེད། །མཁས་པའི་ཕྱིར་ན་མི་དགའ་མེད། །འདི་ལྟར་ལོག་པར་རྟོག་པ་དང་། །སྡིག་པས་སེམས་དང་ལུས་ལ་གནོད། །བསོད་ནམས་ཀྱིས་ནི་ལུས་བདེ་ལ། །མཁས་པ་ཡིས་ནི་སེམས་བདེ་ན། །གཞན་དོན་འཁོར་བར་གནས་ཀྱང་ནི། །སྙིང་རྗེ་ཅན་དག་ཅི་སྟེ་སྐྱོ། །ཞེས་བྱང་སེམས་ཀྱིས་སྡིག་པ་སྤངས་པས་རྒྱུ་མེད་པའི་ཕྱིར་ན་འབྲས་བུ་སྡུག་བསྔལ་མི་འབྱུང་ངོ་སྙམ་དུ་བསྒོམ། དགེ་བ་ཚོས་སྤྱད་ནི་དཀོན་ཅོག་མཆོད་པ་སོགས་ལ་བརྩོན་པ་དང་། སེམས་ཅན་དོན་བྱེད་ནི་གཞན་གྱི་ནོར་རྐུན་པོས་མི་འཕྲོར་བའི་ཐབས་སྟོན་པ་ལ་བརྩོན་པ་སོགས་ཚུལ་ཁྲིམས་ཀྱི་སྐབས་

ལྟར་ལ་མི་འདྲ་(༦༧བ)བའི་ཁྱད་པར་སྐབས་ཐོབ་ཕྱི་སྐྱེ་དམིགས་པ་བསྐྱང་ངོ་། །བཤད་མ་ཐག་པའི་ཡོན་ཏན་དེ་དག་ཀུང་སྣ་རེ་ཙམ་སྐྱེས་པ་ལ་ཆོག་མི་ཤེས་པར་རྒྱལ་སྲས་ཀྱི་སྤྱོད་པ་ལ་བསླབ་པ་དང་མ་བསླབས་པའི་ཕན་ཡོན་དང་ཉེས་དམིགས་དྲན་པའི་སྒོ་ནས་མོས་པའི་སྟོབས་བསྐྱེད་འགྲུས་རྩོམ་པ་ལ་ཕྱིར་མི་ལྡོག་པ་བརྟན་པའི་སྟོབས། སྤྲོ་བ་ཆེན་པོ་དང་བཅས་ཏེ་འཕྲོ་མི་གཅོད་པ་དགའ་བའི་སྟོབས། དུབ་ན་ངལ་གསོ་བའི་གནད་ཤེས་པ་དོར་བའི་སྟོབས་རྣམས་ཀྱི་སྒོ་ནས། སྤྱོད་འཇུག་ལས། འཐབ་ཉིང་དགྲ་དང་ལྷན་ཅིག་ཏུ། །གཡུལ་ངོར་རལ་ཁ་ལྷགས་པ་བཞིན། །ཉོན་མོངས་མཚོན་ལས་གཟུར་བྱ་ཞིང་། །ཉོན་མོངས་དགྲ་རྣམས་འཛེབས་པར་བཏབ། །ཅེས་དགྲ་འཐབ་ལ་མཁས་པས་ཕར་དགྲ་ལ་མཚོན་བསྣུན་པ་དང་ཚུར་བཟེག་པ་ལ་ཟློན་བྱེད་པ་ལྟར། འདིར་ཡང་ཉོན་མོངས་པ་མངོན་གྱུར་འཇོམས་པ་དང་། བག་ལ་ཉལ་གྱི་ཉོན་མོངས་པས་ཚུར་སེམས་ལ་རྨ་ཕྱུང་བ་ལ་ཟློན་བྱེད་པ་གཉིས་ཀའི་ཚུལ་གྱིས་བརྩོན་འགྲུས་བསྐྱེད་ཅིང་ཉམས་སུ་ལེན་འཚལ་ལོ། །

སྨྲས་པ། གཏི་མུག་གཉིད་དང་རྨུགས་སོགས་བདེ་བའི་རོ། །དོན་མེད་རྣམ་པར་གཡེང་བའི་རྐྱེད་བག་ལ། །ཇི་ཙམ་སྤྱད་ཀྱང་ངོམས་པ་མེད་པ་འདི། །སྐོམ་པས་བ་ཚྭའི་ཆུ་ལས་འཐུང་བ་བཞིན། །ཞི་སྟང་དབང་གིས་སྟོབས་ལྡན་དགྲ་བོ་ལ། །མི་ནུས་བཞིན་དུ་གཟིངས་བསྟོད་མཐོ་བརྩམས་ན། །ངེས་པར་སྒྲུབ་ནུས་སངས་རྒྱས་ཀོ་འཕང་ལ། །ཞུམ་པར་བྱེད་པའི་བློ་ངན་འདི་ཀོ་ནོར། །ཡོངས་མེད་ཚེ་འདིའི་སྣང་ཚུལ་ཤེས་བཞིན་དུ། །གཏན་གྱི་བདེ་བ་སྒྲུབ་པའི་དམ་ཆོས་ལ། །ཞག་འཕྱུལ་ཉིན་འཕྱུལ་མེད་པར་བརྩོན་པའི་ལུག །བྲབས་ན་ཐར་པའི་གླིང་དེར་བགྲོད་པར་ངེས། །ཞེས་བྱ་བ་ནི་བར་སྐབས་ཀྱི་ཚིགས་སུ་བཅད་པའོ།། ༎

ཅ༥ བསམ་གཏན་ལ་བསླབ་པ།

ལྔ་པ་བསམ་གཏན་གྱི་ཕར་ཕྱིན་ནི་སྤྱོད་འཇུག་ལས། དེ་ལྟར་བརྩོན་འགྲུས་བསྐྱེད་ནས་ནི། །ཡིད་ནི་ཏིང་(༨༢ན)ངེ་འཛིན་ལ་བཞག །ཅེས་སེམས་དམིགས་པ་ལས་གཞན་དུ་མི་གཡེང་བར་གནས་པས་སེམས་རྩེ་གཅིག་པ་ལ་སྒོམ་པ་མཐར་ཕྱིན་པ་ན་བསམ་གཏན་གྱི་ཕ་རོལ་ཏུ་ཕྱིན་པར་འགྱུར་ལ། དེ་ཡང་ལམ་རིམ་ཆེ་ཆུང་སོགས་གོང་མ་རྣམས་ཀྱི་གསུང་རབ་ཏུ་བསམ་གཏན་དང་ཤེས་རབ་ཀྱི་སྐོར་ལ་མདོར་བསྟན་རྒྱས་བཤད་ཀྱི་ཚུལ་དུ་ཞི་ལྷག་གཉིས་ལོགས་སུ་མཛད་ནའང་། དངོས་དོན་གཅིག་གི་ཉམས་ལེན་སྐྱོང་ཕོར་བསྒྲིལ་བའི་ཚེ་ཞི་གནས་ཀྱི་དམིགས་པ་ས་བཅད་ལྔ་པ་དང་། ལྷག་མཐོང་གི་དམིགས་པ་ས་བཅད་དྲུག་པར་མཛད་ནས་མཇུག་ཏུ་བསྡུ་བའི་དངོས་པོ་བཞིས་དོན་བསྡུ་བ་ལགས་པས་དེ་ལྟར་ན་བསམ་གཏན་ནམ་ཏིང་ངེ་འཛིན་གྱི་ཉམས་ལེན་ཞི་གནས་བསྒོམ་པ་ལ། དགོངས་འགྲེལ་ལས། སྐྱེ་བོ་ཡིས་ལྷག་མཐོང་དང་། །ཞི་གནས་བསྒོམ་པར་བྱས་ན་ནི། །གནས་ངན་ལེན་གྱི་འཆིང་བ་དང་། །མཚན་མའི་འཆིང་ལས་རྣམ་གྲོལ་འགྱུར། །ཞེས་གནས་ངན་ལེན་གྱི་འཆིང་བ་སྤྱོང་བ་ས་བོན་དང་བཅས་པ་རྩ་བ་ནས་དྲུངས་ཕྱུང་བ་ཤེས་རབ་དང་། མཚན་མའི་འཆིང་བ་སྤྱོང་བ་མངོན་གྱུར་འགོ་གནོན་པ་བསམ་གཏན་ཡིན་པས་དེ་གཉིས་ལ་ཞི་ལྷག་གི་མིང་དུ་བཏགས་ཏེ་ཐེག་པ་གསུམ་གྱི་ཏིང་ངེ་འཛིན་མིང་གི་འདོགས་ཕྱོགས་རྣམ་གྲངས་མང་བ་མཐའ་དག་དོན་ཞི་ལྷག་གཉིས་སུ་མ་འདུས་པ་མེད་ཅིང་། ཞི་གནས་ནི་དམིགས་པ་གཅིག་ལ་དྲན་ཤེས་རྒྱུན་ཆགས་སུ་གཏད་པས་སེམས་དམིགས་པ་ལ་ངང་གིས་གནས་ཏེ་ལུས་སེམས་ཤིན་སྦྱངས་ཀྱི་དགའ་བདེ་སྐྱེས་པ་ན་ཏིང་ངེ་འཛིན་ཁྱད་པར་ཅན་དུ་འགྱུར་བའི་ཕྱིར་ན་ཤེས་རབ་ཀྱིས་མཚན་འཛིན་གྱི་འཆིང་བ་གཅོད་པར་བྱེད་པ་ལ་ཡང་ཟླ་བ་སྒྲོན་མེའི་མདོ་ལས།

ཞི་གནས་སྟོབས་ཀྱིས་གཡོ་བ་མེད་པར་འགྱུར། །ལྷག་མཐོང་གིས་ནི་རི་དང་(༨༢བ)འདྲ་བར་འགྱུར། །ཞེས་དཔེར་ན་ཆུའི་བྱ་བ་བྱེད་པ་ལ་ཆུ་དེ་སྟོད་པའི་སྣོད་གཅིག་དགོས་པ་བཞིན་དུ་དམིགས་པ་ལ་འཇུག་པར་འཇུག་མཁན་གྱི་སེམས་མི་གཡོ་བ་དགོས་པས་གནས་ལུགས་ཀྱི་དོན་རི་མོ་སྣ་ཚོགས་ཀྱི་བཀོད་པ་མ་འདྲེས་པར་སོ་སོར་མཐོང་བར་བྱེད་པ་ལ་མ་རིག་པའི་མུན་པས་བསྒྲིབས་ན་ཤེས་རབ་ཀྱི་མར་མེ་སྦར་ཏེ་བལྟ་དགོས་པར་རྣམ་གཡེང་གི་རླུང་གིས་བསྐྱོད་དེ་མི་གསལ་བས་ན་དེ་ཉིད་སྒོ་དགག་པའི་ཏིང་འཛིན་ནི་མེད་དུ་མི་རུང་བ་སྟེ། ཞི་གནས་ལ་བརྟེན་ནས་གཞན་དུ་མི་གཡེལ་བ་མ་བྱུང་ན་གནས་ལུགས་ཀྱི་དོན་དུ་མ་ཟད་ལས་འབྲས་བྱམས་སྙིང་རྗེ་བཟླས་བརྗོད་སོགས་དགེ་བ་གཞན་རྣམས་ཀྱང་འབྲས་བུ་ཆུང་བའི་ཕྱིར། སྤྱོད་འཇུག་ལས། སེམས་ནི་རྣམ་པར་གཡེངས་པའི་མི། །ཉོན་མོངས་མཆེ་བའི་སྲབ་ན་གནས། །ཞེས་དང་། བཟླས་བརྗོད་དང་ནི་དཀའ་ཐུབ་ཀུན། །ཡུན་རིང་དུས་སུ་སྤྱད་བྱས་ཀྱང་། །སེམས་གཞན་གཡེང་བས་བྱས་པ་ནི། །དེ་ཉིད་རིག་པས་དོན་མེད་གསུངས། །ཞེས་པ་ལྟར་རོ། །དེ་ཡང་ཞི་བ་ལྷས། ཞི་གནས་རབ་ཏུ་ལྡན་པའི་ལྷག་མཐོང་གིས། །ཉོན་མོངས་རྣམ་པར་འཇོམས་པར་ཤེས་བྱས་ཏེ། །ཐོག་མར་ཞི་གནས་བཙལ་བྱ། །ཞེས་བདག་འཛིན་གྱི་རྩ་བ་ཆོད་པར་བྱེད་པ་ལ་བདག་མེད་རྟོགས་པའི་ཤེས་རབ་སྒོམ་དགོས། དེའི་སྔོན་དུ་ཞི་གནས་སྒོམ་པ་ལ། མདོ་སྡེ་རྒྱན་ལས། བློ་ལྡན་གང་དུ་བསྒྲུབ་པའི་ཡུལ། །ལེགས་པར་རྙེད་དང་གནས་བཟང་དང་། །ས་བཟང་བ་དང་གྲོགས་བཟང་དང་། །རྣལ་འབྱོར་བདེ་བའི་ཡོ་བྱད་ལྡན། །ཞེས་ཟས་གོས་སོགས་ཆོས་སྒྲུབ་པའི་མཐུན་རྐྱེན་རྙེད་སླ་ཞིང་། གཅན་གཟན་དང་ཆོམ་རྐུན་དགྲ་གདོན་གྱི་འཚེ་བ་མེད་པ། ནད་མི་བསྐྱེད་པའི་ས་བཟང་བ། ཆོས་ལྡན་གྱི་གྲོགས་དང་ལྡན་པ། དོན་མེད་ཀྱི་གཡེང་བའི་འདུ་འཛི་མཐའ་དག་གིས་དབེན་པ་ནི་ཆོས་འདི་ཉམས་སུ་ལེན་པའི་གནས་(༨༣ན)ཀྱི་ཁྱད་པར་ཡིན་ལ། གནས་དེ་དང་

ལྡན་ཡང་གང་ཟག་རང་དོས་ནས་རྣམ་གཡེང་གི་རྒྱུ་བསྐྱུབས་ན་ཐབས་ཤེས་ཡ་བྲལ་དུ་འགྲོ་བས་ཟས་གོས་བཟང་པོ་དང་མང་བ་ལ་དགའ་བ་སྤངས་ཏེ་འདོད་པ་ཆུང་བ། ཟས་བསོད་སྙོམས་དང་གོས་ཕྱག་དར་ཁྲོད་པས་ཆོག་ཤེས་པ། ཚོང་ཁེ་སྤྱོགས་སྨན་དཔྱད་དང་སྐར་རྩིས་སོགས་བྱ་བ་མང་པོ་ལ་མི་འཇུག་ཅིང་ཚུལ་ཁྲིམས་དག་པ། འདོད་པའི་ཉེས་དམིགས་དང་མི་རྟག་པའི་ངང་ཚུལ་ལེགས་པར་བསམ་པའི་ཚོས་རྟུག་ལ་བརྟེན་ནས་ཉམས་སུ་བླང་བར་བྱ་བ་ཡིན་ནོ། །

དེའི་ཚུལ་ལ། དམིགས་པ་གཏད་པར་བྱ་བའི་ཡུལ་དེ་བཞིན་གཤེགས་པས་རྣལ་འབྱོར་པའི་དམིགས་པ་བཞི་གསུངས་པའི་འདོད་ཆགས་ཀྱི་གཉེན་པོར་མི་སྡུག་པ་དང་། ཞེ་སྡང་གི་གཉེན་པོར་བྱམས་པ་དང་། གཏི་མུག་གི་གཉེན་པོར་རྟེན་འབྲེལ་དང་། འབྱུང་བ་ལྔ་དང་རྣམ་ཤེས་ཀྱི་ཁ་རྣམས་སོ་སོར་དམིགས་པ་དང་། དབུགས་ཕྱི་ནང་དུ་འགྲོ་བ་བགྲང་བ་ལྟ་བུ་རྣམས་དཔྱད་པ་རྣམ་སྦྱོང་གི་དམིགས་པ། གཟུགས་ལ་སོགས་པའི་ཕུང་པོ་ལྔ་དང་མིག་ལ་སོགས་པའི་ཁམས་བཅོ་བརྒྱད་དང་། སྐྱེ་མཆེད་བཅུ་གཉིས་དང་། རྟེན་འབྲེལ་ཡན་ལག་བཅུ་གཉིས་དང་། དགེ་མི་དགེའི་ལས་འབྲས་ཀྱི་རྒྱུ་རྐྱེན་ལ་དམིགས་པ་ལྟ་བུ་རྣམས་མཁས་པའི་དམིགས་པ། འདོད་པའི་ས་ནས་ཅི་ཡང་མེད་པའི་སྐྱེ་མཆེད་ཀྱི་བར་གྱི་གོང་མ་ལ་ཞི་བ་དང་འོག་མ་ལ་རགས་པའི་ཞི་རགས་ཀྱི་རྣམ་པ་ཅན་དུ་བལྟ་བ་ལྟ་བུ་ཉོན་མོངས་རྣམ་སྦྱོང་གི་དམིགས་པ། ཁྱབ་པའི་དམིགས་པ་དེ་ཐམས་ཅད་ཀྱི་ཁོངས་སུ་འདུ་བ་ཡིན་ལ། དེ་ཡང་། ནམ་གྲུས་ཞུས་པ་ཉན་སར་དྲངས་པ་ལས། ནམ་གྲུ་གལ་ཏེ་དགེ་སློང་རྣལ་འབྱོར་པ་རྣལ་འབྱོར་སྤྱོད་པ་དེ་འདོད་ཆགས་སྤྱོད་པ་པོ་ན་ཞིག་ཡིན་ན་ནི་དམིགས་པ་མི་སྡུག་པ་ལ་སེམས་ཉེ་བར་གཏོད་པར་བྱེད་དོ། །(༤༡བ) ཞེ་སྡང་སྤྱོད་པ་ཞིག་ཡིན་ན་ནི་བྱམས་པ་ལའོ། །གཏི་མུག་སྤྱོད་པ་ཞིག་ཡིན་ན་རྐྱེན་འདི་ཉིད་རྟེན་ཅིང་འབྲེལ་བར་འབྱུང་བ་ལའོ། །ང་རྒྱལ་སྤྱོད་པ་ཞིག་ཡིན་ན་ནི་

ཁམས་ཀྱི་རབ་ཏུ་དབྱེ་བ་ལ་སེམས་ཉེ་བར་གཏོད་པར་བྱེད་དེ། ཞེས་སྐྱེ་བ་སྔོན་མ་ནས་ཆགས་སོགས་ཉོན་མོངས་པ་ལ་ཤས་ཆེར་གོམས་པས་ཡུལ་ཆུང་ངུ་ལ་ཡང་དྲག་གསུམ་ཆེ་ཞིང་ཡུན་རིང་དུ་སྐྱེ་བ་རྣམས་ཀྱི་གཉེན་པོར་འདོད་ཆགས་སོགས་ཉོན་མོངས་པ་གང་ཤས་ཆེ་བ་དེ་ཉིད་འཇོམས་པར་བྱེད་དགོས་པ་ཡིན་ཞིང་། ཚེ་སྔོན་མ་ནས་གོམས་འདྲིས་ཆུང་བ་དང་། ཚེ་འདིར་ཉོན་མོངས་ཆ་མཉམ་དུ་སྤྱོད་པ་རྣམས་ལ་རང་ཉིད་གང་འདོད་པའི་དམིགས་པ་ཞིག་ལས་དམིགས་ཀྱིས་བཀར་མི་དགོས་པ། དཔེར་ན་གླང་ནད་དང་མ་འདྲེས་པའི་ཚད་པས་ན་བར་ཚ་བའི་བཙོས་ཁོ་ནས་ཚོག་ལ་ཚད་གླང་འདྲེས་མ་ཡིན་ན་ཚ་བའི་སྨན་སྙིང་དུ་གླང་གི་སྨན་གྱི་ཁ་ཚར་བསྣན་དགོས་པ་བཞིན་ནོ། །ལ་ལ་དག་མདོ་ལས་ཏིང་ངེ་འཛིན་གྱི་དམིགས་པ་བཞིར་གསུངས་པས་ན་དམིགས་པ་དེ་དག་ཐམས་ཅད་སྒོམ་དགོས་སོ་སྙམ་པའི་ལོག་རྟོག་སྐྱེ་སྲིད་མོད། དེ་ལྟར་བྱས་ན་སེམས་གནས་པའི་གྲོགས་སུ་མི་འགྱུར་བར་མ་ཟད་གཡེང་བའི་རྒྱུ་བྱེད་པས་དཔལ་ལྡན་དཔའ་བོས། དམིགས་པ་གཅིག་ལ་བརྟན་ཚུལ་དུ། །ཡིད་ཀྱི་བསམ་པ་བརྟན་པར་བྱ། །དམིགས་པ་མང་པོ་བརྒྱུད་པ་ལས། །ཡིད་ནི་ཉོན་མོངས་འཁྲུག་པར་འགྱུར། །ཞེས་གསུངས་པ་ལྟར་ཡིན་པས་གནད་དུ་འགྲོ་བའི་དམིགས་པ་སློབ་དཔོན་བྱང་ཆུབ་བཟང་པོས། ལུས་ཁ་ཊྭཱཾ་གར་སྒོམ་པ་དང་ལུས་ལ་བརྟན་པའི་ཐིག་ལེ་ལ་དམིགས་པ་ལྟ་བུ་ཁ་ནང་བལྟས་ཀྱི་ཞི་གནས་དང་། སྐུ་དང་གསུང་ལ་དམིགས་པ་ཁ་ཕྱིར་བལྟས་ཀྱི་ཞི་གནས་ཞེས་གསུངས་པའི་ཕྱག་ལེན་ཕྱི་མ་ཉིད་གཙོ་ཆེ་བར་གནང་མོད། སྐུ་གཟུགས་མདུན་དུ་བཞག་པ་ལ་མིག་གིས་བལྟས་པའི་ཏར་སྒོམ་བྱེད་པར་མི་(༧༠ན)རིགས་པར་སློབ་དཔོན་ཡེ་ཤེས་སྡེས་བཀག་པའི་ཤུགས་ལ། རྟེན་ཅན་རྗེའུ་ཤིང་བུ་ཞེས་སོགས་སྒོམ་ཆེན་པ་མཐའ་དག་གི་ངག་ལས་གླང་ལྟར་གྲགས་པ་ཀུན་ཤུགས་ཀྱིས་ཁྱིགས་འགྲོ་བས། ལུགས་འདི་ལ་ཏིང་ངེ་འཛིན་ཡིད་ཤེས་ལ་སྒྲུབ་པ་ཉིད་ཐོག་མ་ནས་བྱེད་དགོས་མོད། དེ་ཡང་

ཉེས་པ་ལྟ་སྤྱོད་བའི་འདུ་བྱེད་བརྒྱད་ཀྱི་སྒོ་ནས་ཞི་གནས་སྒྲུབ་པར་གོང་མ་མཐའ་དག་བཞེད་ཅིང་། ལམ་རིམ་ཆེ་ཆུང་རྣམས་སུ་རྒྱས་པར་གསུངས་པས། དབུས་མཐའ་ལས། དེར་གནས་ལས་སུ་རུང་བ་ཉིད། །དོན་རྣམས་ཐམས་ཅད་འགྲོར་བར་འགྱུར། །ཉེས་པ་ལྔ་སྤོང་འདུ་བྱེད་བརྒྱད། །བསྟེན་པའི་རྒྱུ་ལས་བྱུང་བའོ། །ལེ་ལོ་དང་ནི་གདམས་ངག་རྣམས། །བརྗེད་དང་བྱིང་དང་རྒོད་པ་དང་། །འདུ་མི་བྱེད་དང་འདུ་བྱེད་དེ། །འདི་དག་ཉེས་པ་ལྔར་འདོད་དོ། །ཞེས་ཞི་གནས་སྒོམ་པ་ལ་མི་སྤྲོ་ཞིང་དེའི་མི་མཐུན་ཕྱོགས་ལ་དགའ་བ་ནི་ལེ་ལོ། གང་དམིགས་པར་བྱ་བའི་ཡུལ་མི་གསལ་བར་དམིགས་པ་སྟོར་བ་ནི་བརྗེད་པ། དམིགས་པ་མ་བརྗེད་ཀྱང་བྱིང་རྒོད་གང་རུང་གི་དབང་དུ་ཤོར་བ། དེའི་དབང་དུ་ཤོར་བ་ངོས་ཟིན་ཀྱང་དེ་སྤོང་བའི་གཉེན་པོ་འདུ་མི་བྱེད་པ། བྱིང་རྒོད་དང་བྲལ་བའི་ཚེ་དམིགས་པ་གནད་དུ་མི་བསྣུན་པར་བྱིང་རྒོད་ཀྱི་གཉེན་པོ་ཏ་ཙང་འདུ་བྱེད་པ་སྟེ་ཉེས་པ་ལྔ་པོ་འདི་བཙར་གྱིས་ངོས་ཟིན་པ་བྱས་ནས་དེའི་གཉེན་པོ་ནི་དབུས་མཐའ་ལས། གནས་དང་དེ་ལ་གནས་པ་དང་། །རྒྱུ་དང་འབྲས་བུ་ཉིད་དུའོ། །དམིགས་པ་བརྗེད་པར་མ་གྱུར་དང་། །བྱིང་དང་རྒོད་པ་རྟོགས་པ་དང་། །དེ་སྤོང་མངོན་པར་འདུ་བྱེད་དང་། །ཞི་ཚེ་རྣལ་དུ་འཇུག་པའོ། །ཞེས་པ་ཏིང་ངེ་འཛིན་ལ་བརྩོན་འགྲུས་རྒྱུན་ལྡན་དུ་རྩོམ་ནུས་པ་ནི་གནས་པ་པོ་ཡིན་ལ་དེ་གང་ལ་གནས་ན། ཏིང་ངེ་འཛིན་ལ་དོན་གཉེར་གྱི་འདུན་པ་ལས་བྱུང་ཞིང་གནས། འདུན་པ་དེ་ཏིང་(༧༠བ)ངེ་འཛིན་གྱི་ཡོན་ཏན་མཐོང་བས་ཡིད་ཕྲོགས་པའི་དད་པ་ལས་བྱུང་། བརྩོན་འགྲུས་བརྩམས་པའི་འབྲས་བུ་ཤིན་སྦྱངས་བཞིས་ནི་ལེ་ལོ་འཇོམས་པར་བྱེད། བརྗེད་པའི་གཉེན་པོ་ནི་ཀུན་ལས་བཏུས་ལས། དྲན་པ་གང་ཞེ་ན། འདྲིས་པའི་དངོས་པོ་ལ་སེམས་ཀྱི་བརྗེད་པ་མེད་པ་སྟེ་རྣམ་པར་མི་གཡེང་བའི་ལས་ཅན་ནོ། །ཞེས་སྔར་ནས་ཡང་ཡང་འདྲིས་པར་བྱས་པའི་དམིགས་པའི་ཡུལ་གང་ཡིན་པ་དེ་མ་དོར་བར་ཐུ་རེ་དྲན་པ་ནི་མ་

བརྗེད་པ་ཡིན་ལ། དམིགས་པ་དེ་ལས་སེམས་གཞན་དུ་མི་འཕྲོ་བའི་ཁྱད་ཆོས་གསུམ་ལྡན་གྱི་དྲན་པས་ནི་བརྗེད་པ་འཇོམས་པར་བྱེད་དོ། །བྱིང་རྒོད་ཀྱི་གཉེན་པོ་ནི་དབུ་མ་སྙིང་པོ་ལས། ཡིད་ཀྱི་གླང་པོ་ལོག་འགྲོ་བ། །དམིགས་པའི་ཀ་བ་བརྟན་པོ་ལ། །དྲན་པའི་ཐག་པས་ངེས་བཅིངས་ནས། །ཤེས་རབ་ལྕགས་ཀྱུས་རིམ་དབང་བྱ། །ཞེས་དྲན་པས་སེམས་དམིགས་པ་ལ་གནས་པ་དེ་བྱིང་རྒོད་ཀྱི་དབང་དུ་སོང་ན་གླང་པོ་ཆེ་མ་དུལ་བ་ལྕགས་ཀྱུས་འདུལ་བ་བཞིན་ཤེས་བཞིན་གྱིས་བྱིང་རྒོད་ཀྱི་བྱ་ར་བྱས་ནས་དེའི་དབང་དུ་མི་གཏོང་བ་སྒྱོད་འཇུག་ལས། ལུས་དང་སེམས་ཀྱིས་གནས་སྐབས་ལ། །ཡང་དང་ཡང་དུ་བརྟག་བྱ་བ། །དེ་དེ་ཁོ་ན་མདོར་ན་ནི། །ཤེས་བཞིན་བསྲུང་བའི་མཚན་ཉིད་དོ། །ཞེས་སེམས་བཟུང་སྟེ་དམིགས་པའི་རྒྱུན་བསྐྱངས་པས་བྱིང་བ་དང་རྒོད་པ་སེལ། དེ་ལྟ་བུའི་བྱིང་རྒོད་སེལ་བ་ལ། ད་ལྟ་བྱིང་རྒོད་ཅེས་སྒོམ་ཆེན་ཀུན་གྱི་ངག་ལས་ལྷུང་ལྟར་གྲགས་ནའང་། ཕལ་ཆེར་ནི་མིང་ཙམ་ལས་ངོས་འཛིན་རྒྱུ་མེད་ཅིང་། ངོས་ཟིན་པའི་ལུགས་སུ་བྱས་པ་རྣམས་བྱིང་རྒུགས་ཀྱི་དབྱེ་བ་མ་ཕྱེད་པར་གཅིག་ཏུ་བྱས་ཏེ་བྱིང་བ་མཐའ་དག་ཏིང་ངེ་འཛིན་རྣལ་མར་ངོས་བཟུང་ནས་རི་སུལ་དུ་མི་ཚེ་སྐྱོང་པར་འཛད་པ་ཆེས་མང་ངོ་། །ཇི་ལྟར་ན། ཀུན་ལས་བཏུས་ལས། རྒོད་པ་གང་ཞེ་ན། སྡུག་པའི་མཚན་མའི་རྗེས་སུ་འཇུག་པའི་འདོད་ཆགས་ཀྱི་ཆར་གཏོགས་པའི་སེམས་རྣམ་(༧༡ན)པར་མ་ཞི་བ་སྟེ་ཞི་གནས་ཀྱི་བར་དུ་གཅོད་པའི་ལས་ཅན་ནོ། །ཞེས་ཡུལ་ཡིད་དུ་འོང་བ་ལ་འདོད་ཆགས་ཀྱིས་སེམས་མ་ཞི་བ་ཞིག་ལ་བཤད་པས་ཞེ་སྡང་བའི་དབང་གིས་དགྲ་ལ་རྣམ་རྟོག་འཕྲོ་བ་རྣམས་ནི་རྒོད་པ་མ་ཡིན་ཡང་། ཞི་གནས་ལ་བར་དུ་གཅོད་པའི་སེམས་གཞན་དུ་འཕྲོ་བའི་རྣམ་རྟོག་མཐའ་དག་ཞི་གནས་ཀྱི་གེགས་སུ་བྱས་ཏེ་དགག་དགོས་སོ། །དེ་བཞིན་དུ་སྒོམ་རིམ་བར་པ་ལས། གང་གི་ཚེ་དམུས་ལོང་ལྟ་བུའམ་མི་མུན་པར་ཞུགས་པ་ལྟ་བུའམ། མིག་བཙུམས་པ་ལྟ་བུར་སེམས་ཀྱིས་

དམིགས་པ་གསལ་བར་མི་མཐོང་བ་དེའི་ཚེ་བྱིང་བར་གྱུར་པར་རིག་པར་བྱའོ། །ཞེས་དམིགས་པ་གང་ལ་གཏད་པ་དེ་ལ་དྭངས་ཆ་ཙམ་ཡོད་ཀྱང་དམིགས་པའི་འཛིན་སྟངས་ཀྱི་ངར་ཆ་དམ་སྒྲིང་ངེ་བ་མེད་ན་མི་གསལ་ཞིང་འཛིན་སྟངས་དམའ་རུ་སོང་བའི་ཤེས་པ་ཞིག་ལ་བྱིང་བར་ངོས་འཛིན། རྨུགས་པ་ནི་གཏི་མུག་གི་ཆ་ཤས་ལུས་སེམས་ལྕི་ཞིང་ལས་སུ་མི་རུང་བའི་རྣམ་པ་ཅན་གྱི་ཤེས་པ་མི་དགེ་བ་ཞིག་ཡིན་པས་རྨུགས་པ་ལ་དགེ་བ་མེད་ལ་བྱིང་བ་ལ་དགེ་བ་ཡང་ཡོད་དོ། །བྱིང་རྒོད་བྱུང་ཚེ་སྤོང་པའི་གཉེན་པོ་འདུ་མི་བྱེད་པའི་ལྟོག་ཕྱོགས་སུ་ཀུན་ལས་བཏུས་ལས། སེམས་པ་གང་ཞེ་ན། སེམས་མངོན་པར་འདུ་བྱེད་པ་ཡིད་ཀྱི་ལས་ཏེ་དགེ་བ་དང་མི་དགེ་བ་དང་ལུང་དུ་མ་བསྟན་པ་རྣམས་ལ་སེམས་འཇུག་པར་བྱེད་པའི་ལས་ཅན་ནོ། །ཞེས་སེམས་དགེ་མི་དགེ་ལུང་མ་བསྟན་གང་རུང་ལ་སྐུལ་བའི་སེམས་བྱུང་དེ་སེམས་པ་ཡིན་པས་སྐབས་འདིར་ཤེས་བཞིན་གྱིས་བྱིང་རྒོད་ངོས་ཟིན་ན་དབུ་མ་སྙིང་པོ་ལས། ཞུམ་པ་དམིགས་པ་རྒྱ་ཆེན་དག །བསྒོམས་པས་ཡངས་པ་ཉིད་དུ་བྱ། །ཞེས་སེམས་ནང་དུ་བསྡུས་དྲགས་པའི་སྐྱོན་ཡིན་པས་ན་དམིགས་པ་ཅུང་ཟད་སྤྲོས་པས་བཟློག །དེས་ཀྱང་མ་སེལ་བར་བྱིང་བ་ཤུགས་ཆེར་སོང་ན་རེ་(༧༡བ)ཞིག་དམིགས་པ་སློད་ནས་དཀོན་མཆོག་གསུམ་དང་གཏོང་བ་ཚུལ་ཁྲིམས་ལྷ་རྗེས་སུ་དྲན་པ་དྲུག་དང་། དལ་འབྱོར་ཐོབ་པའི་ཕན་ཡོན་སོགས་བསམ་པ། སྒྲོན་ལམ་འཆག་པ། སྣང་བའི་མཚན་མ་ཡིད་ལ་བྱེད་པ། གདོང་ཆུས་འཁྲུ་བ། བསིལ་སར་གནས་པ་སོགས་ཀྱི་སྒོ་ནས་བཟློག་པ་དང་། དབུ་མ་སྙིང་པོ་ལས། རྒོད་པ་མི་རྟག་ལ་སོགས་པ། །ཡིད་ལ་བྱེད་པས་ཞི་བར་བྱ། །ཞེས་འདོད་ཆགས་ཀྱི་ཡུལ་ལ་རྒོད་པ་ན་མི་རྟག་པ་དང་སྡུག་བསྔལ་སོགས་སྐྱོ་ཤས་དྲག་པོ་བསྒོམས་པས་བཟློག་པ་ཡིན་ནོ། །དེས་མཚོན་པའི་ཞེ་སྡང་སོགས་རྟོག་པ་སྣ་ཚོགས་གང་འཕྲོ་བ་དེ་གའི་གཉེན་པོ་སྒོམ་པ་གནད་དུ་ཆེ། མདོར་ན་དབང་པོའི་སྒོ་མི་སྡུད་པ། ཟས་ཀྱི་ཚོད་མི་རིག་

པ། ནམ་གྱི་ཆ་སྟོད་ཆ་སྨད་ལ་ཉལ་བ། གཉིད་རྨུགས་དང་འདོད་པའི་ཡུལ་ཧ་ཅང་བསྟེན་དྲགས་པ་སོགས་ཐུན་མོང་གི་རྒྱུ་རྣམས་ཀྱང་སྤང་བའོ། །བྲིང་རྒོད་ཀྱི་གཉེན་པོ་ཧ་ཅང་འདུ་བྱེད་པ་སེལ་བ་ནི། སྒོམ་རིམ་ཕྱི་མ་གཉིས་ལས། གལ་ཏེ་སེམས་མཉམ་པར་ཞུགས་པ་ལ་རྩོལ་བ་བྱས་ན་དེའི་ཚེ་སེམས་རྣམ་པར་གཡེང་བར་འགྱུར་རོ། །ཞེས་སེམས་གནས་བརྒྱད་པའི་མཐར་བྱིང་བ་དང་རྒོད་པས་གང་ཙུང་གི་དབང་དུ་མི་འགྲོ་བའི་སེམས་མཉམ་པའི་དུས་ཡིན་པས་དེའི་ཚེ་སེམས་གཟེངས་བསྟོད་པ་དང་ནང་དུ་འགུགས་པ་སོགས་བྱིང་རྒོད་ཀྱི་ཟློག་ཆེན་པོ་འདུ་བྱེད་པའི་རྩོལ་བ་ཆེས་ན་ཏིང་ངེ་འཛིན་གྱི་སྐྱོན་ཡིན་པས་གློད་ཤེས་པའི་འདུ་བྱེད་བཏང་སྙོམས་བྱེད་པ་ནི་བྱིང་རྒོད་ཀྱི་གཉེན་པོ་བསྟེན་དྲགས་པ་དེའི་གཉེན་པོ་ཡིན་ལ། གློད་ཟེར་བའི་མིང་ཙམ་ན་བར་ཐོས་པས་གློད་རབ་ལ་སྒོམ་རབ་ཅེས་སྨྲ་མོད། དེ་ནི་བྱིང་བའི་དབང་དུ་སོང་བའི་སེམས་ཀྱི་དྭངས་ཆ་ཙམ་ལ་སྒོམ་རྣལ་མར་ངོས་བཟུང་བའི་རང་མཚང་སྟེ། སྐབས་འདིར་གློད་ཤེས་པ་ནི་རྩོལ་བ་གློད་པ་ཡིན་གྱི། འཛིན་སྟངས་ཀྱི་ངར་གཏོང་བ་ནི་མིན་ཞིང་། དུས་ཀྱང་སྒོམ་ཆེན་ཕལ་ཆེར་(༧༢ན)ཉམས་མྱོང་ཅུང་ཟད་སྐྱེས་པ་ན་གློད་ལ། རང་རེའི་ལུགས་བྱིང་རྒོད་ཀྱི་དབལ་ཕྱོགས་པ་ཞེས་སེམས་གནས་དགུ་པའི་དུས་ཡིན་པས་མི་འདྲའོ། །དེ་ལྟར་ཉེས་པ་ལྔ་དང་། དེའི་གཉེན་པོ་སྤོང་པའི་འདུ་བྱེད་བརྒྱད་ཀྱིས་ཉམས་སུ་ལེན་ཚུལ་རྣམས་ཉམས་འོག་ཏུ་ལེགས་པར་ཆུད་པར་བྱས་ནས་ཉམས་སུ་ལེན་དགོས་པས། ལེན་ཚུལ་བཤད་མ་ཐག་པའི་ཚིག་རིས་དེ་འདྲ་ཞིག་བློ་ལ་བྱང་བར་བྱས་པས་ཚིག་གི་སྐམ་ན། དོན་དེ་དག་ཐོས་པར་བྱས་པའི་སྒོ་ནས་ཉམས་ལེན་སེམས་ཐོག་ཏུ་འདྲིལ་མ་ཤེས་ན་ཁ་ཕྱིར་བལྟས་ཀྱི་བཤད་ཡམ་གྱིས་ཆོས་དང་གང་ཟག་སོ་སོར་སོང་བ་མང་ཞིང་། བླུན་པོ་ལ་མན་ངག་གི་སྙིང་པོ་ཞིག་གིས་ཚིག་མོད་སྟར་བཤད་པའི་གཞུང་ཆེན་པོ་ནས་བཤད་པ་དེ་དང་ངལ་བ་ཙམ་གྱི་འབྲས་བུར་ཟད་དོ་སྙམ་དུ་སེམས་པ་ནི། དཔེར་ན་ཡུལ་

ཐག་རིང་པོ་ཞིག་ཏུ་འགྲོ་ན་འགྲོ་བའི་ལམ་གྱི་གནས་ཚུལ་མཐའ་དག་རང་སྔོན་སམ་གཞན་ལ་བརྟེན་པ་གང་ཉུང་གིས་རྒྱུས་ཡོད་པ་ཞིག་ངེས་པར་དགོས་ཀྱི། ཐམ་ཐོམ་དུ་ཕྱིན་པས་དོན་མི་འགྲུབ་པ་ལྟར། སྔོམ་གྱི་སྐྱོན་སེལ་བོགས་འདོན་གྱི་གནད་མི་ཤེས་པར་ལུས་གནད་བསྲུངས་པ་དང་མིག་བཙུམས་ནས་སྡོད་པའི་སྙིང་ཉུས་ལ་གྲུབ་པའི་དབང་ཕྱུག་ཆེན་པོར་རེ་བ་མཐའ་དག་སྨོམ་གསུམ་དུ། བླུན་པོས་ཕྱུག་རྒྱ་ཆེ་བསྒོམས་པ། །ཕལ་ཆེར་དུད་འགྲོའི་རྒྱུ་རུ་གསུངས། །ཞེས་པའི་དོན་ཐོག་ཏུ་བབ་པར་སྣང་མོད། དེང་དུས་ནི་རང་གཞན་ཀུན་ལ་ངང་ཚུལ་འདི་དག་གིས་དབྱར་གྱི་སྤྲིན་བུའི་གྲངས་བཞིན་ཁྲབ་ཅིང་འཕེལ་བའི་ཕྱིར་ཐམས་ཅད་མཁྱེན་པ་བུས། བདག་གིས་ཆོས་མིན་སྣྲ་རུ་ཆོས་དང་འགལ། །ཆོས་བཞིན་སྨྲས་ན་བོད་རྣམས་དགྲ་རུ་ལྡང་། །ཞེས་བགྲོས་གླེང་མང་བ་རང་ཉིད་བྱ་རོག་ལུས་དཀར་སྦྱུབ་པར་ཟད་དོ། །

སྤར་བཤད་(༧༢བ)པ་དེ་དག་ངེས་པར་བྱས་ནས་དམིགས་པ་གཅིག་ལ་སྒྲིལ་ཚུལ། ལམ་སྒྲོན་ལས། དམིགས་པ་གང་རུང་གཅིག་དག་ལ། །ཡིད་ནི་དགེ་ལ་བཞག་པར་བྱ། །ཞེས་སྐབས་སུ་བབ་ཅིང་རང་ཉིད་དམིགས་པ་གཅིག་ལ་གཏོད་པའི་ཡུལ་ནི་སྤྱིར་བཏང་ལ་སྐུ་གཟུགས་ལྟ་བུ་འོས་ཤིང་། དེའི་ནང་ནས་ཏིང་འཛིན་རྒྱལ་པོ་ལས། གསེར་གྱི་ཁ་དོག་ལྟ་བུའི་སྐུ་ལུས་ཀྱི། །འཇིག་རྟེན་མགོན་པོ་ཀུན་ཏུ་མཛེས་པ་སྟེ། །དམིགས་པ་དེ་ལ་གང་གི་སེམས་འཇུག་པ། །བྱང་ཆུབ་སེམས་དཔའ་དེ་མཉམ་གཞག་ཅེས་བྱ། །ཞེས་དེ་བཞིན་གཤེགས་པའི་སྐུ་གཟུགས་ལ་དམིགས་པས་ཞར་བྱུང་དུ་སངས་རྒྱས་རྗེས་དྲན་གྱི་བསོད་ནམས་རྒྱ་ཆེར་གསོག་པ། དཔེར་ན་ཟུར་ཛ་གཅིག་གིས་རྩིག་པ་གཉིས་ཀྱི་གོ་ཆོད་པ་དང་། མི་གཅིག་གིས་ཚོང་ལྟ་བུའི་དོན་གཙོད་པའི་ཞོར་ལ་བྲེལ་བ་གཞན་ཆོད་འགྲོ་བ་དང་མཚུངས་པས། ཐོག་མར་སྐུ་གཟུགས་བྲིས་འབུར་སོགས་ལ་བལྟ་བ་དང་བསམ་པ་མང་དུ་བྱས་པས་གཙུག་ཏོར་ཞལ་ཁྱིམ་ སྤྱན་ཕྱག་ཞབས་ན་བཟའ་སོགས་ཀྱི་དབྱིབས་དང་། སྤྱན་གྱི་དཀར་ནག

གིས་མཐའ་རྟེན་པ་ཚུལ་གྱི་ཁ་དོག་ཀྱང་མ་འདྲེས་པ་སོ་སོར་བསམ། བཞུགས་པ་ལ་བཞེངས་པའི་རྣམ་པ་དང་སྟོན་པོ་ལ་དཀར་པོར་འཆར་བ་ལྟ་བུ་ལྟོག་ཕྱོགས་སྣ་ཚོགས་ཀྱི་རྗེས་སུ་མི་འབྲང་ཞིང་། ཐོག་མ་ཉིད་ནས་སངས་རྒྱས་དངོས་ཀྱི་རྣམ་པ་དང་སྤྱན་གྱི་དཀར་ནག་ཚུན་མ་འདྲེས་པར་མི་འབྱུང་ཡང་། དང་པོ་སྐུ་གཟུགས་མཐོང་བའི་དབྱིབས་དང་སྐུའི་རྣམ་པ་རགས་པ་ཙམ་འཆར་བ་ལ་རྒྱུན་བསྐྱངས་ནས་བསྒོམས་པས་མཐར་ཇི་ལྟར་བཤད་པ་ལྟར་འབྱུང་གི། ཉམས་ལེན་བྱས་ཙམ་ནས་ཇི་ལྟ་བ་འབྱུང་དུ་རེ་བའི་ཤ་ཐང་ཐང་བྱས་ནས་སྒོམ་གྱི་གེགས་སུ་འགྲོ་བས་མཚམས་ཟིན་པར་བྱས་ཏེ། སྟན་འཇམ་ཞིང་བདེ་བ་ལ་རྐང་པ་སྐྱིལ་ཀྲུང་ངམ་ཕྱེད་སྐྱིལ། མིག་འབྱེད་འཛུམ་རན་པར་སྣ་རྩེར་ཕབ། ལུས་དྲང་པོར་བསྲངས། ལག་པ་མཉམ་གཞག་མགོ་(༧༣ན)ཐད་ཀར་སྣ་རྩེ་དང་ལྟེ་བ་དྲང་པོར་བྱས། སོ་དང་མཆུ་རང་བབས། ལྕེ་རྩེ་རྐན་ལ་རེག་པ། དབུགས་དལ་བུས་རྒྱུ་བ་སྟེ་ལུས་ཀྱི་སྤྱོད་ལམ་བརྒྱད་དང་ལྡན་པའི་སྒོ་ནས་ རླུང་གི་འགྲོ་འོང་ཉེར་གཅིག་བགྲང་བ་སོགས་བྱ་བ་ནི་ཕྱི་རོལ་ཏུ་གཡེང་བ་བཟློག་པའི་ཐབས་ཡིན་གསུང་། དེ་ནས་ཏིང་ངེ་འཛིན་གྱི་ཡོན་ཏན་ལ་དད་པས་དྲངས་པའི་འདུན་པ་ཤུགས་དྲག་པོའི་སྒོ་ནས་དགེ་སྦྱོར་ལ་སྤྲོ་སིང་ངེ་བའི་བརྩོན་འགྲུས་དང་བཅས་ཏེ་སྔར་གོམས་འདྲིས་སུ་བྱས་པའི་སངས་རྒྱས་ཀྱི་སྐུ་གཟུགས་དེ་ཉིད་སངས་རྒྱས་དངོས་ཀྱི་རྣམ་པར་སྨིན་མཚམས་ཀྱི་ཐད་ཀྱི་ནམ་མཁར་ཆེ་ཆུང་སྣོ་དང་འཚམ་པ་ཞིག་གསལ་བཏབ། དམིགས་ཡུལ་དེ་ཉིད་མ་བརྗེད་པར་དྲན་པའི་སེམས་དམིགས་པ་ལ་ཏུ་རེར་གནས་པའི་གསལ་ཆའི་ངར་དང་ལྡན་ཞིང་། གཞན་དུ་མི་འཕྲོ་བའི་གནས་ཆ་བརྟན་པོ་གཉིས་ཟུང་ལྡན་གྱི་སྒོ་ནས་སྟོད་དུ་ལྷགས་པ་སོགས་ཀྱི་སྐྱོན་མི་འབྱུང་ཙམ་གྱི་ངོས་བཟྲིམས་ཏེ་བསྒོམ། དེ་ལ་ཙུང་ཟད་གནས་པ་སླམ་བྱེད་པ་ན་དམིགས་པ་དྲན་པས་མ་བརྗེད་པའི་མུ་ནས་ཤེས་བཞིན་གྱིས་བྱ་ར་བྱས་པས་དམིགས་པའི་གསལ་ཆ་དང་འཛིན་སྟངས་ཀྱི་ངར་ཆའི་

ཤུགས་དམ་སྲིང་སྲིང་བ་དེ་ཙུང་ཟད་ཞན་དུ་སོང་བ་མཐོང་ཆེ་བྱིང་བ་ཕྲ་མོ་བྱུང་སྐམ་སྟེ་བཀག །གསལ་ཆའི་ངར་ཆ་ཧད་ཀྱི་ཤོར་ནས་དྭངས་ཆ་ཙམ་ལས་མི་འདུག་ན་བྱིང་བ་རགས་པར་ངོ་ཤེས་པར་བྱེད། འདོད་པའི་ཡུལ་ཡིད་དུ་འོང་བའི་རྣམ་པ་འཆར་ལ་ཁད་བྱུང་བ་ན་རྒོད་པ་ཕྲ་མོ་དང་འདོད་ཆགས་ཀྱི་རྣམ་པ་ཧད་ཀྱི་སྐྱེས་པ་རྒོད་པ་རགས་པར་རྟོགས་ནས་དེ་དག་གི་གཉེན་པོའི་སྒོ་ནས་བྱིང་རྒོད་བཅད་དེ་རྩ་བའི་དམིགས་པའི་སྟེང་དུ་སལ་ལེ་ཧྲིག་གེར་ཐུན་ཚད་ཆུ་ཚོད་གཅིག་གི་རིང་འཛོག་གང་ཐུབ་བྱེད་དགོས་ཀྱང་བསྒྲིམས་དྲག་ན་རྒོད་ཤས་དང་། སློད་དྲག་པ་ན་བྱིང་ཤས་སྐྱེ་བའི་(༧༣བ)ཕྱིར་གྲིམས་ལྷོད་རན་པའི་མཚམས་ཤིན་ཏུ་དཀའ་བས་མཁས་པ་ཙན་དྲ་གོ་མིས། བརྩོན་པ་བསྟེན་ན་རྒོད་པ་འབྱུང་འགྱུར་ཞིང་། །དེ་སྤངས་ན་ནི་ཞུམ་པ་སྐྱེ་བར་འགྱུར། །འདི་ཡིས་རིགས་པར་མཉམ་འཇུག་རྙེད་དཀའ་ན། །བདག་གིས་སེམས་དཀྲུགས་པས་ནི་ཅི་ཞིག་བགྱི། །ཞེས་ལས་དང་པོ་པ་ལ་ཉེས་པ་ལྷུ་སྒོང་འདུ་བྱེད་བརྒྱད་ལྡན་གྱི་ཉམས་ལེན་གནད་དུ་དྲིལ་བ་དེ་ཉིད་སྒྲ་ཇི་བཞིན་པ་མི་སྐྱེ་ནའང་། སེམས་གནས་དགུའི་ནང་ཚན་སེམས་འཛོག་པའི་དམིགས་པ་ཞེས་དམིགས་རྟེན་ལ་ཡུན་དུ་མི་གནས་ཀྱང་ཉམས་དང་སྦྱར་ཏེ་བསྒྲིམས་ནས་སྒོམ་པ་ལ་རྩོལ་ཇི་ལྟར་བྱ་ན། སེམས་གནས་དང་པོའི་ཚེ་དམིགས་པ་ཁོ་ན་ལ་སེམས་ཀྱི་གནས་ཆ་མི་སྟོད་པར་རྣམ་རྟོག་རི་གཟར་གྱི་འབབ་ཆུ་ལྟ་བུར་འོང་བས། དེ་ཉམས་ལེན་བྱས་པས་རྟོག་པ་མང་དུ་སོང་སྙམ་པ་འབྱུང་མོད། དེ་ནི་སྔར་ཉམས་ལེན་གྱི་གནད་མེད་པའི་དུས་དཔེར་ན་ལམ་ཆེན་ཞིག་ལ་འགྲུལ་པ་རྒྱུན་མི་འཆད་དུ་འགྲོ་ཡང་དེ་ལ་ཆེད་དུ་བལྟ་བའི་འདུན་པ་མེད་པའི་དབང་གིས་མང་ཉུང་གི་རྟོག་དཔྱོད་མི་འབྱུང་ལ། འབད་པས་བལྟས་ནས་མི་ཁལ་སོགས་མང་པོ་འདི་འདྲ་བྱུང་སྙམ་པ། སྟོན་ཆད་རྟོག་པ་འོག་འགྱུའི་འཁོར་ལོ་བསྐོར་ཡང་ངོས་མ་ཟིན་པ་ལ་སྐབས་འདིར་སེམས་ཀྱི་ཉམས་ལེན་བྱས་པ་ལ་བརྟེན་ནས་རྣམ་རྟོག་ངོས་ཟིན་གྱི་ཉམས་ཤིག་འོང་བས་

མགོན་པོ་བྱམས་པས་མདོ་སྡེ་རྒྱན་དུ་སེམས་གནས་པའི་ཐབས་དགུ་པོ་དེ་སྟོབས་དྲུག་གིས་འགྲུབ་ལུགས་ཡིད་ལ་བྱེད་པ་བཞིར་བཤད་པའི་སྐབས་ཀྱི་སྟོབས་དྲུག་གི་ནང་ཚན་ཐོས་པའི་སྟོབས་ཀྱིས་འགྲུབ་པའི་སེམས་གནས་དང་པོ་སེམས་འཇོག་པ་ཞེས་བྱ་བ་དམིགས་པའི་གདམས་པ་ཐོས་པ་ཙམ་གྱི་རྗེས་སུ་འབྲངས་ནས་དམིགས་པ་ལ་སེམས་གཏད་པ་ཙམ་གྱི་སྐབས་ཡིན་ནོ། །

དེ་ནས་རིམ་གྱིས་བསྒོམས་(༧༨ན)པ་ན་གཅོང་རོང་དོག་མོའི་འབབ་ཆུ་ལྟར་རེས་རྣམ་རྟོག་ཞི་ཞིང་རེས་ཐོ་ལེར་སྐྱེ་བའི་རྣམ་རྟོག་ངལ་གསོ་བའི་ཉམས་ཤིག་འོང་། དེའི་ཚེ་སྟོབས་གཉིས་པ་བསམ་པས་འགྲུབ་པའི་སེམས་གཉིས་པ་རྒྱུན་དུ་འཇོག་པ་ཞེས་བྱ་བ་དམིགས་པ་ལ་རྒྱུན་ཐུང་ཟད་མཐུད་ནུས་པ་ཡིན། སེམས་གནས་འདི་གཉིས་ལ་བྱིང་རྒོད་ཆེས་མང་ཞིང་ཏིང་ངེ་འཛིན་ཉུང་ངུ་ལས་མི་འོང་བས་ཡིད་བྱེད་བཞིའི་ནང་གི་དང་པོ་བསྒྲིམས་ཏེ་འཇུག་པའི་སྐབས་སོ། །

དེ་ནས་ཐུང་ཟད་གོམས་པ་ན་ལུང་པ་ཕུ་གསུམ་གྱི་ཐིང་ཆུ་ལྟ་བུ་འགག་རྐྱེན་གྱིས་མ་དཀྲུགས་པའི་ཚེ་སེམས་གནས་པ་སླམ་བྱེད་ལ། རྐྱེན་བྱུང་ཚེ་མི་གནས་པའི་རྣམ་རྟོག་ཐང་ཆད་པའི་ཉམས་ཤིག་འོང་། དེའི་ཚེ་སྟོབས་གསུམ་པ་དྲན་པས་འགྲུབ་པའི་སེམས་གནས་གསུམ་པ་སླན་ཏེ་འཇོག་པ་ཞེས་བྱ་སེམས་གཡེང་བ་མྱུར་དུ་རྟོགས་ནས་སླར་དམིགས་པ་ལ་སླན་པ་དང་། སེམས་གནས་བཞི་པ་ཉེ་བར་འཇོག་པ་ཞེས་བྱ་བ་རྒྱ་ཆེན་པོ་ལས་བསྡུས་ཏེ་ཕྲ་བར་བྱེད་པ་དང་སྟོབས་བཞི་པ་ཤེས་བཞིན་གྱིས་འགྲུབ་པའི་སེམས་གནས་ལྔ་པ་དུལ་བར་བྱེད་པ་ཞེས་བྱ་བ་ཏིང་ངེ་འཛིན་གྱི་ཡོན་ཏན་ལ་དགའ་བ་དང་། སེམས་གནས་དྲུག་པ་ཞི་བར་བྱེད་པ་ཞེས་བྱ་བ་རྣམ་གཡེང་གི་ཉེས་དམིགས་རིག་ནས་འགོག་པ་དང་། སྟོབས་ལྔ་པ་བརྩོན་འགྲུས་ཀྱིས་འགྲུབ་པའི་སེམས་གནས་ལ་བདུན་པ་དང་བརྒྱད་པ་གཉིས་ཡོད་པའི་བདུན་པ་རྣམ་པར་ཞི་བར་བྱེད་པ་ཞེས་བྱ་བ་ཆགས་སེམས་ཉོན་མོངས་རྩོལ་བས་

སྤྱངས་ཏེ་ཞི་བར་བྱེད་སེམས་གནས་གསུམ་པ་ནས་བདུན་པའི་བར་གྱི་ལྷ་པོ་འདི་ལ་བྱིང་རྒོད་ཀྱིས་བར་དུ་གཅོད་པས་ཡིད་བྱེད་བཞིའི་ནང་གི་གཉིས་པ་སྐབས་སུ་ཆད་ཅིང་འཇུག་པའི་དུས་སོ། །

དེ་ནས་རིམ་གྱིས་བསྒོམས་པས་རྒྱ་མཚོ་རླབས་དང་བཅས་པ་ལྟ་བུ་རྣམ་རྟོག་ཅི་བྱུང་ཡང་གཉེན་(༧༨བ)པོ་དྲན་འཛིན་ཙུང་ཟད་བསྟེན་པས་རང་མལ་དུ་ཞི་འགྲོ་བས་རྣམ་རྟོག་འདུ་བྱེད་པ་ཞེས་བྱ་བའི་ཉམས་འོང་། དེའི་ཚེ་སྔར་བཤད་པའི་སྟོབས་ལྔ་པས་འགྲུབ་པའི་སེམས་གནས་བརྒྱད་པ་རྩེ་གཅིག་ཏུ་བྱེད་པ་ཞེས་བྱ་བ་ཉིད་དེ་འཛིན་རྒྱུན་ཆགས་སུ་འགྲུབ་པ་ཡིན་ནོ། །སེམས་གནས་བརྒྱད་པ་ལ་བྱིང་རྒོད་ཀྱིས་བར་དུ་མི་གཅོད་པར་ཡིད་བྱེད་བཞིའི་ནང་གི་གསུམ་པ་སྐབས་སུ་ཆད་པ་མེད་པར་འཇུག་པའི་དུས་སོ། །

དེ་ནས་རིམ་གྱིས་བསྒོམས་པས་རྒྱ་མཚོ་རླབས་དང་བྲལ་བ་ལྟ་བུ་ཡུལ་རྐྱེན་ཅི་བྱུང་ཡང་གཉེན་པོ་དྲན་འཛིན་གྱི་འབད་རྩོལ་ལ་མ་ལྟོས་པར་ཏིང་འཛིན་རང་བབས་སུ་འཆར་བས་རྣམ་རྟོག་མངོན་པར་འདུ་མི་བྱེད་པའི་ཉམས་ཀྱི་མཉམ་གཞག་འོང་། དེའི་ཚེ་སྟོབས་དྲུག་པ་ཡོངས་སུ་འདྲིས་པ་ལས་འགྲུབ་པའི་སེམས་གནས་དགུ་པ་མཉམ་པར་འཇོག་པ་ཞེས་བྱ་བ་རྩོལ་མེད་དུ་དམིགས་པ་ལ་འཇོག་པས་ཡིད་བྱེད་བཞིའི་ནང་གི་བཞི་པ་ལྷུན་གྱིས་གྲུབ་པར་འཇུག་པའི་དུས་སོ། །

འདིའི་སྐབས་སུ་བྱིང་རྒོད་འགོག་པའི་རྩོལ་བ་སྐྱོན་དུ་འགྱུར་བར་དགོངས་ནས་གོང་མ་རྣམས་སྒྲོད་རབ་ཅེས་གསུང་བ་མ་གོ་བར་འཛིན་སྟངས་ཀྱི་ངར་ཆ་སློད་པར་གོ་བའི་སྐྱོན་འབྱུང་བས་གནད་འགག་འདི་དག་ལེགས་པར་ཤེས་དགོས་ཀྱི། ཕྱུས་འཕྱུད་སྒོམ་ཞྭ་དྲ་ཕད་ཙམ་ཡོད་པས་སྒོམ་རྒྱུད་ལ་སྐྱེ་བ་ནི་མིན་ནོ། །

དེ་ལྟར་སེམས་གནས་དགུ་ལ་ཡིད་བྱེད་བཞིར་བཤད་པའི་དང་པོ་གཉིས་ལ་བསྒྲིམས་ཏེ་འཇུག་པ་དང་བར་པ་ལྔ་ལ་ཆད་ཅིང་འཇུག་པའི་ཐ་སྙད་བྱས་ན་དང་པོ་

གཉིས་ལའང་ཆད་ཅིང་འཇུག་པ་དང་བར་པ་ལྔ་ལ་ཡང་བསྒྲིམས་ཏེ་འཇུག་པ་དགོས་པས་མི་རིགས་སོ་སྙམ་པའི་ལོག་རྟོག་སྐྱེས་ན་སྐྱོན་མེད་དེ། བར་པ་ལྔ་ལ་བསྒྲིམས་པ་དང་ཆད་པའི་འཇུག་ཚུལ་གཉིས་ཀ་ཡོད་ཀྱང་དང་པོ་གཉིས་ལ་ཆད་པའི་ཐ་སྙད་བྱར་མེད་དེ། བྱིང་རྒོད་ཤིན་ཏུ་མང་བའི་བར་བར་ལ་གནས་པ་ཙུང་ཟད་ལས་མི་སྐྱེ་ལ། བར་པ་(༢༥ན)ལྔའི་སྐབས་ཏིང་ངེ་འཛིན་ཤས་ཆེར་སྙོམ་པའི་བར་བར་ལ་བྱིང་རྒོད་ཀྱིས་ཡང་ཡང་གཅོད་པའི་ཕྱིར། དཔེར་ན་མི་གསུམ་གྱི་དང་པོ་ལ་ཞ །བར་པ་ལ་ཐུད་དང་ཞ་གཉིས་ཀ །ཐ་མ་ལ་དེའི་སྟེང་དུ་མར་ཁུ་དང་བཅས་གསུམ་དྲངས་ན་དང་པོ་ལ་ཞ་བྱིན་པའི་ཐ་སྙད་དང་། བར་པ་ལ་ཞ་ཡོད་ཀྱང་ཞ་བྱིན་མི་ཟེར་བར་ཉིས་སྤེལ་གྱི་ཐ་སྙད་འདོགས་ཤིང་། གསུམ་པ་ལ་ཉིས་སྤེལ་ཚང་ཡང་སུམ་སྤེལ་ཡོད་པའི་དབང་གིས་ཉིས་སྤེལ་བྱིན་ཞེས་བྱར་མི་རུང་བ་ལྟ་བུ་ཡིན་ནོ། །དེ་ལྟར་སེམས་གནས་དགུ་པ་བྱིང་རྒོད་ཕྲ་མོ་དང་བྲལ་བར་ཡུན་རིང་དུ་སྐྱོང་ནུས་པའི་རྩོལ་མེད་ཀྱི་ཏིང་ངེ་འཛིན་སྐྱེས་པ་དེ་ཞི་གནས་ཡིན་ནམ་སྙམ་ན། མདོ་སྡེ་རྒྱན་ལས། དེ་གོམས་པ་ལས་འདུ་མི་བྱེད། །དེ་ནས་དེ་ཡི་ལུས་དང་སེམས། །ཤིན་ཏུ་སྦྱངས་པ་ཆེ་ཐོབ་ནས། །ཡིད་ལ་བྱེད་དང་བཅས་ཞེས་བྱ། །ཞེས་སྐབས་འདི་ནས་བཟུང་སྟེ་ཡིད་ལ་བྱེད་པ་ཞེས་བཤད་པའི་ཞི་གནས་རྗེས་མཐུན་པ་ཡིན་ཏེ། ཞི་གནས་མཚན་ཉིད་པ་འཐོབ་པ་ལ་ལུས་སེམས་ཤིན་སྦྱངས་ཀྱི་དགའ་བདེ་ཁྱད་པར་ཅན་ཐོབ་དགོས་སོ། །དེ་ལྟར་ན་སེམས་གནས་དགུ་པའི་ཏིང་ངེ་འཛིན་ཐོག་མར་སྐྱེས་པའི་དུས་ཤིན་སྦྱངས་མེད་པར་དོགས་ན། ཤིན་སྦྱངས་ཕྲ་མོ་སྐྱེས་པ་ཆུང་བས་རིག་དཀའ་ཡང་། འདི་དག་གི་སྐབས་ཞི་གནས་རྗེས་མཐུན་པའི་ཡིད་བྱེད་དུ་འཆད་པའི་རྒྱུ་མཚན། དཔེར་ན་ཆོས་བཅོ་ལྔའི་ཟླ་བའི་ཆ་ཤས་ཡོངས་སུ་རྫོགས་པ་ལ་ཆོས་གཉིས་ནས་རིམ་གྱིས་ཆ་ཤས་གསོག་དགོས་ནའང་། ཆོས་གཉིས་ཀྱི་ཟླ་བའི་ཚེ་ཕྲ་མོ་དེ་ཟླ་བ་ཡིན་ཡང་བཅོ་ལྔའི་ཟླ་བ་མིན་པ་ལྟར། ཤིན་སྦྱངས་ཀྱི་ཆ་ཕྲ་མོ་དེ་གོང་དུ་འཕེལ་

བ་ལས་མཐར་ཉོན་མོངས་པའི་ཕྱོགས་སུ་གྱུར་པ་དགེ་བ་ལ་གང་འདོད་དུ་བཀོལ་མི་རུང་བའི་གནས་ངན་ལེན་ཞི་ནས་སེམས་ཀྱི་ཤིན་སྦྱངས་སྐྱེ། དེའི་མཐུས་ལས་རུང་གི་རླུང་ལུས་ལ་རྒྱུ་(༧༥བ)བས་ལུས་ཀྱི་གནས་ངན་ལེན་དང་བྲལ་ནས་བལ་ལྟར་ཡང་བའི་ལུས་ཀྱི་ཤིན་སྦྱངས་སྐྱེ། དེ་ལ་བརྟེན་ནས་ལུས་ལ་བདེ་བའི་ཉམས་ཆེན་པོ་སྐྱེ། དེའི་མཐུས་ཡིད་བདེ་ཉམས་ཀྱི་སེམས་ཤིན་སྦྱངས་ཀྱི་བདེ་བ་སྐྱེ། དེ་ཡང་ལུས་ཤིན་སྦྱངས་སྐྱེས་མ་ཐག་ཏུ་སེམས་དགའ་ཡལ་ཡལ་བ་བྱུང་བ་དེའི་ཚེ་ཞི་གནས་ཚུང་ཟད་མ་ཐོབ་ལ། དགའ་ཡལ་བ་དེ་ཆུང་དུ་སོང་ནས་སེམས་དམིགས་པ་ལ་ལྷན་ནེ་སྡོད་པའི་ཏིང་ངེ་འཛིན་དང་རྗེས་སུ་མཐུན་པའི་ཤིན་སྦྱངས་མི་གཡོ་བ་ཐོབ་པ་དང་དུས་མཉམ་དུ་ཞི་གནས་འགྲུབ་པས་ད་ལྟའི་གྲུབ་ཆེན་དུ་རློམ་པ་རྣམས་ཀྱིས་གཞུང་ཆེན་པོ་འདི་དག་དང་བསྟུན་ན་གར་ཡང་མ་ཕྱིན་པར་སྣང་ངོ་། །འོན་ཀྱང་དགའ་ཡལ་བ་དེ་ཆུང་དུ་སོང་བས་ཤིན་སྦྱངས་ཟད་པ་མ་ཡིན་ཏེ། དཔེར་ན་གཏམ་སྙན་ཐོས་མ་ཐག་ཏུ་སེམས་དགའ་གཡེང་ངེ་བ་དེ་ཡུན་ཞིག་སོང་བ་ན་ཞི་འགྲོ་ཡང་། གཏམ་སྙན་མི་བདེན་པ་མ་ཡིན་པ་དང་འདྲ་གསུང་། ལུས་སེམས་ཤིན་སྦྱངས་ཀྱི་བདེ་བ་ཁྱད་པར་ཅན་གྱི་ཞི་གནས་དེ་མངོན་དུ་བྱས་པ་དང་བསམ་གཏན་དང་པོའི་ཉེར་བསྡོགས་ཐོབ་པ་ཡིན་ཡང་། འདི་ག་ཙམ་གྱིས་ཉོན་མོངས་པ་མངོན་གྱུར་ཡང་འགོ་གནོན་མི་ནུས་མོད། འོ་ན་སྔར་ལྷག་པ་ཏིང་ངེ་འཛིན་གྱི་བསླབ་པ་དང་ཞི་གནས་ཀྱིས་ཉོན་མོངས་པ་མངོན་གྱུར་མགོ་གནོན་པར་བཤད་པ་དང་འགལ་ལམ་སྙམ་ན་དེ་ནི་ཞི་རགས་ཀྱི་རྣམ་པ་ཅན་གྱི་ལྷག་མཐོང་སོགས་ཀྱང་ཞི་གནས་སུ་བསྡུས་པ་ལ་དགོངས་པ་ཡིན་གསུང་། དེས་ན་ད་དུང་ལམ་ལ་སློབ་དགོས། སློབ་ཚུལ་འཇིག་རྟེན་པའི་ལམ་ཞི་རགས་ཀྱི་རྣམ་པ་ཅན་གྱི་ལྷག་མཐོང་བསྒོམས་པས་འདོད་པ་ན་སྤྱོད་པའི་བསྒོམས་པས་སྤང་བར་བྱ་བའི་ཉོན་མོངས་ཕལ་ཆེར་ནུབ། དགའ་བདེ་དང་བཅས་པའི་བསམ་གཏན་དང་པོའི་དངོས་གཞི་འཐོབ། མངོན་ཤེས་རྫུ་འཕྲུལ་

ཡང་མཚན་ཉིད་པ་འབྱུང་རིམ་གྱིས་བསྒོམས་པས་(༧༨ན)ཅི་ཡང་མེད་མན་ཆད་ཀྱི་ཉོན་མོངས་པ་མངོན་གྱུར་ཐམས་ཅད་སྤངས་ཏེ་སྲིད་རྩེའི་སེམས་འཐོབ་པ་ཡིན་ལ། བསམ་གཏན་དང་པོའི་ཉེར་བསྡོགས་ཐོབ་པའི་སྟེང་ནས་བདག་མེད་གཉིས་ཀྱི་དོན་ལ་དཔྱོད་པའི་ལྷག་མཐོང་བསྒོམས་པས་ཉན་ཐོས་ཀྱི་མཐོང་ལམ་ལྷ་བུ་ཐོབ་ན་ཞི་རགས་ཀྱི་རྣམ་པ་ཅན་གྱིས་བསམ་གཏན་དང་པོའི་དངོས་གཞི་ཡན་ཆད་དངོས་སུ་མ་བསྒོམས་ཀྱང་དེ་དག་གི་ཡོན་ཏན་ཤུགས་ཀྱིས་འཐོབ་ཅིང་། ཐེག་པ་གསུམ་པོ་གང་ཊུང་གི་སྒོམ་ལམ་བར་ཆད་མེད་ལམ་གྱིས་ཉོན་མོངས་པའི་གཉེན་པོ་བྱས་ཏེ་རྩ་བ་ནས་སྤོང་བ་ལགས་སོ། །

སྨྲས་པ། ལེ་ལོ་ལ་སོགས་ཉེས་པའི་རང་མཚང་རིག །དད་སོགས་འདུ་བྱེད་བརྒྱད་ཀྱི་ཕན་ཡོན་མཐོང་། །སེམས་གནས་དགུ་པས་ཉེར་དྲངས་ཤིན་སྦྱངས་ཀྱི། །བདེ་གསལ་མི་རྟོག་ཞི་གནས་ཏིང་འཛིན་མཚར། །སྔོན་ཆད་ཙུང་ཟད་བསྒོམས་བློའི་ཉམས་ལེན་གྱིས། །ཉོན་མོངས་དུག་གསུམ་མ་བྲིད་བག་ལ་ཞ། །བདེར་གནས་ཆོས་པའི་བཟང་བརྫུ་རྐྱེན་ངན་གྱི། །ཕྲ་མོའི་གནོད་པས་ཐ་མལ་རང་མཚང་སྟོན། །སྨུ་སྙིགས་བྱེད་དང་ཐུན་མོང་སེམས་གནས་ལ། །མ་དུལ་ཡིད་འདི་ཙུང་ཟད་མི་གནས་ཀྱང་། །སྲིད་ཞིའི་མཐའ་ལས་འདས་པའི་སངས་རྒྱས་སུ། །ཞལ་གྱིས་འཆེས་རྣམས་མཛུབ་མོ་ནང་དུ་ཁུག །དཀའ་གནད་འདི་འདྲས་མངོན་ཤེས་རྫུ་འཕྲུལ་སོགས། །འགྲུབ་པར་གསུང་རབ་དགོངས་འགྲེལ་ལས་བཤད་ན། །ལྟོ་འགྲངས་ཉི་མས་དྲོས་པའི་འཁྱིང་བག་ལ། །གྲུབ་རྟགས་བྲག་ལས་ཆུ་བོ་རྫོལ་བ་བཞིན། །ཀྱེ་མ་སྔོན་ཆད་བློ་བྲིད་རྣམ་གཡེང་གིས། །དོན་མེད་སྟོང་པའི་ངང་དུ་མི་ཚེ་ཟད། །ད་ནི་འདུ་འཛིས་དབེན་པའི་གནས་མཆོག་ཏུ། །ཚུལ་འདི་ཉམས་སུ་ལེན་ལ་རྣམ་པར་སྤྲོ། །སེམས་དང་ལུས་ལ་ཁྱབ་པའི་བདེ་བ་ཡིས། །ཅི་བྱས་དགེ་བའི་ཕྱོགས་སུ་བཀོལ་ནུས་པའི། །ས་ཆེད་འདི་ལྟའི་གནད་(༧༨བ)འགག་ཤེས་གྱུར་ན། །གྲགས་ཅན་སངས་

རྒྱུས་དེ་ཡང་མི་རིང་ངེ། །ཞེས་བྱ་བ་ནི་བར་སྐབས་ཀྱི་ཚིགས་སུ་བཅད་པའོ།། །།

༣༨ ཤེས་རབ་ལ་བསླབ་པ།

དྲུག་པ་ཤེས་རབ་ཀྱི་ཕར་ཕྱིན་ནི། དེ་ཁོ་ན་ཉིད་ཀྱི་དོན་འཇལ་བ་དོན་དམ་རྟོགས་པའི་ཤེས་རབ། རིག་པའི་གནས་ལྔ་ལ་མཁས་པ་ཀུན་རྫོབ་རྟོགས་པའི་ཤེས་རབ། སེམས་ཅན་གྱི་འདི་ཕྱིའི་དོན་ཁ་ན་མ་ཐོ་བ་མེད་པ་སྒྲུབ་ཚུལ་ཤེས་པའི་ཤེས་རབ་རྣམས་ཀྱི་སེམས་ཀྱི་གོམས་པ་མཐར་ཕྱིན་པ་ན་ཤེས་རབ་ཀྱི་ཕ་རོལ་ཏུ་ཕྱིན་པ་ཡོངས་སུ་རྫོགས་པ་ཡིན་ནོ། །ཤེས་རབ་བརྒྱ་པ་ལས། མཐོང་དང་མ་མཐོང་ཡོན་ཏན་འདི། །ཀུན་གྱི་རྩ་བ་ཤེས་རབ་ཡིན། །དེ་ལྟར་གཉིས་ཀ་བསྒྲུབ་པའི་ཕྱིར། །ཤེས་རབ་ཡོངས་སུ་བཟུང་བར་བྱ། །ཞེས་རང་གི་ཤ་ཟིན་ཡང་སྨན་གྱི་སྡོང་པོ་ལས་བླངས་པ་ལྟར་ང་རྒྱལ་དང་ཞུམ་པ་མེད་པའི་སྦྱིན་པ་སོགས་ཕར་ཕྱིན་དང་པོ་ལྔ་རྣམ་པར་དག་པ་དང་། འཁོར་ལོས་སྒྱུར་བའི་རྒྱལ་པོ་བྱང་ཆུབ་སེམས་དཔའ་འདོད་ཡོན་གྱི་དབང་དུ་མི་འགྲོ་བ་ཡང་ཤེས་རབ་ལ་རག་ལུས་ཤིང་མདོར་ན་འཇིག་རྟེན་དང་འཇིག་རྟེན་ལས་འདས་པའི་ཡོན་ཏན་མཐའ་དག་ཤེས་རབ་ལ་བརྟེན་ནས་འབྱུང་བའི་ཕྱིར་ན་འདི་ཉིད་དོན་དུ་གཉེར་དགོས་ལ། གཉེར་བྱའི་ཤེས་རབ་དེ་ལ་རིགས་མང་དུ་ཡོད་པའི་ནང་ནས་ཉོན་མོངས་པ་བྲ་རགས་ཞི་བར་བྱེད་པའི་ལྷག་མཐོང་སྒོམ་པ་གལ་ཆེ་ཞིང་། དེ་ཡང་ཉོན་མོངས་པ་མངོན་གྱུར་མགོ་གནོན་པའི་འཇིག་རྟེན་པའི་ཞི་རགས་ཀྱི་ལྷག་མཐོང་དོན་དུ་གཉེར་བྱ་ཡིན་ནམ་སྙམ་ན། བསྟོགས་འོས་བསྟོགས་བསྟོད་ལས། ཁྱོད་ཀྱི་ཆོས་ལ་མི་ཕྱོགས་པའི། །སྐྱེ་བོ་གཏི་མུག་གིས་ལྡོངས་པ། །སྲིད་རྩེའི་བར་དུ་སོང་ནས་ཀྱང་། །སྡུག་བསྔལ་ཡང་འབྱུང་སྲིད་པ་བསྒྲུབ། །ཅེས་ཕྱི་རོལ་པ་སོགས་ཅི་ཡང་མེད་མན་ཆད་ཀྱི་ཉོན་མོངས་པ་མངོན་གྱུར་ཐམས་ཅད་སྤངས་ཏེ་སྲིད་རྩེའི་སེམས་ཐོབ་ཀྱང་འཁོར་བ་ལས་མི་གྲོལ་བས་ཏིང་

འཛིན་(༧༧ན)རྒྱལ་པོ་ལས། ཏིང་ངེ་འཛིན་དེ་སྒོམ་པར་བྱེད་མོད་ཀྱི། །དེས་ནི་བདག་ཏུ་འདུ་ཤེས་འཇིག་མི་བྱེད། །དེ་ཡིས་ཉོན་མོངས་ཕྱིར་ཞིང་རབ་འཁྲུག་སྟེ། །ལྷག་སྤྱོད་འདི་ན་ཏིང་འཛིན་སྒོམ་པ་བཞིན། །ཞེས་བདག་འཛིན་མ་སྤངས་པའི་མཐུས་མུ་སྟེགས་ལྷག་སྤྱོད་བཞིན་ཉོན་མོངས་འཁྲུགས་ཏེ། སླར་ཡང་གནས་ངོག་མའི་སེམས་སུ་ལྟུང་བས་ན་སྐྱེས་བུ་ཆེན་པོའི་གདུལ་བྱ་རྣམས་ཀྱི་དོན་དུ་གཉེར་བྱ་ག་ལ་ཡིན། འོ་ན་སྔར་འབད་པས་བསྒོམས་པའི་ཞི་གནས་དེ་ལ་དོན་མེད་དམ་སྙམ་ན། ཁྱོད་ཀྱི་བསྟན་པའི་རྗེས་འགྲོ་བ། །བསམ་གཏན་དངོས་གཞི་མ་ཐོབ་ཀྱང་། །བདུད་ཀྱི་མིག་རས་བཙའ་བཞིན་དུ། །སྲིད་པ་དག་ནི་བཟློག་པར་བགྱིད། །ཅེས་བསམ་གཏན་དང་པོའི་ཉེར་བསྡོགས་ཐོབ་པའི་རྗེས་སུ་བསམ་གཏན་དང་པོའི་དངོས་གཞི་སྒྲུབ་པ་སོགས་ཀྱི་རྩོལ་བ་བཞག་ནས་འཇིག་རྟེན་ལས་འདས་པའི་ལྷག་མཐོང་བདག་མེད་པའི་དོན་བསྒོམས་པས་འཁོར་བ་ལས་གྲོལ་བའི་ཐར་པ་ཐོབ་པར་འགྱུར་རོ། །དེ་ལྟར་ན་ཕར་ཕྱིན་ཐ་མའི་ཉམས་ལེན་འདིས་ཐམས་ཅད་མཁྱེན་པ་ཐོབ་པར་མི་འགྱུར་ན་སྐྱེས་བུ་འབྲིང་ལས་ལྷག་པའི་ལྷག་ཆོས་གང་ཡང་མ་བྱུང་བར་དོགས་ཆེ། དེ་ལྟར་ཡོག་རྟོག་ཤར་བ་ནི་གཡག་ཞར་བའི་རྨ་ལྟར་ཕྱོགས་རེའི་མིག་ཅན་དུ་སོང་བའི་ཉེས་པས་ནོངས་པས་སྐྱེས་བུ་འབྲིང་དང་མི་འདྲ་བའི་ཁྱད་པར་གོང་དུ་བྱང་ཆུབ་ཀྱི་སེམས་དང་རྒྱལ་སྲས་ཀྱི་སྤྱོད་པར་སློབ་ཚུལ་རྒྱས་པར་སོང་ཡང་། རྗེ་བླ་མས། གནས་ལུགས་རྟོགས་པའི་ཤེས་རབ་མི་ལྡན་ན། །ངེས་འབྱུང་བྱང་ཆུབ་སེམས་ལ་གོམས་བྱས་ཀྱང་། །སྲིད་པའི་རྩ་བ་གཅོད་པར་མི་ནུས་པས། །དེ་ཕྱིར་རྟེན་འབྲེལ་རྟོགས་པའི་ཐབས་ལ་འབད། །ཅེས་བྱང་ཆུབ་ཀྱི་སེམས་ཡོད་པར་མ་ཟད་དེ་དང་ཟུང་དུ་འབྲེལ་བའི་ལམ་ལྷག་པ་ཤེས་རབ་ཀྱི་བསླབ་པའི་ལམ་སྒོམ་པ་ཡིན་གྱི་སྐྱེས་བུ་འབྲིང་མན་ཆད་ལྟར་ཕྱོགས་རེ་(༧༧བ)བའི་ལམ་མིན་ནོ། །འོ་ན་ཞི་ལྷག་གཉིས་སྐྱེས་བུ་འབྲིང་གི་སྐབས་ཀྱི་ཏིང་འཛིན་དང་ཤེས་རབ་ཀྱི་བསླབ་པའི་

ཉམས་ལེན་དུ་གཏོགས་ཚེ་རྒྱལ་སྲས་ཀྱི་སྤྱོད་པ་རྣམས་དང་ཟུང་དུ་འབྲེལ་དགོས་པ་ཅི་ཡིན་སྙམ་ན། རིགས་པ་དྲུག་ཅུ་པ་ལས། དགེ་བ་འདི་ཡིས་སྐྱེ་བོ་ཀུན། །བསོད་ནམས་ཡེ་ཤེས་ཚོགས་རྫོགས་ཤིང་། །བསོད་ནམས་ཡེ་ཤེས་ལས་བྱུང་བ། །དམ་པ་གཉིས་ནི་ཐོབ་པར་ཤོག །ཅེས་སངས་རྒྱས་འགྲུབ་པ་ལ་གཟུགས་ཀྱི་སྐུ་དང་ཆོས་ཀྱི་སྐུ་གཉིས་ཐོབ་དགོས་ལ། དེ་གང་ལ་བརྟེན་ནས་བསྒྲུབ་ན། དཔལ་ལྡན་ཟླ་བས། ཐ་སྙད་བདེན་པ་ཐབས་སུ་གྱུར་པ་དང་། །དོན་དམ་བདེན་པ་ཐབས་བྱུང་གྱུར་པ་སྟེ། །དེ་གཉིས་རྣམ་དབྱེ་གང་གིས་མི་ཤེས་པ། །དེ་ནི་རྣམ་རྟོག་ལོག་པའི་ལམ་ངན་ཞུགས། །ཞེས་པའི་ཤུགས་ལ། དེ་གཉིས་རྣམ་དབྱེ་གང་གིས་ལེགས་ཤེས་པ། །དེ་ནི་ཕྱིན་ཅི་མ་ལོག་ལམ་བཟང་ཞུགས། །ཞེས་གཞིའི་ལྟ་བ་ཀུན་རྫོབ་བདེན་པ་སྣང་བའི་ཆ་ཆོས་ཐམས་ཅད་ཐ་སྙད་དུ་གྲུབ་ཅིང་རྒྱུ་འབྲས་མ་འཆོལ་བར་འབྱུང་བའི་རྟེན་ཅིང་འབྲེལ་བར་འབྱུང་བ་དང་། དོན་དམ་བདེན་པ་སྟོང་པའི་ཆ་ཆོས་ཐམས་ཅད་རང་གི་ངོ་བོས་གྲུབ་པ་ཅུང་ཟད་ཙམ་ཡང་མེད་པ་གཉིས་ཕྱིན་ཅི་མ་ལོག་པར་ཤེས་ན་ལམ་གྱི་གནས་སྐབས་སུ་སྦྱིན་སོགས་ཀྱི་སྤྱོད་པ་རླབས་པོ་ཆེས་ཚོགས་གསོག་པ་དང་སྟོང་པ་ཉིད་ཀྱི་ལྟ་བ་ཟབ་མོ་ཟུང་འབྲེལ་དུ་ཉམས་སུ་བླངས་པ་ལ་བརྟེན་ནས་འབྲས་བུ་གཟུགས་ཀྱི་སྐུ་དང་ཆོས་ཀྱི་སྐུ་གཉིས་ཐོབ་པར་འགྱུར་བས་སྐྱེས་བུ་ཆེན་པོ་བ་རྣམས་ཀྱི་ཐོབ་བྱ་མཐར་ཐུག་པ་ཡིན་པས། ཐོབ་བྱེད་ཀྱི་ཐབས་བསོད་ནམས་ཀྱི་ཚོགས་གསོག་ཚུལ་གྱི་ཉམས་འཁྲིད་སྔོན་དུ་སོང་ཟིན་ནས། ཡེ་ཤེས་ཀྱི་ཚོགས་གསོག་པའི་ཉམས་ལེན་གྱི་རིམ་པ་ལ་སྦྱོར་འཕགས་པའི་ཡུལ་དུ་གྲུབ་མཐའ་སྨྲ་བ་བཞི་སོ་སོར་ཡོད་པ་ནས་ལྟ་བ་མི་མཐུན་ཡང་གཙོ་བོ་ནི་དབུ་སེམས་གཉིས་ཀྱི་(༧༤ན)ལུགས་འདི་གྲགས་ཆེ་ཞིང་། དེ་ཡང་རིན་ཆེན་འཕྲེང་བ་ལས། ཆོས་འདི་ཟབ་ཕྱིར་སྐྱེ་བོ་ཡིས། །ཤེས་པར་དཀའ་བ་ཐུགས་ཆུད་དེ། །དེས་ན་ཐུབ་པ་སངས་རྒྱས་ནས། །ཆོས་བསྟན་པ་ལས་ལོག་པར་གྱུར། །ཅེས་ལས་འབྲས་དང་སྟོང་ཉིད་ཀྱི་རྣམ་གཞག་མི་

འགལ་བར་འཛོག་ཤེས་པའི་གནད་འདི་གཞན་གྱིས་རྟོག་དཀའ་བས་སངས་རྒྱས་ཀྱིས་ཆོས་ཀྱི་འཁོར་ལོ་བསྐོར་བར་ཞལ་གྱིས་བཞེས་པ་དཀའ་དཀའ་ལྟར་མཛད་ལ། དཀའ་བའི་གནད་དེ་འཁྲུལ་བ་མེད་པར་སྟོན་པ་པོ་ནི་རྒྱལ་བས་ལང་ཀར་གཤེགས་པའི་མདོ་ལས་ལུང་བསྟན་པའི་དཔལ་མགོན་འཕགས་པ་ཀླུ་སྒྲུབ་ཡིན་ཞིང་། དེ་ཉིད་ཀྱི་རྗེས་སུ་འབྲང་བར་ཁས་འཆེ་བ་མང་ན་ཡང་ཆོས་ཐམས་ཅད་རང་བཞིན་གྱིས་གྲུབ་པར་ཁས་ལེན་པའི་ལྟ་བ་ཙམ་གྱིས་ཐར་པའང་འཐོབ་པའི་སྐབས་མེད་པས་དཔལ་ལྡན་ཟླ་བས། སློབ་དཔོན་ཀླུ་སྒྲུབ་ཞབས་ཀྱི་ལམ་ལས་ནི། །ཕྱི་རོལ་གྱུར་ལ་ཞི་བའི་ཐབས་མེད་དོ། །དེ་དག་ཀུན་རྫོབ་དེ་ཉིད་བདེན་ལས་ཉམས། །དེ་ལས་ཉམས་པས་ཐར་པ་འགྲུབ་ཡོད་མིན། །ཞེས་གསུངས་པའི་ཕྱིར་ན་མགོན་པོ་ཀླུ་སྒྲུབ་ཀྱི་དགོངས་པ་འཁྲུལ་པ་མེད་པར་རྟོགས་དགོས་པས་དེ་འགྲེལ་བྱེད་གང་གི་རྗེས་སུ་འབྲང་ན། ཇོ་བོ་ཆེན་པོས། སྟོང་ཉིད་གང་གིས་རྟོགས་ཤེ་ན། །དེ་བཞིན་གཤེགས་པས་ལུང་བསྟན་ཅིང་། །ཆོས་ཉིད་བདེན་པ་གཟིགས་པ་ཡི། །ཀླུ་སྒྲུབ་སློབ་མ་ཟླ་གྲགས་ཡིན། །དེ་ལས་བརྒྱུད་པའི་མན་ངག་གིས། །ཆོས་ཉིད་བདེན་པ་རྟོགས་པར་འགྱུར། །ཞེས་དཔལ་ལྡན་ཟླ་བ་གྲགས་པས་བཀྲལ་བའི་རྗེས་སུ་འབྲངས་ཏེ་ཉམས་སུ་ལེན་པ་ལ་བཞི་བརྒྱ་པའི་འགྲེལ་པ་ལས། དེ་ལ་བདག་ཅེས་བྱ་བ་ནི་གང་ཞིག་དངོས་པོ་རྣམས་ཀྱི་གཞན་ལ་རག་མ་ལས་པའི་ངོ་བོ་རང་བཞིན་ཏེ་དེ་མེད་པ་ནི་བདག་མེད་པའོ། །དེ་ནི་ཆོས་དང་གང་ཟག་(༧༨བ)གིས་དབྱེ་བས་གཉིས་སུ་རྟོགས་ཏེ། ཆོས་ཀྱི་བདག་མེད་པ་དང་གང་ཟག་གི་བདག་མེད་པའོ། །ཞེས་བདག་མེད་པའི་ཚུལ་གཉིས་པོ་གོ་རིམ་ཇི་ལྟ་བུ་སྙམ་ན། བསོད་ནམས་མིན་པ་དང་པོར་བཟློག །བར་དུ་བདག་ནི་བཟློག་པ་དང་། །ཐ་མར་ལྟ་ཞིག་ཀུན་བཟློག་པ། །གང་གིས་ཤེས་དེ་མཁས་པ་ཡིན། །ཞེས་ལས་རྒྱུ་འབྲས་མེད་པར་བལྟ་བའི་ལྟ་ངན་སོགས་ནི་སྔར་སྐྱེས་བུ་ཆུང་འབྲིང་གི་སྐབས་ནས་བཟློག་ཟིན་པས། རེ་ཞིག་ཉེས་ཀུན་འབྱུང་བའི་གནས། །མེད་

ཉིད་རྣམ་པར་བཟློག་ཐེན་གྱི། །ཞེས་གསུངས་ནས། བར་དུ་གང་ཟག་གི་བདག་དང་
ཐ་མར་ཆོས་ཀྱི་བདག་བཟློག་དགོས་པའི་གོ་རིམ་ཉམས་ལེན་མན་ངག་གི་དབང་དུ་
མཛད་ལ། གཞུང་ཆེན་པོ་རྣམས་སུ་ཆོས་ཀྱི་བདག་མེད་ཐོག་མར་བྱུང་ནའང་ཕྱུག་
ལེན་དུ་ སྤྱིར་བཏང་དམིགས་བསལ་ཕྱེད་པའི་གོ་རིམ་མ་ནོར་བ་ནི་གནད་དམ་པ་སྟེ།
ལས་འབྲས་ལ་ཡིད་མི་ཆེས་པའི་གང་ཟག་གི་རྒྱུད་ལ་བདག་མེད་པའི་ལྟ་བ་མི་སྐྱེ་
ཞིང་། གང་ཟག་གི་བདག་ཏུ་འཛིན་པ་མ་བཟློག་ན་ཆོས་ཀྱི་བདག་འཛིན་བཟློག་
པར་མི་ནུས་སོ། །དེས་ན་སྣང་ཆགས་སོགས་ཉོན་མོངས་པ་སོ་སོའི་གཉེན་པོ་རེ་
རེས་རང་གི་ངོ་སྐལ་གྱི་ཉེས་པ་སེལ་ཀྱང་། ཉེས་པ་མཐའ་དག་མི་སེལ་བ་ནི་ཉེས་
པ་ཐམས་ཅད་ཀྱི་རྩ་བ་མ་རིག་པ་མ་བསལ་བའི་རྐྱེན་ཡིན་པས་བཞི་བརྒྱ་པ་ལས།
ལུས་ལ་ལུས་དབང་ཇི་བཞིན་དུ། །གཏི་མུག་ཀུན་ལ་གནས་གྱུར་ཏེ། །དེ་ཕྱིར་ཉོན་
མོངས་ཐམས་ཅད་ཀྱང་། །གཏི་མུག་བཅོམ་པས་བཅོམ་པར་འགྱུར། །རྟེན་ཅིང་
འབྲེལ་བར་འབྱུང་བ་ནི། །མཐོང་ན་གཏི་མུག་འབྱུང་མི་འགྱུར། །དེ་ཕྱིར་འབད་
པ་ཀུན་གྱིས་འདིར། །གཏམ་དེ་ཁོ་ན་བཤད་པར་བྱ། །ཞེས་དཔེར་ན་ཤིང་གི་རྩ་
བ་ནས་བཅད་ན་ཡལ་ག་དང་མེ་ཏོག་མཐའ་དག་བསྐམས་འགྲོ་བ་ལྟར། བདག་
འཛིན་སྤངས་ན་ཉོན་མོངས་པ་ཐམས་ཅད་ཞི་བར་གསུངས་པའི་ཕྱིར་ན་འཇུག་(༧)(ན)
པ་ལས། ཉོན་མོངས་སྐྱོན་རྣམས་མ་ལུས་འཇིག་ཚོགས་ལ། །ལྟ་ལས་བྱུང་བར་བློ་
ཡིས་མཐོང་གྱུར་ཅིང་། །བདག་ནི་འདི་ཡི་ཡུལ་དུ་རྟོགས་བྱས་ནས། །རྣལ་འབྱོར་
པ་ཡིས་བདག་ནི་འགོག་པར་བྱེད། །ཅེས་དང་རིན་ཆེན་ཕྲེང་བ་ལས། ཇི་སྲིད་ཕུང་
པོར་འཛིན་ཡོད་པ། །དེ་སྲིད་དེ་ལ་ངར་འཛིན་ཡོད། །ངར་འཛིན་ཡོད་ན་ཡང་ལས་
ཏེ། །ལས་ལས་ཀྱང་ནི་སྐྱེ་བ་ཡིན། །ཞེས་བདག་མེད་གཉིས་གཏན་ལ་འབེབས་པ་
ནི་ཆོས་ཀྱི་རྒྱལ་པོ་ཙོང་ཁ་པ་ཆེན་པོས་མགོན་པོ་འཇམ་དཔལ་དབྱངས་ལ་གསོལ་བ་
བཏབ་པས་ལྟ་བ་རྣམ་དག་ཐུགས་རྒྱུད་ལ་སྐྱེ་བའི་ཐབས་བསྟེན་པ་བཞིན་མངོན་དུ་

ཀྱུར་ནས་སློབ་མ་རྣམས་འཁྲིད་པའི་ཕྱག་བཞེས་ལ་བརྒྱུད་པའི་རྣམ་གྲངས་སོ་སོར་ཡོད་པའི་མཁས་གྲུབ་དགེ་ལེགས་དཔལ་བཟང་ནས་བརྒྱུད་པ་ལ་སྟོན་འགྲོ་དང་དངོས་གཞི་གཉིས་ཀྱི་སྒོ་ནས་འཁྲིད་པ་དང་། མཁས་གྲུབ་ཤེས་རབ་སེང་གེ་ནས་བརྒྱུད་པ་ལ་དྲན་པ་བཞི་ལྡན་གྱི་སྒོ་ནས་འཁྲིད་པའི་ཚུལ་གཉིས། དེ་གཉིས་གང་བྱས་ཀྱང་ཁྱད་པར་མེད་ནའང་། སྐབས་འདིར་བྱང་ཆུབ་ལམ་གྱི་རིམ་པའི་ཤེར་ཕྱིན་གྱི་ཉམས་འཁྲིད་ཀྱི་སྐབས་ཡིན་པས་སྟོན་འགྲོ་རྣམས་གོང་དུ་སོང་ཟིན་པའི་ཉམས་ལེན་རྣམས་གོ་རིམ་ལྟར་འབྱུང་བའི་དོན་གྱིས་བཏང་སྙོམས་སུ་བཞག་སྟེ་དངོས་གཞིའི་ཉམས་ལེན་ལ་གང་ཟག་གི་བདག་མེད་ཉམས་སུ་ལེན་པ་དང་། ཆོས་ཀྱི་བདག་མེད་ཉམས་སུ་ལེན་པ་གཉིས།

དང་པོ་ནི་རྟེན་འབྲེལ་གྱི་རིགས་པ་ལྟ་བུ་ལ་གནད་གསུམ་དང་། རྣམ་བདུན་གྱི་རིགས་པ་ལ་གནད་དགུ་ལ་སོགས་པ་རྣམ་གྲངས་མང་ཞིང་། ལྷག་མཐོང་ཆེ་ཆུང་སོགས་རྗེ་བདག་ཉིད་ཆེན་པོའི་གསུང་རབ་རྣམས་སུ་རྒྱ་ཆེར་གསུངས་ཀྱང་གཙོ་བོར་གནད་བཞི་ལ་བརྟེན་ནས་དཔྱད་པ་མཛད་པ་འདི་ཉིད་ལུགས་འདིའི་(༧༤བ)ཤིང་རྟ་བ་ཆེན་པོ་ཐམས་ཅད་མཁྱེན་པ་ནོར་བཟང་རྒྱ་མཚོ་ཡབ་སྲས་ཀྱིས་ཐུགས་ཉམས་སུ་སྐྱོང་བ་ཞལ་ནས་ཞལ་དུ་བརྒྱུད་པའི་ཉམས་འཁྲིད་ལ་གནད་དང་པོ་ངར་འཛིན་ལྷན་སྐྱེས་ཀྱིས་ང་ཇེ་ལྟར་བཟུང་པའི་ཚུལ་ངེས་པའི་གནད་ནི་བུདྡྷ་པཱ་ལི་ཏ་ལས། ཆོས་ཐམས་ཅད་བདག་མེད་དོ་ཞེས་པའི་བདག་དང་མེད་རྒྱུའི་དགག་བྱ་གཉིས་པོ་དེ་བཅར་གྱིས་ངོས་མ་ཟིན་ན་དགྲ་གང་དུ་ཡོད་མ་ཤེས་པར་དམག་འདྲེན་པ་དང་འབེན་རྩད་མ་ཆོད་པར་མདའ་འཕེན་པ་དང་འདྲ་བས་སྤྱོད་འཇུག་ལས། བཏགས་པའི་དངོས་ལ་མ་རེག་པར། །དེ་ཡི་དངོས་མེད་འཛིན་མ་ཡིན། །ཞེས་དགག་བྱའི་དོན་སྤྱི་ལེགས་པར་བློ་ལ་མ་ཤར་ན་དེ་བཀག་པའི་བདག་མེད་ཀྱི་དོན་མི་ངེས་པར་གསུངས་པས་གང་ཟག་ཅེས་བྱ་བ་ནི་འགྲོ་བ་རིགས་དྲུག་དང་ཐེག་པ་གསུམ་གྱི་སྐྱེ

འཕགས་ལ་སོགས་པའི་གང་ཟག་རྣམས་ཡིན་ལ། དེ་བློས་བཏགས་པ་མ་ཡིན་པར་རང་ངོས་ནས་ཚུགས་ཐུབ་ཏུ་གྲུབ་པའི་སྡོད་ལུགས་དེས་བདག་གམ་རང་བཞིན་ཞེས་བྱ་བ་དེ་ཡིན་ནོ། །དེ་ཡང་གཞི་གང་ཟག་གི་སྟེང་དུ་ངའམ་བདག་ཏུ་འཛིན་པའི་ངར་འཛིན་ལྷན་སྐྱེས་དེ་ལ་གདགས་གཞིའི་སྟེང་དུ་རྟོག་པས་བཏགས་ཙམ་གྱིས་ཁྱད་པར་དུ་བྱས་ནས་ངར་འཛིན་པ་དང་རང་བཞིན་གྱིས་གྲུབ་པས་ཁྱད་པར་དུ་བྱས་ནས་ངར་འཛིན་པ་དང་དེ་གཉིས་གང་གིས་ཀྱང་ཁྱད་པར་དུ་མ་བྱས་པའི་ངར་འཛིན་པ་དང་གསུམ་ཡོད་པའི་དང་པོ་ནི་དབུ་མའི་ལྟ་བ་རྒྱུད་ལ་སྐྱེས་པའི་གང་ཟག་གི་ངར་འཛིན་པའི་བློ། གཉིས་པ་ནི་སྐབས་འདིར་གཉེན་པོས་འཇོམས་པར་བྱེད་རྒྱུའི་ངར་འཛིན་ལྷན་སྐྱེས་མཚན་ཉིད་པ། གསུམ་པ་ནི་གྲུབ་མཐས་རྒྱུད་མ་བསྒྱུར་བའི་སོ་སྐྱེ་རྣམས་ལ་མིང་གིས་བཏགས་པ་དང་རང་བཞིན་གྱིས་གྲུབ་པའི་དབྱེ་བ་མེད་པས་དེ་རྣམས་ཀྱི་རྒྱུད་ཀྱི་ང་(༥༠ན)འཛོག་པའི་ཐ་སྙད་པའི་ཚད་མ་ཡིན་ལ། དེ་ཡང་རང་ཅག་རྣམས་ཀྱི་རྒྱུད་ལ་གཉིད་ལོག་པ་དང་མ་ལོག་པའི་གནས་སྐབས་ཐམས་ཅད་དུ་ངའོ་སྙམ་པའི་བློ་དམ་སྲིང་སྲིང་བ་ཞིག་ཡོད་ཀྱང་། མི་ལོང་དང་བྱད་བཞིན་གྱི་གཟུགས་བརྙན་ལྟར་བདེ་སྡུག་གི་རྐྱེན་དང་ཕྲད་པ་ན་བློ་མངོན་གྱུར་ཤུགས་ཤིན་ཏུ་ཆེ་ཞིང་། རྐྱེན་དང་མ་ཕྲད་པའི་གནས་སྐབས་སུ་ཅུང་ཟད་མི་གསལ་བའི་ཚུལ་དུ་འོང་བས་ད་ལྟའི་ལྟ་འཁྲིད་པ་ཕལ་ཆེར་དག་དེ་ལྟ་བུའི་བློ་མངོན་གྱུར་ཡིན་མིན་གྱི་རྟོག་དཔྱོད་མེད་པར་ངར་འཛིན་ལྷན་སྐྱེས་ཀྱིས་ང་ཟེ་ལྟར་བཟུང་ཚུལ་སོགས་ཚིག་སྐམ་རེ་ལ་བརྟེན་ནས་ཉམས་སུ་ལེན་པ་སྐད་བྱེད་པ་ནི་མིའི་བྱད་དབྱིབས་འོལ་ལེ་བ་ཞིག་མཐོང་བ་ལ་འདི་ནི་ཁ་སང་གི་རྐུན་མ་ཆེ་གེ་མོའོ་ཞེས་མཛུབ་མོ་འཛུགས་པ་ལྟར་གནད་དུ་ཡེ་མི་འགྲོ་བས་ཐོག་མར་རང་ཉིད་ལ་དངོས་སུ་གཞན་གྱིས་ཕན་གནོད་བྱས་པའི་བདེ་སྡུག་གི་རྟོག་པ་མངོན་གྱུར་ཡོད་ན་དང་། མེད་ན་སྟར་བྱུང་ཟིན་པ་ཞིག་བློས་ཡང་ཡང་གསལ་བཏབ་པས། དཔེར་ན་རང་ལ་མི་ཞིག་གིས་བརྐུས་ཁག

ལྟ་བུ་གཙུགས་པའམ་རང་འདོད་པའི་དོན་ཞིག་འགྲུབ་པར་བྱས་པ་ལྟ་བུ་ལ། ངས་
ཀུན་མ་བཀུ་སླམ་པ་ཡིད་ཀྱི་དགུ་ལའང་མེད་ན་བཀུས་པའི་ཁག་འདི་ལྟ་བུ་འཇུགས་
པ་སླམ་དུ་ཕ་རོལ་གྱི་མི་དེ་ལ་ཞེ་སྡང་དྲག་པོ་དང་བཅས་ཏེ་བཀུས་ཁག་འཇུགས་ཡུལ་
གྱི་ང་ཞིག་སྙིང་གི་དཀྱིལ་ནས་དམ་སྦྲིང་སྦྲིང་བ་མིག་གིས་མཐོང་རྒྱུ་དང་ལག་པས་
འཛིན་རྒྱུ་ཡོད་པ་ལྟ་བུ་འཆར་ལ། དེ་བཞིན་དུ་ཕན་འདི་ལྟ་བུ་བཏགས་བྱུང་སླམ་
པའི་ཕན་འདོགས་ཡུལ་གྱི་ང་ཞིག་སྙིང་གི་དཀྱིལ་ནས་ལྷང་ལྷང་འཆར་བས་ཚུལ་དེ་
གཉིས་པོ་གང་ཡང་རུང་བ་ལ་བརྟེན་པའི་བློ་མངོན་གྱུར་ཞིག་གིས་ཀུན་རྟོག་རགས་
པ་གཞན་རྣམས་བག་ལ་ཞ་བའི་ངར་འཛིན་ལྷན་སྐྱེས་ཇི་འཕེལ་ལ་འགྲོ་བཙུག་པའི་
མཚམས་ནས་བློ་དེས་ང་ཇི་ལྟར་བཟུང་བའི་ཚུལ་ཞིག་བརྟག་དགོས་པས། སེམས་
གཅིག་པུ་འདི་གའི་སྟེང་ནས་ངར་འཛིན་པ་དང་དེའི་འཛིན་ཚུལ་གཉིས་ཀ་བརྟག་
པ་ཤིན་ཏུ་དཀའ་ཞིང་། འཛིན་ཚུལ་གྱི་བློ་ཤུགས་ཆེས་ན་འཛིན་སྟངས་ཀྱི་ངར་ཆ་
ཞིག་ནས་མི་གསལ་བ་ཞིག་འོང་བས་ཇི་ལྟར་བྱེད་ན། ཞི་གནས་ལ་གོམས་པའི་
མཐུས་དཔྱད་འཇོག་གི་དམིགས་པ་གང་ཡིན་གྱི་ཐོག་ཏུ་འདྲིལ་བ་ཞིག་འོང་བས།
སངས་རྒྱས་ཀྱི་སྐུ་གཟུགས་སོགས་ལ་དམིགས་པ་གཏོད་པ་ལྟ་བུའི་ཚབ་ལ་ངའོ་སླམ་
པའི་བློ་མངོན་གྱུར་དེ་འཆར་བཙུག་ནས་སེམས་ཕྱེངས་པོ་དེ་ལ་གསལ་བའི་ངར་ཆ་
དང་བཅས་པའི་སྒོ་ནས་གནས་བཞིན་དུ་བློའི་ཟུར་ཞིག་གིས་འཛིན་ཚུལ་དང་གང་
དུ་བཟུང་བལྟ་བ་ནི་མི་གཉིས་ལམ་ལ་གཤིབས་ནས་འགྲོ་བའི་ཚེ་མིག་དངོས་གཞིས་
ལམ་ལ་བལྟ་བ་དང་མིག་ཟུར་གྱིས་གྲོགས་ལ་བལྟ་བ་ལྟ་བུ་ཡིན་གསུང་། འདི་ཕན་
ཆད་ལ་ངའོ་སླམ་པའི་ང་དེ་སྙིང་གི་དཀྱིལ་དུ་ཡོད་པ་འདྲ་བ་ཞིག་ལས་གང་གི་སྟེང་
དུ་གྲུབ་མ་ངེས་ལ། འདི་ནས་བཟུང་བློའི་ཟུར་གྱིས་ལེགས་པར་བརྟགས་པས་རེས་
ལུས་ཀྱི་སྟེང་དུ་ཡོད་པ་འདྲ་བ། རེས་སེམས་ཀྱི་སྟེང་དུ་ཡོད་པ་འདྲ་བ། རེས་ཕུང་
པོ་གཞན་རྣམས་སོ་སོའི་སྟེང་དུ་ཡོད་པ་འདྲ་བ་སོགས་འཆར་ཚུལ་སྣ་ཚོགས་པ་ཞིག་

བྱུང་བའི་མཐར་ལུས་སེམས་གཉིས་པོ་འདི་ཆུ་དང་འོ་མ་འདྲེས་པ་ལྟ་བུ་དབྱེར་མི་ཕྱེད་པ་ཞིག་གི་སྟེང་ནས་ང་དེ་ངའི་ངོས་ནས་ཡོད་པའི་རང་བཞིན་གྱིས་གྲུབ་པའི་ཚུགས་སེ་བ་གདོད་མ་ནས་གྲུབ་པ་ཞིག་ངོས་ཟིན་འོང་བས་དེ་ནི་གནད་དང་པོ་དགག་བྱ་ངེས་པ་ཡིན་པས་འདི་ལ་སྦྱོང་བ་གཏིང་མ་ཕྱིན་གྱི་བར་ལ་དཔྱོད་དོ། །དེ་ལྟར་རྒྱུད་ལ་སྐྱེས་པ་ནས་ངར་འཛིན་ལྷན་སྐྱེས་ཀྱིས་བཟུང་བའི་ང་དེ་དང་རང་གི་ཕུང་པོ་ལྔ་པོ་རྣམས་ཆུ་ལ་ཆུ་བཞག་པ་ལྟ་བུའི་(༨༧ན)ཚུལ་གྱིས་ཚུགས་ཐུབ་ཏུ་གྲུབ་པར་ངོས་བཟུང་བ་དེ་ངེས་པ་ཡིན་ན་དཔྱད་པ་བྱས་པ་ཙམ་གྱིས་ངེས་ཤེས་རྙེད་དུ་འགྲོ་ལ། མིན་ན་རང་ཚུགས་མི་ཐུབ་པར་ཞིག་འགྲོ་བས་ཚིག་གསལ་ལས། བདག་ཏུ་འཛིན་པའི་ཡུལ་དེ་ཡང་ཕུང་པོའི་རང་བཞིན་ཅན་ནམ་ཕུང་པོ་ལས་ཐ་དད་པ་ཞིག་ཏུ་འགྱུར་གྲང་། ཞེས་ང་དེ་ཕུང་པོ་ལྔ་སོ་སོར་མ་ཕྱེ་བའི་སྟེང་དེ་ནས་དབྱེར་མེད་པའི་ཚུལ་གྱིས་གྲུབ་པ་འདྲ་བ་ཞིག་བྱུང་ཡང་། དཔེར་ན་བུམ་པ་ལྟ་བུ་གཞི་གཅིག་ལ་སོ་སོ་བ་དང་དབྱེར་མེད་པ་ཞེས་བྱ་བའི་ཐ་སྙད་བྱར་མེད་ལ། འདིར་ང་དང་ཕུང་པོ་ཞེས་གདགས་གཞི་དང་བཏགས་ཆོས་ཀྱི་རྣམ་པ་ཞིག་བྱུང་བས་ཕུང་པོ་ལྔའི་སྟེང་དུ་ང་རང་བཞིན་གྱིས་ཚུགས་ཐུབ་ཏུ་གྲུབ་པ་འདི། ང་དང་ཕུང་པོ་ལྔ་པོ་དེ་གཅིག་དང་ཐ་དད་གང་རུང་དུ་མེད་པའི་ཕུང་གསུམ་པ་ཞིག་ཡིན་ནམ་སྙམ་དུ་རྟད་བཅད་པ་ན། ཆོས་གཞན་གྱི་དངོས་པོ་ལ་དཔེར་བྱས་པས་མཐར་ཕུང་གསུམ་པ་མེད་པར་རྟོགས་ནས་གཅིག་དང་ཐ་དད་གང་རུང་ལས་མེད་པར་ཐག་ཆོད་པ་ནི་ཁྱབ་པ་ངེས་པའི་གནད་ཡིན་པས་སྔར་གདགས་གཞི་ཕུང་པོའི་སྟེང་དུ་བཏགས་ཆོས་ང་དེ་ཚུགས་ཐུབ་ཏུ་དབྱེ་བ་མེད་པར་ཡོད་ཡོད་འདྲ་བ་དེ་གནད་གཉིས་པ་འདིའི་ཉམས་ལེན་བྱས་པས་སྔོན་མའི་ངེས་ཤེས་དེས་ཆོ་མ་ཐུབ་པར་གཅིག་དང་ཐ་དད་གང་རུང་དུ་ཐེ་ཚོམ་པ་ཡིན་པ་དེ་ག་སྦྱོང་བ་རུང་ཟད་ཐོན་པ་ཡིན་ནོ། །དེ་ནས་གཅིག་དང་ཐ་དད་གང་རུང་དུ་ཐེ་ཚོམ་པས་མི་ཆོག་པར་ཐག་གཅོད་དགོས་པས།

བདེན་འཛིན་ལྷན་སྐྱེས་ཀྱིས་བཟུང་བའི་ང་དེ་ལུས་སེམས་གཉིས་དང་གཅིག་ཏུ་གྲུབ་བམ་སྙམ་དུ་བརྟགས་པ་ན་ལུས་དང་གཅིག་གམ་སེམས་དང་གཅིག་གང་རུང་ཞིག་ལས་འོས་མ་འདས། ལུས་དང་གཅིག་ན་ངའི་ལུས་ཞེས་ཁྱད་གཞི་ཁྱད་ཆོས་སྦྱར་བའི་སྒོ་ནས་སྨོས་མི་(༤༧བ)རིགས་པར་ངའི་ང་ཞེས་པའམ་ལུས་ཀྱི་ལུས་ཞེས་བརྗོད་དགོས་ལ། དེ་བཞིན་དུ་སེམས་ལ་ཡང་མཚུངས་པར་ངེས་ཤེས་བསྐྱེད། དེ་ལྟར་བསམས་པ་ན་ངག་གི་བརྗོད་ཚུལ་ཙམ་དུ་སོང་བས་ཏ་ཙང་ངེས་པ་མ་རྙེད་ན་འདི་སྙམ་དུ། རྩ་ཤེ་ལས། ཉེ་བར་ལེན་པ་མ་གཏོགས་པའི། །བདག་ཡོད་མ་ཡིན་བྱས་པའི་ཚེ། །ཉེ་བར་ལེན་ཉིད་བདག་ཡིན་ན། ཁྱོད་ཀྱི་བདག་ནི་མེད་པ་ཡིན། །ཞེས་ང་དང་ཕུང་པོ་རྣམས་རང་བཞིན་གྱིས་གཅིག་པས་ན་དབྱེ་བ་གཏན་མེད་པའི་ཆ་ཐམས་ཅད་ནས་གཅིག་པར་འགྱུར། དེས་ན་ཆ་མེད་པ་ལས་འོས་མེད་པས་ཆ་མེད་ཅིག་གི་སྟེང་ནས་ང་ཞེས་ཕུང་པོ་ལྔའི་ཉེ་བར་ལེན་པ་པོ་ཞིག་དང་དེའི་བླང་བྱར་གྱུར་པའི་ཕུང་པོ་ལྔ་ཞེས་ཐ་དད་པ་གཉིས་སུ་འཇོག་ཏུ་མེད་པས་བདག་གི་ལུས་དང་བདག་གི་ཕུང་པོ་ཞེས་ཁས་བླངས་པ་དོན་མེད་དུ་འགྱུར་རོ་སྙམ་དུ་བསམ། དེས་ཀྱང་རྗེ་རུས་འཕྲོད་པ་ཞིག་མ་བྱུང་ན་ང་དང་ལུས་གཉིས་གཅིག་ཡིན་པའི་རྒྱུ་མཚན་གྱིས་ཤི་བའི་འོག་ཏུ་ལུས་མེར་སྲེག་པའི་ཚེ་ང་ཡང་མེར་སྲེག་དགོས་པའམ། ང་ཡང་སྲིད་ཕྱི་མར་ཉིང་མཚམས་སྦྱོར་བ་བཞིན་དུ་ལུས་ཀྱང་ཉིང་མཚམས་སྦྱོར་དགོས། ཡང་ན་ལུས་དེ་ཉིང་མཚམས་སྦྱོར་རྒྱུ་མེད་པ་བཞིན་དུ་ང་ཡང་ཉིང་མཚམས་སྦྱོར་རྒྱུ་མེད་པའི་གནོད་བྱེད་འབབ་པར་བསམ། དེ་ལྟར་བསྒོམས་པས་ལུས་དང་གཅིག་པ་ཞིག་མིན་ནམ་སྙམ་འོང་བས་དེས་ན་སེམས་དང་གཅིག་གམ་སྙམ་དུ་སེམས་ན་ང་གོས་མེད་ན་འཁྲུགས་པ་དང་ཟས་སྐོམ་མེད་ན་ལྟོགས་སྐོམ་གྱི་སྡུག་བསྔལ་འབྱུང་བས་ཤི་བའི་འོག་ཏུ་སེམས་གཟུགས་མེད་ཁམས་སུ་སྐྱེས་ན་དེའི་ཚེ་ཡང་ང་དང་གཅིག་པའི་ཕྱིར་ཟས་གོས་སོགས་གཟུགས་རགས་པ་ལ་ལོངས་སྤྱོད་དགོས་པའི་ཉེས་པ་བསམ་མོ། །

འདི་ཙམ་ལས་དང་པོ་པ་ལ་སྐྱོང་བདེ་ཞིང་འཚམ་མོད། ཤེས་རབ་ཀྱིས་འཆུན་ན་ཙུང་ཟད་སྤྲོས་པ་མཐའ་ཆོད་པས་(༢༢ན)འཇུག་པ་ལས། གལ་ཏེ་ཕུང་པོ་བདག་ན་དེ་ཕྱིར་དེ། །མང་བས་བདག་དེ་དག་ཀྱང་མང་པོར་འགྱུར། །ཞེས་ཕུང་པོ་ལྔ་ཡོད་པ་བཞིན་དུ་ང་ཡང་ལྔར་འགྲོ་བའམ། ང་གཅིག་ལས་མེད་པ་ལྟར་ཕུང་པོ་ལྔར་མི་འཐད་པའི་རིགས་པས་བདག་མང་པོར་ཐལ་བའི་གནོད་པ་རྣམས་བསམ། དེ་བཞིན་དུ་རྩ་ཤེ་ལས། གལ་ཏེ་ཕུང་པོ་བདག་ཡིན་ན། །སྐྱེ་དང་འཇིག་པ་ཅན་དུ་འགྱུར། །ཞེས་ཕུང་པོ་ལྔ་རང་བཞིན་གྱིས་སྐྱེ་འཇིག་བྱེད་པས་ང་ཡང་དེ་ལྟར་སྐྱེ་འཇིག་བྱེད་པར་ཁས་ལེན་དགོས། དེས་ན་སྐྱེ་བ་སྔོན་མའི་ང་དང་ཚེ་འདིའི་ང་གཉིས་གཅིག་དང་ཐ་དད་གང་རུང་ལས་མ་འདས་ལ། གཅིག་ན་རང་བཞིན་གྱིས་གཅིག་པའི་ནུས་པས་སྐྱེ་བ་སྔོན་མའི་ང་དུད་འགྲོར་གྱུར་པའི་གླེན་ལྐུགས་དང་བཀོལ་སྤྱོད་ཀྱི་སྡུག་བསྔལ་རྣམས་སྐྱེ་བ་འདིའི་ང་མིར་གྱུར་པའི་གནས་སྐབས་སུ་ཡང་མྱོང་དགོས་ལ། ཚེ་འདིའི་མིའི་བདེ་བ་རྣམས་ཀྱང་སྔོན་མའི་དུད་འགྲོ་ལ་མྱོང་དགོས་པ་ཏ་ཅང་ཐལ་བ་སོགས་བསམ། དེ་བཞིན་དུ་འཇུག་པ་ལས། གང་དག་རང་མཚན་ཉིད་ཀྱིས་སོ་སོ་བ། །དེ་དག་རྒྱུད་གཅིག་གཏོགས་པ་རིགས་མ་ཡིན། །ཞེས་སྐྱེ་བ་སྔོན་མའི་ང་དང་རྗེས་མའི་ང་རང་བཞིན་གྱིས་ཐ་དད་པ་ཡིན་ན་གཏན་ནས་འབྲེལ་མེད་པའི་ཐ་དད་པ་ཡིན་པས། དེས་ན་བདག་སྐྱེ་བ་སྔོན་མ་འདི་ལྟ་བུར་སྐྱེས་ཞེས་དྲན་པ་ཡང་མི་རིགས་ཏེ། ལྷས་བྱིན་གྱིས་སྐྱེ་བ་སྔོན་མ་མཆོད་སྦྱིན་དུ་སྐྱེས་པ་མི་དྲན་པ་བཞིན་ནོ། །གཞན་ཡང་བདག་ཉིད་བདེ་འགྲོར་སྐྱེ་བའི་ལས་བསགས་པ་ཡང་ཆུད་ཟོས་པར་འགྱུར་ཏེ། དེའི་འབྲས་བུ་མངོན་མཐོའི་རྣམ་སྨིན་རྣམས་གཞན་གྱིས་ལོངས་སྤྱོད་ནས་རང་ལ་མྱོང་རྒྱུ་མེད་པས་སོ། །ཅིའི་ཕྱིར་ན་ལས་བྱེད་པ་པོ་དང་འབྲས་བུ་མྱོང་བ་པོ་གཉིས་གཞི་ང་ཙམ་གཅིག་གི་སྟེང་དུ་མ་(༢༢བ)འདུས་པར་འབྲེལ་བ་མེད་པའི་ཕྱིར་རོ། །དེས་ན་ཚེ་སྔོན་མ་བསགས་པའི་ལས་དེས་ཚེ་འདིར་

ཕན་གནོད་འབྱུང་ན་ལས་མ་བྱས་པ་དང་ཕྲད་པར་འགྱུར་ཞིང་ཕན་གནོད་མི་འབྱུང་ན་ཚེ་འདིར་དགེ་སྡིག་ལ་སྤང་བླང་བྱས་པར་དགོས་པ་མེད་དེ་དེའི་འབྲས་བུ་ཕྱི་མའི་ང་ལ་མི་སྨིན་པ་སོགས་བསམས་པས་གནད་གསུམ་པ་བདེན་པའི་གཅིག་བྲལ་ངེས་པའི་གནད་ལ་ངེས་པ་རྙེད་ནས། ད་ང་དང་ཕུང་པོ་ལྔ་ཐ་དད་པ་ལས་འོས་མི་འདུག་སྙམ་པ་ན། འཇུག་པ་ལས། དེ་ཕྱིར་ཕུང་པོ་ལས་གཞན་བདག་མེད་དེ། །ཕུང་པོ་མ་གཏོགས་དེ་འཛིན་མ་གྲུབ་ཕྱིར། །ཞེས་རང་བཞིན་གྱིས་གྲུབ་པའི་ཐ་དད་དེ་ལ་འབྲེལ་མེད་ཅིག་དགོས་པས། ཕུང་པོ་ལྔ་པོ་ནང་ཕན་ཚུན་ནས་འདི་ནི་གཟུགས་ཀྱི་ཕུང་པོའོ་ཞེས་སོགས་སོ་སོར་ངོས་འཛིན་རྒྱུ་ཡོད་པ་ལྟར་ཕུང་པོ་ལྔ་བསལ་བའི་འོག་ཏུ་འདི་ནི་ངའོ་ཞེས་ངོས་འཛིན་རྒྱུ་དགོས་པ་ལ་ཕྲ་ཞིབ་གང་ལ་དཔྱད་ཀྱང་ཡེ་ནས་མི་རྙེད་ལ། མི་རྙེད་པའི་ཚུལ་དེ་ཡང་མི་རྙེད་ཅེས་པའི་ཚིག་སྐམ་ཙམ་གྱིས་རྗེས་ཟློས་བྱས་པས་མི་ཆོག་པར། དཔེར་ན་བ་ལང་ལྟ་བུ་ཞིག་བོར་བའི་ཚེ་ལུང་པ་ཆེ་གེ་མོ་འདིའི་ནང་དུ་མེད་དོ། །ཞེས་པའི་ཚིག་ཙམ་ལ་བདེན་པར་བཟུང་བ་མ་ཡིན་པའི་རང་གིས་ལུང་པ་འདིའི་ཕུ་མདའ་བར་གསུམ་ལ་བཙལ་བས་མ་རྙེད་པ་ཁོ་ཐག་ཆོད་པ་ལྟ་བུར། འདིར་ཡང་མཐའ་མ་ཆོད་ཀྱི་བར་དུ་བསྒོམས་པས་ངེས་པ་རྙེད་དེ། འཇུག་པ་ལས། གང་ཕྱིར་བྱེད་པོ་མེད་ཅན་ལས་མེད་པ། །དེ་ཕྱིར་བདག་གི་བདག་མེད་པར་ཡོད་མིན། །དེ་ཕྱིར་བདག་དང་བདག་གི་སྟོང་ལྟ་བས། །རྣལ་འབྱོར་པ་དེ་རྣམ་པར་གྲོལ་བར་འགྱུར། །ཞེས་དེ་ཕན་ཆད་དུ་ང་ཞེས་བདེན་པར་གྲུབ་པའི་མིག་གིས་མཐོང་རྒྱུའམ། ལག་པས་འཛིན་རྒྱུ་ཡོད་པ་འདྲ་བ་དེ་མ་རྙེད་པར་སྟོང་ཆམ་གྱིས་སོང་བ་ན་དབུ་མའི་ལྟ་བ་དང་པོར་རྙེད་པ་ཡིན་གསུང་།

འདིར་(༤༣ན)ཡང་ཐོས་བྱུང་གི་བློས་དང་པོར་རྙེད་པ་དེ་བསམ་བྱུང་གི་བློས་ཉམས་སུ་བླངས་པས་སྒོམ་བྱུང་གིས་འཐོབ་ཚུལ་སྔར་ཞི་གནས་ཀྱི་སྐབས་ལྟར་ལྷག་མཐོང་མཚན་ཉིད་པ་མ་ཡིན་ཡང་། ཆོས་གཉིས་ཀྱི་ཟླ་བ་ལྟར་ཕྲ་མོ་རྙེད་པ་

དེའོ། །འདིའི་དུས་ཚེ་སྔོན་མ་ནས་སྟོང་ཉིད་ལ་བག་ཆགས་མེད་པ་ཞིག་ཡིན་ན་ལག་ཏུ་ཡོད་པའི་དངོས་པོ་སྒྱུ་བུར་དུ་སྟོར་བ་ལྟ་བུའི་སྣང་བ་དང་། བག་ཆགས་ཡོད་པ་ཞིག་ཡིན་ན་ལག་ཏུ་ཡོད་པའི་ནོར་སྟོར་བ་སྒྱུ་བུར་དུ་རྙེད་པ་ལྟ་བུའི་ཉམས་འཆར་རོ། །

དེ་ལྟར་བདག་མེད་པའི་ལྟ་བ་གཏན་ལ་ཕབ་ཟིན་པའི་རྗེས་སུ་ཇི་ལྟར་སྐྱོང་བའི་ཚུལ་ནི་སྔར་ཞི་གནས་ཀྱི་སྐབས་ལྟར་སྦྱོར་བའི་ཆོས་དྲུག་བསྟན་པ་ལུས་ཀྱི་སྤྱོད་ལམ་དང་དྲན་ཤེས་རྣམས་འདིར་ཡང་བླངས་ཏེ་སྒོམ་པའི་ཚུལ་ལ། ལ་ལ་དག་ལྟ་བའི་དཔྱད་པ་ཚར་རེ་སྔོན་དུ་བཏང་བའི་མཐར་ཅི་ཡང་ཡིད་ལ་མི་བྱེད་པའི་དེ་ཁོ་ན་ཉིད་སྐྱོང་བ་དང་། འགའ་ཞིག་སྔར་དཔྱད་པ་བྱས་པའི་ལྟ་བ་དེ་དྲན་པ་ཙམ་གྱི་སྟེང་དུ་འཇོག་པ་སོགས་རྣམ་གྲངས་མང་དུ་བྱུང་ནའང་། ཞི་གནས་སྐྱོང་ཚུལ་ལས་དམིགས་པ་ཁྱད་པར་བ་མ་བྱུང་ཞིང་། པོ་ཏོ་བའི་བེའུ་བུམ་ལས། ཁ་ཅིག་ཐོས་བསམ་དུས་ན་རིགས་པས། །རང་བཞིན་མེད་པ་གཏན་ལ་ཕབ་ལ། །སྒོམ་དུས་མི་རྟོག་འབའ་ཞིག་བསྒོམ་ཟེར། །དེ་ལྟ་ན་ནི་འབྲེལ་མེད་སྟོང་ཉིད། །ལོགས་སུ་བསྒོམས་ཕྱིར་གཉེན་པོར་མི་འགྱུར། །དེ་ལྟ་བས་ན་སྒོམ་དུས་ཉིད་ནའང་། །གཅིག་དང་དུ་བྲལ་རྟེན་འབྲེལ་ལ་སོགས། །གང་ལ་གོམས་པས་སོ་སོར་བརྟག་ཅིང་། །ཅུང་ཟད་མི་རྟོག་ཉིད་དུ་འང་གནས་བྱ། །དེ་ལྟར་བསྒོམ་ན་ཉོན་མོངས་གཉེན་པོ། །ལྷ་གཅིག་རྗེས་སུ་འབྲང་བར་འདོད་ཅིང་། །ཕ་རོལ་ཕྱིན་ལུགས་སྤྱོད་པར་འདོད་པས། །ཤེས་རབ་སྒོམ་པའི་ལུགས་ནི་འདི་ཡིན། །དེ་ཡང་གང་ཟག་བདག་མེད་གོམས་པས། །(༤༣བ)དེ་ནས་དེ་ལྟར་རྗེས་སུ་འཇུག་བྱ། །ཞེས་སྒོམ་ཆེན་དུ་རློམ་པ་མང་པོ་ཞིག་གིས་རིགས་པས་དཔྱད་ན་ལྟ་བ་གཏན་ལ་ཕབ། སྒོམ་པའི་དུས་སུ་མི་རྟོག་པ་འབའ་ཞིག་བསྒོམ་ཟེར་བ་ནི། གཞི་ལ་སྔོད་དུས་རྡ་ལེགས་པར་གསོས་ནས་བྱེས་ལ་འགྲོ་དུས་རྐང་ཐང་ལ་འགྲོ་ཟེར་བ་དང་ཁྱད་པར་ཅི་ཡང་མེད་པས་ཞི་གནས་ལ་བརྟེན་ནས་ལྷག་མཐོང་

སྒྲུབ་ཚུལ་གྱི་གནད་ཅུང་ཟད་མ་གོ་བའི་རང་མཚང་དུ་ཟད་དོ། །དེས་ན་ཞི་གནས་ཀྱི་སྐབས་སུ་མི་རྟོག་པ་དགོས་ཤིང་རྟོག་པ་དགག་ཅེས་པའི་དོན་སྐུ་གཟུགས་ལྟ་བུ་དམིགས་པ་གཏོད་པའི་ཡུལ་དེ་ག་ལས་གཞན་པའི་རྟོག་པ་གཞན་དུ་མི་འཕྲོ་བའི་དོན་ཡིན་གྱི། རྟོག་པ་ཡིན་ཚད་དགག་དགོས་ན་དེ་བཞིན་གཤེགས་པའི་སྐུའི་རྣམ་པ་ཡིད་ལ་བྱེད་པ་དེ་ག་རྟོག་པ་ཡིན་པས། དེ་ཡང་བཀག་ན་དམིགས་པ་སྟོར་བར་གྱུར་པ་ཡིན་མོད། མི་རྟོག་པའི་འཁྲུལ་གཞིའི་ལོག་རྟོག་དེས་དྲངས་ནས་བདག་མེད་པའི་དོན་ལ་སོ་སོར་དཔྱོད་པ་ཐམས་ཅད་རྟོག་པ་ཡིན་པས་སྒོམ་གྱི་དུས་སུ་མི་བྱེད་སླམ་པ་ཞི་གནས་ཀྱི་དོན་མ་གོ་བར་སོང་བའི་རྒྱུ་མཚན། ཞི་གནས་ཀྱི་རྩེས་ཟིན་པའི་སྒོ་ནས་ཤེས་རབ་ཀྱིས་སོ་སོར་དཔྱད་པ་ལ་བརྟེན་ནས་ཆགས་སོགས་ཉོན་མོངས་པའི་རྟོག་པ་གཞན་དུ་མི་འཕྲོ་བར་གང་ཉམས་སུ་ལེན་རྒྱུའི་དཔྱད་སྒོམ་དེ་ཤིན་ཏུ་གསལ་བ་ཞིག་འོང་ལ། ཞི་གནས་བརྟན་པ་ཙམ་གྱིས་ལྷག་མཐོང་གི་ཤེས་རབ་སྟོབས་ཆེའོ། །

དེ་ཡང་ཞི་གནས་མ་གྲུབ་གོང་དུ་དཔྱད་འཇོག་སྤེལ་མར་བྱས་ན་ཞི་གནས་ཀྱི་གེགས་བྱེད་ནའང་ཞི་གནས་ཐོབ་ཟིན་པའི་འོག་ཏུ་དཔྱད་དྲགས་པས་གནས་ཆ་ལ་ཅུང་ཟད་གནོད་པའི་ཉམས་བྱུང་ན་འཇོག་སྒོམ་དང་། འཇོག་སྒོམ་མངས་པས་དཔྱོད་སྙིང་མི་འདོད་པ་བྱུང་ན་དཔྱད་སྒོམ་སྤེལ་མར་བྱ་ཞིང་། དཔྱོད་པའི་ཚེ་བདག་མེད་པའི་དོན་དང་འཇོག་པའི་ཚེ་མི་རྟོག་པ་དང་ལྷ་སྐུ་ལྟ་བུར་(༢༥ན)འཇོག་པའི་གང་དྲན་དྲན་གྱིས་གོ་མ་ཆོད་པར། དཔྱད་སྒོམ་གྱི་དུས་བདག་མེད་པའི་དོན་ལ་བསམས་པ་དེ་འཇོག་སྒོམ་གྱི་དུས་སུ་བདག་རང་བཞིན་གྱིས་གྲུབ་པ་མེད་པ་ལས་གཞན་དུ་མི་རྟོག་པའི་རྩེ་གཅིག་ཏུ་མཉམ་པར་བཞག་པ་ཞིག་དགོས་ཀྱི། མི་རྟོག་པ་གང་བྱུང་གིས་མི་ཆོག་སྟེ། སྒོམ་རིམ་ཐ་མ་ལས། དེ་ལྟ་བས་ན་དམ་པའི་ཆོས་ལ་ཡང་དྲན་པ་མེད་པ་དང་ཡིད་ལ་བྱེད་པ་མེད་པ་དེ་ཡང་ཡང་དག་པར་

སོ་སོར་རྟོག་པ་སྔོན་དུ་འགྲོ་བ་ཡིན་པར་བལྟ་བར་བྱ་སྟེ། གང་གི་ཕྱིར་ཡང་དག་པར་སོ་སོར་རྟོག་པ་ཉིད་ཀྱིས་དྲན་པ་མེད་པ་དང་ཡིད་ལ་བྱེད་པ་མེད་པར་བྱེད་ནུས་ཀྱི། གཞན་དུ་མ་ཡིན་ནོ་ཞེས་སོ། །དེ་ལྟར་ན་མཁས་གྲུབ་དགེ་ལེགས་དཔལ་བཟང་པོའི་རྗེས་འབྲངས་རྣམས་གནད་བཞིའི་དཔྱད་པས་དྲངས་ཏེ་ང་མེད་པར་ལྷང་གི་ངེས་པ་ན་ངེས་ཤེས་དེ་ཁའི་རྒྱུན་འཕྱུད་ཅིང་གནད་བཞིའི་དཔྱད་པ་ཡང་ཡང་དྲན་ཙམ་བྱས་ནས་ཉམས་སུ་ལེན་དགོས་ཀྱི། ང་སྣང་ཚུལ་ལྟར་མེད་སྙམ་དུ་སྒོམ་པ་དང་། སྣང་ཚུལ་དེ་ལྟར་གྲུབ་པ་མེད་སྙམ་དུ་སྒོམ་པ་ནི་ཕྱིན་ཅི་ལོག་ཡིན་པར་འཆད་ལ། མཁས་གྲུབ་ཤེས་རབ་སེང་གེའི་བརྒྱུད་འཛིན་ལ་ལ་ངེས་པ་དྲངས་ཟིན་ནས་སྣང་ཚུལ་དེ་ལྟར་གྲུབ་པ་མེད་སྙམ་དུ་སྒོམ་པར་བཞེད་པའི་ལུགས་སྲོལ་མང་དུ་བྱུང་སོད། སྙིང་པོར་དྲིལ་ན་སྔར་གནད་བཞིའི་དཔྱད་པ་ཐོས་བསམ་གྱིས་གཏན་ལ་ཕབ་ཟིན་ནས་སྒོམ་པའི་ཚེ་ངའོ་སྙམ་པའི་སྙིང་གི་དཀྱིལ་ནས་དམ་སྦྲིང་སྦྲིང་འཛིན་པའི་བློ་ངོས་བཟུང་བ་ལྟར་གྱི་ང་དེ་ཕུང་པོའི་སྟེང་དུ་རང་བཞིན་གྱིས་གྲུབ་པ་མེད་པར་ལྷང་གིས་ངེས་བྱུང་བ་ན་དེ་ཉིད་དམིགས་པ་དངོས་ཡིན་པས་དྲན་པས་མ་བརྗེད་པར་བྱས། ཤེས་བཞིན་གྱིས་ངར་འཛིན་པའི་རྟོག་པ་བཅད་མ་བཅད་ཀྱི་བྱ་ར་བྱེད་ཅིང་ང་རང་བཞིན་གྱིས་མ་གྲུབ་པའི་ཚུལ་ལ་གསལ་འདེབས(༡༩བ)དགོས་པ་བྱུང་ན་ཅུང་ཟད་དཔྱད་པའི་སྒོ་ནས་ཚུལ་དེ་ལྟར་དུ་གྲུབ་པ་མེད་སྙམ་དུ་མཉམ་པར་བཞག །དེའི་ཚེ་སྔར་ནས་བདག་འཛིན་གྱི་རྟོག་པ་ལ་གོམས་ཆེས་པའི་ཤུགས་ཀྱིས་ཞི་གནས་ཀྱི་སྐབས་ཀྱི་སེམས་གནས་དགུ་ལྟར་བསྒྲིམས་ཏེ་ཉམས་སུ་བླངས་ཀྱང་ངར་འཛིན་པའི་བློ་ཤུགས་ཆེ་ཞིང་མང་བས། དེའི་བར་བར་ལ་ང་བདེན་པར་མེད་སྙམ་པ་ཙུང་ཟད་རེ་ལས་མི་འོང་། དེ་ནས་རིམ་གྱིས་གོམས་པ་ན་ང་བདེན་མེད་དུ་བལྟ་བའི་བློའི་བར་ཐམས་ཅད་བདེན་འཛིན་གྱི་ཡང་ཡང་གཅོད་པས་ཆད་པའི་ཚུལ་དུ་འོང་། དེ་ནས་བདེན་འཛིན་གྱི་བློ་སྐྱེས་མ་ཐག་ནས

དྲན་འཛིན་ཙུང་ཟད་ཙམ་གྱིས་བཟློག་ནུས་པས་ཆད་པ་མེད་པའི་ཚུལ་དུ་འོང་། དེ་ནས་སེམས་གནས་དགུ་པ་ལྟར་མངོན་པར་འདུ་བྱེད་པ་ལ་མ་ལྟོས་པར་འབད་རྩོལ་གློད་དེ་སྒོམ་པ་འདི་ནས་ཞི་ལྷག་ཟུང་འབྲེལ་རྗེས་མཐུན་པའམ་ཆ་ཕྲ་མོ་ཡིན་ལ། དེའི་ཚེ་དཔེར་ན་ནམ་མཁའ་ཞེས་པ་བར་སྣང་གི་སྐྱ་སེང་སེང་བའི་སྟེང་དུ་དགག་བྱ་ཐོགས་རེག་དང་བྲལ་བ་ཙམ་ལ་བཞག་པ་ལྟར་དགག་བྱ་བདེན་གྲུབ་བཀག་ཙམ་གྱི་སྟོང་སང་མེད་དགག་ལ་ཆོས་གཞན་གྱིས་བར་མ་ཆོད་པར་རྩེ་གཅིག་ཏུ་མཉམ་པར་འཇོག་པ་ནི་མཉམ་གཞག་ནམ་མཁའ་ལྟ་བུའི་སྐྱོང་ཚུལ་རྣལ་མ་ཡིན་ལ། སོ་སོར་དཔྱད་པ་ལ་བརྟེན་པའི་རང་སྟོབས་ཀྱིས་ཞི་གནས་དྲངས་ཏེ་ཡིད་ལ་བྱེད་པ་མེད་པའམ་མི་རྟོག་པ་ཡང་འདི་ཉིད་ལ་ངོས་འཛིན་ནོ། །

འོ་ན་མི་རྟོག་པའི་རྒྱུ་ལ་རྟོག་པ་སྣ་ཚོགས་སུ་འཕྲོ་ཞིང་དཔྱད་པ་དེས་མི་འོང་ངམ་སྙམ་ན། འོད་སྲུང་ལེའུ་ལས་འོད་སྲུང་འདི་ལྟ་སྟེ། དཔེར་ན་ཤིང་གཉིས་རླུང་གིས་དྲུད་པ་དེ་ལས་མེ་བྱུང་སྟེ། བྱུང་ནས་ཤིང་གཉིས་སྲེག་པ་དེ་བཞིན་དུ་འོད་སྲུང་ཡང་དག་པར་སོ་སོར་རྟོག་པ་ཡོད་ན་འཕགས་པའི་ཤེས་རབ་ཀྱི་དབང་པོ་སྐྱེ་སྟེ། དེ་སྐྱེས་པས་ཡང་དག་པར་སོ་སོར་རྟོག་པ་ཉིད་སྲེག་པར་བྱེད་(༥༥ན)དོ། །ཞེས་ཤིང་དང་འདྲ་བའི་རྟོག་པ་སྣ་ཚོགས་ཕན་ཚུན་དུ་དྲུད་པ་ལྟར་དཔྱད་པས་མེ་ལྟ་བུའི་སྟོང་ཉིད་ཀྱི་ལྟ་བ་སྐྱེས་ནས་རྣམ་རྟོག་གི་ཤིང་མ་ལུས་པ་བསྲེགས་ཏེ་ཤིང་མེད་པར་བྱེད་པ་བཞིན་དུ་མི་རྟོག་པར་གསུངས་སོ། །མངོན་པར་འདུ་བྱེད་མེད་པའི་མཚམས་དེ་ནས་ལྷག་མཐོང་རྗེས་མཐུན་པ་ཐོབ་པ་དེ་རྒྱུན་བསྐྱངས་ནས་བསྒོམས་པས་ལུས་ཤིན་སྦྱངས་ཀྱི་བདེ་བ་སྔར་ཞི་གནས་ཀྱི་དུས་སུ་མཉམ་པར་བཞག་སྟོབས་ཀྱིས་དྲངས་པ་དེ་ལས་ཆེས་ལྷག་པའི་དཔྱད་སྒོམ་གྱིས་དྲངས་པའི་ལུས་སེམས་ལས་རུང་གི་ཤིན་སྦྱངས་ཁྱད་པར་དུ་འཕགས་པ་ཞིག་འཐོབ་སྟེ། དེ་ཐོབ་པ་ན་ལྷག་མཐོང་དངོས་ཐོབ་ཅིང་། འདི་ནས་བཟུང་སྟེ་ཞི་ལྷག་ཟུང་འབྲེལ་དངོས་ཀྱི་ལམ་ཞེས་ཉ་དང་ཉུང་མ་

ཕན་ཚུན་མི་བསྲེ་བར་ལུགས་སྲོལ་གཙང་མ་འཛིན་པའི་མཁས་པ་རྣམས་ཀྱི་བཞེད་པ་ཡིན་པར་མགྲིན་པ་བཏེགས་ནས་སྨྲའོ། །ས་དྭགས་སོགས་མཁས་བློན་མང་པོས། རྟོག་པ་ཡོད་ན་ལྟ་བ་མིན། །ཞེས་ལྟ་བ་སྒོམ་པར་རྟོག་པའི་འཕྲོ་འདུ་མེད་པ་ཞིག་དགོས་པ་ལ། དགེ་ལུགས་པ་རྣམས་ཀྱིས་ཞི་གནས་ཆུ་མི་གཡོ་བ་ལ་ལྷག་མཐོང་ཉེའུ་ཆུང་འཕར་བ་མི་རིགས་ཞེས་དགག་ཅིང་། རང་ཕྱོགས་ཀྱི་རྗེས་འབྲང་མང་པོ་ཡང་ཕྱོགས་སྔ་དེ་ལམ་གྱི་གནད་མཐར་ཐུག་པར་སྣད་གསངས་མཐོན་པོས་སྒྲོག་པར་བྱེད་མོད། མཉམ་གཞག་ནམ་མཁའ་ལྟ་བུའི་ལྟ་བ་རྣལ་མ་ཞིག་མ་རྙེད་བར་དུ་ཞི་གནས་ཀྱི་རྩེ་མ་ཞིག་པའི་ངང་ནས་ལྷག་མཐོང་རྗེས་མཐུན་པའི་དཔྱད་པ་མེད་ན་ལྷག་མཐོང་དང་བྲལ་བའི་ཞི་གནས་ཁོ་ནའི་ལམ་དུ་འགྲོ་བ་མང་བས་ལམ་གྱི་ས་ཕྱོད་མི་འོང་ཞིང་། རྩོལ་བ་ལ་མ་ལྟོས་པའི་ཞི་ལྷག་ཟུང་འབྲེལ་གྱི་འགོ་བཙམས་པ་ནས་བཟུང་ཞི་གནས་ཆུ་མི་འགུལ་བ་ལ་ལྷག་མཐོང་ཉེའུ་ཆུང་འཕྱུག་(༥༥བ)པ་དེ་འདྲ་རང་ལུགས་སུ་མི་འདོད་པས་ཕྱོགས་སྔའི་ནམ་མ་ལངས་པ་ནས་དགག་སྒྲུབ་ཀྱི་ཉི་མ་ཤར་བའི་དཔེར་སོང་ཞིང་། རྗེས་འབྲང་རྣམས་ཀྱང་ལམ་རིམ་ཆེ་ཆུང་གི་དགོངས་པ་མ་རྙེད་པའི་རི་བོང་ཅལ་སྒྲོགས་ཀྱིས་བསླུས་པར་ཟད་མོད། ལམ་སྒོམ་པའི་ཐོག་མཐའ་བར་གྱི་ཉམས་ལེན་བྱེད་ཚུལ་དང་རྒྱུད་ལ་འཆར་ཚུལ་གྱི་ཕྲ་ཞིབ་ཀྱི་དབྱེ་བ་མ་ཕྱེད་པར་གཅིག་ཏུ་ཞེན་པ་ནི་ཕྱིས་པ་བཙས་མ་ཐག་པ་དང་ལོ་བརྒྱ་ཙམ་ལོན་པ་གཉིས་ལ་ལུས་ཀྱི་ལང་ཚོ་དར་རྒུད་ལ་ཁྱད་པར་མེད་དོ་ཞེས་སྨྲ་བ་དང་འདྲ་བས་ལེགས་པར་སེམས་ཤིག །དེ་ལྟར་མཉམ་གཞག་ནམ་མཁའ་ལྟ་བུའི་ཉམས་ལེན་བྱས་པས་རྗེས་ཐོབ་ཏུ་ཇི་ལྟར་འབྱུང་ན། ཏིང་འཛིན་རྒྱལ་པོ་ལས། ཇི་ལྟར་སྨིག་རྒྱུ་དྲི་ཟའི་གྲོང་ཁྱེར་དང་། །སྒྱུ་མ་ཇི་བཞིན་རྨི་ལམ་ཇི་ལྟ་བུར། །མཚན་མ་སྒོམ་པ་ངོ་བོ་ཉིད་ཀྱིས་སྟོང་། །ཆོས་རྣམས་ཐམས་ཅད་དེ་བཞིན་ཤེས་པར་གྱིས། །ཞེས་རྗེས་ཐོབ་ཀྱི་གནས་སྐབས་སུ་དགག་བྱ་བཀག་པའི་ཤུལ་དུ་ལུས་པའི་ངའི་མིང་ཙམ་ཞིག་སྣང་བ་

དེ་སྒྱུ་མ་ལྟ་བུར་འཆར་དགོས་ལ། འཆར་ཚུལ་སྒྱུ་མའི་རྟ་གླང་དང་རྨི་ལམ་གྱི་སྣང་བ་བདེན་མེད་དུ་རྟོགས་པ་དེ་ལུགས་འདིའི་འཆར་ཚུལ་མ་ཡིན་ཏེ། དེ་ལྟར་ན་སྒྱུ་མ་མཁན་དང་རྒན་པོ་བརྡ་ལ་བྱང་བ་རྣམས་ཀྱིས་ཀྱང་འཆར་ཚུལ་དེ་ཤེས་དགོས་ཤིང་། སྔར་གྱི་ལྟ་བའི་དཔྱད་པ་དེ་ཉམས་ལེན་བྱས་པས་འདི་ཡིན་འདི་མིན་གྱི་ངོས་བཟུང་མེད་པའི་སྣང་བ་བན་བུན་དུ་སོང་བ་དག་ཀྱང་སྐབས་འདིའི་སྒྱུ་མ་མིན་ནོ། །

འོ་ན་ཇི་ལྟ་བུ་ཞིག་དགོས་སྙམ་ན། སྒྱུ་མས་སྤྲུལ་པའི་རྟ་གླང་རྟ་གླང་མ་ཡིན་པར་རྟོགས་པས་རྟ་གླང་རང་བཞིན་གྱིས་གྲུབ་པ་ལ་གནོད་པ་མི་འབྱུང་བའི་རྒྱུ་མཚན། དཔལ་ལྡན་ཆོས་གྲགས་ཀྱིས། འདི་ཡུལ་སུན་ཕྱུང་མེད་པར་ནི། །དེ་སྤོང་བར་ནི་ནུས་མ་(༨༤ན)ཡིན། །ཡོན་ཏན་སྐྱོན་དང་རྗེས་འབྲེལ་བའི། །འདོད་དང་སྡང་སོགས་སྤོང་བ་ནི། །དེ་དག་ཡུལ་ལ་མ་མཐོང་བས། །ཡིན་གྱི་ཕྱི་ཚུལ་དག་གིས་མིན། །ཞེས་ཚེར་མ་དབྱུང་བ་ལྟ་བུས་མི་ཚུག་པར་གཟུང་བྱའི་ཡུལ་སུན་ཕྱུང་བ་ཞིག་དགོས་པས། སྒྱུ་མའི་རྟ་གླང་འཕྲུལ་གྱི་འཁྲུལ་རྒྱུས་བསླད་པའི་དབང་གིས་མིག་ཤེས་ལ་བསྟོན་མེད་མཐོང་ཡང་། མཐོང་བ་ལྟར་གྱི་རྟ་གླང་མེད་པར་འཛིག་རྟེན་རྒན་པོས་ཀྱང་ཤེས་པ་བཞིན། རྟ་དང་གླང་པོ་རྣམས་ཀྱང་ཕྱུགས་ཀྱི་འཁྲུལ་རྒྱུས་བསླད་པའི་མཐུས་ཐ་སྙད་པའི་ཤེས་པ་ལ་བསྟོན་མེད་དུ་སྣང་ཡང་། ཕོ་རང་གི་ངོ་བོའི་སྒོ་ནས་རང་བཞིན་གྱིས་སྟོང་པ་སྒྱུ་མ་ལྟ་བུ་ཤེས་དགོས་པས། སྒྱུ་མས་སྤྲུལ་པའི་སེང་གེ་དེ་དོན་དུ་མེད་པར་ཤེས་བཞིན་དུ། སེང་གེ་དེས་སྒྱུ་མའི་གླང་པོ་གསོད་པ་སོགས་མངོན་སུམ་དུ་མཐོང་ནས་ངེས་ཤེས་འདྲོངས་པ་ལྟར། གང་ཟག་རང་བཞིན་གྱིས་མ་གྲུབ་པ་སྒྱུ་མ་ལྟ་བུར་སྣང་བ་དེས་དཀར་ནག་གི་ལས་གསོག་ཅིང་རྣམ་སྨིན་སྤྱོད་བ་ལ་ངེས་པ་གཏིང་ནས་འདྲོངས་པ་ནི་ཆོས་འདིའི་ཁྱད་ཆོས་ཡིན་ཞེས་བདག་གི་བླ་མ་གསུང་ངོ་། །རྟ་གླང་རང་བཞིན་གྱིས་གྲུབ་པ་རིགས་པས་འགོག་པའི་ཚེ་དེ་ལྟ་བུའི་ཐ་སྙད་པའི་ཤེས་ངོ་དེར་རྟ་གླང་ཡང་དག་པར་འཛིན་པའི་ཤེས་པ་དེ་འཁྲུལ་

ཤེས་ཡིན་པ་སྒྱུ་མའི་རྟ་གླང་དང་མཚུངས་ཤིང་། འཇིག་རྟེན་ཤེས་ངོ་ལ་ལྟོས་ན་རྟ་གླང་ཡང་དག་ཏུ་འཛིན་པའི་ཤེས་པ་ནི་མ་འཁྲུལ་པ་དང་། སྒྱུ་མའི་རྟ་གླང་འཛིན་པའི་ཤེས་པ་འཁྲུལ་ཤེས་ཡིན་པའི་ཞིབ་ཆའི་ཕྱུ་རིས་ཕྱེ་བའི་སྒོ་ནས་དཔེར་བསྟན་པ་ཡིན་གྱི། རྟ་གླང་རང་བཞིན་གྱིས་མ་གྲུབ་པར་བསམས་ཏེ། རྟ་གླང་དང་སྒྱུ་མའི་རྟ་གླང་ཐ་སྙད་ཙམ་དུ་འདྲ་བར་བྱས་ན་འཇུག་པ་ལས། གནོད་པ་མེད་པའི་དབང་པོ་དྲུག་རྣམས་(༤༨བ)ཀྱིས། །བཟུང་བ་གང་ཞིག་འཇིག་རྟེན་གྱིས་རྟོགས་ཏེ། །འཇིག་རྟེན་ཉིད་ལས་བདེན་ཡིན། །ཞེས་པའི་དོན་དང་འགལ་བས་ཀུན་རྫོབ་ལ་སྐུར་བ་བཏབ་པར་འགྲོ་ཞིང་། འཇམ་དཔལ་དབྱངས་ཀྱིས་རྗེ་བླ་མ་ལ་སྣང་ཕྱོགས་ལ་གཙིགས་སུ་བྱེད་དགོས་པར་གསུངས་པ་ཡང་མ་འོངས་པ་ན་གནད་འདི་འདྲ་མ་གོ་བའི་གདུལ་བྱ་རྣམས་ཆད་ལྟར་ལྷུང་གིས་དོགས་པ་ལ་དགོངས་ལ། ལམ་རིམ་ཆེ་ཆུང་དང་རྩ་འཇུག་གི་ཊཱིཀ་ཆེན་རྣམས་སུ་སྣང་ཕྱོགས་ཀྱི་སྒྲུབ་ཚུལ་མང་བས། སྨྲ་བའི་སེང་གེ་སྟག་ཚང་ལོ་ཙཱ་བས། མ་དག་འཁྲུལ་པའི་སྣང་བ་ཚད་གྲུབ་ཏུ། །རིགས་པ་དུ་མས་དཔྱད་ནས་ཁས་ལེན་པ། །ཞེས་གསུངས་པ་ཡང་འཁྲུལ་གཞི་འདི་འདྲ་ལས་བྱུང་བར་སྣང་ངོ་། །

གཉིས་པ་ཆོས་ཀྱི་བདག་མེད་བསྒོམ་ཚུལ་ནི། དཔེར་ན་ཕྱི་གཙུག་ནས་རྐང་མཐིལ་ཡན་གྱི་ཡན་ལག་ལྔ་ཚང་བ་འདིའི་སྟེང་དུ་ལུས་ཞེས་ཕར་མིང་གིས་བཏགས་པ་མ་ཡིན་པའི་ཁོ་རང་གི་ངོས་ནས་ཚུགས་ཐུབ་ཏུ་གྲུབ་པ་ལྟར་སྣང་བའི་ལུས་དེ་དགག་བྱ་ངོས་ཟིན་པའི་གནད། དེ་ལྟར་གྲུབ་པའི་ལུས་དེ་དང་ལུས་ཀྱི་སྟོད་སྨད་ཡན་ལག་སོགས་གཅིག་གམ་ཐ་དད་གང་རུང་དུ་ཐག་གཅོད་པ་ནི་ཁྱབ་པ་ངེས་པའི་གནད། གཅིག་ཏུ་གྲུབ་ན། ལུས་ཀྱི་མགོ་བོ་དང་རྐང་ལག་ཤ་རུས་པགས་པ་ཞེས་གདགས་གཞི་དང་བཏགས་ཆོས་ཀྱི་དོན་དུ་སོ་སོ་ཐ་དད་དུ་སོང་བར་ངེས་པས་བདེན་པའི་གཅིག་བྲལ་ངེས་པའི་གནད། དེ་གཉིས་ཐ་དད་ཡིན་ན། སྤྱི་གཙུག

ནས་རྐང་མཐིལ་གྱི་བར་གྱི་ལུས་ཀྱི་ཆ་ཤས་རེ་རེ་ནས་བློས་བསལ་བའི་འོག་ཏུ་ལུས་ཞེས་ངོས་འཛིན་རྒྱུ་མེད་པས། ཡན་ལག་ལྔ་ཚང་གི་ལུས་ཀྱི་སྟེང་དུ་རྟོག་པས་ཕར་བཏགས་པའི་ལུས་ཙམ་ལས་ཁོ་རང་གི་ངོས་ནས་ཚུགས་ཐུབ་ཏུ་གྲུབ་པའི་ལུས་མེད་པ་བདེན་པའི་དུ་བྲལ་ངེས་པའི་གནད། དེ་ལ་ངེས་པ་ལྷང་གི་ཤར་བ་ན་ཆོས་ཀྱི་བདག་མེད་ཀྱི་ལྟ་བ་ཐོག་མར་རྙེད་པ་ཡིན་(༨༧ན)ནོ། །རྟོག་པས་བཏགས་པ་ལ་མ་ལྟོས་པར་ཡན་ལག་ལྔ་ཚང་བའི་གཟུགས་ཀྱི་སྟེང་ནས་ལུས་རང་བཞིན་གྱིས་གྲུབ་པ་ཡིན་ན། ཤིང་གི་ར་བ་ན་ཡོད་པའི་དུས་ཀྱི་ཡལ་ག་ལོ་མ་དང་ལྡན་པའི་ཤིང་དང་། ཤིང་དེ་བཟོ་བོས་གདུང་འདེགས་ཀྱི་བྱ་བ་བྱས་ཟིན་པའི་སྐབས་གཉིས་ལ་འདི་ནི་ཀ་བའོ་སྙམ་པའི་བློ་འཆར་མཉམ་དགོས་ཤིང་། དེ་བཞིན་དུ་ཟླ་བ་སྟོན་མ་མིང་མེད་པའི་བྱིས་པ་ཞིག་ལ་ཟླ་བ་རྫེས་མ་བཀྲ་ཤིས་ཞེས་བཏགས་ན་དུས་གཉིས་ཀ་ལ་བྱིས་པ་དེ་མཐོང་བའི་ཚེ་བཀྲ་ཤིས་སོ་སྙམ་པའི་སྣང་བ་འཆར་དགོས་པ་ལ་མི་འཆར་བ་བཞིན་ནོ། །

གཞན་ཡང་། རྣམ་པར་ཤེས་པ་འདི་ཁ་སང་གི་ཤེས་པ་དང་དེ་རིང་གི་ཤེས་པ་སོགས་ཆ་མང་པོ་ཞིག་ཚོགས་པའི་གདགས་གཞིའི་སྟེང་ནས་བཏགས་པ་དང་། དུས་ཞེས་པ་ལོ་ཟླ་བ་ཞག་ལ་སོགས་པ་ཚོགས་པའི་སྟེང་ནས་བཞག་པ་དང་། འདུས་མ་བྱས་ཀྱི་ནམ་མཁའ་ལྟ་བུ་བུག་པ་སྟོང་ཕྲག་གཅིག་ལྟ་བུ་ལ་མཚོན་ན་བུག་པ་རེ་ལ་ནམ་མཁའི་ཆ་ཤས་རེ་ཡོད་པས་དེ་རྣམས་ཚོགས་པའི་སྟེང་ནས་ནམ་མཁར་བཞག་པ་སོགས་ཆོས་གང་ལ་ཡང་གནད་བཞིའི་དཔྱད་པ་བྱས་པའི་སྒོ་ནས་ལྟ་བ་གཏན་ལ་འབེབས་པ་ཡིན་མོད། འོན་ཀྱང་ཚིག་གསལ་དུ། ཤིང་རྟ་འཚོག་ན་ཤིང་རྟའི་ཡན་ལག་འཚོག་པ་དཔེར་མཛད་པ་བཞིན། བདག་རང་བཞིན་མེད་པར་རྟོགས་པ་ན་དེའི་གདགས་གཞི་ཕུང་པོ་ལྔ་ཡང་རང་བཞིན་གྱིས་ཡོད་པར་འཛིན་པ་ལྡོག་པར་འགྱུར་བའི་ཤུགས་ཀྱིས་ཆོས་ཀྱི་བདག་མེད་ཀྱང་རྟོགས་འགྲོ་བས། གང་ཟག་

གི་བདག་མེད་པར་ལེགས་པར་གཏན་ལ་ཕབ་སྟེ་ཉམས་སུ་བླངས་པའི་ནུས་པས་ཆོས་ཀྱི་བདག་མེད་གཏན་ལ་འབེབས་པ་མི་དཀའ་ཞིང་། ཆོས་ཀྱི་བདག་མེད་ཀྱང་། བཞི་བརྒྱ་པ་ལས། དངོས་པོ་གཅིག་གི་ལྟ་པོ་གང་། །(༤༧བ)དེ་ནི་ཀུན་གྱི་ལྟ་པོར་བཤད། །གཅིག་གི་སྟོང་ཉིད་གང་ཡིན་པ། །དེ་ནི་ཀུན་གྱི་སྟོང་ཉིད་ཡིན། །ཞེས་དང་། འཕགས་པ་ལྟས། གང་གིས་དངོས་གཅིག་དེ་བཞིན་ཉིད་མཐོང་བ། །དེ་ཡིས་དངོས་ཀུན་དེ་བཞིན་ཉིད་དུ་མཐོང་། །ཞེས་དངོས་པོ་གཅིག་སྟོང་པ་ཉིད་དུ་རྟོགས་ན་གཞན་རྣམས་ཀྱང་རྟོགས་ནུས་པ། གཟུགས་ལྟ་བུ་གཅིག་ལ་སྟེར་གང་ཟག་གི་བདག་མེད་ཀྱི་སྐབས་བཞིན་ཉམས་སུ་བླངས་པས་གཟུགས་ནས་རྣམ་མཁྱེན་གྱི་བར་གྱི་ཆོས་ཐམས་ཅད་རང་བཞིན་གྱིས་མ་གྲུབ་པར་ཤར་འོང་བས་ན། གོང་མ་རྣམས་ཀྱི་ཕྱག་ལེན་ལ་དཔེར་བརྗོད་འགའ་ཞིག་མཛད་པ་ཡིན་ལ། ཆོས་ཐམས་ཅད་རེ་རེ་བཞིན་ནས་སྒོམ་དགོས་ན་སྒོམ་པ་པོ་ཐོག་མར་འཆི་བ་མེད་པ་ཚེའི་རིག་འཛིན་སྒྲུབ་དགོས་པར་འགྱུར་ཞིང་། ཐོས་བསམ་གྱི་ཚེ་དཔེར་བརྗོད་ཀྱང་འགའ་ཞིག་བྱས་པས་མ་གྲོལ་ན། རེ་དོགས་མཇུབ་རྡེས་ཀྱི་གཡེང་བ་བཞོལ་ནས་བེམ་པོ་ཞལ་གྲིལ་གྱི་ཏིང་ངེ་འཛིན་ལ་མཉམ་པར་འཇོག་པ་ཞུ།

སྨྲས་པ། གཏི་མུག་མུན་པ་འཐུག་པོའི་རབ་རིབ་ཀྱིས། །ལུས་སེམས་ཐག་ཁྲར་འཁྱིལ་བའི་སྣང་ཚུལ་ལ། །ངའོ་སྙམ་པའི་དུག་སྦྲུལ་འཛིགས་རུང་གིས། །སྡུག་བསྔལ་གསུམ་གྱི་དངངས་སྐྲག་ཅི་ཡང་སྐྱེང་། །ངར་འཛིན་སྒྱུ་མའི་རྟ་ལ་བདེན་ཞེན་གྱིས། །མཐའ་མེད་འཁོར་བའི་ཡུལ་ཀུན་དབང་མེད་དུ། །བསྒྲོད་ནས་རྨི་ལམ་ཡུལ་གྱི་བདེ་སྡུག་ལྟར། །མྱོང་བའི་རང་མཚང་མ་རིག་ཤེན་ཏུ་བླུན། །ཡོད་ཡོད་དམ་དུ་གཅེས་པར་བཟུང་པའི་ང་། །ཇི་ཙམ་བཙལ་བས་མ་རྙེད་སྟོང་པའི་གཤིས། །ནམ་མཁའི་བྱ་ལམ་ལྟ་བུའི་རྗེས་མེད་འདིས། །ཆོས་ཀུན་གདོད་ནས་སྟོང་པའི་གནད་ཅིག་རིག །མེད་བཞིན་དམྱལ་བར་སྲེག་པའི་སྡུག་བསྔལ་དང་། །ལྷ་མིའི་འབྱོར་བར་སྤྱོད་

པའི་བདེ་བ་སོགས། །སྒྱུ་མ་ལྟ་བུར་ཉམས་སུ་མྱོང་བ་འདི། །རྟེན་འབྲེལ་མི་(༥༥ན)བསླུ་སྣང་བའི་གནད་ཅིག་རྟོགས། །གདོད་ནས་སྟོང་པ་ཙམ་གྱིས་ཐ་སྙད་དུ། །འཇོག་ཚུལ་བསྙོན་མེད་ཤེས་པ་དབུ་མའི་ལམ། །ཤེས་རབ་རྣོན་པོའི་མཚོན་ཆ་འཕོར་བའི་ཚེ། །ཉོན་མོངས་བདག་འཛིན་དམ་པོའི་འཆིང་བ་གཅོད། །ཚུལ་འདི་ཐེག་གསུམ་འཕགས་པ་ཐམས་ཅད་ཀྱི། །བགྲོད་པ་གཅིག་པའི་གཤེགས་ཤུལ་ཡིན་གྱུར་ཀྱང་། །ད་ལྟའི་བློན་རྫོངས་བསྟན་འཛིན་གཟུགས་བརྙན་ཚོའི། །ཐུན་ནང་འདོམས་པར་བཅའ་བའི་ཉམས་མྱོང་བཞིན། །འོན་ཀྱང་མཚོ་ལྟར་གཏིང་ཟབ་ཟབ་མོའི་གནད། །འཁྲུལ་མེད་སྨྲ་བའི་མཁྱེན་པ་གཟིངས་མཐོ་བ། །བླ་མེད་ཡོངས་འཛིན་མཆོག་གི་བཀའ་དྲིན་དེ། །བསམས་ཀྱིན་ལེགས་བཤད་ཀུན་བཟང་མཆོད་སྤྲིན་སྤྲོ། །ཞེས་བྱ་བ་ནི་བར་སྐབས་ཀྱི་ཚིགས་སུ་བཅད་པའོ།། །།

ང༢ གཞན་རྒྱུད་སྨིན་པར་བྱེད་པ་བསྡུ་བའི་དངོས་པོ་བཞི་ལ་བསླབ་པ།

གཉིས་པ་གཞན་རྒྱུད་སྨིན་པར་བྱེད་པ་བསྡུ་བའི་དངོས་པོ་བཞི་ལ་བསླབ་པ་ནི་མདོ་སྡེ་རྒྱན་ལས། སྦྱིན་མཚུངས་དེ་སྟོན་ལེན་འཇུག་དང་། །བདག་ཉིད་རྗེས་སུ་འཇུག་རྣམས་ཀྱིས། །སྙན་པར་སྨྲ་དང་དོན་སྤྱོད་དང་། །དོན་མཐུན་ཉིད་དུ་འདོད་པ་ཡིན། །ཞེས་བྱང་ཆུབ་སེམས་དཔའ་རྒྱལ་སྲས་ཀྱི་སྤྱོད་པ་ལ་བསླབས་ནས་སེམས་ཅན་གྱི་དོན་བྱེད་པར་བསྡུ་བའི་དངོས་པོ་བཞི་ལ་བརྟེན་ནས་གཞན་རྒྱུད་སྨིན་པར་བྱེད་པ་ལ་གདུལ་བྱ་སོ་སོའི་ཁམས་དང་འཚམ་པར་ཟང་ཟིང་མི་འཇིགས་ཆོས་ཀྱི་སྦྱིན་པས་འཕོར་རྣམས་བསྡུས། འདུས་པ་དེ་དག་ལ་བཞིན་མདངས་གསལ་ཞིང་འཛུམ་པའི་སྒོ་ནས་ཁམས་དྲི་བ་སོགས་འཇིག་རྟེན་གྱི་ཚུལ་དང་མཐུན་པས་སྙན་པར་སྨྲ་བ་དང་། དེ་ཉིད་གང་ལ་ཆོས་པའི་ཆོས་ཀྱི་ཕན་ཡོན་བརྗོད་ཅིང་ཁྱད་པར་དབང་པོ་རྟུལ་པོ་དང་ཐེག་པ་སྣ་ཚོགས་བྱེད་པ། ཚེ་འདི་འབའ་ཞིག་དོན་དུ་གཉེར་བ། རབ་

ཏུ་བྱུང་བ་བག(༡༡༨)མེད་ཅན་སོགས་ལའང་ཡང་དག་པའི་ལམ་ལ་བཀྲི་བའི་ཆེད་དུ་ཆོས་ཀྱི་འབེལ་གཏམ་སྨན་པར་སྨྲོའོ། །དེ་ལྟར་བློ་དགེ་བའི་ཕྱོགས་སུ་སྒྲོ་བར་བྱས་པ་རྣམས་ལ་རིགས་མང་བས་གཏན་གྱི་བདེ་བ་བློར་མི་ཚུད་པ་རྣམས་ལ་ཐར་པའི་ལམ་དང་། ཐེག་དམན་ཐེག་ཆེན་དུ་བཙན་འཁྲིད་བྱེད་པ་ལྟ་བུ། དཔེར་ན་ཚད་པའི་ནད་ཐང་གིས་སྨིན་པར་མ་བྱས་པར་ག་བུར་གྱི་སྦྱོར་བ་བཏང་བས་ནད་འཕོར་ཏེ་གནོད་པ་འབྱུང་བ་བཞིན་གདུལ་བྱ་ལ་མི་ཕན་པས། ཚེ་རིང་བ་དང་ནད་མེད་པ་ལ་དགེ་བ་འདི་ལྟ་བུ་སྒྲུབ་དགོས་ཞེས་པས་མཚོན་པའི་དགེ་བ་ཕྲ་མོ་ནས་རིམ་གྱིས་བྱང་བར་བྱས་ཏེ་མཐར་མྱ་ངན་ལས་འདས་པའི་ཕྱོགས་སུ་བཀྲི་བ་ནི་དོན་སྤྱོད་པ་དང་། དེ་གཞན་གྱིས་སྤྱོད་དུ་འཇུག་པ་ལ་ཡང་རང་ཉིད་ཀྱིས་དོན་དེ་ལ་འཇུག་པར་མ་བྱས་ན། ངེད་རྣམས་ཀྱི་རྒྱུད་འདུལ་བ་ལ་ཐོག་མར་ཁྲིད་རང་དུལ་དགོས་སོ་ཟེར་བ་ལྟ་བུ་འོང་བས། གཞན་གྱིས་ཇི་ལྟར་སྤྱོད་པ་དེ་ལས་ལྷག་པའམ་མ་མཐའ་མཚུངས་པ་ཙམ་ཞིག་ཉམས་སུ་ལེན་པ་ནི་དོན་མཐུན་པ་ཡིན་ནོ། །

གསུམ་པ། རྗེས་ཀྱི་རིམ་པ།

གསུམ་པ་རྗེས་ཀྱི་རིམ་པ་ནི། བསྔོ་སྨོན་གྱི་རྒྱས་འདེབས་པའང་དེར་གཏོགས་སོད། གཙོ་ཆེར་སྔར་གྱི་ཉམས་ལེན་ཇོ་རུས་ཐུག་པར་བྱས་རྗེས་རྒྱུན་དུ་སྙིང་པོར་དྲིལ་ནས་ཇི་ལྟར་བྱ་སྙམ་ན། སྐྱབས་སེམས་ཀྱི་དུས་སྐྱེས་བུ་ཆུང་འབྲིང་གི་སྡུག་བསྔལ་རྣམས་བསམ། དེ་རྗེས་བླ་མའི་རྣལ་འབྱོར་དང་འབྲེལ་བའི་སྡིག་བཤགས་ཚོགས་བསགས་ལ་ནན་ཏན་བྱས་ནས། དངོས་གཞི་གཏོང་ལེན་སྤེལ་བའི་བྱང་ཆུབ་ཀྱི་སེམས་དང་། ཞི་ལྷག་ཟུང་འབྲེལ་གྱི་དམིགས་པ་སྐྱོང་བ་ཡིན་ནོ། །

སྨྲས་པ། སྙིང་ལ་རུས་པ་བཅུག་པའི་བརྩོན་འགྲུས་དང་། །རང་བཞིན་ལྷུན་གྱིས་གྲུབ་པའི་ཤེས་རབ་ཀྱིས། །ཕྱིན་དྲུག་ཟབ་དོན་གནད་རིག་ཉམས་བླངས་

པས། །རང་དོན་ཐོགས་མེད་གྲུབ་པའི་རྩེ་མོར་ཕྱིན། །ཉན་རང་[༤་ན]ལྷ་བུར་ཞི་བདེའི་དམན་ལམ་དུ། །གྲོལ་མིན་གཞན་རྒྱུད་སྨིན་བྱེད་བསྡུ་དངོས་བཞི། །རྣམ་དཀར་འཕྲིན་ལས་ཆད་པ་མེད་པའི་རྒྱུན། །ཡན་ལག་བརྒྱད་ལྡན་ཚུ་བོའི་རྗེས་སུ་འགྲོ། །ཐབས་ཤེས་གཉོག་ཟུང་འབྲེལ་བའི་སྒྱུ་རྩལ་གྱིས། །སྲིད་ཞིའི་ནམ་འཕང་ཡོངས་སུ་བཅད་པའི་མཐར། །སྐུ་གསུམ་འཆི་མེད་འདུན་སར་ཡོངས་རྫོགས་པས། །སྟོན་མེད་མཁའ་ཁྱབ་དབང་པོ་དེང་འདིར་གྲུབ། །ཅེས་བྱ་བ་ནི་བར་སྐབས་ཀྱི་ཚིགས་སུ་བཅད་པའོ།། །།

དེ་ལྟར་ཕ་རོལ་ཏུ་ཕྱིན་པ་དྲུག་གི་ལམ་ལ་བརྟེན་ནས་བསོད་ནམས་དང་ཡེ་ཤེས་ཀྱི་ཚོགས་རླབས་པོ་ཆེ་བསགས་ཏེ་རང་གི་རྒྱུད་སྨིན་ནས་སངས་རྒྱས་ཀྱི་གོ་འཕང་མངོན་དུ་བྱེད། བསྡུ་བའི་དངོས་པོ་བཞི་ལ་བརྟེན་ནས་གཞན་གྱི་རྒྱུད་སྨིན་པར་བྱས་ཏེ། རྣམ་པ་ཐམས་ཅད་མཁྱེན་པའི་སར་འཁྲིད་པར་བྱེད་པའི་ཐབས་མ་ནོར་པ་ལེགས་པར་སྟོན་པའི་སྐྱེས་བུ་གསུམ་གྱི་ལམ་གྱི་རིམ་པ་རྒྱལ་བ་དགྱེས་པའི་གདམས་ངག་དམར་འཁྲིད་ལག་ལེན་དུ་སྟོན་པའི་རིམ་པ་བརྒྱད་ལྡན་དམ་པའི་གསུང་གི་ཉིང་ཁུ་ནི་དེ་ཙམ་མོ། །མ་ཚང་བ་མེད་པར་ཉམས་སུ་བླངས་པས་འགྲོ་བའི་རེ་བ་སྐོང་བ་ལ་ཡིད་བཞིན་གྱི་ནོར་བུ་རིན་པོ་ཆེ་དབང་གི་རྒྱལ་པོ་དང་ཆོས་མཚུངས་པའི་ཕྱིར་ན། སྐྱེ་རྒུའི་འདོད་དོན་མ་ལུས་སྐོང་བས་ན། །གདམས་པ་རིན་ཆེན་དབང་གི་རྒྱལ་པོ་སྟེ། །ཞེས་སོགས་བསྔགས་པ་རྒྱ་ཆེར་མཛད་པ་ལགས་སོ། །

སྨྲས་པ། འདི་སྣང་སྲིད་པའི་ཕུན་ཚོགས་སྐད་ཅིག་གཡོ་ལྡན་འདོད་པའི་རླབས་འཕྲེང་མངོན་པར་འཕྲུག་ལ་སྲིད་པ་ཡིས། །ཕ་མཐའ་ཡོངས་བྲལ་འཁོར་བའི་རྒྱ་མཚོར་རབ་ལྟུང་སྡུག་བསྔལ་གསུམ་གྱི་འཇིགས་རུང་ན་ཀྲས་མགྲིན་འཕྲུད་པས། །ཞི་བདེའི་མཆིང་བུ་འཐོབ་པ་ཙམ་གྱི་གོ་སྐབས་བྲལ་ན་རྙེད་དཀའ་དོན་གཉིས་ཡིད་བཞིན་ནོར་བུ་མཆོག །མངོན་སུམ་ལྟ་ཅི་[༤་བ]མིང་ཙམ་ཐོས་པའི་

སྐལ་བ་ཆེས་ཕྲ་མ་རིག་འཁྲུལ་པས་བསླད་པའི་འགྲོ་བ་རྣམས། །ཉོན་མོངས་པ་དང་ཤེས་བྱའི་སྒྲིབ་པའི་ནགས་ཀླུང་སྟུག་པོ་ཚོགས་གཉིས་ཞུགས་ཀྱིས་བསྲེགས་པ་ཡིས། །ཙུང་ཟད་བཟོད་དཀའ་ཉམ་ངའི་གནས་ཀྱི་འཁྲོག་དགོན་ལས་ཐར་དམན་ལམ་གཅན་གཟན་འཚེ་བས་དབེན། །མཐོང་ཐོས་ཀྱིས་ཀྱང་ངལ་གསོའི་ཡུལ་གྱུར་གཞན་ཕན་འཕྲིན་ལས་སྨན་ལྗོངས་སྐྱིད་པའི་དགའ་ཚལ་དུ། །ཉིས་པའི་སྐྱོན་ལས་རྣམ་པར་གྲོལ་པའི་སྐུ་གཉིས་ཟུང་འཇུག་སངས་རྒྱས་ས་ལ་དགོད་པའི་ཆེད། །གང་དག་གཅིག་མིན་ཀུན་ལ་རྗེས་བརྩེའི་ཞལ་སྐོར་ཚེམས་དཀར་ཆུ་འཛིན་ལང་ལོང་དབུས། །སྲིབ་འཇམ་ལྡགས་ཀྱི་སློག་དམར་ལེགས་འཁྱུག་ཐེག་གསུམ་ཆོས་ཀྱི་འབྲུག་སྒྲ་ཆེར་བསྒྲགས་པས། །མངོན་མཐོ་ངེས་ལེགས་མངལ་ཁུར་རབ་འཛིན་སྟོབས་བཅུའི་རྩལ་གྱི་སྒྲོ་གཤོག་རྣམ་བཀྲའི་གདུགས། །ཀླུམ་པོར་བྱས་ཏེ་ཕན་བདེའི་ཟློས་གར་སྒྱུར་མཛད་འགྲོ་བའི་བླ་མ་ཟས་གཙང་སྲས། །ཡན་ལག་བཅུ་གཉིས་ཐུབ་པའི་གསུང་རབ་བླ་ན་མེད་པའི་བདུད་རྩིའི་རོ། །ཐུགས་གསང་དཔལ་གྱི་བེའུར་ཡོངས་འཁྱིལ་རྒྱལ་ཚབ་གཉིས་ཀྱི་ཞལ་ལུང་གིས། །ཅི་ཡང་སྨྲས་པའི་ལེགས་བཤད་སླུར་ལེན་ཀླུ་སྒྲུབ་ཐོགས་མེད་ཤིང་རྟ་ཆེའི། །གྲགས་དཀར་དུ་ཀུ་ལ་ཡི་གོས་ཀྱིས་འཕགས་ཡུལ་འཆི་མེད་འདུན་ས་མཛེས། །སྟོང་པའི་མེ་ལོང་ངོས་སུ་ཕྱིན་དྲུག་སྤྱོད་པའི་གཟུགས་བརྙན་རྣམས། །འགག་མེད་འཆར་བའི་སྣང་བ་ཉི་མ་འབུམ་གྱི་འོད་པོ་ཆེ། །ལྷག་བསམ་ལྷུང་གིས་གངས་ཅན་མཁའ་ལ་འདྲེན་མཛད་ཨ་ཏི་ཤའི། །ལུགས་བཟང་ཚོགས་རྣམས་རིང་མོ་ཞིག་ནས་རྫོངས་པའི་སྤྲིན་གྱིས་བསྒྲིབས། །དེའི་ཚུལ་མ་བཟོད་བརྩེ་ཆེན་ཕྱུག་སོར་གྱིས། །ལེགས་བཟུང་མཁྱེན་དཔྱོད་འཇམ་དཔལ་རྗེ་རྗེའི་མཚོན། །རྗོན་པོས་ཡོག་རྟོག་འཁྲུལ་པའི་དྲ་བ་རྣམས། །(༥༠ན)གཅོད་མཛད་བློ་གསལ་སྐལ་བཟང་གྲགས་པའི་དཔྱིད། །ཐུབ་གསུང་མེས་པོའི་ཞལ་སྔོ་ལས་བབས་པའི། །བཀའ་དང་དགོངས་འགྲེལ་ཡན་ལག་བརྒྱད་ལྡན་ཆབ། །བཏུངས་པས་

དྭང་ངེས་འབྱེད་མཁས་ཚོང་ཁ་པ། །སྟོན་མེད་ཛམྦུ་ཞེས་ཀུན་གྱིས་གླེང་། །གང་གི་རིང་ལུགས་འཛིན་འདོད་ཀུན་བཟོད་འདིར། །ཆེས་མང་ལྡི་བར་རྟུལ་གྱི་འབབ་ལྡན་མས། །ནོར་འཛིན་བཞིན་རས་ཡོངས་སུ་བཀུས་བྱས་ཀྱང་། །ཚུལ་ལྡན་ཤེས་པའི་མཁས་པ་ཉིན་སྐར་བཞིན། །འཆད་རྩོད་རྩོམ་ལ་སྦྱོབས་པའི་མགྲིན་མཐོན་པོ། །མ་རྨད་གཡས་སུ་འཁྱིལ་བའི་ཆོས་ཀྱི་དུང་། །སྐལ་བཟང་རྣ་བར་སྒྲོགས་པའི་ཡོངས་འཛིན་ཚོགས། །ཐམས་ཅད་མཁྱེན་པར་ངེས་སོ་གཞན་ལས་ཅི། །ཕྱོགས་རེའི་སྨན་གྱིས་ལ་ལའི་དུག་འགྱུར་བའི། །ཟབ་རློམ་གཞན་གྱིས་འགྲན་མེད་བསྟན་པའི་གནད། །མ་ལུས་ཚང་བས་སྐྱེས་བུ་རྣམ་པ་གསུམ། །ཡང་དག་ལམ་དུ་བཀྲི་བའི་དོན་ཆེན་ཡིན། །ལམ་རིམ་གཉིས་ཀྱི་ཚིག་དོན་ཟབ་བསྙིང་མཁའ། །བློ་གྲོས་ཆུང་ངུའི་བུག་པར་ཤོང་མིན་ལ། །ཕན་འདོད་གསར་བསྐྲུན་མཐའ་གཉིས་ལྷུང་བའི་ཆུ། །དབང་པོའི་སྤྱོད་དུ་མི་ཁེངས་ལ་ལར་འགོ། །ཡང་དག་དོན་གྱི་འབྲས་བུ་སྨིན་པ་ལ། །གནད་འགག་མ་ཚང་སྐམ་པོའི་ཡལ་ག་དང་། །དོན་མེད་ཚིག་གི་ལོ་མའི་ཕང་ཕུང་ཡང་། །རི་མོའི་མར་མེ་ཇི་བཞིན་གསལ་ཆས་སྟོང་། །དེ་ཕྱིར་དོན་གྱི་ཆ་ཤས་ཀུན་ཚང་ཞིང་། །རྒྱ་ཆེན་ཚིག་གི་རི་དྭགས་གཟུགས་བྲལ་བའི། །སྟོན་མེད་བསྟན་བཅོས་ཟླ་བ་གསར་པ་འདི། །བདག་བློའི་རྫིང་ལས་སྐྱུན་ནུས་ག་ལ་སྲིད། །འོན་ཏེ་གཞུང་དོན་རྟོགས་དཀའི་གནད་ཀྱི་རྒྱུད། །མང་ཐོས་སོར་མོའི་རྩལ་གྱིས་བཀུག་པའི་མདངས། །ཕྲ་ཞིང་ལེགས་བཤད་རྒྱང་མའི་ཚད་བཞག་ཚེ། །མཁས་རློམ་འཕོངས་སྐྱེན་རྣམས་ཀྱི་ཁེངས་པ་ཕྲོགས། །(༨༠བ)ལུང་དོན་རིགས་པས་དཔྱོད་པའི་ཕ་མཐའ་ལ། །གཟིགས་པའི་སྤྱན་གྱི་དཀྲུས་དེ་ཆེས་ཐུང་ཡང་། །མི་དགེའི་གཏམ་གྱི་གར་སྒྱུར་ལྷུགས་ཀྱི་རྩེ། །སྲིད་པའི་རྩེ་མོར་སླེག་རྣམས་ངལ་གསོ་མཛོད། །ཀུར་ཀུམ་ཚོས་ཀྱང་བཅོས་པའི་ལ་བའི་ཞྭས། །རང་རིགས་བསྟན་པ་ཟིན་ན་ཆེས་ལེགས་ཀྱི། །ཕ་མེས་ལུང་དང་རྟོགས་པའི་ཁྲིད་ནོར་ཚོགས། །རྣམ་གཡེང་རྐུན་པོར་ཤོར་བའི་ལག་

སྟོང་མང་། །གཏི་མུག་གོམས་པའི་དབང་རྟུལ་རག་གན་ལ། །བསྟན་འཛིན་དམ་པའི་གསེར་སྦྱངས་བཅོ་མ་ཞེས། །མཁས་མང་ཚོང་འདུས་ཆེན་པོའི་སར་འགྲིམས་ཚེ། །མི་ཤེས་ངན་པའི་རང་མདོག་བསྟན་པས་ནོངས། །ན་ཚོད་ཆེས་ཕྲའི་སྨོ་ངའི་ཕྲུབས་ཀྱུ་ནས། །རྣམ་དཔྱོད་རྩལ་ཀུན་རྫོགས་པར་རབ་དཀའ་མོད། །ཡང་ཚོའི་སྒྲོ་གཤོག་རྒྱས་ཀྱང་བཤད་སྒྲུབ་ཀྱི། །ནམ་མཁར་འཕུར་ནུས་མིན་པའི་བྱ་དེས་ཅི། ཁོ་བོ་མ་བསླབས་མཁྱེན་པའི་སྙན་གྲགས་ཀྱི། །ཅལ་སྒྲོག་མང་པོའི་ཡིད་དབང་མ་འཕྲོག་ཀྱང་། །ཕོངས་པའི་ནོར་བཞིན་འབད་པས་སྒྲུབ་པ་ཡི། །ལྷ་རིག་ཕྱོགས་ཙམ་ཤེས་འདིས་གཟེངས་སུ་མཐོ། །མཛད་མཆོག་གསུང་གི་སྙིང་པོ་དགའ་བའི་མདུད། །རྣམ་པར་འགྲོལ་བའི་བསོད་ནམས་སུ་ཕཊའི། །འཁོར་ལོ་རྩིབས་སྟོང་འབར་བས་མི་འཇིགས་བཞིའི། །བང་རིམ་རྩེ་མོའི་ཁང་པར་བགྲོད་གྱུར་ཅིག །ཞུ་སེར་མནབས་པའི་ལུགས་འཛིན་སྐྱོང་པའི་ལྷ། །ཕྱག་དྲུག་ལས་གཤིན་ལྷ་ཆེན་མིག་གི་མེས། །འདོད་ལྷ་སྲི་བཅས་སྲིག་དང་ཆབས་ཅིག་པར། །ལུང་རྟོགས་བ་དན་སྲིད་རྩེར་སྒྲེང་གྱུར་ཅིག །རང་བློའི་དྲོད་ཀྱིས་འཁྲིད་གཞུང་གསེར་སྒོང་དག །སྨིན་པའི་འབྲས་བཟང་སྐུ་བཞིའི་ཞལ་སྒོ་ཅན། །མི་ཟད་རྒྱན་གྱི་འཁོར་ལོའི་བྱེད་པ་པོ། །ཀུན་མཁྱེན་མེས་པོར་འགྲོ་རྣམས་གྱུར་ཅིག་གྱུ། །

དེ་ལྟར་བྱང་ཆུབ་ལམ་གྱི་རིམ་པའི་འཁྲིད་གཞུང་སྤྱན་ཛ་བློ་གྲོས་རྒྱལ་མཚན་གྱིས་མཛད་པ་སོགས་འགའ་(༡༧ན)ཞིག་སྣང་བ་སྟོད་ཆ་རྣམས་བཤད་ཡམས་སུ་སོང་བས་དམིགས་པའི་ཐོག་ཏུ་མི་འདྲིལ་ལ། སྨད་ཆ་རྣམས་ཧ་ཅང་བསྡུས་པས་གང་ཟག་ལས་དང་པོ་རྣམས་ལ་ཉེ་བར་མི་མཁོ་ཞིང་། བློ་གྲོས་ཀྱི་རྩལ་དང་ལྡན་པ་རྣམས་ནི་ཐམས་ཅད་མཁྱེན་པ་ཙོང་ཁ་པ་ཆེན་པོའི་གསུང་རབ་ལ་བལྟ་བའི་བློ་གྲོས་ཀྱི་མིག་དང་ལྡན་བཞིན་དུ་ཡི་གེ་གཞན་ལ་བརྟེན་པ་ཡན་ལག་བརྒྱད་ལྡན་གྱི་མཚོ་འབྲམ་དུ་བ་ཕྲའི་ཁྲིན་པའི་དཔེར་སོང་མོད། བརྒྱུད་པའི་བཀའ་སྲོལ་འདི་པར་ཐམས་ཅད་

མཁྱེན་པ་བསོད་ནམས་རྒྱ་མཚོ་ཡན་ཆོད་དུ་ལམ་རིམ་གཉིས་དང་། བླ་མ་བརྒྱུད་པའི་ཞལ་ལུང་ཉམས་པ་མེད་པ་ཉིད་ལས་ཟིན་བྲིས་ཀྱི་ཡི་གེ་འདི་ལ་བརྟེན་གྱི་སྒྲོས་མི་འདུག་ཅིང་། སྤྱན་སྔ་རིན་པོ་ཆེ་གཞོན་ནུ་ཆོས་དཔལ་བཟང་པོ་ཡན་ཆོད་དུ་བདུད་རྩི་གསེར་གྱི་ཡང་ཞུན་ལ་རྩ་བར་མཛད། ལམ་རིམ་ཆེ་ཆུང་གཉིས་ནས་ཁ་བཀང་སྟེ་གནང་བ་ལས་འཁྲིད་ཡིག་ནག་འགྲོས་སུ་བཀོད་པ་མེད་ཀྱང་། ཡུལ་ཉང་སྟོད་དཔལ་འཁོར་བདེ་བ་ཆེན་པོའི་སྐྱབ་སྟེ་རི་ཁྲོད་དགའ་ལྡན་གྱི་སློབ་དཔོན་པ། ཨེ་རིག་པའི་འབྱུང་གནས་ཀྱི་ཡུལ་གྲུར་སྐྱེས་པའི་མདོ་སྔགས་རབ་འབྱམས་སྨྲ་བ་བྱམས་པ་རིན་ཆེན་གྱིས་འབད་པ་ཆེན་པོས་ཟླ་བ་ཕྱེད་གཉིས་ཀྱི་བར་དུ་ཉམས་འཁྲིད་སྨིན་རྒྱས་སུ་མཛོས་ཏེ། འཁྲིད་དམིགས་ཡི་གེར་འཁོད་པ་ཞིག་དགོས་ཞེས་ནན་གྱིས་བསྐུལ་བ་ལ་བརྟེན་ནས། སྔྲིར་ཉམས་འཁྲིད་ཀྱི་རིགས་བརྒྱུད་ལྡན་བླ་མའི་ཞལ་སྔོ་ལས་ཉེ་བར་མཚོས་པ་ཞིག་མ་བྱུང་ན། ཀླག་ལུང་དང་དཔེ་ཙམ་གྱི་སྟེང་ནས་ཉམས་སུ་ལེན་པ་བརྒྱུད་པ་མེད་པས་རང་གཞན་ལ་ཕན་པར་མི་འགྱུར་བར་མ་ཟད། ཆོས་ལ་དབང་ཟ་བའི་སྐྱེ་བོ་སྙིང་ཁམས་ཅན་འདྲས་རང་གིས་ཉམས་འཁྲིད་མ་ཐོབ་བཞིན་དུ་གཞན་ལ་འཆད་པ། རྗེ་བོ་བཀའ་གདམས་པ་(༡༧བ)རྣམས་ཀྱིས་རང་ལ་ཉམས་ལེན་མེད་པར་གཞན་ལ་སྟོན་པ་བུམ་སྟོང་གཅིག་ནས་གཅིག་ཏུ་འཛོ་བར་གསུངས་པ་ལས་ཀྱང་དམན་པའི་དུས་ཆོད་འདིར། ལག་ལེན་དམར་འཁྲིད་དུ་གསལ་བར་ཡི་གེར་འབྲི་བ་གཅིག་ཏུ་བསྟན་པའི་རྒྱུན་ལ་མི་ཕན་པར་འདུག་ནའང་། སྙིགས་མར་སྐྱིད་པའི་སྐྱེ་རྒུ་བློ་གྲོས་དམན་པ་རྣམས་ཀྱིས་བླ་མའི་གསུང་སྒྲོས་ཚུལ་བཞིན་དུ་མ་ཟིན་པར་ཡོག་བཤད་ཀྱི་ཉེས་པའང་འབྱུང་བས་གཉིས་སུ་བསྟན་པ་ལ་ཕན་པའང་སྲིད་སྙམ་པའི་བློས། བྱང་ཆུབ་ལམ་གྱི་རིམ་པའི་འཁྲིད་གཞུང་འཇམ་དཔལ་དབྱངས་ཀྱི་ཞལ་ལུང་ཞེས་བྱ་བ་འདི་ནི། རྒྱལ་བའི་གསུང་རབ་མཐའ་དག་ལ་གཞན་དྲིང་མི་འཇོག་པའི་རྩོད་དུས་ཀྱི་ཀུན་མཁྱེན་ཆེན་པོ་འཕོན་སྟོན་ཆོས་ཀྱི་རྒྱལ་པོའི་

ཞལ་ལུང་དྲི་མ་མེད་པ་འཇམ་དབྱངས་བླ་མའི་དྲིན་ལས་ལེགས་པར་ཐོས་ཤིང་སྨྲ་མཁས་ངག་གི་དབང་ཕྱུག་རྗེ་བཙུན་བླ་མ་དཀོན་མཆོག་ཆོས་འཕེལ་བའི་དྲུང་དུ་ལམ་གྱི་རིམ་པ་ཆེན་མོ་ཚིག་གཅིག་ཀྱང་མ་ལུས་པའི་ཟབ་བཤད་ལན་གཉིས་ཀྱི་བར་དུ་མནོས་པའི་བཀའ་དྲིན་ལས་ཆོས་ཚུལ་འདི་ཉིད་སྨྲ་བ་ལ་སྤྲོབས་པའི་མཁྱེན་པ་ཅུང་ཟད་འདེགས་ནུས་པའི་སྐལ་བ་ཅན་དུ་གྱུར་པའི་ཟ་ཧོར་གྱི་བཙེ་ངག་དབང་བློ་བཟང་རྒྱ་མཚོ་འཇིགས་མེད་གོ་ཆ་ཐུབ་བསྟན་ལང་ཚོའི་སྡེ་མིང་གཞན་འཇམ་དབྱངས་དགའ་བའི་བཤེས་གཉེན་དུ་འབོད་པས། འཕགས་པའི་ཡུལ་དུ་བི་ལམྦྷ་ཞེས་ཕྱོགས་འདིར་རྣམ་འཕྱུང་དུ་འབོད་ཅིང་། འཇམ་དབྱངས་གོང་མའི་རྒྱལ་ཁབ་ཏུ་ལྷུ་ཟུའི་ཞེས་པ་ས་ཕོ་ཁྱིའི་ལོ། ལེགས་སྦྱར་གྱི་སྐད་དུ་ཤྲ་བ་ཎར་གྲགས་བྱ་སྟོད་ཀྱི་ཟླ་བ། རྒྱ་ནག་པ་ཀྱེ་ཡོལ་ཞེས་ཧོར་ཟླ་བདུན་པ། དུས་འཁོར་བའི་སྨིན་པའི་སྨིན་པ་གསལ་བ་འཕྲིང་པོའི་དགའ་བ་ཡོན་ཏན་གྱི་དབྱངས་ཇྙ་ལ། གསལ་(༡༢ན)བྱེད་ཨྣ་ལ། དབྱངས་འཆར་བའི་དམར་ཕྱོགས་དགའ་བ་གཉིས་པ། དབྱངས་ཇྙ། གསལ་བྱེད་ཚ། ན་ཚོད་པ་བྱིས་པ། ཁམས་ས། འདོད་ཡོན་དྲི། ཉི་མ་མེ་བཞིའི་འགྲུབ་སྦྱོར་གྱི་ཧ་སྟ་ལ་སེང་གེའི་དུས་སྦྱོར་ལ། བཀའ་དང་བསྟན་བཅོས་འགྱུར་རོ་ཅོག་གི་ཚལ་ཆེན་པོ་དཔལ་ལྡན་འབྲས་སྤུངས་ཆོས་ཀྱི་སྡེ་ཆེན་པོར་སྦྱར་བའི་ཡི་གེ་པ་ནི་གྲོང་སྨད་པ་འཕྲིན་ལས་རྒྱ་མཚོས་བྲིས་པ་སུ་ཧྲི་ཤྲཱ་ས་ཏྭ་ཏྭཾ་བ་སཏྭེ་ཀྲུ་ད་ཡནྟུ། མནྡ་ལཾ་ཧྲ་ཡནྟུ། དགེ་ལེགས་འཕེལ།། ༄ཤིང་རྟ་ཡོར་༄ལྡེ་པ་ཆེན་པོའི་གསུང་པར་ཉམས་གསོས་སྐབས་གསར་བཀོས།

༄། །ཐེག་པ་ཆེན་པོའི་ལམ་གྱི་རིམ་པའི་གཞུང་
བྱང་ཆུབ་ལམ་གྱི་སྒྲོན་མ་ཞེས་
བྱ་བ་བཞུགས་སོ། །

༄༅། །རྒྱ་གར་སྐད་དུ། བོ་དྷི་པ་ཐ་པྲ་དཱི་པཾ། བོད་སྐད་དུ། བྱང་ཆུབ་ལམ་གྱི་སྒྲོན་མ། བྱང་ཆུབ་སེམས་དཔའ་འཇམ་དཔལ་གཞོན་ནུར་གྱུར་པ་ལ་ཕྱག་འཚལ་ལོ། །དུས་གསུམ་རྒྱལ་བ་ཐམས་ཅད་དག་དང་དེ་ཡི་ཆོས། །དགེ་འདུན་རྣམས་ལ་གུས་པ་ཆེན་པོས་ཕྱག་བྱས་ཏེ། །སློབ་མ་བཟང་པོ་བྱང་ཆུབ་འོད་ཀྱིས་བསྐུལ་གྱུར་པས། །བྱང་ཆུབ་ལམ་གྱི་སྒྲོན་མ་རབ་ཏུ་གསལ་བར་བྱ། །ཆུང་དུ་འབྲིང་དང་མཆོག་གྱུར་པས། །སྐྱེས་བུ་གསུམ་དུ་ཤེས་པར་བྱ། །དེ་དག་མཚན་ཉིད་རབ་གསལ་བའི། །སོ་སོའི་དབྱེ་བ་བྲི་བར་བྱ། །གང་ཞིག་ཐབས་ནི་གང་དག་གིས། །འཁོར་བའི་བདེ་བ་ཙམ་དག་ལ། །རང་ཉིད་དོན་དུ་གཉེར་བྱེད་པ། །དེ་ནི་སྐྱེས་བུ་ཐ་མར་ཤེས། །སྲིད་པའི་བདེ་ལ་རྒྱབ་ཕྱོགས་ཤིང་། །སྡིག་པའི་ལས་ལས་ལྡོག་བདག་ཉིད། །གང་ཞིག་རང་ཞི་ཙམ་དོན་གཉེར། །སྐྱེས་བུ་དེ་ནི་འབྲིང་ཞེས་བྱ། །རང་རྒྱུད་གཏོགས་པའི་སྡུག་བསྔལ་གྱིས། །གང་ཞིག་གཞན་གྱི་སྡུག་བསྔལ་ཀུན། །ཡང་དག་ཟད་པར་ཀུན་ནས་འདོད། །སྐྱེས་བུ་དེ་ནི་མཆོག་ཡིན་ནོ། །སེམས་ཅན་དམ་པ་བྱང་ཆུབ་མཆོག །འདོད་པར་གྱུར་པ་དེ་དག་ལ། །བླ་མ་རྣམས་ཀྱིས་བསྟན་པ་ཡི། །ཡང་དག་ཐབས་ནི་བཤད་པར་བྱ། །རྫོགས་སངས་བྲིས་སྐུ་ལ་སོགས་དང་། །མཆོད་རྟེན་དམ་པ་མངོན་ཕྱོགས་ནས། །མེ་ཏོག་བདུག་སྤོས་དངོས་པོ་དག །ཅི་འབྱོར་པ་ཡི་མཆོད་པ་བྱ། །ཀུན་བཟང་སྤྱོད་ལས་གསུངས་པ་ཡི། །མཆོད་པ་རྣམ་པ་བདུན་དག་ཀྱང་། །བྱང་ཆུབ་སྙིང་པོའི་མཐར་ཐུག་པར། །མི་ལྡོག་པ་ཡི་

སེམས་དག་གིས། །དཀོན་མཆོག་གསུམ་ལ་རབ་དད་ཅིང་། །པུས་མོའི་ལྷ་ང་སར་བཙུགས་ནས། །ཐལ་མོ་སྦྱར་བར་བྱས་ནས་ནི། །དང་པོར་སྐྱབས་འགྲོ་ལན་གསུམ་བྱ། །དེ་ནས་སེམས་ཅན་ཐམས་ཅད་ལ། །བྱམས་པའི་སེམས་ནི་སྔོན་འགྲོ་བས། །ངན་སོང་གསུམ་དུ་སྐྱེ་སོགས་དང་། །འཆི་འཕོ་སོགས་ཀྱིས་སྡུག་བསྔལ་བའི། །འགྲོ་བ་མ་ལུས་ལ་བལྟས་ཏེ། །སྡུག་བསྔལ་གྱིས་ནི་སྡུག་བསྔལ་བ། །སྡུག་བསྔལ་སྡུག་བསྔལ་རྒྱུ་མཚན་ལས། །འགྲོ་བ་ཐར་པར་འདོད་པ་ཡིས། །ལྡོག་པ་མེད་པར་དམ་འཆའ་བའི། །བྱང་ཆུབ་སེམས་ནི་བསྐྱེད་པར་བྱ། །དེ་ལྟར་སྨོན་པའི་སེམས་དག་ནི། །བསྐྱེད་པའི་ཡོན་ཏན་གང་ཡིན་པ། །དེ་ནི་སྡོང་པོ་བཀོད་པ་ཡི། །མདོ་ལས་བྱམས་པས་རབ་ཏུ་བཤད། །དེ་ཡི་མདོ་ཀློག་པའམ་བླ་མ་ལས་མཉན་ཏེ། །རྫོགས་པའི་བྱང་ཆུབ་སེམས་ཀྱི་ཡོན་ཏན་མཐའ་མེད་པ། །རྣམ་པར་ཤེས་པར་བྱས་ལ་དེ་ནས་རྒྱུ་མཚན་དུ། །དེ་ལྟར་ཡང་དང་ཡང་དུ་སེམས་ནི་བསྐྱེད་པར་བྱ། །དཔལ་སྦྱིན་གྱིས་ཞུས་མདོ་དག་ལས། །འདི་ཡི་བསོད་ནམས་རབ་བསྟན་པ། །གང་དེ་ཚིགས་བཅད་གསུམ་ཙམ་དུ། །མདོར་བསྡུས་འདིར་ནི་བྲི་བར་བྱ། །བྱང་ཆུབ་སེམས་ཀྱི་བསོད་ནམས་གང་། །དེ་ལ་གལ་ཏེ་གཟུགས་མཆིས་ན། །ནམ་མཁའི་ཁམས་ནི་ཀུན་བཀང་སྟེ། །དེ་ནི་དེ་བས་ལྷག་པར་འགྱུར། །གང་གཱའི་བྱེ་མའི་གྲངས་སྙེད་ཀྱི། །སངས་རྒྱས་ཞིང་རྣམས་མི་གང་གིས། །རིན་ཆེན་དག་གིས་ཀུན་བཀང་སྟེ། །འཇིག་རྟེན་མགོན་ལ་ཕུལ་བ་བས། །གང་གི་ཐལ་མོ་སྦྱར་བགྱིས་ཏེ། །བྱང་ཆུབ་ཏུ་ནི་སེམས་བཏུད་ན། །མཆོད་པ་འདི་ནི་ཁྱད་པར་འཕགས། །དེ་ལ་མཐའ་ནི་མ་མཆིས་སོ། །བྱང་ཆུབ་སྨོན་པའི་སེམས་དག་བསྐྱེད་ནས་ནི། །འབད་པ་མང་པོས་ཀུན་ཏུ་སྤེལ་བྱ་ཞིང་། །འདི་ནི་སྐྱེ་བ་གཞན་དུའང་དྲན་དོན་དུ། །ཇི་སྐད་བཤད་པའི་བསླབ་པའང་ཡོངས་སུ་བསྲུང་། །འཇུག་སེམས་བདག་ཉིད་སྡོམ་པ་མ་གཏོགས་པར། །ཡང་དག་སྨོན་པ་འཕེལ་བར་འགྱུར་མ་ཡིན། །རྫོགས་པའི་བྱང་ཆུབ་སྨོན་པ་འཕེལ་འདོད་

པས། །དེ་ཕྱིར་འབད་པས་འདི་ནི་ངེས་པར་བླང་། །སོ་སོར་ཐར་པ་རིགས་བདུན་
གྱི། །རྟག་ཏུ་སྡོམ་གཞན་ལྡན་པ་ལ། །བྱང་ཆུབ་སེམས་དཔའི་སྡོམ་པ་ཡི། །སྐལ་བ་
ཡོད་ཀྱི་གཞན་དུ་མིན། །སོ་སོར་ཐར་པ་རིས་བདུན་དུ། །དེ་བཞིན་གཤེགས་པས་
བཤད་པ་ལ། །ཚངས་སྤྱོད་དཔལ་ནི་མཆོག་ཡིན་ཏེ། །དགེ་སློང་སྡོམ་པ་དག་ཏུ་
བཞེད། །བྱང་ཆུབ་སེམས་དཔའི་ས་དག་གི །ཚུལ་ཁྲིམས་ལེགས་གསུངས་ཆོ་ག་
ཡིས། །ཡང་དག་མཚན་ཉིད་ལྡན་པ་ཡི། །བླ་མ་བཟང་ལས་སྡོམ་པ་བླང་། །སྡོམ་
པའི་ཆོ་ག་ལ་མཁས་དང་། །བདག་ཉིད་གང་ཞིག་སྡོམ་ལ་གནས། །སྡོམ་པ་འབོགས་
བཟོད་སྙིང་རྗེར་ལྡན། །བླ་མ་བཟང་པོར་ཤེས་པ་བྱ། །དེ་ལ་འབད་པས་འདི་འདྲ་
བའི། །གལ་ཏེ་བླ་མ་མ་རྙེད་ན། །དེ་ལས་གཞན་སྡོམ་ནོད་པ་ཡི། །ཆོ་ག་ཡང་དག་
བཤད་པར་བྱ། །དེ་ལ་སྔོན་ཆེ་འཇམ་པའི་དཔལ། །ཨཾ་བ་རཱ་ཛར་གྱུར་པ་ཡིས། །ཇི་
ལྟར་བྱང་ཆུབ་ཐུགས་བསྐྱེད་པ། །འཇམ་དཔལ་གྱི་ནི་སངས་རྒྱས་ཞིང་། །རྒྱན་གྱི་
མདོ་ལས་བཤད་པ་ལྟར། །དེ་བཞིན་འདིར་ནི་རབ་གསལ་བྱ། །མགོན་པོ་རྣམས་
ཀྱི་སྤྱན་སྔ་རུ། །རྫོགས་པའི་བྱང་ཆུབ་སེམས་བསྐྱེད་ཅིང་། །འགྲོ་བ་ཐམས་ཅད་
མགྲོན་དུ་གཉེར། །དེ་དག་འཁོར་བ་ལས་བསྒྲལ་ལོ། །གནོད་སེམས་ཁྲོ་བའི་སེམས་
ཉིད་དང་། །སེར་སྣ་དང་ནི་ཕྲག་དོག་ཉིད། །དེང་ནས་བཟུང་ནས་བྱང་ཆུབ་
མཆོག །ཐོབ་ཀྱི་བར་དུ་མི་བྱའོ། །ཚངས་པར་སྤྱོད་པར་སྤྱད་བྱ་ཞིང་། །སྡིག་དང་
འདོད་པ་སྤང་བར་བྱ། །ཚུལ་ཁྲིམས་སྡོམ་པ་ལ་དགའ་བས། །སངས་རྒྱས་རྗེས་སུ་
བསླབ་པར་བྱ། །བདག་ཉིད་མྱུར་བའི་ཚུལ་གྱིས་ནི། །བྱང་ཆུབ་ཐོབ་པར་མི་སྤྲོ་
ཞིང་། །སེམས་ཅན་གཅིག་གི་རྒྱུ་ཡིས་ནི། །ཕྱི་མའི་མུ་མཐར་གནས་པར་བགྱི། །
ཚད་མེད་བསམ་གྱིས་མི་ཁྱབ་པའི། །ཞིང་དག་རྣམ་པར་སྦྱང་བར་བྱ། །མིང་ནས་
གཟུང་བ་བྱས་པ་དང་། །ཕྱོགས་བཅུ་དག་ཏུ་རྣམ་པར་གནས། །བདག་གི་ལུས་
དང་ངག་གི་ལས། །ཐམས་ཅད་དུ་ནི་དག་པར་བྱས། །ཡིད་ཀྱི་ལས་ཀྱང་དག་བྱ་

སྟེ། །མི་དགེའི་ལས་རྣམས་མི་བྱའོ། །རང་གི་ལུས་ངག་སེམས་ནི་རྣམ་དག་རྒྱུ། །འཇུག་པའི་སེམས་ཀྱི་བདག་ཉིད་སྡོམ་གནས་པ། །ཚུལ་ཁྲིམས་བསླབ་པ་གསུམ་ལ་ལེགས་བསླབས་པས། །ཚུལ་ཁྲིམས་བསླབ་པ་གསུམ་ལ་གུས་ཆེར་འགྱུར། །དེ་བས་རྣམ་དག་རྫོགས་བྱང་ཆུབ། །སེམས་དཔའི་སྡོམ་པའི་སྡོམ་དག་ནི། །འབད་པར་བྱས་པས་རྫོགས་བྱང་ཆུབ། །ཚོགས་ནི་ཡོངས་སུ་རྫོགས་པར་འགྱུར། །བསོད་ནམས་ཡེ་ཤེས་རང་བཞིན་གྱི། །ཚོགས་ནི་ཡོངས་སུ་རྫོགས་པ་ཡི། །རྒྱུ་ནི་སངས་རྒྱས་ཐམས་ཅད་དག །མངོན་ཤེས་སྐྱེད་པ་ཉིད་དུ་བཞེད། །ཇི་ལྟར་འདབ་གཤོག་མ་སྐྱེས་པའི། །བྱ་ནི་མཁའ་ལ་འཕུར་མི་ནུས། །དེ་བཞིན་མངོན་ཤེས་སྟོབས་བྲལ་བས། །སེམས་ཅན་དོན་བྱེད་ནུས་པ་མིན། །མངོན་ཤེས་ལྡན་པའི་ཉིན་མཚན་གྱི། །བསོད་ནམས་དག་ནི་གང་ཡིན་ཏེ། །མངོན་ཤེས་དག་དང་བྲལ་གྱུར་ལ། །སྐྱེ་བ་བརྒྱར་ཡང་ཡོད་མ་ཡིན། །མྱུར་དུ་རྫོགས་པའི་བྱང་ཆུབ་ཚོགས། །ཡོངས་སུ་རྫོགས་པར་འདོད་གྱུར་པ། །དེས་ནི་འབད་བྱས་མངོན་ཤེས་དག །འགྲུབ་པར་འགྱུར་གྱི་ལེ་ལོས་མིན། །ཞི་གནས་གྲུབ་པ་མ་ཡིན་པས། །མངོན་ཤེས་འབྱུང་བར་མི་འགྱུར་ལ། །དེ་ཕྱིར་ཞི་གནས་བསྒྲུབ་པའི་ཕྱིར། །ཡང་དང་ཡང་དུ་འབད་པར་བྱ། །ཞི་གནས་ཡན་ལག་རྣམས་ཉམས་པས། །རབ་ཏུ་འབད་དེ་བསྒོམ་བྱས་ཀྱང་། །ལོ་ནི་སྟོང་ཕྲག་དག་གིས་ཀྱང་། །ཏིང་འཛིན་འགྲུབ་པར་མི་འགྱུར་རོ། །དེ་ཕྱིར་ཏིང་འཛིན་ཚོགས་ལེའུ་ལས། །གསུངས་པའི་ཡན་ལག་ལ་ལེགས་གནས། །དམིགས་པ་གང་རུང་གཅིག་དག་ལ། །ཡིད་ནི་དགེ་ལ་བཞག་པར་བྱ། །རྣལ་འབྱོར་ཞི་གནས་འགྲུབ་གྱུར་ལ། །མངོན་ཤེས་དག་ཀྱང་འགྲུབ་པར་འགྱུར། །ཤེས་རབ་ཕ་རོལ་ཕྱིན་སྦྱོར་དང་། །བྲལ་བས་སྒྲིབ་པ་ཟད་མི་འགྱུར། །དེ་ཕྱིར་ཉོན་མོངས་ཤེས་བྱ་ཡི། །སྒྲིབ་པ་མ་ལུས་སྤང་བའི་ཕྱིར། །ཤེས་རབ་ཕ་རོལ་ཕྱིན་རྣལ་འབྱོར། །རྟག་ཏུ་ཐབས་བཅས་བསྒོམ་པར་བྱ། །ཐབས་དང་བྲལ་བའི་ཤེས་རབ་དང་། །ཤེས་རབ་བྲལ་བའི་ཐབས་དག་ཀྱང་། །

གང་ཕྱིར་འཆིང་བ་ཞེས་གསུངས་པ། །དེ་བས་གཉིས་ཀ་སྤང་མི་བྱ། །ཤེས་རབ་གང་དང་ཐབས་གང་ཞེས། །ཐེ་ཚོམ་དག་ནི་སྤང་བའི་ཕྱིར། །ཐབས་རྣམས་དང་ནི་ཤེས་རབ་ཀྱི། །ཡང་དག་དབྱེ་བ་གསལ་བར་བྱ། །ཤེས་རབ་ཕ་རོལ་ཕྱིན་སྤངས་པའི། །སྦྱིན་པའི་ཕ་རོལ་ཕྱིན་ལ་སོགས། །དགེ་བའི་ཚོགས་རྣམས་ཐམས་ཅད་དག །རྒྱལ་བ་རྣམས་ཀྱི་ཐབས་སུ་བཤད། །ཐབས་བསྒོམས་དབང་གིས་བདག་ཉིད་ཀྱིས། །གང་ཞིག་ཤེས་རབ་རྣམ་བསྒོམ་པ། །དེ་ནི་བྱང་ཆུབ་མྱུར་དུ་ཐོབ། །བདག་མེད་གཅིག་པུ་བསྒོམས་པས་མིན། །ཕུང་པོ་ཁམས་དང་སྐྱེ་མཆེད་རྣམས། །སྐྱེ་བ་མེད་པར་རྟོགས་གྱུར་པའི། །རང་བཞིན་སྟོང་ཉིད་ཤེས་པ་ནི། །ཤེས་རབ་ཅེས་ནི་ཡོངས་སུ་བཤད། །ཡོད་པ་སྐྱེ་བ་རིགས་མིན་ཏེ། །མེད་པའང་ནམ་མཁའི་མེ་ཏོག་བཞིན། །ཉེས་པ་གཉིས་ཀར་ཐལ་འགྱུར་ཕྱིར། །གཉིས་ཀ་དག་ཀྱང་འབྱུང་བ་མིན། །དངོས་པོ་རང་ལས་མི་སྐྱེ་ཞིང་། །གཞན་དང་གཉིས་ཀ་ལས་ཀྱང་མིན། །རྒྱུ་མེད་ལས་མིན་དེ་ཡི་ཕྱིར། །ངོ་བོ་ཉིད་ཀྱིས་རང་བཞིན་མེད། །ཡང་ན་ཆོས་རྣམས་ཐམས་ཅད་དག །གཅིག་དང་དུ་མས་རྣམ་དཔྱད་ན། །ངོ་བོ་ཉིད་ནི་མི་དམིགས་པས། །རང་བཞིན་མེད་པ་ཉིད་དུ་ངེས། །སྟོང་ཉིད་བདུན་ཅུའི་རིགས་པ་དང་། །དབུ་མ་རྩ་བ་སོགས་ལས་ཀྱང་། །དངོས་པོ་རྣམས་ཀྱི་རང་བཞིན་གྱི། །སྟོང་པ་ཉིད་ནི་གྲུབ་བཤད་པ། །གང་ཕྱིར་གཞུང་ནི་མངས་འགྱུར་བས། །དེ་ཕྱིར་འདི་ནི་མ་སྤྲོས་ལ། །གྲུབ་པའི་གྲུབ་མཐའ་ཙམ་ཞིག་ཏུ། །བསྒོམ་པའི་ཕྱིར་ནི་རབ་ཏུ་བཤད། །དེ་བས་ཆོས་རྣམས་མ་ལུས་པའི། །རང་བཞིན་དག་ནི་མི་དམིགས་པས། །བདག་མེད་པར་ནི་བསྒོམ་གང་ཡིན། །དེ་ཉིད་ཤེས་རབ་བསྒོམ་པ་ཡིན། །ཤེས་རབ་ཀྱིས་ནི་ཆོས་རྣམས་ཀུན། །གང་གི་རང་བཞིན་མ་མཐོང་ཞིང་། །ཤེས་རབ་དེ་ཉིད་རིག་བཤད་པ། །རྣམ་རྟོག་མེད་པར་དེ་བསྒོམ་བྱ། །རྣམ་རྟོག་ལས་བྱུང་སྲིད་པ་འདི། །རྣམ་པར་རྟོག་པའི་བདག་ཉིད་དེ། །དེ་ཕྱིར་མ་ལུས་རྟོག་སྤངས་པ། །མྱ་ངན་འདས་པ་མཆོག་ཡིན་

ནོ། །དེ་ལྟར་ཡང་ནི་བཅོམ་ལྡན་གྱིས། །རྣམ་རྟོག་མ་རིག་ཆེན་པོ་སྟེ། །འཁོར་བའི་རྒྱ་མཚོར་ལྟུང་བར་བྱེད། །རྟོག་མེད་ཏིང་འཛིན་ལ་གནས་པ། །ནམ་མཁའ་བཞིན་དུ་རྟོག་མེད་གསལ། །ཞེས་གསུངས་སོ། །རྣམ་པར་མི་རྟོག་པ་ལ་འཇུག་པའི་གཟུངས་ལས་ཀྱང་། དམ་ཆོས་འདི་ལ་རྒྱལ་བའི་སྲས། །རྣམ་པར་མི་རྟོག་བསམ་གྱུར་ན། །རྣམ་རྟོག་བགྲོད་དཀའ་རྣམས་འདས་ཏེ། །རིམ་གྱིས་མི་རྟོག་ཐོབ་པར་འགྱུར། །ཞེས་གསུངས་སོ། །ལུང་དང་རིགས་པ་དག་གིས་ནི། །ཆོས་རྣམས་ཐམས་ཅད་སྐྱེ་མེད་པའི། །རང་བཞིན་མེད་པ་ངེས་བྱས་ནས། །རྣམ་པར་རྟོག་མེད་བསྒོམ་པར་བྱ། །དེ་ལྟར་དེ་ཉིད་བསྒོམས་བྱས་ནས། །རིམ་གྱིས་དྲོད་སོགས་ཐོབ་བྱས་ནས། །རབ་དགའ་ལ་སོགས་ཐོབ་འགྱུར་ཏེ། །སངས་རྒྱས་བྱང་ཆུབ་ཡུན་མི་རིང་། །སྔགས་མཐུ་ཉིད་ལས་གྲུབ་པ་ཡི། །ཞི་དང་རྒྱས་སོགས་ལས་རྣམས་ཀྱིས། །བུམ་པ་བཟང་གྲུབ་ལ་སོགས་པ། །གྲུབ་ཆེན་བརྒྱད་སོགས་སྟོབས་ཀྱིས་ཀྱང་། །བདེ་བ་ཡིས་ནི་བྱང་ཆུབ་ཚོགས། །ཡོངས་སུ་རྫོགས་པར་འདོད་པ་དང་། །བྱ་བ་སྤྱོད་སོགས་རྒྱུད་གསུངས་པའི། །གལ་ཏེ་གསང་སྔགས་སྤྱོད་འདོད་ན། །དེ་ཚེ་སློབ་དཔོན་དབང་བསྐུར་ཕྱིར། །བསྙེན་བཀུར་རིན་ཆེན་སོགས་སྦྱིན་དང་། །དགའ་སྒྲུབ་ལ་སོགས་ཐམས་ཅད་ཀྱིས། །བླ་མ་དམ་པ་མཉེས་པར་བྱ། །བླ་མ་མཉེས་པར་གྱུར་པ་ཡིས། །ཡོངས་རྫོགས་སློབ་དཔོན་དབང་བསྐུར་བས། །སྡིག་ཀུན་རྣམ་དག་བདག་ཉིད་ནི། །དངོས་གྲུབ་སྒྲུབ་པའི་སྐལ་ལྡན་འགྱུར། །དང་པོའི་སངས་རྒྱས་རྒྱུད་ཆེན་ལས། །རབ་ཏུ་འབད་པས་བཀག་པའི་ཕྱིར། །གསང་བ་ཤེས་རབ་དབང་བསྐུར་ནི། །ཚངས་པར་སྤྱོད་པས་བླང་མི་བྱ། །གལ་ཏེ་དབང་བསྐུར་དེ་འཛིན་ན། །ཚངས་སྤྱོད་དཀའ་ཐུབ་ལ་གནས་པས། །བཀག་པ་སྤྱོད་པར་འགྱུར་བའི་ཕྱིར། །དཀའ་ཐུབ་སྡོམ་པ་དེ་ཉམས་ཏེ། །བརྟུལ་ཞུགས་ཅན་དེ་ཕམ་པ་ཡི། །ལྟུང་བ་དག་ནི་འབྱུང་འགྱུར་ཞིང་། །དེ་ནི་ངན་སོང་ངེས་ལྟུང་བས། །གྲུབ་པ་ཡང་ནི་ཡོད་མ་ཡིན། །རྒྱུད་

ཀུན་ཉན་དང་འཆད་པ་དང་། །སྦྱིན་སྲེག་མཆོད་སྦྱིན་སོགས་བྱེད་པ། །སློབ་དཔོན་དབང་བསྐུར་རྫེད་འགྱུར་ཞིང་། །དེ་ཉིད་རིག་ལ་ཉེས་པ་མེད། །གནས་བརྟན་མར་མེ་མཛད་དཔལ་གྱིས། །མདོ་སོགས་ཆོས་ལས་བཤད་མཐོང་བ། །བྱང་ཆུབ་འོད་ཀྱིས་གསོལ་བཏབ་ནས། །བྱང་ཆུབ་ལམ་བཤད་མདོར་བསྡུས་བྱས།། །།

བྱང་ཆུབ་ལམ་གྱི་སྒྲོན་མ་སློབ་དཔོན་ཆེན་པོ་དཔལ་མར་མེ་མཛད་ཡེ་ཤེས་ཀྱིས་མངའ་རིས་མཐོ་ལྡིང་གསེར་གྱི་གཙུག་ལག་ཁང་ཆེན་པོར་མཛད་པ་རྫོགས་སོ།། །།

རྒྱ་གར་གྱི་མཁན་པོ་ཆེན་པོ་དེ་ཉིད་དང་། ཞུ་ཆེན་གྱི་ལོ་ཙྪ་བ་དགེ་བའི་བློ་གྲོས་ཀྱིས་བསྒྱུར་ཞིང་གཏན་ལ་ཕབ་པའོ།། །།

༄༅། །བྱང་ཆུབ་ལམ་གྱི་སྒྲོན་མའི་རྣམ་བཤད་
ཕུལ་བྱུང་བཞད་པའི་དགའ་སྟོན་
ཞེས་བྱ་བ་བཞུགས་སོ། །

མཆོད་བརྗོད་དང་རྩོམ་པར་དམ་བཅའ་བ།

༄༅། །ན་མོ་གུ་རུ་མཉྫུ་གྷོ་ཥ་ཡ། བདེ་གཤེགས་ཀུན་གྱི་སྐུ་གསུམ་ཡེ་ཤེས་ལྷ། །གཅིག་ཏུ་བསྡུས་པ་ཉི་མའི་གཉེན་གྱི་གཙོ། །ཟླ་མེད་སྟོན་པ་ཤཱཀྱའི་རྒྱལ་པོ་དང་། །མི་ཕམ་འཇམ་པའི་དབྱངས་ལ་གུས་ཕྱག་འཚལ། །བདེ་གཤེགས་ལམ་བཟང་དྲང་ངེས་ཤིང་རྟ་ཆེ། །རྣམ་དཔྱོད་གསེར་གྱི་ཐ་གྲུས་འདྲེན་མཛད་པ། །ཀླུ་སྒྲུབ་ཐོགས་མེད་མགོན་པོ་ཞི་བ་ལྷ། །སྲས་དང་བཅས་པའི་ཞབས་ལ་སྙིང་ནས་འདུད། །ལྷ་བརྒྱའི་གཙུག་རྒྱན་དཔལ་ལྡན་མར་མེ་མཛད། །རྒྱལ་བ་གཉིས་པ་བློ་བཟང་གྲགས་པའི་དཔལ། །སངས་རྒྱས་ཡེ་ཤེས་སྐྱབས་གསུམ་ཀུན་གྱི་དངོས། །རྩ་བརྒྱུད་བླ་མ་རྣམས་ལ་གུས་བཏུད་ནས། །རྒྱལ་བའི་གསུང་རབ་ཀུན་གྱི་གནད་བསྡུས་པ། །ཤིང་རྟ་ཆེན་པོ་གཉིས་ཀྱི་བཞེད་པའི་ལུགས། །མར་མེ་མཛད་པའི་ཐུགས་ཀྱི་བཅུད་ཕྱུངས་པ། །བྱང་ཆུབ་ལམ་གྱི་སྒྲོན་མ་བཤད་པར་(༢༩)བྱ། །

༈ དེ་ལ་འདིར་ས་གསུམ་གྱི་སྒྲོན་མེ་གཅིག་པུ་ཐུབ་པའི་གསུང་རབ་ཐམས་ཅད་ཀྱི་བཅུད་བསྡུས་པ། ཤིང་རྟ་ཆེན་པོ་གཉིས་ཀྱི་ཟབ་རྒྱས་ཀྱི་ལམ་སྲོལ། བརྒྱུད་པའི་ཆུ་བོ་གསུམ་འདྲེས་ཀྱི་མན་ངག་མངོན་མཐོ་ངེས་ལེགས་ཀྱི་ལམ་ཆེན། མདོ་དང་དགོངས་འགྲེལ་མཐའ་དག་གི་ལྡེ་མིག །རྒྱ་བོད་ཀྱི་མཁས་གྲུབ་ཐམས་ཅད་ཀྱི་གཤེགས་བཤུལ། སྐྱེས་བུ་གསུམ་གྱིས་ཉམས་སུ་བླང་བྱ་མ་ཚང་བ་མེད་པ་སྟོན་པའི་གཞུང་བྱང་ཆུབ་ལམ་གྱི་སྒྲོན་མ་ནི་གང་བཤད་པར་བྱ་བའི་ཆོས་སོ། །

དེ་ལ་དཔལ་ནཱ་ལེནྡྲའི་མཁས་པ་རྣམས་དག་པ་གསུམ་གྱི་སྒོ་ནས་ཆོས་འཆད་པར་བཞེད་ཀྱང་། ཕྱིས་བྲི་ཀྲ་མ་ལ་ཤཱི་ལའི་མཁས་པ་རྣམས་ནི། ཆོས་སྨྲ་བ་པོའི་ཆེ་བ། ཆོས་ཀྱི་ཆེ་བ། དེ་ལ་ཉན་བཤད་ཇི་ལྟར་བྱ་བའི་ཚུལ་གསུམ་སྔོན་དུ་གལ་ཆེ་བར་བཞེད་པ་ལྟར་རྗེ་ཐམས་ཅད་མཁྱེན་(༢བ)པས་ཀྱང་ལམ་གྱི་རིམ་པ་འཆད་པར་མཛད་པ་བཞིན།

དང་པོ། ཆོས་སྨྲ་བ་པོའི་ཆེ་བ།

༈ འདི་འཆད་པ་ལ་བཞི། ཆོས་སྨྲ་བ་པོའི་ཆེ་བ། ཆོས་ཀྱི་ཆེ་བ། ཆོས་ལ་ཉན་བཤད་བྱ་ཚུལ། གདམས་པ་དངོས་ཀྱི་དོན་ནོ། །

དང་པོ་ནི། གཞུང་འདི་མཛད་པ་པོ་ནི། བསྐལ་པ་བཟང་པོའི་བྱང་ཆུབ་སེམས་དཔའ་པཎྜི་ཏ་ཆེན་པོ་དཱི་པཾ་ཀ་ར་ཤྲཱི་ཛྙཱ་ན། མཚན་གཞན་དཔལ་ལྡན་ཨ་ཏི་ཤ་ཞེས་གྲགས་པ་སྟེ། དེའི་ཆེ་བ་ལ་བརྗོད་ཚུལ་མང་ཡང་། བདག་ཅག་གི་རྗེ་ཐམས་ཅད་མཁྱེན་པའི་བཞེད་པ་ལྟར་ན་གསུམ། རིགས་ཕུན་སུམ་ཚོགས་པར་སྐྱེ་བ་བཞེས་པ། རྟེན་དེ་ལ་ཡོན་ཏན་བརྙེས་པ། བརྙེས་ནས་བསྟན་པ་ལ་བྱ་བ་མཛད་པའོ། །

ཀ༡ རིགས་ཕུན་སུམ་ཚོགས་པར་སྐྱེ་བ་བཞེས་པ།

དང་པོ་ནི་བྱང་ཆུབ་སེམས་དཔའ་ཞི་བ་འཚོ་ཡང་འཁྲུངས་པའི་རྒྱུད། རྒྱ་གར་པ་རྣམས་ས་ཧོར་ཞེས་ཟེར། བོད་རྣམས་ཟ་ཧོར་ཞེས་ཟེར་བའི་རྒྱལ་རིགས་ཆེན་པོར་སྐུ་འཁྲུངས་པ་ཡིན་ཏེ། ལོ་ཙྪ་བས། རིགས་ཀྱི་ནང་ནས་མཆོག་གྱུར་པ། །ཁྱོད་ནི་རྒྱལ་པོའི་རིགས་སུ་འཁྲུངས། །དྲེགས་པས་སྨྱོས་པ་ཐམས་ཅད་ཀྱང་། །ཞབས་ཀྱི་པདྨར་སྤྱི་བོས་གཏུགས། །ཞེས་འབྱུང་བ་ལྟར་རོ། །

ཀ༢ རྟེན་དེ་ལ་ཡོན་ཏན་བརྟེས་པ།

༄ གཉིས་པ་ལ་གཉིས། མང་དུ་མཁྱེན་པ་ལུང་གི་ཡོན་ཏན་བརྟེས་ཚུལ། ཚུལ་བཞིན་བསྒྲུབས་པ་རྟོགས་པའི་ཡོན་ཏན་བརྟེས་ཚུལ་ལོ། །དང་པོ་ནི་ཐུན་མོང་བ་རིག་པའི་གནས་ལྔ་དང་། བརྟག་པའི་བསྟན་བཅོས་དང་། ལུགས་ཀྱི་བསྟན་བཅོས་མང་པོ་དང་། (༣ན)ཉན་ཐོས་སྡེ་བཞིའི་སྡེ་སྣོད་གསུམ་དང་། ཐུན་མོང་བ་བྱེ་བྲག་བཤད་པ་དང་། ཐེག་པ་ཆེན་པོའི་སྡེ་སྣོད་གསུམ་དང་། རྒྱུད་སྡེ་བཞི་དང་། སེམས་ཙམ་དང་དབུ་མའི་གྲུབ་པའི་མཐའ་ཐམས་ཅད་ལ་ལེགས་པར་སྦྱངས་ཤིང་། མཁས་པར་མཁྱེན་པ་ཡིན་ཏེ། བསྟོད་པ་ལས། ཐེག་པ་གསུམ་དང་སྡེ་སྣོད་གསུམ། །ཁྱོད་ནི་མཁས་པ་ཆེན་པོ་ཡིན། །ཁྱོད་ནི་མཁས་པ་མང་པོ་ཡིས། །བདར་ལ་བདར་བའི་སྐྱེས་བུ་ཡིན། །ཞེས་གསུངས་པའི་ཕྱིར།

༄ གཉིས་པ་ནི་རྒྱལ་བའི་ལུང་གི་བསྟན་པ་མཐའ་དག་སྡེ་སྣོད་གསུམ་དུ་འདུ་བས། རྟོགས་པའི་བསྟན་པ་ཡང་བསླབ་པ་གསུམ་དུ་འདུའོ། །དེ་ལ་ཚུལ་ཁྲིམས་ཀྱི་བསླབ་པ་དང་ལྡན་པ་ནི། སོ་ཐར་དང་། བྱང་སེམས་དང་། རིག་པ་འཛིན་པའི་སྡོམ་པ་ལེགས་པར་ནོས་ནས། ཉེས་པས་ནམ་ཡང་མ་གོས་པའི་ཚུལ་ཁྲིམས་ཀྱིས་ཡང་དག་པར་བསྔམས་པ་ཡིན་ཏེ། བསྟོད་པ་ལས། དྲན་དང་ཤེས་བཞིན་ལྡན་པ་ཡིས། །ཚུལ་བཞིན་མ་ཡིན་ཡིད་མི་མཛད། །ཅེས་གསུངས་པའི་ཕྱིར། ཏིང་ངེ་འཛིན་གྱི་བསླབ་པ་དང་ལྡན་པ་ནི། ཐུན་མོང་བ་ཞི་གནས་དང་། ཐུན་མོང་མ་ཡིན་པ་བསྐྱེད་རིམ་གྱི་ཏིང་ངེ་འཛིན་ཤིན་ཏུ་བརྟན་པ་མངའ་བ་ཡིན་ཏེ། བསྟོད་པར། གསང་སྔགས་ཐེག་པའི་གཞུང་ལྟར་ན། །བསྐྱེད་པའི་རིམ་པ་བརྟན་པར་ངེས། །ཞེས་གསུངས་པའི་ཕྱིར། ཤེས་རབ་ལ་ཡང་། ཐུན་མོང་བ་སྟོང་(༣བ)ཉིད་རྟོགས་པའི་ལྷག་མཐོང་དང་། ཐུན་མོང་མ་ཡིན་པ་རྫོགས་རིམ་གྱི་ཏིང་ངེ་འཛིན་

ཁྱད་པར་ཅན་མངའ་བ་ཡིན་ཏེ། བསྟོད་པ་ལས། ཁྱོད་ནི་སྟོང་ཉིད་རྣལ་འབྱོར་པ། །དྲི་མེད་རྗེ་རྗེའི་ཐུགས་དང་ལྡན། །ཞེས་པ་ལྟར་རོ། །

ཀ༣ བརྙེས་ནས་བསྟན་པ་ལ་བྱ་བ་མཛད་པ།

༈ བསྟན་པ་ལ་བྱ་བ་མཛད་པ་ལ་རྒྱ་བོད་གཉིས་ལས། དང་པོ་ནི་རྗེ་རྗེ་གདན་བྱང་ཆུབ་ཆེན་པོའི་ཕོ་བྲང་དུ་མུ་སྟེགས་ཀྱི་སྨྲ་བ་ངན་པ་ལན་གསུམ་དུ་ཆོས་ཀྱིས་ཕམ་པར་མཛད་ནས་སངས་རྒྱས་ཀྱི་བསྟན་པ་བཟུང་ཞིང་། ཇོ་བོ་རང་ཉིད་ཕལ་ཆེན་སྡེ་པ་ཡིན་ཀྱང་། ཕྱོགས་རིས་མེད་པར་སྡེ་པ་བཅོ་བརྒྱད་པོ་སོགས་དེ་དུས་ཀྱི་སངས་རྒྱས་པ་ཀུན་གྱིས་ཚད་མར་བྱས་ནས་ལུང་ལེན་པ་དང་གཙུག་གི་རྒྱན་དུ་འཛིན་ཏེ། བསྟོད་པ་ལས། བྱང་ཆུབ་ཆེན་པོའི་ཕོ་བྲང་དུ། །ཐམས་ཅད་འདུས་ཤིང་ཚོགས་པ་ན། །རང་དང་གཞན་གྱི་སྡེ་པ་ཡི། །གྲུབ་མཐའ་ངན་པའི་རྐོལ་བ་ཀུན། །སེང་གེའི་ང་རོའི་སྒྲ་སྐད་ཀྱིས། །ཐམས་ཅད་ཀྱི་ནི་ཀླད་པ་འགེམས། །ཞེས་དང་། མ་ག་དྷ་ཡི་ཡུལ་གྱི་ནི། །གནས་གཞི་མ་ལུས་ཐམས་ཅད་ཀྱི། །སྟོན་པའི་འཁོར་ནི་བཞི་པོ་ཡི། །ཀུན་གྱི་གཙུག་གི་ནོར་བུར་གྱུར། །ཅེས་གསུངས་པ་ལྟར་རོ། །

༈ གཉིས་པ་ནི། བོད་དུ་ཕེབས་ནས་ཟབ་པ་དང་རྒྱ་ཆེ་བའི་ཆོས་ཀྱི་འཁོར་ལོ་མཐའ་ཡས་པ་བསྐོར་ཞིང་གཞུང་བྱང་ཆུབ་ལམ་གྱི་སྒྲོན་མ་མཛད་པ་ལ་སོགས་པའི་སྒོ་ནས་རྒྱལ་བའི་བསྟན་པའི་སྲོལ་ནུབ་པ་རྣམས་གསར་དུ་བཙུགས། སྲོལ་ཙུང་ཟད་ཡོད་པ་རྣམས་གསལ་བར་མཛད། མ་རྟོགས་པ་དང་ལོག་པར་རྟོག་པ་དང་། ཐེ་ཚོམ་གྱི་དྲི་མས་སྦགས་པ་རྣམས་བསལ་ཏེ། བསྟན་པ་རིན་པོ་ཆེ་གཞི་ནས་ཉིན་མོར་མཛད་པས། ཀུན་ཀྱང་མདོན་མཐོ་དང་(༤ན)ངེས་ལེགས་ཀྱི་ལམ་མ་ནོར་བ་ལ་དངོས་དང་བརྒྱུད་པས་འཁྲིད་པར་མཛད་པ་ཡིན་ཏེ། བསྟོད་པ་ལས། ཇོ་བོ་བོད་དུ་མ་བྱོན་ན། །ཐམས་ཅད་ལོང་བ་བཞིན་དུ་གྱུར། །མཁྱེན་པ་རྒྱས་པ

ཕྱོད་ཕྱོན་པས། །ཕོད་དུ་ཡེ་ཤེས་ཉེ་མ་ཤར། །ཞེས་གསུངས་པ་ལྟར་ཡིན་ལ། རྒྱས་པར་གཞན་དུ་ཤེས་པར་བྱའོ། །

གཉིས་པ། ཆོས་ཀྱི་ཆེ་བ།

༈ གཉིས་པ་ཆོས་ཀྱི་ཆེ་བ་ནི། ལག་སོར་བའི་ཞལ་ནས། འདི་བསྟན་བཅོས་འཕྲུལ་གྱི་ལྡེ་མིག་བྱ་བ་ཡིན། འཕྲུལ་གྱི་ལྡེ་མིག་གཅིག་གིས་སྒོ་ལྕགས་ཐམས་ཅད་ཕྱེད་པ་ཞིག་ཡོད། དེ་བཞིན་དུ་ལམ་སྒྲོན་འདི་བཤའ་མ་ཞིག་ཤེས་ན། སྡེ་སྣོད་མ་ལུས་པ་གོ་ནས་འོང་བ་ཡིན་གསུང་ཞིང་། དགེ་བཤེས་པོ་ཏོ་བའི་ཞལ་ནས་ཀྱང་། འདི་ཤེས་རབ་ཀྱི་ཕ་རོལ་ཏུ་ཕྱིན་པའི་སྒྲུབ་ཐབས་ཡིན་གསུངས་ཏེ། དེ་ཡང་ཤེས་རབ་ཀྱི་ཕ་རོལ་ཏུ་ཕྱིན་པའི་དོན་ལ་བརྒྱད་དང་། དྲུག་དང་། གསུམ་དུ་སྟོན་པ་ལས། འདིར། ཡུལ་ནི་རྣམ་པ་གསུམ་པོ་རྒྱུ། །སྦྱོར་བ་བཞི་ཡི་བདག་ཉིད་དང་། །ཆོས་སྐུ་འཕྲིན་ལས་འབྲས་བུ་ནི། །དོན་བསྡུས་གཞན་ཏེ་རྣམ་པ་གསུམ། །ཞེས་གསུངས་པ་ལྟར་མདོན་རྟོགས་གསུམ་དུ་བསྡུས་པའི་ལུགས་ཡིན་ཏེ། འདི་ལ་རྟེན་གྱི་གང་ཟག །ཤེས་པར་བྱ་བའི་ཡུལ། ཤེས་ནས་འཇུག་པའི་ཡུལ། ཉམས་སུ་བླང་བའི་ཐབས། ཉམས་སུ་བླངས་པའི་འབྲས་བུ་དང་ལྔའོ། །

དང་པོ་ནི། སངས་རྒྱས་རྣམས་ལ་ལྷག་པར་བྱས། །ཞེས་སོགས་ཀྱིས་སྟོན། གཉིས་པ་ནི། གཞུང་ལམ་སྙིང་པོའི་ཤེར་ཕྱིན་གསུམ། ལམ་ལ་མངོན་པར་རྟོགས་པ་བརྒྱད། སྙིང་པོའི་དོན་སྦྱོས་(༤བ)པ་དང་བྲལ་བའོ། །གསུམ་པ་ནི། ཀུན་མཁྱེན་གསུམ་མོ། །བཞི་པ་ནི་སྦྱོར་བ་བཞིའོ། །ལྔ་པ་ནི་ཆོས་སྐུ་འཕྲིན་ལས་དང་བཅས་པའོ། །བྱང་ཆུབ་ལམ་གྱི་སྒྲོན་མ་ཞེས་པའི་མཚན་དོན་ཡང་། བྱང་ཆུབ་ནི་འབྲས་བུ་ཕུན་སུམ་ཚོགས་པ་སྟེ་རྣམ་མཁྱེན་ནོ། །ལམ་ནི་རྒྱུ་ཕུན་སུམ་ཚོགས་པ་ལམ་ཤེས་ཏེ། དེ་ཡང་སྦྱོར་བ་བཞིས་བསྡུས་པའོ། །རྒྱུ་འབྲས་གཉིས་ཀ་ཕུན་སུམ་ཚོགས་པ་ནི་

གཞི་ཤེས་ཏེ། དེ་ཡང་དཔེའི་སྒོ་ནས་སྒྲོན་མ་ཞེས་མི་གསལ་བ་གསལ་བར་བྱེད་པས་མཚན་དེ་ལྟར་བཏགས་པ་ལགས་ཞེས་གསུངས། ཕུ་ཧོ་བའི་ཞལ་ནས། ཅི་ཡང་སྲིད་ཤོག་བྱུང་གཉིས་པོ་ཞིག་སྡེ་སྣོད་ཐམས་ཅད་ཀྱི་འགྲེལ་པར་སོང་བས། ཁོ་བོའང་རྒྱས་ཁར་སྟོན་པ་གཅིག་ཏུ་གྱུར་ཏེ་སོང་གསུང་། སྣབས་ཀ་བའི་ཞལ་ནས་ཀྱང་། ལམ་སྒྲོན་ཡིག་ཀློག་བག་རེ་བྱས་པས། ད་གཞུང་ཐམས་ཅད་གདམས་ངག་ཏུ་གོ་བ་ཞིག་བྱུང་གསུང་། དེ་ལྟར་ན་ཇོ་བོས་མཛད་པའི་བསྟན་བཅོས་མང་དུ་ཡོད་ཀྱང་རྩ་བ་ལྟ་བུ་ཡོངས་སུ་རྫོགས་པ་ནི་ལམ་སྒྲོན་ཡིན་ཏེ། མདོ་སྔགས་གཉིས་ཀའི་གནད་བསྡུས་པས། བརྗོད་བྱ་ཡོངས་སུ་རྫོགས་པ་དང་། སེམས་འདུལ་བའི་རིམ་པ་གཙོ་བོར་སྟོན་པས་ལག་ཏུ་བླང་བདེ་བ་དང་། ཤིང་རྟ་ཆེན་པོ་གཉིས་ཀྱི་ལུགས་ལ་མཁས་པའི་བླ་མ་གཉིས་ཀྱི་གདམས་པས་བརྒྱན་པས་ལུགས་གཞན་ལས་ཁྱད་པར་འཕགས་པ་ཡིན་པའི་ཕྱིར། གཞུང་ལམ་གྱི་སྒྲོན་མ་འདི་ཆོས་ཅན། ཆེ་བ་ཁྱད་པར་ཅན་དང་ལྡན་པ་ཡིན་ཏེ། ཇི་སྐད་དུ། འཛམ་གླིང་མཁས་པ་ཡོངས་ཀྱི་གཙུག་གི་རྒྱན། །སྟོན་པའི་བ་དན་འགྲོ་ན་ལྷང་ངེ་བ། །ཀླུ་སྒྲུབ་ཐོགས་མེད་གཉིས་ལས་རིམ་བཞིན་དུ། །(༥ན)ལེགས་བརྒྱུད་བྱང་ཆུབ་ལམ་གྱི་རིམ་པ་ནི། །སྐྱེ་དགུའི་འདོད་དོན་མ་ལུས་སྐོང་བས་ན། །གདམས་པ་རིན་ཆེན་དབང་གི་རྒྱལ་པོ་སྟེ། །གཞུང་བཟང་སྟོང་གི་ཆུ་བོ་འདུ་བའི་ཕྱིར། །དཔལ་ལྡན་ལེགས་པར་བཤད་པའི་རྒྱ་མཚོའང་ཡིན། །བསྟན་པ་ཐམས་ཅད་འགལ་མེད་རྟོགས་པ་དང་། །གསུང་རབ་མ་ལུས་གདམས་པར་འཆར་བ་དང་། རྒྱལ་བའི་དགོངས་པ་བདེ་བླག་རྙེད་པ་དང་། །ཉེས་སྤྱོད་ཆེན་པོའི་གཡང་ས་ལས་ཀྱང་སྲུང་། །དེ་ཕྱིར་རྒྱ་བོད་མཁས་པའི་སྐྱེ་བོ་ནི། །སྐལ་ལྡན་དུ་མས་བསྟེན་པའི་གདམས་པ་མཆོག །སྐྱེས་བུ་གསུམ་གྱི་ལམ་གྱི་རིམ་པ་ཡིས། །ཡིད་རབ་མི་འཕྲོག་དཔྱོད་ལྡན་སུ་ཞིག་ཡོད། །ཅེས་གསུངས་པའི་ཕྱིར།

གསུམ་པ། ཆོས་ལ་ཉན་བཤད་བྱ་ཚུལ།

གསུམ་པ་ཆེ་བ་གཉིས་དང་ལྡན་པའི་ཆོས་ལ་ཉན་བཤད་ཇི་ལྟར་བྱ་བའི་ཚུལ་ནི། བདག་ཅག་གི་རྗེ་ཐམས་ཅད་མཁྱེན་པས། ལམ་གྱི་རིམ་པར་ཉན་པའི་ཚུལ། བཤད་པའི་ཚུལ། མཇུག་ཏུ་ཐུན་མོང་དུ་ཇི་ལྟར་བྱ་བའི་ཚུལ་གསུངས་པ་ལྟར་ཤེས་པར་བྱའོ། །

བཞི་པ། གདམས་པ་དངོས་ཀྱི་དོན།

༈ བཞི་པ་གདམས་པ་དངོས་ཀྱི་དོན་ལ་བཞི། མཚན་གྱི་དོན། འགྱུར་གྱི་ཕྱག །གཞུང་གི་དོན། མཇུག་གི་དོན་ནོ། །

ཀ༡ མཚན་གྱི་དོན།

དང་པོ་ནི། རྒྱ་གར་སྐད་དུ། བོ་དྷི་པ་ཐ་པྲ་དཱི་པ། བོད་སྐད་དུ། བྱང་ཆུབ་ལམ་གྱི་སྒྲོན་མ་ཞེས་བྱ་ལ། དེ་ཡང་བོ་དྷི་ནི་བྱང་ཆུབ། པ་ཐ་ནི་ལམ། པྲ་དཱི་པ་ནི་སྒྲོན་མ་ཞེས་པར་བསྒྱུར་རོ། །མཚན་བཤད་ན། བསྟན་བཅོས་འདི་ཆོས་ཅན། བྱང་ཆུབ་ལམ་གྱི་སྒྲོན་མ་ཞེས་བྱ་སྟེ། སྤངས་རྟོགས་ཀྱི་བདག་ཉིད་ཅན་གྱི་སངས་རྒྱས་ཀྱི་ཡེ་ཤེས་ནི་བྱང་ཆུབ་དང་། དེར་བགྲོད་པའི་ས་བཅུའམ་ལམ་(༥བ)ལྔའི་རང་བཞིན་གསལ་བར་བྱེད་ཅིང་། དེ་དག་ལ་མ་རྟོགས་པ་དང་ལོག་པར་རྟོག་པ་དང་། ཐེ་ཚོམ་གྱི་མུན་པ་མ་ལུས་པ་སེལ་བར་བྱེད་པའི་བསྟན་བཅོས་ཡིན་པས་དེ་ལྟར་བརྗོད་པའི་ཕྱིར། སངས་རྒྱས་ཀྱི་ཡེ་ཤེས་ཆོས་ཅན། བྱང་ཆུབ་ཅེས་བྱ་སྟེ། སྒྲིབ་གཉིས་མ་ལུས་པ་བྱང་ཞིང་། ཇི་ལྟ་ཇི་སྙེད་ཀྱི་ཆོས་ཐམས་ཅད་མ་ལུས་པ་ཆུབ་པའི་ཕྱིར། སྟོན་པ་རིན་པོ་ཆེའི་ཞལ་ནས། ལོ་སྐྱོལ་གྱི་སྐད་ལ་བྱང་གྲུབ་ཏུ་འོང་གསུང་། ས

བཅུའམ་ལམ་ལྔ་ཆོས་ཅན། ལམ་ཞེས་བྱ་སྟེ། བྱང་ཆུབ་ཆེན་པོར་བགྲོད་བྱེད་ཀྱི་གཤེགས་བཤུལ་ཡིན་པའི་ཕྱིར། དོན་ནི་དུས་གསུམ་གྱི་སངས་རྒྱས་ཐམས་ཅད་ཀྱི་བགྲོད་པ་གཅིག་པའི་ལམ་གསལ་བར་བྱེད་པ་ཞེས་བྱ་བའི་ཐ་ཚིག་སྟེ། རྗེ་བོའི་ཞལ་ནས། ཆོས་ཐམས་ཅད་དོན་ལ་མཚན་དུ་གསོལ་བ་ལགས་ཞེས་གསུངས་པ་ལྟར་རོ། །བསྟན་བཅོས་བསྒྱུར་བའི་ཐོག་མར་རྒྱ་སྐད་སྨོས་པ་ལ་ཆོས་ཅན། དགོས་པ་གསུམ་ཡོད་དེ། ཆོས་ཁུངས་བཙུན་པར་ཤེས་པ། ལོ་པཎ་རྒྱལ་བློན་རྣམས་ལ་བྱས་ཤེས་དྲིན་གཟོ་སྐྱེ་བ། སཾ་སྐྲི་ཏའི་སྐད་ལོབས་སྐྱེན་ཞིང་། དེ་ལ་བག་ཆགས་གཞག་པའི་ཆེད་ཡིན་པའི་ཕྱིར།

ཀ༢ འགྱུར་ཕྱག །

གཉིས་པ་འགྱུར་ཕྱག་ནི། བྱང་ཆུབ་སེམས་དཔའ་འཇམ་དཔལ་གཞོན་ནུར་གྱུར་པ་ལ་ཕྱག་འཚལ་ལོ། །ཞེས་པའོ། །ལོ་ཙྪ་བ་དགེ་སློང་དགེ་བའི་བློ་གྲོས་ཀྱིས། འདི་ལྟར་རྗེ་བཙུན་འཇམ་དཔལ་ལ་འགྱུར་ཕྱག་མཛད་པ་ཆོས་ཅན། དགོས་པ་ཡོད་དེ། བསྟན་བཅོས་འདི་མངོན་པར་ཤེས་པ་དང་། འགྱུར་མཐར་ཕྱིན་པའི་ཆེད་ཡིན་པའི་ཕྱིར། འོ་ན་འདི་མངོན་པར་ཇི་ལྟར་འོང་སྙམ་ན། ངེས་པར་འོང་སྟེ། མངོན་པའི་(༦ན)བརྗོད་བྱའི་གཙོ་བོ་ཟག་བཅས་ཟག་མེད་ཀྱི་ཤེས་རབ་གཉིས་འདིས་གཙོ་བོར་སྟོན་པའི་ཕྱིར་ཏེ། འཇིག་རྟེན་པའི་མཐོ་རིས་ལྷ་མི་ཐོབ་པའི་ཐབས་དང་། དེ་ལས་འདས་པའི་ཐེག་པ་གསུམ་དང་། ཐེག་ཆེན་གཉིས་ཀ་སྟོན་པས་མངོན་པར་ཤིན་ཏུ་འོང་། འདི་མངོན་པར་འོང་བ་ལ་རྣ་སྒྲིང་བ་མིན་པས་མ་གོ་གསུང་ངོ་། །རྣམ་པ་གཅིག་ཏུ་བསྟན་བཅོས་འདི་རྒྱལ་བའི་བཀའ་མཐའ་དག་གི་དགོངས་འགྲེལ་ཡིན་པས། མངོན་པ་ཁོ་ན་མིན་ཡང་། ཟ་དགེ་བའི་བློ་གྲོས་དེ། ལོ་ཆེན་གྱི་དངོས་སློབ་ཡིན་ལ། ལོ་ཆེན་གྱིས་འགྱུར་ཀུན་ལ་ལྷག་པའི་ལྷ་འཇམ་དབྱངས་ལ་ཕྱག་མཛད་པ་བཞིན་དུ་བླ་མའི་རྣམ་

ཐར་བསྐྱངས་ཞེས་བྱའོ། །

ཀ༣ གཞུང་གི་དོན།

༈ གསུམ་པ་གཞུང་གི་དོན་ལ་གསུམ། མཆོད་པར་བརྗོད་ཅིང་བཤད་པར་དམ་བཅའ་བ། གཞུང་དངོས་བཤད་པ། རྒྱུ་གང་ལ་བརྟེན་ནས་བརྩམས་པའོ། །

ཁ༡ མཆོད་པར་བརྗོད་ཅིང་བཤད་པར་དམ་བཅའ་བ།

དང་པོ་ནི།

དུས་གསུམ་རྒྱལ་བ་ཐམས་ཅད་དག་དང་དེ་ཡི་ཆོས། །
དགེ་འདུན་རྣམས་ལ་གུས་པ་ཆེན་པོས་ཕྱག་བྱས་ཏེ། །
སློབ་མ་བཟང་པོ་བྱང་ཆུབ་འོད་ཀྱིས་བསྐུལ་གྱུར་པས། །
བྱང་ཆུབ་ལམ་གྱི་སྒྲོན་མ་རབ་ཏུ་གསལ་བར་བྱ། །

ཞེས་གསུངས་སོ། །ཕྱུ་ཧོ་བའི་ཞལ་ནས། ཀང་པ་དང་པོ་གཉིས་ཀྱིས་ཐུན་མོང་བའི་སྐྱབས་གནས་བསྟན་ཞིང་ཕྱི་མ་གཉིས་ཀྱིས་བསྟན་བཅོས་འབྱུང་བའི་རྒྱུ་གླེང་བསླངས་པ་བསྟན་ལགས་ཞེས་གསུངས། དེས་ན་བསྟན་བཅོས་རྩོམ་པའི་ཐོག་མར་གང་ལ་ཕྱག་བྱ་བའི་ཡུལ་གཞག་ཏུ་ཡོད་དེ། ཕྱོགས་བཅུ་དུས་གསུམ་གྱི་རྒྱལ་བ་སྟེ་སངས་རྒྱས་ཐམས་ཅད་དག་དང་། དེའི་ཆོས་ཏེ་དུས་གསུམ་གྱི་སངས་(༨བ)རྒྱས་དེ་རྣམས་ཀྱིས་གསུངས་པའི་ཆོས་ནི་གསུང་རབ་ལུང་གི་ཚོགས་དང་། དེ་ཉམས་སུ་ལེན་པ་སྒྲུབ་པའི་ཆོས་དང་། དེ་མངོན་དུ་གྱུར་པ་རྟོགས་པའི་ཆོས་དང་། དགེ་འདུན་ཞུགས་གནས་བརྒྱད་དང་། རང་སངས་རྒྱས་དང་། བྱང་ཆུབ་སེམས་དཔའི་ས་ལ་གནས་པ་རྣམས་ཡིན་པའི་ཕྱིར། སངས་རྒྱས་ལ་ཡོན་ཏན་

མཐའ་ཡས་པའི་སྒོ་ནས་བསྟོད་ཚུལ་ཡོད་ཀྱང་། འདིར་རྒྱལ་བ་ཞེས་སྤྱངས་པའི་སྒོ་ནས་དངོས་སུ་བསྟོད་པས། རྟོགས་པའང་མཚོན་པ་ཡིན་ཏེ། སྤྱངས་རྟོགས་ཕན་ཚུན་མི་འབྲལ་བའི་ཕྱིར་རོ། །སངས་རྒྱས་བཅོམ་ལྡན་འདས་རྣམས་ལ་རྒྱལ་བ་ཞེས་བྱ་སྟེ། རྒྱུ་སྡིག་པའི་ཆོས་བཅོམ་ཞིང་། སྡིག་འབྲས་བདུད་ཀྱི་གཡུལ་ལས་ཀྱང་རྒྱལ་བ་ཡིན་པའི་ཕྱིར་ཏེ། མདོ་ལས། ང་ནི་སྡིག་པའི་ཆོས་ལས་རྒྱལ། །དེ་བས་ཉེར་འགྲོ་ང་རྒྱལ་ཡིན། །ཞེས་དང་། གཡུལ་ལས་རྣམ་པར་རྒྱལ་བ་བཞེངས་སུ་གསོལ། །ཞེས་གསུངས་པའི་ཕྱིར། འདིས་ཐུན་མོང་བའི་སྐྱབས་གནས་བསྟན་པ་ལྟར་ན། རྒྱུ་ཟག་མེད་ལམ་གྱི་བདེན་པ་དང་། འབྲས་བུ་འགོག་བདེན་གཙོ་བོར་བྱས་པའི་མྱང་འདས་ཆོས་སུ་བྱེད་དགོས་ཏེ། ཐུབ་དབང་གི་ནི་སྐུ་གསུམ་དང་། །མྱ་ངན་འདས་དང་གང་ཟག་བརྒྱད། །ཅེས་འབྱུང་བས་སོ། །ཞུགས་གནས་བརྒྱད་སོགས་ལ་དགེ་འདུན་ཞེས་བྱ་སྟེ། སྐྱབས་གནས་དང་། དགེ་བ་ལ་ཤེས་ནས་དད་པ་ཐོབ་པས། དེ་ལ་འདུན་ཞིང་དབྱེ་བར་མི་ནུས་པའི་ཕྱིར་ཏེ། སངས་རྒྱས་ཆོས་དང་དགེ་འདུན་ནི། །བདུད་རྣམས་བྱེ་བ་བརྒྱ་ཡིས་ཀྱང་། །གང་ཕྱིར་དབྱེ་བར་མི་ནུས་པས། །དེ་ཕྱིར་དགེ་འདུན་ཞེས་བརྗོད་དོ། །ཞེས་གསུངས་པའི་ཕྱིར། དེ་ལྟར་ན་དུས་གསུམ་གྱི་སངས་རྒྱས་དང་། དུས་(༧ན)གསུམ་གྱི་ཆོས་འགོག་ལམ་གཉིས་དང་། དུས་གསུམ་གྱི་འཕགས་པའི་གང་ཟག་ཐམས་ཅད་ལ་ཕྱག་འཚལ་ལོ། །ཞེས་པའོ། །རྟེན་གང་གིས་ན། ལྷ་བླ་མ་བྱང་ཆུབ་འོད་ཀྱིས། རྒྱ་གར་ནས་པཎྜི་ཏ་མང་དུ་སྤྱན་དྲངས་པ་རྣམས་ཀྱི་ནང་ནས། འདི་ཉིད་ཁོ་ན་ཐུགས་རྗེ་མཁྱེན་རབ་སྙིང་སྟོབས་ཕུལ་དུ་བྱུང་བར་མཐོང་ནས་ཨ་ཏི་ཤ་ཞེས་མཚན་གསོལ་བ་ངེས་སོ། །ཚུལ་ཇི་ལྟར་ན་སྐྱབས་གནས་ཀྱི་ཡོན་ཏན་མཐོང་བའི་ཐུགས་ཀྱིས་དྲངས་པའི་ལུས་ངག་གི་གུས་པ་ཆེན་པོས་སོ། །བདག་ཉིད་ཆེན་པོ་འདི་ལ་རྒྱ་གར་ནའང་པཎྜི་ཏ་དད་པ་ཅན་བྱ་བར་གྲགས། བོད་དུ་དགུང་ལོ་བདུན་ཅུ་ཟིན་ནས་ཀྱང་བྱིན་

པ་འདར་རྩིལ་རྩིལ་ཕྱག་མཛད་པས། གཞན་གྱིས་བལྟས་པས་མིག་སྲིད་པའམ། ཁམས་ལྡོག་པ་ཙམ་འོང་། ཇོ་བོ་ལྷ་བུ་འོ་སྐོལ་གཞོན་པས་ཀྱང་མི་འོང་གསུང་བར་གདའ། དེ་ལྟར་ཕྱག་མཛད་པ་ལ་དགོས་པ་ཡོད་དེ། བགེགས་ཀྱི་བར་ཆད་ཞི་ནས་རྩོམ་པ་མཐར་ཕྱིན་པ་དང་། ཡ་རབས་དམ་པའི་སྤྱོད་པ་དང་མཐུན་པ་དང་། འོ་སྐོལ་རྗེས་འཇུག་རྣམས་ལ་ལག་ལེན་དུ་བསླབ་པའི་ཆེད་དུ་ཡིན་པའི་ཕྱིར། ཏེ་ཞེས་པ་ལྷག་མ་འདྲེན་པས། དེ་ལྟར་ཕྱག་བྱས་ཏེ་ཅི་བྱ་ཞེ་ན། བྱ་བ་ཁྱད་པར་ཅན་བྱེད་པ་ཡིན་ཏེ། བླ་ན་མེད་པའི་བྱང་ཆུབ་ཀྱི་ལམ་ཀུན་ཏུ་སྣང་བར་བྱེད་པའི་སྒྲོན་མ་ལྟ་བུའི་བསྟན་བཅོས་རབ་ཏུ་གསལ་བར་བྱ་བ་སྟེ་སྦྱོར་བ་ཡིན་པའི་ཕྱིར།

དེ་ལྟར་བསྟན་པའི་སྒྲོན་མེ་འདི་བཤད་པར་དམ་བཅའ་མཛད་པ་ཆོས་ཅན། དགོས་པ་ཡོད་དེ། རྩོམ་པ་མཐར་ཕྱིན་པར་མཛད་པའི་ཆེད་ཡིན་པའི་ཕྱིར། ཇི་ལྟར་རྩོམ་པའི་རྒྱུ་དང་རྐྱེན་ཡང་གཞག་ཏུ(༧བ)ཡོད་དེ། རྒྱུ་ནི་འོག་ཏུ་མདོ་སོགས་ཆོས་ལས་བཤད་མཐོང་ནས། ཞེས་པས་འཆད་པར་འགྱུར་ལ། རྐྱེན་ནི། དེ་ཡང་བླ་མ་མཉེས་པ་དང་། བོད་ཐམས་ཅད་ཀྱི་བསྟན་པའི་བདག་པོར་བཞུགས་པས་སློབ་མ་བཟང་པོ་ཞེས་པུ་ཧོ་བ་བཞེད་ལ། རང་འགྲེལ་ལས། སློབ་མ་བཟང་པོ་ཞེས་བྱ་བ་ནི་ཐེག་པ་ཆེན་པོའི་སྣོད་ཡིན་པས་སོ། །ཞེས་གསུངས་པ་ལྟར་ཆོས་རྒྱལ་བྱང་ཆུབ་སེམས་དཔའི་རིགས་སུ་འཁྲུངས་ཤིང་། རྟེན་དགེ་སློང་དཀོན་མཆོག་ལ་མི་ཕྱེད་པའི་དད་པ་ཅན། མདོ་རྒྱུད་ལ་ཤེས་རབ་ཀྱི་སྤྱན་ཡངས་པ། ཇོ་བོ་དཀའ་བ་དུ་མས་སྤྱན་དྲངས་ཏེ། ཐུགས་ལ་བབ་པའི་དངོས་པོ་མཐའ་དག་གིས་མཉེས་པར་མཛད་པའི་རང་གི་སློབ་མ་བཟང་པོ་ལྷ་བླ་མ་བྱང་ཆུབ་འོད་ཀྱིས་བོད་དུ་བསྟན་པ་ལ་འདྲ་མི་འདྲའི་བབ་ཅོལ་མང་པོ་བྱུང་བས་ད་བསྟན་པ་སྤྱི་ལ་ཅི་ཕན་ཅིག་དགོས་ཚུལ་སྙན་དུ་གསོལ། ལོ་རྒྱུས་ཆེན་མོ་ལྟར་ན། ཐེག་པ་ཐུན་མོང་བའི་དྲི་བ་གཉིས། ཕ་རོལ་ཏུ་ཕྱིན་པའི་དྲི་བ་གཉིས་སྔགས་ཀྱི་དྲི་བ་གསུམ་སྟེ་དྲི་བ་བདུན་མཛད་ནས།

ཐེག་པ་ཆེན་པོ་མ་ལུས་པའི་དོན་ཚིག་ཉུང་ལ་དོན་འདུས་པ་བླ་མ་ཉིད་ཀྱིས་ཇི་ལྟར་སྐྱུ་ཉམས་སུ་བཞེས་པའི་བསྟན་བཅོས་ཞིག་མཛད་པར་ཞུ་ཞེས་བསྐུལ་བར་གྱུར་པས། ཇོ་བོས་ཀྱང་བསྟན་པ་སྤྱི་ལ་ཕན་པའི་ཆེད་དུ། མཐོ་ལྡིང་དུ་བསྟན་བཅོས་འདི་མཛད་པ་ཡིན་ཏེ། བྱང་ཆུབ་འོད་ཀྱིས་བསྐུལ་གྱུར་པས། །ཞེས་པའི་རང་འགྲེལ་དུ། བོད་ཀྱི་ཡུལ་འདི་ན་སངས་རྒྱས་ཀྱི་བསྟན་པ་ཐེག་པ་ཆེན་པོའི་ལམ་འདི་ལ་ལོག་པར་རྟོག་པའི་གང་ཟག་བླ་མ་དགེ་བའི་བཤེས་གཉེན་གྱིས་ཡོངས་སུ་མ་ཟིན་པ་དག་སྟོང་ཅིང་ཟབ་པ་དང་རྒྱ་ཆེ་བའི་དོན་ལ་རང་གི་རྟོག་པས་དཔྱོད་(༢ན)ཅིང་སོ་སོ་ནས་མི་མཐུན་པ་མང་དུ་མཆིས་པས་དེ་དག་གི་ཐེ་ཚོམ་བསལ་དུ་གསོལ། ཞེས་བདག་ལ་ཡང་ནས་ཡང་དུ་བསྐུལ་བར་གྱུར་པས། དེའི་དོན་བདག་གིས་མདོ་ལ་སོགས་པའི་རྗེས་སུ་འབྲངས་ནས། བྱང་ཆུབ་ལམ་གྱི་སྒྲོན་མ་རབ་ཏུ་གསལ་བར་བྱའོ། །ཞེས་གསུངས་པའི་ཕྱིར། ལམ་ཡིག་ཏུ་དྲི་བ་བདུན་ཞེས་པ་ལས་འདི་དང་འདི་ཞེས་མི་གསལ་ལ། སྟོད་དུ་ཇོ་བོ་ཕེབས་སྐབས། ཁུ་རྔོག་སོགས་དྲུག་གིས་ཐབས་ཤེས་ཡ་བྲལ་གྱིས་སངས་རྒྱའམ་མི་རྒྱ། བྱང་སྡོམ་གྱི་རྟེན་དུ་སོ་ཐར་དགོས་སམ་མི་དགོས། རྡོ་རྗེ་སློབ་དཔོན་གྱི་དབང་མ་ཐོབ་པར་རྒྱུད་འཆད་དུ་རུང་ངམ་མི་རུང་། དབང་གོང་མ་གཉིས་ཚངས་པར་སྤྱོད་པས་བླང་དུ་རུང་ངམ་མི་རུང་། དབང་མ་ཐོབ་པར་གསང་སྔགས་ཉམས་སུ་བླང་དུ་རུང་ངམ་མི་རུང་བྱ་བ་ལྔ་ཞུས་པས། ཇོ་བོའི་ཞལ་ནས། ཁྱེད་རྣམས་ཐུགས་ཚོད་མི་གདའ། དེ་རྣམས་ལས་མང་བ། ལྷ་བཙུན་པས་ཞུས་ནས་ལམ་སྒྲོན་ན་བཏོག་གསུང་། དེ་ལྟར་ན་ཕར་ཕྱིན་གྱི་དྲི་བ་གཉིས། སྔགས་ཀྱི་དྲི་བ་གསུམ་པོ་འདི་ལྔ་དང་འགྲིག་ལ། ཐེག་པ་ཐུན་མོང་གི་དྲི་བ་གཉིས་ཅི་ཡིན་རྩད་གཅོད། ནག་ཚོས་མཛད་ཟེར་བའི་ལམ་སྒྲོན་གྱི་འགྲེལ་པ་བཤད་པའི་རྒྱན་བྱ་བ་ཞིག་ན། དྲི་བ་བདུན་འདི་ལྟར་ཐེག་ཆེན་གྱི་ལམ་རྟེན་གྱི་གང་ཟག་ཇི་ལྟ་བུ། སོ་སྐྱེའི་རྟེན་ལ་བྱང་ཆུབ་ཀྱི་སེམས་སྐྱེ་མི་སྐྱེ། སོ་ཐར་གྱི་སྡོམ་པ་བྱང་སྡོམ་གྱི་རྟེན་དུ

དགོས་མི་དགོས། སོ་ཐར་གྱི་སྡོམ་ལྡན་གྱིས་བྱང་སྡོམ་བླངས་ན་གནས་འགྱུར་རམ་
གཉིས་ཀ་དང་ལྡན། ཚོགས་གཉིས་གསོག་པ་ལ་ཐབས་ཤེས་ཟུང་འབྲེལ་དུ་དགོས་
སམ་མི་དགོས། དབུ་སེམས་གཉིས་ཡང་དག་པའི་(༤བ)དོན་དུ་གང་གཟུང་། ཐེག་
ཆེན་གསང་སྔགས་ཀྱི་སྒོར་ཞུགས་ན་ཇི་ལྟར་བྱ་ཞེས་པའི་ལན་གཞུང་དང་རིམ་གྱིས་
སྦྱར། དགེ་བཤེས་སྟོན་པ། ཕུ་ཆུ་བ། ཤ་ར་བ་ཡབ་སྲས་ཀྱི་གསུང་བགྲོས་དང་།
བཤད་པ་གང་དུའང་དྲི་བ་བདུན་དང་། ལན་འདེབས་ཚུལ་སོགས་མ་བྱུང་ཡང་།
གཞུང་གི་བཤད་པ་ཞིབ་ཅིང་། ལས་དང་པོ་པས་ཉམས་སུ་ལེན་ཚུལ་ཕུལ་དུ་བྱུང་
བར་ནི་མཆིས་སོ། །དེ་ཡང་དགེ་བཤེས་ལོ་ཙྪ་བ་གཉིས་ཀྱིས་བཤད་ཉན་མཛད་
ཀྱང་དེང་སང་རྒྱུན་ཆད། འདིའི་འཕྲིན་ལས་རྒྱས་པར་བྱེད་པ་པོ་ནི། འབྲོམ་
སྟོན་པ་སྟེ། ཁོང་གིས་ཇོ་བོ་ལ། སློབ་མ་གཞན་རྣམས་ལ་ཆོས་གཞན་དང་གཞན་
གནང་། ཁོ་བོ་ལ་ལམ་གྱི་རིམ་པ་འདི་གནང་བ་ཅི་ལགས་ཞུས་པས། འདི་ཁྱོད་
མིན་པ་གཞན་ལ་གཏད་ས་མ་རྙེད་པ་ཡིན་གསུང་ཞིང་། དགེ་བཤེས་སྟོན་པ་
རང་ལའང་ཀུན་གྱིས་འདྲ་མི་འདྲ་ཞུས་པ་ན། ང་རྗོམ་པ་པོ་དངོས་ཀྱི་སློབ་མ་
ཡིན་གསུང་བ་དང་། ཡང་འདི་ལ་འགྲེལ་པ་ཅིག་བདོག་ན་ཞུས་ཙ་ན། འདིའི་
འགྲེལ་པ་ད་ང་ཡིན་སླམ་གསུང་བ་ལགས་སྐད། དེའི་ཕྱིར་དགེ་བཤེས་སྟོན་པ་ནས་
བརྒྱུད་པ་རྣམས་རང་འགྲེལ་ཡོད་པ་མི་བཞེད་ཅིང་ཕུ་ཆུ་སྣར་བའང་རང་འགྲེལ་
གྱི་བཤད་པ་མི་མཛད་ལ། ལོ་ཙྪ་བའི་རྗེས་འབྲང་རྣམས་རང་འགྲེལ་ནག་ཚོའི་
སྤྲས་ཆོས་སུ་བཞེད་དོ། །ཤ་ར་བའི་ལམ་སྒྲོན་གྱི་གསུང་བགྲོས་སུ་རང་འགྲེལ་གྱི་
བཤད་པ་མ་མཛད་ཀྱང་། ཁོང་གི་ལམ་རིམ་དུ། ཇོ་བོས་མཛད་པའི་ལམ་སྒྲོན་གྱི་
འགྲེལ་པ་ལས་ཞེས་ལུང་དྲངས་པས་རང་འགྲེལ་གཏན་མི་བཞེད་པ་མ་ཡིན་ནོ། །
རྒྱལ་བ་ཙོང་ཁ་པ་ཆེན་པོ་ནི། འདི་ལ་ཇོ་བོ་རང་ཉིད་ཀྱིས། དཀའ་འགྲེལ་ཞིག་
མཛད་པ་ལ། གཞན་གྱིས་ཅུང་ཟད་(༥ན)བསྣན་པ་འདྲ་གསུང་ངོ་། །

མདོར་ན་ཇོ་བོ་རྗེས་གཞུང་འདི་ལ་བརྟེན་ནས་དུས་གསུམ་གྱི་སངས་རྒྱས་ཐམས་ཅད་ཀྱི་དགོངས་པ་གསལ་བར་མཛད། དགེ་བཤེས་སྟོན་པས་སྲོལ་གཏོད། སྐུ་མཆེད་གསུམ་གྱིས་དར་ཞིང་རྒྱས་པར་མཛད་དེ། ད་ལྟའི་བར་དུ་མ་ནུབ་པ་ཡིན། འདི་ལ་ཡོང་བས་སླང་མཐུག་མ་ཤོར་བ་ཅིག་བྱོའ་ཞེས་གསུངས། འོ་ན། རབ་ཏུ་གསལ་བར་བྱའོ། །ཞེས་ཇོ་བོས་ཞལ་བཞེས་མ་ཆེས་སམ་ཇི་ལྟར་གསལ་བར་ནུས་ཞེ་ན། ཇོ་བོ་རྗེ་ལྷ་ཅིག་ཆོས་ཅན། ཐུབ་པའི་དགོངས་པ་གསལ་བར་བྱེད་པའི་གཞུང་རྩོམ་པར་ནུས་ཏེ། དེ་ལྟ་བུའི་རྒྱུ་ཕུན་སུམ་ཚོགས་པ་བླ་མ་བརྒྱུད་པའི་མན་ངག་དང་ལྡན་པ། ཡི་དམ་ལྷའི་ཞལ་གཟིགས་པ། རིག་པའི་གནས་ལྔ་ལ་མཁས་པ་གསུམ་ག་ཚང་བ་ཡིན་པའི་ཕྱིར་ཏེ། བེའུ་བུམ་སྔོན་པོ་ལས། དེ་ལྟར་བླ་མའི་མན་ངག་མངའ་ཞིང་། །ཐུགས་དམ་ལྷ་ཡི་ཞལ་ཡང་གཟིགས་ལ། །རིག་པའི་གནས་ལྔ་ཀུན་ལ་མཁས་པས། །བྱང་ཆུབ་ལམ་ནི་གསལ་བར་མཛད་ནུས་ཞེས་གསུངས་པའི་ཕྱིར། ཚིགས་སུ་བཅད་པ་ཕྱེད་ཕྱི་མ་གཉིས་ཀྱིས་བསྟན་བཅོས་འདིའི་དགོས་པ་སོགས་ཆོས་བཞི་ཡང་བསྟན་པ་ཡིན་ཏེ། བྱང་ཆུབ་ལམ་ཞེས་པ་དང་གསལ་བར་བྱ། ཞེས་སོགས་ཀྱིས་ཉིང་དགོས་དང་། དགོས་པ་དང་། བརྗོད་བྱ་རྣམས་དངོས་སུ་བསྟན་ནས། འབྲེལ་པ་ཤུགས་ལ་བསྟན་པའི་ཕྱིར་རོ། །

ཁ༢ གཞུང་དོན་བཤད་པ།

༄ གཉིས་པ་གཞུང་དོན་བཤད་པ་ལ་གཉིས་སྐྱེས་བུ་གསུམ་གྱི་རྣམ་གཞག་མདོར་བསྟན་པ་དང་། སྐྱེས་བུ་གསུམ་གྱི་ལམ་གྱི་མཚན་ཉིད་སོ་སོར་བཤད་པའོ། །

ག༧ སྐྱེས་བུ་གསུམ་གྱི་རྣམ་གཞག་མདོར་བསྟན་པ།

དང་པོ་ནི།

ཆུང་ངུ་འབྲིང་དང་(༨བ)མཆོག་གྱུར་པས། །
སྐྱེས་བུ་གསུམ་དུ་ཤེས་པར་བྱ། །
དེ་དག་མཚན་ཉིད་རབ་གསལ་བའི། །
སོ་སོའི་དབྱེ་བས་བྲི་བར་བྱ། །

ཞེས་གསུངས་སོ། །དེ་ཡང་གོང་དུ། བྱང་ཆུབ་ལམ་གྱི་སྒྲོན་མ་རབ་ཏུ་གསལ་བར་བྱ། ཞེས་བཤད་ན། བྱང་ཆུབ་ཀྱི་ལམ་དེ་ཇི་ལྟ་བུ་ཞེ་ན། སྤྱིར་སྐྱེས་བུ་ཞེས་པ་སེམས་ཅན་ཡིན་ནོ་ཅོག་ལ་འཇུག་ཀྱང་། འདིར་སྐྱེས་བུའི་སྐད་དོད་པུ་རུ་ཥ། དོན་བྱེད་པའམ་ནུས་པ་ལ་འཇུག་པས། འཇིག་རྟེན་ཕྱི་མ་ཕན་ཆད་ཀྱི་དོན་བསྒྲུབ་པའི་ནུས་པ་དང་ལྡན་པས་སྐྱེས་བུ་ཞེས་བྱ་ཞིང་ཕྱི་མ་ཕན་ཆད་ཀྱི་བླང་དོར་དཔྱོད་པའི་ཡིད་ཤས་ཆེ་བས་མི་ཞེས་ཀྱང་བྱའི། ཚེ་འདི་པ་ཙམ་དོན་དུ་གཉེར་བ་ལ་འདིར་བསྟན་མིའམ་སྐྱེས་བུ་ཞེས་མི་བྱ་སྟེ། དེ་ལྟར་ཡང་བེའུ་བུམ་ལས། ཕྱི་མར་ངན་སོང་འཇིགས་པས་སྡིག་སྤོང་། །འཁོར་བའི་སྐྱོན་དྲན་ཐར་པ་འདོད་པས། །བདེན་བཞིའི་ཚུལ་གྱིས་བསླབ་པ་གསུམ་འཇུག །ཐེག་དམན་འཇིགས་པས་བྱང་ཆུབ་སེམས་སྦྱོང་། །དེ་ལྟ་བུ་ནི་མི་ཡི་སྤྱོད་པ། །གཞན་དུ་ན་ནི་ཅི་ཞིག་མི་ཡིན། །ཞེས་གསུངས་པ་ལྟར་རོ། །དེ་ལྟ་བུའི་སྐྱེས་བུ་གསུམ་གྱི་ལམ་ནི་གསུམ་ཉིད་དུ་ཤེས་པར་བྱ་སྟེ། བླ་མེད་བྱང་ཆུབ་ཏུ་བགྲོད་པའི་ལམ་དེ་ལ་ཆུང་ངུ་མདོན་མཐོའི་ལམ་དང་། འབྲིང་ངེས་ལེགས་ཐུན་མོང་བའི་ལམ་དང་། མཆོག་ཏུ་གྱུར་པ་སངས་རྒྱས་ཉིད་ཀྱི་ལམ་གསུམ་ཡོད་པའི་ཕྱིར། སྐྱེས་བུ་གསུམ་གྱི་ལམ་དེ་ཡང་རབ་ཏུ་གསལ་བ་སྟེ་གོ་ཤེན་ཏུ་སླ་བར་བྲི་བར་བྱ་བ་ཡིན་ཏེ། ལམ་དེ་དག་ཀྱང་རང་གི་ངོ་བོ་མཚོན་པར་བྱེད་

པའི་མཚན་ཉིད་ཀྱི་སྒོ་ནས་དང་། སོ་སོའི་དབྱེ་བས་ཏེ་ལམ་གསུམ་གྱི་ངོ་བོ་དང་ཁྱད་པར་སྟོན་ཚུལ་མི་འདྲ་བའི་སྒོ་ནས་བྲི་བར་བྱ་བ་(༧༠ན)ཡིན་པའི་ཕྱིར།

ག༢ སྐྱེས་བུ་གསུམ་གྱི་ལམ་གྱི་མཚན་ཉིད་སོ་སོར་བཤད་པ།

༈ གཉིས་པ་སྐྱེས་བུ་གསུམ་གྱི་ལམ་གྱི་མཚན་ཉིད་སོ་སོར་བཤད་པ་ལ་གསུམ། སྐྱེས་བུ་ཆུང་ངུའི་མཚན་ཉིད་བསྟན་པ། སྐྱེས་བུ་འབྲིང་གི་མཚན་ཉིད་བསྟན་པ། སྐྱེས་བུ་ཆེན་པོའི་མཚན་ཉིད་བསྟན་པའོ། །

ང༡ སྐྱེས་བུ་ཆུང་ངུའི་མཚན་ཉིད་བསྟན་པ།

དང་པོ་ནི།

གང་ཞིག་ཐབས་ནི་གང་དག་གིས། །
འཁོར་བའི་བདེ་བ་ཙམ་དག་ལ། །
རང་ཉིད་དོན་དུ་གཉེར་བྱེད་པ། །
སྐྱེས་བུ་དེ་ནི་ཐ་མར་ཤེས། །

ཞེས་གསུངས། ཤེས་བྱ་ཆོས་ཅན། འདིར་བསྟན་སྐྱེས་བུ་ཆུང་ངུའི་རྣམ་གཞག་ཡོད་དེ། ཚེ་འདི་ལ་ཅུང་ཟད་ཀྱང་མ་ཆགས་ཤིང་། ཕྱི་མ་ཕན་ཆད་སྐྱབ་ནུས་ཀྱི་སྐྱེས་བུ་གང་ཞིག །འཁོར་ལོས་བསྒྱུར་བའི་མཐར་ཐུག་པའི་མིའི་བདེ་བ་དང་། བརྒྱ་བྱིན་དང་། དགའ་རབ་དབང་ཕྱུག་སོགས་འདོད་པའི་བདེ་བ་དང་། ཚངས་པ་སོགས་གཟུགས་གཟུགས་མེད་ཀྱི་འཁོར་བའི་བདེ་བ་ཙམ་དག་ལ་དམིགས་ནས། ཐབས་ནི་ལས་འབྲས་ལ་ཡིད་ཆེས་པའི་དད་པ་སྔོན་དུ་སོང་བའི་མི་དགེ་བ་བཅུ་སྤོང་གི་ཚུལ་ཁྲིམས་དང་། ཟག་བཅས་ཀྱི་བསམ་གཏན་བཞི་དང་། གཟུགས་མེད་པའི་སྙོམས་

འཇུག་སོགས་ལྔའི་ཐེག་པ་དང་ཚངས་པའི་ཐེག་པ་ཞེས་བཤད་པ་གང་དག་གིས་ཆེད་དུ་བྱ་བ་གང་ཟག་རང་ཉིད་ཀྱིས་ཐོབ་པའི་དོན་དུ་གཉེར་བར་བྱེད་པ་གང་དག་ཡིན་པ། དེ་ནི་འདིར་བསྟན་སྐྱེས་བུ་ཐ་མར་ཤེས་པར་བྱ་བ་ཡིན་པའི་ཕྱིར། འདི་ཡང་དམ་པའི་ཆོས་ལ་ཞུགས་པས་འདིར་བསྟན་སྐྱེས་བུ་ནི་ཡིན་ལ། སྲིད་པ་དོན་དུ་གཉེར་ཞིང་། གཞན་དོན་ལ་རྒྱབ་ཀྱིས་ཕྱོགས་པས། འབྲིང་དང་ཆེན་པོ་ལས་དམན་པའི་ཕྱིར།

དེ་ཡང་རྐང་པ་དང་པོས་སྤྱིར་བའི་(༧༠བ)ཁྱད་པར། གཉིས་པས་འབྲས་བུའི་ཁྱད་པར། གསུམ་པས་ཀུན་སློང་ངམ་བསམ་པའི་ཁྱད་པར། བཞི་པས་ཁྱད་པར་གྱི་གཞི་བསྟན་ཏོ། །དེ་ཡང་མངོན་མཐོ་ཙམ་དོན་དུ་གཉེར་བས། དེའི་ཐབས་མ་ནོར་བ་ལ་ཞུགས་པ་ནི། འདིར་བསྟན་སྐྱེས་བུ་ཆུང་ངུའི་མཚན་ཉིད་ཡིན་ལ། ཕྱིར་ནི་སྐྱེས་བུ་ཆུང་ངུ་ལ་ཚེ་འདི་དོན་གཉེར་ཙམ་ཡང་ཡོད་ཀྱང་། འདིར་ནི་མངོན་མཐོའི་ཐབས་མ་ནོར་བ་ལ་ཞུགས་པ་དགོས་པའི་ཕྱིར། འདིར་བསྟན་སྐྱེས་བུ་ཆུང་ངུ་ལ་གཅིག་ཉིད་ལས་དབྱེ་བ་གཞན་མི་བྱེད་དོ། །

སྐྱེས་བུ་གསུམ་གྱི་ལམ་མཐའ་དག་གི་རྩ་བ་བཤེས་གཉེན་བསྟེན་ཚུལ་ཡིན་ཏེ། བླ་མ་མཉེས་པར་བྱས་ན། དལ་འབྱོར་ལ་སྙིང་པོ་ལེན་འདོད་སྐྱེ་ཞིང་། དལ་བའི་རྐྱེན་ལ་སྙིང་པོ་ལེན་འདོད་དམ་ཆོས་སྒྲུབ་འདོད་ཀྱི་བློ་མ་སྐྱེས་པར་སྐྱེས་བུ་གསུམ་གྱི་ལམ་གང་ཡང་ཉམས་སུ་ལེན་པ་མི་འོང་བས། བཤེས་གཉེན་བསྟེན་པ་དང་དལ་འབྱོར་གྱི་ཆོས་སྐོར་གཉིས། གསུམ་གའི་སྔོན་འགྲོ་ཡིན་ནོ། །དེའི་ཕྱིར་བསྟན་བཅོས་འདིར་འོག་ཏུ། བླ་མ་རྣམས་ཀྱིས་བསྟན་པ་ཡི། །ཞེས་དང་། སྡོམ་པ་འབོགས་བཟོད་སྙིང་རྗེ་ལྡན། །ཞེས་སོགས་གསུངས་ཀྱང་། འཁྲིད་ཉམས་སུ་ལེན་པ་ན། འདི་ནས་བསྟན་པ་ལྟར་བཤེས་གཉེན་བསྟེན་ཚུལ་སོགས་གོ་རིམ་ངེས་ཅན་དུ་བྱའོ། །

འདིར་བསྟན་སྐྱེས་བུ་ཆུང་ངུའི་ལམ་གྱི་དངོས་གཞི་ལ། དམིགས་སྐོར་བཞི་ཡོད་དེ། མི་རྟག་པ། ངན་སོང་གསུམ་གྱི་ཉེས་དམིགས། སྐྱབས་འགྲོ། ལས་འབྲས་

བསམས་ནས་མི་དགེ་བཅུ་སྤོང་གི་ཚུལ་ཁྲིམས་ལ་བསླབ་པའོ། །དེ་ཡང་སྐྱེས་བུ་ཆུང་ངུའི་བསམ་པ་སྐྱེ་བ་ལ། དམིགས་པ་དང་པོ་གཉིས་དང་། སྦྱོར་(༧༧ན)བ་སྒྲུབ་པ་ལ་ཕྱི་མ་གཉིས་སུ་ངེས་པའི་ཕྱིར་ཏེ། བའུ་བུམ་སྔོན་པོ་ལས། དལ་འབྱོར་རྙེད་དཀའ་འཆི་བ་རྗེས་དྲན། །ལན་གཅིག་བསམས་པས་ཆོས་ཀྱི་མགོ་གཟུག །དེ་ལྟར་བསམས་པས་ཆོས་ཀུན་སྐྱེ་འགྱུར། །ཞེས་གསུངས་པའི་ཕྱིར།

༨༢ སྐྱེས་བུ་འབྲིང་གི་མཚན་ཉིད་

བསྟན་པ།

༄ གཉིས་པ་སྐྱེས་བུ་འབྲིང་གི་མཚན་ཉིད་སྟོན་པ་ནི།

སྲིད་པའི་བདེ་ལ་རྒྱབ་ཕྱོགས་ཤིང་། །
སྡིག་པའི་ལས་ལས་ལྡོག་བདག་ཉིད། །
གང་ཞིག་རང་ཞི་ཙམ་དོན་གཉེར། །
སྐྱེས་བུ་དེ་ནི་འབྲིང་ཞེས་བྱ། །

ཞེས་པའོ། །ཤེས་བྱ་ཆོས་ཅན། འདིར་བསྟན་སྐྱེས་བུ་འབྲིང་གི་རྣམ་གཞག་ཡོད་དེ། མཐར་མེད་ནས་སྲིད་རྩེའི་བར་གྱི་འཁོར་བ་མཐའ་དག་གི་སྡུག་བསྔལ་རྒྱ་མཚོ་ དུ་མའི་སྒོ་ནས་བསམས་པས་འཁོར་ཡོལ་བསྒྱུར་བ་དང་། ཚངས་པ་དང་། བརྒྱ་བྱིན་གྱི་བདེ་བ་ལའང་རྨི་ལམ་དུ་ཡང་འདོད་པ་མེད་པས། སྲིད་པའི་བདེ་བ་ལ་རྒྱབ་ཀྱིས་ཕྱོགས་ཤིང་ཞེན་པ་ལོག་པ་བསམ་པའི་ཁྱད་པར། བསམ་པ་དེས་ཀུན་ནས་བསླངས་ནས་སྒོ་གསུམ་སྡིག་པ་མི་དགེ་བའི་ལས་ལས་ལྡོག་པའི་བདག་ཉིད་ཅན་གྱི་སོ་ཐར་རིས་བདུན་གང་རུང་གི་བརྟུལ་ཞུགས་ལ་ཡང་དག་པར་གནས་པ་སྦྱོར་བའི་ཁྱད་པར། བསམ་སྦྱོར་དེ་གཉིས་དང་ལྡན་པས་རང་ཉིད་སྡུག་ཀུན་ཉེ་བར་ཞི་བའི་མྱང་འདས་ཙམ་དོན་དུ་གཉེར་བ་འབྲས་བུའི་ཁྱད་པར་ཏེ། རྟེན་གྱི་གང་ཟག་གང་

ཞིག་ཁྱད་པར་དེ་གསུམ་དང་ལྡན་པ་དེ་ལ་ནི་སྐྱེས་བུ་འབྲིང་ཞེས་བརྗོད་པར་བྱ་བ་ཡིན་པའི་ཕྱིར་ཏེ། འདི་ནི་དམ་ཆོས་མ་ནོར་བར་སྒྲུབ་པ་ལ་ཞུགས་པས་འདིར་བསྟན་སྐྱེས་བུ་ཡིན་ཞིང་། སྲིད་པ་མཐའ་དག་ལས་ཡིད་ལོག་པས་ཆུང་ངུ་ལས་ཁྱད་པར་འཕགས། (༧༡བ)མགོ་ལ་སེམས་ཅན་ཁུར་ཆེན་ཁྱེར་བ་ཡི། །སེམས་དཔའ་མཆོག་ནི་དལ་གྱིས་འགྲོ་མི་མཛེས། །ཞེས་པ་ལྟར་འགྲོ་བའི་དོན་གྱི་ཁུར་འཁུར་བའི་ལྷག་བསམ་དང་མི་ལྡན་པས་སྐྱེས་བུ་ཆེན་པོ་ལས་དམན་པའི་ཕྱིར། དེ་ལྟར་ན་རྐང་པ་གསུམ་གྱིས་བསམ་པ་དང་། སྦྱོར་བ་དང་། འབྲས་བུ་དང་། བཞི་པས་ཁྱད་པར་གྱི་གཞི་བསྟན་ཏོ། །ཤ་ར་བའི་གསུང་བགྲོས་ལས། སྡིག་པའི་ལས་ལས་ཞེས་པ། མི་དགེ་བ་པོ་ན་ལ་མི་ཟེར་གྱི། མངོན་མཐོ་འགྲུབ་པའི་ཟག་པ་དང་བཅས་པའི་ལས་རྣམས་ཀྱང་ཡིན་ཏེ། འཁོར་བ་འགྲུབ་པའི་ཀུན་འབྱུང་ལས་དང་ཉོན་མོངས་ཐམས་ཅད་འདིས་བསྡུས་གསུང་། ལོག་བདག་ཉིད་ཅེས་པས་ཀྱང་། གཉེན་པོ་བསླབ་པ་གསུམ་ག་བསྟན། །ཞེས་གསུང་ངོ་། །སྐྱེས་བུ་ཆུང་འབྲིང་གཉིས་ཀ་དང་ཐུན་མོང་བའི་ལམ་རྒྱུད་ལྡན་གྱི་ཐེག་ཆེན་གྱི་གང་ཟག་ཤིན་ཏུ་མང་བས། འདིར་ནི་གཙོ་བོར་རང་དོན་དུ་ཐར་པ་སྒྲུབ་པའི་ཐབས་མ་ནོར་བ་ལ་ཞུགས་པ་ནི། འདིར་དངོས་སུ་བསྟན་པའི་སྐྱེས་བུ་འབྲིང་གི་མཚན་ཉིད། འདི་ལ་ཐེག་པའི་སྒོ་ནས་དབྱེ་ན། ཉན་ཐོས་ཀྱི་ཐེག་པ་ལ་ཞུགས་པ་དང་། རང་སངས་རྒྱས་ཀྱི་ཐེག་པ་ལ་ཞུགས་པ་གཉིས། བསྒོམ་བྱའི་སྒོ་ནས་དབྱེ་ན། འཕགས་པའི་བདེན་བཞི་བསྒོམ་པ་དང་། རྟེན་འབྲེལ་ཡན་ལག་བཅུ་གཉིས་ལུགས་འབྱུང་ལུགས་བཟློག་ཏུ་བསྒོམ་པ་གཉིས། ཡང་འདིར་དངོས་བསྟན་གྱི་སྐྱེས་བུ་འབྲིང་ལ་ནང་ཚན་གྱི་སྒོ་ནས་དབྱེ་ན། ཆུང་འབྲིང་ཆེ་གསུམ་དུ་ཡོད་དེ། རང་དོན་དུ་ཐར་པ་དོན་གཉེར་གྱི་བསམ་པས། དགེ་བཅུའི་ཚུལ་ཁྲིམས་ལ་སློབ་པ་ནི། སྐྱེས་བུ་འབྲིང་གི་ཆུང་ངུ་དང་། བསམ་པ་དེ་དང་ལྡན་པས་འཕགས་པའི་བདེན་བཞི་བསྒོམ་པ་ནི། འབྲིང་གི་(༧༢ན)འབྲིང་དང་། བསམ་པ་དེ་དང་ལྡན་

པ་གང་ཞིག །གཉིས་སྟོང་གི་བདག་མེད་བསྒོམ་པ་ནི་འཕྲིང་གི་ཆེན་པོ་ཡིན་ནོ། །ཇོ་བོ་ཆེན་པོ་མགོན་པོ་ཀླུ་སྒྲུབ་དང་། དཔལ་ལྡན་ཟླ་བའི་རྗེས་སུ་འབྲང་བས། དེ་ལྟར་ན་བསྒོམ་བྱ་བདག་མེད་གསུམ་གྱི་སྒོ་ནས་ཀྱང་གསུམ་དུ་ཡོད་དེ། རང་རྒྱུ་ཐུབ་པའི་རྫས་ཡོད་ཀྱིས་སྟོང་ཙམ་གྱི་བདག་མེད་དང་། རྟུལ་ཕྲན་ཆ་མེད་བསགས་པའི་ཕྱི་རོལ་དོན་གྱིས་སྟོང་པའི་གཟུང་བ་ཆོས་ཀྱི་བདག་མེད་དང་། གང་ཟག་དང་། ཆོས་རྟོག་པས་བཏགས་ཙམ་ལས། རང་བཞིན་གྱིས་གྲུབ་པས་སྟོང་པའི་བདག་མེད་ཕྲ་མོ་རྟོགས་ཤིང་བསྒོམ་པའི་ཐེག་པ་དམན་པའི་གང་ཟག་གསུམ་གཞག་དགོས་པའི་ཕྱིར་རོ། །སྐྱེས་བུ་འབྲིང་གི་ལམ་དངོས་གཞི་ནི། སྲིད་པའི་བདེ་ལ་རྒྱབ་ཕྱོགས་ཤིང་། །ཞེས་པས་སྡུག་བདེན་དང་། སྡིག་པའི་ལས་ལས། ཞེས་པས། ཀུན་འབྱུང་དང་། རང་ཞི་ཙམ་དོན་གཉེར། ཞེས་པས། འགོག་བདེན་དང་། ལྡོག་བདག་ཉིད། ཅེས་པས། ལམ་བདེན་བསྟན། ཞེས་ཤ་ར་བ་གསུང་བ་ལྟར།

༈ འཕགས་པའི་བདེན་བཞིའི་ལམ་ནི། ཐར་འདོད་རྣམས་ཀྱི་བསྒོམ་བྱའི་གཙོ་བོ་དང་། སྐྱེས་བུ་འབྲིང་གི་ལམ་གྱི་གཞུང་ཤིང་ཡིན་ཏེ། རྟེན་འབྲེལ་ཡན་ལག་བཅུ་གཉིས་ཀྱང་དེ་ཉིད་དུ་འདུས་པའི་ཕྱིར། དེ་ཡང་ཐར་པ་དོན་གཉེར་གྱིས་གཏན་ལ་དབབ་བྱ་ཀུན་བྱང་གཉིས་སུ་ངེས་ཏེ། དང་པོ་ལ་རྒྱུ་འཆིང་བྱེད་ཀུན་འབྱུང་བདེན་པ་དང་། འབྲས་བུ་བཅིངས་པ་སྡུག་བདེན་གཉིས་སུ་ངེས། ཕྱི་མ་ལ་འཐོབ་བྱ་འགོག་བདེན་དང་། ཐོབ་བྱེད་ལམ་བདེན་གཉིས་སུ་ངེས་པའི་ཕྱིར། གོ་རིམ་ཡང་སྡུག་བདེན་ཐོག་མར་གསུངས་པ་(༧༢བ)ལྟར། ཐར་འདོད་ཀྱིས་དང་པོར། སྡུག་བསྔལ་བརྒྱད་དང་། དྲུག་དང་། གསུམ་ལ་སོགས་པས་འཁོར་བ་སྤྱི་དང་། སོ་སོའི་ཉེས་པ་ལེགས་པར་བསམས་ཏེ། ཐར་འདོད་ཀྱི་བློ་བཅོས་མིན་བསྐྱེད་དགོས་ཏེ། བཞུ་བུམ་སྟོན་པོ་ལས། འཁོར་བ་ཁང་པ་མེ་འབར་བཞིན་ནམ། །བཙོན་དོང་མི་བཟད་ཚུད་པའི་མིའམ། །རྒྱ་མཚོའི་གླིང་འཁྱིལ་ནང་དུ་ཚུད་པའམ། །འཁྲུག་དཀོན་མི་བཟད་

འཁྲུམས་བཞིན་བསམས་ལ། །ཞེས་གསུངས་པའི་ཕྱིར་རོ། །འཁོར་བའི་སྡུག་བསྔལ་བསམས་པས་ཡིད་སྐྱོ་བ་ན། འཁོར་བ་འདི་ཅིའི་རྒྱུ་ཅན་ཡིན་སྙམ་དུ་བསམས་པས། ཉོན་མོངས་པ་དང་ཟག་བཅས་ཀྱི་ལས་ལས་འཁོར་བ་འགྲུབ་པར་མཐོང་ནས། ཀུན་འབྱུང་སྤོང་འདོད་སྐྱེ་བས། དེའི་འོག་ཏུ་ཀུན་འབྱུང་བསྟན་པ་ལྟར། ཀུན་འབྱུང་འཁོར་བའི་འཇུག་རིམ་བསྒོམ་པར་བྱ་སྟེ། བེའུ་བུམ་ལས། བདག་ཅག་འཁོར་བར་ཡུན་རིང་རྟག་འཁྲུམས། །དེ་ཡི་རྒྱུ་རྩ་རང་གི་ཉོན་མོངས། །དེ་ཡི་གཙོ་བོ་མ་རིག་པ་སྟེ། །དེ་ཡིས་ཡན་ལག་བཅུ་གཉིས་བསྐྱེད་པས། །རྟག་ཏུ་འཁོར་བ་རྒྱུན་མི་འཆད་འགྱུར། །ཞེས་གསུངས་པ་ལྟར་རོ། །

༈ ཀུན་འབྱུང་གི་གཙོ་བོ་མ་རིག་པ་ནི། ཡུལ་གྱི་གནས་ཚུལ་ལ་ཕྱིན་ཅི་ལོག་ཏུ་ཞུགས་པའི་བློ་ཡིན་པས། སྤོང་ནུས་སུ་དགོས་པ་ན། འགོག་པ་མངོན་དུ་བྱ་ནུས་སུ་མཐོང་བས། དུས་གསུམ་པར་འགོག་བདེན་བསྟན་པ་ལྟར་སེམས་ཏེ། བེའུ་བུམ་ལས། འཁོར་བའི་ཁང་ཆེན་འདི་ལ་སྒོ་མང་། །གང་ནས་བྱུང་ཀྱང་ཕྱིར་ནི་འཐོན་ཏེ། །ཞེས་བཤད་པའི་ཕྱིར། འགོག་པ་མངོན་དུ་བྱེད་པའང་། ལམ་ལ་རག་ལས་པར་མཐོང་བས། ལམ་བདེན་དུས་བཞི་པར་སྟོན་ཏེ། བེའུ་བུམ་ལས། ཐབས་ཚུལ་ཀུན་གྱིས་མ་རིག་བཟློག་བྱ། །ཟློག་(༧༣ན)བྱེད་རྒྱུ་ནི་བསླབ་པ་གསུམ་ཡིན། །ཞེས་གསུངས་པའི་ཕྱིར། དེ་སྐད་དུ་རྗེ་བཙུན་བྱམས་པས་ཀྱང་། ནད་ནི་ཤེས་བྱ་ནད་ཀྱི་རྒྱུ་ནི་སྤང་བར་བྱ། །བདེ་གནས་འཐོབ་བྱ་སྨན་ནི་བསྟེན་པར་བྱ་བ་ལྟར། །སྡུག་བསྔལ་རྒྱུ་དང་དེ་འགོག་པ་དང་དེ་ཡི་ལམ། །ཤེས་བྱ་སྤང་བྱ་རེག་པར་བྱ་ཞིང་བསྟེན་པར་བྱ། །ཞེས་གསུངས་པའི་ཕྱིར།

ང༣ སྐྱེས་བུ་ཆེན་པོའི་མཚན་ཉིད་བསྟན་པ།

༈ གསུམ་པ་སྐྱེས་བུ་ཆེན་པོའི་མཚན་ཉིད་བསྟན་པ་ལ་གཉིས། མདོར་བསྟན་པ་དང་། རྒྱས་པར་བཤད་པའོ། །

ཅ༧ མདོར་བསྟན་པ།

དང་པོ་ནི།

རང་རྒྱུད་གཏོགས་པའི་སྡུག་བསྔལ་གྱིས། །
གང་ཞིག་གཞན་གྱི་སྡུག་བསྔལ་ཀུན། །
ཡང་དག་ཟད་པར་ཀུན་ནས་འདོད། །
སྐྱེས་བུ་དེ་ནི་མཆོག་ཡིན་ནོ། །

ཞེས་གསུངས། ཤེས་བྱ་ཆོས་ཅན། འདིར་དངོས་སུ་བསྟན་པའི་སྐྱེས་བུ་ཆེན་པོའི་རྣམ་གཞག་གཞག་ཏུ་ཡོད་དེ། སྐྱེས་བུ་ཆུང་འབྲིང་གི་ལམ་ལ་བློ་ལེགས་པར་སྦྱངས་ཤིང་འབྱོངས་པའི་གང་ཟག་གང་ཞིག་རང་རྒྱུད་དུ་གཏོགས་པའི་སྐྱེ་རང་ཉིད་འཁོར་བའི་སྡུག་བསྔལ་གྱིས་ཐོག་མཐའ་བར་གསུམ་དུ་གདུངས་པ་ལྟར་དུ། སྲིད་མཚོར་འཁྱམས་པའི་མ་གྱུར་སེམས་ཅན་གཞན་ཐམས་ཅད་ཀྱང་། དེ་དང་འདྲ་བ་སྲིད་པའི་སྡུག་བསྔལ་ཀུན་གྱི་མེ་འབར་བས་བསྲེགས་པ་ལ་མི་བཟོད་པའི་སྙིང་རྗེས་ཀུན་ནས་བསླངས་ཏེ། གཞན་གྱི་སྡུག་བསྔལ་ཐམས་ཅད་དང་། དེའི་རྒྱུ་སྒྲིབ་གཉིས་བག་ཆགས་དང་བཅས་པ་ཀུན་ཡང་དག་པར་ཇི་སྲིད་བཟློག་པ་མེད་པར་ཀུན་ནས་ཟད་པར་འདོད་པའི་གཞན་དོན་དོན་གཉེར་གྱི་འདོད་པ་དང་མཚུངས་ལྡན་གྱི། འཐོབ་བྱ་བྱང་ཆུབ་ལ་དོན་དུ་གཉེར་བའི་སེམས་རིན་པོ་(༧༣བ)ཆེ་དང་། དེས་ཀུན་ནས་བསླངས་པའི་རྒྱལ་སྲས་ཀྱི་སྤྱོད་པ་ཅི་རིགས་ལ་གནས་པ་དེ་ནི་འདིར་དངོས་

སུ་བསྟན་པའི་སྐྱེས་བུ་མཆོག་ཡིན་པའི་ཕྱིར་རོ། །

དེ་ཡང་གཙོ་བོར་ཐེག་ཆེན་སྒྲུབ་པའི་ཐབས་མ་ནོར་བ་ལ་ཞུགས་པ་ནི། འདིར་དངོས་སུ་བསྟན་པའི་སྐྱེས་བུ་ཆེན་པོའི་མཚན་ཉིད་ཡིན་ནོ། །

འདིར་བསྟན་སྐྱེས་བུ་ཆེན་པོ་ལ། ལྟ་བའི་སྒོ་ནས་དབྱེ་ན། དབུ་སེམས་གཉིས། ཐེག་པའི་སྒོ་ནས་དབྱེ་ན། མདོ་སྔགས་གཉིས། ལམ་མྱུར་བུལ་གྱི་སྒོ་ནས་དབྱེ་ན་ཕྱུགས་ཀྱི་ཤིང་རྟས་བགྲོད་པ་སོགས་ལྔ་ཡོད་དོ། །

སྐྱེས་བུ་ཆེན་པོའི་ལམ་གྱི་རྣམ་གཞག་ནི། རྣམ་སྣང་མངོན་བྱང་ལས་ཀྱང་གསང་བ་པའི་བདག་པོ་ཐམས་ཅད་མཁྱེན་པའི་ཡེ་ཤེས་དེ་ནི། སྙིང་རྗེའི་རྩ་བ་ལས་བྱུང་བ་ཡིན། བྱང་ཆུབ་ཀྱི་སེམས་ཀྱི་རྒྱུ་ལས་བྱུང་བ་ཡིན། ཐབས་ཀྱིས་མཐར་ཕྱིན་པ་ཡིན་ནོ། །ཞེས་ཐེག་ཆེན་གྱི་ལམ་ཚང་ཞིང་མ་ནོར་བ་ནི། སྙིང་རྗེ་ཆེན་པོ་དང་། བྱང་ཆུབ་ཀྱི་སེམས་དང་། སྦྱིན་པ་ལ་སོགས་པའི་ཐབས་གསུམ་དུ་འདུས་པར་གསུངས་ཤིང་དོན་འདི་ཉིད། མཁས་པའི་དབང་པོ་ཀ་མ་ལ་ཤཱི་ལས་སྒོམ་རིམ་གསུམ་དུ་གཏན་ལ་ཕབ་བོ། །དཔལ་ལྡན་ཟླ་བའི་ཞབས་ཀྱིས་ནི། རིན་ཆེན་འཕྲེང་བ་ལས། བདག་ཉིད་དང་ནི་འཇིག་རྟེན་འདིས། །བླ་མེད་བྱང་ཆུབ་ཐོབ་འདོད་ན། །དེ་ཡི་རྩ་བ་བྱང་ཆུབ་སེམས། །རི་དབང་རྒྱལ་པོ་ལྟར་བརྟན་དང་། །ཕྱོགས་མཐས་གཏུགས་པའི་སྙིང་རྗེ་དང་། །གཉིས་ལ་མི་རྟེན་ཡེ་ཤེས་ལགས། །ཞེས་གསུངས་པའི་རྗེས་སུ་འབྲངས་ནས། སྙིང་རྗེ་དང་གཉིས་སུ་མེད་པར་རྟོགས་པའི་ཤེས་རབ་དང་། བྱང་ཆུབ་ཀྱི་སེམས་གསུམ་གྱིས། བྱང་ཆུབ་(༧༦ན)སེམས་དཔའི་ལམ་ཐམས་ཅད་བསྡུས་པར་བཞེད་དེ། སྙིང་རྗེའི་སེམས་དང་གཉིས་སུ་མེད་བློ་དང་། །བྱང་ཆུབ་སེམས་ནི་རྒྱལ་སྲས་རྣམས་ཀྱི་རྒྱུ། །ཞེས་གསུངས་པའི་ཕྱིར། དབུ་མ་སྙིང་པོ་ལས་ཀྱང་། བྱང་ཆུབ་སེམས་ནི་མི་གཏོང་དང་། །ཐུབ་པའི་བརྟུལ་ཞུགས་ཡང་དག་བསྟེན། །དེ་ཉིད་ཤེས་པ་ཚོལ་བ་ནི། །དོན་ཀུན་སྒྲུབ་པའི་སྤྱོད་པ

ཡིན། །ཞེས་གསུངས་ལ། དབུ་མ་རྒྱན་དུའང་། བྱང་ཆུབ་ཀྱི་སེམས་དང་། བྱང་ཆུབ་སེམས་དཔའི་བརྟུལ་ཞུགས་དང་། དེ་ཁོ་ན་ཉིད་ཀྱི་ལྟ་བ་གསུམ་དུ་འདུས་པར་བསྟན་ཏེ། དེ་ཉིད་ལས། ཡང་དག་དད་པའི་རྗེས་འབྲང་བ། །རྫོགས་པའི་བྱང་ཆུབ་སེམས་བསྐྱེད་ནས། །ཐུབ་པའི་བརྟུལ་ཞུགས་བླངས་བྱས་ཏེ། །དེ་ཉིད་ཡང་དག་ཤེས་ཚོལ་བརྩོན། །ཞེས་བཤད་པའི་ཕྱིར། སློབ་དཔོན་ཆེན་པོ་ཞི་བ་ལྷས། བསླབ་བཏུས་སུ། དལ་འབྱོར་དོན་ཆེ་རྙེད་པར་དཀའ་བ་བསམས་ནས་སྙིང་པོ་ལེན་འདོད་བསྐྱེད་ཕྱིར་དད་པ་ལྷག་པར་ཐེག་ཆེན་གྱི་ཡོན་ཏན་བསམས་པའི་དད་པ་བསྐྱེད་དེ། སྨོན་སེམས་དང་། འཇུག་སྡོམ་བཟུང་། ལུས་ལོངས་སྤྱོད་དགེ་རྩ་གསུམ་བཏང་བ་དང་། བསྲུང་བ་དང་དག་པ་དང་སྤེལ་བའི་ཚུལ་གསུངས་པ་འདིས། སྤྱོད་པ་ཕར་ཕྱིན་དྲུག་བསྡུས་པ་ཡིན་ཏེ། བེའུ་བུམ་སྔོན་པོ་ལས། གོ་ཆ་དྲུག་དྲུག་སུམ་ཅུ་དྲུག་དང་། །བཏང་བསྲུང་དག་སྤེལ་བཞི་ནི་དོན་གཅིག །ཅེས་གསུངས་པའི་ཕྱིར། ཡང་ན་སྦྱོར་བ་བྱང་ཆུབ་ཏུ་སེམས་བསྐྱེད་པ། དངོས་གཞི་ཕར་ཕྱིན་དྲུག་ལ་སློབ་པ། རྗེས་བྱང་ཆུབ་ཏུ་བསྔོ་བ་གསུམ་གྱིས་ཐེག་ཆེན་གྱི་ཉམས་ལེན་བསྡུས་པ་(༧༨བ)ཡིན་ཏེ། བེའུ་བུམ་སྔོན་པོ་ལས། དགེ་བཤེས་སྟོན་པའི་ཞལ་ནས་འདི་གསུང་། །སྦྱོར་བ་བྱང་ཆུབ་སེམས་ཀྱིས་འཕངས་པ། །དངོས་གཞི་ཕ་རོལ་ཕྱིན་པ་དྲུག་ལྡན། །ཟིན་རྗེས་མཇུག་ཏུ་བྱང་ཆུབ་བསྔོ་བ། །ཕ་རོལ་ཕྱིན་ཚུལ་སྤྱོད་ཀུན་དེར་འདུ། །ཞེས་གསུངས་པ་ལྟར་རོ། །

ལམ་གྱི་སྒྲོན་མ་འདིར་ནི། ཐེག་ཆེན་གྱི་ལམ་ཐམས་ཅད་ཐེག་ཆེན་གྱི་མཇུག་སྒོ་སེམས་བསྐྱེད་དུ་བསྟན་པ། སེམས་དེ་ཇི་ལྟར་བསྐྱེད་ཚུལ། སེམས་བསྐྱེད་ནས་སྤྱོད་པ་ལ་སློབ་ཚུལ། བསླབ་པའི་འབྲས་བུ་ངོས་བཟུང་བ་དང་བཞི་བསྟན་པ་ལས།

ཆ༧ ཐེག་ཆེན་གྱི་ལམ་ཐམས་ཅད་ཐེག་ཆེན་གྱི་མཛུག་སྒོ་སེམས་བསྐྱེད་དུ་བསྟན་པ།

དང་པོ་ནི། རང་རྒྱུད་གཏོགས་པའི་སྡུག་བསྔལ་གྱིས་ཞེས་སོགས་རྐང་པ་བཞི་དང་། སེམས་ཅན་དམ་པ་བྱང་ཆུབ་མཆོག །ཅེས་པ་རྐང་པ་གཉིས་ཀྱིས་བསྟན།

ཆ༨ སེམས་དེ་ཇི་ལྟར་བསྐྱེད་ཚུལ།

༄ གཉིས་པ་ནི། རྫོགས་སངས་བྲིས་སྐུ་ལ་སོགས་དང་། །ཞེས་སོགས་སྨོན་སེམས་ཚོ་གས་ལེན་ཚུལ་བསླབ་བྱ་དང་བཅས་པ་སྟོན་པའི་གཞུང་རྣམས་ཀྱིས་བསྟན། སྤྱོད་པ་ལ་སློབ་པ་ལ་འཇུག་སྡོམ་འཛིན་དགོས་པས། དེ་ལེན་ཚུལ། འཇུག་སེམས་བདག་ཉིད་སྡོམ་པ་མ་གཏོགས་པ། །ཞེས་སོགས་ཀྱིས་བསྟན།

ཆ༩ སེམས་བསྐྱེད་ནས་སྤྱོད་པ་ལ་སློབ་ཚུལ།

༄ གསུམ་པ་ནི། རྒྱལ་སྲས་ཀྱི་སྤྱོད་པ་ཐམས་ཅད་རྒྱལ་ཚབ་དམ་པས། བསླབ་གསུམ་དབང་དུ་མཛད་ནས་ནི། །རྒྱལ་བས་ཕ་རོལ་ཕྱིན་པ་དྲུག །ཡང་དག་བཤད་དེ་དང་པོ་གསུམ། །ཐ་མ་གཉིས་ཀྱིས་རྣམ་པ་གཉིས། །གཅིག་ནི་གསུམ་ཆར་ལ་ཡང་གཏོགས། །ཞེས་གསུངས་པ་ལྟར། ཐུན་མོང་མ་ཡིན་པའི་བསླབ་པ་གསུམ་དུ་བསྡུས་པ་ལས། ཉེས་སྤྱོད་སྡོམ་པ། དགེ་བ་ཆོས་སྡུད། སེམས་ཅན་དོན་བྱེད་ཀྱི་ཚུལ་ཁྲིམས་གསུམ་ལ་བསླབ་ཚུལ་ནི།

རང་གི་ལུས་ངག་ཡིད་ནི་རྣམ་དག་རྒྱུ། །ཞེས་སོགས་(༧༥ན)ཀྱིས་བསྟན། ཏིང་ངེ་འཛིན་ལ་བསླབ་ཚུལ་ནི། བསོད་ནམས་ཡེ་ཤེས་རང་བཞིན་གྱི། །ཞེས་སོགས་ཀྱིས་བསྟན། ཤེས་རབ་ཀྱི་བསླབ་པ་ལ་སློབ་ཚུལ་ནི། ཤེས་རབ་ཕ་རོལ་ཕྱིན་སྦྱོར་

དང་། །ཞེས་སོགས་ཀྱིས་བསྟན།

ཆ༩ བསླབ་པའི་འབྲས་བུ་ངོས་བཟུང་བ།

༈ བཞི་པ་ནི། དེ་ལྟར་དེ་ཉིད་བསྒོམས་བྱས་ན། །ཞེས་སོགས་ཀྱིས་བསྟན་ཏོ། །

ཅ༢ སྐྱེས་བུ་ཆེན་པོའི་ལམ་རྒྱས་པར་བཤད་པ།

༈ གཉིས་པ་སྐྱེས་བུ་ཆེན་པོའི་ལམ་རྒྱས་པར་བཤད་པ་ལ་གཉིས། ཕ་རོལ་ཏུ་ཕྱིན་པའི་ལམ་རྒྱས་པར་བཤད་པ་དང་། སྔགས་ལ་འཇུག་པའི་ཚུལ་ཕྱོགས་ཙམ་བསྟན་པའོ། །

ཆ༡ ཕ་རོལ་ཏུ་ཕྱིན་པའི་ལམ་རྒྱས་པར་བཤད་པ།

དང་པོ་ལ་གཉིས། ལམ་གྱི་རྣམ་གཞག་བཤད་པ་དང་། འབྲས་བུའི་རྣམ་གཞག་བཤད་པའོ། །

ཇ༡ ལམ་གྱི་རྣམ་གཞག་བཤད་པ།

དང་པོ་ལ་གཉིས། བཤད་པར་དམ་བཅའ་བ་དང་། ལམ་ཡང་དག་པ་ཉིད་བཤད་པའོ། །

ཉ༡ བཤད་པར་དམ་བཅའ་བ།

དང་པོ་ནི། གང་ཞིག་གཞན་གྱི་སྡུག་བསྔལ་ཀུན། །ཡང་དག་ཟད་པར་ཀུན་ནས་འདོད། །ཅེས་བཤད་ན། སྐྱེས་བུ་ཆེན་པོས་གཞན་གྱི་སྡུག་བསྔལ་ཇི་ལྟར་ཟད་པར་བྱེད་སྙམ་ན། གཞན་དོན་ཕུན་ཚོགས་བསྒྲུབ་པ་ལ་ཐབས་བླ་ན་མེད་པའི་བྱང་

ཚུལ་ཐོབ་དགོས་པས། གཞན་དོན་དུ་བྱང་ཆུབ་བསྒྲུབ་པའི་ཐབས་བླ་མ་དམ་པའི་མན་ངག་སྟོན་པར་བཞེད་ནས། སེམས་ཅན་དམ་པ་བྱང་ཆུབ་མཆོག །འདོད་པར་གྱུར་པ་དེ་དག་ལ། །བླ་མ་རྣམས་ཀྱིས་བསྟན་པ་ཡི། །ཡང་དག་ཐབས་ནི་བཤད་པར་བྱ། །ཞེས་གསུངས། འདི་ལ་བཤད་པར་བྱའོ་ཞེས་དྲང་། གང་ན་བླ་ན་མེད་པའི་བྱང་ཆུབ་བསྒྲུབ་པའི་ཐབས་ནིའོ། །གང་ལ་ན། སེམས་ཅན་དམ་པ་བྱང་ཆུབ་མཆོག་གི་གོ་འཕང་འདོད་པར་གྱུར་པ་དེ་དག་ལའོ། །འདིར་སེམས་ཅན་ནི་སྐྱེས་བུ་དང་། དམ་པ་ནི་མཆོག་(༧༥བ)གམ་ཆེན་པོ་ཡིན་པས། སྐྱེས་བུ་ཆེན་པོ་ཞེས་སྟར་བཤད་པ་དེ་ཡིན་ནོ། །ཤ་ར་བའི་ཞལ་ནས། སེམས་ཅན་དམ་པ་ཞེས་པ་རིགས་སད་ཅིང་ལྷག་པའི་བསམ་པ་དག་པ་དང་ལྡན་པ་ཡིན་གསུང་ངོ་། །བྱང་ཆུབ་མཆོག །འདོད་པར་གྱུར་པ། ཞེས་པས་བྱང་ཆུབ་དོན་གཉེར་དང་། གོང་གི །གང་ཞིག་གཞན་གྱི་སྡུག་བསྔལ་ཀུན། །ཡང་དག་ཟད་པར་ཀུན་ནས་འདོད། །ཅེས་པས་གཞན་དོན་དོན་གཉེར་བསྟན་ཏེ། དེ་ལྟར་ན་རྒྱན་ལས་གསུངས་པའི་སེམས་བསྐྱེད་མཚན་ཉིད་ཡོངས་རྫོགས་དེ་བསྟན་པས། གཞུང་འདི་དག་གིས་ཐེག་ཆེན་གྱི་འཇུག་སྒོ་ཡང་བསྟན་པ་ཡིན་ནོ། །ཚུལ་ཇི་ལྟར་ན་ལུང་རིགས་དང་ལྡན་པས་ཡང་དག་པར་རོ། །ཇོ་བོ་གནས་ལྔ་རིག་པའི་པཎ་ཆེན་ཡིན་པས་ཤེས་རབ་ཀྱི་རྩལ་གྱིས་འཆད་དམ་ཞེ་ན། གསེར་གླིང་པ་ལ་སོགས་པའི་བླ་མ་རྣམས་ཀྱིས་བསྟན་པའི་གསུང་གི་རྗེས་སུ་འབྲངས་ནས་འཆད་ཀྱིས། རང་བཟོར་ནི་མ་ཡིན་ནོ། །

སྤུ་ཧྲོ་བའི་ཞལ་ནས། ཇོ་བོའི་གསུང་འདི་རང་ཅག་ལ་མན་ངག་ཏུ་གནང་བ་ཡིན་ཏེ། རང་ལ་བདེ་སྐྱིད་དམ་ཡོན་ཏན་ཆེ་སྐྱེས་ཆུང་སྐྱེས་ཐམས་ཅད་བླ་མའི་བཀའ་དྲིན་དུ་གོ་ན། བླ་མའི་བྱིན་རླབས་ཀྱང་གདོད་འཇུག །ཡོན་ཏན་ཡང་གོང་འཕེལ་དུ་འགྲོ་གསུངས་ཏེ། བེའུ་བུམ་ལས། བླ་མ་རྣམས་ཀྱིས་བསྟན་པའི་སྐབས་སུ། །འདི་ཡང་མན་ངག་རང་གི་རྒྱུད་ལ། །ཡོན་ཏན་ཅི་སྐྱེས་བླ་མའི་བྱིན་རླབས། །

དེ་ལྟར་རྟག་དྲན་བྱིན་གྱིས་རླབས་འཇུག །ཅེས་གསུངས་སོ། །ཕྱུ་ཧོ་བ་གཞུང་འདི་བླ་མའི་བཀའ་དྲིན་རྗེས་སུ་དྲན་པ་ལ་སྦྱོར་བ་མཛད་པ་ལ་བརྟེན་ནས། དགེ་བཤེས་ཤ་ར་བ་འདིར་བླ་མའི་བསྟེན་ཚུལ་རྒྱས་པར་གསུང་ངོ་། །

མདོར་ན། སེམས་ཅན་དམ་(༧༤ན)པ་ཞེས་པ་རྐང་པ་གཉིས་ཀྱིས་ཆོས་འདི་གང་ལ་བཤད་པའི་སྣོད་ངོས་བཟུང་། བླ་མ་རྣམས་ཀྱིས་བསྟན་པ་ཡི། །ཞེས་པ་གཉིས་ཀྱིས། བདུད་རྩི་ལྟ་བུའི་ཆོས་ངོས་བཟུང་། དེ་ཡང་ཡང་དག་ཐབས་ནི་ཞེས་པས་བརྗོད་བྱ་དང་། བཤད་པར་བྱ་ཞེས་པས་དགོས་པ་དང་། བླ་མ་རྣམས་ཀྱིས་བསྟན་པ་ཡི། །ཞེས་པས་རྗོད་བྱེད་ཀྱི་ཁྱད་པར་དང་། བྱང་ཆུབ་མཆོག་ཅེས་པས་ཉིང་དགོས་བསྟན་ཏེ། བྱང་ཆུབ་ལམ་གྱི་སྒྲོན་མ་རབ་ཏུ་གསལ་བར་བྱ། ཞེས་པ་རྒྱས་པར་བཤད་པའོ། །

འོ་ན་བྱང་ཆུབ་ལམ་གྱི་སྒྲོན་མ་རབ་ཏུ་གསལ་བར་བྱ། ཞེས་པ་དང་། དེ་དག་མཚན་ཉིད་རབ་གསལ་བའི། །སོ་སོའི་དབྱེ་བས་ཕྱི་བར་བྱ། །ཞེས་པ་དང་། འདིར་ཡང་དག་ཐབས་ནི་བཤད་པར་བྱ། ཞེས་པ་རྣམས་བཟློས་པར་འགྱུར་རོ་ཞེ་ན། སྐྱོན་མེད་དེ། བྱང་ཆུབ་ལམ་གྱི་སྒྲོན་མ་རབ་ཏུ་གསལ་བར་བྱ། ཞེས་པ་གཞུང་སྤྱིའི་རྩོམ་པར་དམ་བཅའ་དང་། །སོ་སོའི་དབྱེ་བས་ཕྱི་བར་བྱ། །ཞེས་པ་སྐྱེས་བུ་གསུམ་གྱི་དབྱེ་བ་སོ་སོར་འཆད་ཅེས་པ་དང་། ཡང་དག་ཐབས་ནི་བསྟན་པར་བྱ། །ཞེས་པས། ཐེག་པ་ཆེན་པོའི་རིགས་ཅན་ལ་བླ་མེད་བྱང་ཆུབ་བསྒྲུབ་པའི་ཐབས་མ་ནོར་བར་འཆད་ཅེས་སྟོན་ཚུལ་ཐ་དད་པའི་ཕྱིར། དེས་ན་སེམས་ཅན་དམ་པ་ཞེས་སོགས་ཤློ་ཀ་འདི་གཞུང་འོག་མ་རྣམས་ཀྱི་མདོར་བསྟན་དུ་འང་བཟུང་ངོ་། །

དེ་ལྟར་ན་སྐབས་འདིར་ཐེག་པ་ཆེན་པོའི་སེམས་བསྐྱེད་ཀྱི་མཚན་ཉིད་དབྱེ་བ། ཇི་ལྟར་སྦྱིད་པའི་རིམ་པ་རྣམས་ཤིང་རྟ་ཆེན་པོ་གསུམ་གྱི་བཞེད་པ་བཞིན་རྒྱུ་འབྲས་མན་ངག་བདུན་དང་། བདག་(༧༤བ)གཞན་མཉམ་བརྗེའི་སྒོ་ནས་ཉམས་སུ་

ཡིན་ཚུལ་བྱང་ཆུབ་ལམ་གྱི་རིམ་པར་གསུངས་པ་ཇི་ལྟ་བ་བཞིན་བླངས་ནས་བྱང་ཆུབ་ཀྱི་སེམས་རིན་པོ་ཆེ་བསྒོམ་པ་ལ། སྐྱེས་བུའི་རྩལ་ཅི་ཡོད་ཀྱིས་འབད་དགོས་ཏེ་ཇོ་བོ་ཆེན་པོ་འདའ་བའི་ཚེ། སྟོན་པ་ལ། དམན་ཚད་རྒྱ་གར་གསེར་འདོད་ལ་ཆོས་མ་ཉན། རྒྱུད་སྡེ་བཞི་དཀྲུགས་ཤིང་འཆད་དུ་འོང་། དགེ་བཤེས་མདོ་སྡེ་ལ་གྱིས། སེམས་བཟང་པོ་གྱིས་གསུང་། སྟོན་པ་འདའ་བའི་ཚེ་ཡང་། སྟོན་པའི་དབུ་ཕྱུ་ཧོ་བའི་པང་དུ་བཞག་པས། སྤྱན་ཆབ་དབུ་སྐྲའི་གསེབ་ཏུ་སོང་བ་མཁྱེན་ནས། ཁྱོད་མྱ་ངན་བྱ་མི་དགོས། སེམས་བཟང་པོ་གྱིས། ཚེ་འདི་ཉིད་ལ་ཁྱད་པར་ཅན་དུ་འགྱུར་གྱིས་གསུང་། ཇོ་བོ་ལེགས་ཀྱིས་སེམས་བཟང་པོ་བྱ་བ་ཅི་ལ་ཟེར་ལགས་ཞུས་པས། ཏུར་མཛད་ནས་འོ་ན་བྱང་ཆུབ་ཀྱི་སེམས་ལ་ཟེར་ལགས་སོད། ཅེས་ལན་གཉིས་གསུངས་པས། ཕྱུ་ཧོ་བའི་ཞལ་ནས། དེའི་དུས་སུ་ངའི་སྙིང་ལ་ཕུར་པ་ཐེབས་པ་འདྲ་བ་ཅིག་བྱུང་གསུང་། གླང་རི་ཐང་པའི་ཞལ་ནས་ཀྱང་ཕན་འདོགས་པས་ཀྱང་། གནོད་པ་སྐྱིལ་བ་ལ་གུས་པ་ཅིག་བྱུང་ན། བྱང་ཆུབ་ཀྱི་སེམས་བརྟན་པོ་བྱུང་བ་ཡིན། རྒྱལ་མ་དཀྲུག་ཕམ་ཡོང་། སྟེང་དུ་མ་འགྲོ། འོག་ཏུ་སྟོད། བྱང་ཆུབ་སེམས་དཔའ་བྱ་བ་ཁས་ཉེན་ཞི་ཚེ་བསྲུབ་དགོས་པ་ཡིན་གསུང་ཞིང་། ལྕམ་པ་བའི་ཞལ་ནས་ཀྱང་། འོ་སྐོལ་བསྐྱེད་རིམ་དང་རྫོགས་རིམ་ལ་མན་ངག་ཏུ་བྱེད་དེ། ཇོ་བོའི་གདམས་ངག་གི་མཐིལ་ཕྱུང་བ། བྱམས་སྙིང་རྗེ་བྱང་ཆུབ་ཀྱི་སེམས་སྒོམ་པ་ཡིན་གསུང་། བདག་ཅག་གི་རྗེ་ཐམས་ཅད་མཁྱེན་པའི་ཞལ་སྔ་ནས་(༧༢ན)ཀྱང་། སེམས་བསྐྱེད་ཐེག་མཆོག་ལམ་གྱི་གཞུང་ཤིང་སྟེ། །རླབས་ཆེན་སྤྱོད་པ་རྣམས་ཀྱི་གཞི་དང་རྟེན། །ཚོགས་གཉིས་ཀུན་ལ་གསེར་འགྱུར་རྩི་ལྟ་བུ། །རབ་འབྱམས་དགེ་ཚོགས་སྡུད་པའི་བསོད་ནམས་གཏེར། །དེ་ལྟར་ཤེས་ནས་རྒྱལ་སྲས་དཔའ་བོ་རྣམས། །རིན་ཆེན་སེམས་མཆོག་ཐུགས་དམ་མཐིལ་དུ་འཛིན། །རྣལ་འབྱོར་ངས་ཀྱང་ཉམས་ལེན་དེ་ལྟར་བྱས། །ཐར་འདོད་ཁྱེད་ཀྱང་དེ་བཞིན་བསྐྱང་འཚལ་

ལོ། །ཞེས་གསུངས་པའི་ཕྱིར་རོ། །

ཉ༢ ཐབས་ཡང་དག་པ་བཤད་པ།

༈ གཉིས་པ་ཐབས་ཡང་དག་པ་བཤད་པ་ལ་གཉིས། སྨོན་པ་བསླབ་བྱ་དང་བཅས་པ་དང་། འཇུག་པ་བསླབ་བྱ་དང་བཅས་པའོ། །

ཏ༡ སྨོན་པ་བསླབ་བྱ་དང་བཅས་པ།

དང་པོ་ལ་གསུམ། སྦྱོར་བ་དངོས་གཞི། མཇུག་བསླབ་བྱ་ལ་སློབ་ཚུལ་ལོ། །

ཐ༡ སྦྱོར་བ།

དང་པོ་ལ་གསུམ། ཚོགས་གསོག་པ། སྐྱབས་འགྲོ་ཁྱད་པར་ཅན་བྱ་བ། སེམས་གསུམ་ལ་བློ་སྦྱང་བའོ། །

ད༡ ཚོགས་གསོག་པ།

དང་པོ་ནི། ཡང་དག་ཐབས་ནི་བཤད་པར་བྱ། །ཞེས་བཤད་ན་རྫོགས་བྱང་བསྒྲུབ་པའི་ཐབས་གང་ཞེ་ན། ཐབས་ནི་གཉིས་ཏེ། བསམ་པ་ཕུན་ཚོགས་དང་། སྦྱོར་བ་ཕུན་ཚོགས་སོ། །བསམ་པ་ནི་སེམས་བསྐྱེད་པ་ཡིན་ལ། དེ་ནི་བསོད་ནམས་བསགས་པ་ལས་འབྱུང་བར་བསྟན་པའི་ཕྱིར།

རྫོགས་སངས་བྲིས་སྐུ་ལ་སོགས་དང་། །
མཆོད་རྟེན་དམ་ཆོས་མངོན་ཕྱོགས་ནས། །
མེ་ཏོག་བདུག་སྤོས་དངོས་པོ་དག །
ཅི་འབྱོར་པ་ཡིས་མཆོད་པར་བྱ། །

ཀུན་བཟང་སྤྱོད་ལས་གསུངས་པ་ཡི། །
མཆོད་པ་རྣམ་པ་བདུན་དག་ཀྱང་། །

ཞེས་གསུངས། འདིར་བསྟན་མཆོད་པ་ཇི་ལྟར་བྱ་བ་དང་། གང་གི་མདུན་དུ་བྱ་བ་(༧༧བ)ཡང་གཞག་ཏུ་ཡོད་དེ། རྫོགས་པའི་སངས་རྒྱས་ཤཱཀྱ་ཐུབ་པའི་རི་མོར་བྲིས་པའི་སྐུ་དང་། ལ་སོགས་པ་འབུར་དུ་བརྐོས་པ་དང་། ལུགས་སུ་བླུག་པ་དང་། ལྡེར་ཚ་སོགས་སྐུའི་རྟེན་དང་། རིང་བསྲེལ་གྱི་སྙིང་པོ་ཅན་གྱི་མཆོད་རྟེན་ཐུགས་ཀྱི་རྟེན་དང་། གསུང་རབ་ཡན་ལག་བཅུ་གཉིས་སོགས་དམ་པའི་ཆོས་ཀྱི་ཕྱི་ཏི་གསུང་གི་རྟེན་རྣམས་མངོན་དུ་ཕྱོགས་པ་སྟེ་མངོན་སུམ་དུ་བཞུགས་པའི་མདུན་དུ་མཆོད་པ་བྱ་བ་ཡིན་པའི་ཕྱིར། ཤ་ར་བ་ནས། ཞེས་པས་ཕྱག་འཚལ་བའང་བསྟན་པ་ཡིན་གསུང་། དངོས་པོ་གང་གིས་མཆོད་པ་ཡང་ཡོད་དེ། མེ་ཏོག་དང་། བདུག་སྤོས་དང་། མར་མེ་དང་། དྲི་དང་། ཞལ་ཟས་ཏེ་ཉེར་སྤྱོད་ཀྱི་དངོས་པོ་དག་གིས་མཆོད་པ་ཡིན་པའི་ཕྱིར། རང་གང་འབུལ་འདོད་པ་ཙམ་གྱིས་མཆོད་དམ་ཞེ་ན། ཅི་འབྱོར་པ་ཡིས་མཆོད་པར་བྱ་བ་སྟེ་ལག་ན་ཅི་ཡོད་གཏོང་དགོས་ཏེ། རྗེ་བོའི་ཞལ་ནས། འབྲས་དཀར་མོ་ཁལ་གཅིག་བདོག །ཡོ་བྱད་། བྱང་ཆུབ་ཀྱི་སེམས་བཟང་པོ་མཆི། ཡོ་མ་བྱད་། བྱང་ཆུབ་ཀྱི་སེམས་བཟང་པོ་བཟང་པོ་མི་མཆི་གསུང་སྐད། དེ་དག་ནི་རྫས་བཤམས་པས་མངོན་སུམ་དུ་མཆོད་པ་ཡིན་ནོ། །

ཕུ་ཏོ་བའི་ཞལ་ནས་ཀྱང་། མཆོད་པ་ནི་གྲོགས་པོ་སྙིང་ཚིགས་ཚིགས་པ། ཚོག་པ་ཟ་ཙག་ཙག་པ་ཤོམ་དགོས་པ་ཡིན་ནོ། །གསུང་བཤེར་གདམ་མཛད། སྣ་ཆོས་བྱས་ན་ང་ལ་བརྙས་སམ་ཆོས་ལ་བརྙས་གསུང་། ཤ་ར་བ་བླ་མ་དང་དཀོན་མཆོག་གཉིས་ལ་མཆོད་པ་བཟང་མཉམ་དགོས་གསུང་། ལག་སོར་བ། བླ་མ་ལ་དྲག་ཏུ་དགོས་གསུང་བར་གདའ། ཡིད་ཀྱིས་མཆོད་པའི་ཚུལ་ཡང་(༧༨ན)ཡོད་དེ། ཀུན་ཏུ་བཟང་པོའི་སྤྱོད་པའི་སྨོན་ལམ་ལས་གསུངས་པའི་ཕྱག་འཚལ་བ། མཆོད་འབུལ།

སྡིག་བཤགས། ཡི་རངས། བསྐུལ་བ། གསོལ་གདབ། བསྔོ་བ་སྟེ།

མཆོད་པ་རྣམ་པ་བདུན་པོ་དག་བྱ་བ་ཡིན་པའི་ཕྱིར། བདུན་པོ་དེ་དག་ལ་མཆོད་པ་ཞེས་བྱ་སྟེ། མཆོད་པའི་དོན་མཆོད་ཡུལ་མཉེས་པར་བྱེད་པ་ཡིན་ལ། བདུན་པོ་དེས་ཀྱང་ཡུལ་ཁྱད་པར་ཅན་རྣམས་དགྱེས་པར་འགྱུར་བའི་ཕྱིར། བདུན་པོ་དེ་ཡང་། ཐེག་ཆེན་ལ་གྲགས་ཀྱིས། དམན་པའི་སྡེ་སྣོད་དུ་ནི། དང་པོར་ཕྱག་འཚལ་བ། བར་དུ་མདོ་འདོན་པ། ཐ་མར་བསྔོ་བ་སྟེ་རྒྱུན་ཆགས་གསུམ་བྱ་བ་ཙམ་ལས་མ་བཤད་དོ། །

༥༢ སྐྱབས་འགྲོ་ཁྱད་པར་ཅན་བྱ་བ།

གཉིས་པ་སྐྱབས་འགྲོ་ཁྱད་པར་ཅན་བྱ་བ་ནི། སྙིང་པོ་ངེས་པར་བསྡུ་བ་ལས། ཐེག་ཆེན་རིགས་ཡོད་སྐྱེས་བུ་དེས། །འགྲོ་བ་སྐྱབས་མེད་སྐྱབས་པའི་ཕྱིར། །སྐྱབས་སུ་འགྲོ་བ་སྔོན་འགྲོ་བས། །སྨོན་པའི་སེམས་ནི་བསྐྱེད་པར་བྱ། །ཞེས་གསུངས་པ་ལྟར་སེམས་བསྐྱེད་པ་ནི། སྐྱབས་སུ་འགྲོ་བ་ཐུན་མོང་མ་ཡིན་པ་སྔོན་དུ་འགྲོ་དགོས་པར་བསྟན་པའི་ཕྱིར།

བྱང་ཆུབ་སྙིང་པོའི་མཐར་ཐུག་པར། །
མི་ལྡོག་པ་ཡི་སེམས་དག་གིས། །
དཀོན་མཆོག་གསུམ་ལ་རབ་དད་ཅིང་། །
ཕུས་མོའི་ལྷ་ང་སར་བཙུགས་ནས། །
ཐལ་མོ་སྦྱར་བ་བྱས་ནས་ནི། །
དང་པོར་སྐྱབས་འགྲོ་ལན་གསུམ་བྱ། །

ཞེས་གསུངས། དུས་ཇི་སྲིད་དུ་སྐྱབས་སུ་འགྲོ་བར་བྱ་བའི་ཚུལ་ཡོད་དེ། ཐུན་མོང་བ་ནི་ཇི་སྲིད་འཚོའི་བར་ཡིན་ལ། འདིར་ནི་བྱང་ཆུབ་སྙིང་པོའི་མཐར་ཐུག་པ

སྟེ། ཆོས་ཀྱི་སྐུ་མངོན་དུ་མ་བྱས་ཀྱི་(༧༨བ)བར་དུ་ཡིན་པའི་ཕྱིར། བྱང་ཆུབ་སྙིང་པོ་ནི་གཉིས་ཏེ། གནས་བྱང་ཆུབ་སྙིང་པོ་དང་། རྟོགས་པ་བྱང་ཆུབ་སྙིང་པོའོ། །དང་པོ་ལ་གཉིས་ཏེ། རྡོ་རྗེ་གདན་ལྟ་བུ་སྤྲུལ་སྐུའི་དང་། འོག་མིན་སྟུག་པོ་བཀོད་པ་ལྟ་བུ་ལོངས་སྐུའི་གནས་བྱང་ཆུབ་ཀྱི་སྙིང་པོའོ། །

༈ གཉིས་པ་ནི་བླ་ན་མེད་པའི་ཡེ་ཤེས་ཆོས་ཀྱི་སྐུའོ་ཞེས་བུ་སྟོན་ཐམས་ཅད་མཁྱེན་པ་གསུང་བ་ལྟར་རོ། །ཀུན་སློང་ཇི་ལྟ་བུས་ཡུལ་གང་ལ་བསམ་པ་ཅི་འདྲ་བ་དང་། སྦྱོད་ལམ་ཅི་འདྲ་བས་སྐྱབས་སུ་འགྲོ་བའི་ཚུལ་ཡོད་དེ། རྒྱུའི་དུས་ཀྱི་ཀུན་སློང་བྱང་ཆུབ་སྙིང་པོའི་བར་དུ། སེམས་ཅན་ཐམས་ཅད་ལ་དམིགས་པའི་སྙིང་རྗེ་ཆེན་པོས་དཀོན་མཆོག་གསུམ་སྐྱབས་སུ་འཛིན་པ་ལས་ནམ་ཡང་མི་ལྡོག་པའི་སེམས་ཤིན་ཏུ་བརྟན་པ་དག་གིས། ཡུལ་སངས་རྒྱས་དང་ཆོས་དང་ཐུན་མོང་མ་ཡིན་པའི་དགེ་འདུན་བྱང་སེམས་འཕགས་པ་ཕྱིར་མི་ལྡོག་པའི་དགེ་འདུན་ཏེ། དཀོན་མཆོག་གསུམ་ལ། བསམ་པ་སོ་སོའི་ཡོན་ཏན་ཐོས་པ་ན། རབ་ཏུ་དང་བའི་དད་པ་ཤུགས་དྲག་པོ་སྐྱེད་སྒྲོ་བ་དང་ལྡན་པ་བྱས། ལུས་ཀྱི་ཀུན་སྤྱོད་རྐང་པ་གཉིས་ཀྱི་པུས་མོའི་ལྷ་ང་ས་ལ་བཙུགས་ནས་སམ། ཙོག་པུར་འདུག་ཀྱང་རུང་། བླ་གོས་ཕྲག་པ་གཅིག་ཏུ་གཟར། ལག་པ་གཉིས་ཐལ་མོ་སྦྱར་བའི་སྤྱོད་ལམ་བྱས་ནས་སྐྱབས་སུ་འགྲོ་བ་ཡིན་པའི་ཕྱིར། གནས་སྐབས་གང་གི་ཚེ། ལན་དུ་སྐྱབས་སུ་འགྲོ་བ་ཡང་ཡོད་དེ། སྔོན་པ་སེམས་བསྐྱེད་ཀྱི་ཆོ་ག་བྱེད་པའི་དང་པོར་སྐྱབས་འགྲོའི་དངོས་གཞིའི་ཆོ་ག་ལན་གསུམ་མམ་བརྗོད་པ་གསུམ་དུ་བྱ་སྟེ། གསུམ་པའི་ཚེ་སྐྱབས་འགྲོའི་སྡོམ་པ་ཐོབ་པ་ཡིན་པའི་ཕྱིར། ཤ་ར་བའི་ཞལ་ནས། (༧༩ན)ཉན་ཐོས་ལ་སྐྱབས་སུ་མི་འགྲོ་བ་དེ། བྱིན་རླབས་ཆུང་བ་མ་ཡིན་གྱིས། ལམ་མི་མཐུན་པ་གྲོགས་པོར་འཐུར་མི་བཏུབ་པ་དང་འདྲ་བ་ཡིན་གསུང་། དེ་ཡང་མདོ་སྡེ་རྒྱན་ལས། འཆི་བ་དག་ནི་ཐམས་ཅད་དང་། །ངན་སོང་དང་ནི་ཐབས་མིན་དང་། །འཇིག་ཚོགས་ཐེག་པ་

དམན་དག་ལས། །སྐྱོབ་ཕྱིར་སྐྱབས་ཀྱི་དམ་པའོ། །ཞེས་ཚེ་འདིའི་འཚེ་བ་དང་། ཕྱི་མའི་ངན་སོང་དང་། ཐབས་མིན་པ་ལམ་ལོག་པར་ཞུགས་པ་ལས་སྐྱོབ་པའི་ཕྱིར། སྐྱབས་སུ་འགྲོ་བ་སྐྱེས་བུ་ཆུང་ངུའི་སྐྱབས་འགྲོ་དང་། འཇིག་ཚོགས་ཟག་བཅས་ཀྱི་ཕུང་པོ་འདུ་བྱེད་ཀྱི་རང་བཞིན་ཅན་གྱི་འཁོར་བའི་སྡུག་བསྔལ་ལས་རང་ཉིད་ཐར་པའི་ཕྱིར་དུ་སྐྱབས་སུ་འགྲོ་བ་སྐྱེས་བུ་འབྲིང་གི་སྐྱབས་འགྲོ་དང་། ཐེག་དམན་ལ་འཇིགས་ནས་སེམས་ཅན་ཐམས་ཅད་འཁོར་བའི་འཇིགས་པ་ལས་སྐྱོབ་པའི་ཕྱིར་དུ་ཐུན་མོང་མ་ཡིན་པའི་དཀོན་མཆོག་གསུམ་ལ་སྐྱབས་སུ་འགྲོ་བ་ཐེག་ཆེན་གྱི་སྐྱབས་འགྲོར་གསུངས་སོ། །

འོ་ན་སྐྱབས་འགྲོ་ཁྱད་པར་ཅན་དང་། སྨོན་པ་ལ་ཁྱད་པར་ཡོད་དམ་མེད་ཅེ་ན། སྐྱབས་འགྲོ་ཁྱད་པར་ཅན་ནི་སེམས་ཅན་སྡུག་བསྔལ་ལས་སྐྱོབ་པའི་ཆེད་དུ་སངས་རྒྱས་ཐོབ་འདོད་པས། སྨོན་པ་དང་ངོ་བོ་ལ་ཁྱད་པར་མེད། ཚ་ག་མི་འདྲ་བ་ཡིན་ཞེས་ཀ་མ་པ་བཞེད། པུ་ཏོ་བ་ནི་དེ་གཉིས་ཀྱི་ཁྱད་པར། སྨོན་པ་ནི་སེམས་ཅན་གྱི་དོན་དུ་སངས་རྒྱས་ཐོབ་པར་འདོད་ཅིང་། སངས་རྒྱས་ཐོབ་ནས་སེམས་ཅན་སྒྲོལ་བ་ཚོང་དཔོན་རང་སྟོབས་ཀྱིས་སྐྱེལ་མ་བྱེད་པ་དང་འདྲ། སྐྱབས་འགྲོ་ཁྱད་པར་ཅན་ནི། སེམས་ཅན་སྡུག་བསྔལ་(༡༧བ)ལས་སྒྲོལ་བར་འདོད་པས་དེའི་ནུས་པ་མངའ་བ་དཀོན་མཆོག་གསུམ་ལ་ཞུས་ནས་ཚོང་དཔོན་ཁས་དྲག་པོ་གཞན་ལ་བརྟེན་ནས་སྐྱེལ་མ་བྱེད་པ་ལྟ་བུ་ཡིན་གསུང་། འདི་ལའང་མདོ་སྡེ་རྒྱན་ལས། འདི་ནི་དེ་དངོས་འདོད་པས་ཁས་ལེན་དེ་ཡང་སྙིང་བརྩེ་ལས་རིག་བྱ། ཞེས་སངས་རྒྱས་འདོད་པས་སྐྱབས་སུ་ཁས་ལེན་པའང་གསུངས་པས། མང་དུ་གཟིགས་པའི་མཁས་པ་རྣམས་ཀྱིས་དཔྱད་པར་མཛོད་ཅིག །

འདིར་སྐྱབས་སུ་འགྲོ་བའི་རྒྱུ་དང་། ཡུལ་དང་། ངོ་བོ་དང་། བསླབ་བྱ་དང་། ཕན་ཡོན་རྣམས་ནི་ལམ་གྱི་རིམ་པ་དག་ལས་ཤེས་པར་བྱའོ། །

༦༣ སེམས་གསུམ་ལ་བློ་སྦྱང་བ།

༈ གསུམ་པ་སེམས་གསུམ་ལ་བློ་སྦྱང་བ་ནི། སེམས་བསྐྱེད་པའི་དངོས་གཞི་ཆོ་གའི་སྔོན་དུ་འང་བློ་སྦྱང་དགོས་པ་བསྟན་པའི་ཕྱིར།

དེ་ནས་སེམས་ཅན་ཐམས་ཅད་ལ། །
བྱམས་པའི་སེམས་ནི་སྔོན་འགྲོ་བས། །
ངན་སོང་གསུམ་དང་སྐྱེ་སོགས་དང་། །
འཆི་འཕོ་སོགས་ཀྱིས་སྡུག་བསྔལ་བའི། །
འགྲོ་བ་མ་ལུས་ལ་བལྟས་ཏེ། །
སྡུག་བསྔལ་གྱིས་ནི་སྡུག་བསྔལ་བ། །
སྡུག་བསྔལ་སྡུག་བསྔལ་རྒྱུ་མཚན་ལས། །
འགྲོ་བ་ཐར་པར་འདོད་པ་ཡིས། །

ཞེས་པ་དང་པོ་གཉིས་ཀྱིས་བྱམས་པ། དེ་ནས་གསུམ་གྱིས་སྙིང་རྗེའི་དམིགས་པ། དེ་ནས་གསུམ་གྱིས་སྙིང་རྗེའི་རྣམ་པ་བསྟན་ཅིང་། བྱང་ཆུབ་ཀྱི་སེམས་སྦྱོང་ཚུལ་ཡང་དོན་གྱིས་བསྟན་ཏོ། །ཤེས་བྱ་ཆོས་ཅན། ཚོགས་གསོག་སྔོན་དུ་སོང་བའི་སྐྱབས་འགྲོ་ཁྱད་པར་ཅན་གྱི་ཆོ་ག་བྱས་ཟིན་པ་དེ་ནས་ཅི་ཞིག་བྱ་བ་ཡང་ཡོད་དེ། མ་གྱུར་སེམས་ཅན་ཐམས་ཅད་ལ་དམིགས་པའི་བྱམས་པའི་སེམས་ནི་སྔོན་དུ་འགྲོ་བས་ཏེ་སྔོན་དུ་བཏང་ནས་སྙིང་རྗེ་བསྒོམ་(༢༠ན)པར་བྱ་བ་ཡིན་པའི་ཕྱིར། ཤ་ར་བའི་གསུང་སྒྲོས་ལས། བྱམས་པའི་སེམས་ནི་དམིགས་པ་སེམས་ཅན་ཐམས་ཅད་ལ་དམིགས་ནས། རྒྱུ་མཚན་དྲིན་དྲན་པའི་སྒོ་ནས་རྣམ་པ་སྙིང་དུ་སྡུག་ཅིང་གཅེས་པའི་བློ་ཐུན་མོང་མིན་པ་ཅིག་བསྒོམ་པའོ། །ཞེས་པ་ལྟར་ན་ཡིད་འོང་གི་བྱམས་པར་སྣང་བས་རྒྱུ་འབྲས་བདུན་གྱི་ནང་ཚན་གྱིས་སྙིང་རྗེའི་རྒྱུར་ངེས་པར་སྔོན་དུ་འགྲོ་དགོས་པ་

ཉིད་དོ། །བདེ་བ་དང་འཕྲད་འདོད་ཀྱི་བྱམས་པ་ཆེན་པོ་སྙིང་རྗེའི་རྒྱུར་ངེས་པར་སྔོན་དུ་འགྲོ་མི་དགོས་ཀྱང་། གཞུང་འདིས་བསྟན་པར་བྱེད་དགོས་ཤིང་། འདིར་ངེས་པར་བསྒོམ་ཡང་དགོས་སོ། །

སྐྱང་རི་ཐང་པས། སྤྱན་སྔ་ལ་ཕོ་བོ་མི་ཚེ་རྫིལ་གྱིས་བྱམས་པ་ཁོ་ན་བསྒོམ་པར་ཞུ་བྱས་པས། སྤྱན་སྔ་དབུ་ཞ་ཕུད་ནས། ཇོ་བོ་ཆ་བྱད་བཟང་གསུང་དབུ་དུད་དུད་མཛད་ཞེར། སྤྱན་སྔས་སྒྲུག་ཏུམ་པ་ལ། ནན་ལྟར་ན་ཕ་རོལ་པོ་འཇོམས་པ་ལ་བྱམས་པ་ཙམ་པ་མེད། དེ་བས་ན་བྱམས་པ་བྱ་བ་འདི་མིང་ཐོས་པ་ཙམ་གྱིས་སྙིང་སངས་སངས་འདུག་གསུང་། ཡང་སྐྱང་ཐང་པའི་ཞལ་ནས། འགྲོ་བ་རིགས་དྲུག་གར་སྐྱེ་ཆ་མེད། གར་སྐྱེས་ཀྱང་སེམས་ཅན་ལ་ཕན་འདོགས་པ་འདི་མི་བརྗེད་དམ་གསུང་སྐད། དེ་འདྲ་ཞིག་དགོས་པ་ལགས། དེ་ལྟར་སེམས་ཅན་ཐམས་ཅད་ལ་མར་ཤེས་དྲིན་དྲན་དྲིན་གཟོའི་སྒོ་ནས་སྙིང་དུ་སྡུག་ཅིང་གཅེས་པའི་བློ་དུང་དུང་བ་བྱུང་ན། སྙིང་རྗེ་བསྒོམ་སྟེ། དམིགས་པ་ངན་སོང་གསུམ་ན་སྡུག་བསྔལ་དྲག་ཅིང་རྒྱུན་རིང་བ་ཅི་ཡོད་པ་དང་། མིའི་སྐྱེ་བ་དང་སོགས་ཁོངས་ནས་རྒ་ནད་འཆི་བ་ཕྲད་(༢༠བ)ཕྲལ་མ་རྙེད་པ་དང་། མདོར་ན་ཉེར་ལེན་གྱི་ཕུང་པོ་སྡུག་བསྔལ་བར་གྱུར་པ་དང་། འདོད་ལྷའི་འཆི་འཕོ་བ་དང་། འོག་ཏུ་ལྟུང་བའི་སྡུག་བསྔལ་དང་། སོགས་ཁོངས་ནས་ཁམས་གོང་མའི་སྡུག་བསྔལ་ཏེ་ཏིང་ངེ་འཛིན་གྱིས་མྱོས་ནས་ཆོས་ཀྱི་བློ་མེད་ཅིང་གནས་པ་ལ་རང་དབང་མ་ཐོབ་པའི་སྡུག་བསྔལ་ཏེ། མདོར་ན་སྡུག་བསྔལ་གསུམ་གྱིས་ཅི་རིགས་པར་སྡུག་བསྔལ་བའི་འགྲོ་བ་མ་ལུས་པ་ལ་ཐུགས་རྗེའི་སྤྱན་གྱིས་བལྟས་ཏེ་ངན་སོང་གསུམ་གྱི་སྡུག་བསྔལ་གྱིས་ནི་སྡུག་བསྔལ་བ་དང་། འདོད་ལྷ་དང་མིའི་འགྱུར་བའི་སྡུག་བསྔལ་དང་། ཁམས་གོང་མའི་འདུ་བྱེད་ཀྱི་སྡུག་བསྔལ་དང་། རྒྱུ་མཚན་ཀུན་འབྱུང་ལས་དང་ཉོན་མོངས་པ་སྟེ། རོམ་པོའི་གསུང་བགྲོས་ལས། སྡུག་བསྔལ་བསྐྱེད་པའི་རྩ་བའི་རྒྱུ་ལས་ཡིན་ལ། ཚན་དེའི་རྐྱེན་ཉོན་མོངས་པའོ་གསུང་བ་ལྟར་འགྲོ་བ་

མཐའ་དག་ལ་དམིགས་ནས་སྡུག་བསྔལ་དང་ཀུན་འབྱུང་མ་ལུས་པ་ལས་ཐར་པར་འདོད་པའི་སྙིང་རྗེ་དང་། དེས་དྲངས་པའི་བྱང་ཆུབ་ཐོབ་འདོད་ཀྱི་བློ་ཡང་སྦྱང་བར་བྱ་དགོས་པའི་ཕྱིར་ཏེ། མདོ་ལས། བྱང་ཆུབ་སེམས་དཔས་ཆོས་མང་པོ་ལ་བསླབ་པར་མི་བྱའི། ཆོས་གཅིག་ལ་བསླབ་པར་བྱ་སྟེ། གང་ཞེ་ན་སྙིང་རྗེ་ཆེན་པོའོ། །ཞེས་དང་། ཡང་གང་ལ་མགོ་མཆིས་པ་དེ་ལ་འཚོ་བ་མཆིས་སོ། །གང་ལ་སྙིང་རྗེ་ཆེན་པོ་མཆིས་པ་དེ་ལ་རྫོགས་པའི་སངས་རྒྱས་མཆིས་སོ། །ཞེས་གསུངས་ཤིང་། ཐེག་པ་ཆེན་པོའི་རྒྱུ་ལམ་འབྲས་གསུམ་མཐར་ཕྱིན་པ་སྙིང་རྗེ་ལ་རག་ལས་པར་ཡང་ཟླ་བའི་ཞབས་ཀྱིས་གསུངས་པས་འདི་བསྒོམ་པ་ལ་ནན་ཏན(༢༧ན)སྙིང་པོར་མཛོད་ཅིག །

ཐ༢ དངོས་གཞི།

གཉིས་པ་དངོས་གཞི་ནི།

ཕྱོག་པ་མེད་པར་དམ་བཅའ་བའི། །
བྱང་ཆུབ་སེམས་ནི་བསྐྱེད་པར་བྱ། །

ཞེས་པ་སྟེ། བྱམས་པ་དང་སྙིང་རྗེའི་དམིགས་རྣམ་ལེགས་པར་སྦྱངས་ནས་བླ་ན་མེད་པའི་བྱང་ཆུབ་ཀྱི་སེམས་རིན་པོ་ཆེ་བསྐྱེད་པར་བྱའོ། །ཚུལ་ཇི་ལྟར་ན། ཕྱོག་པ་མེད་པར་དམ་འཆའ་བའི་སྒོ་ནས་སོ། །ཕྱིར་སྨོན་སེམས་སྐྱེ་བ་ཆོ་ག་ལ་མི་ལྟོས་ཀྱང་། སེམས་རིན་པོ་ཆེ་འདི་ལས་དུས་ནམ་ཡང་མི་ཕྱོག་ཅིང་། བྱང་ཆུབ་མ་ཐོབ་བར་དུ་སྐད་ཅིག་ཀྱང་མི་བཏང་བའི་སེམས་ཀྱིས་སྨོན་སེམས་ཆོ་གས་བླངས་ནས། འོག་ནས་འབྱུང་བའི་བསླབ་བྱ་ལྔ་པོ་ལ་ངེས་པར་སློབ་དགོས་ལ། སེམས་ཅན་གྱི་དོན་དུ་བྱང་ཆུབ་ཐོབ་འདོད་ཀྱི་བློ་ཙམ་ཆོ་གའི་སྒོ་ནས་བསྐྱེད་ན་ནི། བསླབ་བྱ་ལྔ་ལ་མ་བསླབས་ཀྱང་ཉེས་པར་མི་འགྱུར་ཞེས་རྗེ་ཐམས་ཅད་མཁྱེན་པས་ལམ་རིམ་དུ་གསུངས་སོ། །

འོན་ཀྱང་གཞུང་དོན་གཙོ་བོ་ནི་སྔ་མ་ལྟར་ཡིན་ཏེ། འོག་དེ་མ་ཐག་བསླབ་བྱ་ལ་སློབ་པར་བསྟན་པའི་ཕྱིར་རོ། །སྨོན་སེམས་ཚོ་གས་ལེན་ཚུལ་དངོས་ནི། ལམ་རིམ་རྒྱས་པ་དང་། སྔར་བཤད་པའི་ལམ་མཆོག་རྩ་འགྲེལ་ན་ཕྱག་ལེན་ཞིབ་བཤད་དང་བཅས་པར་ཡོད་པས་ཤེས་པར་བྱ་ཞིང་། འདིར་གཞུང་འཆད་པའི་ས་ཁོང་མི་ལུས་པའི་ཕྱིར་དཀྲུས་ཙམ་བྲིའོ། །

དེ་ཡང་ཐོག་མར་དཀོན་མཆོག་དང་བླ་མ་ལ་ཅི་འབྱོར་བའི་མཆོད་པ་དང་ཡོན་ཕུལ། ཡན་ལག་བདུན་པ་རྒྱས་པར་བྱས་ཏེ་ཚོགས་བསགས་ནས་གསོལ་བ་བཏབ་པ་ནི་ཇི་ལྟར་སྔོན་གྱི་དེ་བཞིན་གཤེགས་པ་དགྲ་བཅོམ་པ་ཡང་(༢༧བ)དག་པར་རྫོགས་པའི་སངས་རྒྱས་རྣམས་དང་། བྱང་ཆུབ་སེམས་དཔའ་ས་ཆེན་པོ་ལ་བཞུགས་པ་རྣམས་ཀྱིས། དང་པོར་བླ་ན་མེད་པ་ཡང་དག་པར་རྫོགས་པའི་བྱང་ཆུབ་ཏུ་ཐུགས་བསྐྱེད་པ་དེ་བཞིན་དུ། བདག་མིང་འདི་ཞེས་བགྱི་པའང་སློབ་དཔོན་གྱིས། བླ་ན་མེད་པ་ཡང་དག་པར་རྫོགས་པའི་བྱང་ཆུབ་ཏུ་སེམས་བསྐྱེད་དུ་གསོལ། ཞེས་ལན་གསུམ་གྱིས་གསོལ་བ་གདབ་བོ། །

དེ་ནས་སྐྱབས་འགྲོ་ཁྱད་པར་ཅན་བྱ་སྟེ། སློབ་དཔོན་དགོངས་སུ་གསོལ། བདག་མིང་འདི་ཞེས་བགྱི་བ་དུས་འདི་ནས་བཟུང་སྟེ། ཇི་སྲིད་བྱང་ཆུབ་སྙིང་པོ་ལ་མཆིས་ཀྱི་བར་དུ་རྐང་གཉིས་རྣམས་ཀྱི་མཆོག་སངས་རྒྱས་བཅོམ་ལྡན་འདས་རྣམས་ལ་སྐྱབས་སུ་མཆིའོ། །དགོངས་གསོལ་སོགས་སྔར་ལྟར་ལ། ཆོས་རྣམས་ཀྱི་མཆོག་ཞི་བ་འདོད་ཆགས་དང་བྲལ་བའི་ཆོས་རྣམས་ལ་སྐྱབས་སུ་མཆིའོ། །ཚོགས་རྣམས་ཀྱི་མཆོག་འཕགས་པ་བྱང་ཆུབ་སེམས་དཔའ་ཕྱིར་མི་ལྡོག་པའི་དགེ་འདུན་རྣམས་ལ་སྐྱབས་སུ་མཆིའོ། །ཞེས་ལན་གསུམ་བརྗོད་དོ། །སློབ་དཔོན་གྱིས་སྐྱབས་འགྲོའི་བསླབ་བྱ་བཤད། སྔར་ཡང་བཟང་སྤྱོད་དམ། སྤྱོད་འཇུག་ནས་འབྱུང་བའི་མཆོད་པ་སོགས་ཡན་ལག་བདུན་པ་འབུལ། བླ་མ་ལ་སྟོན་པའི་འདུ་ཤེས་དང་། སེམས་

ཅན་ཐམས་ཅད་ལ་བྱམས་སྙིང་རྗེའི་འདུ་ཤེས། རང་ལ་སྨྲི་ལམ་དང་། སྨྱུ་མ་ལྟ་བུའི་འདུ་ཤེས་ཉེ་བར་བཞག་ནས་བྱང་ཆུབ་ཀྱི་སེམས་གཟུང་བ་ནི། ཕྱོགས་བཅུ་ན་བཞུགས་པའི་སངས་རྒྱས་དང་བྱང་ཆུབ་སེམས་དཔའ་ཐམས་ཅད་བདག་ལ་དགོངས་སུ་གསོལ། (༢༢ན)སློབ་དཔོན་བདག་ལ་དགོངས་སུ་གསོལ། བདག་མིང་འདི་ཞེས་བགྱི་བས་སྐྱེ་བ་འདི་དང་སྐྱེ་བ་གཞན་དག་ཏུ་སྦྱིན་པའི་རང་བཞིན་དང་། ཚུལ་ཁྲིམས་ཀྱི་རང་བཞིན་དང་། བསྒོམས་པའི་རང་བཞིན་གྱི་དགེ་བའི་རྩ་བ་བདག་གིས་བགྱིས་པ་དང་། བགྱིད་དུ་སྩལ་བ་དང་། བགྱིད་པ་ལ་རྗེས་སུ་ཡི་རང་བའི་དགེ་བའི་རྩ་བ་དེས། ཇི་ལྟར་སྔོན་གྱི་དེ་བཞིན་གཤེགས་པ་དགྲ་བཅོམ་པ་ཡང་དག་པར་རྫོགས་པའི་སངས་རྒྱས་རྣམས་དང་། ས་ཆེན་པོ་ལ་རབ་ཏུ་བཞུགས་པའི་བྱང་ཆུབ་སེམས་དཔའ་ཆེན་པོ་རྣམས་ཀྱིས། བླ་ན་མེད་པ་ཡང་དག་པར་རྫོགས་པའི་བྱང་ཆུབ་ཏུ་ཐུགས་བསྐྱེད་པར་མཛད་པ་དེ་བཞིན་དུ། བདག་མིང་འདི་ཞེས་བགྱི་བས། དུས་འདི་ནས་བཟུང་སྟེ། ཇི་སྲིད་བྱང་ཆུབ་སྙིང་པོ་ལ་མཆིས་ཀྱི་བར་དུ། བླ་ན་མེད་པ་ཡང་དག་པར་རྫོགས་པའི་བྱང་ཆུབ་ཏུ་སེམས་བསྐྱེད་པར་བགྱིའོ། །སེམས་ཅན་མ་བསྒྲལ་བ་རྣམས་བསྒྲལ་བར་བགྱིའོ། །མ་གྲོལ་བ་རྣམས་དགྲོལ་བར་བགྱིའོ། །དབུགས་མ་ཕྱིན་པ་རྣམས་དབུགས་དབྱུང་བར་བགྱིའོ། །ཡོངས་སུ་མྱ་ངན་ལས་མ་འདས་པ་རྣམས་ཡོངས་སུ་མྱ་ངན་ལས་འདའ་བར་བགྱིའོ། །ཞེས་ལན་གསུམ་བརྗོད་དོ། །

སློབ་དཔོན་མ་ཉེད་ན། རྟེན་གྱི་དྲུང་དུ་ཕྱག་མཆོད་ཕུལ་ཏེ། སློབ་དཔོན་ཞེས་པའི་ཚིག་བཞག །ཚ་ག་གཞན་རྣམས་སྔར་བཞིན་བྱ་བའང་ཚ་ག་ལས་བཤད་དོ། །མ་བསྒྲལ་བ་བསྒྲལ་བ་སོགས་ཀྱི་དམ་བཅའ་བཞི་པོའི་དོན་ལ་དགེ་བཤེས་ཆེན་པོ་ཤ་ར་བའི་གསུང་ལས། ཉན་ཐོས་ཀྱི་དབང་དུ་བྱས་ཏེ་འབྲས་བུ་བཞི་དང་སྦྱར་ན། རྒྱུན་ཞུགས་ཐོབ་ན། འཇིག་(༢༢བ)རྟེན་ཐམས་ཅད་ལས་བརྒལ་བ་དང་། ཕྱིར་འོང་

ཐོབ་ན་འདོད་ཉོན་ཕལ་ཆེར་ལས་གྲོལ་བ་དང་། ཕྱིར་མི་འོང་ཐོབ་ན། འདོད་ཉོན་ཐམས་ཅད་སྤངས་པས་དབུགས་ཕྱིན་པ་དང་། དགྲ་བཅོམ་ཐོབ་ན་མྱ་ངན་ཁམས་གསུམ་པའི་ཉོན་མོངས་ཐམས་ཅད་ལས་འདས་པའོ། །

ཐེག་ཆེན་གྱི་དབང་དུ་བྱས་ན། ས་དང་པོ་ཐོབ་པ་ན་འཇིག་རྟེན་ལས་བརྒྱལ། བདུན་པ་ཐོབ་པ་ན། མཚན་མའི་འཆིང་བ་ལས་གྲོལ། དག་པ་ས་གསུམ་ཐོབ་པ་ན་མཚན་མ་མེད་ཅིང་ལྷུན་གྱིས་གྲུབ་པའི་དབུགས་ཕྱིན། སངས་རྒྱས་པ་ན་མྱ་ངན་གྱི་གནས་སུ་གྱུར་པའི་སྤང་བྱ་ཐམས་ཅད་ལས་འདས་པའོ་གསུང་། མཆིམས་ཐམས་ཅད་མཁྱེན་པ་ནི། བདེན་བཞི་དང་སྦྱོར་བ་མཛད་དེ། སྡུག་བསྔལ་གྱི་ཆུ་བོ་ལས་མ་བརྒྱལ་བ་བསྒྲོལ་བ་དང་། ཀུན་འབྱུང་གི་འཆིང་བ་ལས་མ་གྲོལ་བ་དགྲོལ་བ་དང་། བདག་ལྟས་དབུགས་མ་ཕྱུང་བ་ལམ་གྱི་བདེན་པས་དབུགས་དབྱུང་བ་དང་། རྣམ་རྟོག་གི་མྱ་ངན་ལས་མ་འདས་པ་འགོག་པའི་བདེན་པས་མྱ་ངན་ལས་འདའ་བར་མཛད་ཅེས་གསུངས་ཏེ་ལེགས་པར་བཤད་པའོ། །

ཐ༣ མཇུག་བསྡུབ་བྱ་དང་བཅས་པ།

༈ གསུམ་པ་མཇུག་བསྡུབ་བྱ་དང་བཅས་པ་ལ་ལྔ་ལས།

ད༡ ཕན་ཡོན་དྲན་པ།

དང་པོ་ཕན་ཡོན་དྲན་པ་ལ་བསྡུབ་པ་ནི།

དེ་ལྟར་སྨོན་པའི་སེམས་དག་ནི། །
བསྐྱེད་པའི་ཡོན་ཏན་གང་ཡིན་པ། །
དེ་ནི་སྟོང་པོ་བཀོད་པ་ཡི། །
མདོ་ལས་བྱམས་པས་རབ་ཏུ་བཤད། །

ཅེས་གསུངས་པས། དོན་ནི། རབ་ཏུ་བཤད་དོ། །གང་ན། སྔར་བཤད་པ་དེ་ལྟར་བྱང་ཆུབ་སྨོན་པའི་སེམས་དག་ནི། ཚོགས་བསྐྱེད་པའི་ཡོན་ཏན་ནམ། ཕན་ཡོན་གང་ཡིན་པ་དེ་ཉིད་དོ། །གང་ལས་ན། དེ་ཡི་ཕན་ཡོན་དཔག་ཏུ་མེད་པ་དག །བྱམས་(༢༢༤)མགོན་བློ་དང་ལྡན་པས་ནོར་བཟངས་བཤད། །ཅེས་གསུངས་པ་ལྟར། འཕགས་པ་སྡོང་པོ་བཀོད་པའི་མདོ་ལས། རྗེ་བཙུན་བྱམས་པས་བཤད་དེ། དེ་ལས་རིགས་ཀྱི་བུ་བྱང་ཆུབ་ཀྱི་སེམས་ནི་སངས་རྒྱས་ཀྱི་ཆོས་ཐམས་ཅད་ཀྱི་ས་བོན་ལྟ་བུའོ། །འགྲོ་བ་ཐམས་ཅད་ཀྱི་ཆོས་དཀར་པོ་རྣམ་པར་འཕེལ་བར་བྱེད་པའི་ཞིང་ལྟ་བུའོ། །ཞེས་སོགས་དཔེ་ཉིས་བརྒྱ་ལྷག་ཙམ་གྱི་སྒོ་ནས་གསུངས་ལ། བསླབ་བཏུས་སུ་དཔེ་བཅུ་དྲུག་དྲངས་སོ། །

ཤ་ར་བའི་ཞལ་ནས། ཕན་ཡོན་དེ་དག་ཀྱང་བསྡུ་ན་བཞིར་འདུས་ཏེ། ས་བོན་ལྟ་བུ་དང་། ཞིང་ལྟ་བུས་རང་དོན་དང་། གཞན་དོན་གྱི་ཡོན་ཏན་དང་། བྱང་ཆུབ་ཀྱི་སེམས་ནི། མདུང་ཐུང་ལྟ་བུའོ་ཞེས་པས་མི་མཐུན་ཕྱོགས་འཇོམས་པ་དང་། རིན་པོ་ཆེ་ཐམས་ཅད་སྡུག་པའི་ནོར་བུ་ལྟ་བུའོ། །ཞེས་པས་འདོད་དོན་གྲུབ་པའི་ཡོན་ཏན་བསྟན་གསུང་། མདོར་ན་འབྲས་བུ་སངས་རྒྱས་ཀྱི་ཡོན་ཏན་ཚད་མེད་ཅིང་བསམ་གྱིས་མི་ཁྱབ་པ་ཐམས་ཅད་ཀྱང་འདིའི་ཡོན་ཏན་ཏེ། འདི་གཙོ་བོའི་རྒྱུར་གྱུར་པའི་ཕྱིར། ཞེས་གྲོ་ལུང་པ་ཆེན་པོ་གསུང་ངོ་། །

༢༢ བྱང་ཆུབ་ཀྱི་སེམས་སྦྱོང་བ་ལ་སློབ་པ།

༈ གཉིས་པ་བྱང་ཆུབ་ཀྱི་སེམས་སྦྱོང་བ་ལ་སློབ་པ་ནི།

དེ་ཡིས་མདོ་སྡུག་པའམ་བླ་མ་ལས་མཉན་ཏེ། །
རྫོགས་པའི་བྱང་ཆུབ་སེམས་ཀྱི་ཡོན་ཏན་མཐའ་མེད་པ། །
རྣམ་པར་ཤེས་པར་བྱས་ལ་དེ་གནས་རྒྱུ་མཚན་དུ། །

དེ་ལྟར་ཡང་དང་ཡང་དུ་སེམས་ནི་བསྐྱེད་པར་བྱ། །

ཞེས་སོ། །དེ་ལྟར་བྱང་ཆུབ་ཀྱི་སེམས་ནི་བསྐྱེད་པར་བྱ་བ་ཡིན་ཏེ། གང་གིས་ན། སྨོན་སེམས་ཆོ་གས་བླངས་པའི་བྱང་སེམས་དེ་ཡིས། (༢༣བ)རྫོགས་པའི་བྱང་ཆུབ་ལ་དམིགས་པའི་སྨོན་སེམས་ཀྱི་ཡོན་ཏན་མཐའ་མེད་ཅིང་བསམ་གྱིས་མི་ཁྱབ་པ། སྡོང་པོ་བཀོད་པ་ལ་སོགས་པའི་མདོ་རྣམས་དང་། བྱང་ས་སོགས་བསྟན་བཅོས་རང་ཉིད་ཀྱིས་ཀློག་པའམ། ཡང་ན་བླ་མ་ལས་ལེགས་པར་མཉན་ཏེ། རྣམ་པར་ཏེ་མཐའ་ཆོད་པར་ཤེས་པར་བྱས་ནས། དགོས་པ་སེམས་དེ་རང་རྒྱུད་ལ་གནས་ཤིང་མི་ཉམས་པར་འཕེལ་བའི་རྒྱུ་མཚན་ཏེ་རྒྱུ་རྐྱེན་དུ་ཡང་དང་ཡང་དུ་སྟེ་ཐ་ནའང་ཉིན་ལན་གསུམ་མཚན་ལན་གསུམ་དུ་བསྐྱེད་པར་བྱ་བ་ཡིན་པའི་ཕྱིར། ཁ་གཅིག་དེ་ནས་ཞེས་འདོན་པ་ནི་དཔེ་མ་དག་པའོ། །

རང་འགྲེལ་གྱི་རྩ་བའི་འགྱུར་དུའང་། ད་གནས་ཉིན་མཚན་དུ། དེ་ལྟར་ཡང་དང་ཡང་དུ། ཞེས་འབྱུང་ངོ་། །སྔར་བཤད་པའི་ཆོ་ག་མ་གྲུབ་ན། སངས་རྒྱས་ཆོས་དང་ཚོགས་ཀྱི་མཆོག་རྣམས་ལ། །བྱང་ཆུབ་བར་དུ་བདག་ནི་སྐྱབས་སུ་མཆི། །བདག་གིས་སྦྱིན་སོགས་བགྱིས་པ་འདི་དག་གིས། །འགྲོ་ལ་ཕན་ཕྱིར་སངས་རྒྱས་འགྲུབ་པར་ཤོག །ཅེས་ཇོ་བོ་ཉིད་ཀྱི་གཞུང་ལས་འབྱུང་བ་དེ་ལྟར་བྱའོ། །འོ་ན། བྱང་ཆུབ་སེམས་ཀྱི་ཡོན་ཏན་མཐའ་མེད་པ། །ཞེས་གསུངས་ན། དེ་གང་ལས་བཤད་ཅེ་ན། དེའི་ལན་བསྟན་པའི་ཕྱིར།

དཔའ་སྦྱིན་གྱིས་ཞུས་མདོ་དག་ལས། །
འདི་ཡི་བསོད་ནམས་རབ་བསྟན་པ། །
གང་ཚེ་ཚོགས་བཅད་གསུམ་ཙམ་དུ། །
མདོར་བསྡུས་པས་ནི་འདིར་བྲི་བྱ། །
བྱང་ཆུབ་སེམས་ཀྱི་བསོད་ནམས་གང་། །

དེ་ལ་གལ་ཏེ་གཟུགས་མཆིས་ན། །
ནམ་མཁའི་ཁམས་ནི་ཀུན་བཀང་སྟེ། །
དེ་ནི་དེ་བས་ལྷག་པར་འགྱུར། །
གང་གཱའི་བྱེ་མའི་གྲངས་སྙེད་ཀྱི། །
སངས་རྒྱས་(༢༤ན)ཞིང་རྣམས་མི་གང་གིས། །
རིན་ཆེན་དག་གིས་ཀུན་བཀང་སྟེ། །
འཇིག་རྟེན་མགོན་ལ་ཕུལ་བ་བས། །
གང་གིས་ཐལ་མོ་སྦྱར་བགྱིས་ཏེ། །
བྱང་ཆུབ་ཏུ་ནི་སེམས་བཏུད་ན། །
མཆོད་པ་འདི་ནི་ཁྱད་པར་འཕགས། །
དེ་ལ་མཐའ་ནི་མ་མཆིས་སོ། །

ཞེས་སོ། །བྱང་ཆུབ་ཀྱི་སེམས་འདིའི་བསོད་ནམས་སམ་ཕན་ཡོན་རྒྱ་ཆེར་རབ་ཏུ་བསྟན་པར་བྱ་བ་གང་ཡིན་པ་དེ་ཁྱིམ་བདག་དཔའ་སྦྱིན་གྱིས་ཞུས་པའི་མདོ་སྡེ་དག་ལས། ཚིགས་བཅད་གསུམ་ཙམ་མདོར་བསྡུས་ནས་གསུངས་པ་དེ་ནི་གཞུང་འདིར་ཡང་བྲི་བར་བྱའོ། །ཞེས་མཚམས་སྦྱར་རོ། །འོ་ན་མདོ་ལས་འབྱུང་བའི་ཕན་ཡོན་ཇི་ལྟ་བུ་ཞེ་ན། འདིར་བསྟན་བྱང་ཆུབ་ཀྱི་སེམས་ཀྱི་ཕན་ཡོན་རྒྱ་ཤིན་ཏུ་ཆེན་པོ་དང་ལྡན་པ་ཡིན་ཏེ། བྱང་ཆུབ་ཀྱི་སེམས་ཀྱི་བསོད་ནམས་གང་ཡིན་པ་དེ། གཟུགས་སུ་མ་གྲུབ་མོད། གལ་ཏེ་དེ་ལ་གཟུགས་ཤིག་མཆིས་ན། ཕྱོགས་བཅུའི་ནམ་མཁའི་ཁམས་ནི་ཀུན་ཏུ་བཀང་སྟེ་ཕྱུར་བུར་གཏམས་ན། ཕན་ཡོན་དེ་ནི་ནམ་མཁའི་ཁམས་དེ་བས་ཀྱང་ལྷག་པ་སྟེ། ནམ་མཁར་མི་ཤོང་བ་ཡིན་པའི་ཕྱིར། འདིས་རྒྱ་ཆེ་བ་དང་། ཕྱི་མ་གཉིས་ཀྱིས་ཚད་བཟུང་དུ་མེད་པས་མཐའ་མ་མཆིས་པ་བསྟན་ཏོ། །

གཞན་ཡང་། བྱང་ཆུབ་ཀྱི་སེམས་ལ་བསོད་ནམས་ཀྱི་མཐའ་ནི་མ་མཆིས་སོ་

སྟེ། ཚད་བཟུང་དུ་མེད་པའི་བསོད་ནམས་ཡོད་དེ། སྔོན་གྱི་ཁྱད་པར་ཆུ་བོ་གང྄་གཱའི་འགྲམ་གྱི་བྱེ་མའི་གྲངས་སམ། གང྄་གཱའི་ཆུ་རྡུལ་དུ་ཕྱེ་བའི་བྱེ་མ་ཇི་སྙེད་པ་དེ་སྙེད་ཀྱི་སངས་རྒྱས་ཀྱི་ཞིང་རྣམས་རྗེན་དད་པ་དང་ལྡན་པའི་མི་གང་གིས་མཆོད་རྫས་ཀྱི་ཁྱད་པར་ལྷའི་རིན་པོ་ཆེ་དབང་གི་རྒྱལ་(༢༨བ)པོ་དག་གིས་ཀུན་ཏུ་བྱུར་བུར་བཀང་སྟེ། ཡུལ་ཁྱད་པར་ཅན་འཛིག་རྟེན་གྱི་མགོན་པོ་སངས་རྒྱས་བཅོམ་ལྡན་འདས་ལ་འབུལ་བ་ཕུལ་བ་བས། ཐེག་ཆེན་གྱི་རྟེན་གྱི་གང་ཟག་གང་གིས། དཀོན་མཆོག་གམ་བླ་མའི་དྲུང་དུ་དད་པས་ཐལ་མོ་སྦྱར་བ་བགྱིས་ཏེ། བླ་ན་མེད་པའི་བྱང་ཆུབ་ཏུ་སེམས་བཏུད་པ་བསྐྱེད་ན། བྱང་ཆུབ་ཀྱི་སེམས་བསྐྱེད་པའི་མཆོད་པ་འདི་ནི་ཁྱད་པར་དུ་འཕགས་པ་ཡིན་པའི་ཕྱིར་རོ། །

༨༣ ཚོགས་གཉིས་བསག་པ་ལས་བརྩམ་པ།

༄ གསུམ་པ་ཚོགས་གཉིས་བསག་པ་ལ་བསླབ་པ་ནི།

བྱང་ཆུབ་སྨོན་པའི་སེམས་དག་བསྐྱེད་ནས་ནི། །

འབད་པ་མང་པོས་ཀུན་ཏུ་སྤེལ་བྱ་ཞིང་། །

ཞེས་གསུངས། ཕུ་ཏོ་བའི་ཞལ་ནས། ཚོགས་གཉིས་ལ་འབད་པ་འདིས་ཟིན་དུ་ཅུང་གསུངས། ཕན་ཡོན་དྲན་པ་དང་དུས་དྲུག་ཏུ་སྦྱང་བ་གཉིས་ཀྱི་སྒོ་ནས། བྱང་ཆུབ་སྨོན་པའི་སེམས་དག་བསྐྱེད་པར་བྱས་ནས་ནི། དཀོན་མཆོག་ལ་མཆོད་པ། དགེ་འདུན་གྱི་བསྙེན་བཀུར། འབྱུང་པོའི་གཏོར་མ། འཕོངས་པ་ལ་སྦྱིན་པ་སོགས་བསོད་ནམས་དང་ཡེ་ཤེས་ཀྱི་ཚོགས་གཉིས་གསོག་པ་ལ་འབད་པ་མང་པོས། སེམས་དེ་ཀུན་ཏུ་སྤེལ་བར་བྱ་དགོས་ཏེ། ཚོགས་ཀྱི་གཏམ་ལས། བདག་གིས་དེ་རིང་བསོད་ནམས་དང་། །ཡེ་ཤེས་ཚོགས་ནི་གང་ཞིག་གིས། །གཞན་ལ་ཕན་པ་གང་བྱ་ཞེས། །བྱང་ཆུབ་སེམས་དཔས་ཡང་ཡང་བསམ། །ཞེས་གསུངས་པའི་ཕྱིར། ཞིང་ཞེས་པ

འོག་མ་སྤྱད་པའི་ཚིག་གོ །

༢༩ སེམས་ཅན་བློས་མི་སྤང་བ་ལ་བསླབ་པ།

༄ བཞི་པ་སེམས་ཅན་བློས་མི་སྤང་བ་ལ་བསླབ་པ་ནི། འདི་ནི་སྐྱེ་བ་གཞན་དུའང་དྲན་དོན་དུ་ཞེས་པའི་འང་གི་སྒྲས་བསྟན་པར་ཞང་རོམ་བཞེད་དོ། །འང་གི་སྒྲས་ཚེ་འདིར་སེམས་བསྐྱེད་མི་ཉམས་པའི་རྒྱུ་ལ་བསླབ་(༢༥ན)པར་བསྟན་ཅིང་། སེམས་ཅན་བློས་སྤོང་གིས་སེམས་བསྐྱེད་གཏོང་བས་སོ་སྐམ་དུ་དགོངས་པས་ཤིན་ཏུ་ལེགས་ཞེས་དམ་པ་ཁ་ཅིག་འཆད་དོ། །

༢༥ ནག་ཆོས་བཞི་སྤང་ཞིང་། དཀར་ཆོས་བཞི་བསྟེན་པ་ལ་སློབ་ཚུལ།

༄ ལྔ་པ་ནག་ཆོས་བཞི་སྤང་ཞིང་། དཀར་ཆོས་བཞི་བསྟེན་པ་ལ་སློབ་ཚུལ་ནི།

འདི་ནི་སྐྱེ་བ་གཞན་དུའང་དྲན་དོན་དུ། །

ཇི་སྐད་བཤད་པའི་བསླབ་པ་ཡོངས་སུ་བསྲུང་། །

ཞེས་གསུངས། འདིར་བསྟན་སྨོན་སེམས་ཚེ་གས་བཟུང་བ་འདི་ལ་ནི་སྔར་བཤད་པའི་བསླབ་བྱ་བཞིའི་སྒོ་ནས་ཚེ་འདིར་མི་ཉམས་པའི་རྒྱུ་ལ་བསླབ་པ་དེ་ཙམ་གྱིས་ཆོག་གམ་ཞེ་ན། མི་ཆོག་སྟེ། སྐྱེ་བ་ཕྱི་མ་གཞན་དུའང་སེམས་དེ་མི་བརྗེད་ཅིང་དྲན་པར་བྱ་བའི་དོན་དུ། འོད་སྲུང་གིས་ཞུས་པའི་མདོ་ལས། ཇི་སྐད་བཤད་པའི་བསླབ་པ་བཞི་ཚན་གཉིས་པོ་ཡོངས་སུ་བསྲུང་བ་དང་བསྟེན་པར་བྱ་བ་ཡིན་པའི་ཕྱིར། དྲི་བ་གཉིས་པ་སོ་སྐྱེའི་རྟེན་ལ་བྱང་ཆུབ་ཀྱི་སེམས་གསར་དུ་སྐྱེའམ་མི་སྐྱེའི་ལན། འགྲེལ་པར་གསལ་བར་མ་བཤད་ཀྱང་། ནག་ཆོས་བཞི་དང་། སེམས་ཅན་བློས་སྤོང་གིས་སྨོན་སེམས་ཉམས་པར་འགྱུར་བའི་རྟེན་ནི་སོ་སྐྱེ་པོ་ནར་ངེས་པས།

དེའི་རྗེན་ལ་སྨོན་སེམས་སྐྱེ་བ་ཡོད་ཅེས་དོན་གྱིས་གྲུབ་བོ། །

ང༢ འཇུག་པ་བསླབ་བྱ་དང་བཅས་པ་བཤད་པ།

གཉིས་པ་འཇུག་པ་བསླབ་བྱ་དང་བཅས་པ་བཤད་པ་ལ་གསུམ། མཚམས་སྦྱར་ཏེ་འཇུག་སྡོམ་བླང་བར་བསྟན་པ། འཇུག་སྡོམ་ཇི་ལྟར་བླང་བའི་ཚུལ། སྡོམ་པ་བླངས་ནས་བསླབ་བྱ་ལ་བསླབ་པར་བསྟན་པའོ། །

ཐ༡ མཚམས་སྦྱར་ཏེ་འཇུག་སྡོམ་བླང་བར་བསྟན་པ།

དང་པོ་ནི། ཇི་སྐད་བཤད་པ་ལྟར་བྱང་ཆུབ་ཏུ་སེམས་བསྐྱེད་ཀྱང་རྒྱལ་སྲས་ཀྱི་སྤྱོད་པ་ལ་མ་བསླབས་ན་འཚང་རྒྱ་མི་སྲིད་ཅིང་། བྱང་སྡོམ་མ་བཟུང་ན། སྦྱིན་སོགས་ལ་བསླབས་(༢༥བ)ཀྱང་རྒྱལ་སྲས་ཀྱི་སྤྱོད་པར་མི་འགྱུར་བས། སྤྱོད་པའི་རྟེན་སྡོམ་པ་ཟུང་དགོས་པར་བསྟན་པའི་ཕྱིར།

འཇུག་སེམས་བདག་ཉིད་སྡོམ་པ་མ་གཏོགས་པ། །
ཡང་དག་སྨོན་པ་འཕེལ་བར་འགྱུར་མ་ཡིན། །
རྫོགས་པའི་བྱང་ཆུབ་སྡོམ་པ་སྤེལ་འདོད་པས། །
དེ་ཕྱིར་འབད་པས་འདི་ནི་ངེས་པར་བླང་། །

ཞེས་གསུངས་སོ། །སྨོན་སེམས་བརྟན་ཞིང་ཚེ་གས་གཟུང་བ་དེས། འཇུག་པའི་སྡོམ་པ་འདི་ནི་སྙིང་ལུག་པ་དང་ཞུམ་པ་མེད་པར་འབད་པ་དྲག་པོས་ངེས་པར་བླང་བར་བྱ་སྟེ། དགོས་པ་འབྲས་བུའི་མིང་གིས་རྒྱུ་ལ་བཏགས་པ་རྫོགས་པའི་བྱང་ཆུབ་ལ་དམིགས་པའི་སྡོམ་པའི་མིང་ཅན་སྨོན་པའི་སེམས་དེ་སྤེལ་ཞིང་མཐར་ཕྱིན་པར་འདོད་པས་བླང་དགོས་པའི་ཕྱིར། སྨོན་སེམས་སྤེལ་བ་འཇུག་སྡོམ་ལ་རག་ལས་པ་ཡང་ཡིན་ཏེ། འཇུག་པའི་སེམས་ཀྱི་བདག་ཉིད་སྡོམ་པ་བཟུང་བ་མ་གཏོགས་པར་

སྨོན་པའི་སེམས་ཡང་དག་པ་མཆོག་ཏུ་འཕེལ་བར་འགྱུར་བ་མ་ཡིན་པ་དེའི་ཕྱིར་སྙིང་པོ་ངེས་པར་བསྡུ་བ་ལས་ཀྱང་།

ལྷག་པའི་བསམ་པ་དང་ལྡན་པས། །འཇུག་པའི་སེམས་ནི་བསྐྱེད་བྱས་པས། །སྔར་གྱི་སྨོན་པའི་སེམས་དེ་ཉིད། །རྒྱ་ཆེར་རབ་ཏུ་འཕེལ་བར་འགྱུར། །ཞེས་གསུངས་པའི་ཕྱིར། གཞུང་འདི་ལ་བརྟེན་ནས་སྔོན་གྱི་དགེ་བཤེས་ཡུང་བ་པ་སོགས་སྨོན་པ་སྡོམ་པར་བཞེད་ཀྱང་། གཞན་ཕལ་ཆེར་སྡོམ་པའི་སྐབས་བཏགས་པ་ཡིན་ཏེ། ཇོ་བོ་རང་ཉིད་ཀྱིས། སེམས་བསྐྱེད་སྔོན་དུ་སོང་བ་ཡིས། །བྱང་ཆུབ་སེམས་དཔའི་སྡོམ་པ་བླང་། །ཞེས་སེམས་བསྐྱེད་དང་སྡོམ་པ་སོ་སོར་གསུངས་པའི་ཕྱིར་གསུང་ངོ་། །

ཐ༢ འཇུག་སྡོམ་ཇི་ལྟར་ལེན་པའི་ཚུལ།

༄ གཉིས་པ་འཇུག་སྡོམ་ཇི་ལྟར་ལེན་པའི་ཚུལ་(༢༨ན)ལ་གསུམ། ལེན་པའི་རྟེན། བླང་བའི་ཡུལ། ལེན་པའི་ཆོ་གའོ། །

ད༡ ལེན་པའི་རྟེན།

དང་པོ་ནི།

སོ་སོར་ཐར་པ་རིས་བདུན་གྱི། །
རྟག་ཏུ་སྡོམ་གཞན་ལྡན་པ་ལ། །
བྱང་ཆུབ་སེམས་དཔའི་སྡོམ་པ་ཡི། །
སྐལ་པ་ཡོད་ཀྱིས་གཞན་དུ་མིན། །

ཞེས་གསུངས་སོ། །འདི་ནི་སློབ་དཔོན་བྱང་ཆུབ་བཟང་པོའི་སྡོམ་པ་ཉི་ཤུ་པའི་འགྲེལ་པར། སོ་སོར་ཐར་པའི་སྡོམ་པ་ནི། བྱང་ཆུབ་སེམས་དཔའི་སྡོམ་པའི་ཡན་ལག་ཏུ་འགྱུར་བ་ཡིན་ཏེ། ཕྱོགས་གཅིག་ཉིད་དུ་རིག་པར་བྱའོ། །དེའི་ཕྱིར་སོ་

སོར་ཐར་པའི་སྡོམ་པ་གཞན་དང་ལྡན་པ་འདིས། བྱང་ཆུབ་སེམས་དཔའི་སྡོམ་པ་ཡང་དག་པར་ལེན་པའི་སྣོད་དུ་གྱུར་པ་ལ་བསྙབ་པའི་ཚིགས་འདི་ཡང་སྦྱིན་པར་བྱ་བའི་དོན་ཏོ། །

འདི་ལ་སྤྱོག་གཅོད་པ་ལ་སོགས་པ་ལས་ལྡོག་པའི་ཚ་ག་གཞན་ཉིད་ནི་མ་ཡིན་ཞིང་། དེ་རྣམས་ཀྱང་ལྡོག་པ་མ་ཡིན་པ་ནི་བྱང་ཆུབ་སེམས་དཔའི་སྡོམ་པ་ཡང་དག་པར་ལེན་པའི་སྣོད་དུ་གྱུར་པའང་ཡོད་པ་མ་ཡིན་ནོ། །ཞེས་གསུངས་པའི་དོན་བསྡུས་པ་རང་འགྲེལ་ལས་བཤད་དོ། །ཡོངས་རྫོགས་དགེ་བསྙེན་ཡན་ནས་དགེ་སློང་གི་སྡོམ་པའི་བར་སོ་སོར་ཐར་པ་རིས་བདུན་དངོས་སམ། དེ་དང་ཐུན་མོང་བའི་རང་བཞིན་གྱི་ཁ་ན་མ་ཐོ་བ་སྤོང་བ་རྟག་ཏུ་སྟེ་ཇི་སྲིད་འཚོ་བའི་སྡོམ་པ་བྱང་སེམས་ཀྱི་སྡོམ་པ་ལ་ལྟོས་ཏེ། གཞན་དང་ལྡན་པ་དག་ལ་བྱང་ཆུབ་སེམས་དཔའི་སྡོམ་པ་སྐྱེ་བའི་སྐལ་བ་ཡོད་ཀྱིས་དེ་ལས་གཞན་དུ་བྱང་སྡོམ་ཕུན་སུམ་ཚོགས་པ་སྐྱེ་བ་མ་ཡིན་ཏེ། བྱང་སྡོམ་ནི་དངོས་དང་བརྒྱུད་པས་གཞན་ལ་ཕན་འདོགས་(༢༨བ) པར་ནུས་པ་གང་ཞིག །དེ་ལ་གཞན་གནོད་གཞི་བཅས་ལས་ལྡོག་པ་ཅིག་དགོས་པའི་ཕྱིར་ཏེ། རང་འགྲེལ་ལས། དེ་ནི་ཚུལ་ཁྲིམས་ཀྱི་སྡོམ་པའི་རྟེན་ཁྱད་པར་ཅན་འདོད་ནས། ཞེས་སོགས་གསུངས་པའི་ཕྱིར། འོ་ན་བསྙེན་གནས་རྟེན་དུ་མི་རྟོན་པ་ཅི་ཞེ་ན། དེའི་རྒྱུ་མཚན་ཡོད་དེ། དུས་ཐུང་བ་དང་། སྲིག་པ་དང་འདོད་པ་གཉིས་ཀ་ལས་དབེན་པ་མ་ཡིན་པས། བྱང་སྡོམ་གྱི་རྟེན་དུ་མི་རུང་བའི་ཕྱིར། གལ་ཏེ་སོ་ཐར་གྱི་སྡོམ་པ་ནི་ཆེ་འཕོས་པས་གཏོང་བས། འདིའི་རྟེན་དུ་ཇི་ལྟར་རུང་སྙམ་ན། རྣལ་འབྱོར་པ་ཆེན་པོའི་ཞལ་ནས། རྐན་པོ་ལོང་བའི་རྟེན་དབྱུག་པས་བྱེད་ཅིང་། ཕྱིས་ནས་དབྱུག་པ་མི་འགྲེལ་བ་རྐན་པོས་མགོ་ནས་བཟུང་བས་བྱེད་པ་ལྟར། དང་པོར་སྐྱེ་བའི་རྟེན་སོ་ཐར་གྱིས་བྱེད་ལ། དེ་ནས་གཞན་གནོད་གཞི་བཅས་ལས་ལོག་པ་དེ་བྱང་ཆུབ་སྙིང་པོའི་བར་མི་འཚོར་བར་བྱང་སྡོམ་གྱིས་བྱེད་ཅེས་གསུང་ངོ་། །

འདི་ལ་བརྟེན་ནས་སྟོན་དུས་སུ་སྡོམ་པ་རྟེན་ཅན་པ་དང་རྟེན་མེད་པའི་ཐ་སྙད་བྱེད་པ་བྱུང་ཞིང་། ནག་ཚོའི་ལུགས་ཀྱི་དྲི་བ་གསུམ་པའི་ལན་ཡང་གཞུང་འདིས་བསྟན་པ་ཡིན་ནོ། །

རྟེན་གྱི་ཁྱད་པར་སྟོན་པ་ལ།

སོ་སོར་ཐར་པ་རིས་བདུན་དུ། །
དེ་བཞིན་གཤེགས་པས་གསུངས་པ་ལས། །
ཚངས་སྤྱོད་དཔལ་ནི་མཆོག་ཡིན་ཏེ། །
དགེ་སློང་སྡོམ་པ་དག་ཏུ་བཞེད། །

ཅེས་སོ། །སོ་ཐར་རིས་བདུན་ཅི་རིགས་ལ་གནས་པའི་རྟེན་ལ་བཟང་ངན་གྱི་ཁྱད་པར་ཡོད་དམ་མེད་ཅེ་ན། འདུལ་བའི་སྡེ་སྣོད་ལས། སོ་སོར་ཐར་པ་རིས་བདུན་དུ། །དེ་བཞིན་གཤེགས་པས་གསུངས་པ་ལ། །ཁྱིམ་པའི་སྡོམ་པ་ལས། རབ་བྱུང་ཕྱོགས་ཀྱི་སྡོམ་(༢༧ན)པ་མཆོག་དང་། ཚངས་པར་སྤྱོད་པར་རབ་བྱུང་ཕྱོགས་ཀྱི་སྡོམ་པའི་ནང་ནས་ཀྱང་དཔལ་ལམ་ཕུན་སུམ་ཚོགས་པ་ནི། བསྙེན་པར་རྫོགས་པ་དགེ་སློང་གི་སྡོམ་པ་དག་ཡིན་ཏེ། དེ་ནི་རྒྱལ་བའི་བསྟན་པ་ལ་ཞུགས་ལ་ཡོངས་སུ་རྫོགས་པ་ཡིན་པའི་ཕྱིར་རོ། །དེས་ན་དགེ་སློང་གི་སྡོམ་པ་ནི། བྱང་སྡོམ་གྱི་རྟེན་མཆོག་ཏུ་བཞེད་དེ། ཟླ་བ་སྒྲོན་མེ་ལས། དགེ་སློང་དངོས་པོ་མཆོག་ཏུ་བྱ་བ་ཡིས། །བྱང་ཆུབ་དམ་པ་མཆོག་ལ་སེམས་བསྐྱེད་ཅིག །ཅེས་དང་། གསུམ་ལས་དགེ་སློང་མཆོག་ཡིན་འཕྲིང་། །ཞེས་སོགས་དང་། སངས་རྒྱས་བསྟན་པ་རིན་ཆེན་སྒྲོན། །འབར་བའི་སྡོད་ནི་དཀའ་ཐུབ་ཅན། །ངུར་སྨྲིག་འཛིན་པ་ཤཱཀྱའི་སྲས། །དགེ་སློང་རྣམས་ནི་ཡིན་ཕྱིར་རོ། །ཞེས་གསུངས་པའི་ཕྱིར། འོ་ན་སོ་ཐར་གྱི་སྡོམ་ལྡན་གྱིས་བྱང་སྡོམ་བཟུང་བའི་ཚེ་གནས་འགྱུར་རམ། གཉིས་ལྡན་གང་ཡིན་ཞེ་ན། ཇོ་བོ་སྡོམ་པ་ཡང་ལྡན་བྱ་བ་གཉིས་ལྡན་དུ་བཞེད་ཅེས་སྣེའུ་ཟུར་པའི་བསྟན་རིམ་ལས་བཤད། ནག་

ཚོའི་འགྲེལ་པར་ཡང་དེ་གཉིས་ཀྱི་སྡོམ་པ་གཅིག་གམ་ཐ་དད་ཅེ་ན། གཅིག་པའང་ཡིན། ཐ་དད་པའང་ཡིན་ཏེ། འདི་ལྟར་སྡོམ་པའི་ཚུལ་ཁྲིམས་བྱ་བ་ལ་སོགས་པ་གཞན་ན་མེད་ཀྱི་སོ་སོར་ཐར་པ་རིས་བདུན་པོ་གང་ལ་གནས་པ་ཉིད་སྡོམ་པའི་ཚུལ་ཁྲིམས་ཡིན་པས་ན་གཅིག་པའང་ཡིན་ནོ། །ཐ་དད་པའང་ཡིན་ཏེ། སོ་སོར་ཐར་པ་རྫས་སུ་འདོད་པ་དང་། གཞན་ལ་གནོད་པ་བྱེད་པ་ལས་ལོག་ནས། གནོད་པ་མི་བྱེད་པ་དང་། བྱང་སེམས་ཀྱི་སྡོམ་པ་རྫས་སུ་མི་འདོད་པ་དང་། གཞན་ལ་ཕན་པ་(༢༧བ)ཉིད་སྒྲུབ་པས་ཐ་དད་པའང་ཡིན་ཞེས་བྱའོ་གསུངས། དེས་ནི་དྲི་བ་བཞི་པའི་ལན་གདབ་པར་ཡང་བཞེད་དོ། །

ད༢ གང་ལས་བླང་བའི་ཡུལ།

༄ གཉིས་པ་གང་ལས་བླང་བའི་ཡུལ་ནི།

སྡོམ་པའི་ཚོ་ག་ལ་མཁས་དང་། །
བདག་ཉིད་གང་ཞིག་སྡོམ་ལ་གནས། །
སྡོམ་པ་འབོགས་བཟོད་སྙིང་རྗེ་ལྡན། །
བླ་མ་བཟང་པོར་ཤེས་པར་བྱ། །

ཞེས་པ་སྟེ། འདི་བྱང་ཆུབ་སེམས་དཔའི་ས་དག་གི །ཞེས་པའི་འོག་ན་ཡོད་ཀྱང་སྟར་བླངས་པ་ནི་འཆད་བདེ་བའི་དབང་དུ་བྱས་སོ། །འོ་ན་སྡོམ་པ་བླང་བའི་ཡུལ་བླ་མ་ཇི་ལྟ་བུ་ཞིག་ཅེ་ན། བྱང་སྡོམ་འབོགས་པའི་བླ་མ་བཟང་པོ་ཡོན་ཏན་ཕུན་སུམ་ཚོགས་པ་བཞི་ལྡན་ཞིག །འདིར་བསྟན་བླ་མ་བཟང་པོའི་མཚན་ཉིད་དུ་ཤེས་པར་བྱ་དགོས་ཏེ། སྡོམ་པའི་ཚོ་ག་ནི་ཡང་དག་པར་ལེན་པ་དང་། མི་ཉམས་པར་བསྲུང་བ་དང་། ཉམས་ན་ཕྱིར་བཅོས་པའི་ཐབས་ཡིན་པས། དེ་དག་ལ་མཁས་པའི་ཤེས་རབ་ཕུན་སུམ་ཚོགས་པ་དང་། བདག་ཉིད་གང་ཞིག་བྱང་ཆུབ་སེམས་

དཔའི་ཚུལ་ཁྲིམས་ཕུན་སུམ་ཚོགས་པ་དང་། བྱང་སྡོམ་འདོགས་པར་བཟོད་པའི་ནུས་པའམ་སྤོབས་པ་ཕུན་སུམ་ཚོགས་པ་དང་། སྙིང་རྗེར་ལྡན་པའི་བསམ་པ་ཕུན་སུམ་ཚོགས་པ་དང་ལྡན་པ་ཡིན་པའི་ཕྱིར། བཞི་པོའི་ནང་ནས་ཀྱང་སྔ་མ་གཉིས་གཙོ་ཆེ་བར་ཞང་རོམ་དང་ལག་སོར་བ་གཉིས་བཞེད་པ་ལྟར་ལེགས་ཏེ། སྤྱོད་འཇུག་ལས་ཀྱང་། རྟག་པར་དགེ་བའི་བཤེས་གཉེན་ནི། །ཐེག་ཆེན་དོན་ལ་མཁས་པ་དང་། །བྱང་ཆུབ་སེམས་དཔའི་བརྟུལ་ཞུགས་མཆོག །ཅེས་གསུངས་པའི་ཕྱིར།

ད༣ ཇི་ལྟར་ལེན་པའི་ཆོ་ག །

༄ གསུམ་པ་ཇི་ལྟར་ལེན་པའི་ཆོ་ག་ལ་གཉིས། བླ་མ་ཡོད་པའི་ཆོ་ག་དང་། བླ་མ་མེད་(༢༢ན)པའི་ཆོ་གའོ། །

ན༡ བླ་མ་ཡོད་པའི་ཆོ་ག །

དང་པོ་ནི།

བྱང་ཆུབ་སེམས་དཔའི་ས་དག་གི །
ཚུལ་ཁྲིམས་ལེའུ་གསུངས་ཆོ་ག་ཡིས། །
ཡང་དག་མཚན་ཉིད་ལྡན་པ་ཡི། །
བླ་མ་བཟང་ལས་སྡོམ་པ་བླང་། །

ཞེས་གསུངས། འདིར་རང་འགྲེལ་ལས། སློབ་དཔོན་ཐོགས་མེད་དང་། རྗེ་བཙུན་ཞི་བ་ལྷའི་ལུགས་བཤད་ཅེས་མཚམས་སྦྱར་ནས། འོག་ཏུ། བདག་ནི་ལུགས་དེ་གཉིས་ཀའི་རྗེ་སུ་འབྲང་བས་ན། བླ་མ་ལས་བླང་བའི་ཆོ་ག་ནི་ཚུལ་ཁྲིམས་ཀྱི་ལེའུ་ལ་བརྟེན་ཅིང་བཀོད་ལ། བླ་མ་མེད་པའི་ཆོ་ག་ནི། བསླབ་པ་ཀུན་ལས་བཏུས་ལ་བརྟེན་ཅིང་བཀོད་པའོ། །ཞེས་གསུངས་པ་ལྟར། ཇོ་བོ་ལ་ཤིང་རྟ་ཆེན་པོ་གསུམ་

ཀྱི་གདམས་པ་མངའ་བ་ལས་འཇུག་སྟོམ་གྱི་སྐབས་འདིར། ཐོགས་མེད་དང་ཞི་བ་ལྷའི་ལུགས་གཉིས་ལ་བརྟེན་པར་མཛད་པ་ཡིན་ནོ། །

དེས་ན་ཤིང་རྟ་ཆེན་པོ་གཉིས་ཀྱི་ཚོ་གའི་ཁྱད་པར་འགའ་ཞིག་མི་འདྲ་བ་ཙམ་མ་གཏོགས་དོན་ལ་ཁྱད་པར་མེད་ཅིང་། ལུགས་དེ་གཉིས་ལ་དབུ་མ་ལུགས་དང་། སེམས་ཙམ་ལུགས་ཀྱི་ཐ་སྙད་བྱས་ནས། ལེན་ཡུལ་ཚོ་ག་རྟ་ལྟུང་མི་མཐུན་པར་སྨྲ་བ་ནི་མ་བརྟགས་པ་ཆེན་པོའོ། །ཞེས་གསུངས་པ་ནི་ལེགས་པར་གསུངས་པའོ། །དེ་ལ་བླང་ཞེས་པ་བཤད་གཞིའོ། །གང་ན་འཇུག་པའི་སྡོམ་པའོ། །གང་ལས་བླང་ན་ཡང་དག་པའི་མཚན་ཉིད་ཕུན་སུམ་ཚོགས་པ་དང་ལྡན་པ་དེ་བླ་མ་བཟང་པོར་ཤེས་པར་བྱས་ཏེ་དེ་ལས་སོ། །ཚོ་ག་གང་ལ་བརྟེན་ནས་བླང་ན། འཕགས་པ་ཐོགས་མེད་ཀྱིས་མཛད་པའི་བྱང་ཆུབ་སེམས་དཔའི་སའི་ནང་ཚན་དག་གི་ཚུལ་ཁྲིམས་ཀྱི་ལེའུར་གསུངས་པའི་ཚོ་ག་ཡིས་(༢༨བ)སོ། །

འདི་ལ་སྦྱོར་དངོས་རྗེས་གསུམ་ལས་གསོལ་གདབ་དང་། སྤྲོ་བ་བསྐྱེད་པ་དང་། ཚོགས་བསག་པ་དང་། བསྐུལ་མ་གདབ་པ་དང་། བསམ་པ་ཁྱད་པར་ཅན་བསྐྱེད་པ་དང་། བར་ཆད་ཐུན་མོང་བ་དྲི་བ་དང་། བསླབ་པ་མདོར་བསྡུས་བརྗོད་པ་དང་བདུན་ནི་སྦྱོར་བ་དང་། ཕྱོགས་བཅུ་དུས་གསུམ་གྱི་རྒྱལ་བ་སྲས་དང་བཅས་པའི་བསླབ་པ་ལན་གསུམ་གྱི་བར་དུ་ཁས་ལེན་པ་ནི་དངོས་གཞི་དང་། མཁྱེན་གསོལ། ཡེ་ཤེས་ཀྱིས་གཟིགས་པ་འཇུག་པའི་ཕན་ཡོན་དང་། སྡོམ་པ་མནོས་པ་གྲུ་ཚོམ་དུ་མི་བསྒྲགས་པ་དང་། བསླབ་པ་མདོར་བསྡུས་བརྗོད་པ་དང་། གཏང་རག་གི་མཆོད་པ་དང་ལྔ་ནི་མཇུག་གི་ཚོ་གའོ། །འདི་དག་ཞིབ་པར། རྗེ་བོའི་སྡོམ་པའི་ཚོ་ག་དང་ཚུལ་ཁྲིམས་ལེའུའི་རྣམ་བཤད་ལས་ཤེས་པར་བྱའོ། །

༨༢ བླ་མ་མེད་པའི་ཆོ་ག །

༄ གཉིས་པ་བླ་མ་མེད་པའི་ཆོ་ག་ནི།

དེ་ལ་འབད་པས་འདི་འདྲ་བའི། །
གལ་ཏེ་བླ་མ་མ་རྙེད་ན། །
དེ་ལས་གཞན་སྡོམ་ནོད་པ་ཡི། །
ཆོ་ག་ཡང་དག་བཤད་པར་བྱ། །

ཞེས་པས་སྦྱོར་བཤད་པར་དམ་བཅའ་བའོ། །མཚན་ཉིད་དང་ལྡན་པའི་བླ་མ་དེ་འདྲ་བ་ལ་སྡོམ་པ་བླང་བར་གསུངས་པ་ལྟར་འབད་པ་ཆེན་པོས་བཙལ་ཡང་། ཡུལ་དུས་ཀྱི་དབང་གིས་འདི་འདྲ་བའི་གལ་ཏེ་བླ་མ་གཏན་མ་རྙེད་ན་ཇི་ལྟར་བྱ་ཞེ་ན། བླ་མ་ཡོད་པ་དེ་ལས་གཞན་དམིགས་བསལ་རང་ཉིད་ཀྱིས་བླང་བའི་ཚུལ་ཡོད་དེ། བླ་མ་མེད་པའི་སྡོམ་པ་ནོད་པའི་ཆོ་ག་ལུང་ལས་གསུངས་པ་བཞིན་འདིར་ཡང་། ཡང་དག་པར་བཤད་པར་བྱ་བ་ཡིན་པའི་ཕྱིར་རོ། །འོ་ན་བླ་མ་མེད་པའི་ཆོ་ག་ལུང་གང་ལས་བཤད་ཅེ་ན།

དེ་ལ་སྔོན་ཚེ་འཇམ་པའི་དཔལ། །
ཨམྦ་རཱ་ཛར་གྱུར་པ་ཡིས། །
ཇི་ལྟར་བྱང་ཆུབ་ཐུགས་(༢༧་ན)བསྐྱེད་པ། །
འཇམ་དཔལ་གྱི་ནི་སངས་རྒྱས་ཞིང་། །
རྒྱན་གྱི་མདོ་ལས་བཤད་པ་ལྟར། །
དེ་བཞིན་འདིར་ནི་རབ་གསལ་བྲི། །

ཞེས་བྲེ་བྲག་ཏུ་བཤད་པར་དམ་བཅའ་བའོ། །དེ་ལ་བླ་མ་མེད་པའི་ཆོ་ག་བཤད་པར་བྱ་སྟེ། སྔོན་བསྐལ་པ་དཔག་ཏུ་མེད་པའི་དུས་ཀྱི་ཚེ། འཇམ་པའི་དཔལ་

དུ་གྱུར་པ་ནི། འཁོར་ལོས་བསྒྱུར་བའི་རྒྱལ་པོ་ཨམྦ་རཱ་ཛ་སྟེ། རྒྱལ་པོ་ནམ་མཁའ་ཞེས་བྱ་བར་གྱུར་པ་ཡིས། དེ་བཞིན་གཤེགས་པ་འབྲུག་སྒྲའི་དབྱངས་ཀྱི་རྒྱལ་པོ་ཞེས་བྱ་བའི་དྲུང་དུ་ཇི་ལྟར་བླ་ན་མེད་པའི་བྱང་ཆུབ་ཏུ་ཐུགས་བསྐྱེད་པའི་ཚུལ་འཇམ་དཔལ་གྱི་སངས་རྒྱས་ཀྱི་ཞིང་གི་རྒྱན་ནམ། བཀོད་པ་སྟོན་པའི་མདོ་ལས་བཤད་པ་ལྟར་དེ་ཉོ་ན་བཞིན་དུ། གཞུང་འདིར་ནི་རབ་ཏུ་གསལ་བར་བྱེ་བ་ཡིན་པའི་ཕྱིར། མདོ་དེ་ལས་འབྱུང་བའི་སེམས་བསྐྱེད་དང་། སྡོམ་པ་བཟུང་ཚུལ་དངོས་སྟོན་པ་ལ།

མགོན་པོ་རྣམས་ཀྱི་སྤྱན་སྔ་རུ། །
རྫོགས་པའི་བྱང་ཆུབ་སེམས་བསྐྱེད་ཅིང་། །
འགྲོ་བ་ཐམས་ཅད་མགྲོན་དུ་གཉེར། །
དེ་དག་འཁོར་བ་ལས་སྒྲོལ་ལོ། །
གནོད་སེམས་ཁྲོ་བོའི་སེམས་ཉིད་དང་། །
སེར་སྣ་དང་ནི་ཕྲག་དོག་ཉིད། །
དེང་ནས་བཟུང་སྟེ་བྱང་ཆུབ་དག །
ཐོབ་ཀྱི་བར་དུ་མི་བྱའོ། །
ཚངས་པར་སྤྱོད་པ་སྤྱད་བྱ་ཞིང་། །
སྡིག་དང་འདོད་པ་སྤང་བར་བྱ། །
ཚུལ་ཁྲིམས་སྡོམ་པ་ལ་དགའ་བས། །
སངས་རྒྱས་རྗེས་སུ་བསླབ་པར་བྱ། །
བདག་ཉིད་མྱུར་བའི་ཚུལ་གྱིས་ནི། །
བྱང་ཆུབ་ཐོབ་པར་མི་སྤྲོ་ཞིང་། །
སེམས་ཅན་གཅིག་གི་རྒྱུ་ཡིས་ནི། །
ཕྱི་མའི་མུ་མཐར་གནས་པར་བགྱི། །

ཚད་མེད་བསམ་གྱིས་མི་ཁྱབ་(ཁྱབ)པའི། །
ཞིང་དག་རྣམ་པར་སྦྱང་བར་བྱ། །
མིང་ནས་བཟུང་བ་བྱས་པ་དང་། །
ཕྱོགས་བཅུ་དག་ཏུ་རྣམ་པར་གནས། །
བདག་གི་ལུས་དང་ངག་གི་ལས། །
ཐམས་ཅད་དུ་ནི་དག་པར་བྱ། །
ཡིད་ཀྱི་ལས་ཀྱང་དག་བྱ་སྟེ། །
མི་དགེའི་ལས་རྣམས་མི་བྱའོ། །

ཞེས་སོ། །དཀོན་མཆོག་ལ་ཡན་ལག་བདུན་པ་བྱས་ཏེ། འཇམ་དཔལ་རྒྱལ་པོ་ནམ་མཁར་གྱུར་པས་སེམས་བསྐྱེད་པའི་ཚིགས་བཅད་འདི་དག་གིས་སྡོམ་པ་བཟུང་བར་བྱ་སྟེ། བསླབ་བཏུས་ལས། དགེ་བའི་བཤེས་གཉེན་ལ་གསོལ་བ་བཏབ་སྟེ། དེའི་ཚིག་གི་རྗེས་སུ་བརྗོད་པའམ་ཡང་ན་བདག་ཉིད་ཀྱིས་བརྗོད་པས། སློབ་དཔོན་དགོངས་སུ་གསོལ། བདག་མིང་འདི་ཞེས་བགྱི་བ་ཞེས་སློས་ལ། ཇི་ལྟར་འཕགས་པ་འཇམ་དཔལ་གྱི་སངས་རྒྱས་ཀྱི་ཞིང་གི་ཡོན་ཏན་བཀོད་པའི་མདོ་ལས། བཅོམ་ལྡན་འདས་འཕགས་པ་འཇམ་དཔལ་གྱི་སྔོན་གྱི་ཚེའི་རྟོགས་པ་བརྗོད་པ་ལས་སྤྱོད་པ་དང་ལྡན་པས་བྱང་ཆུབ་ཏུ་སེམས་བསྐྱེད་པ་དེ་བཞིན་དུ་སེམས་བསྐྱེད་པར་བྱའོ་ཞེས་གསུངས་སོ། །བསྡུས་པ་ལ་དགའ་ན་འདི་ཉིད་ལན་གསུམ་བརྗོད་དེ་བྱང་སྡོམ་བླང་བར་བྱ་ཞིང་། འདིའི་རྗེས་སུ། མགོན་པོ་རྣམས་ཀྱི་སྤྱན་སྔ་རུ། །ཞེས་པ་ནས། མི་དགེའི་ལས་རྣམས་མི་བྱའོ། །ཞེས་པའི་བར་བཏགས་ཏེ་ལན་གསུམ་བརྗོད་པས། ཚོ་ག་རྒྱས་པའི་ལག་ལེན་ལུགས་སོ། །བསླབ་བཏུས་སུ་བླ་མ་ཡོད་མེད་གཉིས་ཀ་ལ་སྦྱར་ཡང་། འདིར་བླ་མ་མེད་པའི་ལུགས་ལ་བརྟེན་པར་མཛད་དོ། །དེ་ཡང་སེམས་བསྐྱེད་པ་དང་། སྡོམ་པ་ཡང་དག་པར་བླང་བ་གཉིས་ལས། སེམས་བསྐྱེད་པ་

ནི། མགོན་པོ་སངས་རྒྱས་བྱང་(༣༠ན)སེམས་རྣམས་ཀྱི་སྤྱན་སྔ་རུ། བླ་ན་མེད་པ་ཡང་དག་པར་རྫོགས་པའི་བྱང་ཆུབ་ཏུ་སེམས་བསྐྱེད་དོ། །ཆེད་དུ་བྱ་བ་གང་གི་དོན་དུ་ན། ནམ་མཁའི་མཐས་གཏུགས་པའི་འགྲོ་བ་ཐམས་ཅད་མགྲོན་དུ་གཉེར་བ་སྟེ་དེའི་དོན་དུའོ། །དངོས་པོ་ཅི་འདྲ་ཞིག་ལ་མགྲོན་དུ་གཉེར་ན། འགྲོ་བ་དེ་དག་འཁོར་བ་ལས་མ་རྒྱལ་བ་སྒྲོལ་བ་དང་། མ་གྲོལ་བ་དགྲོལ་བ་དང་། དབུགས་མ་ཕྱིན་པ་དབུགས་དབྱུང་བ་དང་། ཡོངས་སུ་མྱ་ངན་ལས་མ་འདས་པ། ཡོངས་སུ་མྱ་ངན་ལས་འདས་པ་ལ་འགོད་ཅིང་། མགྲོན་དུ་གཉེར་བའོ། །

འདིས་འཇུག་པའི་སྦྱོར་བ་དང་། སྨོན་པའི་དངོས་གཞི་བསྟན་ཞེས་ཤ་ར་བ་བཞེད་དོ། །བྱང་སྡོམ་བླང་བའམ། འཇུག་པའི་དམ་བཅའ་བ་ལ་གསུམ་ལས། དང་པོ་སྡོམ་པའི་ཚུལ་ཁྲིམས་ཁས་ལེན་པ་ནི། ཀུན་ནས་མནར་སེམས་པའི་རྒྱུ་དགུ་གང་རུང་ལ་བརྟེན་ནས། ཞེ་སྡང་གིས་གསོད་འདོད་ལ་སོགས་པའི་གནོད་སེམས་དང་། གཞན་ལ་འཕྲལ་དུ་སེམས་འཁྲུག་པའི་ཁྲོ་བའི་སེམས་ཉིད་དང་ཡོ་བྱད་གཞན་གཏང་མི་ནུས་པའི་སེར་སྣ་དང་། གཞན་གྱི་ཕུན་ཚོགས་ལ་མི་བཟོད་པའི་ཕྲག་དོག་ཉིད་དེ་བཞི་པོ་དེ་དག་སྡོམ་པ་བླངས་པའི་ཉིན་དེང་ནས་བཟུང་སྟེ་བླ་མེད་བྱང་ཆུབ་མ་ཐོབ་པ་དེ་སྲིད་ཀྱི་བར་དུ་མི་བྱའོ། །འདིས་དུས་ཀྱི་ཁྱད་པར་ཡང་བསྟན་ཏོ། །དབང་པོ་གཉིས་སྦྱོར་གྱི་འཁྲིག་པ་སྤངས་ཏེ། ཚངས་པར་སྤྱོད་པ་སྤྱད་པར་བྱ་ཞིང་། སྡིག་པའི་ལས་དང་དེའི་རྒྱུ་འདོད་པའི་ཡུལ་ལ་ཆགས་པ་རྣམས་སྤང་བར་བྱའོ། །དེ་དག་སྤངས་པའི་ཚུལ་ཁྲིམས་ཀྱི་སྡོམ་པ་ལ་དགའ་བས་སངས་རྒྱས་(༣༠བ)རྣམས་ཀྱི་སྤྱོད་པ་དམ་པ་ལ་ལེགས་པར་རྗེས་སུ་བསླབ་པར་བྱའོ། །

༄ གཉིས་པ་སེམས་ཅན་དོན་བྱེད་ཀྱི་ཚུལ་ཁྲིམས་ཁས་ལེན་པ་ནི་བདག་ཉིད་མྱུར་ཞིང་རིངས་པའི་ཚུལ་ལམ་སེམས་ཀྱིས་ནི་བྱང་ཆུབ་ཐོབ་པར་མི་སྤྲོ་བར། སེམས་ཅན་གཅིག་གི་དོན་བྱ་བའི་རྒྱུ་ཡིས་ནི། ཕྱི་མའི་མུ་མཐའ་ནི་མཐའ་མེད་པ་ཉིད་དེ། འཁོར་

བ་ཧྲི་སྲིད་བར་གནས་པར་བགྱིའོ། །

༄ གསུམ་པ་དགེ་བ་ཆོས་སྡུད་ཀྱི་ཚུལ་ཁྲིམས་ཁས་ལེན་པ་ནི། དེ་ལྟར་གནས་ནས་ཅི་བྱེད་སྙམ་ན། གྲངས་ཚད་མེད་ཅིང་ཡོན་ཏན་བསམ་གྱིས་མི་ཁྱབ་པ་དང་ལྡན་པའི་སངས་རྒྱས་ཀྱི་ཞིང་དག་གི་ངམ་གྲོག་དང་ཆེར་མ་སོགས་སྐྱོན་རྣམས་རྣམ་པར་སྦྱང་བར་བྱ་ཞིང་། འགྲོ་བ་རྣམས་ཀྱིས་བདག་གི་མིང་ཐོས་ཏེ། བཟུང་བ་དང་། མཐོང་ཐོས་དྲན་རེག་གིས་ཀྱང་སེམས་ཅན་རྣམས་ལ་ཕན་གདགས་པར་འདོད་པས་ཕྱོགས་བཅུ་ཐམས་ཅད་ཀྱི་ཞིང་དག་ཏུ་བདག་གི་མིང་གྲགས་ཤིང་རྣམ་པར་འཛིན་པར་གནས་པར་བྱེད་པས་སེམས་ཅན་གྱི་འཇིག་རྟེན་ཡང་སྦྱང་བར་བྱའོ། །དེ་ལྟར་ན་སྔ་མ་སྟོད་དང་། ཕྱི་མ་བཅུད་སྦྱང་བའོ། །ལས་དང་པོ་པས་ཉེས་སྤྱོད་སྡོམ་པའི་ཚུལ་ཁྲིམས་ཉིད་ལ་གཙིགས་སྲས་སུ་བྱེད་དགོས་པའི་ཕྱིར། སླར་ཡང་བཟློས་ཏེ་སྟོན་པ་ནི། བདག་གི་ལུས་དང་ངག་གི་ལས་རྣམ་པ་ཐམས་ཅད་དུ་ལྟུང་བས་དག་པར་བྱ་ཞིང་ཡིད་ཀྱི་ལས་ཀྱང་ལྟུང་བས་དག་པར་བྱ་སྟེ། མདོར་ན་སྒོ་གསུམ་གྱི་མི་དགེ་བའི་ལས་རྣམ་པ་ཐམས་ཅད་བྱང་ཆུབ་ཀྱི་བར་དུ་ནམ་ཡང་མི་བྱའོ། །ཁ་ཅིག་འདི་སྔ་མའི་དོན་བསྡུར་འཆད་དོ། །

ཐ༣ སྡོམ་པ་བླངས་ནས་བསླབ་བྱ་ལ་སློབ་པར་བསྟན་པ།

༄ གསུམ་པ་སྡོམ་པ་བླངས་ནས་བསླབ་བྱ་ལ་སློབ་པར་བསྟན་པ་ལ་གསུམ། ཚུལ་(༣༧ན)ཁྲིམས་ཀྱི་བསླབ་པ་ལ་སློབ་ཚུལ། སེམས་ཀྱི་བསླབ་པ་ལ་སློབ་ཚུལ། ཤེས་རབ་ཀྱི་བསླབ་པ་ལ་སློབ་ཚུལ་ལོ། །

༨༧ ཚུལ་ཁྲིམས་ཀྱི་བསླབ་པ་ལ་སློབ་ཚུལ།

དང་པོ་ལ་གཉིས། དངོས་དང་། དེའི་ཆེ་བའོ། །

དང་པོ་ནི། གོང་དུ་ལུས་ངག་ཡིད་གསུམ་དག་དགོས་པར་བསྟན་པ་ལ། འོ་ན་དག་བྱེད་ཀྱི་རྒྱུ་གང་ཞེ་ན། དེའི་ལན་བསྟན་པའི་ཕྱིར།

རང་གི་ལུས་ངག་སེམས་ནི་རྣམ་དག་རྒྱུ། །
འཇུག་སེམས་བདག་ཉིད་སྡོམ་པ་ལ་གནས་པས། །
ཚུལ་ཁྲིམས་བསླབ་པ་གསུམ་ལ་ལེགས་བསླབས་ན། །
ཚུལ་ཁྲིམས་བསླབ་པ་གསུམ་ལ་གུས་ཆེར་འགྱུར། །

ཞེས་གསུངས་སོ། །འདིས་ཚུལ་ཁྲིམས་ལ་བསླབས་པས། དེ་ཉིད་ལ་གུས་པ་འཕེལ་ཏེ་ཚུལ་ཁྲིམས་རྒྱས་འགྱུར་དུ་བསྟན། གཞུང་ཕྱི་མས་ཚུལ་ཁྲིམས་རྒྱས་ན་རྫོགས་བྱང་གི་རྒྱུ་ཚོགས་མྱུར་དུ་རྫོགས་པར་བསྟན་གསུང་ངོ་། །དེ་ཡང་བསླབ་ཅེས་པ་བཤད་པའི་གཞིའོ། །

གང་ལ་ན། ཚུལ་ཁྲིམས་ཀྱི་བསླབ་པ་གསུམ་པོ་ལའོ། །གང་གིས་ནི། འཇུག་པའི་སེམས་ཀྱི་བདག་ཉིད་ཀྱི་སྡོམ་པ་ལ་གནས་པའི་བྱང་སེམས་དེས་སོ། །དགོས་པ་ཅིའི་ཕྱིར་སློབ་ན། བྱང་སེམས་རང་གི་ལུས་ངག་སེམས་གསུམ་ནི་ལྟུང་བས་རྣམ་པར་དག་ཅིང་སེམས་ཅན་ལ་མཆོག་ཏུ་ཕན་པའི་རྒྱུར་སློབ་བོ། །ཇི་ལྟར་སློབ་ན། ལེགས་པར་ཏེ་ཚུལ་དང་མཐུན་པར་སློབ་བོ། །

དེ་ལྟར་བསླབས་པས་ཅིར་འགྱུར་ཞེ་ན། དེ་གསུམ་ལ་འབད་པས་ལེགས་པར་བསླབས་ན། གོམས་སྟོབས་ཀྱིས་ཕྱིས་ནས་སྔར་བཤད་པའི་ཚུལ་ཁྲིམས་ཀྱི་བསླབ་པ་གསུམ་ལ་གཅེས་སྤྲས་སུ་འཛིན་པའི་གུས་པ་ཆེ་ཆེར་འགྱུར་རོ། །དེ་ལ་ལེགས་པ་ཞེས་བྱ་བའི་(༣༧བ)སྒྲ་ནི། དག་པ་དང་། ཕྱིར་མི་ལྡོག་པ་དང་། ཡོངས་སུ་རྫོགས་པ་གསུམ་

ལ་འཇུག་པས། སྡོམ་པའི་ཚུལ་ཁྲིམས་ལ་བསླབས་པས་སྐྱེས་བུ་གཟུགས་ལེགས་པ་བཞིན་དུ་དག་པར་འགྱུར། སེམས་ཅན་དོན་བྱེད་ཀྱི་ཚུལ་ཁྲིམས་ལ་བསླབས་པས་ནི། རྫོགས་བྱང་ལས་ཕྱིར་མི་ལྡོག་ཅིང་མི་ཉམས་པས་རིམས་ནད་ཡོངས་སུ་བྱང་བ་བཞིན་དུ་འགྱུར། དགེ་བ་ཆོས་སྡུད་ཀྱི་ཚུལ་ཁྲིམས་ལ་བསླབས་པས་ནི། བུམ་པ་ལེགས་པར་གང་བ་བཞིན་དུ་འགྱུར་རོ། །བྱང་ཆུབ་སེམས་དཔའ་སེམས་དཔའ་ཆེན་པོ་ཞེས་པའི་སྒྲ་དོན་ཡང་གསུམ་པོ་དེ་ལས་འགྱུར་བ་ཡིན་ཏེ། སྡོམ་པའི་ཚུལ་ཁྲིམས་ཀྱིས་སྐྱོན་ཐམས་ཅད་བྱང་། དགེ་བ་ཆོས་སྡུད་ཀྱིས་ཡོན་ཏན་མཐའ་དག་ཆུབ། སེམས་ཅན་དོན་བྱེད་ཀྱིས་སེམས་དཔའ་ཆེན་པོར་འགྱུར་བའི་ཕྱིར། ཞེས་གསུང་ངོ་། །

༈ གཉིས་པ་ཆེ་བ་ནི།

དེ་བས་རྣམ་དག་རྫོགས་བྱང་ཆུབ། །
སེམས་པའི་སྡོམ་པའི་སྡོམ་དག་ནི། །
འབད་པར་བྱས་པས་རྫོགས་བྱང་ཆུབ། །
ཚོགས་ནི་ཡོངས་སུ་རྫོགས་པར་འགྱུར། །

ཞེས་གསུངས། ཚུལ་ཁྲིམས་གསུམ་ལ་བསླབས་པས་ལུས་ངག་ཡིད་གསུམ་དག་པར་འགྱུར་བ་དེ་བས་ན། སྤང་བྱ་རྣམ་པར་དག་ཅིང་གཉེན་པོའི་ཕྱོགས་ཡོངས་སུ་རྫོགས་པ་ནི་འབྲས་བུ་བྱང་ཆུབ་ཡིན་ལ། དེ་ཉིད་གཞན་དོན་དུ་ཐོབ་བྱར་དམིགས་པའི་བྱང་ཆུབ་སེམས་དཔའ་རྣམས་ཀྱིས་སྡོམ་པའི་ཚུལ་ཁྲིམས་གཙོ་བོར་གྱུར་པའི་ཚུལ་ཁྲིམས་གསུམ་གྱི་སྡོམ་པ་རྣམ་པར་དག་ཅིང་བསྲུང་བ་ལ་ནི། དྲན་པ་དང་ཤེས་བཞིན་དང་གུས་པ་ཆེན་པོས་ནན་ཏན་གྱིས་འབད་པར་བྱས་པས་བླ་ན་མེད་པའི་རྫོགས་པའི་བྱང་ཆུབ་ཀྱི་རྒྱུ་བསོད་(༣༢ན)ནམས་དང་ཡེ་ཤེས་ཀྱི་ཚོགས་གཉིས་ནི་ཡོངས་སུ་རྫོགས་པར་འགྱུར་བ་ཡིན་ནོ། །

༥༢ སེམས་ཀྱི་བསླབ་པ་ལ་སློབ་ཚུལ།

༈ གཉིས་པ་སེམས་ཀྱི་བསླབ་པ་ལ་སློབ་ཚུལ་ལ་གཉིས། མངོན་ཤེས་འབྱུང་བའི་རྒྱུའི་ཕྱིར་ཞི་གནས་ལ་བསླབ་པ་དང་། ཞི་གནས་ལ་ཇི་ལྟར་བསླབ་པའི་ཚུལ་དངོས་སོ། །

༤༡ མངོན་ཤེས་འབྱུང་བའི་རྒྱུའི་ཕྱིར་ཞི་གནས་ལ་བསླབ་པ།

དང་པོ་ནི།

བསོད་ནམས་ཡེ་ཤེས་རང་བཞིན་གྱི། །
ཚོགས་ནི་ཡོངས་སུ་རྫོགས་པ་ཡི། །
རྒྱུ་ནི་སངས་རྒྱས་ཐམས་ཅད་དག །
མངོན་ཤེས་བསྐྱེད་པ་ཉིད་དུ་བཞེད། །
ཇི་ལྟར་འདབ་གཤོག་མ་རྫོགས་པའི། །
བྱ་ནི་མཁའ་ལ་འཕུར་མི་ནུས། །
དེ་བཞིན་མངོན་ཤེས་སྟོབས་བྲལ་བས། །
སེམས་ཅན་དོན་བྱེད་ནུས་མ་ཡིན། །
མངོན་ཤེས་ལྡན་པའི་ཉིན་མཚན་གྱི། །
བསོད་ནམས་དག་ནི་གང་ཡིན་དེ། །
མངོན་ཤེས་དག་དང་བྲལ་གྱུར་ལ། །
སྐྱེ་བ་བརྒྱར་ཡང་ཡོད་མ་ཡིན། །
མྱུར་དུ་རྫོགས་པའི་བྱང་ཆུབ་ཚོགས། །
ཡོངས་སུ་རྫོགས་པར་འདོད་གྱུར་པ། །

དེས་ནི་འབད་པས་མངོན་ཤེས་དག །
འགྲུབ་པར་འགྱུར་གྱིས་ལེ་ལོས་མིན། །

ཞེས་གསུངས། ཚིགས་བཅད་དང་པོས། རང་དོན་དུ་ཚོགས་གཉིས་རྫོགས་པ་མངོན་ཤེས་ལ་རག་ལས་པ་དང་། ཚིགས་བཅད་གཉིས་པས་གཞན་དོན་རྣམ་དག་བསྒྲུབ་པ་མངོན་ཤེས་ལ་རག་ལས་པ་དང་། ཚིགས་བཅད་གསུམ་པས་བསོད་ནམས་རྒྱ་ཆེན་པོ་སྡུད་པ་མངོན་ཤེས་ལ་རག་ལས་པ་དང་། ཚིགས་བཅད་བཞི་པས་མྱུར་དུ་འཚང་རྒྱ་བའང་། མངོན་ཤེས་ལ་རག་ལས་པས་མངོན་ཤེས་བསྐྱེད་དགོས་པར་བསྟན་ཞེས་ཤ་ར་བ་གསུང་། འོ་ན། ཚོགས་ནི་ཡོངས་སུ་རྫོགས་པར་འགྱུར། །ཞེས་བཤད་(༣༢༢བ)ན། ཚོགས་གཉིས་གསོག་པའི་ཐབས་བཟང་པོ་གང་ཞེ་ན། བསོད་ནམས་དང་ཡེ་ཤེས་ཀྱི་རང་བཞིན་གྱི་ཚོགས་གཉིས་པོ་ཡོངས་སུ་རྫོགས་པའི་རྒྱུ་ཁྱད་པར་ཅན་ནི། དུས་གསུམ་གྱི་སངས་རྒྱས་ཐམས་ཅད་ཀྱིས། མངོན་པར་ཤེས་པ་དྲུག་བསྐྱེད་པ་ཉིད་དུ་བཞེད་དེ། རྒྱན་དུ་མངོན་ཤེས་དྲུག་ལ་གདམས་པའི་དགོས་པ་གྲུབ་ཅིང་། དེ་ཉིད་མན་ངག་ཏུ་མཛད་པ་ཡིན་པའི་ཕྱིར་ཏེ། ཡུམ་ལས། རབ་འབྱོར་དཔེར་ན་བྱ་འདབ་མ་མེད་པས་ནི་ནམ་མཁའ་ལ་འཕུར་མི་ནུས་སོ། །དེ་བཞིན་དུ་བྱང་ཆུབ་སེམས་དཔས་ཀྱང་མངོན་པར་ཤེས་པ་ལ་མ་བརྟེན་པར་སེམས་ཅན་རྣམས་ལ་ཆོས་བསྟན་པར་མི་ནུས་ཏེ། ལམ་གོལ་བར་ཞུགས་པའི་སེམས་ཅན་རྣམས་ལམ་དུ་གཟུང་བར་མི་ནུས་སོ། །ཞེས་པའི་དོན་ཉེ་བར་བཟུང་ནས། དཔེ་ཇི་ལྟར་འདབ་གཤོག་མ་སྐྱེས་པའི་བྱ་ནི་ནམ་མཁའ་ལ་འཕུར་བར་མི་ནུས་པ་དེ་བཞིན་དུ་མངོན་པར་ཤེས་པའི་སྟོབས་དང་བྲལ་བས་སྐལ་བ་དང་འཚམས་པར་སེམས་ཅན་གྱི་དོན་རྒྱ་ཆེན་པོ་བྱེད་པར་ནུས་པ་མ་ཡིན་ནོ། །དེ་ཡང་རྫུ་འཕྲུལ་གྱི་མངོན་ཤེས་ཀྱིས། སངས་རྒྱས་ཀྱི་ཞིང་དང་། གདུལ་བྱ་གང་ན་ཡོད་པའི་ཞིང་དུ་འགྲོ། གཞན་སེམས་ཤེས་པས་ཁམས་དང་བསམ་པ་ཇི་བཞིན་དུ་རྟོགས། ལྷའི་རྣ་བས་དེ་དག་གི་

སྐད་རིག །སྔོན་གནས་ཤེས་པས་སྔོན་གྱི་རྒྱུ་རྟོགས། ལྷའི་མིག་གིས་མ་འོངས་པར་ཅིར་འགྱུར་རིག །ཟག་ཟད་ཀྱིས་བྱང་གྲོལ་གྱི་ལམ་སྟོན་པས་ཐེག་པ་གསུམ་ལ་འདུན་པ་དང་། སྨིན་པ་དང་གྲོལ་བར་བྱེད་པ་ཡིན་ནོ། །མངོན་ཤེས་མེད་རིང་སེམས་ཅན་གྱི་དོན་གཞན་དངོས་སུ་བྱ་དཀའ་བས། སེམས་ཅན་གྱི་ཕན་བདེ། སངས་རྒྱས་ཀྱི་(༣༣ན)བསྟན་པ། དགེ་འདུན་གྱི་སྡེ། དེ་འདུལ་བ་འཛིན་པ་ལ་རག་ལས་པས། འདུལ་བ་འཛིན་པ་ཅི་ཡོད་བྱ་གསུང་། ཇོ་བོས། སྟོན་པ་ལ་ཁྱོད་ཀྱིས་དགེ་འདུན་གྱི་སྡེ་ཞིག་གྱིས་ཞེས་ནན་ཆེན་མཛད་པ་ཐུགས་ལ་བཞག་ནས་ར་སྒྲེང་བཏབ་གསུང་སྐད། བའུ་བུམ་སྔོན་པོ་ལས། ལྷ་ཅིག་དེ་གསུང་ད་ལྟར་འགྲོ་དོན། །དངོས་སུ་མི་ནུས་གོང་གི་དཔེ་བཞིན། །ཅི་ནས་བྱེད་འདོད་སངས་རྒྱས་བསྟན་པ། །འཇིག་རྟེན་ཡུན་རིང་ཅི་གནས་བྱ་སྐད། །དེ་ཡང་དགེ་འདུན་སྡེ་ལ་རག་ལས། །ནུས་པ་ཡོད་ན་དེ་ནས་ཐབས་བྱ། །ནུས་མེད་རབ་རྒྱུད་ཇི་ལྟར་ཁས་བླངས། །སེམས་ཅན་དོན་དུ་མི་ཉམས་བསྲུང་ཞིང་། །ཞེས་གསུངས་པའི་ཕྱིར། ཚོགས་མྱུར་དུ་རྫོགས་པ་ཡང་མངོན་ཤེས་ལ་རག་ལས་ཏེ། རྟེན་བྱང་སེམས་མཉམ་པོ་ལའང་མངོན་པར་ཤེས་པ་དང་ལྡན་པ་ཡིས། ཉིན་མཚན་ཕྲུགས་གཅིག་ལ་སྤྱོད་པའི་བསོད་ནམས་ཀྱི་ཚོགས་དག་བསགས་པ་གང་ཡིན་པ་དེ་ནི། མངོན་པར་ཤེས་པ་དག་དང་བྲལ་བར་གྱུར་པ་ལ་སྐྱེ་བ་བརྒྱར་ཡང་ཡོད་པ་མིན་པའི་ཕྱིར། འདིས་ནི། ཡེ་ཤེས་ཀྱི་ཚོགས་ཀྱང་མཚོན་ནོ། །རྒྱུ་དེས་ན་མྱུར་དུ་སངས་རྒྱས་པའི་རྒྱུར་མངོན་ཤེས་འགྲུབ་ཕྱིར་བརྩོན་འགྲུས་བརྩམ་དགོས་ཏེ། དུས་མྱུར་དུ་རྫོགས་པའི་བྱང་ཆུབ་ཀྱི་རྒྱུ་ཚོགས་གཉིས་ཡོངས་སུ་རྫོགས་པར་འདོད་པར་གྱུར་པ་དེས་ནི་དེའི་ཐབས་མངོན་ཤེས་བསྐྱེད་དགོས་ལ། དེ་ཡང་བརྩོན་འགྲུས་ཤུགས་དྲག་གིས། དེའི་རྒྱུ་ལ་འབད་པ་ཆེར་བྱས་པས་མངོན་ཤེས་དྲུག་པོ་དག་འགྲུབ་པར་འགྱུར་གྱིས། ལེ་ལོ་ཅན་གྱིས་མིན་པས་བརྩོན་འགྲུས་རྩོམ་དགོས་པའི་ཕྱིར་རོ། །འོ་ན། དེས་ནི་(༣༣བ)འབད་པས་མངོན་ཤེས་དག །ཅེས་

བཤད་ན། གང་ལ་འབད་པས་མངོན་ཤེས་འགྲུབ་ཅེ་ན།

ཞི་གནས་གྲུབ་པ་མ་ཡིན་པས། །
མངོན་ཤེས་འབྱུང་བར་མི་འགྱུར་ལ། །
དེ་ཕྱིར་ཞི་གནས་བསྒྲུབ་པའི་ཕྱིར། །
ཡང་དང་ཡང་དུ་འབད་པར་བྱ། །

ཞེས་གསུངས། སྐྱེས་སྟོབས་དང་། རྫས་སྔགས་ལ་བརྟེན་པའི་མངོན་ཤེས་ཕྲ་མོ་དང་། སྐྱེ་བ་དྲན་པ་ཙམ་ལ་ངེས་པ་མེད་ཀྱང་། བསྒོམས་སྟོབས་ལས་བྱུང་བའི་མངོན་ཤེས་ཁྱད་པར་ཅན་ནི། ཤིན་སྦྱངས་རྣམ་དག་གིས་ཟིན་པའི་ཞི་གནས་གྲུབ་པ་མ་ཡིན་པས། མངོན་པར་ཤེས་པ་རྒྱ་ཆེན་པོ་འབྱུང་བར་མི་འགྱུར་ལ་སྐྱེ་མ་ཡིན་ཏེ། དངོས་མ་ཐོབ་པར་མངོན་ཤེས་མིན། །ཞེས་དང་། བསམ་གཏན་བཞི་པ་ཤིན་ཏུ་དག་ཐོབ་ནས། །མི་རྟོག་ཡེ་ཤེས་ཡོངས་སུ་བཟུང་བ་དང་། །ཇི་ལྟར་རྣམ་གནས་ཡིད་ལ་བྱེད་པ་ལས། །མཐུ་གྲུབ་པ་ཡི་དམ་པ་ཐོབ་པར་འགྱུར། །ཞེས་གསུངས་པའི་ཕྱིར། རྒྱུ་མཚན་དེའི་ཕྱིར། ཞི་གནས་བསྒྲུབ་པར་བྱ་བའི་ཕྱིར་དུ། སེམས་གནས་པའི་ཐབས་དགུ་ལ་ཡང་དང་ཡང་དུ་འབད་པར་བྱེད་དགོས་ཏེ། དཔལ་ལྡན་དཔའ་བོས། རྒྱུན་མི་འཆད་པའི་རྣལ་འབྱོར་གྱིས། །བསམ་གཏན་སྒྲུབ་ལ་བརྩོན་པར་བྱ། །ཡང་དང་ཡང་ཞིང་ངལ་བསོ་བ། །གཙུབས་པས་མེ་ཕྱིན་མི་འགྱུར་ཏེ། །རྣལ་འབྱོར་ཚུལ་ལའང་དེ་བཞིན་དུ། །ཁྱད་པར་མ་ཐོབ་བཏང་མི་བྱ། །ཞེས་གསུངས་པའི་ཕྱིར།

ན༢ ཞི་གནས་ལ་བསླབ་ཚུལ་དངོས།

༈ གཉིས་པ་ཞི་གནས་ལ་བསླབ་ཚུལ་དངོས་ལ་གསུམ། ཞི་གནས་ཀྱི་ཚོགས་བསྟེན་པ། ཞི་གནས་ཇི་ལྟར་སྒོམ་པའི་ཚུལ། བསྒོམས་པའི་ཕན་ཡོན་ནོ། །

༥༧ ཞི་གནས་ཀྱི་ཚོགས་བསྟེན་པ།

དང་པོ་ནི། ཡང་དང་ཡང་དུ་འབད་པར་བྱ། །ཞེས་(༢༤ན)བཤད་ན་བརྩོན་འགྲུས་གཅིག་པུས་ཞི་གནས་འགྲུབ་བམ་ཞེ་ན། ཞི་གནས་ཀྱི་ཚོགས་བསྟེན་པ་གལ་ཆེ་བར་བསྟན་པའི་ཕྱིར།

ཞི་གནས་ཡན་ལག་རྣམས་ཉམས་པས། །
རབ་ཏུ་འབད་དེ་བསྒོམས་བྱས་ཀྱང་། །
ལོ་ནི་སྟོང་ཕྲག་དག་གིས་ཀྱང་། །
ཏིང་འཛིན་འགྲུབ་པར་མི་འགྱུར་རོ། །
དེ་ཕྱིར་ཏིང་འཛིན་ཚོགས་ལེའུ་ལས། །
གསུངས་པའི་ཡན་ལག་ལ་ལེགས་གནས། །

ཞེས་སོ། །སྔོན་པའི་ཞལ་ནས་རང་ཅག་མན་ངག་པོ་ནས་ལན་སླམ་ནས། མན་ངག་ཉི་ཚེ་བཙལ་ཀྱང་ཏིང་ངེ་འཛིན་སྐྱེ་བར་མ་འདོད་པ། ཚོགས་ལ་གནས་པ་མེད་པས་ལན་པ་ཡིན་གསུང་། པུ་ཧོ་བའི་ཞལ་ནས་ཀྱང་། རང་ཅག་ཏིང་ངེ་འཛིན་གྱི་ཚོགས་ལ་ནན་ཏན་མ་བྱས་པས་ཏིང་ངེ་འཛིན་སྐྱེར་མ་བཏུབ་པ་ལ། མན་ངག་གིས་ལན་སླམ་ཞིང་མན་ངག་པོ་ན་བཙལ་བས་ཚངས་པར་སྤྱོད་པ་ཕྲུག་རྒྱ་མ་བསྟེན་པའི་མན་ངག་དང་འཕྲད་ཅིང་འོང་བ་ཡིན་གསུང་། དེས་ན་ཞི་གནས་ཀྱི་ཡན་ལག་རྒྱུ་ཚོགས་རྣམ་པར་ཉམས་པས་ནི་བརྩོན་འགྲུས་དྲག་པོས་རབ་ཏུ་འབད་དེ་ལོ་ནི་སྟོང་ཕྲག་དག་གི་བར་དུ་བསྒོམས་པར་བྱས་ཀྱང་། ཞི་གནས་ཀྱི་ཏིང་ངེ་འཛིན་འགྲུབ་པར་མི་འགྱུར་རོ། །དེ་ལྟར་ཡན་ལག་ཉམས་ན་ཞི་གནས་མི་འགྲུབ་པ་དེའི་ཕྱིར། ཡན་ལག་རྣམས་ལ་ལེགས་པར་གནས་ཤིང་བསྒྲུབས་ནས་ཏིང་ངེ་འཛིན་བསྐྱེད་པར་བྱའོ། །

པོ་ན་ཏིང་ངེ་འཛིན་གྱི་ཚོགས་ཀྱི་ལེའུ་ལས་གསུངས་པའི་ཡན་ལག་གང་ཞེ་ན། འགྲེལ་པར་སློབ་དཔོན་བྱང་ཆུབ་བཟང་པོའི་ཏིང་ངེ་འཛིན་གྱི་ཚོགས་ཀྱི་ལེའུ་ལས་གསུངས་པའི། སྤང་བར་བྱ་བ་(༣༥༨)དང་། སྟོན་དུ་འགྲོ་བ་དང་། ལྡོག་པར་བྱ་བ་དང་། གཏུང་བ་བཙད་པ་དང་། ཡིད་འབྱུང་བར་བྱ་བ་དང་། ཡོན་ཏན་རྗེས་སུ་དྲན་པ་དང་། བརྩོན་པར་བྱ་བ་དང་། ཟུང་དུ་འབྲེལ་བར་བྱ་བ་དང་། གནས་པའི་ཐབས་ཀྱི་ཡན་ལག་ཅེས་བྱ་བ་རྣམས་ལ་བཞེད་དེ། པོ་ཏ་བ་དགེ་བའི་བློ་གྲོས་ཆོས་འདི་སྐྱུར་མཁན་དང་། ཇོ་བོ་རང་ལས་དངོས་སུ་གསན་པ་ཡིན་པས། ཉན་སའི་དེ་དང་། འཇིག་རྟེན་དབང་ཕྱུག་གི་སྒྲུབ་ཐབས་ཀྱི་མགོའི་དེ་དང་། བྱང་ཆུབ་བཟང་པོའི་དེ་དང་། མདོ་སྡེ་ཏིང་ངེ་འཛིན་གྱི་ཚོགས་ཀྱི་ལེའུ་ལ་སོགས་པ་ཐམས་ཅད་ཡིན་པར་བྱས་འདུག་ཅེས་ཤ་ར་བ་གསུང་། བདག་གི་རྗེ་ཐམས་ཅད་མཁྱེན་པ་ནི་ཞི་ལྷག་གི་ཏིང་ངེ་འཛིན་སྐྱེད་ཐག་པ་ནས་བསྒྲུབ་པར་འདོད་པ་རྣམས་ཀྱིས། ཞི་གནས་ཀྱི་ཡན་ལག་གི་ཚོགས་ཉན་ས་ནས་གསུངས་པའི་བཅུ་གསུམ་ལ་སོགས་པ་ལ་འབད་པ་ཤིན་ཏུ་གལ་ཆེའོ། །ཞེས་གསུངས་ཤིང་། དེ་དང་མཐུན་པར་ཞང་རོམ་གྱི་ཞལ་ནས་ཀྱང་། བཅུ་གསུམ་པོ་ཐམས་ཅད་ཀྱང་དགོས་མོད་ཀྱི། གཙོ་བོའི་ཡན་ལག་ནི་ཚུལ་ཁྲིམས་རྣམ་པར་དག་པ་དང་། འདོད་པ་ཆུང་བ་དང་། ཆོག་ཤེས་པ་དང་། དབེན་པར་གནས་པ་བཞི་ཅིས་ཀྱང་དགོས་ཞེས་གསུང་ངོ་། །

པ༢ ཞི་གནས་ཇི་ལྟར་སྒོམ་པའི་ཚུལ།

༈ གཉིས་པ་ཞི་གནས་ཇི་ལྟར་སྒོམ་པའི་ཚུལ་ནི།

དམིགས་པ་གང་རུང་གཅིག་དག་ལ། །

ཡིད་ནི་དགེ་ལ་གཞག་པར་བྱ། །

ཞེས་གསུངས། སྟར་བཤད་པ་ལྟར་ཞི་གནས་ཀྱི་ཚོགས་ལ་གནས་པ་དེས།

དམིགས་པ་གང་ཡང་རུང་བ་ནི། རྗེའུ་ཤིང་བུ་ལྷ་བུ་མ་ཡིན་གྱི། རྒྱལ་བས་གསུངས་པའི་ཁྱབ་པའི་དམིགས་པ་དང་། དཔྱད་པ་རྣམ་སྦྱོང་གི་དང་། མཁས་པའི་དང་། ཉོན་མོངས་རྣམ་སྦྱོང་(༢༥ན)གི་དམིགས་པ་བཞི་པོ་ལས་གང་ཡང་རུང་བའོ། །གཅིག་དག་ལ་ཞེས་པ་ནི། དེ་དག་ལས་དང་པོར་དམིགས་པ་གཅིག་ཁོ་ན་བཟུང་བའི་དབང་དུ་བྱས་པ་སྟེ། དཔའ་བོས། དམིགས་པ་གཅིག་ལ་བརྟན་ཚུལ་དུ། །ཡིད་ཀྱི་བསམ་པ་བརྟན་པར་བྱ། །དམིགས་པ་མང་པོ་བརྒྱུད་པ་ལས། །ཡིད་ནི་ཉོན་མོངས་འཁྲུག་པར་འགྱུར། །ཞེས་གསུངས་པའི་ཕྱིར། དེ་ལ་སེམས་འཛིན་ཚུལ་ཡང་ཡོད་དེ། བསྒོམ་བྱའི་དམིགས་པ་གང་ཡིན་པ་དེ་ལ་སྒོམ་བྱེད་ཀྱི་ཡིད་ནི་དགེ་བ་སྟེ། གཞན་དུ་མི་གཡེང་བར་རྩེ་གཅིག་ཏུ་གཞག་པར་བྱ་བ་ཡིན་པའི་ཕྱིར།

ནཱ བསྒོམས་པའི་ཕན་ཡོན།

༈ གསུམ་པ་བསྒོམས་པའི་ཕན་ཡོན་ནི།

རྣལ་འབྱོར་ཞི་གནས་གྲུབ་གྱུར་ན། །

མངོན་ཤེས་དག་ཀྱང་འགྲུབ་པར་འགྱུར། །

ཞེས་གསུངས། སྔར་བཤད་པ་ལྟར་ཏིང་ངེ་འཛིན་ལ་ཆུ་བོའི་རྒྱུན་བཞིན་བརྩོན་པའི་རྣལ་འབྱོར་པས་ཞི་གནས་གྲུབ་པར་གྱུར་པ་ན། དེ་སྦྱངས་པ་ལས་མངོན་པར་ཤེས་པ་རྣམས་འགྲུབ་པར་འགྱུར་ཏེ། དོན་གཉིས་ལ་བརྩོན་པར་བྱེད་དོ། །ཤ་ར་བའི་གསུང་བསྒྲོས་ལས། མངོན་ཤེས་སུ་མ་ཟད་མི་རྟོག་པའི་ཡེ་ཤེས་ཀྱང་སྐྱེ་བས་དག་ཀྱང་ཞེས་གསུངས་སོ། །ཞེས་འབྱུང་བ་ནི་ཤིན་ཏུ་ལེགས་ཏེ། ཇོ་བོས། མངོན་ཤེས་མཐུ་དང་ལྡན་བྱ་དང་། །ཟག་མེད་ལམ་ནི་བསྐྱེད་པའི་ཕྱིར། །དང་པོར་ཞི་གནས་བསྐྱེད་པར་བྱ། །ཞེས་གསུངས་པའི་ཕྱིར་རོ། །

ད༣ ཤེས་རབ་ཀྱི་བསླབ་པ་ལ་སློབ་པའི་ཚུལ།

༈ གསུམ་པ་ཤེས་རབ་ཀྱི་བསླབ་པ་ལ་སློབ་པའི་ཚུལ་ལ་གཉིས། ཐབས་ཤེས་ཟུང་འབྲེལ་གྱི་འཐད་པ་བསྟན་པའི་སྒོ་ནས་ལྷག་མཐོང་ལ་བསླབ་པར་བསྟན་པ། ལྷག་མཐོང་ལ་(༣༥བ)ཇི་ལྟར་བསླབ་པའི་ཚུལ་ལོ། །

ན༡ ཐབས་ཤེས་ཟུང་འབྲེལ་གྱི་འཐད་པ་བསྟན་པའི་སྒོ་ནས་ལྷག་མཐོང་ལ་བསླབ་པར་བསྟན་པ།

དང་པོ་ལ་གསུམ། ལྷག་མཐོང་ཤེས་རབ་ལ་སློབ་དགོས་པའི་རྒྱུ་མཚན། ཐབས་ཤེས་ཟུང་འབྲེལ་ལ་སློབ་དགོས་པའི་རྒྱུ་མཚན། ཟུང་དུ་འབྲེལ་བའི་ལམ་དངོས་བཤད་པའོ། །

པ༡ ལྷག་མཐོང་ཤེས་རབ་ལ་སློབ་དགོས་པའི་རྒྱུ་མཚན།

དང་པོ་ནི།

ཤེས་རབ་ཕ་རོལ་ཕྱིན་སྦྱོར་དང་། །
བྲལ་བས་སྒྲིབ་པ་ཟད་མི་འགྱུར། །
དེ་ཕྱིར་ཉོན་མོངས་ཤེས་བྱ་ཡི། །
སྒྲིབ་པ་མ་ལུས་སྤང་བའི་ཕྱིར། །
ཤེས་རབ་ཕ་རོལ་ཕྱིན་རྣལ་འབྱོར། །
ཏག་ཏུ་ཐབས་བཅས་བསྒོམ་པར་བྱ། །

ཞེས་གསུངས་སོ། །འོ་ན་ཞི་གནས་དང་། དེས་དྲངས་པའི་མངོན་ཤེས་བསྐྱེད་པ་ཙམ་གྱིས་ཆོག་གམ་སྙམ་ན། སློབ་དཔོན་ཙནྡྲ་གོ་མིས། བསམ་གཏན་ནགས་མེས་

ཡང་དང་ཡང་དུ་ནི། །ཉེས་པའི་ཚང་ཚིང་མང་པོ་བསྩིགས་བྱས་ཀྱང་། །བདག་ལྟའི་རྩ་བ་བརྟན་པོ་མ་ཕྱུང་ན། །ཆར་གྱིས་བརླན་བཞིན་མདུན་ནས་རབ་ཏུ་བསྐྱེད། །ཅེས་གསུངས་པ་ལྟར། འཇིག་རྟེན་པའི་བསམ་གཏན་གྱིས་ཉོན་མོངས་མངོན་འགྱུར་མནན་ཡང་། དེ་ཁོ་ན་ཉིད་རྟོགས་པའི་ཤེས་རབ་ཀྱི་ཕ་རོལ་ཏུ་ཕྱིན་པའི་སྦྱོར་བ་སྟེ། རྣལ་འབྱོར་དང་བྲལ་བས་སྒྲིབ་པ་གཉིས་པོ་གང་གིའང་ས་བོན་ཟད་པར་མི་འགྱུར་བ་དེའི་ཕྱིར། ཆགས་སོགས་ཉོན་མོངས་དང་གཉིས་སྣང་འཁྲུལ་བའི་བག་ཆགས་ཤེས་བྱའི་སྒྲིབ་པ་མ་ལུས་པ་སྤང་བའི་ཕྱིར་དེ་ཉིད་རྟོགས་པའི་ཤེས་རབ་ཀྱི་ཕ་རོལ་ཏུ་ཕྱིན་པ་སྦྱིན་སོགས་ཐབས་དང་བཅས་པའི་རྣལ་འབྱོར་དུས་རྟག་ཏུ་བསྒོམ་པར་བྱ་སྟེ། ཞི་བ་ལྷས། ཉོན་མོངས་ཤེས་བྱའི་སྒྲིབ་པ་ཡི། །མུན་པའི་གཉེན་པོ་སྟོང་པ་ཉིད། །མྱུར་དུ་ཐམས་ཅད་མཁྱེན་འདོད་པས། །དེ་ནི་ཅི་སྟེ་སྒོམ་མི་བྱེད། །ཅེས་(༣༨ན)གསུངས་པའི་ཕྱིར། དེ་ལ་ཧཤང་པ་སྔ་མ་གཉིས་ཀྱིས་དེ་ཁོ་ན་ཉིད་རྟོགས་པའི་ཤེས་རབ་དང་བྲལ་ན་ཉོན་མོངས་ཅི་ཡང་སྤོང་མི་ནུས་པས་ཉན་རང་ལའང་། སྟོང་ཉིད་ཕྲ་མོ་རྟོགས་པ་ཡོད་པར་བསྟན། ཧཤང་པ་ཕྱི་མ་བཞིས་ཐེག་པ་ཆེ་ཆུང་ལྟ་བས་མི་འབྱེད་པས། ཐེག་པ་ཆེན་པོས་བགྲོད་པ་རྣམས་ཀྱིས་ཐབས་རྒྱ་ཆེན་པོས་ཟིན་པའི་ཤེས་རབ་ལ་སློབ་དགོས་པར་བསྟན་ཏོ། །

པ༢ ཐབས་ཤེས་ཟུང་འབྲེལ་ལ་སློབ་དགོས་པའི་རྒྱུ་མཚན།

༈ གཉིས་པ་ཐབས་ཤེས་ཟུང་འབྲེལ་ལ་སློབ་དགོས་པའི་རྒྱུ་མཚན་ནི། རྟག་ཏུ་ཐབས་བཅས་བསྒོམ་པར་བྱ། ཞེས་གསུངས་ན། དེའི་རྒྱུ་མཚན་ཅི་ཡིན་ཞེ་ན། དེའི་ལན་སྟོན་པ་ལ།

ཐབས་དང་བྲལ་བའི་ཤེས་རབ་དང་། །
ཤེས་རབ་བྲལ་བའི་ཐབས་ཀྱིས་ཀྱང་། །

གང་ཕྱིར་འཆིང་བ་ཞེས་གསུངས་པ། །

དེ་བས་གཉིས་ཀ་སྤང་མི་བྱ། །

ཞེས་གསུངས་ཏེ། ཇོ་བོ་རྗེ་དོན་གཉེར་གྱི་གང་ཟག་གིས་ཐབས་ཤེས་གཉིས་ཀ་སྤང་ཞིང་དོར་བར་མི་བྱ་བར་ཟུང་འབྲེལ་ལ་བསླབ་དགོས་ཏེ། རྒྱུ་མཚན་གང་གི་ཕྱིར་ན། བཅོམ་ལྡན་འདས་ཀྱིས་དྲི་མ་མེད་པར་གྲགས་པས་བསྟན་པའི་མདོ་ལས། ཐབས་དང་བྲལ་བའི་ཤེས་རབ་ནི་འཆིང་བའོ། །ཤེས་རབ་དང་བྲལ་བའི་ཐབས་ནི་འཆིང་བའོ། །ཞེས་གསུངས་པ་དེ་བས་ན་དེའི་ཕྱིར། དེ་ལྟར་ན་གཞུང་འདིས། ནག་ཚོའི་ལུགས་ཀྱི་དྲི་བ་ལྔ་པའི་ལན་བཏབ་བོ། །

ཕ༣ ཟུང་དུ་འབྲེལ་བའི་ལམ་ཉིད་བཤད་པ།

༄ གསུམ་པ་ཟུང་དུ་འབྲེལ་བའི་ལམ་ཉིད་བཤད་པ་ལ་གཉིས། མདོར་བསྟན་པ་དང་། རྒྱས་པར་བཤད་པའོ། །

ཕ༧ མདོར་བསྟན་པ།

དང་པོ་ནི། ཐབས་ཤེས་ཟུང་འབྲེལ་དུ་བསྒོམ་པར་བྱ་ན། དེ་སོ་སོའི་ངོ་བོ་གང་ཞེ་ན། དེའི་ལན་བསྟན་པའི་ཕྱིར།

ཤེས་རབ་གང་(༣༥བ)དང་ཐབས་གང་ཞེས། །

ཐེ་ཚོམ་དག་ནི་སྤང་བའི་ཕྱིར། །

ཐབས་རྣམས་དང་ནི་ཤེས་རབ་ཀྱི། །

ཡང་དག་དབྱེ་བ་གསལ་བར་བྱ། །

ཞེས་གསུངས་ཏེ། གསལ་བར་བྱ་ཞེས་བཤད་གཞིར་དྲང་། གང་ན་ཐབས་རྣམས་དང་ཤེས་རབ་ཀྱི་མཚན་ཉིད་འདྲེས་པ་ལྟ་བུར་སྣང་བ་དེ། ཡང་དག་པ་སྟེ་

ཕྱིན་ཅི་མ་ལོག་པར་སོ་སོའི་དབྱེ་བའམ་ཁྱད་པར་མ་འདྲེས་པ་ཉིད་དུའོ། །དགོས་པ་གང་གི་དོན་དུ་ན། ཤེས་རབ་ནི་གང་ཡིན། ཐབས་ནི་གང་ཡིན་ཞེས་མ་རྟོགས་པ་དང་ལོག་པར་རྟོག་པ་དང་། ཐེ་ཚོམ་དུ་གྱུར་པ་དག་ནི་སུང་བའི་ཕྱིར་དུའོ། །སྤྱི་དོ་བའི་ཞལ་ནས། བྱང་ཆུབ་ལམ་གྱི་སྒྲོན་མའི་དབུ་ཞབས་ཀྱི་དོན་ལ་ཡི་གེ་ཉུང་ལ་གལ་ཆེ་བ་འདི་ན་མར་གྱི་འདི་ཡིན་གསུང་སྐད།

༤༢ རྒྱས་པར་བཤད་པ།

༈ གཉིས་པ་རྒྱས་པར་བཤད་པ་ལ་གསུམ། ཐབས་ངོས་གཟུང་བ། དེ་གོམས་པའི་དགོས་པ། ཤེས་རབ་ངོས་གཟུང་བའོ། །

དང་པོ་ནི།

ཤེས་རབ་ཕ་རོལ་ཕྱིན་སྤངས་པའི། །
སྦྱིན་པའི་ཕ་རོལ་ཕྱིན་ལ་སོགས། །
རྒྱལ་བ་རྣམས་ཀྱིས་ཐབས་སུ་བཤད། །

ཅེས་གསུངས། འདིར་ཐབས་ཇི་ལྟར་ཡིན་པ་ཡང་གཞག་ཏུ་ཡོད་དེ། ཤེས་རབ་ཀྱི་ཕ་རོལ་ཏུ་ཕྱིན་པ་སྤངས་པ་སྟེ། ལོགས་སུ་བཀར་ནས་ཤེས་རབ་ལས་གཞན་བྱང་ཆུབ་ཀྱི་སེམས་ཀྱིས་ཟིན་པའི་སྦྱིན་པའི་ཕ་རོལ་ཏུ་ཕྱིན་པ་དང་། ལ་སོགས་པ་སྟེ། ཕར་ཕྱིན་ལྷག་མ་བཞི་ལ་སོགས་པ་དཀར་པོ་དགེ་བའི་ཆོས་རྣམས་ཐམས་ཅད་དུས་གསུམ་གྱི་རྒྱལ་བ་རྣམས་ཀྱིས་ཐབས་སུ་བཤད་པའི་ཕྱིར།

༈ གཉིས་པ་ནི།

ཐབས་ཡོངས་དབང་གིས་བདག་ཉིད་ཀྱིས། །
གང་ཞིག་ཤེས་རབ་རྣམ་བསྒོམས་པ། །
དེས་ནི་བྱང་ཆུབ་མྱུར་དུ་ཐོབ། །

བདག་མེད་གཅིག་པུ་བསྒོམས་(༣༧ན)པས་མིན། །

ཞེས་གསུངས་ཏེ། མི་རྟག་པ་དང་ལས་འབྲས་ནས་བཙམས་ཏེ་སྙིང་པ་ལ་སོགས་པའི་ཐབས་རྣམས་གོམས་པ་བརྟན་པར་བྱས་པའི་དབང་གིས་བྱང་སེམས་བདག་ཉིད་ཀྱིས་ཕྱི་ནང་གི་དངོས་པོ་གང་ཡང་རུང་བ་ཞིག་ལ་དམིགས་ནས་མཚན་མར་འཛིན་པའི་དམིགས་གཏད་གཙོད་པའི་ཤེས་རབ་རྣམ་པར་བསྒོམས་པ་དེ་ནི་སྒྲིབ་པ་སྤོང་བའི་ནུས་པ་ཤིན་ཏུ་ཆེ་བས་བླ་ན་མེད་པའི་བྱང་ཆུབ་མྱུར་དུ་ཐོབ་ཀྱིས་ཐབས་ཁྱད་དུ་བསད་ནས་བདག་མེད་གཅིག་པུ་བསྒོམས་པས་ནི་བླ་མེད་བྱང་ཆུབ་འགྲུབ་ནུས་པ་མ་ཡིན་ཏེ། ཉི་ཚེ་བ་ལས་ཉི་ཚེ་དང་། །མཐའ་དག་བ་ལས་མཐའ་དག་པའི། །འབྲས་བུ་འགྲུབ་པར་གསུངས་པའི་ཕྱིར། །ཤེས་ལྡན་སུ་ཞིག་ཕྱོགས་རེས་ཆོམ། །ཞེས་འབྱུང་བ་ལྟར་ཡིན་པའི་ཕྱིར།

༈ གསུམ་པ་ཤེས་རབ་ངོས་གཟུང་བ་ནི།

ཕུང་པོ་ཁམས་དང་སྐྱེ་མཆེད་རྣམས། །
སྐྱེ་བ་མེད་པར་རྟོགས་གྱུར་པའི། །
རང་བཞིན་སྟོང་ཉིད་ཤེས་པ་ནི། །
ཤེས་རབ་ཅེས་ནི་ཡོངས་སུ་བཤད། །

ཅེས་གསུངས་ཏེ། རྐང་པ་དང་པོས་ཤེས་རབ་ཀྱི་དམིགས་པ་དང་། རྐང་པ་གཉིས་པས་རྣམ་པ་བསྟན་ལ། ཐ་མ་གཉིས་ཀྱིས་ཤེས་རབ་ངོས་གཟུང་བའོ། །ཕུང་པོ་ལྔ་དང་། ཁམས་བཅོ་བརྒྱད་དང་། སྐྱེ་མཆེད་བཅུ་གཉིས་ཏེ། ཆོས་སུམ་ཅུ་རྩ་ལྔ་པོ་དེ་རྣམས་ནི་ཆོས་ཅན་ནམ་དམིགས་པའོ། །དེ་རྣམས་ཀྱི་སྟེང་དུ་ངེས་བྱའི་ཆོས་སམ་རྣམ་པ་ནི། རང་བཞིན་གྱིས་སྐྱེ་བ་མེད་པར་རྟོགས་ཤིང་ཤེས་པར་བྱ་བ་ཡིན་ཏེ། འཁོར་བར་འཁྲམས་པའི་རྒྱུའི་གཙོ་བོ་ནི་ཇི་ལྟར་སྣང་བའི་དངོས་པོ་འདི་དག་ལ། (༣༧བ)བདེན་པར་ཞེན་པ་ཉིད་ཡིན་ལ། བདེན་པར་ཞེན་པ་རྣམས་ལས་

ཀྱང་རང་བཞིན་གྱིས་སྐྱེ་བར་འཛིན་པ་ཉིད་དངོས་འཛིན་གཞན་གྱི་རྟེན་ཡིན་པས་དེ་ཟློག་དགོས། དེ་ལ་རང་བཞིན་གྱིས་སྐྱེ་བ་མེད་པར་རྟོགས་དགོས་པའི་ཕྱིར། དེ་ལྟར་སྐྱེ་བ་མེད་པར་རྟོགས་པར་གྱུར་པས་ཆོས་ཐམས་ཅད་རང་བཞིན་གྱིས་སྟོང་པ་ཉིད་དུ་ཤེས་པ་ནི། ཐབས་ཤེས་གཉིས་ཀྱི་ནང་ནས་ཤེས་རབ་ཅེས་ནི་ཡོངས་སུ་བཤད་ལ། ཤེས་རབ་ཀྱི་བསླབ་པའི་གཙོ་བོ་ཡང་དེ་ཡིན་ནོ། །ཤ་ར་བའི་ཞལ་ནས་ཀྱང་། རིག་པས་དཔྱད་པས་ཅིར་ཡང་མ་གྲུབ་པར་རྟོགས་ཤེ་ན། སྣར་ཡོད་པ་ཅིག་མེད་དེ་སོང་སླམ་དུ་སྙོམ་པ་མིན་གྱི། གཟོད་མ་ནས་སྟོང་པ་ཡིན་པས་རང་བཞིན་གྱིས་མེད་པ་ལ། རང་བཞིན་གྱིས་མེད་པར་རྟོགས་པ་ཡིན་ཞེས། རང་བཞིན་སྟོང་ཉིད་ཤེས་པ་ནི། །ཞེས་པའི་དོན་ཡིན་གསུང་སྐད་ཤིན་ཏུ་ལེགས་སོ། །

དེ་ལྟར་ཐེག་པ་ཆེན་པོའི་ལམ་གྱི་རང་བཞིན་ནི་རྒྱན་ལས། ཤེས་པས་སྲིད་ལ་མི་གནས་ཤིང་། །སྙིང་རྗེས་ཞི་ལ་མི་གནས་དང་། །ཞེས་པ་དང་། རྒྱུད་བླ་མ་ལས་ཀྱང་། བདག་སྲེད་མ་ལུས་ཤེས་རབ་ཀྱིས་བཅད་དེ། ཞེས་སོགས་གསུངས་པ་ལྟར་ཐབས་དང་ཤེས་རབ་གཉིས་ཡིན་ལ། དེ་གཉིས་ཀྱི་གྲངས་ངེས། གོ་རིམ། ངོ་བོ་གསུམ། ལམ་གྱི་སྒྲོན་མས་གསལ་བར་བསྟན་ཏོ། །

ཇི་ལྟར་ན། ཤེས་བྱ་ཆོས་ཅན། ཐེག་པ་ཆེན་པོའི་ལམ་ལ་ཐབས་དང་ཤེས་རབ་གཉིས་སུ་གྲངས་ངེས་ཏེ། དེ་ལ་དེ་གཉིས་སུ་དབྱེར་ཡོད། དེ་ལ་དེ་གཉིས་ལས་གྲངས་མང་མི་དགོས་ཤིང་། ཉུང་ན་མི་འདུ་བ་ཡིན་པའི་ཕྱིར། དང་པོ་ནི། དེ་ཕྱིར་ཉོན་མོངས་ཤེས་བྱ་ཡི། །ཞེས་སོགས་ཤློ་ཀ་གཅིག་གིས་བསྟན་ཏེ། (༣༨ན)གཞུང་འདིས། ཐབས་དང་ཤེས་རབ་གཉིས་ཡུན་རིང་དུ་གོམས་པས་སྒྲིབ་གཉིས་འཇོམས་ནུས་སུ་བསྟན་པའི་ཕྱིར། རྟགས་གཉིས་པ་ནི། ཐབས་དང་བྲལ་བའི་ཤེས་རབ་དང་། །ཞེས་པ་ཤློ་ཀ་གཅིག་གིས་བསྟན་ཏེ། ཐབས་ཤེས་ཡ་བྲལ་གྱིས་ས་དང་པོ་ཙམ་ཡང་མི་ཐོབ་པའི་ཕྱིར། གོ་རིམ་ངེས་པ་ནི། ཐབས་གོམས་དབང་གིས་བདག

ཉིད་ཀྱིས། །ཞེས་པ། ཤྲཱི་ལོ་ཀ་གཅིག་གིས་བསྟན་ཏེ། ཐབས་གོམས་སྟོན་དུ་བཏང་ནས་ཤེས་རབ་སྒོམ་པར་གསུངས་ཤིང་། དོན་འདི་ནི་ཕར་ཕྱིན་དྲུག་ལ་སློབ་པའི་གོ་རིམ་གྱིས་ཀྱང་གྲུབ་ཅིང་། སྤྱོད་འཇུག་ལས་ཀྱང་། ཡན་ལག་འདི་དག་ཐམས་ཅད་ནི། །ཐུབ་པས་ཤེས་རབ་དོན་དུ་གསུངས། །ཞེས་གསུངས་པའི་དགོངས་པའང་ཡིན་ནོ། །འོན་ཀྱང་ཡང་དག་ཤེས་འཚོལ་སྟོན་བཏང་ནས། ཞེས་སོགས་དམིགས་བསལ་འགའ་ཞིག་ནི་མཆིས་སོ། །

ངོ་བོ་ངེས་པ་ནི། ཤེས་རབ་ཕ་རོལ་ཕྱིན་སྤངས་པའི། །ཞེས་སོགས་དང་། ཕུང་པོ་ཁམས་དང་སྐྱེ་མཆེད་རྣམས། །ཞེས་སོགས་ཚིགས་བཅད་སྔ་ཕྱི་གཉིས་ཀྱིས་བསྟན། དེ་གཉིས་ཇི་ལྟར་ཉམས་སུ་བླང་སྙམ་ན། དཔལ་ལྡན་གྲོས་ལམ་མཆོག་ཏུ། ཐབས་དང་ཤེས་རབ་གཉིས་པོ་དེ་ཡང་། །གོམས་པ་ལྟ་བུར་དང་པོར་རེས་འཇོག །བྱ་གཤོག་ལྟ་བུར་བརྟེན་ནས་ཐུང་འཇུག །དེ་ལ་གོམས་པར་གྱུར་ན་འཚང་རྒྱ། །ཞེས་བཤད་པ་ལྟར་སློབ་བོ། །

ན༢ ལྷག་མཐོང་ལ་ཇི་ལྟར་སློབ་པའི་ཚུལ།

༈ གཉིས་པ་ལྷག་མཐོང་ལ་ཇི་ལྟར་སློབ་པའི་ཚུལ་ལ་གཉིས། རྒྱས་བཤད་དང་། མཇུག་བསྡུ་བའོ། །

པ༡ རྒྱས་པར་བཤད་པ།

དང་པོ་ལ་གསུམ། ལྷག་མཐོང་གི་ཚོགས་བསྟེན་པ། ལྷག་(༣༨བ)མཐོང་སྒོམ་པའི་ཚུལ། བསྒོམས་པའི་འབྲས་བུའོ། །

ཁ༧ ལྷག་མཐོང་གི་ཚོགས་བསྟེན་པ།

དང་པོ་ནི། སྒོམ་རིམ་བར་པ་ལས། ལྷག་མཐོང་གི་ཚོགས་གང་ཞེ་ན། སྐྱེས་བུ་དམ་པ་ལ་བརྟེན་པ་དང་། མང་དུ་ཐོས་པ་ཡོངས་སུ་བཙལ་བ་དང་། ཚུལ་བཞིན་སེམས་པའོ། །ཞེས་ལྷག་མཐོང་གི་ཚོགས་གསུམ་གསུངས་ལ། མདོ་སྡེ་དགོངས་འགྲེལ་ལས་ལྷག་མཐོང་ནི་ཐོས་པ་དང་བསམ་པ་ལས་བྱུང་བའི་ལྟ་བ་རྣམ་པར་དག་པའི་རྒྱུ་ལས་བྱུང་བ་ཡིན་ནོ། །ཞེས་གཉིས་སུ་བསྡུས་ནས་གསུངས་སོ། །

དེ་བཞིན་དུ་འདིར་ཡང་ལྷག་མཐོང་གི་ཚོགས་བསྟེན་པ་ལ་གཉིས། རིགས་པ་ལ་བརྟེན་པ་བསམ་བྱུང་གི་ཤེས་རབ་དང་། ལུང་ལ་བརྟེན་པ་ཐོས་བྱུང་གི་ཤེས་རབ་བོ། །

ཁ༧ རིགས་པ་ལ་བརྟེན་པ་བསམ་བྱུང་གི་ཤེས་རབ།

དང་པོ་ལ་གསུམ། འབྲས་བུ་ལ་དཔྱོད་པ་ཡོད་མེད་སྐྱེ་འགོག་གི་གཏན་ཚིགས། རྒྱུ་ལ་དཔྱོད་པ་རྡོ་རྗེ་གཟེགས་མའི་གཏན་ཚིགས། ངོ་བོ་ལ་དཔྱོད་པ་གཅིག་དུ་བྲལ་གྱི་གཏན་ཚིགས་སོ། །

དང་པོ་ནི།

ཡོད་པ་སྐྱེ་བར་རིགས་མིན་ཏེ། །
མེད་པའང་ནམ་མཁའི་མེ་ཏོག་བཞིན། །
ཉེས་པ་གཉིས་ཀར་ཐལ་འགྱུར་ཕྱིར། །
གཉིས་ཀ་དག་ཀྱང་འབྱུང་བ་མིན། །

ཞེས་སོ། །གོང་དུ་རང་བཞིན་གྱིས་སྐྱེ་བ་མེད་པར་རྟོགས་པའི་བློ་ཤེས་རབ་ཏུ་བསྟན་པ་ལ། དངོས་སྨྲ་བ་རྣམས་ན་རེ། དེ་མི་འཐད་དེ། དངོས་པོ་རྣམས་རང་བཞིན་གྱིས་སྐྱེ་བ་དང་འཇིག་པ་མངོན་སུམ་དུ་གྲུབ་པའི་ཕྱིར། ཞེ་ན། འོ་ན། མྱུ་

ཤུ་རང་བཞིན་གྱིས་སྐྱེ་ན། རྒྱུའི་དུས་ན་ཡོད་པའམ། མེད་པའམ། གཉིས་ཀའམ། གཉིས་ཀ་མ་ཡིན་པ་ཞིག་རང་བཞིན་གྱིས་སྐྱེ་བར་བརྟག་གྲང་། དང་པོ་ལྟར་ན། མྱུ་ཤུ་ཆོས་ཅན། རྒྱུའི་དུས་སུ་ཡོད་པ་སྐྱེ་བ་རིགས་པ་མ་ཡིན་ཏེ། ཡོད་པ་གྲུབ་ཟིན་པས་སྐྱེ་བ་དགོས་པ་མེད་པའི་(༣༡ན)ཕྱིར་དང་། གྲུབ་ཟིན་སླར་ཡང་སྐྱེ་ན་སྐྱེ་བ་ཐུག་མེད་དུ་འགྱུར་བའི་ཕྱིར། གཉིས་པ་ལྟར་ན། རྒྱུའི་དུས་སུ་མེད་པའང་རང་བཞིན་གྱིས་སྐྱེ་བ་རིགས་པ་མ་ཡིན་ཏེ། བྱེ་བ་བརྒྱ་ཕྲག་རྒྱུ་ཡིས་ཀྱང་། །དངོས་པོ་མེད་པ་སྒྱུར་དུ་མེད། །ཅེས་གསུངས་པ་ལྟར་རྒྱུ་ནུས་པ་ཇི་ལྟར་ཆེ་ཡང་། རང་བཞིན་གྱིས་གྲུབ་པའི་མྱུ་ཤུ་བསྐྱེད་མི་ནུས་པའི་ཕྱིར། དཔེར་ན་ནམ་མཁའི་མེ་ཏོག་བཞིན་ནོ། །རྒྱུའི་དུས་སུ་མེད་ན། ཕྱིར་མེད་མི་དགོས་ཀྱང་། རང་བཞིན་གྱིས་གྲུབ་པ་ཞིག་རྒྱུའི་དུས་སུ་མེད་ན་རྣམ་པ་ཐམས་ཅད་དུ་མེད་དགོས་ཏེ། སྟོན་བྱུང་ད་ལྟ་མེད་ཅེས་པ། །དེས་ན་ཆད་པར་ཐལ་བར་འགྱུར། །ཞེས་པས་བསྟན་པའི་རིགས་པའོ། །

༄ གསུམ་པ་ནི། རྒྱུའི་དུས་སུ་ཡོད་པ་དང་མེད་པ་གཉིས་ཀ་དག་ཀྱང་། རང་བཞིན་གྱིས་འབྱུང་བ་རིགས་པ་མ་ཡིན་ཏེ། དེ་ལ་ནི་སྔར་བཤད་པའི་ཉེས་པ་གཉིས་ཀར་ཐལ་བར་འགྱུར་བའི་ཕྱིར་རོ། །བཞི་པ་ལྟར་ན་ཡང་མི་འཐད་དེ། རྒྱུའི་དུས་སུ་ཡོད་པའང་མ་ཡིན་མེད་པའང་མ་ཡིན་པའི་དངོས་པོ་དེ་འདྲ་མི་སྲིད་པའི་ཕྱིར། དེ་ལྟར་ན་མྱུ་ཤུ་ཆོས་ཅན། རང་བཞིན་གྱིས་སྐྱེ་བ་མེད་དེ། ཡོད་པ་དང་མེད་པ་དང་། གཉིས་ཀ་དང་། གཉིས་ཀ་མ་ཡིན་པ་རང་བཞིན་གྱིས་མི་སྐྱེ་བའི་ཕྱིར། ཞེས་པས་ཤེས་རབ་ཀྱི་ཡུལ་སྐྱེ་མེད་རིགས་པས་སྒྲུབ་པ་ཡིན་ཏེ། ལང་གཤེགས་ལས། བློ་གྲོས་ཆེན་པོ་རང་གི་སེམས་སྣང་བའི་དངོས་པོ་མེད་པ་དང་། ཡོད་པ་དང་། མེད་པ་ལས་སྐྱེ་བ་མེད་པའི་ཕྱིར། དངོས་པོ་ཐམས་ཅད་ནི་མ་སྐྱེས་པ་སྟེ། ཞེས་པ་དང་།

སྟོང་ཉིད་བདུན་ཅུ་པ་ལས་ཀྱང་། ཡོད་པ་(༣༡བ)ཡོད་ཕྱིར་སྐྱེ་མ་ཡིན། །མེད་པ་མེད་ཕྱིར་སྐྱེ་མ་ཡིན། །ཆོས་མི་མཐུན་ཕྱིར་གཉིས་ཆོས་མིན། །སྐྱེ་བ་མེད་ཕྱིར་

གནས་འགག་མེད། །ཅེས་པ་དང་། འཇུག་པ་ལས་ཀྱང་། ཡོད་ན་སྐྱེ་བྱེད་ཅི་དགོས་མེད་ལའང་དེས་ནི་ཅི་ཞིག་བྱ། །གཉིས་ཉིད་ལ་དེས་ཅི་བྱ་གཉིས་དང་འབྲལ་ལའང་དེས་ཅི་བྱ། །ཞེས་འབྱུང་བ་ལྟར་མདོ་དང་བསྟན་བཅོས་རྣམས་ན་རིགས་པ་འདི་ཤིན་ཏུ་མང་ངོ་། །

༈ གཉིས་པ་ནི།

དངོས་པོ་རང་ལས་མི་སྐྱེ་ཞིང་། །
གཞན་དང་གཉིས་ཀ་ལས་ཀྱང་མིན། །
རྒྱུ་མེད་ལས་མིན་དེ་ཡི་ཕྱིར། །
ངོ་བོ་ཉིད་ཀྱིས་རང་བཞིན་མེད། །

ཅེས་གསུངས་ཏེ། འདི་ནི་རྩ་བ་ཤེས་རབ་ལས། བདག་ལས་མ་ཡིན་གཞན་ལས་མིན། །གཉིས་ལས་མ་ཡིན་རྒྱུ་མེད་མིན། །དངོས་པོ་གང་དང་གང་ན་ཡང་། །སྐྱེ་བ་ནམ་ཡང་ཡོད་མ་ཡིན། །ཞེས་པ་དང་། ཟླ་བའི་ཞབས་ཀྱིས། དེ་ཉིད་དེ་ལས་འབྱུང་མིན་གཞན་དག་ལས་ལྟ་ག་ལ་ཞིག །ཅེས་སོགས་རྩ་འགྲེལ་གྱིས་བསྟན་པའི་དོན་སྙིང་པོར་དྲིལ་བ་ཡིན་ནོ། །འོན་ཀྱང་འདི་དག་གི་དོན་འཆད་པ་ན། འཇུག་པའི་རང་འགྲེལ་དུ། འདིར་མ་ཡིན་ཞེས་བྱ་བ་ནི་ཡོད་པ་ཉིད་ཀྱི་སྒྲུབ་བྱེད་རང་ལས་སྐྱེ་བ་དང་སྒྲིལ་གྱི་ཡོད་པ་དང་ནི་མ་ཡིན་ཏེ། དེ་དགག་པ་དོན་གྱིས་འགྲུབ་པའི་ཕྱིར། ཞེས་ཕྱེད་སྔ་མས་གཏན་ཚིགས་དང་། ཕྱེད་ཕྱི་མས་དམ་བཅའ་བསྟན་པ་ལྟ་བུར་མི་སྣང་བར་བཞི་གས་མཐའ་བཞིའི་སྐྱེ་བ་འགོག་པའི་དམ་བཅའ་ཙམ་ཞིག་ཡོངས་སུ་བསྟན། མཐའ་བཞིའི་སྐྱེ་བ་རིགས་པས་ཁེགས་པ་ན། རང་བཞིན་གྱིས་སྐྱེ་བ་མེད་པ་དོན་གྱིས་འགྲུབ་པར་བསྟན་པས། རྗེ་རྫེ་གཟིགས་མའི་གཏན་ཚིགས་ཀྱང་དོན་གྱིས་བསྟན་(༥༠ན) པ་འགྲེལ་པའི་དགོངས་པ་ཡིན་ཀྱང་། འདིར་ནི། གང་གི་ཕྱིར་ན་བདག་དང་གཞན་དང་གཉིས་ཀ་ལས་སྐྱེ་དང་། རྒྱུ་ལ་མ་ལྟོས་ཡོད་པ་མིན་པས་དངོས་རྣམས་རང་བཞིན་

བྲལ། ཞེས་པས་གཏན་ཚིགས་དངོས་སུ་བསྟན་པ་ལྟར། འདིར་ཡང་རྐང་པ་ཕྱི་མས་དམ་བཅའ་དང་། དངོས་པོ་ཞེས་པས་ཆོས་ཅན་དང་། གཞུང་ལྷག་མས་གཏན་ཚིགས་བསྟན་པ་ཡིན་ནོ། །དེ་ལྟར་ན། ཕྱི་ནང་གི་དངོས་པོ་རྣམས་ཆོས་ཅན། རང་ལས་མི་སྐྱེ་སྟེ། དེ་ལྟར་སྐྱེ་ན་སྐྱེ་བ་དོན་མེད་དང་། ཐུག་མེད་དུ་འགྱུར་བའི་ཕྱིར།

གཞན་ཡང་། རྒྱུ་དང་འབྲས་བུ་གཅིག་ཉིད་ན། །བསྐྱེད་བྱ་སྐྱེད་བྱེད་གཅིག་ཏུ་འགྱུར། །ཞེས་པའི་གནོད་བྱེད་ཀྱང་འཇུག་པའི་ཕྱིར་རོ། །ངོ་བོ་ཉིད་ཀྱིས་གཞན་ལས་ཀྱང་མི་སྐྱེ་སྟེ། ངོ་བོ་ཉིད་ཀྱིས་གཞན་ཡིན་ན། ཕན་གདགས་བྱ་འདོགས་བྱེད་འབྲེལ་མེད་དུ་འགྱུར། དེ་ལྟར་ན་ཐམས་ཅད་ལས་ཐམས་ཅད་སྐྱེ་བར་འགྱུར་བའི་ཕྱིར་དང་། རྒྱུ་དང་འབྲས་བུ་གཞན་ཉིད་ན། །རྒྱུ་དང་རྒྱུ་མིན་མཚུངས་པར་འགྱུར། །ཞེས་པའི་རིགས་པས་གནོད་པའི་ཕྱིར། འདི་ནི་གཅིག་དུ་བྲལ་གྱི་རིགས་པའི་སྙིང་པོ་ཅན་ཡང་ཡིན་ཏེ། བདག་སྐྱེ་འགོག་པས་རང་བཞིན་གྱི་གཅིག་དང་། གཞན་སྐྱེ་འགོག་པས་རང་བཞིན་གྱི་ཐ་དད་ཡིན་པ་འགོག་པའི་ཕྱིར། བདག་གཞན་གཉིས་ཀ་ལས་ཀྱང་སྐྱེ་བ་མ་ཡིན་ཏེ། བདག་གཞན་རེ་རེ་བ་ལས་སྐྱེ་བ་ཁེགས་པའི་ཕྱིར། རྒྱུ་མེད་ལས་ཀྱང་སྐྱེ་བ་མ་ཡིན་ཏེ། དེ་ལྟར་ན་འཇིག་རྟེན་པ་རྣམས་འབྲས་བུ་སྟོན་ཐོག་འབྱུང་ཕྱིར་ཞིང་ལས་ལ་འབད་པའང་དགོས་པ་མེད་པའི་(༡༠བ)ཕྱིར་དང་། རྒྱུ་མེད་གཞན་ལ་མི་ལྟོས་ཕྱིར། །རྟག་ཏུ་ཡོད་པའམ་མེད་པར་འགྱུར། །ཞེས་པའི་གནོད་བྱེད་ཐོག་ཏུ་འབབ་པའི་ཕྱིར། དེ་ལྟར་མཐའ་བཞི་ལས་སྐྱེ་བ་མི་འཐད་པ་དེའི་ཕྱིར། དངོས་པོ་རྣམས་ངོ་བོ་ཉིད་ཀྱིས་རང་བཞིན་མེད་དོ། །

༈ གསུམ་པ་ནི།

ཡང་ན་ཆོས་རྣམས་ཐམས་ཅད་དག །
གཅིག་དང་དུ་མས་རྣམ་དཔྱད་ན། །
ངོ་བོ་ཉིད་ནི་མི་དམིགས་པས། །

རང་བཞིན་མེད་པ་ཉིད་དུ་ངེས། །

ཞེས་པའོ། །འདི་ནི་ལང་གཤེགས་ལས། ཇི་ལྟར་མེ་ལོང་ལས་ནི་གཟུགས། །གཅིག་དང་གཞན་པ་ཉིད་སྤངས་པ། །ཞེས་སོགས་དང་། དབུ་མ་རྩ་བའི་མཆོད་བརྗོད་དུ། ཐ་དད་དོན་མིན་དོན་གཅིག་མིན། །ཞེས་པ་དང་། དབུ་མ་རྒྱན་ལས། བདག་དང་གཞན་སྨྲའི་དངོས་འདི་དག །ཡང་དག་ཏུ་ནི་གཅིག་པ་དང་། །དུ་མའི་རང་བཞིན་བྲལ་བའི་ཕྱིར། །རང་བཞིན་མེད་དེ་གཟུགས་བརྙན་བཞིན། །ཞེས་པ་རྣམས་ཀྱིས་བསྟན་པའི་རིགས་པ་བཀོད་པའོ། །རིགས་པའི་རྣམ་གྲངས་གཞན་བསྟན་པའི་ཕྱིར། སྔར་བཤད་པ་ལས་ཡང་ན་ཕྱི་ནང་གི་དངོས་པོ་རྣམས་ཐམས་ཅད་དག་ནི་ཆོས་ཅན། རང་བཞིན་གྱིས་མེད་པ་ཉིད་དུ་ངེས་ཏེ། རང་བཞིན་གྱིས་གྲུབ་པའི་གཅིག་དང་། དེ་ལྟར་གྲུབ་པའི་དུ་མ་གང་དུ་གྲུབ་ཅེས་རྣམ་པར་དཔྱད་ན། ཡུལ་སྟེང་ནས་གྲུབ་པའི་ངོ་བོ་ཉིད་ནི་རྡུལ་ཙམ་ཡང་མི་དམིགས་པས་ཏེ་མི་དམིགས་པའི་ཕྱིར། དཔེར་ན་མེ་ལོང་ནང་གི་གཟུགས་བརྙན་བཞིན་ནོ། །

ཕྱོགས་ཆོས་སྒྲུབ་པ་ནི། དེ་ཆོས་ཅན། རང་བཞིན་གྱིས་གྲུབ་པའི་གཅིག་ཏུ་མེད་དེ། ཆ་བཅས་ཡིན་པའི་ཕྱིར། དེ་ཆོས་ཅན། དེ་(༤༧ན)ལྟར་གྲུབ་པའི་དུ་མར་མེད་དེ། དེ་ལྟར་གྲུབ་པའི་གཅིག་རིགས་པས་ཁེགས་པའི་ཕྱིར། ཁྱབ་སྒྲུབ་ནི། རང་བཞིན་གྱིས་གྲུབ་ན། དེ་ལྟར་གྲུབ་པའི་གཅིག་དང་། དེ་ལྟར་གྲུབ་པའི་དུ་མ་གང་རུང་དུ་གྲུབ་པས་ཁྱབ་སྟེ། གཅིག་དང་དུ་མ་དངོས་འགལ་ཡིན་པས། ཡོད་ན་གཅིག་དང་དུ་མ་གང་རུང་དུ་ཡོད་དགོས་པའི་ཕྱིར་ཏེ། དབུ་མ་རྒྱན་ལས། གཅིག་དང་དུ་མ་མ་གཏོགས་པར། །རྣམ་པ་གཞན་དང་ལྡན་པ་ཡི། །དངོས་པོ་མི་རུང་འདི་གཉིས་ནི། །ཕན་ཚུན་སྤངས་ཏེ་གནས་ཕྱིར་རོ། །ཞེས་གསུངས་པའི་ཕྱིར་རོ། །

བ༢ ལུང་ལ་བརྟེན་པ་ཐོས་བྱུང་གི་ཤེས་རབ།

༈ གཉིས་པ་ལུང་ལ་བརྟེན་པ་ཐོས་བྱུང་གི་ཤེས་རབ་ནི།

སྟོང་ཉིད་བདུན་ཅུའི་རིགས་པ་དང་། །
དབུ་མ་རྩ་བ་སོགས་ལས་ཀྱང་། །
དངོས་པོ་རྣམས་ཀྱི་རང་བཞིན་ནི། །
སྟོང་པ་ཉིད་དུ་གྲུབ་བཤད་པ། །
གང་ཕྱིར་གཞུང་ནི་མངས་འགྱུར་བས། །
དེ་ཕྱིར་འདིར་ནི་མ་སྤྲོས་ལ། །
གྲུབ་པའི་གྲུབ་མཐའ་ཙམ་ཞིག་ཏུ། །
བསྒོམ་པའི་དོན་དུ་རབ་ཏུ་བཤད། །

ཅེས་གསུངས་ཏེ། རྐང་པ་དང་པོ་བཞིས་སྟོང་ཉིད་ངེས་དོན་གྱི་ལུང་རྒྱ་ཆེན་པོ་ལས་ཤེས་དགོས་པ་དང་། རྐང་པ་ཕྱི་མ་བཞིས་འདིར་གཞུང་ཉུང་དུ་འགོད་པའི་རྒྱུ་མཚན་བསྟན་ཏོ། །

དེས་ན་བློ་གྲོས་དང་ལྡན་པ་རྣམས་ཀྱིས་སྟོང་ཉིད་ཟབ་མོ་ལ་ངེས་པ་ཡང་དག་པར་དྲང་བའི་ཕྱིར། སྟོང་ཉིད་ངེས་དོན་གྱི་ལུང་གིས་བསྒྲུབ་པ་མདོ་ཀུན་ལས་བཏུས་པ་དང་། རིགས་པས་བསྒྲུབ་པ་སྟོང་ཉིད་བདུན་ཅུ་པའི་གཞུང་ལས་འབྱུང་བའི་རིགས་པ་དང་། སྟོང་ཉིད་ཟབ་མོ་རིགས་པའི་རྣམ་གྲངས་མཐའ་ཡས་པའི་(༦༧བ) སྒོ་ནས་གཏན་ལ་འབེབས་པ་དབུ་མ་རྩ་བ་དང་། སོགས་པ་རིགས་ཚོགས་ལྷག་མ་རྣམས་དང་། འཕགས་པ་ལྷ་དང་ལེགས་ལྡན་གྱི་གཞུང་རྣམས་དང་། ལྷག་པར་འཕགས་པའི་དགོངས་པ་འགྲེལ་བའི་མཆོག་སངས་རྒྱས་བསྐྱངས་དང་། ཟླ་བའི་ཞབས་དང་། ཞི་བ་ལྷའི་གཞུང་རྣམས་དང་། མདོར་ན་རྒྱལ་བའི་ཡུམ་སོགས་མདོ་

སྔེ་ཟབ་མོ་དག་གིས་དངོས་པོ་རྣམས་གདོད་མ་ནས་རང་བཞིན་གྱིས་སྟོང་པ་ཉིད་དུ་གྲུབ་པར་བཤད་པ་ལ། རྒྱ་ཆེར་བལྟ་བར་བྱ་ཞིང་། ལྟ་བའི་ཕུ་ཐག་ཆོད་པར་བྱའོ། །

འོ་ན་ལུང་དང་རིགས་པ་རྒྱ་ཆེན་པོ་དེ་དག་འདིར་མི་འགོད་པ་ཅི་ཞེ་ན། རྒྱུ་མཚན་ཡོད་དེ། གང་གི་ཕྱིར་འདིར་དེ་དག་བཀོད་ན་གཞུང་ནི་མངས་པར་འགྱུར་བས། རྒྱུ་མཚན་དེའི་ཕྱིར། འདིར་ནི་དེ་དག་མ་སྤྲོས་ལ། ཅུང་ཟད་བསྟན་པ་ནི་ལུང་རིགས་ཀྱིས་གྲུབ་པའི་གྲུབ་མཐའ་ཙམ་ཞིག །བདག་མེད་པ་བསྒོམ་པའི་དོན་དུ་རབ་ཏུ་བཤད་པ་ཡིན་པའི་ཕྱིར། སྟོང་ཉིད་བདུན་ཅུའི་རིགས་པ་དང་། །ཞེས་པའི་རང་འགྲེལ་ལས་ཀྱང་། འདིས་ནི་རྟེན་ཅིང་འབྲེལ་བར་འབྱུང་བའི་གཏན་ཚིགས་བསྟན་ཏེ། ཞེས་པ་དང་། སྙིང་པོ་ངེས་པར་བསྡུ་བ་ལས་ཀྱང་། རྟེན་ཅིང་འབྲེལ་འབྱུང་ལ་སོགས་པའི། །རིགས་པ་གང་ལ་གོམས་པ་ཡིས། །དངོས་པོར་འཛིན་པའི་གདོན་ཆེན་པོ། །མ་ལུས་པར་ནི་ཟློག་པར་བྱ། །ཞེས་དང་། བཅུ་ཐུམ་སློབ་དཔོན་ལས་ཀྱང་། རྟག་དང་ཆད་སོགས་ལྟ་ངན་སེལ་བ། །རྟེན་ཅིང་འབྲེལ་འབྱུང་བསྒོམས་པས་ཡིན་ཏེ། །ཞེས་རིགས་པའི་རྒྱལ་པོ་རྟེན་འབྲེལ་ལ་བསྔགས་ཤིང་བསྟན་ཏོ། །

དེ་ལྟར་ན་གང་ཟག་དང་ཕུང་པོ་ཆོས་(༧༨)ཅན། རང་བཞིན་གྱིས་མེད་དེ། རྟེན་ཅིང་འབྲེལ་བར་འབྱུང་བ་ཡིན་པའི་ཕྱིར། དོན་འདི་ནི་མ་དྲོས་པས་ཞུས་པ་ལས། གང་ཞིག་རྐྱེན་ལས་སྐྱེས་པ་དེ་མ་སྐྱེས། །དེ་ལ་སྐྱེ་བའི་རང་བཞིན་ཡོད་མ་ཡིན། །རྐྱེན་ལ་རག་ལས་གང་དེ་སྟོང་པར་བཤད། །གང་ཞིག་སྟོང་ཉིད་ཤེས་ཏེ་བག་ཡོད་ཡིན། །ཞེས་པ་དང་། གང་རྣམས་རྟེན་ཅིང་འབྲེལ་བར་འབྱུང་། །དེ་རྣམས་ངོ་བོ་ཅུང་ཟད་མེད། །ཅེས་པ་དང་། དབུ་མ་ལས་ཀྱང་། རྟེན་ཅིང་འབྱུང་བ་གང་ཡིན་པ། །དེ་ནི་ངོ་བོ་ཉིད་ཀྱི་ཞི། །ཞེས་དང་། གང་ལ་བརྟེན་ཏེ་གང་འབྱུང་བ། །ཞེས་སོགས་ཀྱིས་བསྟན་ཏོ། །

༥༢ ལྷག་མཐོང་བསྒོམ་པའི་ཚུལ།

༈ གཉིས་པ་ལྷག་མཐོང་སྒོམ་ཚུལ་ནི།

དེ་བས་ཆོས་རྣམས་མ་ལུས་པའི། །
རང་བཞིན་དག་ནི་མི་དམིགས་པས། །
བདག་མེད་པ་ནི་སྒོམ་གང་ཉིད། །
དེ་ཉིད་ཤེས་རབ་སྒོམ་པ་ཡིན། །

ཞེས་གསུངས་སོ། །ཕུང་ཁམས་སྐྱེ་མཆེད་ཀྱིས་བསྡུས་པའི་ཆོས་ཐམས་ཅད་བདེན་མེད་དུ་གཏན་ལ་ཕབ་པ་དེ་བས་ན། གང་ཟག་དང་། ཕུང་སོགས་ཆོས་རྣམས་མ་ལུས་པའི་ཐུན་མོང་མ་ཡིན་པའི་རང་བཞིན་དག་ནི་ཡོད་ན། རིག་པས་བཙལ་བའི་ཚེ་རྙེད་དགོས་པ་ལས་རྡུལ་ཙམ་ཡང་མི་དམིགས་པས་ན། གང་ཟག་དང་ཆོས་ལ་ངོ་བོས་གྲུབ་པའི་བདག་མེད་པ་ཉིད་དོ། །ཅེས་རིག་པས་དཔྱད་ཅིང་བསྒོམ་པ་དེ་ཉིད་ཤེས་རབ་ཀྱི་ཕ་རོལ་ཏུ་ཕྱིན་པ་བསྒོམ་པ་ཡིན་ཏེ། སྒོམ་རིམ་བར་པ་ལས་ཤེས་རབ་ཀྱིས་དངོས་པོ་མཐའ་དག་གི་ངོ་བོ་ཉིད་ལ་སོ་སོར་བརྟགས་ནས་གང་གི་ཕྱིར། མི་དམིགས་པར་བསམ་གཏན་བྱེད་པ་དེའི་ཕྱིར། ཤེས་(༩༢བ) རབ་མཆོག་གི་བསམ་གཏན་པ། །ཞེས་བྱ་སྟེ། ཞེས་གསུངས་པའི་ཕྱིར། འོ་ན། དེ་ལྟར་རྟོགས་མཁན་གྱི་ཤེས་རབ་དེ་ཉིད་ལ་འཛིན་པ་ཇི་ལྟར་སྤོང་ཞེ་ན། དེའི་ལན་བསྟན་པའི་ཕྱིར།

ཤེས་རབ་ཀྱིས་ནི་ཆོས་རྣམས་ཀུན། །
གང་གི་རང་བཞིན་མ་མཐོང་བཞིན། །
ཤེས་རབ་དེ་ཉིད་རིག་དཔྱད་པ། །
རྣམ་རྟོག་མེད་པར་དེ་བསྒོམ་བྱ། །

ཞེས་སོ། །སོ་སོར་རྟོག་པའི་ཤེས་རབ་ཀྱིས་ནི་གང་ཟག་དང་ཆོས་རྣམས་ཀུན་གྱི་གང་གི་ཡང་རང་བཞིན་བཙལ་བས་མ་མཐོང་བ་བཞིན་དུ། ཤེས་རབ་དེ་ཉིད་ཀྱང་རིག་པས་དཔྱད་པ་ན་རང་བཞིན་གྱིས་མེད་དེ། བདེན་པའི་གཅིག་དང་བདེན་པའི་དུ་མ་དང་བྲལ་བའི་ཕྱིར་རོ། །དེ་ལྟར་རིག་པས་རྣམ་པར་དཔྱད་དེ། ཡུལ་ཡུལ་ཅན་སྐྱེ་མེད་དུ་བརྟག་པ་གང་ཡིན་པ་དེ་ཉིད་རྣམ་པར་རྟོག་པ་མེད་པར་ཏེ། རྣམ་པར་མི་རྟོག་པའི་ཡེ་ཤེས་ཀྱི་རྒྱུར་ངེས་པར་བསྒོམ་པར་བྱ་བ་ཡིན་ཏེ། ཏིང་ངེ་འཛིན་རྒྱལ་པོ་ལས། གལ་ཏེ་ཆོས་ལ་བདག་མེད་སོ་སོར་བརྟག །སོ་སོར་དེ་བརྟག་གལ་ཏེ་སྒོམ་བྱེད་པ། །དེ་ནི་མྱ་ངན་འདས་ཐོབ་འབྲས་བུའི་རྒྱུ། །ཞེས་གསུངས་པའི་ཕྱིར།

ཕ༣ ལྷག་མཐོང་བསྒོམས་པའི་འབྲས་བུ།

༈ གསུམ་པ་ལྷག་མཐོང་བསྒོམས་པའི་འབྲས་བུ་ལ་གཉིས། དངོས་ཀྱི་དོན་དང་། དེ་ཉིད་ལུང་གིས་བསྒྲུབ་པའོ། །

དང་པོ་ནི།

རྣམ་རྟོག་ལས་བྱུང་སྲིད་པ་འདི། །
རྣམ་པར་རྟོག་པའི་བདག་ཉིད་དེ། །
དེ་ཕྱིར་མ་ལུས་རྟོག་སྤངས་པ། །
མྱ་ངན་འདས་པ་མཆོག་ཡིན་ནོ། །

ཞེས་གསུངས། ཤ་ར་བའི་ཞལ་ནས། གཞུང་འདིས་ལྷག་མཐོང་བསྒོམས་པས་སྲིད་པའི་རྩ་བ་དྲུང་ནས་ཕྱུང་བའི་ཕན་ཡོན་བསྟན་པ་ཡིན་ཏེ། དེ་ཡང་རྣམ་རྟོག་ལས་བྱུང་(༥༣ན)ཞེས་པས། ཀུན་འབྱུང་སྤང་བྱ་དང་། སྲིད་པ་ནི། རྣམ་པར་རྟོག་པའི་བདག་ཉིད་དེ། །ཞེས་པས། སྡུག་བསྔལ་ཤེས་བྱར་བསྟན། རྐང་པ་གསུམ་པས་ལམ་བསྟེན་པར་བྱ་བ་དང་། བཞི་པས། འགོག་པ་ཐོབ་བྱར་བསྟན། ཞེས་གསུངས་

པའི་དགོངས་པ་ལྟར་བྱས་ན། ཀུན་འབྱུང་ལས་དང་ཉོན་མོངས་པ་འདི་ཆོས་ཅན། ཐར་འདོད་ཀྱིས་སྤང་བར་བྱ་བ་ཡིན་ཞིང་། སྤོང་ནུས་པ་ཡང་ཡིན་ཏེ། དངོས་པོ་བདེན་པར་འཛིན་པའི་རྣམ་རྟོག་མ་རིག་པ་ལས་བྱུང་བ་ཡིན་པའི་ཕྱིར་ཏེ། སྟོང་ཉིད་བདུན་ཅུ་པ་ལས། རྒྱུ་དང་རྐྱེན་ལས་སྐྱེས་དངོས་རྣམས། །ཡང་དག་པར་ནི་རྟོགས་པ་གང་། །དེ་ནི་སྟོན་པས་མ་རིག་གསུངས། །དེ་ལས་ཡན་ལག་བཅུ་གཉིས་འབྱུང་། །ཞེས་གསུངས་པའི་ཕྱིར། སྲིད་པ་ཁམས་གསུམ་གྱི་འཁོར་བ་འདི་ཆོས་ཅན། ཐར་པ་དོན་གཉེར་རྣམས་ཀྱིས་བདེན་མེད་དུ་ཤེས་པར་བྱ་བ་ཡིན་ཏེ། རྣམ་པར་རྟོག་པས་སྒྲོ་བཏགས་པའི་བདག་ཉིད་ཅན་ཡིན་པའི་ཕྱིར་ཏེ། སྣ་ཚོགས་ཡིད་དགའ་མེ་ཏོག་ཁ་བྱེ་ཞིང་། །གསེར་གྱི་ཁང་མཆོག་འབར་བ་ཡིད་འོང་བ། །འདི་ན་དེ་ལའང་བྱེད་པོ་འགའ་མེད་དེ། །དེ་དག་རྟོག་པའི་དབང་གིས་བཞག་པ་ཡིན། །རྟོག་པའི་དབང་གིས་འཇིག་རྟེན་རྣམ་བརྟགས་ཏེ། །ཞེས་གསུངས་པའི་ཕྱིར། བདག་མེད་པའི་དོན་ལ་སོ་སོར་རྟོག་པའི་ཤེས་རབ་ཆོས་ཅན། ཐར་འདོད་རྣམས་ཀྱིས་བསྟེན་པར་བྱ་བ་ཡིན་ཏེ། དངོས་པོར་འཛིན་པའི་རྟོག་པ་མ་ལུས་པ་རྩ་བ་ནས་སྤངས་པ་ནི་ཐར་པ་ཡིན་ལ། ཁྱོད་དངོས་འཛིན་དེ་དངོས་སུ་འཇོམས་བྱེད་(༤༣བ)ཡིན་པ་དེའི་ཕྱིར། རྣམ་པར་རྟོག་པ་མ་ལུས་པར་སྤངས་པའི་འགོག་པ་ཆོས་ཅན། ཐར་པ་དོན་གཉེར་རྣམས་ཀྱིས་མངོན་དུ་བྱ་བ་ཡིན་ཏེ། མྱ་ངན་ལས་འདས་པ་མཆོག་གམ་ཆེན་པོ་ཡིན་པའི་ཕྱིར། དབུ་མ་ལས། མ་རིག་འགག་པར་འགྱུར་བ་ནི། །ཤེས་པས་དེ་ཉིད་བསྒོམས་པས་སོ། །ཞེས་དང་། བཞི་བརྒྱ་པ་ལས་ཀྱང་། ཡུལ་ལ་བདག་མེད་མཐོང་ན་ནི། །སྲིད་པའི་ས་བོན་འགག་པར་འགྱུར། །ཞེས་དང་། འཇུག་པ་ལས་ཀྱང་། དེའི་ཕྱིར་བདག་དང་བདག་གིས་སྟོང་བལྟ་བ། །རྣལ་འབྱོར་པ་དེ་རྣམ་པར་གྲོལ་བར་འགྱུར། །ཞེས་གསུངས་པའི་ཕྱིར། མདོར་ན་སྲིད་པ་འཁོར་བ་འདི་ཐམས་ཅད་བདེན་འཛིན་གྱི་རྣམ་རྟོག་ལས་བྱུང་བས་དེའི་རྩ་བ་ཅན་དང་། རྣམ་པར་རྟོག

པས་རྣམ་པར་བཞག་པའི་བདག་ཉིད་དེ། དེའི་ཕྱིར་རྩ་བ་རྣམ་པར་རྟོག་པ་བག་ཆགས་དང་བཅས་པ་མ་ལུས་པར་སྤངས་པ་ནི། ཐར་པའི་མཆོག་མི་གནས་པའི་མྱ་ངན་ལས་འདས་པ་ཐོབ་པ་རང་གཞན་གྱི་དོན་ཐམས་ཅད་འགྲུབ་པ་ཡིན་ནོ། །

༈ གཉིས་པ་དེ་ཉིད་ལུང་གིས་བསྒྲུབ་པ་ནི། དེ་ལྟར་ཡང་བཅོམ་ལྡན་འདས་ཀྱིས།

རྣམ་རྟོག་མ་རིག་ཆེན་པོ་སྟེ། །
འཁོར་བའི་རྒྱ་མཚོར་ལྟུང་བར་བྱེད། །
རྟོག་མེད་ཏིང་འཛིན་ལ་གནས་ན། །
ནམ་མཁའ་བཞིན་དུ་རྟོག་མེད་གསལ། །

ཞེས་གསུངས་སོ། །རྣམ་པར་མི་རྟོག་པ་ལ་འཇུག་པའི་གཟུངས་ལས་ཀྱང་།

དམ་ཆོས་འདི་ལ་རྒྱལ་བའི་སྲས། །
རྣམ་པར་མི་རྟོག་བསམས་གྱུར་ན། །
རྣམ་རྟོག་བགྲོད་དཀའ་རྣམས་འདས་ཏེ། །
རིམ་གྱིས་མི་རྟོག་ཐོབ་པར་འགྱུར། །

ཞེས་གསུངས་སོ། །ཞེས་མདོ་རྒྱུད་གཉིས་ཀྱི་ལུང་གིས་བསྒྲུབ་(༥༥ན)པར་མཛད་དོ། །འོ་ན་འཁོར་བ་རྣམ་རྟོག་ལས་བྱུང་བ་དང་། བདག་མེད་བསྒོམས་པས་རྣམ་རྟོག་ས་བོན་དང་བཅས་པ་སྤོང་ནུས་པའི་ཁུངས་ཇི་ལྟར་ཞེ་ན། སྔར་བཤད་པ་དེ་ལྟར་བཅོམ་ལྡན་འདས་ཀྱིས་སམྦུ་ཊའི་རྒྱུད་ལས། ཤེས་བྱ་ཆོས་ཅན། དངོས་པོར་འཛིན་པའི་རྣམ་པར་རྟོག་པ་འདི་ནི་སྲིད་པའི་རྩ་བར་གྱུར་པའི་མ་རིག་པ་ཆེན་པོ་ཡིན་ཏེ། འཁོར་བའི་རྒྱ་མཚོ་གཏིང་མཐའ་མེད་པར་ལྟུང་བར་བྱེད་པ་པོ་ཡིན་པའི་ཕྱིར། བྱེད་པ་པོ་ལ་ཆེན་པོའི་སྒྲ་འཇུག་པ་ཡང་ཡིན་ཏེ། འཆི་མེད་མཛོད་ལས། ཆེན་པོ་མཆོག་དང་ཚད་མེད་དང་། །མཁས་བརྟན་སྒྲོ་བའི་ལས་བདག་ཉིད། །མཆོག

ཏུ་ཆད་བྱུང་བྱེད་པ་པོ། །ཆེན་པོ་ཞེས་ནི་བཤད་པ་ཡིན། །ཞེས་བཤད་པའི་ཕྱིར། དེ་ལྟར་རྣམ་རྟོག་ལས་བྱུང་སྲིད་པ་ནི། །ཞེས་པ་རྐང་པ་གཉིས་ཀྱི་དོན་ལུང་གིས་བསྒྲུབས་ནས། དེ་ཕྱིར་མ་ལུས་རྟོག་སྤངས་པ། །ཞེས་པ་ཕྱི་མ་གཉིས་ལུང་གིས་བསྒྲུབ་པ་ནི། བདེན་འཛིན་གྱི་རྣམ་རྟོག་གི་གཉེན་པོར། བདག་མེད་པའི་དོན་རིག་པས་དཔྱད་དེ། ངེས་པ་རྙེད་པའི་ཚེ་དཔྱད་མཐར་རྟོག་པ་མེད་པ་སྟེ་རྣམ་པར་མི་རྟོག་པའི་ཏིང་ངེ་འཛིན་ལ་གནས་ཤིང་གོམས་པར་བྱས་པས། གོམས་པ་རབ་ཀྱི་མཐར་ཕྱིན་པ་ན། སྟོན་དུས་ཀྱི་སྤྲིན་དང་བྲལ་བའི་ནམ་མཁའ་བཞིན་དུ་རྟོག་པ་མེད་པའི་སེམས་ཀྱི་ཆོས་ཉིད་གསལ་བར་མངོན་སུམ་དུ་མཐོང་སྟེ། གཉིས་སྣང་གི་རྟོག་པ་བག་ཆགས་དང་བཅས་པ་འཇོམས་པར་བྱེད་དོ། །ཞེས་ཁ་སྦྱོར་གྱི་རྒྱུད་ལས་གསུངས་པའི་ཕྱིར། འདི་ནི་རིགས་པའི་དབང་ཕྱུག་གིས། །དེ་ཕྱིར་(༨༨བ)ཡང་དག་ཡང་དག་མིན། །ཞེས་སོགས་གསུངས་པའི་རིགས་པ་དང་མཚུངས་སོ། །ཟབ་མོ་སྟོང་པ་ཉིད་ལ་རྩེ་གཅིག་ཏུ་མཉམ་པར་བཞག་ན། རྣམ་རྟོག་གི་སྤྲོས་པ་ལྡོག་པའི་ཁུངས་གཞན་ཡང་རྣམ་པར་མི་རྟོག་པ་ལ་འཇུག་པའི་གཟུངས་ལས་ཀྱང་། དོན་འདི་བཀའ་སྩལ་ཏོ། །

ཇི་ལྟར་ཞེ་ན། འདི་ལྟར་གསུངས་ཏེ། ཐེག་པ་ཆེན་པོའི་དམ་པའི་ཆོས་ཟབ་མོ་འདི་ལ་ཐོས་བསམ་གྱི་ཤེས་རབ་སྔོན་དུ་འགྲོ་བའི་རྒྱལ་བའི་སྲས་པོས། མཚན་མར་འཛིན་པའི་ཡིད་ལ་བྱེད་པའི་འགལ་བ་མི་མཐུན་ཕྱོགས། རྣམ་པར་མི་རྟོག་པ་བསམས་ཤིང་བསྒོམས་པར་གྱུར་ན། མཚན་མ་ལ་སྤྱོད་པའི་རྣམ་པར་རྟོག་པའི་དྲ་བ་བསྒྲོད་པར་དཀའ་བ་ལས་རྣམ་པར་འདས་ཏེ། རིམ་གྱིས་རྣམ་པར་མི་རྟོག་པའི་ཡེ་ཤེས་ཐོབ་པར་འགྱུར་རོ། །ཞེས་གསུངས་པའི་ཕྱིར།

པ༢ མཇུག་བསྡུ་བ།

༄ གཉིས་པ་མཇུག་བསྡུ་བ་ནི།

ལུང་དང་རིགས་པ་དག་གིས་ནི། །
ཆོས་རྣམས་ཐམས་ཅད་སྐྱེ་མེད་པའི། །
རང་བཞིན་མེད་པར་ངེས་བྱས་ནས། །
རྣམ་པར་རྟོག་མེད་བསྒོམ་པར་བྱ། །

ཞེས་གསུངས། ངེས་དོན་གྱི་ལུང་དང་དྲི་མ་མེད་པའི་རིགས་པའི་ཚོགས་དག་གིས་ནི། གང་ཟག་དང་ཕུང་པོ་སོགས་ཀྱིས་བསྡུས་པའི་ཆོས་རྣམས་ཐམས་ཅད་བདེན་པའི་སྐྱེ་བའམ་སྐྱེ་བའི་རང་བཞིན་མེད་པར་ངེས་ཤིང་སྒྲོ་འདོགས་ཆོད་པར་བྱས་ནས་ཡིན་ལུགས་ཀྱི་དོན་ལ་མཚན་མའི་རྣམ་པར་རྟོག་པ་མེད་པར་རྩེ་གཅིག་ཏུ་བསྒོམ་པར་བྱ་སྟེ། ཐོས་པའི་རྗེས་འཇུག་སྒྲུབ་པ་སྙིང་པོར་བྱ། །སྐྱེ་བའི་རྫོང་ལས་ཚོགས་ཆུང་ཐར་བར་འགྱུར། །ཞེས་གསུངས་པའི་(༥༥ན)ཕྱིར་རོ། །

ཛ༢ འབྲས་བུའི་ཆོས་བཤད་པ།

༄ གཉིས་པ་འབྲས་བུའི་ཆོས་བཤད་པ་ནི།

དེ་ལྟར་དེ་ཉིད་བསྒོམ་བྱས་ན། །
རིམ་གྱིས་དྲོད་སོགས་ཐོབ་བྱས་ནས། །
རབ་དགའ་ལ་སོགས་ཐོབ་འགྱུར་ཏེ། །
སངས་རྒྱས་བྱང་ཆུབ་ཡུན་མི་རིང་། །

ཞེས་གསུངས། དེ་ལྟར་སྐྱབས་འགྲོ་ཐུན་མོང་བ་ནས་བཟུང་སྟེ། སྐྱེས་བུ་ཆུང་འབྲིང་གི་ལམ་ལ་བློ་སྦྱངས། སྨོན་འཇུག་གི་སེམས་གཉིས་བསྐྱེད་དེ། ཐབས་རྒྱ་ཆེན་

པོས་ཟིན་པའི་སྒོ་ནས། ཞི་གནས་དང་། ལྷག་མཐོང་གིས་དེ་ཁོ་ན་ཉིད་བསྒོམས་པར་བྱས་ན་སྐྱེ་བྱས་པ་ལ་དགོས་པ་ཡོད་དེ། ཚོགས་ལམ་ཆུང་འབྲིང་ཆེན་པོ་ཞིགས་པར་བགྲོད་དེ། རིམ་གྱིས་དྲོད་ལ་སོགས་པ་ངེས་པར་འབྱེད་པའི་ཆ་དང་མཐུན་པ་བཞི་ཐོབ་པར་བྱས་ནས། འཇིག་རྟེན་ལས་འདས་པའི་ཡེ་ཤེས་ཀྱིས། དང་པོ་ས་རབ་ཏུ་དགའ་བ་དང་། ལ་སོགས་པས་བསྡུས་པ་ས་གཉིས་པ་ནས། བཅུ་པའི་རྡོ་རྗེ་ལྟ་བུའི་ཏིང་ངེ་འཛིན་གྱི་བར་གྱི་གནས་སྐབས་ཀྱི་འབྲས་བུ་ཐོབ་པར་འགྱུར་ལ། དེ་ལས་མཐར་ཐུག་གི་འབྲས་བུ་སངས་རྒྱས་ཀྱི་བྱང་ཆུབ་ཆེན་པོ་སྐུ་གསུམ་ཡེ་ཤེས་ལྔ་ལྡན་གྱི་གོ་འཕང་ཡང་ཡུན་མི་རིང་བར་མྱུར་དུ་ཐོབ་ནས་སྐལ་བ་དང་ལྡན་པའི་འགྲོ་བ་མཐའ་ཡས་པ་སྨིན་ཅིང་གྲོལ་བར་བྱེད་པའི་འཕྲིན་ལས་ལྷུན་གྱིས་གྲུབ་པ་དང་། རྒྱུན་མི་འཆད་པ་འཁོར་བ་ཇི་སྲིད་དུ་འབྱུང་བ་ཡིན་པའི་ཕྱིར་ཏེ། དེ་བཞིན་འཁོར་བ་ཇི་སྲིད་བར། །ལས་ནི་རྒྱུན་མི་འཆད་པར་འདོད། །ཅེས་གསུངས་པའི་ཕྱིར་རོ། །

ཆ༢ ཐུགས་ལ་འཇུག་པའི་ཚུལ་ཕྱོགས་ཙམ་བསྟན་པ།

༄ གཉིས་པ་ཐུགས་ལ་འཇུག་པའི་ཚུལ་ཕྱོགས་ཙམ་བསྟན་པ་ལ་གསུམ། རྡོ་རྗེ་ཐེག་པ་ལ་འཇུག་པས་དབང་ཐོབ་དགོས་(༨༥བ)པར་བསྟན་པ། རྟེན་གྱི་ཁྱད་པར་གྱིས་དབང་གོང་མ་གཉིས་བྱར་རུང་བ་དང་མི་རུང་བའི་ཚུལ། དབང་གོང་མ་གཉིས་མ་ཐོབ་ན་རྒྱུད་ཉན་བཤད་སོགས་བྱར་རུང་མི་རུང་དཔྱད་པའོ། །

ཇ༡ རྡོ་རྗེ་ཐེག་པ་ལ་འཇུག་པས་དབང་ཐོབ་དགོས་པར་བསྟན་པ།

དང་པོ་ལ་གསུམ། རྟེན་གྱི་གང་ཟག་དང་། དེ་ལ་སྨིན་བྱེད་ཀྱི་དབང་བསྐུར་བ་དང་། དབང་བསྐུར་བའི་ཆེ་བ་བསྟན་པའོ། །

༡༧ རྟེན་གྱི་གང་ཟག །

དང་པོ་ནི།

སྔགས་མཐུ་ཉིད་ལས་གྲུབ་པ་ཡི། །
ཞི་དང་རྒྱས་སོགས་ལས་རྣམས་ཀྱིས། །
བུམ་པ་བཟང་གྲུབ་ལ་སོགས་པ། །
གྲུབ་ཆེན་བརྒྱད་སོགས་སྟོབས་ཀྱིས་ཀྱང་། །
བདེ་བ་ཡིས་ནི་བྱང་ཆུབ་ཚོགས། །
ཡོངས་སུ་རྫོགས་པར་འདོད་པ་དང་། །
བྱ་བ་སྤྱོད་སོགས་རྒྱུད་གསུངས་པའི། །
གལ་ཏེ་གསང་སྔགས་སྤྱོད་འདོད་ན། །

ཞེས་གསུངས། གཙང་དུ་ཇོ་བོ་ཕེབས་དུས། ཁུ་རྔོག་སོགས་མི་དྲུག་གིས་དྲི་བ་ལྟར་ཞུས་པའི་ཕྱི་མ་གསུམ་སྔགས་ཀྱི་དྲི་བ་ཡིན་ཏེ། རྡོ་རྗེ་སློབ་དཔོན་གྱི་དབང་མ་ཐོབ་པར་རྒྱུད་འཆད་དུ་རུང་ངམ་མི་རུང་བྱ་བ་དང་། ཚངས་པར་སྤྱོད་པས་དབང་གོང་མ་གཉིས་བླང་དུ་རུང་ངམ་མི་རུང་བྱ་བ་དང་། དབང་བསྐུར་མ་ཐྱས་པར་གསང་སྔགས་ཉམས་སུ་བླང་རུང་ངམ་མི་རུང་བྱ་བའོ། །དྲི་བ་དང་པོའི་ལན་ནི། རྒྱུད་ཀུན་ཉན་དང་འཆད་པ་དང་། །ཞེས་སོགས་དང་། གཉིས་པའི་ལན་ནི། དང་པོའི་སངས་རྒྱས་རྒྱུད་ཆེན་ལས། །ཞེས་སོགས་དང་། གསུམ་པའི་ལན་ནི། བྱ་བ་སྤྱོད་སོགས་རྒྱུད་གསུངས་པའི། །ཞེས་སོགས་ཀྱིས་བསྟན་པ་ཡིན་ནོ། །

དེ་ཡང་ཕར་ཕྱིན་ཐེག་པའི་ལུགས་ཀྱི། ཕྱིན་དྲུག་བསྡུ་བཞིའི་ཉམས་ལེན་གྱིས་རང་གཞན་གྱི་དོན་ཡོངས་སུ་རྫོགས་པར་འགྱུར་བ་བཞིན་དུ། རྡོ་རྗེ་ཐེག་པའི་ལམ་གྱིས་བགྲོད་པའི་རྟེན་ཇི་ལྟར་དགོས་པ་ཡང་(༤༨ན)གཞག་ཏུ་ཡོད་དེ། སྔགས་

བཟླས་པའི་མཐུ་ཉིད་ལས་གྲུབ་པར་འགྱུར་བའི་ཞི་བ་དང་། རྒྱས་པ་དང་། དབང་དང་། མངོན་སྤྱོད་ཀྱི་འཕྲིན་ལས་བཞི་དང་། འདོད་དགུ་འབྱུང་བའི་བུམ་པ་བཟང་པོ་གྲུབ་པ་དང་། གྲུབ་པ་ཆེན་པོ་བརྒྱད་ལ་བརྟེན་ནས་ལམ་བདེ་བ་དང་། མྱུར་བ་ཡིས་ནི་རང་གིས་བྱང་ཆུབ་ཆེན་པོའི་ཚོགས་ཡོངས་སུ་རྫོགས་ཤིང་། གཞན་དོན་ཐམས་ཅད་བསྒྲུབ་པར་འདོད་པས། བྱ་བ་དང་སྤྱོད་པ་སོགས་རྒྱུད་སྡེ་བཞི་ལས་གསུངས་པའི་གསང་སྔགས་ཀྱི་སྤྱོད་པ་རྣམ་པར་དག་པར་ཉམས་སུ་བླང་བར་འདོད་པའི་རྟེན་ཅན་དགོས་པའི་ཕྱིར།

༡༢ དེ་ལ་སྨིན་བྱེད་ཀྱི་དབང་།

༈ གཉིས་པ་ནི།

དེ་ཚེ་སློབ་དཔོན་དབང་བསྐུར་ཕྱིར། །
བསྙེན་བཀུར་རིན་ཆེན་སོགས་སྦྱིན་དང་། །
བཀའ་བསྒྲུབ་ལ་སོགས་ཐམས་ཅད་ཀྱིས། །
བླ་མ་དམ་པ་མཉེས་པར་བྱ། །
བླ་མ་མཉེས་པར་གྱུར་པ་ཡིས། །
ཡོངས་རྫོགས་སློབ་དཔོན་དབང་བསྐུར་བས། །

ཞེས་གསུངས། དེ་ཡང་རྡོ་རྗེ་ཐེག་པའི་ལམ་དུ་འཇུག་པར་འདོད་པའི་སློབ་མ་ལམ་ཐུན་མོང་བས་རྒྱུད་སྦྱངས་ནས་རྒྱུད་སྡེ་བཞི་པོ་ཅི་རིགས་པའི་སྒོ་ནས་གསང་སྔགས་ལ་འཇུག་པར་འདོད་པ་དེའི་ཚེ། མཚན་ཉིད་དང་ལྡན་པའི་བླ་མ་དམ་པ་མཉེས་པར་བྱ་དགོས་ཏེ། དགོས་པ་གང་གི་དོན་དུ་ནི། རྡོ་རྗེ་སློབ་དཔོན་གྱི་དབང་བསྐུར་ཐོབ་ཕྱིར་ཡིན་པའི་ཕྱིར། འདིས་དབང་གོང་མ་གསུམ་ཡང་མཚོན་ནོ། །ཚུལ་ཇི་ལྟར་མཉེས་པར་བྱེད་ཚུལ་ཡང་ཡོད་དེ། བཀུར་སྟི་ཉེད་པ་དག་དང་རིམ་གྲོ་

དང་། །བསྒྲུབ་པའི་སྒོ་ནས་བཤེས་གཉེན་བསྟེན་པར་བྱ། །ཞེས་པ་ལྟར་ལུས་ངག་གིས་བསྙེན་(༨༨བ)བཀུར་བ་དང་། རིན་པོ་ཆེ་དང་། བགོ་བ་དང་། བཟའ་བཏུང་དང་། བྲན་ལ་སོགས་པ་ཇི་ལྟར་བཞེད་པ་བཞིན་གྱི་ཡོ་བྱད་སྦྱིན་པ་དང་། བཀའ་སྐུལ་དང་དུ་བླངས་ནས་ཚུལ་བཞིན་དུ་བསྒྲུབ་པ་ལ་སོགས་པ་སྒོ་གསུམ་གྱི་དངོས་པོ་ཐམས་ཅད་ཀྱིས་མཉེས་པར་བྱ་བ་ཡིན་པའི་ཕྱིར། བླ་མ་མཉེས་པར་བྱས་དང་ཇི་ལྟར་བྱ་བ་ཡང་ཡོད་དེ། དེ་ལྟར་བླ་མ་མཉེས་པར་གྱུར་པ་ཡིས། སློབ་མས་དབང་དོན་དུ་གསོལ་བ་བཏབ་ནས། མཐའ་རྟེན་རྫས་གནང་དང་བཅས་པ་ཡོངས་སུ་རྫོགས་པའི་རྡོ་རྗེ་སློབ་དཔོན་གྱི་དབང་བསྐུར་བས། བདག་ཉིད་གསང་སྔགས་ཀྱི་སྣོད་རུང་དུ་བྱ་བ་ཡིན་པའི་ཕྱིར།

༡༢ དབང་བསྐུར་བའི་ཆེ་བ།

༈ གསུམ་པ་དབང་བསྐུར་བའི་ཆེ་བ་ནི།

སྡིག་ཀུན་རྣམ་དག་བདག་ཉིད་ནི། །
དངོས་གྲུབ་བསྒྲུབ་པའི་སྐལ་ལྡན་འགྱུར། །

ཞེས་སོ། །གོང་དུ་བཤད་པ་ལྟར། དབང་བཞི་རྫོགས་པར་བསྐུར་བ་ལ་དགོས་པ་ཡོད་དེ། སྒོ་གསུམ་གྱི་སྡིག་སྒྲིབ་བག་ཆགས་དང་བཅས་པ་རྣམ་པར་དག་ཅིང་། སློབ་མ་བདག་ཉིད་ནི་དངོས་གྲུབ་ཆུང་འབྲིང་ཆེན་པོ་གསུམ་བསྒྲུབ་པའི་སྐལ་བ་དང་ལྡན་པར་འགྱུར་བའི་ཕྱིར་རོ། །

ཛ༢ རྟེན་གྱི་ཁྱད་པར་གྱིས་དབང་གོང་མ་གཉིས་བྱར་རུང་བ་དང་མི་རུང་བའི་ཚུལ།

༄ གཉིས་པ་རྟེན་གྱི་ཁྱད་པར་གྱིས་དབང་གོང་མ་གཉིས་བྱར་རུང་བ་དང་མི་རུང་བའི་ཚུལ་ནི།

དང་པོའི་སངས་རྒྱས་རྒྱུད་ཆེན་ལས། །
རབ་ཏུ་འབད་པས་བཀག་པའི་ཕྱིར། །
གསང་བ་ཤེས་རབ་དབང་བསྐུར་བ། །
ཚངས་པར་སྤྱོད་པས་བླང་མི་བྱ། །
གལ་ཏེ་དབང་བསྐུར་དེ་འཛིན་ན། །
ཚངས་སྤྱོད་དཀའ་ཐུབ་ལ་གནས་པས། །
བཀག་པ་སྤྱད་པར་གྱུར་པའི་ཕྱིར། །
དཀའ་ཐུབ་སྡོམ་པ་དེ་ཉམས་ཏེ། །
བརྟུལ་ཞུགས་ཅན་དེ་ཕམ་པ་ཡི། །
ལྟུང་བ་དག་ནི་འབྱུང་འགྱུར་ཞིང་། །(༦༧ན)
དེ་ནི་ངན་སོང་ངེས་ལྟུང་བས། །
གྲུབ་པ་ནམ་ཡང་ཡོད་མ་ཡིན། །

ཞེས་གསུངས། འོ་ན་དབང་བསྐུར་བ་དེ་དག་དངོས་གྲུབ་འདོད་པའི་གང་ཟག་ཐམས་ཅད་ཀྱིས། དངོས་དབང་དུ་བླང་བ་ཡིན་ནམ་ཞེ་ན། མ་ཡིན་ཞེས་དམིགས་བསལ་སྟོན་པ་ནི། ཤེས་བྱ་ཆོས་ཅན། ཚངས་པར་སྤྱོད་པའི་དགེ་བསྙེན་དང་། རབ་བྱུང་སྡེ་ལྔ་གང་རུང་གི་ཚུལ་ཁྲིམས་ལ་གནས་པའི་སློབ་དཔོན་གྱིས། གསང་བའི་དབང་གཞན་ལ་བསྐུར་བ་དང་། སློབ་མ་ལ་ཤེས་རབ་ཡེ་ཤེས་ཀྱིས་དབང་བསྐུར་

བ་དང་ནི། རང་ཉིད་ཀྱིས་དངོས་སུ་བླང་བར་མི་བྱ་སྟེ། ཚུལ་དེ་ལྟ་བུ་ནི། དང་པོའི་སངས་རྒྱས་དུས་ཀྱི་འཁོར་ལོའི་རྩ་བའི་རྒྱུད་ཆེན་མོ་ལས། བཅོམ་ལྡན་འདས་ཀྱིས་རབ་ཏུ་འབད་པས་བཀག་པའི་ཕྱིར། འོ་ན་སྐྱོན་ཅི་ཞིག་གཟིགས་ནས་དབང་དེ་གཉིས་ཚངས་པར་སྤྱོད་པ་ལ་བཀག་ཅེ་ན། ཚངས་པར་སྤྱོད་པའི་དཀའ་ཐུབ་ལ་གནས་པའི་དགེ་བསྙེན་དང་། རབ་བྱུང་སྡེ་ལྔ་པོ་གང་རུང་གིས། གལ་ཏེ་དབང་བསྐུར་བ་གཉིས་པོ་དེ་དག་དངོས་སུ་འཛིན་ཅིང་བླངས་ན། སྟོན་པས་བཀག་པ་སྤྱད་པར་གྱུར་པ་ཡིན་པའི་ཕྱིར། ཚངས་སྤྱོད་ཀྱི་དཀའ་ཐུབ་དང་། རབ་ཏུ་བྱུང་བའི་སྡོམ་པ་དེ་ཉམས་ཏེ། ཚུལ་ཁྲིམས་ཀྱི་བརྟུལ་ཞུགས་ཅན་དེ་དག་ཕམ་པ་དང་། ཕམ་པ་དང་འདྲ་བའི་རྩ་བའི་ལྟུང་བ་དག་ནི་འབྱུང་བར་འགྱུར་བ་ཡིན་པའི་ཕྱིར་དང་། ལྟུང་བས་ཉམས་པའི་གང་ཟག་དེ་ནི་ངན་སོང་གསུམ་དུ་ངེས་པར་ལྟུང་བས་ན་དངོས་གྲུབ་འགྲུབ་པ་ནམ་ཡང་ཡོད་པ་མ་ཡིན་པའི་ཕྱིར་ཏེ། རྗེ་བོ་ཉིད་ཀྱིས། གསང་བ་དང་(༦༧བ)ཤེས་རབ་ཡེ་ཤེས་ཀྱི་དབང་ནི་ཚངས་པར་སྤྱོད་པ་གྲོལ་བའི་ལམ་པས་མི་བསྐུར་ཞིང་སློབ་མས་ཀྱང་མི་བླང་ངོ་། །དེ་ནི་ཚངས་པར་སྤྱོད་པ་ཟད་པར་བྱེད་པ་དང་། སངས་རྒྱས་ཀྱི་བསྟན་པ་ནུབ་པར་བྱེད་པས་སེམས་ཅན་དམྱལ་བར་སློབ་དཔོན་དེ་དང་སློབ་མ་གཉིས་ཀ་ཐེ་ཚོམ་མེད་པར་འགྲོ་བར་འགྱུར་རོ། །ཞེས་དང་། རང་འགྲེལ་ལས་ཀྱང་། ཁ་ཅིག་གསང་སྔགས་ཀྱི་རྒྱུད་ཆེན་པོ་དག་གི་དགོངས་པ་མི་ཤེས། བླ་མ་དམ་པས་ཀྱང་མ་ཟིན་ཅིང་། སྡིག་པའི་བཤེས་གཉེན་ལ་བརྟེན་པས། གསང་སྔགས་ཀྱི་ཚུལ་མི་ཤེས་པས། དགོངས་པ་ཅན་གྱི་བཀའ་ལ་བརྟེན་ནས་འདི་སྐད་དུ། བདག་ཅག་ནི་གསང་སྔགས་པའོ། །ཞེས་སྤྱོད་པ་ཐམས་ཅད་ལ་བག་ཡངས་སུ་བྱེད་ཅིང་། ཕྱག་རྒྱ་ཆེན་པོའི་དངོས་གྲུབ་ཀྱང་མྱུར་དུ་ཐོབ་པར་འགྱུར་རོ་ཞེས་སྒྲོགས་ཤིང་གནས་པ་དེ་དག་ནི་ངན་འགྲོར་འགྲོ་བར་འགྱུར་རོ་ཞེས་སོགས་རྒྱ་ཆེར་གསུངས་སོ། །

ཛ༣ དབང་གོང་མ་གཉིས་མ་ཐོབ་ན།

རྒྱུད་ཉན་བཤད་སོགས་བྱར་རུང་མི་རུང་གི་དཔྱད་པ།

གསུམ་པ་དབང་གོང་མ་གཉིས་མ་ཐོབ་ན། རྒྱུད་ཉན་བཤད་སོགས་བྱར་རུང་མི་རུང་གི་དོགས་པ་སྤང་བ་ནི།

རྒྱུད་ཀུན་ཉན་དང་འཆད་པ་དང་། །
སྦྱིན་སྲེག་མཆོད་སྦྱིན་སོགས་བྱེད་པ། །
སློབ་དཔོན་དབང་བསྐུར་བརྙེས་གྱུར་ཅིང་། །
དེ་ཉིད་རིག་ལ་ཉེས་པ་མེད། །

ཅེས་གསུངས། གལ་ཏེ་ཚངས་པར་སྤྱོད་པས་དབང་དེ་གཉིས་དངོས་སུ་བླང་དུ་མི་རུང་ན་གསང་སྔགས་སྤྱོད་པའི་སྐལ་བ་མེད་པར་འགྱུར་རོ་ཞེ་ན། སྐྱོན་མེད་དེ། སློབ་དཔོན་གྱི་དབང་བསྐུར་བ་རྗེས་འབྲང་དང་བཅས་པ་བརྙེས་པ་སྟེ་ཐོབ་པར་གྱུར་ཅིང་། དེ་ཁོ་ན་ཉིད་བཅུ་རིག་པ་ལ་སྟེ་རིག་པའི་གང་ཟག་གིས། བྱ་བ་ལ་སོགས་པའི་རྒྱུད་ཀུན་ལ་སློབ་མས་ཉན་པ་དང་། སློབ་(༤༢ན)དཔོན་གྱིས་འཆད་པ་དང་། ཐུན་མོང་དུ་གཉིས་ཀས་སྦྱིན་སྲེག་དང་། མཆོད་སྦྱིན་དང་། སོགས་པས་རབ་གནས་དབང་བསྐུར་འཁྲིན་ལས་བཞི་དང་། གྲུབ་པ་རྣམ་པ་བརྒྱད་སྒྲུབ་པར་བྱེད་པ་ལ་ཉེས་པ་མེད་པའི་ཕྱིར།

ཁ༣ རྒྱུ་གང་ལ་བརྟེན་ནས་བརྩམས་པ།

༈ གསུམ་པ་རྒྱུ་གང་ལ་བརྟེན་ནས་བརྩམས་པ་ནི།

གནས་བརྟན་མར་མེ་མཛད་དཔལ་གྱིས། །
མདོ་སོགས་ཆོས་ལས་བཤད་མཐོང་བས། །

བྱང་ཆུབ་འོད་ཀྱིས་གསོལ་བཏབ་ནས། །
བྱང་ཆུབ་ལམ་བཤད་མདོར་བསྡུས་བྱས། །

ཞེས་སོ། །དེ་ལ་རྐང་པ་དང་པོས་བྱེད་པ་པོ། བཞི་པས་ལས་སུ་འདུ་བྱ་བ། གཉིས་པས་ནང་གི་རྐྱེན་ཤེས་རབ་ཕུན་སུམ་ཚོགས་པ། གསུམ་པས་གཞན་རྐྱེན་སྙིང་རྗེ་ཆེན་པོ་བསྟན་བཅོས་རྩོམ་པའི་རྒྱུར་བསྟན་ཏེ། སྔ་པ་བཅོ་བརྒྱད་པོ་མཐའ་དག་གི་གཙུག་གི་ནོར་བུ། བསྙེན་པར་རྫོགས་ནས་སྡོམ་རྒྱུན་རྣམ་དག་བར་མ་ཆད་དུ་ལོ་སུམ་ཅུ་ལྷག་བཞེས་པས་གནས་བརྟན་ཆེན་པོ་མར་མེ་མཛད་དཔལ་ཡེ་ཤེས་ཞེས་བྱ་བས། གངས་རིའི་ཁྲོད་ཀྱི་སྐལ་ལྡན་རྣམས་རྗེས་སུ་བཟུང་བའི་ཕྱིར་དུ། ལས་དང་པོ་པའི་ས་ནས་བྱང་ཆུབ་མཆོག་གི་བར་དུ། བགྲོད་པའི་ཐེག་པ་ཆེན་པོའི་ལམ་རྣམ་པར་བཤད་པ་ཡིན་ནོ། །

རྒྱུ་གང་ལ་བརྟེན་ནས་བཤད་པ་ཡང་གཞག་ཏུ་ཡོད་དེ། མདོ་དང་། སོགས་ཁོངས་ནས་རྒྱུད་དང་། བསྟན་བཅོས་མན་ངག་གི་ཆོས་རྣམས་ལས་བཤད་པ་ཇི་ལྟ་བ་བཞིན་མཐོང་བས་ཏེ་མཐོང་བའི་ཤེས་རབ་དང་། བོད་ཡུལ་གྱི་བསྟན་པའི་ཁུར་བཞེས་པའི་ལྷ་རིགས་དགེ་སློང་བྱང་ཆུབ་འོད་ཀྱིས། བསྟན་པ་སྤྱི་ཁྱབ་ཀྱི་དོན་དུ་ཐེག་པ་ཆེན་པོའི་ཤིང་རྟར་གྱུར་(༤༨བ)པའི་གཞུང་ཞིག་ཅིས་ཀྱང་གནང་དགོས་ཞེས་གསོལ་བ་བཏབ་པའི་རྒྱུ་ལས་བཤད་པ་ཡིན་པའི་ཕྱིར། ཚུལ་ཇི་ལྟར་བྱས་པ་ཡང་གཞག་ཏུ་ཡོད་དེ། ཚེ་འདི་ཡུན་ཐུང་ཤེས་བྱའི་རྣམ་པ་མང་། །ཚེ་ཡི་ཚད་ཀྱང་ཇི་ཙམ་མི་ཤེས་པས། །ངང་པས་ཆུ་ལས་འོ་མ་ལེན་པ་ལྟར། །རང་གི་འདོད་པ་དང་དུ་བླང་ན་ལེགས། །ཞེས་གསུངས་པ་ལྟར། དགག་བསྒྲུབ་ཀྱི་སྤྲོས་པ་རྒྱ་ཆེན་པོ་དོར་ནས་ཐམས་ཅད་མཁྱེན་པ་དོན་གཉེར་གྱི་ཉམས་ལེན་མ་ཚང་བ་མེད་པ་བསྒྲུབ་པའི་ཆ་རྐྱེན་དུ་གྱུར་པ་ཙམ་ཞིག་ཚིག་མདོར་བསྡུས་ཏེ་བྱས་པ་ཡིན་པའི་ཕྱིར།

ཀ༩ མཇུག་གི་དོན།

༈ བཞི་པ་མཇུག་གི་དོན་ལ་གཉིས། གང་གིས་མཛད་པ་དང་། ཤུས་བསྒྱུར་བའོ། །

དང་པོ་ནི། བྱང་ཆུབ་ལམ་གྱི་སྒྲོན་མ་ལྷ་བརྒྱ་པ་རྣམས་ཀྱི་གཙུག་གི་ནོར་བུ་སློབ་དཔོན་མཁས་པ་ཆེན་པོ་དཔལ་མར་མེ་མཛད་ཡེ་ཤེས་ཀྱིས། སྐལ་ལྡན་གྱི་གདུལ་བྱ་བགྲང་བ་ལས་འདས་པའི་དོན་དུ་ཐུགས་བརྩེ་བ་ཆེན་པོས་མཛད་པ་རྫོགས་སོ།། །།

གཉིས་པ་ནི། རྒྱ་གར་གྱི་མཁན་པོ་དཱི་པཾ་ཀ་ར་ཤྲཱི་ཛྙཱ་ན་དང་། བོད་ཀྱི་ལོ་ཙཱ་བ་འཇིག་རྟེན་གྱི་མིག །དགེ་སློང་དགེ་བའི་བློ་གྲོས་ཀྱིས་རྒྱ་སྐད་ལས་བོད་སྐད་དུ་བསྒྱུར་ཞིང་ཚིག་དོན་གྱི་ཞུ་ཆེན་བགྱིས་ནས་འཆད་ཉན་མཛད་པའོ། །

འདིའི་རང་འགྲེལ་ནི་དགེ་བཤེས་གུང་ཐང་པས་ཞུས་ཤིང་བསྒྱུར་ཏེ། ནག་ཚོ་བདག་ཉིད་གཅིག་པུ་མ་གཏོགས་པ། །ཇོ་བོའི་སློབ་མ་གཞན་ལ་ཡོད་རེ་སྐན། །ཞེས་ནག་ཚོ་བདག་ཉིད་ཀྱིས་ སྨྲས་ཚོས་སུ་མཛད་དོ། །འོན་ཀྱང་འདིའི་འཕྲིན་ལས་ཆེས་ཆེར་རྒྱས་པར་བྱེད་པ་པོ་ནི། དགེ་བཤེས་སྟོན་པ་ལ་སོགས་ཏེ། ཁོང་གིས་སྐུ(༥་ན) མཆེད་གསུམ་ལ་སོགས་པའི་སློབ་མའི་ཚོགས་ལ་འདོམས་པར་མཛད། དགེ་བཤེས་པུ་ཏོ་བས། ལོ་པཎ་གཉིས་ཀྱི་གསུང་ལ་གཅེས་སྤྲས་སུ་མཛད་དེ། ཚོགས་སུ་ཐུན་བརྒྱད་བརྒྱད་དུ་གསུངས། དེ་ནས་ཤ་ར་བ་ཆེན་པོས་འདིའི་འཕྲིན་ལས་རྒྱས་པར་མཛད་དེ། ད་ལྟའི་བར་དུ་བསྟན་པའི་སྒྲོན་མེ་དང་འགྲོ་བའི་མིག་ཏུ་གྱུར་པ་འདི་ཡིན་ནོ།། །།

སྨྲས་པ། ཞུལ་བྱུང་མཁྱེན་བརྩེའི་དཀྱིལ་འཁོར་ལས་འོངས་པ། །རྣམ་འགྲེལ་ཚིག་དོན་རྫོགས་པའི་གཟི་འོད་ཅན། །སླར་ཡང་རང་གཞུང་པད་ཚལ་འབྱེད་པའི་ཕྱིར། །ཐུབ་བསྟན་མཁའ་དབྱིངས་རྒྱན་དུ་ཤར་བ་བཞིན། །བདེ་གཤེགས་ཀུན་གྱི་

བསྒྲོད་པ་གཅིག་པའི་ལམ། །ཤིང་རྟ་ཆེན་པོ་གཉིས་ཀྱི་བཞེད་པའི་ཕྲུལ། །བརྒྱུད་པའི་ཆུ་བོ་གསུམ་འདྲེས་གདམས་པའི་མཆོག །གང་འདིའི་སྙན་གྲགས་དབྱར་སྐྱེས་བཞད་པའི་སྒྲས། །འགྲོ་ཀུན་གཏམ་གཞན་གླེང་བའི་གོ་སྐབས་ཕྲོགས། །རབ་དཀར་གངས་རིས་བསྐོར་ཀྱང་ཀུན་རྫོངས་ཀྱི། །སླག་ཏུམ་མི་བཟད་འཐིབས་པའི་བྱང་ཕྱོགས་འདིར། །རྫོང་བྱེད་ཚིག་གི་ལང་ཚོ་ཆེས་ཕྲ་ཡང་། །བརྗོད་བྱའི་འོད་དཀར་རྫོགས་པའི་ཟླ་ཚེས་འདི། །ཤར་བ་ཙམ་གྱིས་སྡུག་བསྔལ་ཚ་གདུང་དང་། །རྨོངས་པའི་མུན་ནག་མ་ལུས་ཅིག་ཅར་བསལ། །བྱང་ཕྱོགས་ཡངས་པའི་ནོར་གྱི་བློ་གྲོས་མར། །ཐུབ་བསྟན་ཡོངས་རྫོགས་མཛེས་པའི་གོས་དཀར་སྒྲིན། །དྲང་སྲོང་ཆེན་པོ་ཐུབ་པའི་རྣམ་ཐར་ལ། །ཀུན་ནས་བརྟེན་པའི་མཁས་གྲུབ་བྱེ་བ་བརྒྱས། །འཛམ་གླིང་མངོན་པར་བརྒྱན་པའི་བྱེད་(༥༡བ)པོའང་། །བྱང་ཆུབ་ལམ་གྱི་སྒྲོན་མ་འདི་ཉིད་དོ། །དེ་ཕྱིར་ཚ་གྲང་གཤེད་གདུབ་བཀྲེས་སྐོམ་སོགས། །འཇིགས་རུང་ངན་འགྲོའི་གཡང་ས་ལས་གྲོལ་ཏེ། །བདེ་འགྲོ་ལྷ་མིའི་སྐྱིད་ཚལ་བསྟེན་འདོད་ན། །ཕྲུལ་བྱུང་གཞུང་བཟང་འདི་ལ་བསྟེན་པའི་རིགས། །ལས་ཉོན་ཆུ་གཏེར་སྡུག་བསྔལ་རྦ་རློང་ཅན། །མཐའ་མེད་འཁོར་བའི་རྒྱ་མཚོ་ལས་བརྒལ་ཏེ། །རྣམ་གྲོལ་ནོར་བུའི་གླིང་དུ་འདང་འགྲོ་འདོད་ན། །ཕྲུལ་བྱུང་གཞུང་བཟང་འདི་ལ་བསྟེན་པའི་རིགས། །སྐྱེ་ རྒ་ན་འཆི་མེད་པ་བདེ་ཆེན་གྱི། །དབྱིངས་ལ་རྟག་རོལ་འགྲོ་ལ་མཆོག་སྩོལ་བའི། །ཐམས་ཅད་མཁྱེན་པའི་གྲོང་དུ་འཇུག་འདོད་ན། །ཕྲུལ་བྱུང་གཞུང་བཟང་འདི་ལ་བསྟེན་པའི་རིགས། །ཚེ་འདི་བར་སྣང་གློག་ལྟར་མྱུར་འགྲོ་ཞིང་། །འཇིག་རྟེན་ཕ་རོལ་བཤུལ་རིང་ཉམ་ང་ན། །གྲོགས་དག་བག་མེད་སྨྲུན་པ་མ་འཕྱུར་བར། །ཕྲུལ་བྱུང་གཞུང་བཟང་འདི་ལ་བསྟེན་པའི་རིགས། །བདེ་འདོད་སྡུག་བསྔལ་བསྒྲུབ་པའི་ཁྲི་ཕག་གི །སྤྱོད་ཚུལ་སྤངས་ཏེ་བཀའ་གདམས་དགེ་བའི་བཤེས། །དམ་པ་རྣམས་ཀྱི་རྣམ་ཐར་སྐྱོང་འདོད་ན། །ཕྲུལ་བྱུང་གཞུང་བཟང་འདི་ལ་བསྟེན་པའི་རིགས། །དེ་ཕྱིར་ཚུལ་འདི་

ལེགས་པར་བཤད་པ་ལས། །ཐོབ་པའི་རྣམ་དཀར་དགེ་བ་ཅི་མཆིས་པ། །མ་ལུས་རང་གཞན་དོན་རྣམས་བསྒྲུབ་པའི་ཕྱིར། །བླ་མེད་བྱང་ཆུབ་དམ་པ་ཐོབ་ཕྱིར་བསྔོ། །བདག་ཀྱང་ཚེ་རབས་ཀུན་ཏུ་བཀའ་གདམས་ཀྱི། །བཤད་སྒྲུབ་བསྟན་པ་འཛིན་ཅིང་སྤེལ་བ་ལ། །སྐྱུ་མཆེད་གསུམ་གྱི་མཛད་པ་རྣམ་ཐར་ཀུན། །གཅིག་ཏུ་བསྡུས་ནས་ཇི་བཞིན་སྤྱོད་པར་ཤོག། །།

ཅེས་བྱང་ཆུབ་ལམ་གྱི་སྒྲོན་(༥༠ན)མའི་རྣམ་བཤད་ཕུལ་བྱུང་བཞད་པའི་དགའ་སྟོན་ཞེས་བྱ་བ་འདི་ནི། ཡོངས་ཀྱི་དགེ་བའི་བཤེས་གཉེན་སངས་རྒྱས་བཀྲ་ཤིས་པས་ནན་ཏན་དུ་བགྱིས་ཏེ་བསྐུལ་བའི་ངོར་མང་དུ་ཐོས་པའི་དགེ་སློང་བློ་བཟང་ཆོས་ཀྱི་རྒྱལ་མཚན་དཔལ་བཟང་པོས་ཉིད་ཀྱི་རང་འགྲེལ་དང་། ནག་ཚོའི་འགྲེལ་པ་དང་། སྟོན་པ་རིན་པོ་ཆེ་དང་། ཕུ་ཧོ་བའི་གསུང་བགྲོས་གཞན་མང་པོ་དང་། ཁྱད་པར་དགེ་བཤེས་དོལ་པའི་བེའུ་བུམ་སྔོན་པོ་དང་། ཤ་ར་བའི་ལམ་རིམ་དང་། སྣར་ཐང་བའི་ལམ་མཆོག་དང་། གཞན་ཡང་བཀའ་གདམས་ཀྱི་བསྟན་རིམ་མང་པོ་ཞིག་ལའང་བརྟེན་ཅིང་། ཁྱད་པར་སྙིགས་དུས་ཀྱི་རྒྱལ་བ་གཉིས་པའི་ལེགས་པར་བཤད་པ་ལ་གཞི་བགྱིས་ཏེ། བདག་ཅག་གི་སྟོན་པ་མངོན་པར་བྱང་ཆུབ་པའི་ཟླ་ཆོས་ཁྱད་པར་ཅན་ལ། ཆོས་གྲྭ་ཆེན་པོ་བཀྲ་ཤིས་ལྷུན་པོའི་གཟིམས་ཁང་དུ་གྲུབ་པར་གཡར་ཁྲལ་དུ་སྦྱལ་བ་དགེ་ལེགས་འཕེལ།། །།

༄ ཨོཾ་སྭ་སྟི། ཕན་བདེའི་འབྱུང་གནས་རྒྱལ་བསྟན་ཡོངས་འདུའི་ལྗོན། །རབ་རྒྱས་འགྲོ་ཀུན་ཐར་མཆོག་འབྲས་བཟང་ལ། །སྤྱོད་ཕྱིར་བཀྲ་ཤིས་ལྷུན་གྲུབ་ཆོས་གྲྭ་ཆེར། །ཆོས་སྦྱིན་འཛད་མེད་དཔལ་འགྲོའི་རྒྱུན་འདི་སྤེལ། །སརྦ་ཛ་ག་ཏཾ།། །།

༄༅། །ལམ་སྒྲོན་གྱི་འགྲེལ་པ་ཡིད་ཀྱི་སྙེགས་བྱ་ཞེས་བྱ་བ་བཞུགས་སོ། །

མཆོད་བརྗོད་དང་རྩོམ་པར་དམ་བཅའ་བ།

༄༅། །ན་མོ་གུ་རུ་མཉྫུ་གྷོ་ཥྞ་ཡ། མཐུ་ཆེན་རྒྱལ་སྲས་གཞན་གྱིས་མ་ཐུལ་བའི། །སྙིགས་དུས་འགྲོ་རྣམས་སྒྲོལ་བར་ཐུགས་བསྐྱེད་ཆེ། །ཁྱོད་ནི་པདྨ་དཀར་པོ་ལྟ་བུ་ཞེས། །བདེ་གཤེགས་ཀུན་གྱིས་བསྔགས་དེར་ཅིས་མི་འདུད། །

དེ་སྲས་ཐུ་བོ་མི་ཕམ་འཇམ་པའི་དབྱངས། །ཤིང་རྟ་ཆེན་པོ་ཀླུ་སྒྲུབ་ཐོགས་མེད་སོགས། །ཆོས་འདི་གང་ལས་བརྒྱུད་པའི་(༢ན)བླ་མ་རྣམས། །ཡན་ལག་མཆོག་གི་སྤྱི་ལ་གུས་པས་མཆོད། །

ཐུབ་མཆོག་ཀཻ་ལ་ཤ་རི་ལས་འོངས་པའི། །ཟབ་རྒྱས་ཆུ་བོ་རྣམ་གཉིས་ཕྱོགས་གཅིག་ཏུ། །འདྲིལ་བའི་ལྷ་བརྒྱའི་གཙུག་རྒྱན་མར་མེ་མཛད། །ཇོ་བོ་ཨ་ཏི་ཤ་དེར་སྙིང་ནས་འདུད། །

རྒྱལ་བའི་བསྟན་ལ་རྒྱལ་བ་དང་མཚུངས་པར། །རྒྱལ་བ་ཉིད་དང་རྒྱལ་ཚབ་ཀྱིས་བསྔགས་བཞིན། །(༢བ)རྒྱལ་སྲས་ཚུལ་གྱིས་རྒྱལ་བའི་མཛད་པ་ཅན། །རྒྱལ་བ་གཉིས་པར་ཏུས་པའི་གཏིང་ནས་འདུད། །

འཛིགས་ཏུང་སྲིད་པའི་མྱ་ངམ་ཐང་ཆེན་དུ། །འཁྱམས་པའི་ཉམ་ཐག་བདག་ལ་ཐར་པའི་ལམ། །ཇི་བཞིན་སྟོན་མཛད་བླ་མ་འདི་རྣམས་ཀྱི། །སྐུ་དྲིན་དྲན་ཚེ་དད་པའི་སྤུ་ལོང་གཡོས། །

མདོ་སྔགས་ཡོངས་རྫོགས་ལམ་གྱི་ལུས་གཅིག་ཏུ། །དྲིལ་ནས་ངོ་བོ་གོ་རིམ་གྲངས་ངེས་སོགས། །མ་ནོར་གསལ་བར་འདོམས་པའི་ཕུལ་བྱུང་གཞུང་། །བྱུང་

ཆུབ་ལམ་གྱི་སྒྲོན་མ་དབྱེ་བར་བྱ། །

དེ་ལ་འདིར་རྒྱལ་བའི་གསུང་རབ་ཐམས་ཅད་ཀྱི་གནད་བསྡུས་པ། ཤིང་རྟ་ཆེན་པོ་ཀླུ་སྒྲུབ་དང་ཐོགས་མེད་གཉིས་ཀྱི་ལམ་སྲོལ། སྐལ་ལྡན་གྱི་(༣༣)སྐྱེས་བུ་སངས་རྒྱས་ཀྱི་སར་བགྲོད་པར་བྱེད་པའི་སྐྱེ་བོ་མཆོག་གི་ཆོས་ལུགས། སྐྱེས་བུ་གསུམ་གྱིས་ཉམས་སུ་བླང་བར་བྱ་བའི་རིམ་པ་མཐའ་དག་མ་ཚང་བར་མེད་པར་བསྡུས་པའི་བྱང་ཆུབ་ལམ་གྱི་སྒྲོན་མ་ཞེས་ཡོངས་སུ་གྲགས་པ་ནི་གང་བཤད་པར་བྱ་བའི་ཆོས་སོ། །

དང་པོ། ཐོག་མར་དགེ་བ་ཨྰད་ཀྱི་དོན།

ཀ༡ མཚན་གྱི་དོན།

དེས་ན་འདི་འཆད་པ་ལ་གསུམ། ཐོག་མར་དགེ་བ་ཨྰད་ཀྱི་དོན། བར་དུ་དགེ་བ་གཞུང་གི་དོན། ཐ་མར་དགེ་བ་མཇུག་གི་དོན་ནོ། །དང་པོ་ལ། མཚན་གྱི་དོན་དང་། འགྱུར་གྱི་ཕྱག་གཉིས་ལས། དང་པོ་ནི། བསྟན་བཅོས་འདིའི་མཚན་ལ།

རྒྱ་གར་སྐད་དུ། བོ་དྷི་པ་ཐ་པྲ་(༣༤)དཱི་པཾ།

ཞེས་བསྟོད་ཅིང་། དེ་བོད་སྐད་དུ་བསྒྱུར་ན།

བྱང་ཆུབ་ལམ་གྱི་སྒྲོན་མ།

ཞེས་པ་སྟེ། བོ་དྷི་བྱང་ཆུབ། པ་ཐ་ལམ། པྲ་དཱི་པཾ་སྒྲོན་མའོ། །

ཀ༢ འགྱུར་གྱི་ཕྱག །

གཉིས་པ་ནི།

བྱང་ཆུབ་སེམས་དཔའ་འཇམ་དཔལ་གཞོན་ནུར་གྱུར་པ་ལ་ཕྱག་འཚལ་ལོ། །

ཞེས་པ་ནི་ལོ་ཙཱ་བས་འགྱུར་མཐར་ཕྱིན་པའི་ཆེད་དུ་བཀོད་པ་ཙམ་སོ། །

གཉིས་པ། བར་དུ་དགེ་བ་གཞུང་གི་དོན།

ཀ༡ མཆོད་པར་བརྗོད་པ།

གཉིས་པ་བར་དུ་དགེ་བ་གཞུང་གི་དོན་ལ་གསུམ་སྟེ། མཆོད་པར་བརྗོད་པ། རྩོམ་པར་དམ་བཅའ་བ། གཞུང་ཉིད་ལ་འཇུག་པའོ། །དང་པོ་ནི།

དུས་གསུམ་རྒྱལ་བ་ཐམས་ཅད་དག་དང་དེ་ཡི་ཆོས། །
དགེ་འདུན་རྣམས་ལ་གུས་པ་ཆེན་པོས་ཕྱག་བྱས་ཏེ། །

ཞེས་པ་སྟེ། དོན་ནི་དུས་གསུམ་རྒྱལ་བ་ཐམས་ཅད་དག་དང་ཞེས་པས་སྤངས་རྟོགས་རྫོགས་པའི་སངས་རྒྱས་དཀོན་མཆོག་དང་། དེའི་ཆོས་ཞེས་པས་འགོག་ལམ་གྱིས་(༤ན)བསྡུས་པའི་ཆོས་དཀོན་མཆོག་དང་། དགེ་འདུན་རྣམས་ཞེས་པས་རིག་གྲོལ་གྱི་ཡོན་ཏན་བརྒྱད་དང་ལྡན་པའི་དགེ་འདུན་དཀོན་མཆོག་རྣམས་ལ་ཕྱག་མཛད་པ་ཡིན་ནོ། །དེའི་དགོས་པ་ནི། བསོད་ནམས་འཕེལ་ཞིང་བར་ཆད་ཞི་བ་སོགས་ཀྱི་ཆེད་དུའོ། །ཏེ་ནི་ལྷག་མ་འདྲེན་པ་སྟེ། ཕྱག་འཚལ་ཏེ་ཅི་བྱ་ཞེ་ན། གཞུང་རྩོམ་པ་ལ་འཇུག་ཅེས་མཚམས་སྦྱོར་བའོ། །

ཀ༢ རྩོམ་པར་དམ་བཅའ་བ།

གཉིས་པ་ནི།

སློབ་མ་བཟང་པོ་བྱང་ཆུབ་འོད་ཀྱིས་བསྐུལ་གྱུར་པས། །
བྱང་ཆུབ་ལམ་གྱི་སྒྲོན་མ་རབ་ཏུ་གསལ་བར་བྱ། །

ཞེས་པ་སྟེ། རབ་ཏུ་གསལ་བར་བྱ་ཞེས་པ་བཤད་གཞིའོ། །དེ་གང་ན་བྱང་ཆུབ་ལམ་གྱི་སྒྲོན་མ་ཞེས་བྱ་བའི་བསྟན་བཅོས་ཆེན་པོ་འདིའོ། །གང་གི་དོན་དུ་ན་སློབ་མ་བཟང་པོ་བྱང་ཆུབ་འོད་ཀྱི་དོན་དུ་སྟེ། དེས་བསྐུལ་(༤བ)བར་གྱུར་པས་སོ། །

དེ་ལ་སློབ་མ་བཟང་པོ་ཞེས་གསུང་བར་མཛད་པའི་རྒྱུ་མཚན་ནི། ཐེག་ཆེན་གྱི་སྣོད་དུ་གྱུར་པས་ཏེ། རང་འགྲེལ་གྱི་དགོངས་པའོ། །ཅིའི་ཕྱིར་གཞུང་འདི་ལ་ལམ་གྱི་སྒྲོན་མ་ཞེས་བྱ་ཞེ་ན། བྱང་ཆུབ་ཏུ་བགྲོད་པའི་ལམ་གྱི་ངོ་བོ་དང་། གོ་རིམ་དང་། གྲངས་ངེས་སོགས་ལ་མ་རྨོངས་པ་དང་། ལོག་པར་རྟོག་པ་དང་། ཐེ་ཚོམ་གྱི་མུན་པ་མཐའ་དག་དྲུངས་ནས་ཕྱུང་བས་ཏེ། མཚན་དོན་དང་མཐུན་པ་ཡིན་ནོ། །ཚིགས་སུ་བཅད་པ་ཕྱེད་ཕྱི་མ་གཉིས་ཀྱིས་ནི་དགོས་སོགས་ཆོས་བཞི་བསྟན་པའང་ཡིན་ཏེ། སྦྱོར་བས་ཆོག་གོ། །

ཀ༣ གཞུང་དོན་དངོས་བཤད་པ།

ཁ༡ སྐྱེས་བུ་གསུམ་དུ་དབྱེ་བའི་རྒྱུ་མཚན།

གསུམ་པ་གཞུང་དོན་དངོས་བཤད་པ་ལ་གསུམ། སྐྱེས་བུ་གསུམ་དུ་དབྱེ་བའི་རྒྱུ་མཚན། སྐྱེས་བུ་གསུམ་སོ་སོའི་མཚན་ཉིད། ཆེན་པོའི་ལམ་བྱེ་བྲག་ཏུ་རྒྱས་པར་བཤད་པའོ། །

དང་པོ་ནི། (༥ན)

ཆུང་ངུ་འབྲིང་དང་མཆོག་གྱུར་པས། །
སྐྱེས་བུ་གསུམ་དུ་ཤེས་པར་བྱ། །

ཞེས་པ་སྟེ། གང་ཡང་བསམ་པའི་སྟོབས་ཆུང་ངུ་དང་། འབྲིང་པོ་དང་། མཆོག་ཏུ་གྱུར་པས་ཏེ། དེའི་རྒྱུ་མཚན་གྱིས་སྐྱེས་བུ་ཆུང་འབྲིང་ཆེ་གསུམ་དུ་དབྱེ་བར་ཤེས་པར་བྱ། ཞེས་པའོ། །

ཁ༢ སྐྱེས་བུ་གསུམ་སོ་སོའི་མཚན་ཉིད།

ག༡ བཤད་པར་དམ་བཅའ་བ།

གཉིས་པ་ལ། བཤད་པར་དམ་བཅའ་བ་དང་། དངོས་བཤད་པ་གཉིས་ཀྱི་དང་པོ་ནི།

དེ་དག་མཚན་ཉིད་རབ་གསལ་བའི། །
སོ་སོའི་དབྱེ་བས་བྲི་བར་བྱ། །

ཞེས་པ་སྟེ། གསུམ་པོ་དེ་དག་གི་མཚན་ཉིད་རབ་ཏུ་གསལ་བའི་རྣམ་གཞག་ནི། སོ་སོའི་དབྱེ་བས་ཏེ་དབྱེ་མཚམས་བཤད་པ་ཉིད་ཀྱིས་རྟོགས་ནུས་པ་ཞིག་བྲི་བར་བྱ། ཞེས་པའོ། །གཞུང་སྔ་ཕྱི་འདི་དག་ཕལ་མོ་ཆེས་མི་ཤེད་པར་སྣང་ངོ་། །

ག༢ སྐྱེས་བུ་གསུམ་སོ་སོའི་མཚན་ཉིད་དངོས་བཤད་པ།

ང༡ སྐྱེས་བུ་ཆུང་ངུའི་མཚན་ཉིད།

༈ གཉིས་པ་ལ་(༥བ)གསུམ་སྟེ། དང་པོ་སྐྱེས་བུ་ཆུང་ངུའི་མཚན་ཉིད་ནི།

གང་ཞིག་ཐབས་ནི་གང་དག་གིས། །
འཁོར་བའི་བདེ་བ་ཙམ་དག་ལ། །
རང་ཉིད་དོན་དུ་གཉེར་བྱེད་པ། །
སྐྱེས་བུ་དེ་ནི་ཐ་མར་ཤེས། །

ཞེས་པ་སྟེ། སྐྱེས་བུ་གང་ཞིག་དགེ་བཅུ་སོགས་ཐབས་ཀྱི་ཚུལ་ནི་གང་དང་གང་དག་གིས་འཁོར་བའི་བདེ་བ་ཙམ་དག་ལ་ཐོབ་བྱར་བཟུང་ནས་རང་ཁོ་ནའི་ཆེད་དུ་དོན་དུ་གཉེར་བར་བྱེད་པའི་སྐྱེས་བུ་དེ་ནི་ཆུང་ངུའམ་ཐ་མར་ཤེས་པར་བྱ། ཞེས་ཏེ། མདོར་ན་ཚེ་འདི་ལ་མ་ཆགས་པར་ཕྱི་མར་མངོན་མཐོའི་བདེ་བ་ཙམ་དོན་དུ

གཉེར་བ་ནི་སྐྱེས་བུ་ཆུང་ངུའི་མཚན་ཉིད་ཡིན་ཞེས་པའོ། །

༥༢ སྐྱེས་བུ་འབྲིང་གི་མཚན་ཉིད།

གཉིས་པ་འབྲིང་གི་མཚན་ཉིད་ནི།

སྲིད་པའི་བདེ་ལས་རྒྱབ་ཕྱོགས་ཤིང་། །
སྡིག་པའི་ལས་ལས་ལྡོག་བདག་ཉིད། །
གང་ཞིག་རང་ཞི་ཙམ་དོན་གཉེར། །(༨ན)
སྐྱེས་བུ་དེ་ནི་འབྲིང་ཞེས་བྱ། །

ཞེས་པ་སྟེ། གང་ཞིག་བསམ་པའི་ཁྱད་པར་སྲིད་པའི་བདེ་བ་གང་ལའང་མ་ཆགས་པར་དེ་ལས་རྒྱབ་ཀྱིས་ཕྱོགས་ཤིང་། ལག་ལེན་གྱི་ཁྱད་པར་སྡིག་པའི་ལས་གང་ཡང་མི་བྱ་བར་དེ་ལས་ལྡོག་པའི་བདག་ཉིད་དུ་གནས་ལ། འདུན་པའི་ཁྱད་པར་རང་གཅིག་པུ་ཞི་བ་མྱང་འདས་ཙམ་དོན་དུ་གཉེར་བའི་སྐྱེས༷་བུ་དེ༷་ནི་འབྲི༷ང་གི་མཚན་ཉིད་ཡིན་ཞེས་བྱའོ༷། །ཆུང་འབྲིང་དང་ཐུན་མོང་བའི་ལམ་རྣམས་ནི་ཆེན་པོའི་རྒྱུར་མེད་མི་རུང་བས། སྔོན་དུ་དེ་དག་ལ་བློ་སྦྱངས་ཏེ་སྦྱོང་བ་ཐོན་པ་ཞིག་བྱ་དགོས་སོ། །

༥༣ སྐྱེས་བུ་ཆེན་པོའི་མཚན་ཉིད།

གསུམ་པ་ཆེན་པོའི་མཚན་ཉིད་ནི།

རང་རྒྱུད་གཏོགས་པའི་སྡུག་བསྔལ་གྱིས། །
གང་ཞིག་གཞན་གྱི་སྡུག་བསྔལ་ཀུན། །
ཡང་དག་ཟད་པར་ཀུན་ནས་འདོད། །
སྐྱེས་བུ་དེ་ནི་མཆོག་ཡིན་(༨བ)ནོ། །

ཞེས་པ་སྟེ། སྐྱེས་བུ་གང་ཞིག་རང་རྒྱུད་གཏོགས་པའི་སྡུག་བསྔལ་གྱིས་མི་བཟོད་པས་རྒྱུན་བྱས་ནས་གཞན་གྱི་སྡུག་བསྔལ་གང་ཡིན་ཀུན་ཡང་དག་པ་སྟེ་གཏན་ཟད་པར་འདོད་པའི་སྐྱེས་བུ་དེ་ནི་མཆོག་གམ་ཆེན་པོའི་མཚན་ཉིད་ཡིན་ནོ། །ཞེས་པའོ། །མདོར་ན་རང་ཉམས་ལ་དཔགས་ནས་གཞན་སྡུག་བསྔལ་གྱིས་མནར་བ་ལ་ཤས་མི་བཟོད་པའི་སྙིང་རྗེས་ཀུན་ནས་བསླངས་ཏེ་རྫོགས་བྱང་དོན་དུ་གཉེར་བ་ནི། ཆེན་པོའི་མཚན་ཉིད་དོ། །

ཁ༣ སྐྱེས་བུ་ཆེན་པོའི་ལམ་ཁྲི་བྲག་ཏུ་བཤད་པ།

ག༡ བཤད་པར་དམ་བཅའ་བ།

གསུམ་པ་ཆེན་པོའི་ལམ་ཁྲི་བྲག་ཏུ་བཤད་པ་ལ་གཉིས། བཤད་པར་དམ་བཅའ་བ་དང་། དངོས་བཤད་པའོ། །དང་པོ་ནི།

སེམས་ཅན་དམ་པ་བྱང་ཆུབ་མཆོག །
འདོད་པར་གྱུར་པ་དེ་དག་ལ། །
བླ་མ་རྣམས་ཀྱིས་བསྟན་པ་ཡི། །
ཡང་དག་ཐབས་ནི་བཤད་པར་བྱ། །(༧ན)

ཞེས་པ་སྟེ། དེ་ལྟ་བུའི་སེམས་ཅན་དམ་པ་བྱང་ཆུབ་མཆོག་ཏུ་འཚང་རྒྱ་བར་འདོད་པར་གྱུར་པ་དེ་དག་ལ་བླ་མ་རྣམས་ཀྱིས་གང་བསྟན་པའི་ཡང་དག་ཐབས་ནི་བཤད་པར་བྱ། ཞེས་ཏེ། རྫོགས་བྱང་ཐོབ་པར་འདོད་པ་དག་ལ་ཐོབ་བྱེད་ཀྱི་ཐབས་ཕྱིན་ཅི་མ་ལོག་པ་བཤད་པར་བྱ། ཞེས་པའོ། །བླ་མ་རྣམས་ཀྱིས་བསྟན་པ་ཞེས་པས་ནི། གཅིག་ཏུ་ཆོས་ཁུངས་བཙུན་པར་བསྟན་པ་དང་། གཉིས་སུ་ཡོན་ཏན་ཐམས་ཅད་བླ་མ་ལ་རག་ལས་པར་བསྟན་པའང་ཡིན་ནོ། །

ག༢ སྐྱེས་བུ་ཆེན་པོའི་ལམ་དངོས་བཤད་པ།

ང༡ བསམ་པ་བྱང་ཆུབ་ཏུ་སེམས་བསྐྱེད་པ།

ཅ༡ སྨོན་པ་སེམས་བསྐྱེད་ཡན་ལག་དང་བཅས་པ།

གཉིས་པ་ལ་གསུམ། བསམ་པ་བྱང་ཆུབ་ཏུ་སེམས་བསྐྱེད་པ། སྤྱོད་པ་ཚོགས་གཉིས་ལ་བསླབ་པ། དེ་དག་གི་ཞར་ལ་བྱུང་བའོ། །དང་པོ་ལ་གཉིས། སྨོན་པ་སེམས་བསྐྱེད་ཡན་ལག་དང་བཅས་པ་དང་། འཇུག་པ་སེམས་བསྐྱེད་(༧བ)འབྲས་དང་བཅས་པའོ། །

ཆ༡ སྦྱོར་བ།

དང་པོ་ལ་སྦྱོར་དངོས་མཇུག་གསུམ་གྱི་དང་པོ་ནི།

རྫོགས་སངས་བྲིས་སྐུ་ལ་སོགས་དང་། །
མཆོད་རྟེན་དམ་ཆོས་མདོན་ཕྱོགས་ནས། །
མེ་ཏོག་བདུག་སྤོས་དངོས་པོ་དག །
ཅི་འབྱོར་པ་ཡིས་མཆོད་པར་བྱ། །
ཀུན་བཟང་སྤྱོད་ལས་གསུངས་པ་ཡི། །
མཆོད་པ་རྣམ་པ་བདུན་དག་ཀྱང་། །

ཞེས་པ་སྟེ། སྦྱོར་བའི་སྐབས་སུ་ཇི་ལྟར་བྱ་བ་ནི། སྟེགས་མཐོན་པོའི་སྟེང་དུ་རྫོགས་སངས་རྒྱས་ཀྱི་བྲིས་འབུར་གྱི་སྐུ་སོགས་དང་། དེ་བཞིན་དུ་མཆོད་རྟེན་དང་དམ་པའི་ཆོས་ཀྱི་གླེགས་བམ་སོགས་མདོན་དུ་ཕྱོགས་པར་བྱས་ནས་ཏེ་མདོན་སུམ་དུ་བཞུགས་སུ་བཅུག་ལ། དེ་དག་གི་མདུན་དུ་མེ་ཏོག་དང་བདུག་སྤོས་སོགས་ཀྱི་མཆོད་པའི་དངོས་པོ་གཙང་ཞིང་ཡིད་དུ་འོང་བ་དག་ཅི་འབྱོར་བ་སྟེ་ཅི་བདོག་(༨ན)

པ་ཡིས་མཆོད་པར་བྱ་ལ། ཀུན་བཟང་སྤྱོད་པ་ལས་གསུངས་པའི་མཆོད་པ་རྣམ་པ་བདུན་པོ་དག་གིས་ཀྱང་མཆོད་པར་བྱའོ། །བདུན་ནི། ཕྱག་འཚལ་བ་དང་མཆོད་ཅིང་བཤགས་པ་དང་། །རྗེས་སུ་ཡི་རང་བསྐུལ་ཞིང་གསོལ་བ་ཡི། །དགེ་བ་ཅུང་ཟད་བདག་གིས་ཅི་བསགས་པ། །ཐམས་ཅད་རྫོགས་པའི་བྱང་ཆུབ་ཕྱིར་བསྔོའོ། །ཞེས་པ་ལྟར་གྱི་ཡན་ལག་བདུན་པའོ། །

ཆ༢ དངོས་གཞི།

ཇ༡ སྐྱབས་སུ་འགྲོ་བ།

གཉིས་པ་ལ། སྐྱབས་སུ་འགྲོ་བ་དང་། སེམས་བསྐྱེད་པའོ། །དང་པོ་ནི།

བྱང་ཆུབ་སྙིང་པོའི་མཐར་ཐུག་པར། །
མི་ལྡོག་པ་ཡི་སེམས་དག་གིས། །
དཀོན་མཆོག་གསུམ་ལ་རབ་དད་ཅིང་། །
པུས་མོའི་ལྷ་ང་སར་བཙུགས་ནས། །
ཐལ་མོ་སྦྱར་བར་བྱས་ནས་ནི། །
དང་པོ་སྐྱབས་འགྲོ་ལན་གསུམ་བྱ། །

ཞེས་པ་སྟེ། (༢བ)སྐྱབས་ཡུལ་རྣམས་ལེགས་པར་གསལ་བཏབ་ལ། དུས་དེང་ནས་བཟུང་སྟེ་ཇི་སྲིད་བྱང་ཆུབ་སྙིང་པོའི་མཐར་ཐུག་གི་བར་དུ་སྐྱབས་སུ་བཟུང་བ་ལས་ཕྱིར་མི་ལྡོག་སྙམ་པའི་སེམས་དག་གིས་ཡུལ་དཀོན་མཆོག་གསུམ་གྱི་ཡོན་ཏན་ལ་རབ་ཏུ་དད་ཅིང་། ལུས་ཀྱི་སྤྱོད་ལམ་ཡང་པུས་མོ་གཡས་པའི་ལྷ་ང་ས་ལ་བཙུགས། ལག་གཉིས་ཐལ་མོ་སྦྱར་བ་དང་བཅས་ཆོ་གའི་ཚིག་རིས་ཇི་ལྟ་བར་དང་པོ་སྐྱབས་སུ་འགྲོ་བ་ལན་གསུམ་བྱའོ། །

༣༧ སེམས་བསྐྱེད་པ།

གཉིས་པ་ནི།

དེ་ནས་སེམས་ཅན་ཐམས་ཅད་ལ། །
བྱམས་པའི་སེམས་ནི་སྔོན་འགྲོ་བས། །
ངན་སོང་གསུམ་དང་སྐྱེ་སོགས་དང་། །
འཆི་འཕོ་སོགས་ཀྱིས་སྡུག་བསྔལ་བའི། །
འགྲོ་བ་མ་ལུས་ལ་བལྟས་ཏེ། །
སྡུག་བསྔལ་གྱིས་ནི་སྡུག་བསྔལ་བ། །
སྡུག་བསྔལ་སྡུག་བསྔལ་(༩ན)རྒྱུ་མཚན་ལས། །
འགྲོ་བ་ཐར་བར་འདོད་པ་ཡིས། །
ཕྱིར་མི་ལྡོག་པ་མེད་པར་དམ་བཅའ་བའི། །
བྱང་ཆུབ་སེམས་ནི་བསྐྱེད་པར་བྱ། །

ཞེས་པ་སྟེ། སྐྱབས་སུ་སོང་བ་དེ་ནས་མར་ཤེས་པ་དང་དྲིན་དྲན་པ་དང་དྲིན་གཟོ་བ་གསུམ་གྱི་སྒོ་ནས་ཀུན་ཀྱང་ཡིད་དུ་འོང་བའི་རྣམ་པ་ཅན་གྱི་བྱམས་པའི་སེམས་ནི་སྔོན་དུ་འགྲོ་བས་ཏེ་སྔོན་དུ་བཏང་ནས། སྙིང་རྗེས་བསྒོམས་ལ། དེའི་ཚུལ་ཡང་དམིགས་བྱ་ཚ་གྲང་སོགས་ཀྱིས་སྡུག་བསྔལ་བའི་ངན་སོང་གསུམ་དང་། སྐྱེ་རྒ་སོགས་ཀྱིས་སྡུག་བསྔལ་བའི་མི་རྣམས་དང་། འཆི་འཕོ་སོགས་ཀྱིས་སྡུག་བསྔལ་བའི་ལྷ་རྣམས་ཏེ་མདོར་ན་ཁམས་གསུམ་གྱི་འགྲོ་བ་མ་ལུས་པ་ལ་བལྟས་ནས་ཏེ་ལེགས་པར་དམིགས་ནས། རྣམ་པ་འདི་སྐད་དུ་བསམས་ཏེ། (༩བ)མ་རྒན་དེ་རྣམས་ལ་ལ་ནི་ཚོར་བའི་སྡུག་བསྔལ་གྱིས་སྡུག་བསྔལ་བ་དང་། ལ་ལ་ནི་འགྱུར་བའི་སྡུག་བསྔལ་གྱིས་སྡུག་བསྔལ་བ་དང་། ལ་ལ་ནི་འདུ་བྱེད་སྡུག་བསྔལ་གྱིས་སྡུག་བསྔལ་

བར་འདུག་པས་སྡུག་བསྔལ་དེ་དག་གི་རྒྱུ་མཚན་ཏེ་བག་ཆགས་དང་བཅས་པ་ལས་འགྲོ་བ་དེ་རྣམས་ཐར་པར་འདོད་པ་ཡིས་རྒྱུད་བསྐུལ་ནས། བྱང་ཆུབ་ཏུ་ཆས་པ་ལས་ཕྱིར་ལྡོག་པ་མེད་པར་དམ་བཅའ་བའི་སྨོན་པ་བྱང་ཆུབ་མཆོག་ཏུ་སེམས་ནི་བསྐྱེད་པར་བྱའོ། །ཞེས་སོ། །

ཆ༣ མཇུག་གི་རིམ་པ།

ཛ༡ རྒྱུན་མི་ཉམས་པར་སྐྱོང་ཚུལ།

གསུམ་པ་མཇུག་གི་རིམ་པ་ལ་གསུམ་སྟེ། རྒྱུན་མི་ཉམས་པར་སྐྱོང་ཚུལ། གོང་ནས་གོང་དུ་སྤེལ་བ། ནམ་ཡང་མི་བརྗེད་པའི་ཐབས་སོ། །དང་པོ་ནི། རྒྱུན་གནས་པའི་ཕྱིར་དུ་སེམས་ཡང་ཡང་བསྐྱེད་དགོས་ལ། དེ་ཡང་ཕན་(༡༠ན)ཡོན་མཐོང་ན་ཁྱད་ཆེ་བས་དེ་ལ་གཉིས་ཏེ། སྡོང་པོ་བཀོད་པ་ནས་བཤད་པ་དང་། དཔའ་བྱིན་གྱི་མདོ་ནས་བཤད་པའོ། །

ཀ༡ སྡོང་པོ་བཀོད་པ་ནས་བཤད་པ།

དང་པོ་ནི།

དེ་ལྟར་སྨོན་པའི་སེམས་དག་ནི། །
བསྐྱེད་པའི་ཡོན་ཏན་གང་ཡིན་པ། །
དེ་ནི་སྡོང་པོ་བཀོད་པ་ཡི། །
མདོ་ལས་བྱམས་པས་རབ་ཏུ་བཤད། །
དེ་ཡིས་མདོ་གླེགས་པའམ་བླ་མ་ལས་མཉན་ཏེ། །
རྫོགས་པའི་བྱང་ཆུབ་སེམས་ཀྱི་ཡོན་ཏན་མཐའ་མེད་པ། །
རྣམ་པར་ཤེས་པར་བྱས་ལ་དེ་གནས་རྒྱུ་མཚན་དུ། །

དེ་ལྟར་ཡང་དང་ཡང་དུ་སེམས་ནི་བསྐྱེད་པར་བྱ། །

ཞེས་པ་སྟེ། དེ་ལྟར་བྱམས་པ་དང་སྙིང་རྗེའི་རྩ་བ་ཅན་གྱི་སྨོན་སེམས་ཚུལ་བཞིན་བསྐྱེད་པའི་ཡོན་ཏན་གང་ཡིན་པ་དེ་ནི་སྡོང་པོ་བཀོད་པ་ཞེས་བྱ་བའི་མདོ་ལས་(༡༠བ)འཕགས་པ་བྱམས་པས་གཞོན་ནུ་ནོར་བཟང་ལ་རབ་ཏུ་བཤད་དེ། ཇི་སྐད་དུ། རིགས་ཀྱི་བུ་བྱང་ཆུབ་ཀྱི་སེམས་དེ་ནི་སངས་རྒྱས་ཀྱི་ཆོས་ཐམས་ཅད་ཀྱི་ས་བོན་ལྟ་བུའོ། །ཞེས་བྱ་བ་ལ་སོགས་པ་དཔེ་ཉིས་བརྒྱ་ལྷག་ཅིག་གི་སྒོ་ནས་རྒྱས་པར་གསུངས་པས་སོ། །

དེས་ན་དེའི་མདོ་རང་གིས་ཀློག་པའམ། ཡང་ན་བླ་མ་ལས་མཉན་ཏེ་རྟོགས་པའི་བྱང་ཆུབ་སེམས་ཀྱི་ཡོན་ཏན་མཐའ་མེད་པ་རྣམས་རྣམ་པར་ཤེས་པར་བྱས་ལ། སེམས་དེ་ཡི་རྒྱུན་མི་ཉམས་ཤིང་གནས་པའི་རྒྱུ་མཚན་དུ་དེ་ལྟར་ཡང་དང་ཡང་དུ་སྟེ་ཉིན་ལན་གསུམ་མཚན་ལན་གསུམ་དུ་སེམས་ནི་བསྐྱེད་པར་བྱའོ། །

༡༢ དཔའ་བྱིན་གྱི་མདོ་ནས་བཤད་པ།

གཉིས་པ་ནི།

དཔའ་བྱིན་གྱིས་ཞུས་མདོ་དག་ལས། །
དེ་ཡི་བསོད་(༡༡ན)ནམས་རབ་བསྟན་པ། །
གང་ཚེ་ཚིགས་བཅད་གསུམ་ཙམ་དུ། །
མདོར་བསྡུས་པས་ནི་འདིར་བྲི་བྱ། །
བྱང་ཆུབ་སེམས་ཀྱི་བསོད་ནམས་གང་། །
དེ་ལ་གལ་ཏེ་གཟུགས་མཆིས་ན། །
ནམ་མཁའི་ཁམས་ནི་ཀུན་བཀང་སྟེ། །
དེ་ནི་དེ་བས་ལྷག་པར་འགྱུར། །

གང་གཱའི་བྱེ་མའི་གྲངས་སྙེད་ཀྱི། །
སངས་རྒྱས་ཞིང་རྣམས་མི་གང་གིས། །
རིན་ཆེན་དག་གིས་ཀུན་བཀང་སྟེ། །
འཇིག་རྟེན་མགོན་ལ་ཕུལ་བ་བས། །
གང་གིས་ཐལ་མོ་སྦྱར་བགྱིས་ཏེ། །
བྱང་ཆུབ་ཏུ་ནི་སེམས་བཏུད་ན། །
མཆོད་པ་འདི་ནི་ཁྱད་པར་འཕགས། །
དེ་ལ་མཐའ་ནི་མ་མཆིས་སོ། །

ཞེས་པ་སྟེ། དེར་མ་ཟད་ཁྱིམ་བདག་དཔའ་བྱིན་གྱིས་ཞུས་པའི་མདོ་དག་ལས་ཀྱང་། སེམས་བསྐྱེད་པ་དེའི་བསོད་ནམས་(༧༧ཁ)རྒྱས་པར་རབ་ཏུ་བསྟན་པ་ལས། གང་ཚེ་ཚིགས་བཅད་གསུམ་ཙམ་ཞིག་མདོར་བསྡུས་པས་ཏེ་མདོར་བསྡུས་པའི་ཚུལ་གྱིས་བྲི་བར་བྱ་སྟེ། དེ་ཉིད་ལས། བྱང་ཆུབ་ཏུ་སེམས་བསྐྱེད་པའི་བསོད་ནམས་གང་ཡིན་པ་དེ་ནི་གལ་ཏེ་གཟུགས་ཅན་དུ་གྱུར་མཆིས་ན་ནམ་མཁའི་ཁམས་ཀྱི་ཁྱོན་ནི་ཀུན་ཡོངས་སུ་བཀང་བར་མ་ཟད། ད་དུང་ཕན་ཡོན་དེ་ནི་ནམ་མཁའ་དེ་བས་ཀྱང་ལྷག་པར་འགྱུར་རོ། །གཞན་ཡང་གང་གཱའི་ཀླུང་གི་བྱེ་མའི་གྲངས་དེ་སྙེད་ཀྱི་སངས་རྒྱས་ཀྱི་ཞིང་རྣམས་མི་གང་ཞིག་གིས་གསེར་སོགས་རིན་ཆེན་དག་གིས་ཀུན་ནས་བཀང་སྟེ། འཇིག་རྟེན་གྱི་མགོན་པོ་སངས་རྒྱས་རྣམས་ལ་ཕུལ་བ་བས་ཀྱང་། མི་གཞན་གང་ཞིག་གིས་ཐལ་མོ་སྦྱར་བ་བགྱིས་ཏེ་བྱང་ཆུབ་མཆོག་ཏུ་སེམས་བཏུད་པ་སྟེ་སེམས་(༧༨ཀ)བསྐྱེད་ན། མཆོད་པའམ་བསོད་ནམས་འདི་ནི་ཁྱད་པར་དུ་འཕགས་ཏེ། ཅིའི་ཕྱིར་ན་བསོད་ནམས་དེ་ལ་མཐའ་ནི་མ་མཆིས་པས་སོ། །

༦༢ གོང་ནས་གོང་དུ་སྤེལ་བ།

གཉིས་པ་ནི།

བྱང་ཆུབ་སྨོན་པའི་སེམས་དག་བསྐྱེད་ནས་ནི། །
འབད་པ་མང་པོས་ཀུན་ཏུ་སྤེལ་བྱ་ཞིང་། །

ཞེས་པ་སྟེ། དེ་ལྟར་སྨོན་པ་བྱང་ཆུབ་ཏུ་སེམས་བསྐྱེད་ནས་ནི་འགལ་རྐྱེན་སྡིག་སྒྲིབ་སྦྱོང་བ་དང་། མཐུན་རྐྱེན་ཚོགས་བསགས་པ་དང་། ཉེར་ལེན་དམིགས་རྣམ་སྐྱོང་བ་ལ་སོགས་ཏེ་འབད་པ་མང་པོས་ཀུན་ཏུ་སྤེལ་བར་བྱ་དགོས་ཏེ། གང་གི་ཕྱིར་ན། ས་ལམ་གྱི་རྟོགས་པ་གོང་དུ་འཕེལ་བ་སེམས་བསྐྱེད་ཀྱི་བགྲོད་པ་ལ་ལྟོས་པའི་ཕྱིར་རོ། །ཞིང་ནི་མཚམས་སྦྱོར་བའི་ཚིག་ཕྲད་དོ། །

༦༣ ནམ་ཡང་མི་བརྗེད་པའི་ཐབས།

གསུམ་པ་ནི།

འདི་ནི་སྐྱེ་བ་གཞན་དུའང་དྲན་(༧༢བ)དོན་དུ། །
ཇི་སྐད་བཤད་པའི་བསླབ་པའང་ཡོངས་སུ་བསྲུང་། །

ཞེས་པ་སྟེ། སྨོན་སེམས་འདི་ནི་སྐྱེ་བ་གཞན་དུའང་མི་བརྗེད་ཅིང་། དྲན་པའི་དོན་དུ་འོད་སྲུངས་ཀྱིས་ཞུས་པའི་མདོ་ལས་ཇི་སྐད་བཤད་པའི་ནག་ཆོས་བཞི་སྤོང་ཞིང་དཀར་ཆོས་བཞི་བསྟེན་པའི་བསླབ་པའང་ཡོངས་སུ་བསྲུང་བར་བགྱིའོ། །ཞེས་སོ། །དེ་ལ་ནག་ཆོས་བཞི་ནི། མཁན་སློབ་སོགས་རྫུན་གྱིས་དབུ་བསྐོར་བ། གཞན་དགེ་བ་བྱེད་པ་ལ་འགྱོད་པ་བསྐྱེད་དུ་བཅུག་པ། བྱང་སེམས་གཞན་ལ་ཞེ་སྡང་གིས་མི་སྙན་པར་སྨྲ་བ། ལྷག་བསམ་མ་ཡིན་པའི་གཡོ་སྒྱུ་བྱེད་པའོ། །དཀར་ཆོས་བཞི་ནི། ཤེས་བཞིན་གྱི་རྫུན་སྤོང་བ། གཞན་ཐེག་ཆེན་ལ་སྦྱོར་བ། ཀུན་ལ་སྟོན་

པའི་འདུ་ཤེས་བསྐྱེད་པ། གཡོ་མེད་པར་དྲང་པོར་(༡༣ན)གནས་པའོ། །གོ་རིམ་འདི་ནི་སྔང་བྱ་ནག་ཆོས་བཞིའི་གོ་རིམ་དང་བསྟུན་ནས་ཡིན་གྱི། མདོའི་གོ་རིམ་མིན་ནོ། །འོ་ན་ནག་ཆོས་གཉིས་པ་དང་དཀར་ཆོས་གཉིས་པ་སྤྱང་གཉེན་དུ་ཇི་ལྟར་འབྲེལ་སྙམ་ན། གང་ཞིག་བདེ་བའི་མཐར་ཐུག་ཐེག་ཆེན་ལ་སྦྱོར་འདོད་ཡོད་ན། དེ་ཉིད་འགྱོད་པའི་སྡུག་བསྔལ་ཅམ་ལ་བསམ་བཞིན་སྦྱོར་བ་མི་སྲིད་པས་ཏེ། ལམ་རིམ་ཆེན་པོའི་དགོངས་པའོ། །

ཅ༢ འཇུག་པ་སེམས་བསྐྱེད་འཕྲོས་དང་བཅས་པ།

ཆ༡ འཇུག་སྡོམ་བླང་དགོས་པའི་རྒྱུ་མཚན།

གཉིས་པ་འཇུག་པ་སེམས་བསྐྱེད་འཕྲོས་དང་བཅས་པ་ལ་གསུམ། འཇུག་སྡོམ་བླང་དགོས་པའི་རྒྱུ་མཚན། གང་གིས་ལེན་པའི་རྟེན། ཇི་ལྟར་ལེན་པའི་ཆོ་གའོ། །

དང་པོ་ནི།

འཇུག་སེམས་བདག་ཉིད་སྡོམ་པ་མ་གཏོགས་པར། །
ཡང་དག་སྨོན་པ་འཕེལ་བར་འགྱུར་མ་ཡིན། །
རྫོགས་(༡༣བ)པའི་བྱང་ཆུབ་སྡོམ་པ་སྤེལ་འདོད་པས། །
དེ་ཕྱིར་འབད་པས་འདི་ནི་ངེས་པར་བླང་། །

ཞེས་པ་སྟེ། འཇུག་པའི་སེམས་ཀྱི་བདག་ཉིད་དུ་གྱུར་པའི་སྡོམ་པ་བཟུང་བས་མ་གཏོགས་པ་ཐབས་གཞན་གྱིས་ཡང་དག་སྨོན་པའི་སེམས་བསྐྱེད་པ་མཐའ་མེད་དུ་འཕེལ་བར་འགྱུར་བ་མ་ཡིན་པས། རྫོགས་པའི་བྱང་ཆུབ་ཀྱི་སྡོམ་པའི་མིང་ཅན་སྨོན་སེམས་མཐའ་མེད་དུ་སྤེལ་བར་འདོད་པས། རྒྱུ་མཚན་སྔ་མ་དེའི་ཕྱིར་འབད་པ་ཆེན་པོས་འཇུག་སྡོམ་འདི་ནི་ངེས་པར་དུ་བླང་དགོས་ཏེ། སྙིང་པོ་ངེས་པར་བསྡུ་བ་ལས། ལྷག་པའི་བསམ་པ་དང་ལྡན་པས། །འཇུག་པའི་སེམས་ནི་བསྐྱེད་བྱ་བས། །སྔར་གྱི་

སྨོན་པའི་སེམས་དེ་ཉིད། །རྒྱུ་ཆེར་རབ་ཏུ་འཕེལ་བར་འགྱུར། །ཞེས་དང་། སྤྱོད་འཇུག་ལས། (༧༥ན)གང་ནས་བཟུང་སྟེ་སེམས་ཅན་ཁམས། །མཐའ་ཡས་རབ་ཏུ་སྒྲོལ་བའི་ཕྱིར། །མི་ལྡོག་པ་ཡི་སེམས་ཀྱིས་སུ། །སེམས་དེ་ཡང་དག་བླང་གྱུར་པ། །དེ་ནས་བཟུང་སྟེ་གཉིད་ལོག་གམ། །བག་མེད་གྱུར་ཀྱང་བསོད་ནམས་ཤུགས། །རྒྱུན་མི་ཆད་པར་དུ་མ་ཞིག །ནམ་མཁའ་མཉམ་པར་རབ་ཏུ་འབྱུང་། །ཞེས་གསུངས་པས་སོ། །སྨོན་འཇུག་གི་ཁྱད་པར་དང་ཐོབ་པའི་ས་མཚམས་སོགས་ནི་གཞན་དུ་ཤེས་པར་བྱའོ། །

ཚ༢ གང་གིས་ལེན་པའི་རྟེན།

གཉིས་པ་ནི།

སོ་སོ་ཐར་པ་རིས་བདུན་གྱི། །
རྟག་ཏུ་སྡོམ་གཞན་ལྡན་པ་ལ། །
བྱང་ཆུབ་སེམས་དཔའི་སྡོམ་པ་ཡི། །
སྐལ་བ་ཡོད་ཀྱི་གཞན་དུ་མིན། །

ཞེས་པ་སྟེ། དགེ་བསྙེན་ཕ་མ་གཉིས། དགེ་ཚུལ་ཕ་མ་གཉིས། དགེ་སློབ་མ། དགེ་སློང་ཕ་མ་གཉིས་ཏེ། སོ་སོ་ཐར་པ་རིས(༧༥བ)བདུན་གྱི་སྡོམ་པ་དངོས་སམ་ཆ་མཐུན་ཙམ་རྟག་ཏུ་ལྡན་པ་ལ་བྱང་སེམས་ཀྱི་སྡོམ་པ་འབོག་པའི་སྐལ་བ་ཡོད་ཀྱི། གཞན་དུ་ཡོད་པ་མིན་ཞེས་ཏེ་ཐོབ་ཐང་ཡོད་པ་མིན། ཞེས་པའོ། །སྡོམ་གཞན་ཞེས་པ་ནི་བྱང་སྡོམ་ལས་གཞན་པའི་སོ་ཐར་གྱི་སྡོམ་པ་ལ་ཟེར་བ་ཡིན་ནོ། །འོ་ན་དེའི་རྟེན་ལ་སོ་ཐར་གྱི་སྡོམ་པ་དགོས་སམ་མི་དགོས་ཇི་ལྟར་སྙམ་ན། དངོས་གནས་པ་མི་དགོས་ཀྱང་། ལུས་ངག་གི་མི་དགེ་བ་བསྡམས་པའི་སྤོང་སེམས་ཐུན་མོང་བ་ཙམ་ཞིག་ནི་ངེས་པར་དགོས་སོ། །དེ་ལྟར་བྱང་སྡོམ་གྱི་རྟེན་དུ་སོ་ཐར་རིས་བདུན་

གང་ཊུང་དགོས་པར་དེ་བཞིན་གཤེགས་པས་གསུངས་པ་ལ་མཆོག་དམན་གྱི་ཁྱད་པར་ཇི་ལྟ་བུ་སྙམ་ན། ཚངས་སྤྱོད་དཔལ་གྱི་སྡོམ་པ་ནི་དེ་ཀུན་གྱི་ནང་ནས་(༧༥ན) མཆོག་ཡིན་པར་གསུངས་ལ། ཚངས་སྤྱོད་དེ་ནི་དགེ་སློང་ཕ་མའི་སྡོམ་པ་དག་ཏུ་དེ་བཞིན་གཤེགས་པ་ཉིད་བཞེད་དོ། །

ཆ༣ ཇི་ལྟར་ལེན་པའི་ཆོ་ག །

ཇ༡ བླ་མ་ཡོད་པའི་ཆོ་ག །

གསུམ་པ་ཇི་ལྟར་ལེན་པའི་ཆོ་ག་ལ་གཉིས། བླ་མ་ཡོད་པའི་ཆོ་ག་དང་། མེད་པའི་ཆོ་གའོ། །

དང་པོ་ནི།

བྱང་ཆུབ་སེམས་དཔའི་ས་དག་གི། །
ཚུལ་ཁྲིམས་ལེའུ་གསུངས་ཆོ་ག་ཡིས། །
ཡང་དག་མཚན་ཉིད་ལྡན་པ་ཡི། །
བླ་མ་བཟང་ལས་སྡོམ་པ་བླང་། །
སྡོམ་པའི་ཆོ་ག་ལ་མཁས་དང་། །
བདག་ཉིད་གང་ཞིག་སྡོམ་ལ་གནས། །
སྡོམ་པ་འབོགས་བཟོད་སྙིང་རྗེར་ལྡན། །
བླ་མ་བཟང་པོར་ཤེས་པར་བྱ། །

ཞེས་པ་སྟེ། འོག་གི་གླང་ཞེས་པ་བཤད་གཞིའོ། །གང་གིས་ན། བྱང་སའི་ཚུལ་ཁྲིམས་ཀྱི་ལེའུ་ནས་གསུངས་པའི་ཆོ་ག་ཡིས་སོ། །གང་ལས་ན། ཡང་དག་པའི་མཚན་ཉིད་དང་ལྡན་(༧༥བ)པའི་བླ་མ་བཟང་པོ་ལས་སོ། །མཚན་ཉིད་ཇི་ལྟ་བུ་ཞེ་ན། འདིའི་སྐབས་ཀྱི་སྡོམ་པའི་ཆོ་ག་ལ་མཁས་པ་དང་། བདག་ཉིད་ལ་སྡོམ་པ་མེད་ན་

མི་ཉུང་བས་གཞན་ལ་འདོགས་རྒྱུ་གང་ཞིག་གི་སྡོམ་པ་དེ་ལ་གནས་པ་དང་། སྡོམ་པ་འདོགས་པ་ལ་སྐྱོ་ངལ་བཟོད་པ་དང་། བསླབ་བྱ་ལ་སྙིང་བརྩེ་བ་དང་ལྡན་པ་སྟེ། དེ་ལྟ་བུ་ནི་སྐབས་འདིའི་བླ་མ་བཟང་པོ་མཚན་ལྡན་ཡིན་པར་ཤེས་པར་བྱའོ། །བྱང་ས་ནས་གསུངས་པའི་ཆོ་ག་རྒྱས་པ་ནི་བྱང་ཆུབ་གཞུང་ལམ་དུ་གསལ་ལོ། །

༦༢ བླ་མ་མེད་པའི་ཆོ་ག །

༡༡ གང་ནས་བཤད་པའི་ཁུངས།

གཉིས་པ་བླ་མ་མེད་པའི་ཆོ་ག་ནི་བསྟན་བཅུས་ལ་བརྟེན་པ་སྟེ། དེས་ན་འདི་ལ་གཉིས། གང་ནས་བཤད་པའི་ཁུངས་དང་། དེ་ནས་བཤད་པའི་ཆོ་གའོ། །

དང་པོ་ནི།

དེ་ལ་འབད་པས་འདི་འདྲ་བའི། །
བླ་མ་བཟང་པོ་མ་རྙེད་ན། །
དེ་ལས་གཞན་(༧༨ན)སྡོམ་ནོད་པ་ཡི། །
ཡང་དག་ཆོ་ག་བཤད་པར་བྱ། །
དེ་ལ་སྔོན་ཚེ་འཇམ་པའི་དཔལ། །
ཨ་མྦ་ར་རཱ་ཛར་གྱུར་པ་ཡིས། །
ཇི་ལྟར་བྱང་ཆུབ་ཐུགས་བསྐྱེད་པ། །
འཇམ་དཔལ་གྱི་ནི་སངས་རྒྱས་ཞིང་། །
རྒྱན་གྱི་མདོ་ལས་བཤད་པ་ལྟར། །
དེ་བཞིན་འདིར་ནི་རབ་གསལ་བྲི། །

ཞེས་པ་སྟེ། བརྒྱ་ལ་འདི་འདྲ་བའི་བླ་མ་བཟང་པོ་འབད་པས་བཙལ་ཀྱང་མ་རྙེད་ན། བླ་མ་ཡོད་པ་དེ་ལས་གཞན་དུ་མེད་པའི་སྡོམ་པ་ཇི་ལྟར་ནོད་པའི་ཆོ་ག་ཡང་

དག་པར་བཤད་པར་བྱ་སྟེ། དེ་ཡང་སྔོན་གྱི་ཚེ་རྗེ་བཙུན་འཇམ་པའི་དཔལ་ཉིད་ཨ་ཕ་རཱ་ཛ་སྟེ་རྒྱལ་པོ་ནམ་མཁའ་ཞེས་བྱ་བར་གྱུར་པའི་ཚེ་དེས་སངས་རྒྱས་འབྲུག་སྒྲ་རྒྱལ་པོའི་སྤྱན་སྔར་བྱང་ཆུབ་ཏུ་ཐུགས་ཇི་ལྟར་བསྐྱེད་པའི་ཚུལ་འཕགས་པ་འཇམ་དཔལ་གྱི་སངས་རྒྱས་ཀྱི་ཞིང་གི་རྒྱན་ཅེས་བྱ་བའི་མདོ་ལས་གང་ཇི་ལྟར་བཤད་པ་དེ་བཞིན་དུ་སྐབས་འདིར་ནི་རབ་ཏུ་གསལ་བ་བྲི་བར་བྱའོ། །བཤད་པར་བྱ་ཞེས་པའི་དམ་བཅའ་བ་སྟེ་མ་ནི་བླ་མ་མེད་པའི་ཚིག་གསྐྱི་དང་། ཕྱི་མ་ནི་བྱེ་བྲག་མདོ་གང་ནས་བཤད་པ་ལྟར་བྲི་བར་བྱ་ཞེས་དམ་བཅས་པ་ཙམ་ཡིན་པས་སྟ་ཕྱི་མི་ལྡོས་སོ། །

༡༢ དེ་ནས་བཤད་པའི་ཚིག །

༦༡ བླ་མ་མེད་པར་བྱང་ཆུབ་ཏུ་སེམས་བསྐྱེད་པ།

གཉིས་པ་ལ་གཉིས། བླ་མ་མེད་པར་བྱང་ཆུབ་ཏུ་སེམས་བསྐྱེད་པ་དང་། བསྐྱེད་ནས་བསླབ་བྱ་ལ་སློབ་པར་དམ་བཅའ་བའོ། །དང་པོ་ནི།

མགོན་པོ་རྣམས་ཀྱི་སྤྱན་སྔ་རུ། །
རྫོགས་པའི་བྱང་ཆུབ་སེམས་བསྐྱེད་ཅིང་། །
འགྲོ་བ་ཐམས་ཅད་མགྲོན་དུ་གཉེར། །
དེ་དག་འཁོར་བ་ལས་སྒྲོལ་ལོ། །

ཞེས་པ་སྟེ། འགྲོ་བའི་མགོན་པོ་སངས་རྒྱས་དང་བྱང་ཆུབ་སེམས་དཔའ་རྣམས་ཀྱི་སྤྱན་སྔ་རུ་འདུག་པར་མོས་ནས་དགོངས་(༡༧ན)གསོལ་སྔོན་དུ་བཏང་སྟེ། གཞན་དོན་དུ་རྫོགས་པའི་བྱང་ཆུབ་ཅི་ནས་ཀྱང་ཐོབ་པར་བྱ་སྙམ་དུ་སེམས་བསྐྱེད་ཅིང་། འགྲོ་བ་ཐམས་ཅད་མགྲོན་དུ་གཉེར་ནས། དེ་དག་ཐམས་ཅད་འཁོར་བའི་སྡུག་བསྔལ་ལས་སྒྲོལ་ལོ་སྙམ་དུ་དམ་བཅས་པ་སྟེ། རྒྱས་པར་བྱས་ན་སྡུག་བདེན་གྱི་ཆུ་བོ་ལས་མ་རྒལ་བ་རྣམས་སྒྲོལ་བ་དང་། ཀུན་འབྱུང་གི་འཆིང་བ་ལ་མ་གྲོལ་

བ་རྣམས་དགྲོལ་བ་དང་། བདག་ལྟས་དབུགས་མ་ཕྱིན་པ་རྣམས་དབུགས་དབྱུང་བ་དང་། མྱ་ངན་འཁོར་བ་ལས་མ་འདས་པ་རྣམས་འདའ་བར་བགྱིའོ་ཞེས་ཡིད་ལ་དམ་བཅའ་ཞིང་ཚིག་ཏུ་ཡང་གསོལ་བའོ། །བླ་མ་ཡོད་མེད་གང་ལྟར་ཡང་འཇུག་པའི་སྡོམ་པ་བླང་ཕྱིན་ཆད་རྩ་ལྟུང་བཅོ་བརྒྱད་དང་ཉེས་བྱས་ཞེ་དྲུག་ལ་སོགས་པ་ནི་སྙིང་ཐག་པ་(༡༧བ)ནས་བསྲུང་དགོས་སོ། །

ཏ༢ བསྐྱེད་ནས་བསླབ་བྱ་ལ་སློབ་པར་དམ་བཅའ་བ།

ཐ༡ སྡོམ་པའི་ཚུལ་ཁྲིམས་ལ་བསླབ་པ།

གཉིས་པ་ལ་བཞི་སྟེ། སྡོམ་པའི་ཚུལ་ཁྲིམས་ལ་བསླབ་པ། སེམས་ཅན་དོན་བྱེད་ལ་བསླབ་པ། དགེ་བ་ཆོས་སྡུད་ལ་བསླབ་པ། དེ་དག་གི་མཇུག་བསྡུ་བའོ། །དང་པོ་ནི།

གནོད་སེམས་ཁྲོ་བའི་སེམས་ཉིད་དང་། །
སེར་སྣ་དང་ནི་ཕྲག་དོག་ཉིད། །
དེང་ནས་བཟུང་སྟེ་བྱང་ཆུབ་དག །
ཐོབ་ཀྱི་བར་དུ་མི་བྱའོ། །
ཚངས་པར་སྤྱོད་པ་སྤྱད་བྱ་ཞིང་། །
སྡིག་དང་འདོད་པ་སྤང་བར་བྱ། །
ཚུལ་ཁྲིམས་སྡོམ་པ་ལ་དགའ་བས། །
སངས་རྒྱས་རྗེས་སུ་བསླབ་པར་བྱ། །

ཞེས་པ་སྟེ། གནོད་སེམས་སོགས་ཉོན་མོངས་པའི་སེམས་བཞི་པོ་དེ་དག་དུས་དེང་ནས་བཟུང་སྟེ་ཇི་སྲིད་བྱང་ཆུབ་དག་ཐོབ་ཀྱི་བར་དུ་སྐད་ཅིག་ཀྱང་ཡིད་ལ་མི་བྱའོ། །དེ་བཞིན་དུ་མི་ཚངས་སྤྱོད་སྤངས་ནས་ཚངས་པར་སྤྱོད་པ་སྤྱད་པར་བྱ་ཞིང་།

(༡༨ན)གཞན་གྱི་རྫས་རྐུ་བ་སོགས་སྡིག་པའི་ལས་དང་། དེ་དག་གི་རྒྱུར་གྱུར་པའི་འདོད་པ་ལ་ཆགས་པ་སོགས་ཀྱང་སྤང་བར་བྱ་ལ། མདོར་ན་ཚུལ་ཁྲིམས་ཀྱི་སྡོམ་པ་སྟེ་སྡོམ་པའི་ཚུལ་ཁྲིམས་ལ་མཆོག་ཏུ་དགའ་བས་སངས་རྒྱས་ཐམས་ཅད་ཀྱི་རྗེས་སུ་བསླབ་པར་བྱ་ཞེས་པའོ། །

ཐ༢ སེམས་ཅན་དོན་བྱེད་ལ་བསླབ་པ།

གཉིས་པ་ནི།

བདག་ཉིད་མྱུར་བའི་ཚུལ་གྱིས་ནི། །
བྱང་ཆུབ་ཐོབ་པར་མི་སྤྲོ་ཞིང་། །
སེམས་ཅན་གཅིག་གི་རྒྱུ་ཡིས་ནི། །
ཕྱི་མའི་མུ་མཐར་གནས་པར་བྱ། །

ཞེས་པ་སྟེ། ལ་ལ་དུས་རིང་བས་སྐྱིད་ལུག་ནས་བྱང་ཆུབ་མྱུར་དུ་ཚོལ་བའི་སྐད་བྱས་པའང་ཡོད་མོད་ཀྱི། བདག་ཉིད་ནི་མྱུར་བའི་ཚུལ་གྱིས་བྱང་ཆུབ་ཐོབ་པར་མི་སྤྲོ་ཞིང་། དེ་ལས་ལྡོག་སྟེ་སེམས་ཅན་གཅིག་ཙམ་ཞིག་གི་རྒྱུ་ཡིས་ཏེ་ཆེད་དུའང་ཕྱི་མའི་མུའི་(༡༨བ)མཐར་ཐུག་གི་བར་དུ་གནས་ནས་དེའི་དོན་བྱའོ། །ཞེས་པའོ། །

ཐ༣ དགེ་བ་ཆོས་སྡུད་ལ་བསླབ་པ།

གསུམ་པ་ནི།

ཚད་མེད་བསམ་གྱིས་མི་ཁྱབ་པའི། །
ཞིང་དག་རྣམ་པར་སྦྱང་བར་བྱ། །
མིང་ནས་བཟུང་བ་བྱས་པ་དང་། །
ཕྱོགས་བཅུ་དག་ཏུ་རྣམ་པར་གནས། །

ཞེས་པ་སྟེ། ཚད་བཟུང་དུ་མེད་ཅིང་། བསམ་གྱིས་མི་ཁྱབ་པའི་སངས་རྒྱས་ཀྱི་ཞིང་དག་གི་ཉེས་སྐྱོན་ངམ་གྲོག་དང་གྲོ་མོ་ལ་སོགས་པ་རྣམ་པར་སྤྱང་བར་བྱ་ཞིང་། ཀུན་གྱིས་བདག་གི་མིང་ནས་བཟུང་བ་བྱས་པ་དང་། མིང་ཐོས་པ་ཙམ་གྱིས་གྲོལ་བར་བྱེད་པ་ལ་སོགས་ཏེ་མདོར་ན་མཐོང་ཐོས་དྲན་རེག་གི་སྐྱེ་བོ་མཐའ་དག་ལ་ཕན་གདགས་པའི་སླད་དུ་ཕྱོགས་བཅུ་པོ་དག་ཏུ་བདག་རྣམ་པར་གནས་པར་བྱའོ་ཞེས་གཡར་དམ་བཅས་པའོ། །

ཐ༩ དེ་དག་གི་མཇུག་བསྡུ་བ།

བཞི་པ་ནི།

བདག་གིས་ལུས་དང་ངག་གི་ལས། །(༧༩ན)
ཐམས་ཅད་དུ་ནི་དག་པར་བྱ། །
ཡིད་ཀྱི་ལས་ཀྱང་དག་བྱ་སྟེ། །
མི་དགེའི་ལས་རྣམས་མི་བྱའོ། །

ཞེས་པ་སྟེ། བདག་གིས་དེང་ཕྱིན་ཆད་ལུས་ཀྱི་ལས་དང་ངག་གི་ལས་གང་བྱས་ཀྱང་རྣམ་པ་ཐམས་ཅད་དུ་ནི་ཉེས་པས་མ་གོས་པའི་ཚུལ་གྱིས་དག་པར་བྱ་ཞིང་། དེ་བཞིན་དུ་ཡིད་ཀྱི་ལས་ཀྱང་དག་པར་བྱ་ལ། མདོར་ན་སྒོ་གསུམ་གྱི་མི་དགེ་བའི་ལས་རྣམས་ནི་དེང་ཕྱིན་ཆད་སྲོག་ལ་བབ་ཀྱང་མི་བྱའོ། །ཞེས་པའོ། །བླ་མ་མེད་པར་འཇུག་སྡོམ་མདོར་བསྡུས་ལེན་ཚུལ་ནི། ཚོགས་ཀྱི་ཞིང་གསལ་བཏབ་ནས་ཡན་ལག་བདུན་པ་མདོར་བསྡུས་ཕུལ་ལ། དེ་ནས་ལག་གཉིས་ཐལ་མོ་སྦྱར་ཏེ་ཚིག་འདི་སྐད་དུ། སངས་རྒྱས་དང་བྱང་ཆུབ་སེམས་དཔའ་ཐམས་ཅད་བདག་ལ་དགོངས་སུ་(༧༩བ)གསོལ། བཅོམ་ལྡན་འདས་འཕགས་པ་འཇམ་དཔལ་གྱི་སྔོན་གྱི་དུས་ཀྱི་རྟོགས་པ་བརྗོད་པ་ལས། སྤྱོད་པ་དང་ལྡན་པས་བྱང་ཆུབ་ཏུ་སེམས་བསྐྱེད་པ་དེ་བཞིན་དུ་བདག་གིས་

ཀྱང་སེམས་བསྐྱེད་པར་བགྱིའོ། །ཞེས་ལན་གསུམ་བརྗོད་དོ། །

ང༢ སེམས་བསྐྱེད་ནས་སྤྱོད་པ་ལ་སློབ་པའི་ཚུལ།

ཅ༡ ཐུན་མོང་བ་ཕར་ཕྱིན་ཐེག་པ་ལ་སློབ་ཚུལ།

ཆ༡ ལྷག་པའི་ཚུལ་ཁྲིམས་ཀྱི་བསླབ་པ་ལ་སློབ་ཚུལ།

གཉིས་པ་སེམས་བསྐྱེད་ནས་སྤྱོད་པ་ལ་སློབ་པའི་ཚུལ་ལ་གཉིས། ཐུན་མོང་བ་ཕར་ཕྱིན་ཐེག་པ་ལ་སློབ་ཚུལ་དང་། ཐུན་མོང་མིན་པ་སྔགས་ཀྱི་ཐེག་པ་ལ་སློབ་ཚུལ་ལོ། །དང་པོ་ལ་གསུམ། ལྷག་པའི་ཚུལ་ཁྲིམས་དང་། ལྷག་པའི་ཏིང་ངེ་འཛིན་དང་། ལྷག་པའི་ཤེས་རབ་ཀྱི་བསླབ་པ་ལ་སློབ་ཚུལ་ལོ། །དང་པོ་ནི།

རང་གི་ལུས་ངག་སེམས་ནི་རྣམ་དག་རྒྱུ། །
འཇུག་པའི་སེམས་ཀྱི་བདག་ཉིད་སྡོམ་གནས་པས། །
ཚུལ་ཁྲིམས་བསླབ་པ་གསུམ་ལ་ལེགས་བསླབས་ན། །(༢༠ན)
ཚུལ་ཁྲིམས་བསླབ་པ་གསུམ་ལ་གུས་ཆེར་འགྱུར། །
དེ་བས་རྣམ་དག་རྫོགས་བྱང་ཆུབ། །
སེམས་དཔའི་སྡོམ་པའི་སྡོམ་དག་ནི། །
འབད་པར་བྱས་པས་རྫོགས་བྱང་ཆུབ། །
ཚོགས་ནི་ཡོངས་སུ་རྫོགས་པར་འགྱུར། །

ཞེས་པ་སྟེ། འོ་ན་རང་གི་ལུས་ངག་སེམས་ནི་རྣམ་པར་དག་པའི་རྒྱུར་གང་ལ་བསླབ་པར་བྱ་ཞེ་ན། དེ་ནི་འཇུག་པའི་སེམས་ཀྱི་བདག་ཉིད་དུ་གྱུར་པའི་སྡོམ་པ་ལ་གནས་པས་གཞིར་བཟུང་། གང་དུ་བཤད་པའི་ཚུལ་ཁྲིམས་ཀྱི་བསླབ་པ་རིན་པོ་ཆེ་རྣམ་པ་གསུམ་ལ་ལེགས་པར་བསླབས་ན། དེས་རྐྱེན་བྱས་ནས་ཚུལ་ཁྲིམས་ཀྱི་བསླབ་པ་གསུམ་ལ་མོས་པ་དང་གུས་པ་ཆེར་འགྱུར་ཞིང་། དེ་འགྱུར་བས་རྣམ་དག་རྫོགས

པའི་བྱང་ཆུབ་ཏུ་ཞུགས་པའི་སེམས་དཔའི་སྡོམ་པའི་སྡོམ་པ་སྐྱེ་བསླབ་(༢༠བ)བྱ་དག་ལ་ནི་འབད་པར་བྱེད་ཅིང་། དེ་བྱས་པས་རྫོགས་པའི་བྱང་ཆུབ་ཀྱི་ཚོགས་ནི་ཡོངས་སུ་རྫོགས་པར་འགྱུར་རོ། །ཞེས་ཏེ། སྡོམ་པའི་སྡོམ་པ་ཞེས་སྡོམ་པ་སྔ་ཕྱི་གཉིས་བྱུང་བའི་སྔ་མ་འཇུག་སྡོམ་དངོས་དང་ཕྱི་མ་དེའི་བསླབ་བྱ་ཚུལ་ཁྲིམས་གསུམ་ལ་བྱའོ། །

ཆ༢ ལྷག་པའི་ཏིང་ངེ་འཛིན་གྱི་བསླབ་པ་ལ་སློབ་ཚུལ།

ཇ༡ མངོན་ཤེས་དགོས་པའི་རྒྱུ་མཚན།

གཉིས་པ་ལ་གསུམ། མངོན་ཤེས་དགོས་པའི་རྒྱུ་མཚན། དེ་ཞི་གནས་ལ་རག་ལས་པ། ཞི་གནས་ཇི་ལྟར་སྒྲུབ་པའི་ཚུལ་ལོ། །དང་པོ་ནི། ཏིང་ངེ་འཛིན་མེད་པར་མངོན་ཤེས་མི་འགྲུབ། དེ་མེད་ན་བདག་གཞན་གྱི་དོན་མི་འགྲུབ་པོ་ཞེས་སྟོན་པ་ནི།

བསོད་ནམས་ཡེ་ཤེས་རང་བཞིན་གྱི། །
ཚོགས་ནི་ཡོངས་སུ་རྫོགས་པ་ཡི། །
རྒྱུ་ནི་སངས་རྒྱས་ཐམས་ཅད་དག །
མངོན་ཤེས་བསྐྱེད་པ་ཉིད་དུ་བཞེད། །
ཇི་ལྟར་འདབ་གཤོག་མ་རྒྱས་པའི། །
བྱ་ནི་མཁའ་(༢༡ན)ལ་འཕུར་མི་ནུས། །
དེ་བཞིན་མངོན་ཤེས་སྟོབས་བྲལ་བས། །
སེམས་ཅན་དོན་བྱེད་ནུས་པ་མིན། །
མངོན་ཤེས་ལྡན་པས་ཉིན་མཚན་གྱི། །
བསོད་ནམས་དག་ནི་གང་ཡིན་དེ། །
མངོན་ཤེས་དག་དང་བྲལ་གྱུར་ལ། །
སྐྱེ་བ་བརྒྱར་ཡང་ཡོད་མ་ཡིན། །

སྒྱུར་དུ་རྫོགས་པའི་བྱང་ཆུབ་ཚོགས། །
ཡོངས་སུ་རྫོགས་པར་འདོད་གྱུར་པ། །
དེས་ནི་འབད་བྱས་མངོན་ཤེས་དག །
འགྲུབ་པར་འགྱུར་གྱི་ལེ་ལོས་མིན། །

ཞེས་པ་སྟེ། ཐབས་ཤེས་གཉིས་སམ་ཚོགས་གཉིས་རྫོགས་པའི་རྒྱུ་ནི་མངོན་ཤེས་བསྐྱེད་པ་ཉིད་དུ་སངས་རྒྱས་ཐམས་ཅད་དག་བཞེད་ལ། ཇི་ལྟར་ཏེ་དཔེར་ན་འདབ་གཤོག་མ་རྒྱས་པའི་བྱ་ནི་ནམ་མཁའ་ལ་འཕུར་མི་ནུས་པ་བཞིན་དུ་མངོན་ཤེས་ཀྱི་སྟོབས་དང་བྲལ་བས་གཞན་དོན་(༢༧བ)བྱེད་མི་ནུས་པར་ཤེར་ཕྱིན་གྱི་མདོ་ལ་སོགས་པར་གསུངས་སོ། །གཞན་ཡང་བྱང་སེམས་ཡིན་པར་མཉམ་པོ་ལ་མངོན་ཤེས་ལྡན་པས་ཉིན་མཚན་གཅིག་ཙམ་གྱི་བསོད་ནམས་དང་ཡེ་ཤེས་དག་ནི་གང་ཡིན་པ་དེ་མངོན་ཤེས་དག་དང་བྲལ་བར་གྱུར་པ་ལ་སྐྱེ་བ་བརྒྱར་ཡང་ཡོད་པ་མིན་པས། སྒྱུར་བ་ཉིད་དུ་རྫོགས་པའི་བྱང་ཆུབ་ཀྱི་ཚོགས་ཡོངས་སུ་རྫོགས་པར་འདོད་པར་གྱུར་པ་དེས་ནི་མངོན་ཤེས་ཅིས་ཀྱང་བསྒྲུབ་དགོས་ལ། དེ་ཡང་འབད་པ་ཤུགས་དྲག་པོ་བྱས་པས་མངོན་ཤེས་དག་འགྲུབ་པར་འགྱུར་གྱི་ལེ་ལོས་ནི་མིན་པས། རྩོལ་བའི་སྟོབས་བསྐྱེད་པར་བྱའོ། །མངོན་ཤེས་དྲུག་ལ་བརྟེན་ནས་གཞན་དོན་ཇི་ལྟར་སྒྲུབ་ཚུལ་ནི། རྫུ་འཕྲུལ་གྱི་ཡུལ་ཤེས་པས་གདུལ་བྱ་གང་ན་ཡོད་པ་དེར་བགྲོད། གཞན་(༢༢ན)གྱི་སེམས་ཤེས་པས་ཁམས་དང་མོས་པ་སོགས་ཇི་ལྟ་བ་བཞིན་དུ་རྟོགས། ལྷའི་རྣ་བའི་མངོན་ཤེས་ཀྱིས་གདུལ་བྱའི་སྐད་རིགས་མི་འདྲ་བ་མཐའ་དག་པ་ལེགས་པར་ཤེས། སྔོན་གནས་རྗེས་དྲན་གྱིས་སྔོན་གྱི་གནས་སྐབས་སུ་ཇི་ལྟར་གྱུར་པ་རྟོགས། ལྷའི་མིག་གིས་ཕྱི་མར་ཇི་ལྟར་འགྱུར་བར་ཤེས། ཟག་ཟད་ཀྱིས་སྤངས་རྟོགས་ཀྱི་ཚད་ཤེས་པ་སོགས་ཏེ། ཕྱོགས་ཙམ་མོ། །

༦༢ དེ་ཞི་གནས་ལ་རག་ལས་པ།

གཉིས་པ་ནི།

ཞི་གནས་གྲུབ་པ་མ་ཡིན་པར། །
མངོན་ཤེས་འབྱུང་བར་མི་འགྱུར་ལ། །
དེ་ཕྱིར་ཞི་གནས་བསྒྲུབ་པའི་ཕྱིར། །
ཡང་ནས་ཡང་དུ་འབད་པར་བྱ། །
ཞི་གནས་ཡན་ལག་རྣམས་ཉམས་པས། །
རབ་ཏུ་འབད་དེ་བསྒོམས་བྱས་ཀྱང་། །
ལོ་ནི་སྟོང་ཕྲག་དག་གིས་ཀྱང་། །
ཏིང་འཛིན་འགྲུབ་པར་མི་འགྱུར་རོ། །(༢༢བ)
དེ་ཕྱིར་ཏིང་འཛིན་ཚོགས་ལེའུ་ལས། །
གསུངས་པའི་ཡན་ལག་ལ་ལེགས་གནས། །
དམིགས་པ་གང་རུང་གཅིག་དག་ལ། །
ཡིད་ནི་དགེ་ལ་གཞག་པར་བྱ། །
རྣལ་འབྱོར་ཞི་གནས་གྲུབ་གྱུར་ན། །
མངོན་ཤེས་དག་ཀྱང་འགྲུབ་པར་འགྱུར། །

ཞེས་པ་སྟེ། ཞི་གནས་མེད་པར་མངོན་ཤེས་མི་འབྱུང་བས་དེ་བསྒྲུབ་པའི་ཕྱིར་དུ་ཡང་ནས་ཡང་དུ་འབད་པར་བྱ་ལ། དེ་ཡང་ཞི་གནས་ཀྱི་ཡན་ལག་གམ་ཚོགས་ལ་བརྟེན་དགོས་ཏེ། གང་གི་ཕྱིར་ན་ཞི་གནས་ཀྱི་ཡན་ལག་རྣམས་ཉམས་པར་གྱུར་པས་རབ་ཏུ་འབད་དེ་བསྒོམ་ལོ་བྱས་ཀྱང་། ལོ་གྲངས་སྟོང་ཕྲག་དག་གིས་ཀྱང་ཏིང་འཛིན་དེ་འགྲུབ་པར་མི་འགྱུར་བས་སོ། །རྒྱུ་མཚན་དེའི་ཕྱིར་ཏིང་འཛིན་ཚོགས་ཀྱི་

ཞིའུ་ལས་གང་གསུངས་པའི་ཡན་ལག་རྣམས་ལ་ལེགས་པར་གནས་ནས་མདོ་ལས་གསུངས་པའི་དམིགས་པ་གང་ཡང་རུང་བ་གཅིག་དག་ལ་དམིགས་(༢༢༣ན)ཏེ་ཡིད་གཞན་དུ་མི་གཡེང་བར་དགེ་བའི་ངང་ལ་གཞག་པར་བྱའོ། །དེ་ལྟ་བུའི་ཚུལ་གྱིས་རྣལ་འབྱོར་པ་གང་གིས་ཞི་གནས་གྲུབ་པར་གྱུར་ན་དེས་མངོན་ཤེས་དང་ལྷག་མཐོང་དག་ཀྱང་འགྲུབ་པར་འགྱུར་བས་ཞི་གནས་གལ་ཆེའོ། །

༦༣ ཞི་གནས་ཇི་ལྟར་སྒྲུབ་པའི་ཚུལ།

༡༡ ཚོགས་བསྟེན་པ།

དེས་ན་ཞི་གནས་སྒྲུབ་ཚུལ་མདོར་བསྡུས་ན་གཉིས་ཏེ། ཚོགས་བསྟེན་པ་དང་། དངོས་བསྒོམ་པའོ། །དང་པོ་ནི། ཇི་སྐད་དུ།

ཚོགས་བསྟེན་ཚུལ་མང་དུ་མཆིས་ན་ཡང་། །
གཞི་ཚུལ་ཁྲིམས་རྣམ་པར་དག་པའི་ངོས། །
དོན་བྱ་བ་ཉུང་བ་ལྷུར་བླངས་ནས། །
ཆོས་འཕགས་རིགས་བཞི་ལ་གནས་ན་ཚང་། །

ཞེས་གསུངས་པ་ལྟར་རོ། །

༡༢ དངོས་བསྒོམ་པ།

གཉིས་པ་ཡང་ཇི་སྐད་དུ།

ཏིང་ངེ་འཛིན་སྒྲུབ་པའི་གདམས་ངག་ཀུང་། །
གེགས་ཉེས་པ་(༢༢༣བ)ལྔ་པོ་བསལ་དགོས་ཕྱིར། །
དེ་སྤོང་བའི་གཉེན་པོ་འདུ་བྱེད་བརྒྱད། །
བསྟེན་ཚུལ་གྱི་ནང་དུ་འདུའོ་ཞུ། །

ཞེས་སོ། །དེ་ལ་ཉེས་པ་ལྔ་ནི། ཏིང་འཛིན་བསྒྲུབ་པར་མི་སྤྲོ་བའི་ལེ་ལོ། ཏིང་འཛིན་གྱི་དམིགས་པ་མི་དྲན་པའི་བརྗེད་ངས། སེམས་ཀྱི་འཕང་ཏ་ཅང་དམའ་བའི་བྱིང་བ་དང་ཏ་ཅང་མཐོ་བའི་རྒོད་པ། བྱིང་རྒོད་བྱུང་ཆེ་གཉེན་པོ་འདུ་མི་བྱེད་པ། བྱིང་རྒོད་ཞི་ཆེ་གཉེན་པོ་འདུ་བྱེད་པའོ། །འདུ་བྱེད་བརྒྱད་ནི། ཏིང་འཛིན་གྱི་ཡོན་ཏན་མཐོང་བའི་དད་པ། ཏིང་ངེ་འཛིན་སྒྲུབ་པར་འདོད་པའི་འདུན་པ། ཏིང་ངེ་འཛིན་སྒྲུབ་པར་བྱེད་པའི་བརྩོན་འགྲུས། ཏིང་འཛིན་བསྒྲུབས་པ་ལས་བྱུང་བའི་ཤིན་སྦྱངས། ཏིང་འཛིན་གྱི་དམིགས་པ་མི་བརྗེད་པའི་དྲན་པ། དམིགས་པ་བརྗེད་མི་བརྗེད་ལ་རྟོག་པར་བྱེད་པའི་ཤེས་(༢༨ན)བཞིན། བྱིང་རྒོད་བྱུང་ཆེ་གཉེན་པོ་འདུ་བྱེད་པའི་སེམས་པ། བྱིང་རྒོད་ཞི་ཆེ་གཉེན་པོ་འདུ་མི་བྱེད་པའི་བཏང་སྙོམས་སོ། །འོ་ན་ སྔ་ཕྱི་སྤང་གཉེན་དུ་ཇི་ལྟར་འབྲེལ་སྙམ་ན། དང་པོ་བཞི་ལེ་ལོའི་གཉེན་པོ་སྟེ། གཉེན་པོ་དངོས་བརྩོན་འགྲུས། བརྩོན་འགྲུས་ཀྱི་གནས་འདུན་པ། འདུན་པའི་རྒྱུ་དད་པ། བརྩོན་འགྲུས་ཀྱི་འབྲས་བུ་ཤིན་སྦྱངས་ཏེ། དབུས་མཐའ་ལས། གནས་དང་དེ་ལ་གནས་པ་དང་། །རྒྱུ་དང་འབྲས་བུ་ཉིད་དུའོ། །ཞེས་སོ། །ཕྱི་མ་བཞི་ནི་རིམ་བཞིན་བརྗེད་ངས་སོགས་བཞིའི་གཉེན་པོ་སྟེ། ཤེས་སླའོ། །

དེ་ལྟར་ན་ཞི་གནས་ཀྱི་རྒྱུའི་ཡན་ལག་རྣམས་ཚང་བར་བྱས། དྲན་པས་ལྷ་སྐུ་ལྟ་བུའི་དམིགས་པ་གཅིག་ལ་སེམས་བཟུང་། ཤེས་བཞིན་གྱིས་བྱིང་རྒོད་བྱུང་མ་བྱུང་ལྟ། སེམས་པས་བྱིང་རྒོད་བྱུང་བ་ན་(༢༨བ)གཉེན་པོ་འདུ་བྱེད་ནས་སྤོང་། བཏང་སྙོམས་ཀྱིས་བྱིང་རྒོད་ཞི་ཆེ་གཉེན་པོ་འདུ་མི་བྱེད་པར་ཅི་བདེར་འཇོག་པ་སྟེ། དེ་ལྟ་བུའི་ཚུལ་གྱིས་བསྒྲུབ་དགོས་སོ། །

ཆ༣ ལྷག་པའི་ཤེས་རབ་ཀྱི་བསླབ་པ་ལ་སློབ་ཚུལ།

ཇ༡ ཤེས་རབ་དགོས་པའི་རྒྱུ་མཚན།

གསུམ་པ་ཤེས་རབ་ཀྱི་བསླབ་པར་སློབ་ཚུལ་ལ་བདུན། ཤེས་རབ་དགོས་པའི་རྒྱུ་མཚན། དེ་ཐབས་དང་འབྲེལ་བར་བྱ་དགོས་པ། ཐབས་ཤེས་ཀྱི་དབྱེ་བ་བཤད་པར་དམ་བཅའ་བ། ཐབས་ངོས་བཟུང་བ། དེ་དགོས་པའི་རྒྱུ་མཚན། ཤེས་རབ་ངོས་བཟུང་བ། དེ་དཔྱད་འཇོག་གི་སྒོ་ནས་སྐྱོང་ཚུལ་ལོ། །དང་པོ་ནི།

ཤེས་རབ་ཕ་རོལ་ཕྱིན་སྦྱོར་དང་། །
བྲལ་བས་སྒྲིབ་པ་ཟད་མི་འགྱུར། །
དེ་ཕྱིར་ཉོན་མོངས་ཤེས་བྱ་ཡི། །
སྒྲིབ་པ་མ་ལུས་སྤང་བའི་ཕྱིར། །
ཤེས་རབ་ཕ་རོལ་ཕྱིན་རྣལ་འབྱོར། །
ཐབས་དང་བཅས་པ་བསྒོམ་པར་བྱ། །

ཞེས་པ་སྟེ། (༢༥ན)སྟོང་ཉིད་རྟོགས་པའི་ཤེས་རབ་ཀྱི་སྦྱོར་བ་སྟེ་རྣལ་འབྱོར་དང་བྲལ་བས་ནི་སྒྲིབ་གཉིས་ཀྱི་ས་བོན་གང་ཡང་ཟད་པར་བྱེད་མི་ནུས་པས། ཤེར་ཕྱིན་གྱི་རྣལ་འབྱོར་དུས་རྟག་ཏུ་ཐབས་དང་བཅས་པ་བསྒོམ་པར་བྱའོ། །ཞེས་སོ། །ཕ་རོལ་ཏུ་ཕྱིན་པ་ལ་འདིས་ཕྱིན་པ་ལམ་དང་འདིར་ཕྱིན་པ་འབྲས་བུ་གཉིས་ཡོད་པ་ལས། སྐབས་འདིའི་ཕྱིན་པ་ནི་སྔ་མའོ། །ཅིག་ཤོས་ནི་སྟོང་ཉིད་ཀྱི་ལྟ་བ་གོམས་པ་རབ་ཀྱི་མཐར་ཕྱིན་པ་ལ་བཤད་པས། སངས་རྒྱས་ཀྱི་སས་བསྡུས་སོ། །

ཇ༢ དེ་ཐབས་དང་འབྲེལ་བར་བྱ་དགོས་པ།

གཉིས་པ་ནི།

ཐབས་དང་བྲལ་བའི་ཤེས་རབ་དང་། །
ཤེས་རབ་བྲལ་བའི་ཐབས་དག་ནི། །
གང་ཕྱིར་འཆིང་བ་ཞེས་གསུངས་པས། །
དེ་བས་གཉིས་ཀ་སྤང་མི་བྱ། །

ཞེས་པ་སྟེ། ཐབས་དང་བྲལ་བའི་ཤེས་(༢༥བ)རབ་ནི་འཆིང་བའོ། །ཤེས་རབ་དང་བྲལ་བའི་ཐབས་ནི་འཆིང་བའོ། །ཞེས་དྲི་མ་མེད་པར་གྲགས་པའི་མདོར་གསུངས་པས། ཐབས་ཤེས་རེ་རེས་མི་ཆོག་གི་གཉིས་ཀ་མི་སྤོང་བར་ཆ་མཉམ་དུ་བསྟེན་དགོས་སོ། །

ཇ༣ ཐབས་ཤེས་ཀྱི་དབྱེ་བ་བཤད་པར་དམ་བཅའ་བ།

གསུམ་པ་ནི།

ཤེས་རབ་གང་དང་ཐབས་གང་ཞེས། །
ཐེ་ཚོམ་དག་ནི་སྤང་བའི་ཕྱིར། །
ཐབས་རྣམས་དང་ནི་ཤེས་རབ་ཀྱི། །
ཡང་དག་དབྱེ་བ་གསལ་བར་བྱ། །

ཞེས་པ་སྟེ། དེ་ལྟར་ཐབས་ཤེས་ཀྱི་ལམ་གཉིས་ཀ་བསྒོམ་དགོས་པས། ཤེས་རབ་ནི་གང་། ཐབས་ནི་གང་སྙམ་པའི་ཐེ་ཚོམ་དག་ནི་སྤང་བའི་ཕྱིར་དུ་ཐབས་རྣམས་དང་ནི་ཤེས་རབ་ཀྱི་ཡང་དག་པའི་དབྱེ་བ་ཐུབ་པའི་དགོངས་པ་བཞིན་གསལ་བར་བྱ། ཞེས་པའོ། །

ཛ༤ ཐབས་ཏོས་བཟུང་བ།

བཞི་པ་ནི།

ཤེས་རབ་ཕ་རོལ་ཕྱིན་སྤྱངས་པའི། །
སྦྱིན་པའི་(༢༨ན)ཕ་རོལ་ཕྱིན་ལ་སོགས། །
དགེ་བའི་ཆོས་རྣམས་ཐམས་ཅད་དག །
རྒྱལ་བ་རྣམས་ཀྱིས་ཐབས་སུ་བཤད། །

ཅེས་པ་སྟེ། ཤེར་ཕྱིན་གྱི་ལམ་སྤྱངས་པ་སྟེ། དེ་མ་ཡིན་པའི་སྦྱིན་སོགས་དཀར་ཆོས་མཐའ་དག་རྒྱལ་བ་རྣམས་ཀྱིས་ཐབས་སུ་བཤད། ཅེས་པའོ། །

ཛ༥ དེ་དགོས་པའི་རྒྱུ་མཚན།

ལྔ་པ་ནི།

ཐབས་གོམས་དབང་གིས་བདག་ཉིད་ཀྱིས། །
གང་ཞིག་ཤེས་རབ་རྣམ་བསྒོམ་པ། །
དེས་ནི་བྱང་ཆུབ་མྱུར་དུ་ཐོབ། །
བདག་མེད་གཅིག་པུ་བསྒོམས་པས་མིན། །

ཞེས་པ་སྟེ། ཐབས་ལ་མ་བརྟེན་པར་ཤེས་རབ་རྐྱང་པས་འཚང་མི་རྒྱ་བའི་རྒྱུ་མཚན་ནི། ཐབས་སྙིང་རྗེ་ཆེན་པོ་ལ་གོམས་པའི་དབང་གིས་ཏེ་དེའི་དབང་དུ་སོང་བའི་བདག་ཉིད་ཅན་གྱིས་གང་ཞིག་ཤེས་རབ་ཀྱི་རྣལ་འབྱོར་རྣམ་པར་(༢༨བ)བསྒོམ་པ་དེས་བླ་ན་མེད་པའི་བྱང་ཆུབ་མྱུར་དུ་ཐོབ་ཀྱི། བདག་མེད་རྟོགས་པའི་ཤེས་རབ་གཅིག་པུ་བསྒོམས་པས་ནི་ནམ་ཡང་ཐོབ་མི་ནུས་པའི་གནད་ཀྱིས་སོ། །

ཛ༨ ཤེས་རབ་ངོས་བཟུང་བ།

དྲུག་པ་ནི།

ཕུང་པོ་ཁམས་དང་སྐྱེ་མཆེད་རྣམས། །
སྐྱེ་བ་མེད་པར་རྟོགས་གྱུར་པའི། །
རང་བཞིན་སྟོང་ཉིད་ཤེས་པ་ནི། །
ཤེས་རབ་ཅེས་ནི་ཡོངས་སུ་བཤད། །

ཅེས་པ་སྟེ། ཕུང་ཁམས་སྐྱེ་མཆེད་ཀྱིས་བསྡུས་པའི་ཆོས་རྣམས་བདེན་པའི་སྐྱེ་མེད་དུ་རྟོགས་པའི་རང་བཞིན་སྟོང་པ་ཉིད་ཤེས་པ་ལ་ཤེས་རབ་ཅེས་ནི་ཡོངས་སུ་བཤད། ཅེས་སོ། །རང་བཞིན་སྟོང་ཉིད་ཅེས་པ་གདོད་མའི་གནས་ལུགས་ལ་ཟེར་ཏེ། གོ་རྒྱུ་ཤིན་ཏུ་ཆེ་གསུངས། །

ཛ༩ དེ་དཔྱད་འཛོག་གི་སྒོ་ནས་སྐྱོང་ཚུལ།

ཉ༡ ཐོས་བསམ་གྱིས་དཔྱད་ནས་བསྒོམ་པ།

ཏ༡ འབྲས་བུ་ལ་དཔྱོད་པ་ཡོད་མེད་སྐྱེ་འགོག་གི་རིགས་པ།

བདུན་པ་ལ་གསུམ། ཐོས་བསམ་གྱིས་དཔྱད་ནས་བསྒོམ་པ། བསྒོམ་པས་(༢༧ན) མི་དཔྱོད་པར་སྐྱོང་བ། དེ་དག་གིས་གྲུབ་པའི་དོན་ནོ། །དང་པོ་ལ་བཞི། འབྲས་བུ་ལ་དཔྱོད་པ་ཡོད་མེད་སྐྱེ་འགོག་གི་རིགས་པ། རྒྱུ་ལ་དཔྱོད་པ་རྡོ་རྗེ་གཟེགས་མའི་རིགས་པ། ངོ་བོ་ལ་དཔྱོད་པ་གཅིག་དུ་བྲལ་གྱི་རིགས་པ། དེ་ཙམ་ལས་མ་སྤྲོས་པའི་འཐད་པའོ། །དང་པོ་ནི།

ཡོད་པ་སྐྱེ་བ་རིགས་མིན་ཏེ། །
མེད་པའང་ནམ་མཁའི་མེ་ཏོག་བཞིན། །

ཉེས་པ་གཉིས་ཀར་ཐལ་འགྱུར་ཕྱིར། །

གཉིས་ཀ་དག་ཀྱང་འབྱུང་བ་མིན། །

ཞེས་པ་སྟེ། གལ་ཏེ་རང་བཞིན་གྱིས་སྐྱེ་ན་རྒྱུ་དུས་སུ་ཡོད་པ་སོགས་གང་ཞིག་སྐྱེ་གྲང་ན། དེ་ལ་རྒྱུ་དུས་སུ་ཡོད་པ་ནི་སྐྱེ་བར་རིགས་པ་མིན་ཏེ། གཞན་དུ་ན་སྐྱེ་བ་དོན་མེད་དང་ཐུག་མེད་དུ་ཐལ་བའི་ཕྱིར། རྒྱུ་དུས་སུ་མེད་པའང་སྐྱེས་པ་མིན་ཏེ། དེ་ནི་ནམ་(༢༧བ)མཁའི་མེ་ཏོག་བཞིན་གཏན་མེད་ཡིན་པའི་ཕྱིར། རང་བཞིན་གྱིས་གྲུབ་པ་རྒྱུ་དུས་སུ་མེད་ན་གཏན་ནས་མེད་དགོས་པའི་རྒྱུ་མཚན་ནི། དེ་དུས་གཅིག་ལ་མེད་ན་ཐམས་ཅད་དུ་མེད་དགོས་པས་ཡིན་ནོ། །ཡོད་མེད་གཉིས་ཀ་ཡིན་པའང་སྐྱེ་བ་མིན་ཏེ། གལ་ཏེ་སྐྱེ་ན་རེ་རེ་ལ་བརྗོད་པའི་ཉེས་པ་གཉིས་ཀ་འབྱུང་བའི་ཕྱིར། དེ་འདྲའི་གཉིས་ཀ་མིན་པའང་སྐྱེ་བ་མིན་ཏེ། མི་སྲིད་པའི་ཕྱིར། དོན་བསྡུས་ན། མྱུ་གུ་ནི་རང་བཞིན་གྱིས་མ་སྐྱེས་ཏེ། ཡོད་མེད་སོགས་མཐའ་བཞིར་བརྟགས་ན་གང་ཡང་མ་སྐྱེས་པའི་ཕྱིར། ཞེས་པའོ། །

༥༢ རྒྱུ་ལ་དཔྱོད་པ་རྡོ་རྗེ་གཟེགས་མའི་རིགས་པ།

གཉིས་པ་ནི།

དངོས་པོ་རང་ལས་མི་སྐྱེ་ཞིང་། །

གཞན་དང་གཉིས་ཀ་ལས་ཀྱང་མིན། །

རྒྱུ་མེད་ལས་མིན་དེ་ཡི་ཕྱིར། །

ངོ་བོ་ཉིད་ཀྱི་རང་བཞིན་མེད། །

ཅེས་པ་སྟེ། ཕྱི་ནང་གི་དངོས་པོ་འདི་རྣམས་གང་ལས་སྐྱེ་ཞེས་(༢༨ན)རིགས་པས་རྣམ་པར་དཔྱད་ན་རང་ལས་མི་སྐྱེ་ཞིང་།གཞན་དང་། གཉིས་ཀ་དང་། རྒྱུ་མེད་ལས་ཀྱང་མིན་པ་དེའི་ཕྱིར་ངོ་བོ་ཉིད་ཀྱིས་གྲུབ་པའི་རང་བཞིན་མེད་ཅེས་པ་སྟེ། མདོར་ན

མྱུ་གུ་ཆོས་ཅན། རང་བཞིན་གྱིས་མ་སྐྱེས་ཏེ། བདག་གཞན་སོགས་མཐའ་བཞི་གང་ལས་ཀྱང་མ་སྐྱེས་པའི་ཕྱིར། དཔེར་ན་ནམ་མཁའི་མེ་ཏོག་བཞིན་ཞེས་པའོ། །བདག་སྐྱེ་སོགས་འགོག་པའི་རིགས་པ་ནི་འཇུག་པ་རྩ་འགྲེལ་སོགས་སུ་ཤེས་པར་བྱའི། འདིར་ནི་མངས་ཀྱིས་དོགས་ནས་མ་བྲིས་སོ། །

ཏ༧ ངོ་བོ་ལ་དཔྱོད་པ་གཅིག་དུ་བྲལ་གྱི་རིགས་པ།

གསུམ་པ་ནི།

ཡང་ན་ཆོས་རྣམས་ཐམས་ཅད་དག །
གཅིག་དང་དུ་མས་རྣམ་དཔྱད་ན། །
ངོ་བོ་ཉིད་ནི་མི་དམིགས་པས། །
རང་བཞིན་མེད་པ་ཉིད་དུ་ངེས། །

ཞེས་པ་སྟེ། ཡང་ན་ཕྱི་ནང་གི་ཆོས་(༢༨བ)ཐམས་ཅད་གཅིག་དང་དུ་མ་གང་དུ་གྲུབ་ཅེས་རིགས་པས་རྣམ་པར་དཔྱད་ན་ངོ་བོ་ཉིད་གང་དུ་ཡང་མི་དམིགས་པས་རང་བཞིན་མེད་པ་ཉིད་དུ་ངེས་སོ། །ཡང་ན་ཞེས་པས་ནི་བཤད་ཚུལ་སྔ་མ་ལས་གཞན་དུ་སྟོན་པའོ། །

ཏ༨ དེ་ཙམ་ལས་མ་སྤྲོས་པའི་འཐད་པ།

བཞི་པ་ནི།

སྟོང་ཉིད་བདུན་ཅུའི་རིགས་པ་དང་། །
དབུ་མ་རྩ་བ་སོགས་ལས་ཀྱང་། །
དངོས་པོ་རྣམས་ཀྱི་རང་བཞིན་ནི། །
སྟོང་པ་ཉིད་དུ་གྲུབ་བཤད་པ། །

གང་ཕྱིར་གཞུང་ནི་མངས་གྱུར་པས། །
དེ་ཕྱིར་འདིར་ནི་མ་སྤྲོས་ལ། །
གྲུབ་པའི་གྲུབ་མཐའ་ཙམ་ཞིག་ཏུ། །
བསྒོམ་པའི་དོན་དུ་རབ་ཏུ་བཤད། །

ཅེས་པ་སྟེ། དཔལ་མགོན་ཀླུ་སྒྲུབ་ཞབས་ཀྱིས་མཛད་པའི་སྟོང་ཉིད་བདུན་ཅུ་པའི་རིགས་པ་དང་། དབུ་མ་རྩ་བ་ཤེས་རབ་དང་། རིགས་པ་དྲུག་ཅུ་པ་སོགས་ལས་ཀྱང་། དངོས་(༥༩ན)པོ་རྣམས་ཀྱི་རང་བཞིན་ནི་ཡེ་མེད་སྟོང་པ་ཉིད་དུ་རིགས་པས་གྲུབ་པར་བཤད་ལ། རྒྱུ་མཚན་གང་གི་ཕྱིར་དེ་ལྟ་བུའི་གཞུང་ནི་ཤིན་ཏུ་མངས་པར་གྱུར་པ་དེའི་ཕྱིར་སྐབས་འདིར་ནི་རྒྱས་པར་མ་སྤྲོས་ལ། ལུང་རིགས་ཀྱིས་གྲུབ་པའི་གྲུབ་མཐའ་སྟེ་གྲུབ་དོན་སྙིང་པོར་གྱུར་པ་ཙམ་ཞིག་བསྒོམ་པའི་དོན་དུ་རབ་ཏུ་བཤད། ཅེས་པའོ། །

༡༢ མི་རྟོག་པའི་ལྷག་མཐོང་སྒྲུབ་ཚུལ།

༦༡ ལྷག་མཐོང་དུ་གྱུར་པའི་ཤེས་རབ་བསྒོམ་པའི་ཚད།

གཉིས་པ་མི་རྟོག་པའི་ལྷག་མཐོང་སྒྲུབ་ཚུལ་ལ་དྲུག །ལྷག་མཐོང་དུ་གྱུར་པའི་ཤེས་རབ་བསྒོམ་པའི་ཚད། ཤེས་རབ་དེ་ཉིད་བདེན་མེད་དུ་བསྒོམ་པ། རྣམ་པར་མི་རྟོག་པའི་བསྟུགས་པ། དེ་ཉིད་མདོ་རྒྱུད་ཀྱི་ལུང་དང་སྦྱར་བ། དཔྱད་མཐར་མི་རྟོག་པར་སྒོམ་ཚུལ། དེ་ལ་བརྟེན་ནས་ས་ལམ་བགྲོད་ཚུལ་ལོ། །དང་པོ་ནི། དེ་བས་ཆོས་རྣམས་མ་ལུས་(༥༩བ)པའི། །རང་བཞིན་དག་ནི་མི་དམིགས་པས། །བདག་མེད་པ་ནི་སྒོམ་གང་ཉིད། །འདིར་ནི་ཤེས་རབ་བསྒོམ་པ་ཡིན། །ཞེས་པ་སྟེ། རྒྱུ་མཚན་སྔ་མ་དེ་བས་ན་ཕྱི་ནང་གི་ཆོས་རྣམས་མ་ལུས་པའི་རང་བཞིན་དག་ནི་མི་དམིགས་པས་ཏེ། མི་དམིགས་པའི་ཚུལ་གྱིས་བདག་མེད་པ་ཉིད་བསྒོམ་པ་གང་ཡིན་པ་ཉིད་

ནི་སྐབས་འདིར་ཤེས་རབ་བསྒོམ་པ་ཉིད་ཡིན་ནོ། །

༨༢ ཤེས་རབ་དེ་ཉིད་བདེན་མེད་དུ་བསྒོམ་པ།

གཉིས་པ་ནི།

ཤེས་རབ་ཀྱིས་ནི་ཆོས་རྣམས་ཀུན། །
གང་གི་རང་བཞིན་མ་མཐོང་བཞིན། །
ཤེས་རབ་དེ་ཉིད་རིགས་དཔྱད་པ། །
རྣམ་རྟོག་མེད་པར་དེ་བསྒོམ་བྱ། །

ཞེས་པ་སྟེ། དེ་ལྟར་དཔྱོད་བྱེད་ཤེས་རབ་ཀྱིས་ནི་དཔྱད་བྱའི་ཆོས་རྣམས་ཀུན་ཀྱི་རང་བཞིན་ཇི་ལྟ་བུ་ཞེས་རིགས་པས་རྣམ་པར་དཔྱད་ན་ཆོས་གང་གིའང་རང་བཞིན་མི་དམིགས་ཤིང་(༣༠ན)མ་མཐོང་བ་དེ་བཞིན་དུ་ཤེས་རབ་དེ་ཉིད་དཔྱད་གཞིར་བྱས་ནས་རིགས་པས་སྔར་ལྟར་དཔྱད་ནའང་མི་དམིགས་ལ། གང་མི་དམིགས་པ་དེའི་ངང་དུ་རྣམ་པར་མི་རྟོག་པའི་ཚུལ་གྱིས་བདག་མེད་པ་དེ་བསྒོམ་པར་བྱའོ། །ཞེས་སོ། །གང་རྣམ་པར་མི་རྟོག་པའི་ཡེ་ཤེས་ཡིན་ན་བརྒྱལ་བ་དང་སེམས་མེད་སྙོམས་འཇུག་སོགས་བཅད་བྱ་ལྟ་དང་བྲལ་བ་ཞིག་དགོས་པར་ཆོས་ཉིད་རྣམ་འབྱེད་དུ་གསུངས་པས། ཅིར་ཡང་མི་རྟོག་པ་ཙམ་ལ་རྣམ་པར་མི་རྟོག་པའི་ཡེ་ཤེས་སུ་སྨྲ་བ་ནི་ཤིན་ཏུ་ནོར་བའོ། །

༨༣ རྣམ་པར་མི་རྟོག་པའི་བསྔགས་པ།

གསུམ་པ་ནི།

རྣམ་རྟོག་ལས་བྱུང་སྲིད་པ་འདི། །
རྣམ་པར་རྟོག་པའི་བདག་ཉིད་དེ། །

དེ་ཕྱིར་མ་ལུས་རྟོག་སྤངས་པ། །
སྨྲ་ངན་འདས་པ་མཆོག་ཡིན་ནོ། །

ཞེས་པ་སྟེ། རྣམ་རྟོག་བདེན་(༣༠བ)འཛིན་ལས་བྱུང་བའི་སྲིད་པ་འཁོར་བ་འདི་ནི་རྣམ་པར་རྟོག་པས་བཏགས་ཙམ་གྱི་བདག་ཉིད་དེ། དེའི་ཕྱིར་ན་བདེན་འཛིན་གྱི་རྣམ་རྟོག་མ་ལུས་པར་སྤོང་བར་བྱེད་པ་ཉིད་སྨྲ་ངན་ཏེ་འཁོར་བ་ལས་འདའ་བར་བྱེད་པའི་ཐབས་མཆོག་ཏུ་གྱུར་པ་ཡིན་ནོ། །འདི་ནི་དཔེར་མཚོན་ན། རབ་རིབ་བསལ་བ་ཉིད་སྐྲར་སྣང་སེལ་བའི་ཐབས་མཆོག་ཏུ་གྱུར་པ་བཞིན་ནོ། །

༨༩ དེ་ཉིད་མདོ་རྒྱུད་ཀྱི་ལུང་དང་སྦྱར་བ།

བཞི་པ་ནི།

དེ་ལྟར་ཡང་ནི་བཅོམ་ལྡན་གྱིས། །
རྣམ་རྟོག་མ་རིག་ཆེན་པོ་སྟེ། །
འཁོར་བའི་རྒྱ་མཚོར་ལྟུང་བར་བྱེད། །
རྟོག་མེད་ཏིང་འཛིན་ལ་གནས་པ། །
ནམ་མཁའ་བཞིན་དུ་རྟོག་མེད་གསལ། །
དམ་ཆོས་འདི་ལ་རྒྱལ་བའི་སྲས། །
རྣམ་རྟོག་བགྲོད་དཀའ་རྣམས་འདས་ཏེ། །
རིམ་གྱིས་མི་རྟོག་ཐོབ་པར་འགྱུར། །

ཞེས་པ་སྟེ། (༣༡ན)རྣམ་པར་རྟོག་མེད་ལམ་གྱི་མཆོག་ཡིན་པ་དེ་ལྟར་ཡང་བཅོམ་ལྡན་འདས་ཀྱིས་སམྦུ་ཊའི་རྒྱུད་ལས་ཆོས་དང་གང་ཟག་ཏུ་བདེན་པར་རྣམ་པར་རྟོག་པ་ནི་བདག་ཏུ་འཛིན་པའི་རྨོངས་པ་མ་རིག་པ་ཆེན་པོ་སྟེ། འཁོར་བའི་རྒྱ་མཚོར་ལྟུང་བར་བྱེད་པའི་རྒྱུ་ཡིན་ལ། ཕྱོགས་རྟོག་མེད་ཀྱི་ཏིང་འཛིན་ཏེ་མི་རྟོག་ཡེ་

ཞེས་ལ་གནས་པ་ནི་མཁའ་ལ་རྒྱུ་བའི་བྱ་བཞིན་དུ་ཆོས་ཅན་ལ་ཐོགས་པ་མེད་པའི་ཚུལ་གྱིས་ཆོས་ཉིད་ལ་གསལ་བར་གནས་པ་ཡིན་ནོ། །ཞེས་དང་། རྣམ་པར་མི་རྟོག་པ་ལ་འཇུག་པའི་གཟུངས་ལས་ཀྱང་། དོན་དམ་པའི་ཆོས་འདི་ལ་རྒྱལ་བའི་སྲས་པོ་གང་ཞིག་གིས་རྣམ་པར་མི་རྟོག་པའི་ཚུལ་གྱིས་བསམས་ཤིང་བསྒོམས་པར་གྱུར་ན། འཁོར་བའི་རྣམ་རྟོག་གི་ཚང་ཚིང་བགྲོད་པར་དཀའ་བ་རྣམས་འདས་ཏེ་རིམ་གྱིས་རྣམ་པར་མི་རྟོག་པའི་བྱང་ཆུབ་ཆེན་པོ་ཐོབ་པར་འགྱུར་རོ། །ཞེས་གསུངས་སོ། །

ཏ༥ དཔྱད་མཐར་མི་རྟོག་པར་སྒོམ་ཚུལ།

ལྔ་པ་ནི།

ལུང་དང་རིགས་པ་དག་གིས་ནི། །
ཆོས་རྣམས་ཐམས་ཅད་སྐྱེ་མེད་པའི། །
རང་བཞིན་མེད་པར་ངེས་བྱས་ནས། །
རྣམ་པར་རྟོག་མེད་བསྒོམ་པར་བྱ། །

ཞེས་པ་སྟེ། དེ་ལྟར་ལུང་དང་རིགས་པའི་ཚོགས་དག་གིས་ཆོས་ཐམས་ཅད་བདེན་པའི་སྐྱེ་བ་མེད་པའི་རང་བཞིན་མེད་པ་ངེས་པར་བྱས་ནས་རྣམ་པར་རྟོག་པ་མེད་པ་དེ་ཉིད་ཚུལ་བཞིན་དུ་བསྒོམ་པར་བྱའོ། །ཞེས་ཏེ། བདེན་པའི་སྐྱེ་མེད་ནི་མཚོན་བྱེད། རང་བཞིན་མེད་པ་ནི་མཚོན་བྱ་ལྟ་བུ་སྟེ། དེ་ལ་དགོངས་ནས་སྐྱེ་བ་མེད་པའི་རང་བཞིན་མེད་པ་ཞེས་གསུངས་སོ། །

ཏ༦ དེ་ལ་བརྟེན་ནས་ས་ལམ་བགྲོད་ཚུལ།

དྲུག་པ་ནི།

དེ་ལྟར་དེ་ཉིད་བསྒོམས་བྱས་ནས། །

རབ་དགའ་ལ་སོགས་ཐོབ་འགྱུར་(༣༢ན)ཏེ། །
སངས་རྒྱས་བྱང་ཆུབ་ཡུན་མི་རིང་། །

ཞེས་པ་སྟེ། དེ་ལྟར་རྣམ་པར་རྟོག་མེད་ཀྱི་ཚུལ་དུ་དེ་ཁོ་ན་ཉིད་ཐབས་དང་བཅས་པ་མན་ངག་བཞིན་བསྒོམས་པར་བྱས་ན་དེ་ལ་བརྟེན་ནས་རིམ་གྱིས་འཇིག་རྟེན་པའི་སྦྱོར་ལམ་དྲོད་རྩེ་སོགས་ཐོབ་པར་བྱས་ན། འཕགས་ལམ་རབ་དགའ་དང་དྲི་མ་མེད་པ་ལ་སོགས་པ་ཐོབ་པར་འགྱུར་ཏེ། སངས་རྒྱས་ཀྱི་བྱང་ཆུབ་ཀྱང་ཡུན་རིང་མི་འགོར་བར་ཐོབ་པར་ངེས་སོ། །

ཅ༢ ཐུན་མོང་མིན་པ་སྔགས་ཀྱི་ཐེག་པར་སློབ་ཚུལ།

ཆ༡ སྔགས་ཀྱི་འཇུག་སྒོ་དབང་ཡིན་པར་བསྟན་པ།

གཉིས་པ་སྔགས་ཀྱི་ཐེག་པར་སློབ་ཚུལ་ལ་གསུམ། སྔགས་ཀྱི་འཇུག་སྒོ་དབང་ཡིན་པར་བསྟན་པ། གང་ལ་དབང་གང་ཞིག་བསྐུར་རུང་མི་རུང་གི་ཁྱད་པར། རྒྱུད་འཆད་ཉན་སོགས་བྱ་བ་ལ་དབང་བཞི་ཐོབ་དགོས་མི་དགོས་ཀྱི་དོགས་གཅོད་དོ། །དང་པོ་ནི།

སྔགས་མཐུ་(༣༢བ)ཉིད་ལས་གྲུབ་པ་ཡི། །
ཞི་དང་རྒྱས་སོགས་ལས་རྣམས་ཀྱིས། །
བུམ་པ་བཟང་གྲུབ་ལ་སོགས་པའི། །
གྲུབ་ཆེན་བརྒྱད་སོགས་སྟོབས་ཀྱིས་ཀྱང་། །
བདེ་བ་ཡིས་ནི་བྱང་ཆུབ་ཚོགས། །
ཡོངས་སུ་རྫོགས་པར་འདོད་པ་དང་། །
བྱ་བ་སྤྱོད་སོགས་རྒྱུད་གསུངས་པའི། །
གལ་ཏེ་གསང་སྔགས་སྤྱོད་འདོད་ན། །

དེ་ཚེ་སློབ་དཔོན་དབང་བསྐུར་ཕྱིར། །
བསྙེན་བཀུར་རིན་ཆེན་སོགས་སྦྱིན་དང་། །
བཀའ་བསྒྲུབ་ལ་སོགས་ཐམས་ཅད་ཀྱིས། །
བླ་མ་དམ་པ་མཉེས་པར་བྱ། །
བླ་མ་མཉེས་པར་གྱུར་པ་ཡིས། །
ཡོངས་རྫོགས་སློབ་དཔོན་དབང་བསྐུར་བས། །
སྡིག་ཀུན་རྣམ་དག་བདག་ཉིད་ནི། །
དངོས་གྲུབ་འགྲུབ་པའི་སྐལ་ལྡན་འགྱུར། །(༣༣ན)

ཞེས་པ་སྟེ། གང་སྔགས་བཟླས་པའི་མཐུ་ཉིད་ལས་གྲུབ་པའི་ཞི་བ་དང་། རྒྱས་པ་དང་། དབང་དང་། མངོན་སྤྱོད་ལ་སོགས་པའི་ལས་རྣམས་དང་། འདོད་རྒུ་འབྱུང་བའི་བུམ་པ་བཟང་པོ་གྲུབ་པ་དང་། གྲུབ་ཆེན་བརྒྱད་སོགས་ཀྱི་སྟོབས་ཀྱིས་ཀྱང་དཀའ་ཐུབ་ལ་ལྟོས་པ་མིན་པའི་བདེ་བ་ཡིས་ནི་བྱང་ཆུབ་ཀྱི་ཚོགས་ཡོངས་སུ་རྫོགས་པར་འདོད་པར་གྱུར་པ་དང་། དེ་བཞིན་དུ་བྱ་བ་དང་སྤྱོད་པ་སོགས་ཀྱི་རྒྱུད་ལས་གསུངས་པའི་གསང་སྔགས་ཀྱི་སྤྱོད་པ་སྤྱུར་བར་འདོད་ན། དེའི་ཚེ་སློབ་དཔོན་གྱིས་དབང་བསྐུར་བའི་ཕྱིར་དུ་དེ་ལ་ལུས་ངག་གིས་བསྙེན་བཀུར་བ་དང་། རིན་པོ་ཆེ་ལ་སོགས་པས་སྦྱིན་པ་བྱིན་པ་དང་། ཅི་གསུང་བཀའ་བཞིན་བསྒྲུབ་པ་ལ་སོགས་ཏེ་འབད་པ་ཐམས་ཅད་ཀྱིས་བླ་མ་དམ་པ་མཉེས་པར་བྱ་ལ། ཐུགས་(༣༣བ)མཉེས་པར་གྱུར་པའི་བླ་མ་དེ་ཡིས་མཐའ་རྟེན་རྫས་གནང་དང་བཅས་པ་ཡོངས་སུ་རྫོགས་པའི་སློབ་དཔོན་གྱི་དབང་སྟེ་བུམ་དབང་ལ་སོགས་པའི་དབང་བཞི་རྫོགས་པར་བསྐུར་བས་སྒོ་གསུམ་གྱི་སྡིག་པའི་དྲི་མ་ཀུན་རྣམ་པར་དག་པའི་བདག་ཉིད་དུ་གྱུར་པ་དེ་ནི་མཆོག་ཐུན་གྱི་དངོས་གྲུབ་འགྲུབ་པའི་སྐལ་ལྡན་དུ་འགྱུར་རོ། །ཞེས་པའོ། །འདིས་ནི་དབང་དུས་སུ་ཁས་བླངས་པའི་དམ་ཚིག་དང་སྡོམ་པ་རྣམས་བསྲུང་བས་གཞིར་བྱས།

ཟབ་ལམ་རིམ་གཉིས་ཀྱི་རྣལ་འབྱོར་ལ་ཚུལ་བཞིན་བསླབས་ན་སྙིགས་དུས་ཀྱི་ཚེ་ཐུང་གཅིག་ལའང་གྲུབ་པའི་གོ་འཕང་ཐོབ་པར་ནུས་སོ། །ཞེས་ཤུགས་ཀྱིས་བསྟན་པའང་ཡིན་ཏེ། སྨྲས་པས་ཆོག་གོ། །

ཆ༢ གང་ལ་དབང་གང་ཞིག་བསྐུར་རུང་མི་རུང་གི་ཁྱད་པར།

གཉིས་པ་ནི།

དང་པོའི་སངས་རྒྱས་རྒྱུད་ཆེན་ལས། །
རབ་ཏུ་(༢༦ན)འབད་པས་བཀག་པའི་ཕྱིར། །
གསང་བ་ཤེས་རབ་དབང་བསྐུར་ནི། །
ཚངས་པར་སྤྱོད་པས་བླང་མི་བྱ། །
གལ་ཏེ་དབང་བསྐུར་དེ་འཛིན་ན། །
ཚངས་སྤྱོད་དཀའ་ཐུབ་ལ་གནས་པས། །
བཀག་པ་སྤྱད་པར་གྱུར་པའི་ཕྱིར། །
དཀའ་ཐུབ་སྡོམ་པ་དེ་ཉམས་ཏེ། །
བརྟུལ་ཞུགས་ཅན་དེ་ཕམ་པ་ཡི། །
ལྟུང་བ་དག་ནི་འབྱུང་འགྱུར་ཞིང་། །
དེ་ནི་ངན་སོང་ངེས་ལྟུང་བས། །
གྲུབ་པ་ནམ་ཡང་ཡོད་མ་ཡིན། །

ཞེས་པ་སྟེ། འོན་ཏེ་ཚངས་པར་སྤྱོད་པས་ནི་གསང་བ་དང་ཤེར་དབང་གཉིས་དངོས་སུ་བླང་བར་མི་བྱ་སྟེ། དང་པོའི་སངས་རྒྱས་དཔལ་དུས་ཀྱི་འཁོར་ལོའི་རྒྱུད་ཆེན་པོ་ལས་རབ་ཏུ་འབད་པས་བཀག་པའི་ཕྱིར་རོ། །དགག་བྱ་ཅི་ཞིག་གཟིགས་ནས་བཀག་ཅེ་ན། གལ་ཏེ་དབང་བསྐུར་དེ་(༢༦བ)གཉིས་དངོས་སུ་འཛིན་ཅིང་བླངས་

ན་ཚངས་སྤྱོད་ཀྱི་དཀའ་ཐུབ་ལ་གནས་པས་སྟོན་པས་བཀག་པ་ཉིད་སྤྱད་པར་གྱུར་པའི་ཕྱིར་དཀའ་ཐུབ་ཀྱི་སྡོམ་པ་དེ་ཉམས་ནས་དེ་འདྲའི་བརྟུལ་ཞུགས་ཅན་དེ་ལ་ཕམ་པའི་ལྟུང་བ་དག་ནི་འབྱུང་བར་འགྱུར་ཞིང་། དེའི་རྒྱུན་གྱིས་བརྟུལ་ཞུགས་ཅན་དེ་ནི་ངན་སོང་དུ་ངེས་པར་ལྟུང་བས་གྲུབ་པའི་གོ་འཕང་ནམ་ཡང་ཡོད་པ་མ་ཡིན་ནོ་སྙམ་དུ་དགོངས་ནས་སོ། །ཤེར་དབང་དངོས་སུ་བླངས་ན་ཕམ་པ་འབྱུང་བ་དེ་ལྟར་ཡང་། གསང་བ་འཛིན་པ་ཙམ་གྱིས་ཕམ་པ་འབྱུང་བ་མིན་ལ། འོན་ཏེ་རྒྱུན་མ་ཆད་བས་དེ་དངོས་སུ་བླངས་ན་ཉེས་པ་འབྱུང་བར་ནི་གདོན་མི་ཟའོ། །སྔགས་མཐུ་ཉིད་ལས་ཞེས་པ་མན་ཆད་ཁྱུ་སྟོན་སོགས་ཀྱིས་དྲི་བ་ཞུས་པའི་ལན་ཡིན་པར་གྲགས་ཆེ་ཡང་འཐད་སྙམ་པ་(༣༥༨)མེད་དེ། གང་གིས་ཤེ་ན། ཁྱུ་སྟོན་སོགས་དང་མ་མཇལ་བའི་སྔོན་རོལ་ཉིད་ནས་ལམ་སྒྲོན་མཛད་ཟིན་པའི་ཕྱིར། རྟགས་ལོ་རྒྱུས་ཆེན་པོས་གྲུབ་བོ། །དེ་དག་གི་དྲི་བ་ནི། རྡོ་རྗེ་སློབ་དཔོན་གྱི་དབང་མ་ཐོབ་པར་རྒྱུད་འཆད་དུ་ཉུང་ངམ་མི་ཉུང་། ཚངས་པར་སྤྱོད་པས་དབང་གོང་མ་བླང་དུ་ཉུང་ངམ་མི་ཉུང་བྱ་བ་སོགས་སོ། །

ཆ༢ རྒྱུད་འཆད་ཉན་སོགས་བྱ་བ་ལ་དབང་བཞི་ཐོབ་དགོས་མི་དགོས་ཀྱི་རྟོགས་གཅོད།

གསུམ་པ་ནི།

རྒྱུད་ཀུན་ཉན་དང་འཆད་པ་དང་། །
སྦྱིན་སྲེག་མཆོད་སྦྱིན་སོགས་བྱེད་པ། །
སློབ་དཔོན་དབང་བསྐུར་བརྙེས་འགྱུར་ཞིང་། །
དེ་ཉིད་རིག་ལ་ཉེས་པ་མེད། །

ཅེས་པ་སྟེ། སྦྱིན་སྲེག་དང་མཆོད་སྦྱིན་སོགས་སྔགས་ཀྱི་ལས་ཁ་ཚར་བྱེད་པ་ལའང་དབང་གོང་མ་ཐོབ་དགོས་སམ་མི་དགོས་ཇི་ལྟར་སྙམ་ན། མི་དགོས་ཏེ། སློབ་དཔོན་གྱི་དབང་བསྐུར་ཙམ་(༢༥ བ)ཐོབ་ལ། དེ་ཉིད་བཅུ་རིག་པའི་ཡོན་ཏན་ཙམ་དང་ལྡན་ན་ལས་དེ་དག་བྱེད་པ་ལ་ཉེས་པ་མེད་པའི་ཕྱིར།

ང༣ དེ་དག་གི་ཞར་ལ་བྱུང་བ།

གསུམ་པ་དེ་དག་གི་ཞར་ལ་བྱུང་བ་ནི། ལམ་སྒྲོན་གྱི་དོན་འགྲེལ་ཟླ་དང་བྲལ་བ་ནི་བྱང་ཆུབ་ལམ་རིམ་ཆེ་བ་ཉིད་ཡིན་པས་དེ་ནས་གང་བཤད་པ་ལྟར་ཉམས་སུ་བླངས་པས་ཆོ་ཐོགས་ན་ལམ་སྒྲོན་རྒྱུད་ལ་སྦྱར་ནས་ཇི་ལྟར་ཉམས་སུ་ལེན་ལུགས་ཟུར་དུ་ཟུད་གཅོད་མི་དགོས་སོ། །

གསུམ་པ། ཐ་མར་དགེ་བ་མཇུག་གི་དོན།

ཀ༡ མཛད་པ་པོ་གང་གིས་མཛད་པ།

གསུམ་པ་ཐ་མར་དགེ་བ་མཇུག་གི་དོན་ལ་གཉིས། མཛད་པ་པོ་གང་གིས་མཛད་པ་དང་། ལོ་པཙ་གང་གིས་བསྒྱུར་བའོ། །དང་པོ་ནི།

གནས་བརྟན་མར་མེ་མཛད་དཔལ་གྱིས། །
མདོ་སོགས་ཆོས་ལས་བཤད་མཐོང་བས། །
བྱང་ཆུབ་འོད་ཀྱིས་གསོལ་བཏབ་ནས། །
བྱང་ཆུབ་ལམ་བཤད་མདོར་བསྡུས་(༢༨ ན)བྱས། །

བྱང་ཆུབ་ལམ་གྱི་སྒྲོན་མ་སློབ་དཔོན་ཆེན་པོ་དཔལ་མར་མེ་མཛད་ཡེ་ཤེས་ཀྱིས་མཛད་པ་རྫོགས་སོ། །

ཞེས་པ་སྟེ། མཐའི་བྱས་ཞེས་པ་བཤད་གཞིའོ། །གང་ཟག་སུས་ཤེ་ན། གནས་

བརྟན་མར་མེ་མཛད་ཡེ་ཤེས་དཔལ་བཟང་པོས་སོ། །རྒྱ་གར་ལས་ཤེ་ན། མདོ་སྔགས་ཀྱི་ཆོས་ལས་རྒྱ་ཆེར་བཤད་པའི་གནད་རྣམས་ཤེས་རབ་ཀྱི་མིག་གིས་མཐོང་བ་ལས་སོ། །གང་གི་ཆེད་དུ་ཞེ་ན། བྱང་ཆུབ་འོད་ཀྱིས་གསོལ་བ་བཏབ་པས་དེའི་ཆེད་དུའོ། །ངོ་བོ་གང་ཞིག་བྱས་ཤེ་ན། བྱང་ཆུབ་ཏུ་བགྲོད་པའི་ལམ་གྱི་བཤད་པའོ། །ཚུལ་ཇི་ལྟར་བྱས་ཤེ་ན། ཚིག་མདོར་བསྡུས་པའི་ཚུལ་གྱིས་སོ། །ཞེས་པ་སྟེ། ཚིག་ལྷག་མ་ནི་བརྟགས་པ་ཙམ་གྱིས་གོ་ནུས་སོ། །

ཀ༢ ལོ་པཎ་གང་གིས་བསྒྱུར་བ།

གཉིས་པ་ནི།

རྒྱ་གར་གྱི་མཁན་པོ་དྷི་པཾ་ཀ་ར་ཤྲཱི་ཛྙཱ་ན་དང་།
བོད་ཀྱི་(༣༨བ)ལོཙྪཱ་བ་དགེ་སློང་དགེ་བའི་བློ་གྲོས་
ཀྱིས་བསྒྱུར་ཅིང་ཞུས་ཏེ་གཏན་ལ་ཕབ་པའོ། །

ཞེས་པ་སྟེ། དོན་གོ་བར་ཟད་དོ། །

འདིར་སྨྲས་པ། བློ་ལྡན་བློ་ཡི་མུན་སེལ་ལམ་གྱི་སྒྲོན། །མི་གཟུགས་མི་ཡི་ཐ་ཤལ་ལམ་མིང་པས། །སྤྲོས་བཤད་སྤྲོས་པ་དོར་ནས་བཀྲལ་ལགས་མོད། །ནོར་ན་ནོར་རོ་ཅག་གང་མཁས་ལ་འཆགས། །

བརྒྱད་ཁྲི་བཞི་སྟོང་ཆོས་ཀྱི་གནད་རྣམས་ཀུན། །དང་པོའི་ལས་ཅན་གྱིས་ཀྱང་རང་རྒྱུད་ལ། །སྦྱར་ནས་ཇི་ལྟར་ཉམས་སུ་བླང་བའི་ཚུལ། །གསལ་བར་སྟོན་པ་འདི་ལས་གཞན་ན་གང་། །

ཀུན་གོ་གཅིག་ཆོད་གདམས་ཟབ་དབང་གི་རྒྱལ། །འདི་དང་མཇལ་ཡང་ཉམས་སུ་མ་བླངས་ན། །རིན་ཆེན་གླིང་ནས་ལག་སྟོང་ལྡོག་ལས་ཀྱང་། །ཆེས་ཆེར་ཕངས་པ་མིན་ནམ་མནོ་བསམ་ཐོངས། །

ཚེ་འདིའི་ཕུན་ཚོགས་ཀུན་དང་ཁ་བྲལ་ནས། །རང་ཉིད་གཅིག་པུ་འཇིག་རྟེན་པ་རོལ་དུ། །འགྲོ་ཚེ་ཆོས་ལས་གཞན་གྱིས་མི་ཕན་(༢༧ན)ན། །དོན་མེད་འཇིག་རྟེན་བྱ་བས་ཅི་རང་བྱེད། །

ཐོག་མེད་དུས་ནས་ཁམས་གསུམ་འཁོར་བ་འདིར། །འཁྲམས་ཏེ་ངན་གྲུའི་སྡུག་བསྔལ་དེ་ཙམ་ཞིག །མྱོངས་སུ་ཟིན་ཀྱང་ད་དུང་སྨྱོང་འགྱུར་བའི། །ངང་ཚུལ་བསམས་ན་སྙིང་ཡང་འགས་པའི་འོས། །

དེ་ཕྱིར་ད་ནི་སྙིང་ཁོང་རུས་གཏིང་ནས། །བསྒྲིམས་ཏེ་གདམས་པའི་ཉིང་ཁུ་འདི་ལྟ་བུ། །ཉམས་སུ་བླངས་ནས་དམའ་མཐར་འཆི་ཁ་རུ། །མི་འགྱོད་ཙམ་ཞིག་མི་བྱེད་ཐབས་མེད་དོ། །

ཚུལ་འདིར་འབད་ལས་བྱུང་བའི་དགེ་ཚོགས་དེས། །བདག་གཞན་ས་ལམ་བགྲོད་པ་མཐར་ཕྱིན་ཏེ། །སྐུ་གསུམ་ནོར་བུའི་ཕོ་བྲང་ཉམས་དགའ་བར། །རིང་མིན་བདེ་བླག་ཉིད་དུ་སོན་གྱུར་ཅིག །

ཅེས་དེ་ལྟར་ལམ་སྒྲོན་གྱི་འགྲེལ་པ་ཡིད་ཀྱི་སྐེགས་བུ་ཞེས་བྱ་བ་འདི་ཡང་མདོ་སྨད་ཨ་མདོ་བ་མང་ཐོས་བསྟན་པོ་ལགས་ནས་ནན་ཏན་གྱིས་བསྐུལ་མ་མཛད་པའི་ངོར་ཆོས་སྨྲ་བ་ངག་དབང་ཕུན་ཚོགས་སུ་འབོད་པས། བོད་རབ་བྱུང་བཅུ་བདུན་དཔལ་གདོང་ཞེས་པ་ཆུ་བྱ་ལོའི་ཧོར་ཟླ་དྲུག་པའི་ཚེས་ཉེར་གསུམ་དང་། སྤྱི་ལོ་༡༩༩༣ཟླ་བ་༣ཚེས་༡༠ཉིན་དཔལ་ལྡན་འབྲས་སྤུངས་སུ་སྦྱར་བ་སྟེ། ཡི་གེ་པ་ནི་སློབ་བུ་དགེ་སློང་བློ་བཟང་དབང་ཕྱུག་ནས་བགྱིས་པའོ།། །།དགེ་ལེགས་འཕེལ། །

ཕོ་བྲང་པོ་ཏ་ལར་བཞུགས་པའི་དགེ་ལུགས་པའི་དཔེ་དཀོན་ཕྱོགས་བསྒྲིགས་འདོན་ཐེངས་དང་པོ།

(༣)

བློ་སྦྱོང་ལམ་རིམ་གྱི་སྐོར།

༄༅། །ལམ་རིམ་འཇམ་དཔལ་ཞལ་ལུང་དང་ ལམ་སྒྲོན་རྣམ་བཤད།

རྩོམ་པ་པོ།	རྒྱལ་བ་ལྔ་པ་ཆེན་པོ། པཎ་ཆེན་བློ་བཟང་ཆོས་རྒྱན།
རྩོམ་སྒྲིག་འགན་འཁུར་བ།	ལྷག་པ་བཀྲ་ཤིས།
མཐའ་ཞུས་པ།	སྤྱིན་པ།
ཁ་ཤོག་རྟུས་འགོད་པ།	སྐལ་ཚེ།
པར་སྒྲིག་པ།	སྔོན་བཟང་དཔེ་རྙིང་འཚོལ་བསྡུ་ཁང་།
	སེར་གཙུག་ནང་བསྟན་དཔེ་རྙིང་འཚོལ་བསྡུ་ཕྱོགས་སྒྲིག་ཁང་།
དཔེ་སྐྲུན་འགྲེམས་སྤེལ།	བོད་ལྗོངས་བོད་ཡིག་དཔེ་རྙིང་དཔེ་སྐྲུན་ཁང་།
པར་འདེབས་ཚན་པ།	ཁྲེང་ཏུའུ་ཤིན་ཁའེ་ཙང་པར་འདེབས་ཚད་ཡོད་ཀུང་སི།
རིབ་ཚད།	787×1092 1/16
པར་ཤོག	21.25
ཡིག་གྲངས།	ཁྲི་23.1
པར་གྲངས།	01–2,000
པར་གཞི།	2024ལོའི་ཟླ་བཅུ་པར་པར་གཞི་དང་པོ་བསྒྲིགས།
པར་ཐེངས།	2024ལོའི་ཟླ་བཅུ་པར་པར་ཐེངས་དང་པོ་བཏབ།
དཔེ་རྟགས།	ISBN 978-7-5700-0938-1
རིན་གོང་།	སྒོར། 48.00